Anton Braun, Antje Großwendt

Schottland

» Grau ruhende Gräber der Toten an verlassenen Orten,
Stehende Steine im einsamen, weinroten Moor,
Hügel voller Schafe und die Heimat
still entschwundener Arten,
Und Wind, rein und klar. «

Robert Louis Stevenson
(schottischer Schriftsteller, 1850–1894)

Impressum

Anton Braun, Antje Großwendt
Reise Know-How Schottland

erschienen im
Reise Know-How Verlag Peter Rump GmbH
Osnabrücker Str. 79
33649 Bielefeld
Deutschland
+49-521-946490
info@reise-know-how.de

14., neu bearbeitete und aktualisierte Auflage 2024

ISBN 978-3-8317-3853-3

Gestaltung und Bearbeitung
Umschlag: Peter Rump, der Verlag
Inhalt: Günter Pawlak, Wayan Rump, der Verlag
Fotonachweis: Andreas Braun, Holger Cordes und Antje Großwendt (bcg); Anton Braun (ab); Jörg Friebe (jf); Sandra Voss (sv); Ulli Liebig (ul); Lilli Marie Braun (lb); Nick Böhm (nb); Lauritz Kramberger (lk); Adobe Stock (Autorennachweis jeweils am Bild); wikimedia commons (S. 145, Autorennachweis am Bild, https://commons.wikimedia.org/wiki/File:Theodor_Fontane_by_E._Bieber,_1894.png)
Karten: Cathérine Raisin
Lektorat: Caroline Tiemann
Lektorat (Aktualisierung): der Verlag

Printed in Germany

Druck und Bindung
Druck- und Verlagshaus Zarbock GmbH & Co. KG,
Frankfurt am Main

Bibliografische Information der Deutschen Nationalbibliothek
Die Deutsche Nationalbibliothek verzeichnet diese Publikation in der Deutschen Nationalbibliografie; detaillierte bibliografische Daten sind im Internet über http://dnb.dnb.de abrufbar.

Anzeigenvertrieb
KV Kommunalverlag GmbH & Co. KG,
Alte Landstraße 23, 85521 Ottobrunn,
Tel. 089 928096-0, info@kommunal-verlag.de

Bildlegende Umschlag und Vorspann
Titelfoto: Eilean Donan Castle (Adobe Stock © Reimar)
Vordere Umschlagklappe: Blick über die Isle of Skye (ab); Papageitaucher (Adobe Stock © The Photos)
S. 1: Melrose Abbey zum Nacherleben (bcg)
S. 2/3: Der Old Man of Storr auf der Isle of Skye (Adobe Stock © Adam)

Anton Braun, Antje Großwendt

SCHOTTLAND

Vorwort

Der Gedanke an Schottland weckt zumeist die Assoziation wilder **einsamer Natur:** Die Bergwelt der Highlands, eine gebirgige, karge Landschaft überzogen von Heidekraut, Moos und Farn, dazwischen Loch Ness mit seinem Monster, verlassene Trutzburgen und atemberaubende Felsformationen.

Weiter schwebt Einigen vielleicht ein Bild der **Hauptstadt Edinburgh** vor, die von ihrem Castle überragt wird und jedes Jahr aufs Neue für einen Monat das größte Kunstfestival der Welt zelebriert. Neben Edinburgh haben sich aber auch einige andere Städte die Aufmerksamkeit der Besucher verdient. Die ehemalige Industriestadt Glasgow bietet heute ein **breites Kulturangebot,** Dundee ist den Weg von der Jutestadt zur Stadt des Designs gegangen, das in einem Museum besichtigt werden kann, und Aberdeen, die Stadt aus Granit, hat sich mit Geld aus dem Nordseeöl in ein Forschungszentrum der Biotechnologie gewandelt.

Landschaftlich bieten sich Reisen in die **südschottischen Regionen** von Borders sowie Dumfries und Galloway an, welche landwirtschaftlich geprägt sind. Mit den Southern Uplands bieten sie eine sanfthüglige Bergwelt, die es in ihrer Schönheit durchaus mit den Highlands aufnehmen kann.

Auf **abgelegenen Inselgruppen** wie Orkney oder Shetland finden sich Monumente vergangener Kulturen in Form von Steinkreisen, gut erhaltenen Siedlungen und runenbeschriebenen Grabkammern. Die Hebriden erlauben Einblick in die Arbeitsweise traditioneller Crofts, kleiner Farmen, mit denen die Crofter ihren Lebensunterhalt aufbessern und einen wertvollen Beitrag zur Artenvielfalt der Inseln beitragen.

Aber auch die **Highlands** selbst haben viele Facetten. Östlich der klassischen Highlands liegt die Region Speyside, ein Epizentrum des **Whiskys.** Im Spätsommer finden in vielen Orten traditionelle **Highland Games** statt, bei denen Männer in Kilts Baumstämme werfen, Frauen in traditionellem Gewand den „highland dance" aufführen und Dudelsackbrigaden ihre Musik zum Besten geben. Die Landschaft selbst variiert, ob rau und schroff an der zerklüfteten Westküste, in bizarren Felsformationen auf Skye oder in großen Bergen im Nationalpark Cairngorms, kein Fleck gleicht dem anderen.

Obwohl Schottland ein eher kleines Land ist, sind die kulturellen Einflüsse

388sc ab

[>] Im Schutzgebiet Hermaness auf Shetland

der Bewohner doch sehr unterschiedlich und abwechslungsreich. Regional unterscheiden sich **Bräuche** und **Traditionen** stark. Die Bewohner der Borders pflegen teils englische Traditionen, in Glasgow und Edinburgh herrscht der kosmopolitische Weltgeist, in den Highlands werden keltische Traditionen gefeiert und auf den äußeren Inseln wird der Einfluss der Wikinger sichtbar. Doch egal wohin man kommt, ein herzlicher Umgang und gelebte **Kultur** sind sicher.

Unser Reiseführer möchte all jenen praktische Hilfestellung leisten, die dieses faszinierende Land auf eine ganz persönliche Weise erleben wollen. Es umfasst komplette Informationen von der Reiseplanung bis zur Rückkehr. Der Leser kann sich über Geschichte und Tradition genauso gründlich informieren wie über bekannte und weniger bekannte Sehenswürdigkeiten.

Wie immer man seinen Urlaub verbringen will, sei es als Festivalbesucher, Wanderer, Segler oder Golfer, dieser Reiseführer vermittelt dafür gründlich recherchierte und sachlich bewertete Informationen. Wir haben die interessantesten Orte, auch auf den abgelegenen Inseln, erkundet und sind behilflich, Sehenswertes zu entdecken und Unterkunft, Restaurants sowie das richtige Verkehrsmittel zu finden. Wir wünschen viel Vergnügen und reiche Erlebnisse bei der Reise durch das raue und zugleich gastfreundliche Schottland.

An dieser Stelle möchten wir uns für die zahlreichen Leserbriefe bedanken, die uns helfen, den Reiseführer auf dem neuesten Stand zu halten. Also schreiben Sie uns gern Kritik und Anregungen.

Viel Spaß bei der Reise!

Die Autoren

Inhalt

Vorwort 4
Verzeichnis der Wanderungen 9
Kartenverzeichnis 9
Hinweise zur Benutzung 10
Die Regionen im Überblick 11
Reiserouten und Touren 14
Schottland: Zu jeder Zeit 20
Fünf Klöster, die Geschichte schrieben 22
Fünf Orte, an denen Steine sprechen 23
Fünf Tiere, die Schottland ausmachen 24
Fünf Hafenstädte zum Verweilen 25

1 Borders 26

Überblick 29
Kelso 31
Melrose 34
Galashiels 37
Peebles 39
Jedburgh 41
Hawick 42
Duns 44
Eyemouth 45

2 Dumfries und Galloway 48

Überblick 50
Stranraer 51
Newton Stewart 57
Dumfries 62
Gretna Green 66
Moffat 67
Tweedsmuir Hills 68

3 Strathclyde und Glasgow 70

Überblick 74
Ayr 75
Geschichte Glasgows 80
Glasgow 82
Charles Rennie Mackintosh (1868–1928) 90
New Lanark 98
Dumbarton 100
Helensburgh 101
Loch Lomond 102
Halbinsel Cowal 103
Insel Bute 107
Inveraray 109
Zwischen Inverarary und Oban 112
Oban 113
Von Oban nach Tarbert 117
Halbinsel Kintyre 119

4 Lothian und Edinburgh 122

Überblick 125
Edinburgh 126
Geschichte Edinburghs 132
Mary Queen of Scots – tragische Heldin oder Opfer ihrer selbst? 138
Theodor Fontane – Sammler schottischer Sagen und Legenden 144
Östlich und südlich von Edinburgh 155
North Berwick 158
Dunbar 161
Haddington 162
South Queensferry 163
Linlithgow 166
Falkirk 167

5 Central und Fife 170

Überblick 173
Stirling 174
The Trossachs und Loch Katrine 182
Aberfoyle 183
Culross 184
Dunfermline 185
East Neuk 187
St Andrews 190
Scotland – Home of Golf *192*
Falkland 199
Loch Leven 200

6 Tayside 202

Überblick 205
Perth 206
Dundee 211
Arbroath 217
Montrose 219
Stonehaven 220
Glamis und die Angus Glens 222

7 Grampian und Aberdeen 226

Überblick 228
Aberdeen 232
Geschichte und Wirtschaft Aberdeens *236*
Cruden Bay 242
Peterhead 243
Fraserburgh 244
Die Nordküste von Grampian 246
Elgin 251
Forres 253
Von Aberdeen nach Turriff 255
Von Aberdeen nach Keith 257
Von Aberdeen nach Dufftown 262
Whisky, das braune Wasser des Lebens *266*
Das Tal des River Dee 268

8 Das zentrale Hochland 274

Von Perth nach Inverness 277
Crofting *282*
Braemar 287
Der olympische Geist im Kilt *288*
Von Braemar nach Grantown 292
Inverness 295
Bonnie Prince Charlie – Held oder Abenteurer? *302*
Loch Ness 304
Loch Ness – Unbekanntes Tauchobjekt oder Sommerlochplombe? *306*

9 Der Norden und Nordwesten 308

Die Ostküste 314
Die Erschaffung der Einsamkeit – Highland Clearances im 19. Jh. *318*
Die Nordküste 326
Die nordwestliche Atlantikküste 332
Das westliche Hochland 341
Brochs und Duns – die Burgen der Vorzeit *346*
Schottlands Tal der Tränen – Glen Coe *353*

10 Arran und die Inneren Hebriden 356

Überblick 359
Arran 359
Gigha 367
Islay 369
Jura 374
Mull 377

Skye 384
Der Dudelsack 390

11 Die Äußeren Hebriden 398

Überblick 400
Lewis and Harris 405
Harris Tweed 413
North Uist 417
Benbecula 422
South Uist 422
Barra 426

12 Orkney und Shetland 428

Orkney 430
Seevögel an Schottlands Küsten 432
Shetland 446

13 Praktische Reisetipps A–Z 460

Anreise 462
Autofahren 469
Barrierefreies Reisen 472
Camping 473
Einkaufen 474
Ein- und Ausreisebestimmungen 474
Elektrizität 475
Essen und Trinken 475
Feiertage, Feste und Events 477
Fotografieren 480
Geld 480
Gesundheit 482
Mit Haustier unterwegs 484
Information 485
Mit Kindern unterwegs 488
Klima und Reisezeit 489
Kommunikation unterwegs 490
LGBT+ 491
Maße und Gewichte 492
Notfälle 492
Öffnungszeiten 493
Orientierung und Landkarten 495
Post 495
Rauchen 495
Reisegepäck und Ausrüstung 496
Sicherheit 496
Sport und Aktivitäten 497
THEMA Radfahren 498
THEMA Wandern 502
Sprache 511
Unterkunft 514
Verhaltenstipps 517
Verkehrsmittel 517
Zeit 521

14 Land und Leute 522

Geografie 524
Geologie 524
Klima 526
Flora und Fauna 528
Umwelt- und Naturschutz 532
Geschichte und Politik 534
Staat und Verwaltung 549
Wirtschaft 551
Bevölkerung 559
Gespensterglaube – eine schottische Leidenschaft 562
Religion 565
Traditionen und Bräuche 566
Architektur 566
Film ab – Drehorte in Schottland 570
Literatur 571
Robert Burns 572
Sir Walter Scott 573
Schottische Schriftsteller des 20. Jh. 576
Malerei 577
Musik 578

15 Anhang 580

Literaturtipps 582
Kleine Sprachhilfe Englisch 583
Register 589
Die Autoren 599
Schreiben Sie uns! 600

Wanderungen

Der Southern Upland Way 54
Kerrera 115
Lochnagar 273
Von Loch Morlich zum Ryvoan Bothy 286
Linn of Dee und Glenlui 291
Von Loch Inver nach Achmelvich 335
Die Besteigung des Ben Nevis 349
Auf den Goat Fell 361
Carsaig Arches auf Mull 381
Sligachan Path bis Camasunary Bay 388
The Storr 395
Die Rundtour von Scorrybreac 397
Auf der Coffin Road über Harris 416
Die kleine Insel Berneray 418
Eine Tour über die Halbinsel Balranald 421
Stromness und der Blick nach Hoy 440
Rund um die Insel North Ronaldsay 445
Vom Jarlshof auf Sumburgh Head 454
Die Basstölpel von Hermaness 459
Der West Highland Way 508

Karten

Schottland Umschlag vorn
Die Regionen im Überblick 13
Reiserouten und Touren 15, 17, 18

Übersichtskarten
Borders 28
Dumfries und Galloway 52
Strathclyde und Glasgow 72
Lothian und Edinburgh 124
Central und Fife 172
Tayside 204
Grampian und Aberdeen 230
Zentrales Hochland 276
Norden und Nordwesten 310
Norden, äußerster 312
Arran 358
Innere Hebriden 368
Skye 385
Äußere Hebriden, nördlicher Teil 406
Äußere Hebriden, südlicher Teil 420
Orkney 431
Shetland 448

Stadtpläne
Aberdeen, Zentrum 234
Old Aberdeen 238
Dundee 214
Edinburgh Umschlag hinten
Edinburgh, Royal Mile 134
Glasgow 84
Inverness 296
Perth 209
St Andrews 196
Stirling 178

Thematische Karten
Fährverbindungen 466
Wanderwege 506
Verwaltungsbezirke 550

Hinweise zur Benutzung

Nicht verpassen!
Die Highlights der Region erkennt man an der **gelben Markierung.**

UNSER TIPP: ...
... steht für spezielle Empfehlungen der Autoren: abseits der Hauptpfade, persönlicher Geschmack.

Der Schmetterling ...
... zeigt an, wo man besonders gut Natur erleben kann oder Angebote im Bereich des nachhaltigen Tourismus findet.

Kinder-Tipps
Das Symbol kennzeichnet Sehenswürdigkeiten und Aktivitäten, an denen auch kleine Schottland-Urlauber ihre Freude haben.

4 Die **Ziffern** in den farbigen Kästchen bei den **Praktischen Tipps** der Ortskapitel verweisen auf den Legendeneintrag im Stadtplan.

Updates nach Redaktionsschluss
Auf der Produktseite dieses Reiseführers in unserem Internetshop www.reise-know-how.de finden Sie zusätzliche Informationen und **wichtige Änderungen.**

Preiskategorien Unterkünfte
Die Preiskategorien in diesem Reiseführer gelten jeweils **pro Person und Nacht,** wenn nicht anders angegeben und staffeln sich wie folgt:

Hotels, B & Bs, Guesthouses und andere **Unterkünfte mit Doppelzimmer,** inkl. Frühstück:
① bis £ 35 ② £ 35–60 ③ ab £ 60

Hostels, Bunkhouses und andere **Unterkünfte mit Mehrbettzimmer,** ohne Frühstück:
① bis £ 20 ② £ 20–30 ③ ab £ 30

Zeltplätze und **Caravaning:**
① bis £ 10 ② £ 10–20 ③ ab £ 20

GPS-Koordinaten
Die GPS-Koordinaten in diesem Buch sind als geografische Koordinaten (Breite und Länge, Lat./Lon.) in Dezimalgrad angegeben, also z. B. so: **GPS N 52.00017, E 8.49119.** Weitere Infos zum Thema unter www.reise-know-how.de/gps.

GPS-Tracks
Für die im Buch vorgestellten Wanderungen stehen auf www.reise-know-how.de GPS-Tracks im Format *gpx* zum kostenlosen Download bereit. Sie finden die Daten auf der Produktseite dieses Titels.

> Three Lochs Viewpoint auf der Isle of Mull

Die Regionen im Überblick

1 Borders | 26

Die Borders zeichnen sich durch eine sanft rollende Hügellandschaft aus. Trutzburgen und Klosterruinen stehen als Zeichen vergangener Konflikte an der Grenzregion zu England. Die Herstellung von hochwertigen Stickwaren und Stoffen prägt die Region bis heute. Entlang des Grenzflusses Tweed hat sich eine Textilindustrie gebildet, die den Tweed-Stoff fertigt.

2 Dumfries und Galloway | 48

Die Region ist geprägt durch Dörfer, felsige Küsten und wunderschöne Strände. Die Southern Uplands verlocken zu abwechslungsreichen Wanderungen. Ein guter Ausgangspunkt für Expeditionen ist das kleine Städtchen **Moffat (S. 67)** nördlich des wirtschaftlichen Zentrums der Region: **Dumfries (S. 62).**

3 Strathclyde und Glasgow | 70

Ehemalige Industriestädte konkurrieren hier mit der verzaubernden Landschaft des **Nationalparks Loch Lomond and the Trossachs (S. 102)** um die Gunst des Besuchers. In **Glasgow (S. 82)** ist eine bunte Kulturlandschaft an ehemaligen Industriestandorten entstanden.

4 Lothian und Edinburgh | 122

In die Region Lothian eingebettet liegt **Edinburgh (S. 126),** überthront von seinem Castle. Über die Grenzen des Landes hinaus ist es bekannt für sein alljährliches *Edinburgh Festi-*

700sc bcg

val. Um die Hauptstadt herum finden sich schöne Ortschaften und das Vogelschutzgebiet **Bass Rock (S. 158).**

5 Central und Fife | 170

Die Region um **Stirling (S. 174)** ist reizvoll mit bewaldeten Tälern und romantischen Seen. An der Küste wird das Land flach mit einigen malerischen Fischerdörfern. In **St Andrews (S. 190)** liegt die Heimat des Golfs.

6 Tayside | 202

Mildes Klima, teilweise atemberaubende Küstenformationen und das liebliche Landesinnere machen die Region sehenswert. Besonders in den bewaldeten Tälern lässt es sich gut wandern. **Perth (S. 206)** mit einer hübschen Innenstadt und die Designstadt **Dundee (S. 211)** bilden hierzu ein reizvolles Gegenprogramm.

7 Grampian und Aberdeen | 226

Umrahmt von einer abwechslungsreichen Küste wird hier die Gerste für den in der Region gebrannten Speyside-Whisky angebaut. Auch sonst bietet die Region vieles Schottland-Typisches: alte Burgen, traditionelle Highland Games und heidebedeckte Berge. In **Aberdeen (S. 232)** locken die imposanten Granitbauten der Universität und des Rathauses.

8 Das zentrale Hochland | 274

Schottland aus dem Bilderbuch: Wälder, Moor, Fels und Heide teilen sich die Landschaft mit Lochs und Flüssen. Die Gegend ist im Gegensatz zum Norden und Nordwesten sehr gut erschlossen und bietet den berühmtesten See Schottlands: **Loch Ness (S. 304).**

9 Der Norden und Nordwesten | 308

Die Landschaft im Westen ist gezeichnet von der Rauheit der Winde, die sie über die Jahrtausende geschliffen haben. Die Berge sind mit Moor bedeckt, nach Westen zerklüftet sich die Küste zusehends mit wunderschönen zwischengelagerten Sandstränden. Im Osten warten prähistorische Fundstätten nahe der steilen Küsten.

10 Arran und die Inneren Hebriden | 356

Über diese beschauliche Inselgruppe verteilt sich eine Vielzahl von Landschaften, die jede für sich reizvoll ist. Eine landschaftliche Perle sind die Berge der Cuillins auf **Skye (S. 384),** andere Inseln warten mit beschaulichen kleinen Hafenstädten und Entschleunigung auf.

11 Die Äußeren Hebriden | 398

Die abgeschiedene Inselkette mit abwechslungsreicher Landschaft: von Bergen über Moor und Heide hin zu wunderschönen Stränden ist für alle etwas dabei. Hier finden sich viele traditionelle Crofts. Prähistorisches Highlight sind die **Callanish Standing Stones (S. 409).**

12 Orkney und Shetland | 428

Die beiden Inselgruppen bieten eine überaus reiche Vogelwelt und viele prähistorische Fundstätten. **Orkney (S. 430)** ist flach und landwirtschaftlich geprägt, während im moorigen **Shetland (S. 446)** der Fischfang dominiert.

Die Regionen im Überblick

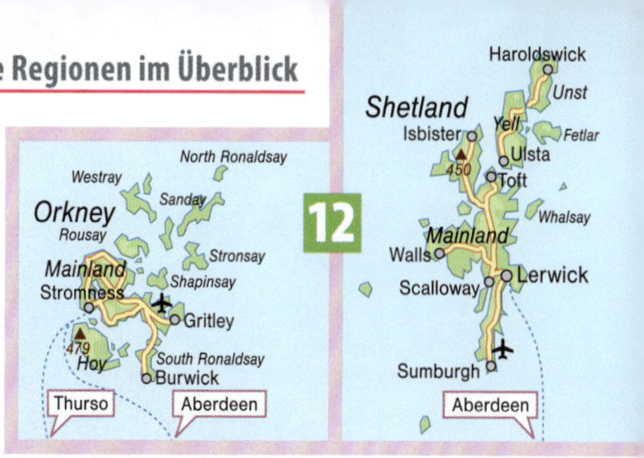

701sc bcg

Reiserouten und Touren

Wir möchten gern ein paar Möglichkeiten für eine **Reise durch Schottland** aufzeigen, und haben hier fünf Routen dargestellt, die sich modular miteinander verbinden lassen.

Reges Treiben in Edinburgh während der Festivalsaison

Route 1: Eine Städtereise nach Edinburgh zur Festivalsaison

Dauer: 3–7 Tage

Die **schottische Haupstadt** Edinburgh ist eine Reise wert und hat vielseitige Angebote. Architekturfreunde besuchen die klassizistische **Neustadt** oder die organisch gewachsene **Altstadt,** Kunstbegeisterte bewundern die Gemälde in der **Scottish National Gallery** und der **Scottish National Portrait Gallery.** Für Anhänger der abendlichen Unterhaltung sind die Bars, Cafés und Inns am **Grass Market** in der Nähe der Universität erfolgversprechende Anlaufstellen. Sollte es regnen, begibt man sich in das **National Museum of Scotland** oder besichtigt die Kronjuwelen im **Castle.**

Um vor ersten Unternehmungen einen guten Aus- und Überblick über die Stadt zu bekommen, bietet sich ein Besuch von **Calton Hill** an. Neben den beeindruckenden Monumenten auf dem Hügel reicht der Ausblick über Alt- und Neustadt bis zum Meeresarm Firth of Forth. Wer sich eine Auszeit vom Trubel der Stadt wünscht, spaziert ein wenig durch **Dean Village** am Leith entlang oder besucht den **botanischen Garten.**

Im August verwandelt sich Edinburgh für einen Monat in den kulturellen Herd Schottlands. Während den sommerlichen **Festivals** finden in den Theatern der Stadt Musik-, Opern-, Theater- und Tanzaufführungen statt, auf den Straßen geben Schausteller ihre Kunst zum Besten und auf der Esplanade vor dem Castle marschieren Dudelsackspieler auf, während in den Buchläden der Stadt über die neuesten Publikationen gesprochen wird. Tickets und vor allem Zimmer sollten auf jeden Fall weit im Vorhinein gebucht werden, denn in dieser Zeit ist die Hauptstadt mit Gästen gut gefüllt.

Route 2: Durch die vorderen Highlands

■ Dauer: 1½–3 Wochen

Die Highlands bezeichnen allgemein die Berge nördlich von Edinburgh und Glasgow. Sie bedecken rund die Hälfte Schottlands. Der vordere Teil der Highlands ist gut erschlossen und bietet einige der markantesten Sehenswürdigkeiten Schottlands, ob der Nationalberg Ben Nevis, das Tal Glen Coe oder auch die Insel Skye mit phänomenalen Berg- und Felsformationen.

Von Glasgow oder Edinburgh beginnend führt die Route zunächst an den Ufern des **Loch Lomond** im gleichnamigen Nationalpark entlang. An den hübschen Ufern des größten schottischen Sees schlängeln sich schöne Wanderpfade entlang und über den See verkehren Bootstouren, auf denen man am Wochenende durchaus auch einigen Glasgowern begegnet.

Nach Loch Lomond hebt sich der Weg in die Highlands empor. Zwischen massiven Bergflanken laden hier nette Täler zum Verweilen ein. Vor **Loch Leven** durchquert man **Glen Coe,** eines der bekanntesten Täler des Landes.

Auf Glen Coe folgt nach kurzem Weg **Fort William,** die Hauptstadt der Highlands, in deren Nähe sich Schottlands Nationalberg, der **Ben Nevis** befindet. Von dort bieten sich Erkundungen an, zum nahegelegenen **kaledonischen Kanal** oder dem **Glenfinnan Viadukt,** über das der Dampfzug aus den *Harry-Potter*-Filmen fährt. Von Glasgow oder

Edinburgh bis zum Glenfinnan Viadukt sollte man 5–10 Tage einplanen.

Auch nach **Skye** ist ein Abstecher lohnenswert. Auf der Insel findet sich mit den **Cuillin Hills** ein Wandergebiet, im Norden der Insel ragen bizarre Steinformationen wie der **Old Man of Storr, Kilt Rock** oder auch **Quiraing** aus Meer und Hügeln und mit etwas Glück lassen sich in der Meerenge vor den Äußeren Hebriden auch Delfine, Robben oder Wale beobachten. Um die Insel in Ruhe zu erkunden, sollten 4–7 Tage eingeplant werden.

In **Inverness** eröffnet sich die Möglichkeit eines Stadtbummels, vielleicht einen Besuch der Inverness Museum and Art Gallery oder ein Spaziergang entlang des Flusses Ness. In der näheren Umgebung liegt das **Schlachtfeld von Culloden,** auf dem die Unterstützer der Jakobiten die letzte große Schlacht für die schottische Unabhängigkeit verloren.

Von Inverness geht es auf der A 9 durch den **Cairngorms National Park** und über **Perth** zurück nach Edinburgh oder Glasgow. Dafür sollte man sich (inklusive der Besichtigung von Inverness und ausreichend Zeit im Cairngorms National Park) 3–6 Tage Zeit nehmen.

Route 3: Im Osten Schottlands

- Dauer: 1–2 Wochen

Der Osten Schottlands gliedert sich in **vier Gebiete:** die Küstenstädte Aberdeen und Dundee, die Küste, Speyside und die Grampians im Hinterland. Um Aberdeen und Dundee bestehen gute Ver-

702sc sv

An den Ufern des Ness steht Inverness Castle

kehrsanbindungen, aber gerade in den Tälern der Grampians oder entlang der Küste wird das Straßennetz dünner. Diese Route gibt Einblick in unterschiedliche Facetten des schottischen Ostens, der von **Perth** schnell zu erreichen ist.

Dundee hat die Transformation vom ehemaligen Zentrum der Juteindustrie zur Stadt des Designs vollzogen. Diesem Thema ist ein eigenes Museum gewidmet. An der Küste bietet **Aberdeen,** Anlandepunkt des schottischen Offshoreöles, die Vorzüge einer Großstadt und ist eine pulsierende, geschäftige Stadt. Danach folgt **Peterhead,** wo der größte Hafen des Landes liegt.

Nördlich der Grampians liegt die Region Speyside. Die Whiskyindustrie ist hier ein großer Arbeitgeber und sorgt dafür, dass alte Berufe wie Fassmacher noch immer rentabel sind. Sehenswert ist die Ruine der Kathedrale in **Elgin.**

Über **Inverness** geht es in die Grampians, dort laden Burgen zur Besichtigung ein. Die Berge der Grampians bieten sich für Wanderer, Mountainbiker und Kletterer gleichsam an. Um die höchste Bergkette, die **Cairngorms** wurde ein **Nationalpark** eingerichtet. Zudem finden in **Braemar** und **Ballater** jährlich die größten Highland Games statt. Von dort geht es zurück nach Perth.

Route 4: Eine Erkundung der Äußeren Hebriden

- Dauer: 2–3 Wochen

Eine empfehlenswerte Art der Reise ist die ohne Auto. Mit ein wenig Planung ist

die **autofreie Reise** über die Äußeren Hebriden **von Glasgow oder Edinburgh** aus gut möglich. Oban ist über eine Zugverbindung an Glasgow angeschlossen und Ullapool mit Zug und/oder Bus erreichbar.

Die Äußeren Hebriden können **mit Fähre und Bus** der Länge nach durchquert werden. Die Kosten für den Bus auf den Inseln bleiben dabei unter denen der Autotickets für die Fähre.

Eine Besonderheit ist für die Reiseplanung zu beachten: An Sonntagen haben auf den Inseln die meisten Geschäfte geschlossen und auch die Busse fahren nicht, lediglich die Fähren vebinden die Inseln noch.

Von **Oban** fährt die Fähre nach **Castlebay** auf Barra mit der sehenswerten Wasserburg **Kisimul Castle** im Hafen. Auf den Inseln gibt es die Möglichkeit, Einblick in historische Wohnweisen zu erhalten. Ein *Trust* hat an mehreren Stellen alte **Black Houses,** torfgedeckte Steinhäuser, zu Hostels ausgebaut. In einem Museum wurde der ursprüngliche Inhalt eines dieser Häuser erhalten. Weitere Highlights der Inselgruppe sind die **Callanish Standing Stones,** ein 5000 Jahre alter Steinkreis, vergleichbar mit Stonehenge und die enormen **Sandstrände von South Harris.**

Von **Stornoway** geht es dann mit Fähre nach **Ullapool** zurück auf das schottische Festland. Mit den öffentlichen Verkehrsmitteln erreicht man von dort wieder Glasgow und Edinburgh.

[>] Ullapool

Route 5: Eine Rundreise auf der North Coast 500

■ Dauer: 1–2 Wochen

Die North Coast 500 windet sich in rund 500 Meilen einmal rund um Nordschottland und wird von Wohnmobil-, Rennrad- und Motorradfahrern gleichermaßen geschätzt. Auch wenn die Route selbst rege befahren ist, sind öffentliche Verkehrsmittel rar, sodass ein **eigenes Fahrzeug** ratsam ist. Entlang des Weges findet sich in den Restaurants der Küstenstädtchen ein hervorragendes Angebot an an Fisch und Muscheln.

Die Ostküste um **Inverness** bietet zunächst noch einige fruchtbare Landschaften. Richtung Norden steigt die Küste an und das Land wird zusehends karger. Bei **Dornoch** steht mit Dunrobin Castle ein imposantes Schloss im franzö-

703sc ab

sischen Stil, Sitz der Herzöge von Sutherland. Über die kleine Fischerstadt **Wick** erreicht man Schottlands „Ende" in **John o'Groats** – auf **Duncansby Head** steht man an der Nordostspitze des schottischen Festlands. Für einen Besuch von Inverness, der Fahrt nach John o'Groats und einen entspannten Tag dort sollten 2–4 Tage eingeplant werden. Von hier geht es die Küste entlang weiter nach Durness.

Die westliche Nordküste um **Durness** ist einer der dünnbesiedelsten Landstriche. Die Westküste ist im Gegensatz zur Ostküste wesentlich rauer und felsiger. Die Straße macht viele Bögen, um die zum Teil tiefen Meereseinschnitte zu umfahren. Die tiefen Buchten bieten auch dem Sand viele Möglichkeiten, sich zu schönen Stränden zu versammeln, so geschehen in **Achmelvich.** Im Herbst schallt das Röhren der Hirsche in der Brunft von den Hängen hinab und verleitet zur Erkundung der schönen Landschaft.

In der kleine Hafenstadt **Ullapool** bietet mehr als ein Café Möglichkeiten, alle bisher gesammelten Erlebnisse in Worte und Bilder zu fassen. Insgesamt benötigt man 2–5 Tage um Durness, Achmelvich und Ullapool zu besichtigen.

Nach einer szenischen Rundfahrt um die Westküste bei **Loch Ewe, Loch Gairloch** und entlang **Loch Maree** führt die Route über **Applecross** und durch die Highlands zurück nach Inverness. Für die Rückfahrt sollte man sich mit 3–7 Tagen genügend Zeit nehmen.

Hogmanay
Am 31. Dezember, bis in die frühen Morgenstunden des 1. Januars, einem der höchsten schottischen Feiertage, wird der Beginn des neuen Jahres im ganzen Land mit prächtigen Paraden eingeläutet.

Celtic Connections
In Glasgow kann man im Januar 18 Tage lang bei über 300 Veranstaltungen Folk-Musik erleben.

Burns' Night
Am 25. Januar wird der Nationaldichter *Robert Burns* landesweit bei Haggis und Whisky gebührend gewürdigt.

Gute Reisezeit
Zwischen April und Juni sind Temperaturen und Zahl der Stechmücken moderat und die Regenhäufigkeit am niedrigsten.

Ceilidh Festival
In Oban feiert man in der zweiten Junihälfte die schottische Kultur.

Festival of Traditional Music and Songs
Anfang/Mitte Juni wird in Keith zwei Tage lang traditionelle schottische Musik gefeiert.

Bute Jazz Festival
Am ersten Maiwochenende richtet Bute ein Festival für Jazz im Rothesay Pavillon aus.

JAN | FEB | MÄR | APR | MAI | JUN

Skisaison
Von Dezember bis März liegt auf den höheren Gipfeln der Highlands Schnee, gute Voraussetzungen für Skifans und andere Wintersportbegeisterte.

Up Helly Aa
Am letzten Dienstag im Januar wird in Lerwick auf Shetland von verkleideten Wikingern ein Boot angezündet, um den Winter zu verabschieden.

Shetland Folk Festival
An vier Abenden Ende April/Anfang Mai wird in Lerwick shetlandische Musik und Folklore präsentiert.

May Bank Holidays
Zwei zusätzliche Feiertage am ersten und letzten Montag im Mai, an denen viele Briten ein verlängertes Wochenende einlegen. Unterkünfte können je nach Region entsprechend rar sein.

LEGENDE

- Winter
- Frühjahr/Herbst
- Sommer

Bloody Scotland
Das internationale Kriminalliteratur-Festival findet Mitte September in Stirling statt.

Highland Games
Im Juli und August findet die Saison der Highland Games ihren Höhepunkt. Zwischen Dudelsack und Kilt werfen starke Menschen schwere Dinge.

Sommerferien
Von Ende Juli bis Anfang September haben die Briten Sommerferien. Viele Sehenswürdigkeiten sind stark besucht und in beliebten Ferienregionen sind Unterkünfte oft ausgebucht.

Merchant City Festival
Viele bunte Gestalten strömen an einem Wochenende Ende September durch Glasgows Merchant City Viertel und bieten Tanz, Akrobatik und Performances.

Wigtown Book Festival
Jährlich Ende September/Anfang Oktober richtet Schottlands Bücherstadt ein Festival rund ums Buch aus.

Guy Fawkes Day
Am 5. Nov. wird dem missglückten Anschlag von *Guy Fawkes* auf das britische Parlament 1607 gedacht – mit zahlreichen Feuerwerken.

JUL | AUG | SEP | OKT | NOV | DEZ

Turriff Show
An zwei Tagen Ende Juli/Anfang August findet in Turriff eine der größten landwirtschaftlichen Veranstaltungen Europas statt.

Edinburgh International Festival
Im Aug. dreht sich in Edinburgh alles um die Festivals. Mit vielen Aufführungen wird in den Theatern Kultur gefeiert.

Heideblüte
Von August bis Ende September werden die Highlands von einem Meer aus lila blühender Heide überzogen.

Royal National Mòd
Ein Festival Mitte Oktober, das alles Gälische feiert. Der Ausrichtungsort wechselt jährlich.

Skisaison

Shetland Wool Week
Ende Sept./Anfang Okt. findet in Lerwick *das* Wollfestival statt, das jeder Strickfan einmal in seinem Leben besucht haben muss.

St Andrew's Day
Der Tag des Schutzheiligen der Schotten am 30. November wird an vielen Orten gefeiert, in St Andrews mit einem einwöchigen Festival.

Fünf Klöster, die Geschichte schrieben

313sc jf

Melrose Abbey | 34

Die ehemalige Zisterzienserabtei aus dem 12. Jh. wurde in ihren gut 400 Jahren der Nutzung mehrfach in Grenzkonflikten zerstört. Die heutigen Ruinen sind das Ergebnis einer vom schottischen Nationaldichter *Walter Scott* durchgeführten Restaurierung. Das gut erhaltene mächtige Kirchenschiff vermag einen Eindruck über die Ausmaße dieser eindrucksvollen Abtei zu vermitteln.

Adobe Stock © Calum Smith

Sweetheart Abbey | 64

Die Geschichte dieses Klosters ist tragisch und zugleich romantisch. *Devorgilla Balliol,* Gemahlin von *John Balliol,* ließ nach seinem Tod 1269 sein Herz einbalsamieren und zu seinen Ehren dieses Kloster errichten. Nachdem sie im Alter von 80 Jahren verstarb, wurde sie zusammen mit dem Herz ihres Mannes in dem von den Mönchen *Sweetheart Abbey* getauften Kloster begraben.

303sc ab

Holyrood Abbey | 136

Einst war Holyrood Abbey eines der mächtigsten Klöster Schottlands, mit regelmäßigen Besuchen des Königs. Nach der Reformatione wurde das Kloster in seiner Form aufgelöst. Das ehemalige Gästehaus dieser Abtei ist heute die Residenz der britischen Herrscher in Edinburgh. Vom eigentlichen Kloster sind die Ruine der Kirche und der Holyrood Palace erhalten.

Adobe Stock © w11buc

Arbroath Abbey | 217

Im Jahre 1320 wurde die schottische Unabhängigkeitserklärung, die als eines der wichtigsten Dokumente in der Geschichte des Landes gilt, vom Abt des Klosters geschrieben und von 39 Adligen unterzeichnet an Papst *Johannes XXII.* gesendet. 1951 wurde der aus Westminster gestohlene Krönungsstein „Stein von Scone" neben dem Altar der Kirche gefunden.

Adobe Stock © Alexey Seafarer

Iona Abbey | 382

Eine Urstätte des Christentums: Als erstes Kloster Schottlands wurden von hier von 563 an die Pikten durch den heiligen *Columba* missioniert. Aufgrund seiner Bedeutung fanden viele schottische, irische und sogar wikingische Könige und Adlige hier ihre letzte Ruhe. So soll auch der legendäre König *Macbeth,* dem *Shakespeare* ein Schauspiel widmete, im Umfeld dieser Mauern begraben sein.

Fünf Orte, an denen Steine sprechen

Cairngorm National Park | 277

Diese Berge bestehen aus Granit. In vergangenen Zeiten wurde Magma mit großem Druck aus dem Erdinneren gepresst und kristallisierte auf dem Weg nach oben langsam. Dieser Granit formt die bezaubernden Landschaften, die sich bewandern, beklettern und mit dem Mountainbike durchfahren lassen.

704sc ab

Loch Assynt | 336

In die umgebenden Berge bettet sich Loch Assynt szenisch in der Landschaft ein. Die Berge bestehen in ihrer unteren Seite aus Lewis Gneis, einem der ältesten Steine der Welt. Darauf lagert eine Schicht aus jungem Sandstein. An allen Ufern des Loch Assynt zeigen sich die verschiedenen Steinschichten und erlauben Aussicht in ungeahnte Tiefen.

308sc ab

Great Glen | 344

Die Gegend um Loch Ness stellt einen großen Einschnitt in der britischen Insel dar. An der Stelle haben sich zwei tektonische Platten gegeneinander verschoben, sodass sich die Geologie auf den beiden Seiten unterscheidet. Mit den Gletschern der letzten Eiszeit wurde das wesentlich leichtere Material aus der Schlucht ausgespült und bildete Loch Ness, Loch Oich und Loch Lochy.

307sc sv

North Harris | 412

Bei der Fahrt von Stornoway nach Tarbert schauen die Berge von North Harris schon von Weitem über das Moor hinaus. Die Berge und die gesamten Äußeren Hebriden bestehen aus einem der ältesten Gesteine der Erde: dem Lewis Gneis. Bevor ambitionierte Entwickler die Straße durch dieses unwegsame Gebiet trieben, war eine Bootsfahrt die einzige Verbindung zwischen den beiden Inselteilen.

Adobe Stock © Katarina Tauber

Eshaness | 456

Die Klippen an dieser Küste sind wild und ungestüm wie das Meer, das sich hier mit ihnen trifft. Verbunden mit der Tatsache, dass an dieser Stelle ein Vulkan explodierte und Gestein aller Schichten an die Oberfläche beförderte, ist diese Gegend auch in anderem Sinne sehr spannend. Die gesamte Hauptinsel Shetlands ist der Länge nach von einer Verwerfung durchzogen.

Adobe Stock © PK Visual Journeys

Fünf Tiere, die Schottland ausmachen

368sc ab

Schafe

Wenn sie auch nicht einzig in Schottland zu finden sind, kann man Schafe aus einer Schottlandreise kaum wegdenken. Ob sie gerade eine Single Track Road in den Highlands verstellen, auf der Wanderung panisch vor dem Wanderer flüchten oder in großer Zahl die Lowlands bevölkern, sie sind überall und sie sind viele. Ihre Wolle trägt zu einer Vielzahl an schottischen Strickwaren und Stoffen bei.

386sc ab

Austernfischer

Es ist fast nicht möglich eine der Küsten Schottlands zu besuchen, ohne den charakteristischen quietschenden Ruf des Austernfischers zu hören. Als Wattvogel ist er zwar im gesamten Nordseeraum verbreitet, aber da in Schottland die nächste Küste nie weit entfernt ist, scheint er omnipräsent.

705sc ab

Robben

Auf den Steinbänken tummeln sie sich und sonnen sich – sofern es das Wetter erlaubt. Eine aktive Robbe begleitet den geneigten Beobachter gern aus der sicheren Distanz im Wasser. So bleibt manchmal die Frage offen, wer hier gerade wen beobachtet: Die Robbe den Menschen oder der Mensch die Robbe.

Adobe Stock © Richard

Rotwild

Im Landesinneren ist dies in der richtigen Jahreszeit ein unüberhörbarer Bewohner Schottlands. In der Brunftzeit ist das Röhren der Hirsche über die gesamten Highlands zu vernehmen und mit etwas Glück können zwei Hirsche im aktiven Zweikampf beobachtet werden. Sie gelten durch ihren Hunger als einer der Hauptgründe für die karge Landschaft der Highlands.

387sc ab

Das Einhorn

Als Wappentier bevölkert das Einhorn vor allem die Wappen prächtiger Paläste oder das Mercat's Cross in den Städten. Es verkörpert die Unabhängigkeit und Wildheit, die auch heute noch mit Schottland und seiner Natur verbunden werden. Wer weiß, vielleicht zeigt sich eines dieser majestätischen Wesen bei einer Wanderung in einem einsamen Tal.

Fünf Hafenstädte zum Verweilen

Crail | 189

Dicht an die doch relativ steile Küste geschmiegt staffeln sich die Häuser in Crail zum Hafen hinunter. Im kleinen Hafenbecken liegen ein paar Schiffe in der Ebbe auf Grund und im Hafencafé beobachtet ein Rotkehlchen aufmerksam, ob die Gäste nicht doch noch einen Kuchenkrümel fallen lassen. Kurzum: Ein lebenswerter Fleck Küste.

706sc ab

Lochranza | 362

Die scheinbar im Meer stehende Burgruine kann kaum übersehen werden. Sie wird von einigen Häusern umringt und bietet einen wunderschönen Anblick mit den grün-gelb leuchtenden Bergen im Hintergrund. Naturliebhaber werden hier glücklich, denn nicht nur Rehe tummeln sich gerne nahe der Jugendherberge, auch Adler können hinter der Destillerie häufig gesichtet werden.

707sc lb

Tobermory | 379

Wie eine bunte Perlenkette bildet die farbenfrohe Häuserreihe am Wasser eine sehenswerte Kulisse. Sie ist der Lebensmittelpunkt der Insel Mull und der Ausgangspunkt für verschiedene Aktivitäten wie Wandern, Fischen oder ein Besuch in der ansässigen Destillerie. Wirklich empfehlenswert sind die Leckerbissen, die sich in all den kleinen bunten Häuschen finden lassen.

708sc bcg

Stornoway | 407

Der letzte *Lord of the Isles* ist längst nicht mehr, aber die Autonomie haben die Äußeren Hebriden sich erhalten: Die gälische Sprache überwinterte hier ihre kulturelle Missachtung. Es überrascht daher nicht, in Stornoway ein sehr lebendiges Inselzentrum zu finden, in dem die kulturellen Vermächtnisse, egal ob von Wikingern, Gälen oder Schotten, weiterhin geschätzt und gelebt werden.

Adobe Stock © JASPERIMAGE

Lerwick | 449

In den 6000 Jahren Siedlungsgeschichte Lerwicks haben seine Bewohner eine bunte Vergangenheit erlebt. Neben den Wikingern, die auf Shetland zahlreiche Namen und Bräuche prägten, legten auch die Niederländer häufiger in der Inselhauptstadt an. Sie hinterließen die *Lodberries,* von See und Land begehbare Lagerhäuser, in denen auch die ein oder andere Flasche Gin illegal ihren Besitzer wechselte.

709sc ab

Überblick | 29

Duns | 44

Eyemouth | 45

Galashiels | 37

Hawick | 42

Jedburgh | 41

Kelso | 31

Melrose | 34

Peebles | 39

735sc bcg

1 Borders

» „Und willst du des Zaubers sicher sein, so besuche Melros' bei Mondenschein."
(Sir Walter Scott)

Die trutzigen Klosterruinen der Region sind jedoch zu jeder Tageszeit sehenswert.

< Im Abbotsford House verbrachte Sir Walter Scott seine letzten Jahre

Borders

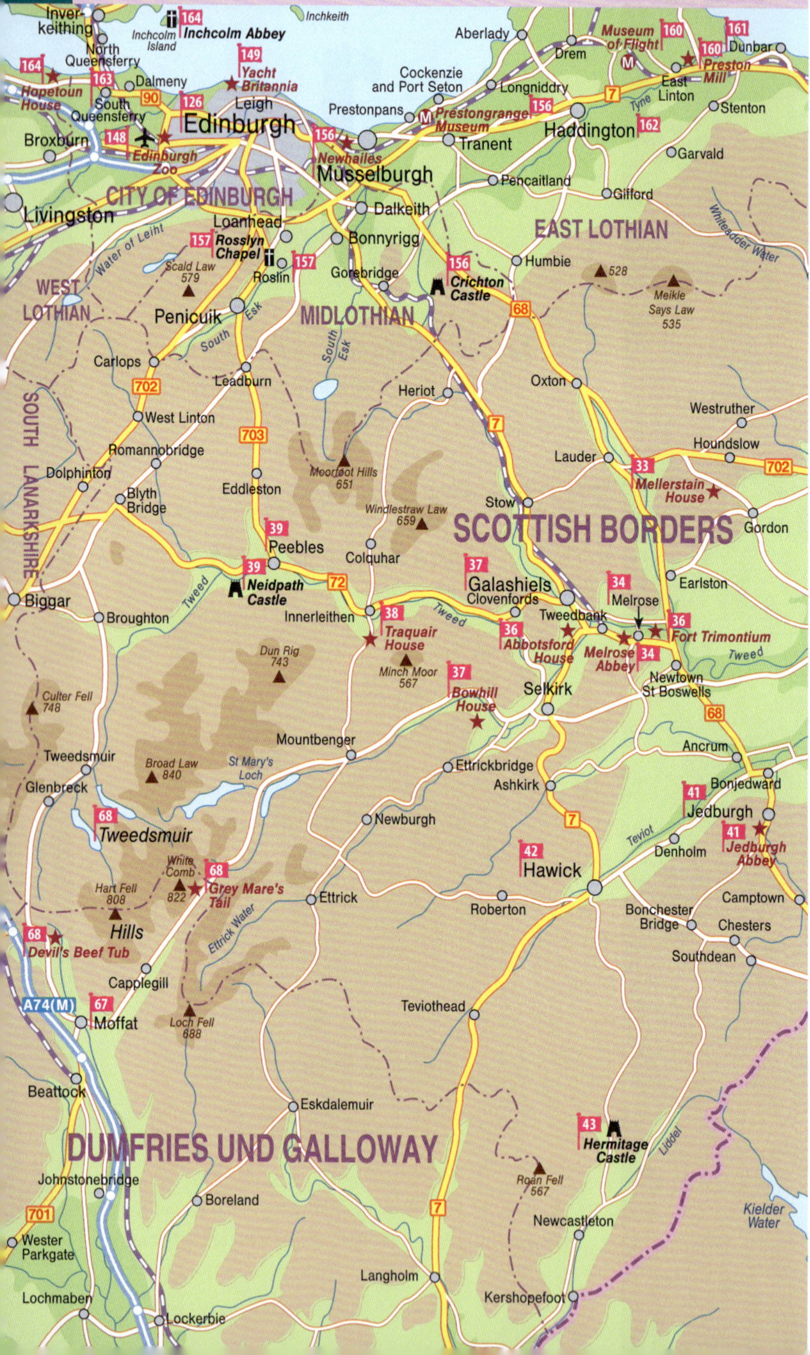
0 10 km
Inverkeithing
Inchcolm Island
164 Inchcolm Abbey
Inchkeith
North Queensferry
164 Hopetoun House
163
Dalmeny
149 Yacht Britannia
South Queensferry
90
126
Leith
Edinburgh
Broxburn
148 Edinburgh Zoo
156 Newhailes
Musselburgh
CITY OF EDINBURGH
Livingston
Loanhead
Water of Leith
157 Rosslyn Chapel
Roslin
157
Scald Law 579
WEST LOTHIAN
Penicuik
Esk
South Esk
Carlops
702
Leadburn
West Linton
703
Romannobridge
Dolphinton
Blyth Bridge
Eddleston
SOUTH LANARKSHIRE
Moorfoot Hills 651
Windlestraw Law 659
39 Peebles
Colquhar
39 Neidpath Castle
72
Biggar
Broughton
Tweed
Innerleithen
38 Traquair House
Dun Rig 743
Minch Moor 567
Culter Fell 748
Aberlady
Drem
Museum of Flight 160
161
160 Preston Mill
Dunbar
Cockenzie and Port Seton
Longniddry
Prestonpans
Prestongrange Museum
156
7
East Linton
Tyne
Stenton
Tranent
Haddington
162
Garvald
Pencaitland
Gifford
Dalkeith
Bonnyrigg
EAST LOTHIAN
Whiteadder Water
Humbie
528
Gorebridge
156 Crichton Castle
MIDLOTHIAN
68
Meikle Says Law 535
Heriot
Oxton
Westruther
Houndslow
702
Lauder
33 Mellerstain House
Stow
SCOTTISH BORDERS
Gordon
37 Galashiels
Clovenfords
34 Melrose
Earlston
Tweedbank
36 Fort Trimontium
36 Abbotsford House
Melrose Abbey
34
Newtown St Boswells
Tweed
37 Bowhill House
Selkirk
68
Mountbenger
Ancrum
Tweedsmuir
Broad Law 840
St Mary's Loch
Ettrickbridge
Ashkirk
Bonjedward
Glenbreck
41 Jedburgh
41 Jedburgh Abbey
68 Tweedsmuir
Newburgh
7
Teviot
Denholm
White Comb 822
68 Grey Mare's Tail
Hart Fell 808
Hills
42 Hawick
Ettrick
Roberton
Ettrick Water
Bonchester Bridge
Camptown
Chesters
68 Devil's Beef Tub
Southdean
Capplegill
A74(M)
67 Moffat
Loch Fell 688
Teviothead
Beattock
Eskdalemuir
DUMFRIES UND GALLOWAY
43 Hermitage Castle
Liddel
Roan Fell 567
Johnstonebridge
Boreland
7
Newcastleton
Kielder Water
701
Wester Parkgate
Langholm
Lochmaben
Kershopefoot
Lockerbie

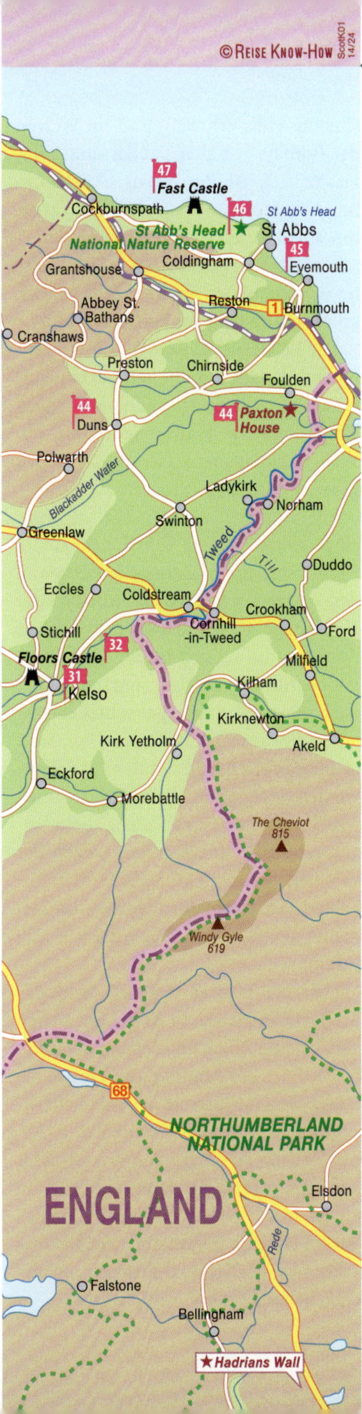

BORDERS

Die Cheviot Hills und der Fluss Tweed bilden die natürliche Grenze zwischen England und Schottland, das schottische Gebiet jenseits dieser Grenze nennt sich Borders.

Überblick

Über viele Jahrhunderte hinweg waren die Borders ein erbittert umkämpfter Landstrich. In der Antike versuchten die Römer, dort Fuß zu fassen; sie bauten Forts und zwischen Carlisle und Newcastle einen Schutzwall, den **Hadrians Wall,** um sich gegen die unberechenbaren Attacken der „Barbaren" zu schützen.

Wenn in späteren Jahrhunderten die englische Krone die Absicht hegte, einen Krieg gegen die Schotten zu führen, wa-

NICHT VERPASSEN!

- **Melrose Abbey,** Juwel der Borderkloster | 34
- **Abbotsford House,** Wohnort von Sir Walter Scott | 36
- **Traquair House,** bewohnt seit über 900 Jahren | 38
- **Hermitage Castle,** Trutzburg und Filmkulisse | 43

Diese Tipps erkennt man an der gelben Markierung.

ren die Borders an vorderster Stelle betroffen, denn die englischen Truppen mussten in Richtung Norden zwangsläufig durch die Borders marschieren. Im Mittelalter waren die vier schottischen **Grenzklöster** Melrose, Jedburgh, Dryburgh und Kelso ein beliebtes Angriffsziel der Engländer in der Absicht, die Schotten am wirtschaftlichen Nerv zu treffen.

Lebten die Schotten mit den Engländern einmal in Frieden, gab es immer noch einen Feind in ihren eigenen Reihen: die *Border Reives,* **Schmuggler- und Räuberbanden,** die ihr Unwesen an der Ostküste trieben.

In den Tälern der Flüsse Tweed und Teviot trifft man auf eine sanfte, meist land- oder forstwirtschaftlich genutzte Landschaft. Die grünen Hügel sind so friedlich gewellt, dass man kaum glauben kann, sich auf ehemaligen Schlachtfeldern zu bewegen.

Bergiger wird die Natur dagegen an der **Grenze zu England,** wo sich die Cheviot Hills erheben, und im Westen der Borders – in den Tweedsmuir Hills. Dramatisch ist die **Nordseeküste** um **St Abb's Head,** wo sie steil zum Meer hin abfällt; die Gegend ist zum Naturschutzgebiet erklärt worden. Jener Küstenstreifen an der Nordsee zählt zu den schönsten Tauchgründen Schottlands.

Die Borders sind weniger für eine außergewöhnliche Landschaft bekannt, als für zwei Erscheinungen anderer Art: den **Romancier Sir Walter Scott** und ein Wollgewebe namens **Tweed,** das in den Borders erfunden wurde.

Die Romane von *Sir Walter Scott,* eines romantischen Schriftstellers des 19. Jh., spielen an historischen Orten in den Borders wie **Melrose Abbey** oder **Hermitage Castle.** Seine historischen Romane, die schnell in der westlichen Welt berühmt wurden, lösten schon kurz nach seinem Tod ein regelrechtes Schottlandfieber aus. Das Wohnhaus von *Scott* in Abbotsford haben seit dem Berühmtwerden des Schriftstellers Generationen von Touristen besucht, nicht allein wegen seiner Person, sondern wegen der verspielten Architektur seines Heimathauses, des **Abbotsford House,** das Elemente gleich mehrerer Epochen in sich vereint.

Stilechte Häuser dagegen sind das **Mellerstain House** in Kelso, entworfen von *William Adam* und seinem Sohn *Robert* – oder das **Manderston House** bei Duns, dem Geburtsort des mittelalterlichen Philosophen *John Duns Scotus,* seines Zeichens Franziskanermönch. Das königliche **Traquair House,** erbaut im 10. Jh. in der Nähe von Peebles, ist das älteste Haus in Schottland, ein historischer Ort, der viele schottische Monarchen beherbergte.

Restauration der schottischen Burgen und Schlösser

Manche der Burgen und alten Ruinen in Schottland sind **zeitweise nicht zugänglich** – teils, um Restaurationsarbeiten vorzunehmen und teils, um Auswirkungen des Klimawandels zu untersuchen. Hier lohnt sich ein kurzer Besuch der jeweiligen Website, um sicherzugehen, dass der geplante Ausflug auch stattfinden kann.

Viele der Burgen sind **von außen gut zu betrachten,** stehen in einer wunderschönen Umgebung und sind daher immer noch einen Ausflug wert.

Die wichtigsten Städte der Borders-Region liegen entlang zweier Flüsse. Der **Tweed** ist der zweitlängste schottische Fluss. Über rund 156 km Länge fließt er von den Tweedsmuir Hills an der Grenze zu Dumfries and Galloway durch die Städte Peebles, Galashiels und Kelso. Auf dem Mündungsweg in die Nordsee bildet der Tweed zwischen Coldstream und der nordenglischen Stadt Berwick-upon-Tweed die natürliche Grenze zu England.

Südlich des Tweed-Tales befindet sich ein weiteres Tal, dem die Baumwollindustrie den Stempel aufgedrückt hat, das **Tal des Teviot.** Der Fluss Teviot entspringt im Eskdalemuir Forest, östlich von Moffat. Er schlängelt sich durch Hawick und Denholm, macht einen kleinen Bogen um Denholm und mündet schließlich in Kelso im Fluss Tweed.

Praktische Tipps

Informationen

- **www.scotlandinfo.eu/scottish-borders**

Verbindungen

Bahn

- Der Zug eignet sich nur für ausgewählte Orte als Verkehrsmittel, um die Borders-Region zu erkunden. Neben der Fernverkehrsverbindung entlang der Ostküste gibt es auch eine Verbindung von Edinburgh über **Stow** und **Galashiels** nach **Tweedbank.** Die Verbindung kostet knapp £ 7 und fährt zwischen 6 und 23.40 Uhr meist halbstündlich.

Wer von Süden mit dem Zug in die Borders möchte, ist womöglich besser beraten, ab **Berwick-Upon-Tweed** den Bus zu nehmen.

Bus

- **Borders Buses** ist die Busgesellschaft in den Borders-Städten und Edinburgh. Fahrkarten gibt es u. a. beim Fahrer zu kaufen. Auskunft unter www.travelinescotland.com oder www.bordersbuses.co.uk. *Borders Buses* bietet eine App an, ebenso wie *Traveline Scotland.* Diese erleichtert die Reiseplanung, denn Fahrkarten können direkt über die App gekauft und Busfahrpläne sowie Haltestellen können abgerufen werden. Das Ticket kostet für die Einzelfahrt knapp £ 6, die Tageskarte £ 10. Diese Preise gelten für alle Busverbindungen von *Border Buses* und *Traveline Scotland.*

Kelso

Die Stadt im Herzen der Borders liegt nicht weit entfernt von Edinburgh, Carlisle und Newcastle. In Kelso trifft sich der Fluss Teviot mit dem Tweed. Eine **fünfbögige Brücke,** im Jahre 1803 vom schottischen Ingenieur *John Rennie* entworfen, überspannt den Tweed. Die Brücke stand 1811 Modell für die alte Waterloo Bridge in London, die allerdings 1934 abgerissen wurde.

Die Innenstadt von Kelso zeigt sich wie ein feines **Schmuckkästchen.** *Sir Walter Scott* kürte das Städtchen einst gar zum schönsten der ganzen Borders-Region. Das Zentrum bildet der rechteckige, großflächige **Marktplatz.** Von dem mächtigen Kloster in Kelso aus dem Jahre 1128 haben die vielen kriegerischen Auseinandersetzungen in den Borders nur wenig unversehrt gelassen. Keine Schäden zeigt dagegen das Floors Castle, ein romantisches Schloss aus dem 18. Jh.

Kelso teilt immer noch eine tiefe Verbindung zur Landwirtschaft. Am letzten Freitag und Samstag im Juli prämiert die örtliche Landwirtschaftsvereinigung in der **Border Union Show** die besten Tiere. Am zweiten Freitag im September finden die **Kelso Ram Sales** statt, ein Volksfest, bei dem Schafe zum Verkauf feilgeboten werden.

Kelso Abbey

Die Fragmente der Kelso Abbey stehen in der Nähe des Marktplatzes von Kelso, in Richtung Coldstream. Der schottische König *David I.* gründete das **Kloster** im Jahre 1128. Schnell wuchs die Kelso Abbey in der Borders-Region zu einem reichen und mächtigen Wirtschaftszentrum empor. *James III.* wurde in der Abteikirche 1460 zum schottischen König gekrönt. In der ersten Hälfte des 16. Jh. zerstörten die Engländer die Abbey wiederholt. Im Jahre 1545 vernichteten sie das Kloster fast vollständig: Es wurde außer dem Turm und der Fassade des Nordwestteils gründlichst zerstört, sodass sich ein Besuch nur noch lohnt, um von der Geschichte der einst mächtigen Klosteranlagen zu träumen.

■ **Kelso Abbey,** TD5 7JD, www.historicenvironment.scot/visit-a-place/places/kelso-abbey, April–Sept. tägl. 9.30–17.30 Uhr, Okt.–März Sa–Mi 10–16 Uhr, Eintritt frei.

Floors Castle

Das Floors Castle, 2 km westlich von Kelso, bezeichnet sich als „größtes bewohntes Schloss in Schottland“. In der Tat: Die Ausmaße sind überwältigend, eine Vielzahl von Türmen und Zinnen vermittelt das Gefühl, keine einzelne

Burg, sondern eine ganze Burgfamilie vor sich zu sehen. Wer romantische Burgen mag, wird entzückt sein von diesem **„Märchenschloss"**. Die Innenausstattung ist dagegen weniger überladen. Zu besichtigen ist eine **Ausstellung von Porzellan, Porträts und Teppichen.**

Im Castle, das in den Jahren 1721–1725 nach einem Entwurf von *William Adam* gebaut wurde, hat der Herzog *Duke von Roxburghe* seinen Sitz. In den 1930er-Jahren war das protzige Schloss der Drehort für den **Tarzan-Film „Greystoke"**.

■ **Floors Castle,** Roxburghe Estates, TD5 7SF, Tel. 01573 223333, www.floorscastle.com, Mai tägl. 12–16, Juni–Sept. 11–16 Uhr, Eintritt £ 20.

Mellerstain House

Das Mellerstain House, ein **Herrenhaus im Georgianischen Stil,** 11 km nordwestlich von Kelso in Richtung Lauder (A 6089), wurde ebenfalls von den *Adams,* der berühmten schottischen Architektenfamilie, entworfen: *William Adam* begann das Herrenhaus im Jahre 1725 zu bauen, sein Sohn *Robert,* der auch das Culzean Castle an der schottischen Westküste entwarf, vollendete die Arbeit im Jahre 1778. Von außen wirkt das Mellerstain House eher schlicht. Elegant und bis ins Detail geplant ist dafür die **Inneneinrichtung**. Die Möbel sind von Designern wie *Chippendale* entworfen. Die **Gemäldesammlung** umfasst die Maler *A. Ramsay* und *Gainsborough.* Liebhaber gediegenen Wohnens sollten sich das Mellerstain House nicht entgehen lassen.

■ **Mellerstain House,** Gordon, TD3 6LG, Tel. 015 73 410225, www.mellerstain.com, Garten tägl. 11–17 Uhr, geführte Touren April–Sept. Fr–Mo um 11.30 und 14 Uhr, Eintritt Garten £ 6, Haus und Garten £ 15, nur Kartenzahlung.

☒ Das gut erhaltene Floors Castle bei Kelso

Praktische Tipps

Informationen

■ Das **Tourist Information Centre** in Kelso ist im *Town House,* The Square, TD5 7HF, in der Nähe des Marktplatzes untergebracht, Tel. 01573 221119.
■ **www.visitkelso.com**

Verbindungen

Bus

■ Die Linie 67 schließt Kelso an das lokale Busnetz an. Zwischen 6 und 20 Uhr fahren stündlich Busse von und nach **Galashiels.** Berwick wird etwas seltener bedient.

Unterkunft, Essen und Trinken

■ **Bellevue Guest House**②, Bowmont Street, TD5 7DZ, Tel. 01573 224588, www.bellevuehouse.co.uk. Liegt zentral in Kelso, etwas gealtert, aber sehr gepflegt.
■ **Cross Keys Hotel**②, 36–37 The Square, TD5 7HL, Tel. 01573 223303, www.cross-keys-hotel.co.uk. Ein gehobenes Hotel mit **Restaurant,** das den zentralen Platz überblickt.

Melrose

Der kleine, geschäftige Ort Melrose liegt in der hügeligen Landschaft der Eildon Hills südöstlich von Galashiels an der A 609. Die Hauptattraktion ist unbestritten die Melrose Abbey, die Klosterruine aus dem 12. Jh. Melrose liegt sehr zentral in den Borders, eine gute Basis für Ausflüge zum Traquair House in der Nähe von Peebles, dem Neidpath Castle oder den vielen anderen Sehenswürdigkeiten im Grenzland.

Melrose Abbey

Der Melrose Abbey eilt der Ruf voraus, unter den **Klosterruinen** der Borders die Schönste zu sein. Die romantische Ruine findet sich, vom Market Square in der Ortsmitte von Melrose aus gesehen, rechts an der Abbey Street. Ihre Gründung durch *König David I.* war ca. 1136. Mönche des Zisterzienserordens von Rievaulx in Yorkshire legten den Grundstein für das Kloster in Melrose und widmeten ihr Werk *Maria,* der Mutter *Jesu'.* Die Abtei entwickelte sich zu einer wirtschaftlichen Macht in den Borders und verleibte sich große Ländereien ein.

Das Herz des schottischen Königs *Robert Bruce* wurde in der Abteikirche bestattet, nachdem es in einer Silberkapsel die Reise nach Jerusalem angetreten hatte, um nach dem Wunsch des Königs dort begraben zu werden. Doch die Sarazenen verhinderten die Grablegung der Silberkapsel, und das Herz kehrte zur Bestattung wieder nach Schottland zurück.

Den ersten großen Rückschlag brachte der Melrose Abbey das Jahr 1385. *Richard II.,* König von England, fügte dem Kloster bei einem Feldzug gegen Schottland großen Schaden zu. Endgül-

711sc bcg

710sc bcg

tig zerstört wurde die Melrose Abbey allerdings durch einen englischen Angriff, geführt im Jahre 1545 vom *Earl of Hertford.* Nach der Zerstörung des Klosters nutzte die Bevölkerung von Melrose die Ruine als Steinbruch.

Das Kreuzschiff, das in Kapellen unterteilte Seitenschiff und die freigelegte Gründung vermitteln ein Bild, wie die Melrose Abbey einst ausgesehen hat. Leider sind einige dekorative Details an der Fassade mit dem bloßen Auge schwer zu erkennen, wie etwa das dudelsackspielende Schwein am Dach der Abteikirche.

Sir Walter Scott, dessen Roman „Das Kloster" (1820) in der Melrose Abbey spielt, rät den Besuchern: „Und willst du des Zaubers sicher sein, so besuche Melros' bei Mondenschein; Die goldne Sonne, des Tages Licht, sie passen zu seinen Trümmern nicht." (nach einer Übersetzung von *Theodor Fontane*). Leider vereiteln die Öffnungszeiten den Ratschlag des Dichters.

Wer sich weitergehend mit der Melrose Abbey beschäftigen möchte: Das **Museum im Commendator's House,** ganz in der Nähe über die Cloisters Road hinweg, dokumentiert die Geschichte der Melrose Abbey. Ferner informiert es über die Spuren, die einst die Römer in der Borders-Region hinterließen, und stellt Fundstücke jener Zeit aus.

Melrose Abbey, Abbey Street, TD6 9LG, www.historicenvironment.scot/melrose-abbey, April–Sept. tägl. 9.30–17.30 Uhr, Okt.–März tägl. 10–16 Uhr, Eintritt £ 7,50. Der Eintritt ins Museum ist enthalten, die Öffnungszeiten sind dieselben.

An der Fassade von Melrose Abbey spielt ein Schwein Dudelsack

Ruine des Klosters Melrose

712sc bcg

Abbotsford House

Im Abbotsford House verbrachte **Sir Walter Scott** die letzten Jahre seines Lebens, bevor er dort 1832 verstarb. Das Herrenhaus nahe der A 7 zwischen Melrose und Galashiels ist ein buntes Allerlei verschiedener Baustile. Der englische Architekt *William Atkinson* entwarf das Gebäude 1822 nach dem Willen des Romandichters. *Scott* war nicht nur ein leidenschaftlicher Literat, sondern auch ein Sammler von **Kuriositäten,** die in seiner Bibliothek mit über 9000 Büchern ausgestellt sind: Locken von *Admiral Nelson* und *Bonnie Prince Charlie* oder eine Nachbildung des Totenschädels von *Robert Bruce.*

■ **Abbotsford House,** Abbotsford, TD6 9BQ, Tel. 01896 752043, www.scottsabbotsford.com, April–Okt. tägl. 10–17 Uhr, Nov.–März tägl. 10–16 Uhr, Eintritt Garten £ 7,50, Haus und Garten £ 14.

Trimontium Museum

Auf einem Feld östlich von Melrose befinden sich die Überreste von Trimontium, einer römischen Siedlung aus dem 1. Jh. n. Chr. Im **Trimontium Museum** werden Fundstücke aus diesem Fort zusammen mit der Geschichte der Römer in der Region ausgestellt.

■ **Trimontium Museum,** Market Square, TD6 9PN, www.trimontium.co.uk, tägl. 10–16.30 Uhr, Eintritt £ 7. Das 2021 eröffnete Museum bietet auch **Touren zum Fort** an, GPS N 55.603111, W 2.682 425. Am östlichen Ortsteil von Newstead, dem Ort östlich von Melrose, findet sich ein Schild, das über das Fort informiert. Hier biegt eine Straße ab, die zu einem Ausblick über das Gelände und einem Viadukt führt.

⌃ Das Heim Walter Scotts: Abbotsford House

Praktische Tipps

Informationen

■ **Tourist Information Centre** in Melrose, Abbey House, Abbey Street, TD6 9LG, Tel. 01896 822283.

Unterkunft

■ **Burts Hotel**③, Market Square, TD6 9PL, Tel. 01 896 822285, www.burtshotel.co.uk. Zentral gelegen und stilvoll eingerichtet.

■ **The Old Bank House**②-③, 27 Buccleuch Street, TD6 9LB, Tel. 01896 823712. Mit wunderschönem antik eingerichteten Speisesaal.

■ **Melrose Gibson Park Club Campsite**②, TD6 9RY, Tel. 01896 822969, www.caravanclub.co.uk. Gepflegter Campingplatz in Melrose in einer Nebenstraße, die von der High Street abzweigt.

Essen und Trinken

■ **Abbey Fine Wines,** 17 Market Square, TD6 9PL, Tel. 01896 823224, www.abbeyfinewines.co.uk, Mo–Do 9–17 Uhr, Fr/Sa 9–20 Uhr, So 11–17 Uhr. Neben guten Weinen aus der Welt sowie Whisky und Gin aus Schottland bietet diese Weinhandlung auch leckeren Kaffee und Kuchen an, um sich damit an den Marktplatz zu setzen.

■ **Buccleuch Arms,** The Green, St Boswells, TD6 0EW, etwa 7 km südöstlich von Melrose, Tel. 01835 822243, www.buccleucharms.com, Frühstück Mo–Fr 7–9.30 Uhr, Sa/So 7.30–10 Uhr, Restaurant Mo–Mi 17–20 Uhr, Do–Sa 12–14 und 17–20 Uhr, So 12–15 und 17–19.30 Uhr, Bar Mo–Mi 14–23 Uhr, Do–Sa 12–24 Uhr, So 12–22.30 Uhr. Schöner Pub, am Wochenende sollte man einen Tisch reservieren.

Galashiels

Neben Hawick, das weiter südlich im Teviot-Tal liegt, ist Galashiels die **größte Stadt in den Borders.** Die Textilindustrie hat der Stadt ihren Stempel aufgedrückt: Viele Woll- und Stoffläden zeugen noch heute davon. Ein College bildet hier Textildesigner aus.

Der Name Galashiels hat seinen Ursprung in den sogenannten *shielings*. Das sind Unterstände, welche die Schafhirten vor vielen hundert Jahren am Ufer von Gala Water bauten.

Das **Old Gala House** im Scott Crescent datiert aus dem Jahr 1583 und ist der ehemalige Wohnsitz der *Lairds of Galashiels*. Heute beherbergt es ein Museum mit Objekten zur Geschichte Galashiels und wechselnde Ausstellungen.

■ **Old Gala House,** TD1 3JS, Tel. 01896 752611, Mitte Juli–Okt. Fr–So 11–16 Uhr, Eintritt frei.

Bowhill House

Im Herzen des Ettrick Forest liegt das Bowhill House aus dem frühen 18. Jh. Das Herrenhaus mit einer schönen **Gemäldesammlung** wird nach wie vor von der *Duchess* und dem *Duke of Buccleuch* bewohnt und ist daher nur an einigen Tagen im April, Mai und Juni, den ganzen Juli und an einigen August- und Septembertagen für Besucher geöffnet. Das Herrenhaus beherbergt auch das **Bowhill Theatre.**

■ **Bowhill House,** Selkirk, TD7 5ET, Tel. 01750 22204, www.bowhillhouse.co.uk, April und Juni–

Aug. tägl. 10–17 Uhr (Führungen und Ausstellung nur im Juli und Aug. an bestimmten Tagen), Eintritt £ 7, Führungen £ 14. Auf der Website findet man das Programm des Theaters und die genauen Öffnungstage des Hauses.

Traquair House

Das Traquair House aus dem 10. Jh. (ca. 20 km westlich von Galashiels, hinter Walkerburn an der A 72 nach links abbiegen) ist „das älteste fortwährend bewohnte Herrenhaus in Schottland". Einst nutzten es die schottischen Könige als **Jagdschloss.** Die schlichte Fassade erinnert mit ihren vielen widerstandsfähigen kleinen Fenstern und den Ecktürmen eher an eine Burg als an ein Herrenhaus. Gediegen ist dafür das Innenleben des Hauses: Die Originaleinrichtung entstammt größtenteils dem 18. Jh. Viele berühmte Personen gaben sich im Traquair House ein Stelldichein, 27 Monarchen, darunter *Mary Queen of Scots* oder *William the Lion,* der hier 1175 ein Dokument unterschrieb, welches Glasgow in die Riege der königlichen Städte erhob. Damit hatte Glasgow das Recht erhalten, jeden Donnerstag einen Markt abzuhalten. Seit 1492 besitzt die Familie *Stuart* das Traquair House mit seiner weiten **Parkanlage,** einer Brauerei und Kunsthandwerksläden.

■ **Traquair House,** Innerleithen, EH44 6PW, Tel. 01896 830323, www.traquair.co.uk, April–Juni und Sept. tägl. 11–17 Uhr, Juli/Aug. tägl. 10.30–17 Uhr, Okt. tägl. 11–16 Uhr, Nov. Sa/So 11–15 Uhr, Eintritt Garten £ 6, Haus und Garten £ 15.

Adobe Stock © Milosz Maslanka

Praktische Tipps

Verbindungen

Bus

- Galashiels ist einer der Knotenpunkte des Busnetzes der Borders. Von hier fahren die Linien 51, X62 und X95 nach **Edinburgh,** die Linien 60 und 67 nach **Berwick-Upon-Tweed** und die Linie 68 nach **Jedburgh.**

Unterkunft

- **Kingsknowes Hotel**②, 1 Selkirk Road, TD1 3HY, Tel. 01896 758375, www.kingsknowes.co.uk. In einem Herrenhaus mit beeindruckendem Wintergarten und einem beeindruckenden Treppenaufgang.
- In Galashiels gibt es keine Jugendherberge. Die örtliche Universität bietet jedoch mit dem **Jean Muir Student Village**① eine Alternative an. Dort kann man im Juli und August ein Zimmer im Stil der dortigen Studentenwohnheime bekommen. *Heriot-Watt University Residences,* Tweed Road, TD1 3JZ, Tel. 01896 892273.

Essen und Trinken

- **Gala Tandoori,** 84–86 High Street, TD1 1SQ, Tel. 01896 758066, www.galatandoori.co.uk, Di–So 16–22 Uhr. Gutes indisches Essen.
- **Quins,** 23 Market Street, TD1 3AD, Tel. 01896 75 7004, www.quinsofgalashiels.co.uk, Mo–Do 9.30–19.30 Uhr, Fr 9.30–20 Uhr, Sa 9–20.30 Uhr, So 11–19 Uhr. Ein Pub mit bodenständigem, lokalem Menü.

◁ Traquair House

Peebles

Von Edinburgh trennen Peebles rund 30 km – nicht zu weit, um von hier einen Ausflug in die Hauptstadt zu unternehmen oder während des Edinburgh Festivals zur Übernachtung nach Peebles auszuweichen, denn in Edinburgh findet sich während des internationalen Festes kaum eine Übernachtungsmöglichkeit. Peebles ist auch äußerst günstig gelegen zum **Wandern** in den südlich angrenzenden **Tweedsmuir Hills** oder nördlich in den **Moorfoot Hills.**

Von der geräumigen Hauptstraße, der **High Street,** zweigen enge Gassen ab, die eine Entdeckung wert sind. Die High Street ist die Pulsader des Ortes und von Geschäften, Cafés und Imbissbuden gesäumt. Die Straße führt direkt auf die Kirche zu, vor der sie sich teilt: Nach links führt sie über die Tweed-Brücke (15. Jh.) in die Neustadt von Peebles, nach rechts gelangt man zur **Ruine der Cross Kirk.** Von der alten Klosteranlage aus dem 13. Jh. sind ein Schiff und der Westturm übrig geblieben. Aus dem freigelegten Fundament erschließt sich der einstige Grundriss der Cross Kirk.

Neidpath Castle

An einem Felshang am Tweed, 2 km westlich von Peebles an der A 72, thront das gut erhaltene Neidpath Castle, eine **Befestigungsanlage aus dem 13. Jh.** Im 17. Jh. hielten die dicken Mauern der Burg den Angriffen von *Oliver Cromwells* Truppen länger stand als die irgendeines anderen Border-Castles. Die Burg ist für Hochzeiten und andere feierliche Anlässe buchbar. Vom Fluss aus hat man einen schönen Blick auf die Anlage.

■ **Neidpath Castle,** Peebles, EH45 8NW, Gruppenführungen können unter Tel. 01721 400701 arrangiert werden, www.neidpathcastle.com.

Praktische Tipps

Informationen

■ **Tourist Information Centre,** High Street, EH 45 8AG, Tel. 01721 723159.

Verbindungen

Bus

■ Peebles wird über die Linie X62 mit **Edinburgh** und **Galashiels** verbunden. Zwischen 5.30 und 22.30 Uhr fahren Busse von Galashiels, über den Tag halbstündlich, am Abend stündlich.

☒ Jedburgh Abbey

Unterkunft

■ **Glenternie House**②-③, Kirkton Manor, EH45 9JN, Tel. 01721 740278, www.glenterniehouse.com. Das Gästehaus liegt etwa 6 km südwestlich von Peebles, in der Umgebung des Herrenhauses bietet sich Gelegenheit zu Wanderungen.

■ **The Tontine**②, High Street, EH45 8AJ, Tel. 017 21 720892, www.tontinehotel.com. Zentral gelegen, moderne Einrichtung, **Kneipe/Restaurant.**

■ **Green Tree Hotel**②, 41 Eastgate, EH45 8AD, Tel. 01721 720582, am östlichen Ende von Peebles. Das Hotel bietet in seinem hübschen Gebäude auch eine Bar.

■ **Rosetta Holiday Park**②, Rosetta Road, EH45 8PG, Tel. 01721 720770, www.rosettaholidaypark.com. Ein Zelt- und Wohnwagenplatz in der Nähe von Peebles, eine gute Basis, um das Tal des Tweed zu erwandern. Von Peebles fährt oder geht man auf der A 72 vom Zentrum in Richtung Glasgow, bis rechts ein ausgeschilderter Weg auf den Platz hinweist, ganzjährig.

Essen und Trinken

■ **Franco's,** EH45 8AW, Tel. 01721 720510, Mi/Do 17–21 Uhr, Fr 17–22 Uhr, Sa 12–14 und 17–22 Uhr, So 12–14 und 17–21 Uhr. Wenn das Wetter mal nicht mitspielt, kann man sich bei einem *Tiramisu* vorstellen, man sei in der Toskana – die Einrichtung steht dem auf jeden Fall nicht im Wege.

Radfahren

■ Im Glentress Forest Park sind mehrere **Mountainbike-Routen** ausgeschrieben, von schwarz bis familienfreundlich, außerdem gibt es einen **Freeride Park.** Fahrräder ausleihen kann man bei **Alpine Bikes Glentress,** EH45 8NB, Tel. 01721 7245 22. Infos zu den Touren beim Parkcafé *The Hub* oder auf www.forestryandland.gov.scot.

Jedburgh

An einem kleinen Nebenfluss des Teviot, dem **Jed Water,** liegt Jedburgh. 16 km südlich befindet sich bereits die Grenze zu England, an der sich die **Cheviot Hills** erheben. Jedburgh Abbey aus rotem Sandstein ist eine Ruine, oft zerstört und wieder aufgebaut, aber von allen Klöstern in den Borders das am besten erhaltene.

Auf einem Hügel hoch über der Stadt thront das ehemalige Gefängnis von Jedburgh, **Castle Jail,** das heute ein **Museum für Sozialgeschichte** beherbergt.

■ **Castle Jail,** Castlegate, TD8 6QD, April–Okt. Mo–Sa 10–16 Uhr, So 10–15 Uhr, Eintritt frei.

Ebenfalls ein Museum ist aus jenem Haus geworden, in welchem *Mary Queen of Scots* im Jahre 1566 für einige Zeit in Jedburgh verweilte. Das **Mary Queen of Scots House** erzählt die Geschichte der Schottenkönigin.

■ **Mary Queen of Scots House,** TD8 6EN, März und Nov. tägl. 10–15 Uhr, April–Okt. Mo–Sa 10–16 Uhr, So 10–15 Uhr, Eintritt frei.

Jedburgh Abbey

Das Kloster aus rotem Sandstein, die Jedburgh Abbey, besitzt eine ähnliche Geschichte der fortwährenden Zerstörung wie die anderen Abteien in der Borders-Region: Der schottische König *David I.* gründete das Kloster im 12. Jh.; in der wirren Zeit des Mittelalters war das Kloster oftmals Ziel englischer Angriffe, und im 16. Jh. eroberten die Engländer auf Befehl *Henry VIII.* die Jedburgh Abbey und fügten ihr dabei großen Schaden zu.

Im Zentrum von Jedburgh, in der High Street, steht die Ruine des Augustiner-Klosters. „Überlebt“ haben der 25 m hohe **Kirchturm** der Abtei und **Teile des**

Hauptschiffes. Über die Geschichte der Jedburgh Abbey und das Leben der Mönche klärt eine Ausstellung vor Ort auf.

■ **Jedburgh Abbey,** 4/5 Abbey Bridgend, TD8 6JQ, www.historicenvironment.scot/jedburgh-abbey, April–Sept. tägl. 9.30–17.30 Uhr, Okt.–März tägl. 10–16 Uhr, Eintritt £ 7,50.

Praktische Tipps

Informationen

■ **Tourist Information Centre,** Murray's Green, TD8 6BE, Tel. 01835 863170.

Unterkunft

■ **Meadhon Guest House**②, 48 Castlegate, TD8 6BB, Tel. 01835 862504, www.meadhon.co.uk. Gute Lage, leckeres Frühstück.
■ **Ferniehirst Mill Lodge Guest House**②, TD8 6PQ, Tel. 01835 863279, www.ferniehirstmill.co.uk. Etwa 4 km südlich von Jedburgh direkt am Fluss Jed Water. Um die Ecke liegt der Bauernhof *Jacksons at Jedburgh,* der auch Besichtigungen anbietet.
■ **Jedwater Caravan Park**①, TD8 6PJ, Tel. 01835 840219, Facebook: Jedwater caravan Park. 6 km südlich von Jedburgh an der A 68, mit direktem Zugang zum Fluss Jed Water und einigen Spielangeboten, sehr gut für Kinder geeignet, Ostern bis Okt.

Essen und Trinken

■ **Caddy Mann,** Mountholy, TD8 6TJ, Tel. 01835 850787, www.caddymann.com, Mi–So 10–16 Uhr, Dinner ab 18 Uhr. Familiengeführtes Restaurant mit allem, was das Herz begehrt: Kaffee, selbstgebackener Kuchen, Wein und einer spannenden, täglich wechselnden Speisekarte mit lokalen Produkten.

■ **The Carters Rest,** Abbey Place, TD8 6BE, Tel. 01853 864745, www.fb.com/TheCartersRest, Fr–Di 12–19 Uhr, Mi 12–14 Uhr. Kleiner, netter Pub gegenüber der Abbey.

Hawick

Am Ufer des Flusses Teviot liegt Hawick – zu sprechen „Heuk“ –, die Stadt mit der größten **Textilindustrie** in den Borders und vielen Geschäften, die Tweed und Strickwaren verkaufen. Besonders während der industriellen Revolution sind die Produktion der Textilwaren und dadurch auch die Einwohnerzahl Hawicks deutlich gestiegen. Im **Borders Textile Towerhouse,** einem restaurierten Turmhaus aus dem 16. Jh., wird die Geschichte der Border-Strickwaren mit Fotografien, Kunst und Mode in wechselnden Ausstellungen erzählt.

■ **Borders Textile Towerhouse,** TD9 9EN, Tel. 01 450 377615, April–Okt. Mo–Sa 10–16 Uhr, Nov.–März Mo und Mi–Sa 10–16 Uhr, Eintritt frei. Kleines Museum mit verschiedenen Workshops für Groß und Klein. Die Ausstellung informiert über die Entdeckung und Entstehung von Border Strickware und Tweed.

Die **Bronzestatue** in der Stadtmitte, ein Pferd mit einem Reiter, der stolz sein Banner in Richtung des Himmels reckt, erinnert an 1514, das Jahr nach der vernichtenden schottischen Niederlage bei Floddenfield. Alle wehrtüchtigen Männer der Stadt starben in der Schlacht von Floddenfield. Eine Truppe Heranwachsender aus Hawick rettete die schottische

Ehre. Sie schlugen die plündernden englischen Soldaten in die Flucht und raubten den Engländern ihr Banner. Jenes Banner hält der bronzene Reiter stolz in seiner rechten Hand. Dieses Ereignis aus dem 16. Jh. wird während des **Common-Riding-Festes** im Sommer gefeiert.

In der **Johnnie Armstrong Gallery** formen Künstler keltische Gegenstände nach alten Mustern sowie allerlei Kunsthandwerk.

■ **Johnnie Armstrong Gallery,** Henderson's Knowe, Teviothead, TD9 0LF, 15 km südlich von Hawick an der A 7, www.thecelticgoldsmith.com, Mo–Sa 9–18 Uhr.

Hermitage Castle

Hermitage Castle, 26 km südlich von Hawick an der B 8399 in Richtung Newcastleton, ist eine **Trutzburg.** In einer hügeligen Gegend nahe der englischen Grenze gelegen, überblickt man von der Burg ein weites Gebiet. Von außen schaut sie mit ihren mächtigen Ecktürmen intakt aus, innen sind die Schäden vergangener Tage nicht zu übersehen. Das Castle, das kein Liebhaber von Burgen- und Rittersagen verpassen sollte, ist ein Drehort für **Maria-Stuart- und Macbeth-Filme.**

Im Jahre 1566 ritt *Mary Queen of Scots* in mörderischem Galopp vom 40 km entfernten Jedburgh zum Hermitage Castle, um ihren Geliebten *Bothwell* zu sehen, der bei einem Gefecht stark verwundet worden war. Der Ritt stresste *Mary* derart, dass sie hohes Fieber befiel, von dem sie sich nur langsam erholte.

■ **Hermitage Castle,** Newcastleton, TD9 0LU, www.historicenvironment.scot/hermitage-castle, April–Sept. tägl. 10–12 und 13–16.30 Uhr, Eintritt £ 7,50.

Szenisch in die Landschaft eingebettet: Hermitage Castle

Praktische Tipps

Informationen

- **Tourist Information Centre,** Tower Mill, Hawick, TD9 0AE, Tel. 01450 373993.
- **www.hawickonline.com**

Verbindungen

Bus

- Busse passieren Hawick auf der Verbindung zwischen **Edinburgh** und **Carlisle** im Norden Englands. Zwischen 6 und 23 Uhr (meist halbstündlich) fährt der Bus von und nach **Galashiels.**

Unterkunft

- **The Bank Guest House**②, 12 High Street, TD9 9EH, Tel. 01450 363760, www.thebankno12highst.com. Die elegante Einrichtung verleiht der ehemaligen Bankfiliale etwas beinahe Herrschaftliches.
- **Balcary House Hotel**③, Buccleuch Road, TD9 0EH, Tel. 01450 372858, www.balcary-house-hotel.com. Charmantes Hotel im Süden von Hawick mit Blick über den Teviot River und Wilton Lodge Park.
- **Riverside Caravan Park**②-③, Hornshole Bridge, TD9 8SY, Tel. 01450 373785, www.riversidehawick.co.uk. Etwas östlich von Hawick am Ufer des Teviout liegt dieser eher ruhige Campingplatz. Bietet auch Hütten an.

Essen und Trinken

- **Adam's Kitchen,** 16 High Street, TD9 9EH, Tel. 01450 218090, Di–Sa 12–14.30 und 17–21 Uhr. In einem alten Laden findet sich das liebevoll eingerichtete Restaurant.
- **Santa Marina,** Teviot Crescent, TD9 9RE, Tel. 01450 378773, www.santamarinarestaurant.co.uk, Mi–Fr 12–15 und 17–21 Uhr, Sa 12–21 Uhr, So 12–19 Uhr. Am Ufer des Teviot, bietet eine Karte mit vielen klassischen italienischen Gerichten.

Duns

Im Merse, einem Marschgebiet an der Ostküste, befindet sich der von landwirtschaftlichen Betrieben geprägte Ort Duns. Zwei berühmte Menschen sind in Duns geboren: einer der führenden Philosophen des Mittelalters, *John Duns Scotus,* und der Formel-1-Rennfahrer *Jim Clark* (1936–68), dessen Trophäen im **Jim Clark Room** zu bewundern sind. Wer sich für Autorennsport interessiert, kann sich dort die Pokale und Erinnerungsstücke ansehen.

Nördlich von Duns befindet sich ein **Naturschutzgebiet** mit Wanderpfaden. Hier lag einst der Ort Duns. Der englische König *Henry VIII.* unternahm jedoch im Jahre 1544 aus Verärgerung darüber, dass *Mary Stuart, Queen of Scots,* seinen Sohn nicht geheiratet hatte, einen Rachefeldzug nach Schottland, bei dem das „alte" Duns völlig verwüstet wurde.

- **Jim Clark Room,** 44 Newton Street (A 6105), TD11 3AU, Tel. 01361 883960, März und Nov. Mo/Di und Do–So 11–15 Uhr, April–Okt. Mo/Di und Do–Sa 10–16.30 Uhr, So 11–15 Uhr, Eintritt £ 7.

Paxton House

Das Paxton House zählt zu den schönsten Landhäusern in Großbritannien und beherbergt die größte **Chippendale-Sammlung** in Schottland. Das von *John* und *James Adam* entworfene Haus aus dem 18. Jh. ist in einen Gartenpark gebettet, der zum Spazierengehen einlädt.

- **Paxton House,** Berwick-upon-Tweed, TD15 1SZ, Tel. 01289 386291, www.paxtonhouse.co.uk, das Haus ist nur im Rahmen einer Führung zu besichtigen (Ostern–Ende Okt. tägl. um 10.15, 11.45 und 14 Uhr), Eintritt mit Führung £ 15, Garten April–Juni tägl. 10–16 Uhr, Juli/Aug. tägl. 9.30–17.30 Uhr, Sept./Okt. tägl. 11–15 Uhr, Eintritt £ 7.

Praktische Tipps

Verbindungen

Bus

- Viermal am Tag hält der Bus auf der Strecke zwischen **Galashiels** und **Berwick-Upon-Tweed.** Fünfmal fährt er an Wochentagen von/nach Berwick-Upon-Tweed.

Unterkunft, Essen und Trinken

- **The White Swan Hotel**②, 31–32 Market Square, TD11 3AL, Tel. 01361 883338, www.whiteswan-hotel.co.uk. Groß, mit klassischem Interieur.
- **The Wheatsheaf Hotel & Restaurant**③, The Green, Swinton, TD11 3JJ, Tel. 01890 860257, www.eatdrinkstaywheatsheaf.com, einige Kilometer südöstlich von Duns, Restaurant 12–14 und 18–21 Uhr, Zimmer und Ferienwohnung. Wer die Ländlichkeit der Borders genießen möchte, ist hier richtig.
- **Jim Clark Café Bistro,** 17 Market Street, TD11 3BY, Tel. 01361 884517, www.jimclarktrust.com/jim-clark-cafe-bistro, Di–Do 10–16 Uhr, Fr/Sa 10–24 Uhr, So 11–16 Uhr. Im Namen des Rennfahrers *Jim Clark* unterhält der gleichnamige Trust ein Café, in dem sich bei guten *Scones* Memorabilia des Fahrers bewundern lassen.

Eyemouth

Die Küstenlinie der Borders-Region hat zwar nur eine Länge von rund 40 km, dafür ist sie umso spektakulärer. Nirgends an der Ostküste Schottlands existiert eine vergleichbare **Steilküste.** Teile des nördlichen Küstenstreifens von Eyemouth, bei St Abbs, wurden zum **Naturschutzgebiet** erklärt.

☐ Die Steilküste bei St Abbs

Adobe Stock © thecoach1

Direkt am Meer ist das Fischerdorf Eyemouth angesiedelt. Das lebendige Dorf zieht viele **Wassersportfreunde** an, denen sich Möglichkeiten zum Tauchen, Segeln und Baden eröffnen. Man kann auch die Küste erkunden, die von Sandstränden, Höhlen und einer herrlichen Steilküste geprägt ist.

Das **Eyemouth Museum** in der alten Kirche in der Manse Road erinnert an das *Eyemouth Desaster*, bei dem 1881 während eines Tornados ein Großteil der Fischereiflotte von Eyemouth vernichtet wurde und 129 Männer starben.

■ **Eyemouth Museum,** TD14 5JE, www.eyemouthmuseum.co.uk, April–Okt. Mo–Sa 11–16 Uhr, Eintritt £ 5.

Gunsgreen House am Gunsgreen Quay wurde 1753 von *John Adam* für den Kaufmann und Schmuggler *John Nesbit* entworfen. Neben den historischen Räumlichkeiten können auch Kellergewölbe, die direkt zum Wasser führen, und diverse Schmugglerverstecke besichtigt werden. Die zwei oberen Etagen werden auch als **Ferienwohnungen** vermietet.

■ **Gunsgreen House,** TD14 5SD, www.gunsgreenhouse.org, April–Okt. tägl. 10–17 Uhr, Eintritt £ 6,50.

St Abb's Head National Nature Reserve

Wer Natur und Vögel liebt, dem sei das St Abb's Head National Nature Reserve ans Herz gelegt. Der *National Trust* hat hier an der Steilküste ein **Naturschutzgebiet** eingerichtet. Neben der spektakulären Landschaft sind jede Menge Seevögel zu beobachten. Vom **Vi-**

sitor Centre in St Abbs, etwa 6 km nordwestlich von Eyemouth, starten auch Führungen mit Rangern.

■ **St Abbs Visitor Centre,** Coldingham Road, St Abbs, TD14 5PL, Tel. 01890 771672, www.stabbsvisitorcentre.co.uk, Mai–Okt. tägl. 10–17 Uhr.

Fast Castle

Vom Fast Castle, ca. 16 km nordwestlich von Eyemouth, sind kaum mehr als die Grundmauern erhalten. Stolz hat die Burg einmal auf jenem **Felsvorsprung** gestanden, den die Wellen der Nordsee unaufhörlich bearbeiten. Von der Klippe hat man einen wunderbaren Blick entlang der Küste in Richtung Nordwesten. Etwas störend wirkt allerdings das Kraftwerk, das man in weiter Ferne entdeckt.

Vom Erbauer des Fast Castle ist leider nichts Näheres bekannt. Im 14. Jh. war die *Home*-Familie im Besitz der Burg. Später sollen sich Schmuggler und Seeräuber hier abgeschottet haben.

Das Fast Castle liegt nordwestlich von Eyemouth an der Steilküste (GPS N 55. 932241, W 2.224062). Von Eyemouth fährt man nordwestlich nach **Coldingham,** von dort auf der A 1107 in Richtung **Cockburnspath.** Ca. 7 km hinter Coldingham zweigt eine Straße rechts ab. Man überquert den Telegraph Hill und kommt zu einer Farm, an welcher der Fahrweg endet. Der Rest der Strecke zum Fast Castle muss zu Fuß zurückgelegt werden. Vorsicht, das letzte Stück über blanken Fels bis zur Ruine ist nicht ganz ungefährlich!

◁ Gunsgreen House in Eyemouth

Praktische Tipps

Informationen

■ **Tourist Information Centre,** Auld Kirk, Manse Road, TD14 5HE, Tel. 01890 750678, April–Okt.
■ **www.visitberwickshirecoast.co.uk**

Verbindungen

Bus

■ Eyemouth ist über die Linien 60, 235 und 253 an das **Umland** angeschlossen, Verbindungen gibt es fünf- bis siebenmal am Tag.

Unterkunft

■ **Eye Sleep Over**①-②, Toll Bridge Road, TD14 5GN, Tel. 01890 750913, www.eyesleep.co.uk. Eher zweckmäßiges Hotel in 15-minütiger Laufweite der Innenstadt.

■ **Coldingham Bay Leisure Park**③, School Road, Coldingham, TD14 5NS, Tel. 01890 771316, www.verdantleisure.co.uk/coldingham-bay. Der Platz liegt ideal, um das nahegelegene Fischerdorf St Abbs und seine naturgeschützte Steilküste zu erkunden.

Essen und Trinken

■ **The Ship,** Harbour Road, TD14 5HT, Tel. 01890 751495, www.theshipeyemouth.com, tägl. 12–22 Uhr. In der Stadt gibt es modern interpretierte schottische Küche.

■ **Oblò,** 18–20 Harbour Road, TD14 5HU, Tel. 0189 07 52527, www.oblobar.com, Mo/Di 9.30–15 Uhr, Mi/Do 9.30–15 und 17–20 Uhr, Fr/Sa 9.30–21 Uhr, So 9.30–19 Uhr. Zentral gelegene Bar und Bistro, sowohl für Frühstück als auch einen Drink am Abend.

Überblick | 50

Dumfries | 62

Moffat | 67

Newton Stewart | 57

Stranraer | 51

Tweedsmuir Hills | 68

2

Dumfries und Galloway

» Nicht nur Anlaufstelle für heiratswillige Paare – man kann sich an der schönen Küste auch gut erholen oder in den höchstgelegenen Seen Schottlands baden.

< Die berühmten Galloway-Rinder auf natürlicher Weide

DUMFRIES UND GALLOWAY

Viele Reisende schenken der Region Dumfries und Galloway im Südwesten Schottlands zu Unrecht wenig oder gar keine Beachtung, wenn sie sie auf der A 74 durchqueren, der Schnellstraße von Carlisle nach Glasgow. Doch die Gegend besitzt genügend landschaftliche Reize, von der Berglandschaft bei Moffat bis zur Steilküste der Rhinns of Galloway.

NICHT VERPASSEN!

- **Rhinns of Galloway,** Steilküste mit Blick nach Irland | 55
- **Robert Burns Centre,** über das Leben von Schottlands Volksdichter | 62
- **Sweetheart Abbey,** Zisterzienser-Klosterruine mit Liebesgeschichte | 64
- **Caerlaverock Castle,** Wasserburg im Dreieck | 64
- **Grey Mare's Tail,** Wanderung am Wasserfall | 68

Diese Tipps erkennt man an der gelben Markierung.

Überblick

Rhinns of Galloway nennt sich die hammerförmige Halbinsel, die an der äußersten südwestlichen Ecke Schottlands nach Irland weist. Ca. 8 km nördlich von Stranraer, der größten Stadt auf der Halbinsel, laufen **Fähren nach Nordirland** aus. Weiter südlich, in Portpatrick, beginnen die 339 km des Southern Upland Way, des Wanderweges von der West- bis zur Ostküste. Die Küste der Rhinns of Galloway ist felsig und fällt steil ab. Nur ab und an schiebt sich zwischen die schroffen Felsen eine sandige Bucht, in der ein kleines Dorf Schutz findet, wie etwa das südlichste Dorf Schottlands, Drummore. Südlicher noch liegt das **Mull of Galloway.** Von hier kann man einen herrlichen Ausblick genießen, nach Irland, zur Küste des Meeresarms Solway Firth und zur englischen Westküste.

Vor den Rhinns of Galloway erstreckt sich die kahle, flache Landschaft **The Moors,** besiedelt von Farmen und kleinen Siedlungen. Nördlich davon ragen die waldgesäumten Hügel des **Galloway-Forest-Park** bis knapp 800 m in die Höhe und laden zum Wandern und Baden in den höchsten Binnenseen Schottlands ein. Baden allerdings ist hier nur für Abgebrühte ein Vergnügen.

Ähnlich wie The Moors ist ein anderer Landstrich mit Namen **The Machars,** der wie eine große Nase in den Atlantik ragt, von der Landwirtschaft geprägt. Den sogenannten **Galloway-Rindern** bietet The Machars ausgezeichnete Weiden. In dem kleinen Dorf Whithorn am Solway Firth landete im Jahre 379 der

Heilige Ninian und legte dort den Grundstein für die erste christliche Kirche in Schottland. Irische Pikten folgten *Ninian,* gingen ebenso am Solway Firth an Land und verbreiteten das Christentum im Landesinneren. Vom Süden Schottlands breiteten sie sich langsam gen Norden aus, an der Westküste und über die Inseln, wo sie das sagenhafte Königreich Dalriada gründeten.

Ein zentraler Ort in der Region Dumfries and Galloway ist die landwirtschaftlich geprägte Marktstadt **Newton Stewart,** ein idealer Ausgangspunkt, um den Südwesten Schottlands zu erkunden.

Die größte und wirtschaftlich bedeutendste Stadt der Region ist **Dumfries.** Hier hat der schottische Barde *Robert Burns* die letzten vier Jahre seines Lebens als Beamter verbracht. Auf dem Michaels-Friedhof in Dumfries liegt er begraben. Die **Tweedsmuir Hills,** nördlich von Dumfries an der Grenze zur Borders-Region, sind landschaftlich reizvoll. Die roten, zum Teil felsigen Sandsteinberge erreichen Höhen von über 800 m.

Die Auszeichnung „Best Kept Village" hat **Moffat,** die Kurstadt am südlichen Rand der Tweedsmuir Hills, mehrmals gewonnen. Moffat ist ein Vorzeigestädtchen mit gepflegten Straßen, an denen Cafés Besucher zur Pause unter freiem Himmel einladen. Der Ort ist ein idealer Ausgangspunkt für Wanderungen in den **Tweedsmuir Hills** zur Schlucht Devil's Beef Tub oder zum Wasserfall Grey Mare's Tail.

Informationen

- **www.visitdumfriesandgalloway.co.uk**

Stranraer

Geschützt im Loch Ryan im Südwesten Schottlands liegt die Hafenstadt Stranraer. Bis zum Bau eines neuen Hafens im Nachbarort Cairnryan verkehrten von hier Fähren nach Nordirland. Schmuckstücke sind Hafenstädte selten, das gilt auch für Stranraer. Die Stadt verfügt jedoch über ein reiches Sportangebot von Angelmöglichkeiten bis zum Golfplatz. Eher als Stranraer ist das nahe **Portpatrick** ein guter Standort zur Erkundung der landschaftlich reizvollen Halbinsel **Rhinns of Galloway.**

Die Wurzeln Stranraers reichen zurück bis in die Römerzeit. Die Römer nutzten die geschützte Lage am Loch Ryan aus, um hier vor Anker zu gehen. Damals nannte sich die kleine Stadt noch *Rericonius Sinus,* was so viel bedeutet wie „geschützter Meerbusen".

Vom **Castle of St John** im Zentrum der Stadt erzählt die Legende, dass es einst auf Wollballen erbaut wurde, damit seine Steinmauern nicht im sumpfigen Boden verschwinden. Die gut erhaltene Burg stammt aus dem 15. Jh. Sie war einst der Wohnsitz von *John Graham of Claverhouse,* jenes „Bluthundes", der als großer Verfolger der *Covenanters* in die Geschichte einging. Vom 17. Jh. bis hinein ins 19. Jh. nutzte man das Castle als Gefängnis und Sitz der Polizei (Juni–Sept. Di–Sa 10–16.30 Uhr).

Castle Kennedy Gardens

Castle Kennedy, erbaut im 15. Jh., war der ehemalige Sitz des *Earl of Stair.* Heu-

NORTH AYRSHIRE
ARRAN
Brodick Castle
Brodick
Lamlash
Holy Island
Glenashdale Falls
Whiting Bay
Kildonan Castle
Kildonan
Bennan Head
Pladda
Ardrossan
Irvine Bay
Barassie
Troon
Lady Isle
Prestwick
Ayr
Burns Birthplace Museum
Heads of Ayr
Alloway
Crosshouse
Irvine
Dundonald
Kilmarnock
Newmilns
Galston
Burns House Museum
Tarbolton
Mauchline
Sorn
Auchinleck
Cumnock
New Cumnock
Nith
Drongan
Dunure
Hollybush
EAST AYRSHIRE
Culzean Bay
Culzean Castle
Patna
Maybole
Kirkoswald
Maidens
Crossragual Abbey
Crosshill
Dalmellington
Turnberry
Doon
Dailly
Loch Bradan
Loch Doon
Cairnsmore of Carsphairn 797
Ailsa Craig
Girvan
Old Dailly
Stinchar
Barr
Carsphairn
SOUTH AYRSHIRE
Pinwherry
Colmonell
Merrick 843
Corserine 813
St John's Town of Dalry
Ballantrae
Barrhill
Glen Trool
Clatteringshaws Loch
Loch Trool
New Galloway
Nordirland
Bargrennan
Galloway Forest Park
Dee
Milleur Point
The Moors
Kirkcolm
Cairnryan
Minnigaff
Cairnsmor of Fleet 711
Leswalt
Loch Ryan
Castle Kennedy Gardens
New Luce
Newton Stewart
Kirkcowan
Creetown
Gatehouse of Fleet
Stranraer
Rhinns of Galloway
Carsluith Castle
Wigtown
Dunragit
Glenluce
Torhouse Stone Circle
Carsluith
Cardoness Castle
Lochans
Portpatrick
Stoneykirk
The Machars
Whauphill
Kirkinner
Sandhead
Sorbie
Garlieston
Borgue
Wigtown Bay
Luce Bay
Ardwell
Monreith Animal World
Port William
Monreith
The Whithorn Story Visitor Centre
Whithorn
Port Logan
Logan Botanic Garden
St Ninian's Cave
Isle of Whithorn
Drummore
Burrow Head
Mull of Galloway

0 10 km
© Reise Know-How
ScotK02 14/24
SOUTH LANARKSHIRE
Tinto 707
Symington
Coalburn
Uddington
73
702
Culter Fell 748
Dun Rig 743
Minch Moor 567
Douglas
Roberton
Muirkirk
Tweedsmuir
Broad Law 840
St Mary's Loch
Mountbenger
Crawfordjohn
Abington
Glenbreck
68
Tweedsmuir
Newburgh
White Comb 822
Grey Mare's Tail
Hart Fell 808
Ettrick
Leadhills
Elvanfoot
Ettrick Water
Hills
Wanlockhead
Devil's Beef Tub
Kirkconnel
Green Lawther 732
Capplegill
Sanquhar
A74(M)
67
Moffat
Loch Fell 688
Enterkinfoot
691
Beattock
76
Eskdalemuir
Carronbridge
Thornhill
701
Johnstonebridge
Closeburn
Boreland
Moniaive
Wester Parkgate
7
DUMFRIES UND GALLOWAY
Langholm
62
Dunscore
Ellisland Farm
Nith
Lochmaben
Lockerbie
Locharbriggs
Glenkiln Reservoir
Waterbeck
Shawhead
Dumfries
712
Corsock
Collin
Ecclefechan
Robert Burns Centre
75
Kirkpatrick-Fleming
Crocketford
Loch Ken
65
Ruthwell Church
Annan
Glencaple
64
Caerlaverock Castle
Springholm
Sweetheart Abbey
New Abbey
66
Gretna Green
A74
713
Haugh of Urr
Eastriggs
Caerlaverock Wetland Centre
Laurieston
Corn Mill
Castle Douglas
Bowness-on-Solway
61
Threave Castle
Dalbeattie
Kirkbean
Ringford
Kirkbride
Dee
Palnackie
60
Orchardton Tower
Rockcliffe
Silloth
Tongland
Solway Firth
Thursby
Auchencairn
Abbeytown
Kirkcudbright
Balcary Point
Wigton
596
Dundrennan
Dundrennan Abbey
ENGLAND
Abbey Head
Aspatria
Ellen
Caldbeck
Bothel
Maryport
Cockermouth
Bassenthwaite Lake
Workington
Skiddaw 931
LAKE DISTRICT NATIONAL PARK

Der Southern Upland Way

Quer durch den schottischen Süden

- **Schwierigkeit:** schwer
- **Dauer:** 2–3 Wochen
- **Distanz:** 344 km
- **Ausgangspunkt:** Portpatrick

Der **Southern Upland Way** ist der längste unter den *Great Trails* und mit seinen 344 Kilometern auch der längste der Fernwanderwege. **Von Portpatrick** an der Westküste in Galloway läuft der Weg einmal quer über die südlichen Berge bis **nach Cockburnspath** an der Ostküste.

Die Region in den Southern Uplands gehört in Teilen zu den dünner besiedelten Regionen Schottlands. Vom Mull of Galloway verläuft der Weg durch die Forste von Galloway und die Berge von Glentrool. Die **Landschaft** ist insgesamt **eher hügelig,** die harten Kanten, die der Wanderer zum Beispiel aus den Alpen kennt, wurden in der letzten Eiszeit rundgeschliffen.

An einigen Stellen begegnet dem Wanderer lokale Geschichte. In **Wanlockhead** endet eines der kürzesten Teilstücke des Weges und lässt genug Zeit, um sich im **Bleiminen-Museum** über die Geschichte der Minen im höchstgelegenen Ort Schottlands zu informieren.

Nach der Autobahn M 74 erreicht der Weg **Moffat,** eine kleine Touristenstadt zwischen hohen Bergen. Nach Moffat werden erst in den Moffat Hills, später dann in den Lowther und Moorfoot Hills die Berge dann noch etwas höher und der Weg passiert in langen Passagen keine Ortschaften.

Nach den einsamen Teilstrecken folgt der Weg dann auch netten Orten wie **Galashiels** und **Melrose,** mit beeindruckenden Klöstern und alten Häusern. In den letzten 50 Kilometern vor der Küste werden die Hügel sanfter, bevor der Weg an der Nordsee in **Cockburnspath** sein Ziel erreicht.

Auf der Website des Weges (→ unten) werden **zwölf Teilstrecken** angegeben, deren Länge sich aber zum Teil auf über 40 km beläuft, so-

713sc lb

dass eine Zeit von 12–16 Tagen für geübte Wanderer bei Streckenlängen zwischen 20 und 30 Kilometern realistischer erscheint. Wer gerne mit mehr Ruhe und Gelassenheit den Weg in kleineren Teilstrecken zurücklegen möchte, hat Schwierigkeit die Strecke in kürzere Abschnitte aufzuteilen. Für eine **Unterbringung** muss in den entlegeneren Wegstücken dann das eigene Zelt oder ein *Bothy* entlang des Weges herhalten. Alternativ bestellt man sich ein **Taxi,** das den Weg zur nächsten Unterkunft überwindet und dann am nächsten Morgen wieder auf dem Weg absetzt.

Wer nicht die Zeit hat, die Strecke als Ganzes zu durchwandern, kann sie auch in **zwei oder mehr Teilstücke** zerlegen. Als natürlicher Ein- und Ausstiegspunkt für eine Zweiteilung bietet sich zum Beispiel das zentral gelegene **Moffat** an.

Der Weg zählt zu den **anspruchsvolleren** und sollte nach **ausführlicher Vorbereitung** begangen werden. Weite Teile der Strecke sind auch für die Befahrung mit dem Mountainbike oder das Durchreiten mit Pferden geeignet, die übrigen Strecken können meist umfahren bzw. umritten werden.

■ **Informationen** zum Weg und zu Wanderführern finden sich auf www.dgtrails.org/southern-upland-way und www.scotlandsgreattrails.com/trail/southern-upland-way.

☒ Anlegestelle im Hafen von Portpatrick

te leben der Graf und seine Frau im viktorianischen **Lochinch Castle** gegenüber der alten Burgruine.

Die **Gärten** um die beiden Burgen, die Castle Kennedy Gardens, wurden bereits im 18. Jh. angelegt. Als Gesandter des Königs hatte der *Earl of Stair* Frankreich besucht und kehrte beeindruckt von der Gartenanlage in Versailles nach Schottland zurück. Er wählte einen schmalen Landstrich zwischen zwei kleinen Seen für seinen eigenen Gartenpark, den er mit vielen Rhododendren, Magnolien und wilden Sträuchern bepflanzen ließ.

Die Anlage, die zu ausgedehnten Spaziergängen einlädt, befindet sich 5 km vor Stranraer, nördlich der A 75 zwischen den Seen Black Loch und White Loch.

■ **Castle Kennedy Gardens,** Stair Estates, Sheuchan, Stranraer, DG9 8SL, Tel. 01776 702024, http://castlekennedygardens.com, April–Okt. tägl. 10–17 Uhr, Eintritt £ 7.

Mull of Galloway

Am **Südzipfel der Rhinns of Galloway** erhebt sich das Mull of Galloway vom Meeresspiegel auf eine Höhe von über 60 m. Von hier, dem **südlichsten Punkt Schottlands,** blickt man bei klarer Fernsicht bis an die irische Küste, die 40 Kilometer entfernt ist. Die Distanz von Stranraer bis zum Mull of Galloway beträgt rund 35 km.

Logan Botanic Garden

Der sehenswerte Botanische Garten liegt 22 km südlich von Stranraer an der

B 7065. Die Zufahrt zum Garten wird von einer **Palmenallee** gesäumt und bietet jedem Besucher eine eindrucksvolle Ankunft. Die beherbergten Pflanzen kommen aus aller Welt und beeindrucken in ihrer Vielfältigkeit. Besonders Spaß macht es unter den Regenschirmgroßen Blättern des **Mammutblatts** *(Gunnera manicata)* zu spazieren. Für eine kleine Erfrischung empfiehlt sich das ansässige **Café** am Eingang.

- **Logan Botanic Garden,** Port Logan, Stranraer, DG9 9ND, www.rbge.org.uk/visit/logan-botanic-garden, März–Okt. tägl. 10–17 Uhr, 1.–15. Nov. bis 16 Uhr, Feb. So 10–16 Uhr, Eintritt £ 8.

Praktische Tipps

Informationen

- **Tourist Information Centre,** Harbour Street, Tel. 01776 702595, ganzjährig geöffnet.

Verbindungen

Fähre nach Nordirland

- *Stena Line Ltd.* verkehrt 6x täglich zwischen **Cairnryan** (ca. 8 km nördlich von Stranraer) und **Belfast.** Die Überfahrt dauert 2¼ Std., Einzelfahrt ab £ 36, mit Pkw ab £ 139 (Preis bei Buchung im Voraus), Infos unter www.stenaline.de.
- Die Fähren der *P & O Irish Sea* laufen von Cairnryan nach **Larne** in Nordirland ebenfalls 6x täglich aus. Ab Cairnryan 2 Std. Fahrtzeit, Einzelfahrt ab £ 25, mit Pkw ab £ 130 (Preis bei Buchung im Voraus), www.poferries.com/eu/cairnryan-larne.

Bahn

- Stranraer hat Bahnverbindungen in Richtung **Norden** (Glasgow).

Bus

- Busse von *Scottish Citylink:* **Glasgow – Cairnryan** – Stranraer, £ 23,40, www.citylink.co.uk.
- Von Stranraer fahren Busse in knapp 10 Min. für £ 2,60 nach **Cairnryan.** Infos gibt es unter www.stagecoachbus.com, auch zum Download als App verfügbar.

Unterkunft

- **Lake View Guest House**①, 19 Agnew Crescent, DG9 7JY, Tel. 01776 703472, www.lakeviewguesthouse.co.uk. Viktorianisches Haus mit passender eleganter Einrichtung in Hafennähe.
- **Harbour Lights Guest House**②, 7 Agnew Crescent, DG9 7JY, Tel. 01776 706261, www.harbourlightsguesthouse.co.uk. Das gemütliche B & B liegt direkt am Ende des Hafens an der Küste.
- **Drumlochart Holiday Park**③, Lochnaw Leswalt, DG9 0RN, Tel. 01776 870232, www.drumlochart.co.uk. Zwischen Stranraer und Portpatrick gelegen, mit Möglichkeiten zum Fischen und Bootfahren (März–Okt.), auch Angebote für Ferienwohnungen, keine Zelte.

Essen und Trinken

- **Fig & Olive,** 99 George Street, DG9 7JP, Tel. 01776 700099, www.figandolivecafe.co.uk, Mo–Sa 9.30–16.30 Uhr, So 10–14 Uhr. Serviert kreative Sandwiches und Backwaren.
- **Landos,** 41 Hanover Street, DG9 7RX, Tel. 01776 702020, https://landos-restaurant.business.site, Mi–So 16.30–20 Uhr. Italienische Küche mit schottischen Zutaten und Einflüssen.
- In der Castle Street sind einige Bäckereien und Cafés zu finden, so z. B. auch **John Gillespie & Sons,** die feine *Scones* und *Pies* anbieten (14 Castle Street, DG9 0RW, Tel. 01776 702011, Mo–Sa 8–17 Uhr).

Aktivitäten

■ **Stranraer Golf Club,** Creachmore, Leswalt, DG9 0LF, Tel. 01776 870245, www.stranraergolfclub.net. Hier können auch Nicht-Mitglieder auf dem 18-Loch-Platz für £ 30 bzw. £ 45 (Sa/So) spielen.

Einkaufen

■ In **Portpatrick** an der Westküste der Rhinns of Galloway gewährt das **Colfin Smokehouse,** DG9 9BN, Tel. 01776 820622, Einblick in das traditionelle Räuchern von Lachs und bietet darüber hinaus über 100 verschiedene Sorten von Malt Whisky, *Shortbread* u. a. zum Verkauf an.

Newton Stewart

Newton Stewart, am südlichen Rand des Galloway-Forest-Parks und am Fluss **Cree** gelegen, ist mit rund 4000 Einwohnern eine **sympathische Kleinstadt,** eingebettet in eine angenehme landwirtschaftliche Atmosphäre. Die Hauptstraße A 714, welche sich durch den Ort schlängelt, schmücken bunte, einfache Häuser, die sehr gepflegt wirken. In den Häusern sind Kneipen, Hotels und Geschäfte vom Antiquariat bis zum Lachsverkauf untergebracht. Der Ort eignet sich gut als Ausgangspunkt für Ausflüge in den Galloway Forest Park und zu den südlich gelegenen frühchristlichen Stätten.

Praktische Tipps

Informationen

■ **Tourist Information,** im Ortskern an der Markthalle, Dashwood Square, Tel. 01671 402431, April–Oktober geöffnet.

■ **www.newtonstewart.org**

Unterkunft

■ **The Crown Hotel**②, 102 Queen Street, DG8 6JW, Tel. 01671 402727, www.the-crown-hotel.com. Zentral gelegen, mit Pub.

■ **Glentrool Camping and Caravan Site**①, Bargrennan, DG8 6RN, Tel. 01671 840280, www.glentroolcampingandcaravansite.co.uk. Bargrennan liegt an der A 714, ca. 15 km nördlich von Newton Stewart idyllisch eingebettet in die umgebenden Hügel.

■ Unterkünfte sind gut zu finden unter **www.newtonstewart.org/accommodation.**

Essen und Trinken

■ **Brew Ha Ha,** 48 Victoria Street, DG8 6BT, Tel. 01671 404203, www.fb.com/brewhaha.ns, Mo/Di und Do–Sa 9–17 Uhr, So 9–16 Uhr. Kaffee, Kuchen und einfache Speisen. Das nette, kleine Café hat auch einen Garten im Hinterhof.

■ **Riverbank Restaurant,** Goods Lane, DG8 6EH, Tel. 01671 403330, Mo–Sa 9–16 Uhr. Bodenständige Küche in schöner Atmosphäre.

Fahrradverleih

■ **Kirkcowan Cycles,** Victoria Lane, DG8 6DA, Tel. 01671 401529, www.fb.com/KirkcowanCycleRepairs, Do–Di 8.30–17.30 Uhr, Mi 8.30–20.30 Uhr, auch Reparatur und Verkauf.

Umgebung von Newton Stewart

Galloway Forest Park

Nördlich von Newton Stewart erstreckt sich der 400 km^2 große Galloway Forest Park. Der von der *Forestry Commission* verwaltete Park ist kein natürlich entstandenes Waldgebiet, die meisten Bäume sind von Menschenhand gepflanzt und dienen wirtschaftlichen Interessen. Die *Tourist Information* in Newton Stewart verteilt eine Beschreibung der Wanderwege durch das ruhige, dünn besiedelte Gebiet mit den zum Teil felsigen Bergen. Der **Merrick,** höchster Berg in den Southern Uplands, erreicht eine Höhe von 843 m.

Verschiedene **Wanderwege** durch den Galloway Forest Park locken mit wunderschöner Natur und einem intensiven Waldbad. Nicht nur Wildtiere können gesichtet werden, es gibt auch für Klein und Groß diverse Aktivitäten. Schon die Durchfahrt über die A712 lohnt sich für das Gefühl, sich in einem Märchenwald verirrt zu haben. Ein interessantes Wandergebiet erstreckt sich an der Verbindungsstraße von Newton Stewart nach New Galloway – wegen ihrer königlichen Landschaft auch **Queensway** genannt. *Robert Bruce,* der schottische Herrscher von 1306 bis 1329, hat an dem heute so friedlich wirkenden See die Schlacht von Rapploch Moss im Jahre 1307 gegen die Engländer geführt – und gewonnen. Er und seine Schotten zogen sich auf die Anhöhe zurück und rollten Felsblöcke hinab auf die englischen Streitkräfte. Zum Gedenken an diese Schlacht steht **Bruce's Stone** auf einem Hügel und blickt voller Stolz hinab auf Clatteringshaws Loch. Der Weg zum Bruce's Stone ist mit einem Zeichen des National Trust markiert.

Eine andere Schlacht hat *Robert Bruce* im Tal **Glen Trool** nördlich von Newton Stewart gegen die Engländer geschlagen und gewonnen, der Auftaktsieg zur Schlacht von Bannockburn. Auch für diesen Sieg haben die stolzen Schotten ihrem einstigen Chef einen Stein aufgestellt. Er befindet sich nördlich des Loch Trool. Zu erreichen ist das landschaftlich sehr reizvolle Glen Trool, indem man in Clauchaneasy, ca. 15 km nördlich von Newton Stewart, nach rechts abbiegt in Richtung Glen Trool Lodge: Ein absolutes Muss für Wanderer!

Die Linie 359 aus Newton Stewart in Richtung Girvan hält bis zu 7x täglich in Glen Trool. Von dort ist es nicht mehr weit bis zum **Visitor Centre.** Vom Visitor Centre führen mehrere Wege nach 3 bis 4 km zu **Loch Trool,** über dem der besagte Stein thront. Ein Rundweg führt in rund 9 Kilometern einmal um den See herum. Um das *Visitor Centre* herum sind zwei kürzere Wege angelegt.

Torhouse Stone Circle

Wahrscheinlich im Bronzezeitalter wurden die 19 Steinblöcke des Torhouse Stone Circle aufgestellt. Der **Steinkreis** befindet sich auf einem Erdhügel abseits der B 733, ca. 7 km westlich von **Wigtown,** und gehört zu den umfangreichsten in Großbritannien. Die 19 rundlichen Steine beschreiben einen Kreis mit einem Durchmesser von 18 m. Die Mitte des Kreises markieren drei weitere Steinblöcke.

Wigtown

Einen Besuch wert ist auch das kleine Städtchen Wigtown, das sich 10 km südlich von Newton Stewart befindet. Die Stadt ist ein **Paradies für Fans von Literatur** jeglicher Art. Jedes Jahr richten die rund 10 Buchläden und Antiquariate der Stadt zwischen Ende September und Anfang Oktober das **Wigtown Book Festival,** ein Festival rund um das Buch, aus. Das größte Antiquariat fasst rund 100.000 Titel.

Monreith Animal World

Monreith Animal World, ein privater **Tierpark** 10 km westlich von **Whithorn** an der A 747, gibt neben vielen anderen Tieren auch Ottern ein Zuhause. Kinder dürfen hier auch die Hasenbabies etc. streicheln.

■ **Monreith Animal World,** Low Knock Farm, Monreith, Newton Stewart, DG8 8NQ, www.dayoutwiththekids.co.uk/monreith-animal-park, März–Okt. tägl. 10–17 Uhr, Erwachsene £ 4, Kinder £ 2.

St Ninian's Cave

6 km südlich von Whithorn entlang der Küste führt ein 5 km langer Spaziergang zu der **Höhle,** welche *St Ninian,* dem schottischen Missionar, als Elfenbeinturm diente: St Ninian's Cave.

The Whithorn Story Visitor Centre

The Whithorn Story Visitor Centre, eine **archäologische Ausgrabungsstätte** mit Besucherzentrum, findet sich in Whithorn. Die Geschichtsforscher graben nach Zeugnissen aus der Zeit der ersten christlichen Gemeinde und einem Dorf der Wikinger, die hier einst siedelten. Über bereits Entdecktes informiert eine Führung. Eine Ausstellung im **Besucherzentrum** zeigt gefundene Artefakte und Gegenstände und informiert, wie eine Grabung vonstattengeht.

■ **The Whithorn Story Visitor Centre,** 45–47 George Street, Whithorn, DG8 8NS, www.whithorn.com, April–Okt. So–Fr 11–16 Uhr.

☒ Blick aus der St Ninian's Cave

Zwischen Newton Stewart und Dumfries

Zwischen den beiden zentral gelegenen Orten des Südwestens sind einige sehenswerte Bauten erhalten geblieben.

Carsluith Castle und Cardoness Castle

Auf dem Weg von Newtown Stewart zur Ortschaft Gatehouse of Fleet über die A 75 stehen zwei **Tower Houses,** eine Art Mischform zwischen Burg und Wohnhaus. Hinter **Creetown** an der rechten Straßenseite befindet sich die dachlose Ruine des Carsluith Castle aus dem Jahre 1560.

Die zweite „Wohnburg", das vierstöckige Cardoness Castle aus dem 15. Jh., findet sich vor **Gatehouse of Fleet** auf der linken Seite. Die Ruine stammt aus dem 15. Jh. Interessant sind die Kellergewölbe, die Wendeltreppe, die steinernen Bänke und die Kamine. Vom Burgturm eröffnet sich ein weiter Blick über die Fleet Bay.

■ **Carsluith Castle,** DG8 7DY, www.historicenvironment.scot/visit-a-place/places/carsluith-castle, April–Sept. tägl. 9.30–17.30 Uhr, Okt.–März 10–16 Uhr, Eintritt frei.

■ **Cardoness Castle,** Gatehouse of Fleet, DG7 2EH, www.historicenvironment.scot/cardoness-castle. Zum Zeitpunkt der Drucklegung war das Castle aufgrund von Restaurationsarbeiten nicht geöffnet. Aktuelle Informationen auf der Website.

Threave Castle

Dundrennan Abbey

Die 10 km südöstlich von **Kirkcudbright** (A 711) gelegene Dundrennan Abbey aus dem 12. Jh. ist sehr zerfallen, dennoch sind einige interessante Gebäudeteile erhalten. Während der Reformationszeit wurde das ehemalige Zisterzienserkloster stark beschädigt und konnte nicht mehr bewohnt werden. Die Leute aus dem Dorf Dundrennan nutzten die Ruine fortan als Steinbruch, um mit wenig Aufwand an Baumaterial für eigene Gebäude zu kommen. Daher entdeckt man in vielen Häusern des Dorfes ehemalige Steine der Dundrennan Abbey.

Ihre letzte Nacht auf schottischem Boden soll *Mary, Queen of Scots,* 1568 in der Dundrennan Abbey verbracht haben, bevor sie sich schließlich nach England begab.

■ **Dundrennan Abbey,** Kirkcudbright, DG6 4QH, www.historicenvironment.scot/dundrennan-abbey, April–Sept. tägl. 10–16.30 Uhr, Eintritt £ 7,50.

Orchardton Tower

Die einzige **runde „Wohnburg"** in Schottland, der Orchardton Tower, erbaut im 15. Jh., liegt abseits der A 711 zwischen Auchencairn und **Palnackie** und ist über einen befestigten Weg zu erreichen. Der Rundturm ist eher für Irland typisch.

■ **Orchardton Tower,** nahe Palnackie, DG7 1QH, www.historicenvironment.scot/visit-a-place/places/orchardton-tower, April–Sept. tägl. 9.30–17.30 Uhr, Okt.–März Sa–Mi 10–16 Uhr, Eintritt frei.

Threave Castle

Auf einer Insel im Fluss Dee, der bei Kirkcudbright mündet, steht die Festung Threave Castle vor dem Ort **Castle Douglas** abseits der A 75 auf der rechten Seite. Ein Boot setzt Besucher auf die flache **Insel im Dee** über.

Archibald „der Schreckliche", der dritte Earl der *Douglasses*, die Galloway einst regierten, legte im Jahre 1369 den Grundstein für die Festung auf der damals nahezu uneinnehmbaren Flussinsel. Angreifer hatten keine Deckungsmöglichkeit. Sie waren den Geschützen der Verteidiger hoffnungslos ausgeliefert. Bei einer Konfrontation der sogenannten schwarzen *Douglasses* mit dem schottischen König *James II.* verteidigte sich das Threave Castle als letzte Festung der *Douglasses*. Im Jahre 1455 fiel die Burg nach langer Belagerung in die Hände von *James II.* und gehörte fortan der schottischen Krone.

Die Gartenanlage **Threave Garden and Estate** liegt knapp 2 km südlich der Burg. Die meisten Pflanzen der viktorianischen Anlage blühen im Sommer.

■ **Threave Castle,** Castle Douglas, DG7 1TJ, www.historicenvironment.scot/threave-castle. Zum Zeitpunkt der Drucklegung war das Castle aufgrund von Restaurationsarbeiten nicht geöffnet. Aktuelle Informationen auf der Website.

■ **Threave Garden and Estate,** Castle Douglas, DG7 1RX, www.nts.org.uk/visit/places/threave-garden, Mitte März–Ende Okt. tägl.10–17 Uhr, Ende Okt.–Mitte März tägl. 10–16 Uhr, Haus Mitte März–Ende Okt. Fr–Mo 11–15 Uhr, Eintritt £ 8,50, Garten und Haus £ 12,50.

Adobe Stock © Stef Bennett

Dumfries

Als **„The Queen of the South"** war Dumfries einst bekannt, ist sie mit über 30.000 Einwohnern doch die größte Stadt im Süden Schottlands. Als Verkehrsknotenpunkt und wirtschaftliches Zentrum der Region hat die Stadt am Fluss Nith ihren Ruf bis heute bewahrt.

Wie ein roter Faden durchzieht die Geschichte Dumfries' der fortwährende Kampf um ihren Besitz zwischen Engländern und Schotten. Die Stadt an der Mündung des Nith erlangte bereits im 12. Jh. den Rang einer *Royal Burgh,* was ihr einige Rechte einbrachte. Im Jahr 1301 brachte *Edward I.* die Stadt in englische Hand. Doch ganze fünf Jahre später gab *Robert the Bruce* in Dumfries das Signal für den Aufstand gegen die verhassten Engländer. Vor dem Hochaltar der Franziskanerkirche erschlug der spätere schottische Herrscher den Abgesandten des Königs. Der Aufstand verlief erfolgreich, Dumfries wurde wieder schottisch. Umgekehrt siegten die Engländer in den Jahren 1448, 1536 und 1570 gegen die Schotten. *Bonnie Prince Charlie* versuchte 1745 noch einmal, Einfluss in Dumfries zu gewinnen, scheiterte aber.

Im 20. Jh. wurde die Bevölkerung von Dumfries mit Leid und Weh eines Krieges konfrontiert, denn die Stadt war während des Zweiten Weltkrieges das Hauptquartier des Norwegischen Militärs.

▷ Robert-Burns-Statue in Dumfries

Robert Burns in Dumfries

Schottlands **Nationaldichter Robert Burns** hat während der letzten vier Jahre seines Lebens in Dumfries als Steuereinnehmer gearbeitet; seine Hauptaufgabe war es, Schmugglern das Handwerk zu legen. Die harte, schlecht bezahlte Arbeit bei Wind und Wetter, mit der er fünf Kinder und seine Frau *Jean Armour* ernähren musste, zehrte den Dichter mit der Zeit auf. Im Alter von 37 Jahren starb *Robert Burns.* Auf dem **Friedhof** von St Michaels ist er bestattet worden. Über seinem Grab prangt ein kleiner griechischer Tempel, ein Relief darin bildet den Dichter in seinem ehemaligen Beruf als Landwirt ab.

Zwei seiner **Stammkneipen,** *The Globe Inn* (→ Essen und Trinken) und *Hole in the Wa'* in der High Street, haben *Robert Burns* in guter Erinnerung bewahrt. In eine Fensterscheibe des *Globe Inn* hat *Burns* eine Liebeserklärung an die Kellnerin geritzt. Böse Zungen behaupten, der Dichter sei nach einer Zechtour in seiner Lieblingskneipe volltrunken im Schnee liegengeblieben und habe seine Gesundheit bei jenem Umtrunk dermaßen ruiniert, dass er sich nicht mehr erholte und schließlich starb.

Informationen über *Burns'* Leben in Dumfries hält das **Robert Burns Centre** am Ufer des Nith bereit – die beste Möglichkeit, sich einen Überblick über das Leben des Poeten in Dumfries zu verschaffen.

Und noch einmal *Robert Burns:* Das schottische Dichter-Idol lebte auf der **Ellisland Farm** in den Jahren 1788–91, zu finden 10 km nördlich von Dumfries an der A 76 in Holywood.

■ **Robert Burns Centre,** Mill Road, DG2 7BE, Mo–Sa 10–17 Uhr, So 14–17 Uhr, Eintritt £ 7. Beherbergt auch ein Kino (£ 3,50), www.rbcft.co.uk.

■ **Ellisland Farm,** Holywood Road, Auldgirth, DG2 0RP, www.ellislandfarm.co.uk, April–Sept. Mi–Sa 11–16 Uhr, Eintritt £ 5.

Adobe Stock © nuttawutnuy

Praktische Tipps

Informationen

■ **Tourist Information Centre,** 64 Whitesands, DG1 2RS, Tel. 01387 253862, ganzjährig geöffnet.

■ **www.visitdumfriesandgalloway.co.uk**

Verbindungen

Bahn

■ Von Dumfries verkehren Züge in Richtung Norden nach **Glasgow,** in Richtung Süden nach **Carlisle** (England). Um **Edinburgh** zu besuchen, muss man per Bahn entweder nach Carlisle zurück oder sich per Bus nach Lockerbie durchschlagen, von wo jeweils direkte Züge nach Edinburgh fahren.

■ Wer mit der Bahn **von London** (Bahnhof Euston) nach Dumfries fahren möchte, muss in Carlisle umsteigen. Von dort verkehren direkte Züge nach Dumfries.

Bus

■ *Stagecoach Western Buses* unterhält die Hauptverbindungen im Südwesten Schottlands, nach **Stranraer** und anderen Orten an der A 75, Annan, Castle Douglas, Kirkcudbright, Twynholm, Gatehouse of Fleet, Creetown, Newton Stewart und Glenluce. Außerdem verkehren Langstreckenbusse nach **Glasgow** und **Ayrshire.** Die Tickets kosten für einen Tag in Dumfries rund £ 5, in Dumfries und Galloway £ 7,50.

■ Auch **Edinburgh** wird angesteuert (Buslinien 101 und 102). Die Busse halten u. a. in Thornhill und Moffat und benötigen ca. 3 Std. bis Edinburgh. In der Regel starten die Busse viermal täglich in Dumfries, an der Haltestelle Whitesands.

■ Eine direkte Bahnlinie von Dumfries nach **Stranraer,** dem Fährhafen nach Irland, existiert nicht. Abhilfe verschafft der *Stagecoach*-Busservice 500 (vier- bis siebenmal am Tag für knapp £ 7,50).

Unterkunft

■ **Huntingdon House Hotel**②, 18 St Marys Street, DG1 1LZ, Tel. 01387 254893, www.huntingdonhotel.co.uk. Etwas abseits gelegen, kann dafür aber mit Biergarten und eigener Bar aufwarten.

■ **Glenlossie Guest House**①, 75 Annan Road, DG1 3EG, Tel. 01387 254305, https://glenlossie.business.site. In Laufreichweite von Innenstadt und Bahnhof.

■ **Marthrown of Mabie Bunkhouse**①-②, Mabie Forest, DG2 8HB, Tel. 01387 247900, www.marthrownofmabie.com. Liegt einige Kilometer südlich von Dumfries mitten im Wald und bietet sowohl

Bunkhousebetten, als auch **Zeltplätze**②. Zudem werden allerhand Outdooraktivitäten angeboten.

■ **Beeswing Caravan Park**②, Drumjohn Moor, Kirkgunzeon, DG2 8JL, Tel. 01387 760242. Von Dumfries nach Delbeattie (A 711) 1 km hinter Beeswing, szenisch in die ausladende Landschaft von Dumfries eingebettet.

Essen und Trinken

■ **The Globe Inn,** 56 High Street, DG1 2JA, Tel. 01387 323010, www.globeinndumfries.co.uk, Di 11–21 Uhr, Mi–Sa 11–23 Uhr, Restaurant Mi–Sa 12–14.30 und 18–21 Uhr. Alter Pub, den schon *Robert Burns* mochte, regionale Küche.

Umgebung von Dumfries

Sweetheart Abbey

In **New Abbey,** ca. 10 km südlich an der A 710, steht die gut erhaltene Ruine der Sweetheart Abbey, gestiftet von der Witwe *Devorgilla Balliol.* Als ihr Mann *John* 1269 starb, ließ die Witwe sein Herz einbalsamieren und trug es in einem Kästchen aus Elfenbein stets an ihrem Herzen. Im Jahre 1273 legte *Devorgilla* zu Ehren ihres verstorbenen Gatten den Grundstein für ein **Zisterzienser-Kloster** in New Abbey. Als sie dann 1290 im Alter von 80 Jahren starb, wurde sie zusammen mit dem einbalsamierten Herz ihres „sweet, silent companion“ im Kloster beigesetzt. Die Mönche des Zisterzienserordens wussten die Liebe zu würdigen und gaben dem aus rotem Sandstein gebauten Kloster den Namen Sweetheart Abbey.

☒ Caerlaverock Castle

■ **Sweetheart Abbey,** New Abbey, DG2 8BU, www.historicenvironment.scot/sweetheart-abbey, April–Sept. tägl. 10–16.30 Uhr, Okt.–März Fr/Sa 10–16 Uhr, Eintritt £ 6. Aufgrund von Restaurierungsarbeiten sind zum Zeitpunkt der Drucklegung nur die niedrigen Bereiche und angrenzenden Rasenflächen zur Besichtigung freigegeben.

Corn Mill

Ebenfalls in New Abbey, in der Dorfmitte, befindet sich die Corn Mill, eine Mühle aus dem 19. Jh., die mit **Wasserkraft** betrieben wird und Besuchern demonstriert, wie man aus Getreide feines Mehl schrotet und mahlt.

■ **New Abbey Corn Mill,** DG2 8BX, www.historicenvironment.scot/new-abbey-corn-mill, April–Sept. tägl. 10–16.30 Uhr, Okt.–März Fr/Sa 10–16 Uhr, Eintritt £ 7,50.

Caerlaverock Castle

Das Besondere an der **Wasserburg** Caerlaverock Castle, ca. 15 km südlich von Dumfries an der B 725 gelegen, ist ihr **dreieckiger Grundriss.** Das Eingangstor markieren zwei Rundtürme, ebenso findet sich an den beiden anderen Ecken ein Rundturm.

Die Burg wurde von den Engländern Ende des 13. Jh. als Brückenkopf für eine Invasion in Schottland gebaut. Doch die Schotten besiegten den englischen Monarchen *Edward I.* und nutzten die Burg fortan selbst zur Grenzsicherung. Im 13. Jh. soll die Festung mit lediglich 60

Adobe Stock © stocksolutions

Leuten zwei Tage lang einer Übermacht von 3000 angreifenden Engländern getrotzt haben.

Die stolze Festung wurde im 17. Jh. von den *Convenanters* erobert und beschädigt, sodass von der Innenausstattung nicht viel übrig blieb. Erhalten sind die mächtigen Grundmauern und die Türme, die noch immer ein imposantes Bild des einstigen *Maxwell*-Castles vermitteln.

■ **Caerlaverock Castle,** Glencaple, Caerlaverock, DG1 4RU, www.historicenvironment.scot/caerlaverock-castle, April–Sept. tägl. 9.30–17 Uhr, Okt.–März tägl. 10–16 Uhr, Eintritt £ 7,50. Der Bus 6A aus Dumfries hält bis zu 5x täglich.

Caerlaverock Wetland Centre

In der Nähe der Burg Caerlaverock findet jeden Winter ein **Naturspektakel** statt. Mehrere Tausend **Ringelgänse** kommen aus Grönland Jahr für Jahr zum Brüten dorthin, außerdem Schwäne, Enten und Stelzvögel. Das marschige Gebiet zwischen der Mündung des Nith und des Lochar Water gehört zum großen Teil dem *WWT Caerlaverock Wetland Centre.* Das unter Naturschutz gestellte Gebiet ist ganzjährig geöffnet und vom Castle aus gut zu Fuß erreichbar.

■ **WWT Caerlaverock Wetland Centre,** Eastpark Farm, Caerlaverock, DG1 4RS, www.wwt.org.uk/wetland-centres/caerlaverock, tägl. 10–17 Uhr, Eintritt £ 8,63.

Ruthwell Church

Von Caerlaverock weiter in Richtung Annan, steht an der B 747 in der Kirche von Ruthwell das **Ruthwell Cross,** ein gut erhaltenes Hochkreuz aus dem 7. Jh. Die Ruthwell Church wurde zum Schutz des Kreuzes vor Wind und Wetter im 18. Jh. gebaut.

Gretna Green

Ein entlegenes, kleines schottisches Dorf mit romantischer Geschichte: Nachdem auf der A 74 die Brücke über den kleinen Fluss Sark überquert wurde, erinnert nur noch die Umgebung, die sich über die Grenze zieht und kaum wandelt, an England. Dann ist Schottland erreicht, auch hier ist die Gegend flach und nicht besonders abwechslungsreich, dafür ist die Geschichte rund um Gretna Green umso spannender. Der Ort befindet sich noch etwas hinter der Brücke.

In Schottland kennen vermutlich nur noch die Eltern oder Großeltern den alten Brauch, daher ein kurzer Ausflug zurück: Schottland behielt nach der Union mit England im Jahre 1707 seine eigene Rechtsprechung. Als 1754 in England durch den *Hardwick Marriage Act* heimliche Hochzeiten per Gesetz verboten wurden, flüchteten verliebte Paare über die Grenze nach Schottland, wo nach wie vor die alte Rechtsprechung besagte, dass eine Heirat mit dem Jawort der Geliebten vor zwei Zeugen beschlossene Sache ist, vorausgesetzt, beide Personen haben ein Alter von 16 Jahren erreicht.

So überquerten viele heiratswütige Menschen die Grenze von England nach Schottland, um sich meist gegen den Willen der Eltern in Gretna Green zu lieben, in die Ehe zu stürzen und nicht selten ins Unglück. Um der Trauung ein wenig Pomp zu verleihen, vollzog im Laufe der Jahre ein Hufschmied über einem Amboss oder ein Gastwirt die **Trauung.** Kluge schottische Köpfe kamen auf die Idee, von der ganzen Ehegeschichte ihren Profit abzuzwacken.

Mitte des 19. Jahrhunderts entstand ein **Gesetz** mit der Bestimmung, dass sich einer der beiden Ehewilligen vor der Trauung für mindestens 21 Tage in Schottland aufhalten müsse. Damit machten die Hotels in Gretna Green ihre ersten Geschäfte, vor allem mit reichen, adligen Söhnen, die sich gegen den Willen der Eltern in Bürgertöchter verschossen hatten.

Die Herrlichkeit der heimlichen Eheschließung währte bis 1940, als das Parlament diese Art der Hochzeit unterband. Fortan lebte nur noch der **Ruf** von Gretna Green als Zufluchtsort für heimliche Heiratswillige fort. Dieses Image führt bis heute eine Unzahl von Touristen nach Gretna Green, die sich je nach Bedarf von einem Hufschmied über einem Amboss vermählen können – zum Schein, aber für ein echtes schottisches Pfund.

Adobe Stock © chrisdorney

◁ Skulptur in Gretna Green

Adobe Stock © tonymills

Moffat

Der **Kurort** Moffat liegt in einer Landschaft, die zu den schönsten des schottischen Südens zählt. Umringt von grünen Hügeln, auf denen Kühe und Schafe weiden, bietet sich Moffat als idealer Ausgangspunkt für Wanderungen und um die Reize der Southern Uplands auszukosten. Viele Touristen legen auf ihrem Weg ins schottische Hochland einen Zwischenstopp in Moffat ein, denn der bekannte Ort befindet sich nur 2–3 km abseits der Schnellstraße A 74 nach Glasgow.

Praktische Tipps

Informationen

- Zimmer vermittelt das **Tourist Information Centre,** Churchgate, Tel. 01683 220620, gegenüber der Kirche in der Ortsmitte. Sollte es geschlossen sein, kann man auf einem Bildschirm ersehen, welches Zimmer im Ort noch frei ist. Wer Moffat als Stützpunkt zum Wandern auserkoren hat, kann hier die entsprechenden Karten kaufen.
- **www.visitmoffat.co.uk**

Blick auf Moffat

Verbindungen

Bahn

- Wer mit der Bahn anreist, muss in **Beattock,** 3 km südlich von Moffat, aussteigen. Eine Bahnlinie nach Osten in die Borders existiert nicht.

Bus

- Moffat besucht man am besten mit dem **Auto.** Der Busverkehr in Richtung der Borders-Region, wo sich das Wandergebiet der Moffat Hills erstreckt, lässt zu wünschen übrig.

Unterkunft, Essen und Trinken

Die meisten Hotels stehen im Zentrum von Moffat an der High Street.

- **Hartfell Guest House**②, Hartfell Crescent, DG10 9AL, Tel. 01683 220153, www.hartfellhouse.co.uk. Etwas oberhalb von Moffat gelegen, bietet im **Restaurant** auch Abendessen an.
- **Rockhill Guest House**②, 14 Beachgrove, DG10 9RS, Tel. 01683 220283, www.rockhillmoffat.co.uk. Das klassische Guest House liegt in der Verlängerung der High Street etwas außerhalb.
- **Seamore Guest House**②, Academy Road, DG10 9HW, Tel. 01683 220404, www.seamorehousebandb.co.uk. Gemütliches Guest House zentral in Moffat.
- **Moffat Camping and Caravanning Club Site** ①, Hammerlands, DG10 9DY, Tel. 01683 220436, www.campingandcaravanningclub.co.uk. Eine gute Möglichkeit, dem Trubel in Moffat aus dem Weg zu gehen.

[>] Der Wasserfall „Grey Mare's Tail"

Tweedsmuir Hills

Devil's Beef Tub

Die nördlich von Moffat gelegenen Berge, die Tweedsmuir Hills, erreichen eine Höhe von über 800 m. In einer riesigen Schlucht, der Devil's Beef Tub 10 km nördlich von Moffat, versteckten Viehdiebe einst ihr Diebesgut. Die **Schlucht** ist zu Fuß von Moffat in etwa drei Stunden zu erreichen. Mit dem Auto hat man etwa 9 km nördlich von Moffat von der A 701 einen guten Einblick in die Schlucht.

Grey Mare's Tail

Nordöstlich von Moffat gelangt man zu Grey Mare's Tail, einem **Wasserfall** am Fuße des Berges White Comb. Der „Schweif der Grauen Stute" fällt in mehreren Etappen von Loch Skeen über 60 Höhenmeter hinab bis zur Mündung in den Fluss Moffat Water. Ein Erklimmen des Berges ist zu empfehlen, denn die Aussicht, die sich über den Wasserfall sowie den Moffat Water bietet, machen jede Verschnaufpause lohnenswert. Leider ist der Wasserfall fast nur mit dem Pkw zu erreichen, denn entlang der A 708 fahren keine Busse. Von Moffat folgt man der A 708 ca. 18 km in Richtung Galashiels. Am Wasserfall ist ein **Parkplatz** von *National Trust Scotland* eingerichtet, die hier das Gelände schützen (Parkgebühren £ 3). Durch das Gebiet um Loch Skeen, das schon an der Grenze zu den Borders liegt, ziehen sich zwei **Wanderpfade,** einer führt zum

Wasserfall, der andere umrundet den See.

Weitere Wanderwege führen durch das Berggebiet westlich der A 708 zum **Hart Fell** mit einer Höhe von 808 m und zum **Lochcraig Head** mit 800 m. Aufpassen sollte man bei Wetterumschwüngen und auf keinen Fall die vorgeschriebenen Routen verlassen, denn hier sollen bereits Wanderer bei schlechtem Wetter tödlich verunglückt sein.

Wanderkarten verkauft die Touristen-Information in Moffat gegenüber der Kirche.

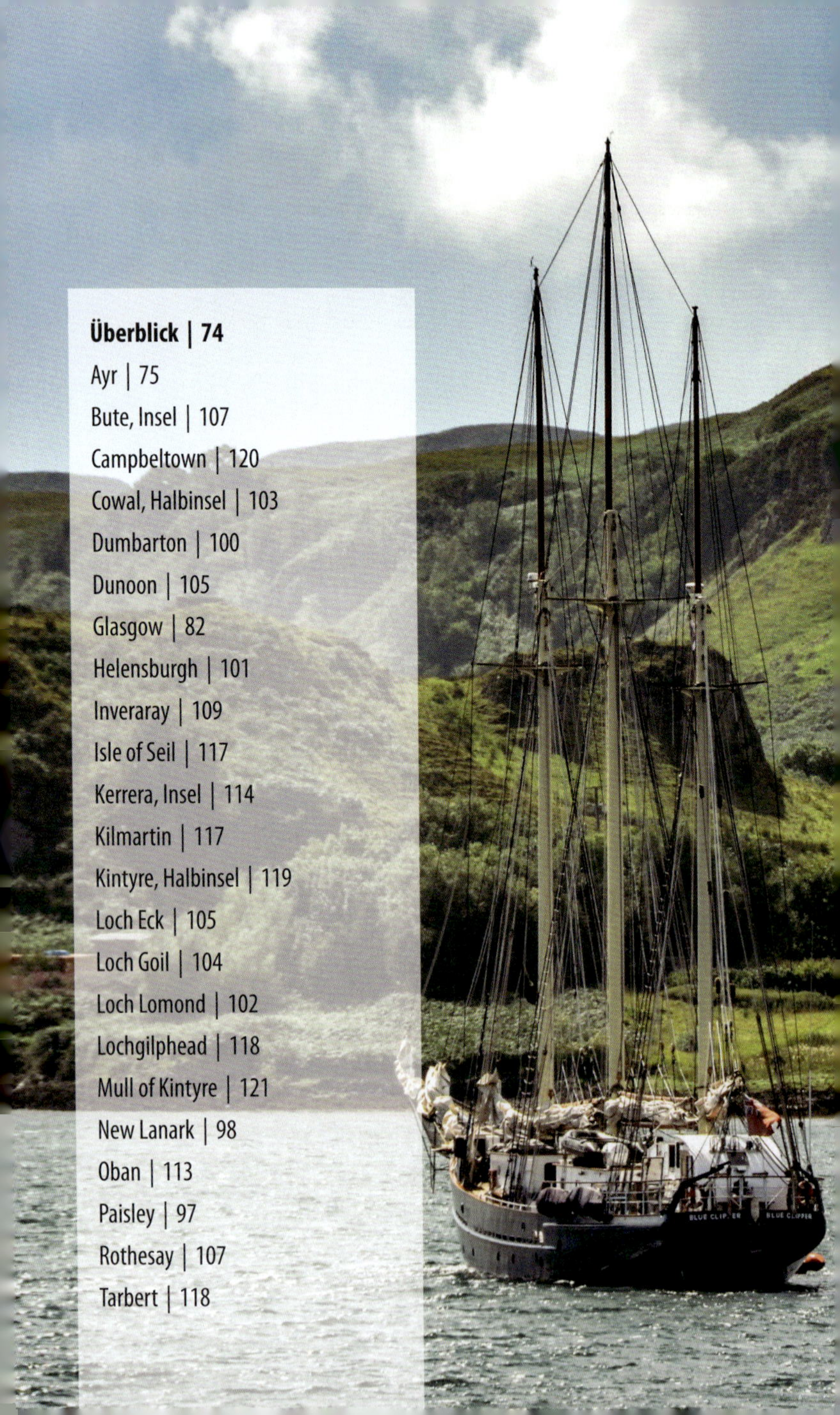

Überblick | 74

Ayr | 75

Bute, Insel | 107

Campbeltown | 120

Cowal, Halbinsel | 103

Dumbarton | 100

Dunoon | 105

Glasgow | 82

Helensburgh | 101

Inveraray | 109

Isle of Seil | 117

Kerrera, Insel | 114

Kilmartin | 117

Kintyre, Halbinsel | 119

Loch Eck | 105

Loch Goil | 104

Loch Lomond | 102

Lochgilphead | 118

Mull of Kintyre | 121

New Lanark | 98

Oban | 113

Paisley | 97

Rothesay | 107

Tarbert | 118

738sc bcg

3

Strathclyde und Glasgow

» Die Lebhaftigkeit Glasgows oder die Ruhe am Mull of Kintyre reizen ebenso wie der wunderschöne Loch Lomond.

< Ein Boot vor der Insel Kerrera

Strathclyde und Glasgow

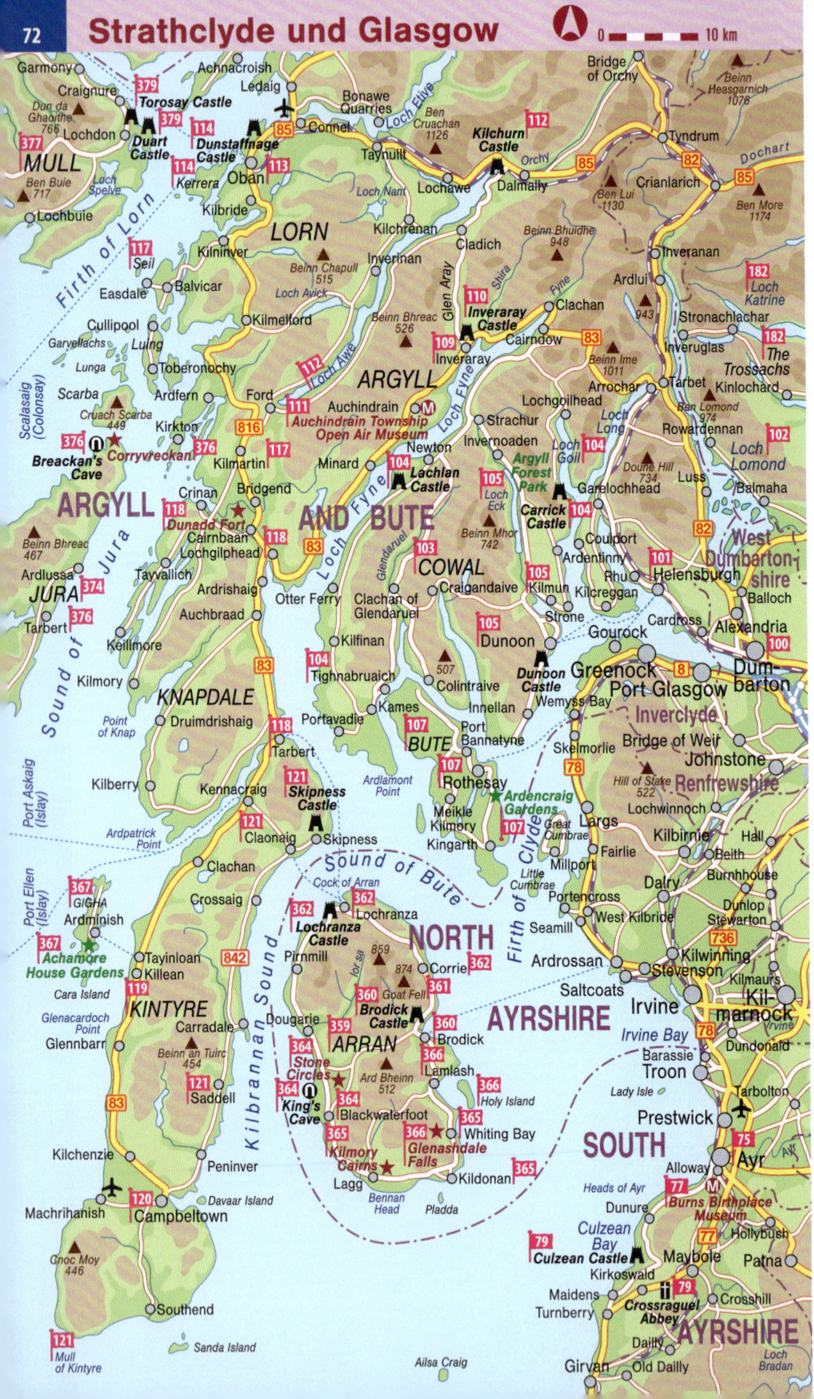

STRATHCLYDE UND GLASGOW

Der Süden von Strathclyde besteht aus den ehemaligen Grafschaften Renfrewshire, Ayrshire und Lanarkshire. Die Landschaft ist hier meist sanft, es gibt keine rauen Berge. Grasbewachsene Hügel bestimmen das Landschaftsbild. Auch die Küste ist weniger bizarr als die des Nordwestens: flache Strände, einzig südlich von Ayr fällt die Küste an den Heads of Ayr steiler ab.

NICHT VERPASSEN!

- **Culzean Castle,** Vorzeigeschloss von *Robert Adams* | 79
- **Glasgows Museen** rund um den Kelvingrove Park | 88
- **New Lanark,** historische Textilfabriksiedlung | 98
- **Dumbarton Castle,** Zufluchtsort von *Mary Stewart* | 100
- **Hill House** in Helensburgh, Jugendstil schottischer Art | 101
- **Mull of Kintyre,** windumtoster Felsen, von *Paul McCartney* besungen | 121

Diese Tipps erkennt man an der gelben Markierung.

Überblick

Seglern und Badegästen kommt der flache Küstenverlauf der Region entgegen. Wer lieber „Trockensport" treibt, kann eine Runde **Golf** in den grünen Hügeln spielen. An der Westküste hat jeder die freie Auswahl. Von Largs über Irvine, Thron, Ayr bis Girvan gibt es über 15 Golfplätze.

Getrübt wird der Freizeitspaß leider von den Industriestädten Irvine, Saltcoats und Ayr. In Prestwick, das nördlich an Ayr grenzt, befindet sich Schottlands drittgrößter **Flughafen.**

Während sich die Industriebetriebe vor allem in Küstennähe angesiedelt haben, prägen Bauernhöfe und kleinere Siedlungen das Hinterland. In einem dieser kleinen Orte, Alloway, südlich von Ayr gelegen, wurde im Jahre 1759 der Volksdichter *Robert Burns* geboren. Sein Geist ist noch allgegenwärtig. Der **Burns Heritage Trail** folgt wichtigen Stationen seines Lebens und führt zu Orten, die ihn zu seinen Gedichten inspiriert haben. *Burns* ist zweifellos die große Attraktion der Grafschaft Ayrshire an der Westküste.

Während *Robert Burns* eine nationale Größe im eigenen Land darstellt, sind die Ideen eines anderen Mannes weit über die Grenzen Schottlands bekannt. Die Rede ist von **Robert Owen,** Sozialreformer und Vater des englischen Sozialismus. In seiner Baumwollfabrik in **New Lanark,** südöstlich von Glasgow, verwandelte *Owen* seine Ideen von der genossenschaftlichen Organisation eines Betriebes unmittelbar in Tatsachen. Aus dem ehemaligen Industriezentrum von Lanark in schöner, abgeschiedener Lage am Fluss Clyde ist heute ein Museum geworden.

Der wirtschaftliche und kulturelle Brennpunkt der Region ist **Glasgow,** die Weltstadt am Firth of Clyde. Auch wenn einige Probleme aus dem 19. Jahrhundert der einstigen Schwerindustriemetropole noch immer ihrer Entsorgung harren, präsentiert sich Glasgow als Kulturstadt, die immer mehr Besucher in ihren Bann zieht.

Zum Norden Strathclydes gehören die Inneren Hebriden, Skye, Loch Lomond, die Halbinseln Cowal und Kintyre sowie das Gebiet der ehemaligen Grafschaften Argyll und Lorne.

Die **Halbinsel Cowal** und die Gegend um **Loch Lomond** sind in einer Stunde von Glasgow mit dem Auto oder der Fähre zu erreichen. Nördlich von Dumbarton, einer Industriestadt am Firth of Clyde, werden bei Loch Lomond aus sanften Hügeln die Berge des Schottischen Hochlands, wie der knapp 1000 m hohe Ben Lomond oder der Beinn Ime.

Westlich von Loch Lomond, des größten Sees in Schottland, erstreckt sich der **Argyll Forest Park.** In den Niederungen des aufgeforsteten Landstriches stehen keine schottischen Gehölze, sondern kanadische Douglasien, die schneller wachsen als z. B. die schottische Kiefer oder die Eiche und somit rentabler sind.

Das Gebiet südlich des Argyll-Forest-Parks, die **Halbinsel Cowal,** lädt zu aus-

> Die Innenstadt von Ayr

gedehnten Wanderungen ein. Das Landesinnere der Halbinsel ist tief eingeschnitten von fjordähnlichen Meeresbuchten. Die Berge erheben sich hier selten höher als 600 m. Mit ca. 8000 Einwohnern ist die Stadt Dunoon am Firth of Clyde das touristische Zentrum von Cowal.

Ayr

Die Hafenstadt Ayr am Firth of Clyde steht auf einem altem Grund. Ihre Geschichte datiert zurück bis ins 8. Jh. *Robert Bruce,* der 1314 für Schottland die Unabhängigkeit erkämpfte, fügte hier den Truppen *Edwards I. von England* eine schwere Niederlage zu, als er ihre Unterkünfte in Brand steckte, wobei 500 Engländer starben. Im St. John's Tower, Eglinton Terrace, tagte einst das schottische Parlament. Am 26. April 1315 nach der Schlacht von Bannockburn bestätigte es hier den Erfolg der schottischen Krone.

Doch vergessen ist die Vergangenheit. Heutzutage ist Ayr ein Urlaubsmagnet an der unteren Westküste. Touristen aus ganz Großbritannien reisen an und nutzen die breite Palette an **Sport- und Freizeitmöglichkeiten.** Ein über 3 km langer Sandstrand, die vielen Geschäfte und Lokale, die drei Golfplätze und die Autorennstrecke von Ayr ziehen in den Sommermonaten die Urlauber in ihren Bann.

Über allem steht das Markenzeichen von Ayr: *„the ploughman poet"*, der Volksdichter **Robert Burns.** Die Stadt ist ein geeigneter Ausgangspunkt, um ein paar historische Lebensstationen von *Burns* zu erkunden.

736sc nb

Praktische Tipps

Informationen

- **Tourist Information Centre,** 22 Sandgate, KA7 1BW, Tel. 01292 290300.
- **www.ayrshire-arran.com**

Verbindungen

Eigenes Fahrzeug

- Der schnellste Weg mit dem Auto zwischen Glasgow und Prestwick/Ayr ist die **A 77.** Landschaftlich wesentlich reizvoller, aber umso zeitaufwendiger und allein von der Strecke doppelt so lang, ist die **Küstenstraße,** zuerst die A 8, später die A 78 von Glasgow, über Gourock, Largs, Ardrossan (Fährablegestelle zur Insel Arran) nach Prestwick und Ayr.

Flug

- Nördlich an Ayr grenzt Prestwick mit dem **Glasgow Prestwick Airport,** der etwa 50 km von Glasgow entfernt liegt, weitere Infos siehe dort.

Bus

- *Stagecoach West Scotland* bedient neben dem lokalen Netz auch die regelmäßig verkehrende Express-Linie nach **Glasgow** (X77). Eine Fahrt kostet etwa £ 8,50.

Taxi

- **Thistle Cabs Group,** Tel. 01292 260000, www.thistle-cabs.co.uk.

Autoverleih

- **Avis,** am Prestwick Airport, KA9 2PL, Tel. 06171 681283, www.avis.co.uk. Hier befinden sich ebenso **Hertz, Europcar** und **National Car Rental.**
- **Arnold Clark Ayr,** 127 Prestwick Road, KA8 8NJ, Tel. 01292 433290, www.arnoldclarkrental.com.

Unterkunft

- Nach **Bed and Breakfast** sucht man in Ayr in der Prestwick Road oder Castlehill Road.
- **Inverlea Guest House**②, 42 Carrick Road, KA7 2RB, Tel. 01292 266756, www.inverlea.co.uk. Gepflegtes Guest House mit eleganten Zimmern.
- **The Beechwood Guest House**②, 39 Prestwick Road, KA8 8LE, Tel. 01292 864135, www.ayrguesthouse.com. Etwas außerhalb mit guter Ausstattung.
- **Daviot Guest House**②, 12 Queens Terrace, KA7 1DU, Tel. 01292 269678, www.daviothouse.co.uk. Das beschauliche Haus liegt sehr zentral in einem der Altstadthäuser direkt hinter der Promenade.
- **Craigie Gardens Caravan Park**②, Craigie Road, KA8 0SS, Tel. 01292 264909. Östlich der Innenstadt, umgeben von Bäumen und trotzdem in Laufweite von Ayrs Innenstadt und der Esplanade gelegen, keine Zeltplätze.

Essen und Trinken

- **3 Idiots,** 10 George Street, KA8 0BL, Tel. 01292 280791, www.3idiotsonline.com, So/Mo und Mi/Do 16–22 Uhr, Fr/Sa 16–22.30 Uhr. Bietet gutes indisches Essen.
- **Vegan Earth,** 18 Kyle Street, KA7 1RZ, Tel. 07 472 420042, www.fb.com/veganearthayr, Di–So 12–15 Uhr. Veganes Café in der Innenstadt von Ayr, verschiedene Frühstücks- und Lunchangebote, die mit frischen Zutaten liebevoll zubereitet werden.

Aktivitäten

Mark McCrindle veranstaltet **Seetouren nach Ailsa Craig,** der Insel vor der Küste Girvans (südlich von Ayr). Die unbewohnte Insel steht unter Naturschutz und bietet Tieren ein Paradies. Genauer berät *McCrindle* selbst, 7 Harbour Street, Girvan, KA26 9AJ, Tel. 01465 713219, www.ailsacraig.org.uk.

■ **Ayrshire Equitation Centre,** South Mains, Corton Road, KA6 6BY, Tel. 01292 266267, www.ayrshireequitationcentre.co.uk. Hier werden Reiterferien veranstaltet.

Umgebung von Ayr

Burns Heritage Trail

Der Burns Heritage Trail, eine **mit blauen Schildern markierte Straße,** führt zu wichtigen Stationen im Leben des Dichters. Die Straße beginnt in **Alloway,** dem Geburtsort von *Robert Burns,* und endet in **Dumfries,** wo *Burns* im Alter von nur 37 Jahren begraben wurde.

Burns Birthplace Museum

Im Burns Birthplace Museum in **Alloway,** 3 km südlich von Ayr an der B 7024 in Richtung Maybole, informiert eine Ausstellung über das Leben des Dichters.

Mit dem Burns Birthplace Museum assoziiert sind verschiedene Sehenswürdigkeiten in Alloway, die mit dem Dichter in Verbindung stehen: Burns' Cottage, Alloway Kirk, Brig o'Doon und Burns Monument.

In dem Haus, in dem sich heute das **Burns' Cottage** befindet, ist *Robert Burns* am 25. Januar des Jahres 1759 geboren worden und die ersten sieben Jahre seines Lebens aufgewachsen. Das strohgedeckte Haus hat der Vater gebaut. Das Mobiliar stammt zum Teil noch aus der Originaleinrichtung. Im Museum sind Manuskripte, Briefe und Bücher des Dichters ausgestellt.

Wenn man die Straße vor dem Museum überquert und geradeaus läuft, steuert man auf die **Alloway Kirk** zu. Die Kirche, die schon zu *Burns* Lebzeiten eine Ruine war, ist der Schauplatz des Gedichtes „Tam O'Shanter". Auf dem Nachhauseweg von der Kneipe beobachtete der angetrunkene Farmer *Tam O'Shanter* durch das Kirchenfenster der Alloway Kirk angeblich einen wilden Tanz der Hexen, zu dem der Teufel auf dem Dudelsack aufspielte. Die Hexen anzuschauen, war keine Freude für *Tam,* knochig, spindeldürr und alt. „Doch *Tam* war keineswegs von Sinnen:/Er sah ein hübsches Dirnlein drinnen". Der Zechbruder war verzückt von der Perle unter den hässlichen Weibern, verzückt von ihrem kurzen Rock: „Nun wars um *Tams* Verstand getan/Er schrie ihr: ‚Bravo Kurzhemd!' zu,/Da – all der Glanz verlosch im Nu;/Kaum hat sich *Tam* aufs Pferd geschwungen/So kam das Höllenheer gesprungen." *Tam* floh auf seinem Pferd vor den wilden Schreien der Hexen, „O *Tam,* zum Lohn für deine Taten/Wirst du bald in der Hölle braten", und hielt auf die **Brig o'Doon** zu, eine kleine, einbogige Brücke, die in der Nähe der kleinen Kirche das braune Wasser des Doon überspannt, denn Hexen können nicht über Wasser gehen. Sein Pferd *Grete* lief um Tod oder Leben, verfolgt von der wilden Hexenschar. „Doch wilder noch war *Gretes* Mut, ein letzter Sprung – und *Tam* war frei;/Doch sie verlor den Schweif dabei:/Die Hexe packt' ihn dicht am Rumpf/Und ließ der *Grete* kaum nen Stumpf." (Übersetzung nach *Theodor Fontane*)

Am Fluss Doon, in Sichtweite der Brücke, haben die Schotten ihrem Nationaldichter das **Burns Monument** errichtet, einen kleinen Tempel in griechischem Stil. Im Inneren sind diverse Bücher und Dokumente ausgestellt, die mit dem Leben von *Burns* in Beziehung stehen. Zwei Andenken an das Liebesleben des Dichters liegen in den Vitrinen: eine Locke und die Bibel seiner geliebten *Mary Campell*, der *Highland Mary*, die kurz vor der geplanten Heirat aus dem Leben schied.

■ **Burns Birthplace Museum,** Murdoch's Lone, Alloway, Ayr KA7 4PQ, Tel. 01292 443700, www.nts.org.uk/visit/places/robert-burns-birthplace-museum, Nov.–März tägl. 10–16.30 Uhr, April–Okt. tägl. 10–17 Uhr, Eintritt £ 12, ermäßigt £ 9.

Weitere Spuren von Robert Burns

Andere wichtige Stationen im Leben von *Burns* befinden sich östlich von Ayr. In der Nähe von **Failford** an der B 743 steht zu *Marys* Gedenken das **Highland Mary's Monument.** Dort sollen sich *Robert* und *Mary* die Ehe versprochen haben, die nie Wirklichkeit wurde.

In **Mauchline,** 16 km von Ayr entfernt an der B 743, findet sich das **Burns House Museum.** Hier hatte *Robert Burns* 1788 ein Techtelmechtel mit seiner späteren Frau *Jean Armour.*

■ **Burns House Museum,** Castle Street, KA5 5BZ, Di/Mi 10.30–18 Uhr, Do 13.30–20 Uhr, Fr/Sa 10.30–16 Uhr, Eintritt frei.

In der Umgebung finden sich weitere *Burns*-Stätten. **Poosie Nansie's,** eine Bierschänke, die noch heute in Betrieb ist, regte *Burns* zum Lied „The Jolly Beggars“ an, das noch heute in Schottland gesungen wird.

In **Tarbolton,** an der B 730, die nördlich von der A 743 abzweigt, findet man **The Bachelor's Club.** *Burns* hat hier die Tanzschule besucht, wurde Freimaurer und hat außerdem mit Freunden einen Debattierclub ins Leben gerufen.

■ **The Bachelor's Club,** Sandgate Street, Tarbolton, KA5 5RB, www.nts.org.uk/bachelors-club, Mitte Mai– Sept. Fr–Mo 12–16 Uhr, Eintritt £ 5.

Als eine weitere Station sei **Souter Johnnie's Cottage** genannt, ca. 20 km auf der A 77 südlich von Ayr, in **Kirkoswald,** hinter der Stadt Maybole. Im Sommer 1775 lernte der junge *Robert Burns* im *Kirkoswald's Inn* zechenderweise den Farmer und Schmuggler *Douglas Graham,* genannt *Tam* von der Shanter Farm, und den örtlichen Schuhmacher, *Souter Johnnie,* kennen. *Johnnie* und *Tam* waren das lebende Vorbild für die Figuren in *Burns'* Ballade „Tam-O'Shanter“. Lebensgroß aus Stein gemeißelt, sitzen die beiden, der Wirt des *Kirkoswald's Inn* und dessen Frau vor der Hütte von *Douglas „Tam“ Graham.*

■ **Souter Johnnie's Cottage,** Main Road, Kirkoswald, KA19 8HY, www.nts.org.uk/visit/souter-johnnies-cottage, April–Sept. Fr–Mo 11–16 Uhr, Eintritt frei.

[>] Culzean Castle ist eine der meistbesuchten Sehenswürdigkeiten Schottlands

Culzean Castle

Das großartige **Schloss** Culzean Castle steht am Rande der **Steilküste** 18 km südlich von Ayr in Richtung Girvan.

Im Jahre 1777 wurde das Culzean Castle nach einem Entwurf von *Robert Adam* gebaut, dem bekanntesten Spross der berühmten schottischen Architektenfamilie *Adam*. Das Gebäude vermittelt von außen den Eindruck eines Wohnpalastes, der im schlichten Stil einer Burg mit Rundtürmen und Schießscharten erbaut wurde. Innen dagegen wurde es prächtig von *Robert Adams* ausgestattet und bis ins Detail gestaltet. Besonders ansprechend wirken das ovale Treppenhaus sowie das runde Gesellschaftszimmer, in welchem zahlreiche Details von *Adam* entworfen und in Beziehung zur Gesamtgestaltung abgestimmt wurden.

Das etwa 260 ha große Anwesen lockt mit seinem bezaubernden **Landpark,** ebenfalls von *R. Adams* entworfen. Bei gutem Wetter kann hier getrost ein ganzer Tag verbracht werden, um die terrassenförmigen Gärten, ein Vogelhaus, das Schloss und den Park zu erkunden.

■ **Culzean Castle,** Maybole, KA19 8LE, www.nts.org.uk/culzean, Mitte März–Anf. Nov. tägl. 10.30–16.30 Uhr, Park Anf. Nov.–Mitte März tägl. 10–16 Uhr, Mitte März–Anf. Nov. tägl. 10–17 Uhr, Eintritt £ 20, nur Park £ 14 (bis Mitte März £ 7).

Crossraguel Abbey

Crossraguel Abbey, 3 km südwestlich von Maybole an der A 77 in Richtung Kirkoswald, eine gut erhaltene **Klosterruine** aus dem frühen 13. Jh., vermittelt ein eindrucksvolles Bild, wie das mittelalterliche Treiben einmal gewesen sein könnte.

■ **Crossraguel Abbey,** Maybole, KA19 8HQ, www.historicenvironment.scot/crossraguel-abbey. Zum Zeitpunkt der Drucklegung war die Abbey wegen Restaurationsarbeiten nur von außen zu besichtigen (April–Sept. Do–So 10–16 Uhr).

Geschichte Glasgows

Glasgows Geschichte begann der **Legende** nach im Jahre **600 nach Christus** in Lothian mit einer gescheiterten Liebe: Eine piktische Prinzessin, die Tochter von König *Loth von Lothian,* trieb sich nicht ohne Folgen mit einem Mann von unstandesgemäßer Herkunft herum.

Der Vater, König *Loth,* setzte seine geschwängerte Tochter in einer Barke im Firth of Forth aus. Das Meer spülte die Schande in Culross (Fife) an Land. Ein Christ, *St Servanus,* nahm sich der Prinzessin, die nun Mutter geworden war, an und taufte das Kind auf den Namen *Mungo.* Das Kind wuchs und reifte zum Missionar. Eines Tages sprach Gott zu ihm: „Mungo, trage die heiligen Knochen des toten St Fergus so weit und lange, bis Dir meine Stimme gebietet: STOPP!"

Mungo ging gen Westen, der STOPP erfolgte in einem lieblichen grünen Grunde, wo heute Glasgows Kathedrale steht und die Fergusknochen in einer Gruft liegen.

Leute siedelten sich in der Nähe der Gebeine an und tauften ihr Dorf auf den Namen **Glas Cau,** weil die gälischen Worte „lieber grüner Ort" bedeuten. Glas Cau wuchs zur mittelalterlichen Stadt. Im **12. Jh.** wurde ein Castle gebaut, im Jahre 1253 die heutige Form der Kathedrale begründet. Dies waren die Voraussetzungen, dass Glasgow im Mittelalter die **Stadtrechte** erhielt, die es erlaubten, wöchentlich einen Markt und jährlich eine Messe zu veranstalten.

Als **1707** das englische Parlament mit dem schottischen fusionierte, eröffneten sich den Glasgowern neue Märkte in Übersee: die englischen Kolonien in Amerika und Westindien. Glasgow, wegen der Lage an der Westküste durch einen relativ kurzen Schiffsweg mit Amerika verbunden, stieg in den **Welthandel** ein: Tabak, Zucker, Wolle, Sklaven kurbelten die Wirtschaft der Stadt an. Die Vereinigung der Parlamente hatte auch positive Folgen für den Binnenhandel. Die Wegzölle fielen weg und die britischen Inseln wurden Freihandelsgebiet.

323sc ab

Die **florierende Wirtschaft** in Glasgow mit ihren aufstrebenden Manufakturen zog viele Arbeitslose und Arme aus dem schottischen Hochland an. Auch aus Irland wanderten die Menschen nach Glasgow ein. So war es kein Wunder, dass die Bevölkerungszahl rapide in die Höhe schnellte. Dadurch entstanden große **soziale Probleme,** denn es gab weder genügend Wohnungen noch ausreichend Arbeit in Glasgow. Alles in allem führte der wirtschaftliche Aufstieg zu einer Verarmung des Mittelstandes, der sich vor allem aus Handwerkern zusammensetzte. Gegenüber den arbeitsteiligen Manufakturen waren die Handwerker nicht konkurrenzfähig. Den sozialen Aufstieg erlebte dagegen die kleine reiche Schicht von Tabakbaronen, Manufakturbesitzern und Kaufleuten, die sich eine dicke Geldbörse an dem Handel mit den Kolonien verdiente.

Als die USA im Jahre **1776** ihre Unabhängigkeit erklärten, erlebte der Handel in Glasgow einen derben **Rückschlag,** denn viele Kapitalanlagen in den USA waren mit einem Schlag verloren. Während der napoleonischen Kriege brach zudem noch der Handel mit Westindien zusammen. Das Ergebnis: Die Kaufleute und die rotbemantelten Tabakbarone mussten nach anderen Wirtschaftszweigen Ausschau halten.

Doch die Weichen für ein neues Zeitalter waren bereits gestellt.

◁ Am Ufer des Clyde sind viele moderne Gebäude entstanden

Für die **Industrialisierung** Glasgows mussten einige Voraussetzungen erfüllt sein. Wichtig war die Schiffbarmachung des Clyde und damit ein direkter Transportweg zum Atlantik. Wirtschaftlich gesehen, musste Kapital für Investitionen vorhanden sein und ein überschüssiges Potenzial an Arbeitskräften. Beide Voraussetzungen waren in Glasgow erfüllt, der Handel hatte in den Kolonien enorme Geldreserven erwirtschaftet und Arbeitssuchende gab es mehr als genug im Einzugsbereich der Stadt.

Eine andere Bedingung für die Industrialisierung waren verschiedene Erfindungen, die **Spinnmaschine** von *Arkwright* ebenso wie die des mechanischen Webstuhls. Mit die wichtigste Entwicklung gelang allerdings in Glasgow. Im Jahre **1764** entwickelte *James Watt* in Glasgow die **Dampfmaschine.** Nach einigen Verbesserungen konnte sie erstmals im Jahre 1776 in einer Fabrik eingesetzt werden.

Wie Pilze schossen dann die **Fabriken** zu **Anfang des 19. Jh.** aus dem Boden; auf der einen Seite die wollverarbeitende Industrie, auf der anderen die Schwerindustrie. Die Fabrikbesitzer verdienten sich in der Eisen-, Stahl- oder Schiffsindustrie eine goldene Nase, während die Arbeiternase im Dreck steckte. Die Bevölkerung hatte sich rapide vermehrt, von 66.000 Einwohnern im Jahre 1791 auf 202.000 im Jahre 1831. Die Stadt platzte förmlich aus den Nähten, in der Unterschicht herrschte **Armut,** Wohnungsnot und Hunger vor. Die Leute lebten auf engstem Raum, von Hygiene keine Spur. So wüteten im 19. Jh. einige Seuchenwellen, Pest und Cholera, unter der Bevölkerung.

Der **Bürgerkrieg in den USA (1860–66)** bescherte den Glasgowern eine ähnliche **wirtschaftliche Pleite** wie das Jahr 1776. Wieder gingen Kapitalanlagen in Amerika verloren. Die Glasgower hatten ihr Kapital in den Südstaaten investiert, denn diese waren ihr Handelspartner im Baumwollgeschäft. Doch die Südstaaten waren die Unterlegenen im Bürgerkrieg. Das investierte Geld der Kaufleute aus Glasgow fiel in die Hände der siegreichen Nordstaaten. Für die Baumwollindustrie in Glasgow war die Niederlage der Südstaaten ein schwerer Schlag, denn die Folge des amerikanischen Bürgerkriegs war das Ende des Sklavendaseins der schwarzen Bevölkerung und somit eine Verteuerung der Baumwolle. Die **Baumwollindustrie** in Glasgow siechte allmählich dahin. Zudem war es für einen Unternehmer moderner und mannhafter, sich in der Schwerindustrie zu betätigen.

So wandten sich viele Unternehmer der Stahl- und Eisenproduktion zu. Am **Ende des 19. Jh.** schossen die Zahlen der Schiffs- und Eisenbahnproduktion in die Höhe. Im **Schiffbau** wurden die Werften am Clyde führend in der Welt – 20 % aller neuen Schiffe in der Welt wurden noch im Jahre 1928 am Clyde hergestellt. Danach folgte, ausgelöst durch den „Schwarzen Freitag" in den USA, eine wirtschaftliche **Talfahrt der Schwerindustrie.** Der Zweite Weltkrieg bremste die Misere für ein Jahrzehnt, denn er verschaffte der Kriegsindustrie unerwartete Aufträge. Danach führte die wachsende internationale Konkurrenz, vor allem die asiatische, in den **1960/70er-Jahren** zu einem **Niedergang des Schiffbaus.** Eine Werft nach der anderen ging bankrott.

Mit einer intelligenten Politik der **Umstrukturierung** wandelte sich Glasgow zur **Wende des 20. ins 21. Jh.** zu einem modernen **Medien- und Dienstleistungszentrum.** Heute ist Glasgow eine sehr gespaltene Stadt. Über den Dienstleistungssektor werden etwa 80 % der Beschäftigungen gedeckt, dennoch gibt es eine Arbeitslosenquote von etwa 8,1 %. Glasgow strotzt vor kreativer Energie mit einer bunten, lebhaften Kultur- und Kunstszene. Dennoch nicht zu vergessen sind die zahlreichen Außenbezirke mit hoher Armuts- und Arbeitslosenquote.

Glasgow

In einer Talsenke am Firth of Clyde liegt das wirtschaftliche Nervenzentrum der Region Strathclyde, die Stadt Glasgow. In der **Weltstadt am Atlantik** leben rund 635.000 Einwohner, im Großraum Glasgow sogar 1,7 Mio., das sind fast ein Drittel aller Schotten.

Geografisch trennen Glasgow von der Hauptstadt Edinburgh an der schottischen Nordseeküste nur 60 Straßenkilometer, doch die beiden Städte hinterlassen einen grundsätzlich unterschiedlichen Eindruck. Edinburgh wirkt sauber, städtebaulich gesund: eine langsam gewachsene Stadt. In der Arbeiterstadt Glasgow hatten die Stadtplaner große Mühe, für die wachsende Bevölkerung Stadtquartiere und Wohnungen bereitzustellen. Das **Stadtbild** hinterlässt einen zerrissenen Eindruck. Kahle, moderne Hochbauten haben sich zwischen viktorianische Schmuckhäuschen gedrängt. Bis in die 1970er-Jahre waren Glasgows Bauten überzogen mit einer schwarzen Rußschicht, die vor allem durch die Kohlebeheizung der Wohnhäuser und den Dreck der Schwerindustrie verursacht wurde.

Anfang der 1980er-Jahre nahmen sich die Stadtväter Glasgows vor, das heruntergekommene Image der schmutzigen Industriestadt am Clyde aufzupolieren. Unter dem Motto „Glasgow is Miles better" wurden viele Fassaden in der Innenstadt mit dem Sandstrahler gesäubert, Gebäude renoviert. Die Aktion brachte einen großen Erfolg, die Stadt überwand ihr schlechtes Image, wurde 1990 prompt zur **Europäischen Kulturhaupt-**

stadt gewählt und stand nun in einer Reihe mit Städten wie Athen, Florenz, Berlin oder Paris, welche die Auszeichnung in den Jahren zuvor erhalten hatten.

Den Preis erhielt Glasgow zu Recht, denn die Stadt besitzt ein **blühendes Kulturleben.** Die Scottish Opera, das Scottish National Orchestra und das Scottish Ballett haben ihren Sitz in Glasgow. Der keltischen Traditon werden die sogenannten **Celtic Connections** im Januar gerecht, mit allen möglichen Veranstaltungen von Tanz bis Konzert. Viele Veranstaltungen finden in der Royal Concert Hall, Sauchiehall Street, statt.

Es gibt noch weitere **Festivals,** wie z. B. das **Glasgow International Jazz Festival,** Ende Juni–Mitte Juli, und das „World Pipe Band Championship“, am 2. Samstag im August. Das **Merchant City Festival** feiert diverse Aspekte zeitgenössischer Kunst von Theater, Musik, Comedy über Tanz, Literatur, Film usw. und findet alljährlich Ende September statt.

Seine Rolle als „Hauptstadt“ von **Architektur und Design** stellte Glasgow 1999 unter Beweis, denn in jenem Jahr war die *Mackintosh*-Stadt *UK-City of Architecture & Design.* Der Jugendstil-Architekt **Charles Rennie Mackintosh** hat in Glasgow seine schönsten Gebäude geschaffen, wie die School of Arts in der Renfrew Street oder die Willow Tea Rooms in der Sauchiehall Street.

Die Bewohner von Glasgow gelten als besonders gastfreundlich und offenherzig, schnell kommt man als Besucher ins Gespräch. Einige Schwierigkeit bereitet dem Ausländer jedoch manchmal die Sprache der Glasgower, der schottische Slang. Schade, wegen des Sprachproblems wird man manchen verruchten Witz nicht verstehen, den ein Glasgower am Abend erzählt.

Da Glasgow an der wetterunbeständigen Westküste Schottlands liegt, sind plötzliche Regenschauer keine Seltenheit. Doch keine Sorge, bei schlechtem Wetter weicht man in Glasgows **Museen** aus, die fast alle kostenlosen Eintritt gewähren. So kann in der Burrell Collection, einer Sammlung von Kunsthandwerk aus aller Welt, mit Leichtigkeit ein ganzer Tag verbracht werden. Im Jahr 2023 gewann das Museum die 10. Edition des größten Museumspreises von Großbritannien. An Galerien und Kunstausstellungen besitzt Glasgow neben vielen kleinen zwei große Kunsthäuser, die Hunterian und die Kelvingrove Gallery.

Sehenswertes

Im Südosten Glasgows am Clyde liegt **Glasgow Green,** ein Ort für Müßiggänger, ein schöner grüner Park. Man erreicht Glasgow Green von der U-Bahn-Station St Enoch im Zentrum Glasgows durch die Trongate Street und die London Road. Mittendrin steht ein glasüberdachter Wintergarten, der **People's Palace,** wie die Glasgower den Palast aus Glas nennen. Das Innere des Glaspalastes zieren viele tropische Pflanzen und Sonnenschirme. Da es manchmal undicht ist und es bei starkem Regen von der Decke tropft, nutzt man die Sonnenschirme des Öfteren als Regenschutz. Hier treffen sich viele Leute, um gemütlich bei Kaffee, Tee und Kuchen oder dem Mittagessen einen netten Plausch zu halten.

Gibson St
Hunterian Art Gallery, Mackintosh House
University Ave
Glasgow University
Hunterian Museum
Otago St
The Stand Comedy Club
4 ★ Botanischer Garten, ★ Kibble Palace
Great Western Rd
Maryhill Rd
Barrington Dr
W Prince's St
Eldon St
Park Dr
82
St George's Cross
Woodlands Rd
Kelvin Way
Kelvin
Kelvingrove Art Gallery and Museum
Kelvingrove Park
Lynedoch St
W Graham
Buccleuch St
Hill St
Argyle St
★ Kelvin Hall, Kelvin Hall
Parkgrove Terrace
Royal Terrace
La Belle Pl
Clairmont Gardens
Woodside Pl
Renfrew St
Centre for Contemporary Arts
Gray St
Haugh Rd
Sauchiehall St
Berkeley St
Mitchell Library
Bath St
Kelvinhaugh St
Argyle St
Elderslie St
Newton Street
North Street
Elmbank St
Holland St
W Regent St
7 ★ Segelschiff Glenlee, Riverside Museum, Museum of Transport
St Vincent St
M8
Pointhouse Rd
Minerve St
Finnieston St
Scottish Exhibition and Conference Centre
Clyde Auditorium
Bishop Ln
Clydeside Expressway
Stobcross St
Douglas St
Argyle St
Brown St
James Watt St
Finnieston St
Lancefield Quay
Anderston Quay
Broomielaw
★ Glasgow Science Centre
Clyde
Paisley
Paisley Rd
Paisley Rd
Morison St
Wallace St
Tradestone St
Glasgow Airport, Glasgow Prestwick Airport
M8
M74
West St
Übernachtung
4 The Belhaven Hotel
5 Glasgow Youth Hostel
6 Kelvingrove Hotel
9 Hampton Court Guest House
13 Carlton George Hotel
14 Grasshoppers Hotel
23 Tartan Lodge
Essen und Trinken
1 Ubiquitous Chip
2 Shucks Seafood & Bar
10 Saint Judes
11 The Flying Duck
12 The Pot Still
15 Horse Shoe
20 The Glasvegan
22 Rab Ha's
25 Café Gandolfi
26 Blackfriars Bar
27 Scotia Bar
Nachtleben
7 SWG3
8 The Berkeley Suite
19 Sub Club
21 La Cheetah Club
Einkaufen/Sonstiges
3 Alba Second Hand Music
16 Tiso
17 Hector Russell
18 Tickets Scotland
24 Forge Market

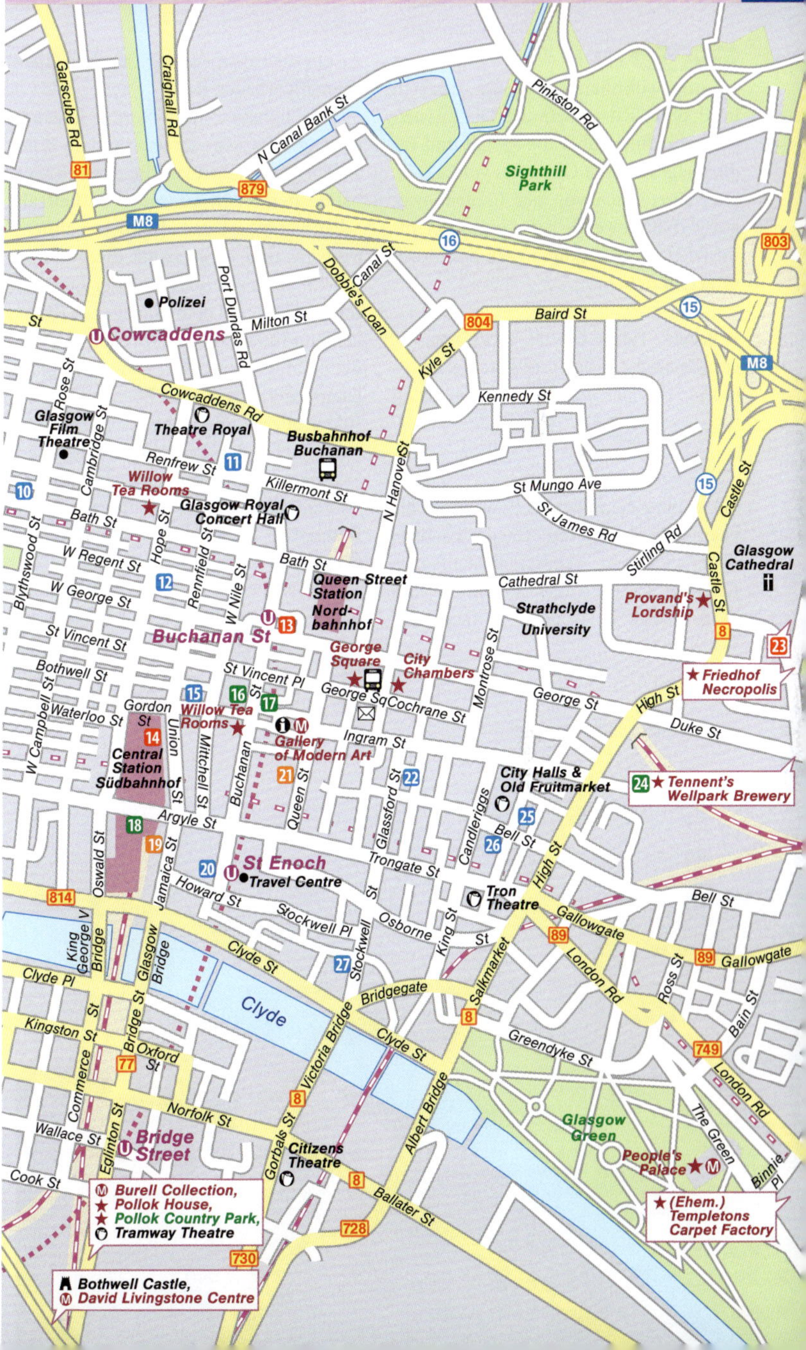

Garscube Rd
Craighall Rd
N Canal Bank St
Pinkston Rd
Sighthill Park
81
879
M8
16
803
Dobbie's Loan
Canal St
Polizei
Port Dundas Rd
Milton St
Cowcaddens
804
Baird St
15
Kyle St
Rose St
Cowcaddens Rd
Kennedy St
Glasgow Film Theatre
Cambridge St
Theatre Royal
Busbahnhof Buchanan
Renfrew St
11
Willow Tea Rooms
10
Killermont St
N Hanover St
St Mungo Ave
Castle St
Bath St
Hope St
Glasgow Royal Concert Hall
St James Rd
Stirling Rd
Blythswood St
W Regent St
Rennfield St
Bath St
Glasgow Cathedral
W Nile St
Queen Street Station Nordbahnhof
Cathedral St
W George St
12
Provand's Lordship
Strathclyde University
13
St Vincent St
Buchanan St
8
23
Bothwell St
St Vincent Pl
George Square
City Chambers
Montrose St
Friedhof Necropolis
W Campbell St
George St
Waterloo St
Gordon St
15
16
17
George Sq
Cochrane St
High St
Willow Tea Rooms
Duke St
14
Gallery of Modern Art
Ingram St
Central Station Südbahnhof
Union St
Mitchell St
Buchanan St
Queen St
21
Glassford St
22
City Halls & Old Fruitmarket
24
Tennent's Wellpark Brewery
Argyle St
Candleriggs
25
18
19
Bell St
26
Oswald St
Jamaica St
St Enoch
Trongate St
High St
20
Travel Centre
Howard St
Tron Theatre
Bell St
814
Stockwell Pl
Osborne St
King St
Gallowgate
89
89
Gallowgate
King George V Bridge
Glasgow Bridge
Clyde St
27
Stockwell St
Saltmarket
London Rd
Ross St
Clyde Pl
Bridgegate
Bain St
Clyde
Victoria Bridge
8
Kingston St
Bridge St
Oxford St
Clyde St
Greendyke St
749
77
London Rd
Commerce St
Albert Bridge
Norfolk St
8
Glasgow Green
Wallace St
Eglinton St
Bridge Street
Gorbals St
Citizens Theatre
The Green
People's Palace
Binnie Pl
Cook St
8
Ballater St
Burell Collection, Pollok House, Pollok Country Park, Tramway Theatre
(Ehem.) Templetons Carpet Factory
728
730
Bothwell Castle, David Livingstone Centre

UNSER TIPP: Für das geistige Wohl sorgt ein ungewöhnliches **Museum,** das sich im People's Palace befindet. Die Ausstellung informiert über die Sozial- und Industriegeschichte Glasgows vom 12. Jh. bis heute. Auch von der Frauenbewegung, den Gewerkschaften und der industriellen Entwicklung weiß das Museum zu berichten.

■ **People's Palace,** G40 1AT, www.glasgowlife.org.uk/museums/venues/peoples-palace, Mo–Do und Sa 10–17 Uhr, Fr und So 11–17 Uhr, Eintritt frei.

Gegenüber dem People's Palace steht die ehemalige **Templetons Carpet Factory.** *Templeton,* ein Teppichfabrikant aus Glasgow, war nach einer Italienreise vom Dogenpalast in Venedig so fasziniert, dass er die Fassade seiner Fabrik im gleichen Stil erbauen ließ.

Der Highstreet nach Norden folgend, entlang der Castle Street (rund 20 Min. zu Fuß), erreicht man die ältesten Gebäude der Stadt. **Glasgow Cathedral,** erbaut 1136, ist das älteste von ihnen. Schwarz und rußig trotzt die gotische Kirche in einer Niederung der Luftverschmutzung und dem königlichen Krankenhaus links daneben. Im östlichen Teil der Kathedrale liegt der Altarplatz *(choir),* der sich in zwei Ebenen gliedert. In der oberen Ebene, hinter dem Hochaltar, steht der Schrein des heiligen *St Mungo,* des sagenhaften Gründers von Glasgow. Unten, in einer Gruft der Kathedrale, liegt er unter dem Hochaltar beerdigt.

■ **Glasgow Cathedral,** G4 0QZ, www.historicenvironment.scot/glasgow-cathedral, April–Sept. Mo–Sa 9.30–17 Uhr, So 13–17 Uhr, Okt.–März Mo–Sa 10–16 Uhr, So 13–16 Uhr, Eintritt frei, Audioguide £ 2.

Der People's Palace mit seinem Wintergarten

319sc bcg

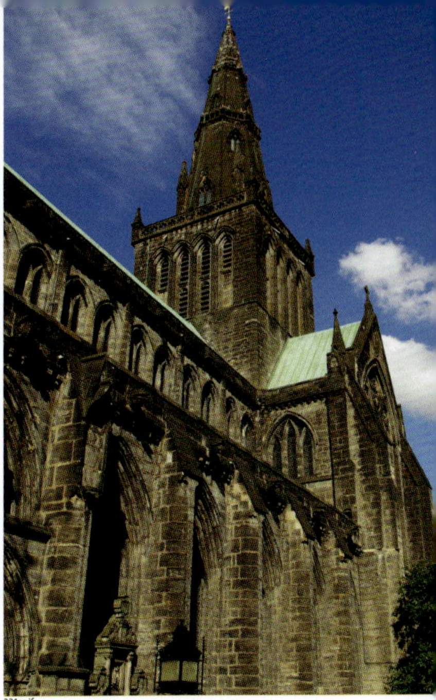

321sc jf

Glasgow Cathedral

Schräg gegenüber der Kathedrale an der Ecke Castle Street/Mac Leod Street, befindet sich ein anderer Oldtimer, **Provand's Lordship.** Das älteste erhaltene Wohnhaus der Stadt wurde im Jahr 1471 gebaut. In seiner Frühzeit berherbergte das Gebäude ein Krankenhaus, das St Nicholas Hospital, später wohnte der *provand* hier: der Pfründner, der die Einnahmen aus den Kirchengütern verwaltete.

Hinter den alten Bauten auf dem Hügel Fir Park Hill hinter der Kathedrale liegt der **Friedhof Necropolis,** die „Schwarze Stadt"; er beherbergt die Überreste der High Society des 18./19. Jh. An den Gedenkstätten der Fabrikbesitzer und Bankiers durften Künstler aller Stilrichtungen schaffen. So braucht man sich nicht zu wundern, auf griechische, indische oder chinesische Grabmäler zu stoßen. Hängt ein Schild „Kein Eintritt/No Entrance" am verschlossenen Haupteingang, dann ist vielleicht der Nebeneingang geöffnet.

Der Anstieg zum Friedhofshügel und die Aussicht, die sich auf Glasgow bietet, zwingen des Öfteren zur Rast. Dann erreicht man das Hochplateau des Hügels und da ragen sie in den Himmel: die Kapitalisten. Lebensecht aus Stein gehauen, stehen sie auf ihren Gräbern, oder ihr Grab ist als kleiner Tempel inszeniert. In der Dämmerung schimmert das Kupferdach der Kathedrale in den letzten Strahlen der Sonne.

Ein Fußmarsch von einer Viertelstunde führt entlang der Castle Street und der George Street zum Nabel Glasgows: Der **George Square** ist der große Platz in der Innenstadt. Zentral gelegen eignet er sich hervorragend als Orientierungspunkt bei einem Erkundungstrip durch die Stadt. Viele fremde Sprachen hört man hier, denn der George Square ist die erste Anlaufstelle für viele Auswärtige, die sich einen Eindruck von Glasgow verschaffen möchten, oder für müßige Leute, die lediglich ein Stück Zuckerkuchen aus der Bäckerei am Platz verspeisen möchten und das in der Anwesenheit von *Sir Walter Scott,* der als Statue das chaotische Treiben der Menschen unter sich aus einer Höhe von 24 Metern gelassen hinnimmt. Neben *Scott* zieren andere berühmte Schotten als Standbilder den George Square, wie der Nationaldichter *Robert Burns* oder der erfindungsreichste Glasgower, *James Watt.* Den Sommer über bläst ab und an eine Militärband den Dudelsack.

In der Nähe des George Square befindet sich das Museum für zeitgenössische Kunst, die **Gallery of Modern Art,** Royal Exchange Square.

■ **Gallery of Modern Art,** 111 Queen Street, G1 3AH, www.glasgowlife.org.uk/museums/venues/gallery-of-modern-art-goma, Mo–Do und Sa 10–17 Uhr, Fr und So 11–17 Uhr, Eintritt frei.

City Chambers nennt sich das Rathaus Glasgows an der Ostseite des George Square. Ende 1883 im italienischen Renaissancestil entworfen, lohnt es einen Besuch wegen seiner prachtvollen Innenausstattung.

■ **City Chambers,** G2 1DU, Mo–Fr 8.30–17 Uhr, Eintritt frei, Führungen Mo–Fr 10.30 und 14.30 Uhr.

Was hat Glasgow zu bieten, wenn der Himmel unter Wasser steht? Bei schlechtem Wetter, damit muss man rechnen, sucht man am besten den Westteil der Stadt auf, das Gebiet rund um den **Kelvingrove Park** (U-Bahnstation Kelvin Hall). Um den sehr schönen Park herum gruppieren sich mehrere Museen, die allesamt eine ausgesprochen hohe Qualität aufweisen. So zeigt das **Kelvingrove Art Gallery and Museum** internationale Malerei in erlesener Vielfalt. Neben der Kunst hängt z. B. eine original *Spitfire* von der Decke, Dinosaurierskelette u. v. m.

⊡ Kelvingrove Art Gallery and Museum

■ **Kelvingrove Art Gallery and Museum,** Argyle Street, G3 8AG, www.glasgowlife.org.uk/museums/venues/kelvingrove-art-gallery-and-museum, Mo–Do und Sa 10–17 Uhr, Fr und So 11–17 Uhr, Eintritt frei.

Die **Kelvin Hall** an der Argyle Street ist ein Austragungsort sportlicher Großereignisse. Wer gern Sport treibt, kann hier auch Squash spielen oder den Fitness-Raum benutzen.

Vom Kelvingrove Park in nördlicher Richtung sind es zu Fuß ca. 20 Min. bis zur **Glasgow University.** Man geht den Kelvin Way entlang, der quer durch den Kelvingrove Park führt, vorbei an einigen älteren Männern, die sich im Bowls-Spiel messen. Das Ziel des Weges ragt gotisch in den Himmel, die Glasgow University. Im Hauptgebäude ist das **Hunterian Museum** untergebracht, Glasgows ältestes Museum (seit 1807). Fundstücke aus der Zeit menschlichen Höhlenlebens bis zur Invasion der Römer in Schottland sind hier ausgestellt, auch Material von *Captain Cooks* Reisen und die berühmte Münzsammlung von *William Hunter.*

■ **Hunterian Museum,** G12 8QQ, www.gla.ac.uk/hunterian, Di–So 10–17 Uhr, Eintritt frei.

Dem Hauptgebäude der Uni gegenüber in der Hillhead Street befindet sich die **Hunterian Art Gallery.** Angenehmes Tageslicht beleuchtet die impressionistischen Gemälde des US-Amerikaners *James Whistler* (1834–1904). An den Wänden hängen die schottische Moderne und Impressionisten, etwa der Schotte *Edward Atkinson Hornel,* aber auch ei-

714sc lb

nige ältere Gemälde von *Chardin* und *Rembrandt.*

UNSER TIPP: Ein Muss für Leute, die schöne Möbel und Inneneinrichtung lieben, ist in die Hunterian Art Gallery integriert, das **Mackintosh House.** Grafiken, Bilder und Möbel von *Charles Rennie Mackintosh,* dem Jugendstilkünstler, werden ausgestellt (→ Exkurs „Charles Rennie Mackintosh (1868–1928)“, S. 90). Ein weiteres Bonbon für *Mackintosh*-Fans: die **Willow Tea Rooms** in der Sauchiehall Street und der Buchanan Street 97.

■ **Hunterian Art Gallery and Mackintosh House,** G12 8QQ, www.gla.ac.uk/hunterian, Di–So 10–17 Uhr, Art Gallery Eintritt frei, Mackintosh House £ 10.

Unweit des Kelvingrove Park wurde im Glasgow Harbour, dort wo der River Kelvin in den Clyde fließt, im Jahr 2011 das von *Zaha Hadid* entworfene **Riverside Museum** eröffnet, das dem interessanten **Museum of Transport** ein neues Heim gab. Direkt vor dem Museumsbau liegt das **Segelschiff Glenlee** im Clyde, das 1896 in Glasgow gebaut wurde. Mit vielen echten Fahrzeugen zum Begehen und Erkunden und einigen nachgestellten Straßenszenen bieten sich die beiden Museen besonders für den Besuch mit Kindern an.

■ **Riverside Museum,** G3 8RS, www.glasgowlife.org.uk/museums/venues/riverside-museum, Mo–Do und Sa 10–17 Uhr, Fr und So 11–17 Uhr, Eintritt frei.

Weiter östlich, am Ufer des Clyde, stehen sich zwei auffällige moderne Bauten gegenüber: Am rechten Flussufer erhebt sich das **Clyde Auditorium,** das wegen seiner Form auch *Armadillo,* Gürteltier, genannt wird. Das vom bekannten Architekten *Sir Norman Foster* entworfene Clyde Auditorium gehört zum **Scottish Exhibition and Conference Centre** und dient vor allem als Konzerthalle.

Auf der anderen Uferseite liegt am Pacific Quay Glasgows Beitrag zum 21. Jh.:

Charles Rennie Mackintosh (1868–1928)

Die Kunstakademie in Glasgow bildete den Jugendstilarchitekten *Charles R. Mackintosh* aus; im Büro „The Studio" in London kam er schon früh in Berührung mit Arbeiten von *Jan Toorop,* welche ihn in Richtung Jugendstil beeinflussten. Im Jahre 1896 beteiligte sich *Mackintosh* am Wettbewerb für den Ausbau der **Glasgower Kunstschule.** Er gewann, und seine eigenwillige Karriere konnte beginnen. Der Bau jener Schule, allgemein als sein *masterpiece* bezeichnet, steht ganz im Zeichen des Jugendstils. Die Gestaltung der Kunstschule, innen wie außen, ist komplett von *Mackintosh* und seiner Frau *Margaret,* einer Innenarchitektin, durchgeführt worden.

Das Besondere am Jugendstil *Mackintoshs* ist seine Art, aus der alten schottischen Tradition etwas Neues herauszukitzeln, die althergebrachte Formenwelt mit dem **Neuland des Jugendstils** zu kombinieren. Die Kreativität *Mackintoshs* sprühte über die Grenzen Schottlands, wirkte auf die Jugendstilbewegung Hollands und Österreichs. Vor allem auf *Joseph Maria Olbrich,* dessen Gebäude seelenverwandt sind mit denen des Schotten.

Mackintosh war bekannt für seinen **Individualismus** und seine **Willensstärke.** Der Firma *Honeyman & Keppie,* für die er arbeitete und an der er mit Aktien beteiligt war, kehrte *Charles* im Jahre 1913 den Rücken. Seine verbleibenden 15 Lebensjahre verbrachte er mit **Malerei** sowie Möbel- und Stoffentwürfen, bevor er im Alter von 60 Jahren starb.

Die wichtigsten Werke des Architekten

1896	Glasgower Kunstschule
1897	Cranston-Teestuben in Glasgow
1899–01	Windyhill-House in Kilmacom
1902–03	Hill-House in Helensburgh
1906	Scotland Street School in Glasgow
1907–09	Bibliothek der Kunstschule in Glasgow

Adobe Stock © cornfield

das **Glasgow Science Centre,** das vor allem an Regentagen und für Familien einen Besuch wert ist, da hier auf drei Stockwerken interaktive Ausstellungsstücke, ein Planetarium, ein IMAX-Kino und Wissenschaft zum Anfassen geboten wird. Zudem gibt es einen 100 m hohen Turm, der sich dreht, aber nicht bestiegen werden kann.

■ **Glasgow Science Centre,** 50 Pacific Quay, G51 1EA, www.glasgowsciencecentre.org, April–Aug. tägl. 10–17 Uhr, Sept./Okt. Mi–So 10–17 Uhr, Nov.–März Mi–Fr 10–15 Uhr, Sa/So 10–17 Uhr, Eintritt £ 13,40.

Im Pollok Country Park, südlich des Stadtzentrums, ist im Museum **Burrell Collection** eine eindrucksvolle Sammlung von Kunst und Kunsthandwerk untergebracht. Der Großindustrielle *Sir William* und seine *Lady Burrell* setzten sich 1944 ihr eigenes Denkmal, indem sie ihre Kunstsammlung der Stadt Glasgow vermachten. Schon die preisgekrönte Architektur der Burrell Collection ist einen Besuch wert. Die von Tageslicht durchflutete Architektur und der Blick ins Grüne tragen zur Entspannung während der „Kunstpausen" bei.

Die Sammlung des *Sir William Burrell* umfasst über 8000 Kunstobjekte aus verschiedenen Kulturkreisen, antike, chinesische, orientalische und mittelalterliche Keramik, Tassen, Möbel und Teppiche. Die Zeichnungen und Gemälde der Ausstellung stammen aus dem 15. bis 19. Jh. und reichen von *Rembrandt* bis *Cezanne.*

■ **Burrell Collection,** G43 1AT, www.burrellcollection.com, Mo–Do und Sa 10–17 Uhr, Fr und So 11–17 Uhr, Eintritt frei.

UNSER TIPP: Im Pollok Country Park gibt es eine weitere Schenkung eines Reichen an die Allgemeinheit, das **Pollok House.** Im Jahre 1750 entworfen von einem bekannten schottischen Architekten des 18. Jh., *William Adam,* steht das Gebäude mitten im angelegten Grün. Schon allein seine schöne Lage macht einen Besuch lohnenswert. 1966 verschenkten die Eigentümer, die *Maxwells,* ihr Gebäude an die Stadt (jetzt: *National Trust for Scotland*). Heute werden spanische Gemälde von *El Greco, Goya, Blake* u. a. im Pollok House ausgestellt.

■ **Pollok House,** www.nts.org.uk/pollok-house, bis Ende 2025 wegen Renovierung geschlossen.

Kindern oder weniger Kunstbegeisterten bietet der **Pollok Country Park** genügend Alternativen, vom Spiel- oder Golfplatz bis zum Cricketfeld. Hobbygärtner können sich den Lerngarten südlich des Pollok House ansehen.

Wer weiter im Grünen laufen möchte, kann einen Katzensprung entfernt genüsslich durch den **Botanischen Garten** schlendern und die Gewächshäuser erkunden. Ursprünglich war der **Kibble Palace** im 19. Jh. für Konzerte und Ausstellungen gebaut worden, allerdings dient der Palast aus Gusseisen, Stahl und Glas mittlerweile nur noch der Pflanzenzucht. Bei gutem Wetter wird die Wiese zu einem bunten Wimmelbild.

■ **Botanischer Garten,** G12 0UE, www.glasgowbotanicgardens.com, tägl. ab 7 Uhr geöffnet, Kibble Palace tägl. 10–16 Uhr, Eintritt frei.

◁ Das von Mackintosh entworfene Hill-House in Helensburgh

737sc nb

Praktische Tipps

Informationen

- **Tourist Information Centre,** in der Gallery of Modern Art, Royal Exchange Square, im UG, Tel. 0845 8591006.
- **www.peoplemakeglasgow.com**

Verbindungen

Flughäfen

- Glasgow hat zwei Flughäfen: Der nächstgelegene ist **Glasgow Airport** in der Nähe von Paisley, etwa 12 km vom Stadtzentrum entfernt, Tel. 0344 481 5555, www.glasgowairport.com. Für eine Taxifahrt nach Glasgow werden ca. £ 45 fällig. Die Buslinien 757 und 747 von *First* verbinden den Flughafen mit der Stadtmitte und dem Buchanan-Busbahnhof (£ 8,50). *First's* Linie 500 hält sowohl am Bahnhof als auch am Busbahnhof. Buslinie 915 fährt dann von Buchanan weiter nach Skye.
- Der zweite Flughafen ist **Glasgow Prestwick Airport,** ca. 50 km entfernt an der Küste bei Ayr, Tel. 0871 2230700, www.glasgowprestwick.com. Alle 30 Min. gibt es Bahnverbindungen (ab £ 9,60), jede Stunde Busverbindungen (X77 von *Stagecoach*) nach Glasgow. Wer ganz früh am Flughafen sein muss bzw. spät ankommt, für den fährt die Buslinie X77/X77N die ganze Nacht hindurch nach Glasgow.
- Der *British-Airways*-Partner **Loganair** steuert von Glasgow Ziele auf den Inneren und Äußeren Hebriden sowie Orkneys und Shetlands an, www.loganair.co.uk.

Bahn

- **First ScotRail** verbindet Glasgow mit den Vororten und den größeren Städten (Edinburgh).
- Die beiden Hauptbahnhöfe **Central Station** und **Queen Street Station** sind der Ausgangspunkt für Reisen in die Highlands oder andere Ziele in Großbritannien. Zwischen den beiden Hauptbahnhöfen, die nur etwa 600 m auseinander liegen, verkehrt Mo–Sa ein Bus im 15-Minuten-Takt.

Autoverleih

- **Economy Car Rental,** Tel. 020 75588032, www.economycarrentals.com, an beiden Flughäfen und mehrere Filialen in der Stadt, Kleinwagen ab £ 180/Woche.
- **Avis Rent A Car,** Tel. 0844 5810147, www.avis.co.uk, Filialen am Glasgow Airport und mehrmals in der Stadt.

Buntes Treiben im Botanischen Garten

Stadtverkehr

■ Das **Travel Centre** auf dem St Enoch Square (an der U-Bahn-Station) informiert über die verschiedenen Verkehrsmittel (Mo–Sa 9.30–17.30 Uhr) und verkauft Tickets.

Stadtbus

■ Alle Sehenswürdigkeiten sind bequem mit den meist **zweistöckigen Bussen** zu erreichen. Infos unter www.spt.co.uk/travel-with-spt/bus. Wohin welcher Bus fährt, verrät auch ein „Führer für Besucher", erhältlich im *Travel Centre St Enoch Square,* Buchanan Bus Station oder beim *Tourist Information Centre.* An vier U-Bahnhöfen kann vom Auto auf *Park & Ride* umgestiegen werden. Der Buspass „First-Day" kostet £ 5,50, „First-Week" rund £ 20.

Die **Nummern** der Busse stehen an der jeweiligen Station. Das **Bezahlsystem** ist je nach Busunternehmen verschieden.

■ Vom George Square im Zentrum fährt eine Vielzahl von **Nachtbussen** in einem Umkreis von 8 km zu den Vororten der Stadt. An Freitagen und Samstagen existieren zusätzlich Verbindungen zu Orten, die weiter außerhalb liegen. Fahrpläne der Nachtstrecken sind im Travel Centre St Enoch Square erhältlich.

■ Vom Busbahnhof Buchanan fährt ca. alle 10 Min. ein *First*-Bus zum **Flughafen,** Fahrpreis: £ 10.

U-Bahn

■ Die U-Bahn fährt auf einer **Rundstrecke** mit 15 Stationen im Takt von 6–8 Min. zwischen 6.30 Uhr und ca. 22 Uhr, sonntags von 11 bis 18 Uhr. Infos: www.spt.co.uk. Unabhängig von der Streckenlänge zahlt der Erwachsene für die normale Fahrt £ 1,75, das Tagesticket kostet £ 4,20.

Kombinierte Tickets

■ **Roundabout Tickets** (Erwachsene £ 7,40, Kinder £ 3,70) gelten einen Tag für unbegrenzte Fahrten mit der U-Bahn und den Bahnlinien ins Umland Glasgows.

Taxi

Meistens schwarz und in klobiger Form, das kennzeichnet ein Taxi in Glasgow und überhaupt in Großbritannien. Die vor allem im Zentrum Glasgows allgegenwärtigen Taxis halten auf **Handzeichen.**

■ **Glasgow Taxis,** Tel. 0141 4297070, www.glasgowtaxis.co.uk

■ **Burgh Radio Taxis,** Tel. 0141 6473737

Unterkunft

Während der Sommerferienzeit ist Glasgow oft ausgebucht, da viele Besucher des Edinburgher Festivals nach Glasgow zur Übernachtung ausweichen. Ein Zimmer **im Voraus zu buchen** spart auf jeden Fall Ärger. Oft ist selbst die Jugendherberge überfüllt und andere günstige Übernachtungsmöglichkeiten sind rar. Das *Tourist Information Centre* (→ oben) vermittelt Übernachtungen und nimmt Vorausbuchungen an.

Hotels

14 **Grasshoppers Hotel**③, 87 Union Street, G1 3TA, Tel. 0141 2222666, www.grasshoppersglasgow.com. Liegt im 5. Stock der Central Station, nicht vom Eingang abschrecken lassen! Ein hübsches Hotel mit tollen Aussichten auf das Glasdach des Bahnhofs und die Stadt.

13 **Carlton George Hotel**②-③, 44 West George Street, G2 1DH, Tel. 0141 3536373, www.carlton.nl/en/hotel-george-glasgow. Sehr zentral neben Glasgows Queen Street Station gelegen.

6 **Kelvingrove Hotel**②, 944 Sauchiehall Street, G3 7TH, Tel. 0141 3395011, www.kelvingrove-hotel.co.uk. Kleines Hotel am Kelvingrove Park.

4 **The Belhaven Hotel**①-②, 15 Belhaven Terrace, G12 0TG, Tel. 0141 3393222, www.belhaven

hotel.com. Feines Hotel in Nachbarschaft des botanischen Gartens und der belebten Byres Road.

9 **Hampton Court Guest House**②, 230 Renfrew Street, G3 6TX, Tel. 0141 3326623, www.hamptonglasgow.com. Kleines Guest House am Rand der Innenstadt in Nachbarschaft der *Glasgow School of Art*.

■ Rund um den **Kelvingrove Park** finden sich einige kleinere Hotels und Guest Houses.

Jugendherbergen

5 **Glasgow Youth Hostel**②, 7/8 Park Terrace, G3 6BY, Tel. 0141 332304, www.hostellingscotland.org.uk/hostels/glasgow/. Die Herberge liegt in einer gro-ßen Villa am Rande des Kelvingrove-Parks. Viele Lounge-Räume bieten die Möglichkeit, Mitreisende kennenzulernen. Bis 2 Uhr nachts geöffnet. Vom Bahnhof Central Station fährt ab der Hope Street die Buslinie 44 oder die Nummer 59 bis Lynedoch Street. Die Straße Park Terrace, an der sich die Jugendherberge befindet, grenzt unmittelbar an. Vom Bahnhof Queen Street Station fährt die Buslinie 10 von der Cathedral Street bis zur Woodlands Road.

23 **Tartan Lodge**②, 235 Alexandra Parade, G31 3AW, Tel. 0141 5545970, www.tartanlodge.co.uk. Günstiges Budget-Hotel/Hostel in einer umgebauten Kirche.

Essen und Trinken

Eine internationale Stadt wie Glasgow hat neben den **schottischen Nationalgerichten** wie *Haggis* natürlich auch **internationale Küche** zu bieten.

20 **The Glasvegan,** 50 St Enoch Square, G1 4DH, Tel. 0141 2263075, www.fb.com/theglasvegan, Mo–Do 9–18 Uhr, Fr–So 9–19 Uhr. Schon mal ein veganes schottisches Frühstück probiert? Hier gibt es genau das und vieles mehr, überraschend vielfältige und leckere Gerichte.

2 **Shucks Seafood & Bar,** 168 Hynland Road, G12 9HZ, Tel. 0141 4730080, www.shucksglasgow.com, Mo/Di ab 16 Uhr, Mi–Sa ab 12 Uhr, So 13–22 Uhr. Ausgezeichnetes Restaurant für *Seafood*-Liebhaber, die das Beste der schottischen Meerestiere probieren möchten.

10 **Saint Judes,** 190 Bath Street, G2 4HG, Tel. 0141 3528800, www.saintjudes.com, Mi–So 12–24 Uhr, Küche Mi/Do bis 21, Fr–So bis 21.30 Uhr. Hauptgerichte ab £ 8, bietet Bar-Food in gemütlichem Ambiente.

25 **Café Gandolfi,** 64 Albion Street (zwischen Trongate und George Street), G1 1NY, Tel. 0141 5526 813, www.cafegandolfi.com, Mo 8–17 Uhr, Di–Sa 8–22.30 Uhr, So 9–17 Uhr. Ab £ 15 aufwärts für ein gutes Hauptgericht in gemütlichem Ambiente. Ähnliche Preise verlangen die Pubs in der Woodland Road und der Sauchiehall Street.

1 **Ubiquitous Chip,** 12 Ashton Lane, G12 8SJ, Tel. 0141 3345007, www.ubiquitouschip.co.uk, So–Do 12–24 Uhr, Fr/Sa 12–1 Uhr. Schottische Küche, lokale Produkte, ab £ 28 (Hauptgericht).

Pubs

In Glasgows Pubs trifft sich Jung und Alt. Selbst wenn die Musik laut oder schräg ist, veranlasst das keine Altersgruppe, die Kneipe zu wechseln. In der Regel legt das Gesetz die **Sperrstunde** auf 24 Uhr fest; ist ein Pub länger geöffnet, dann hat sich der Besitzer eine Lizenz für weitere Nachtstunden gekauft.

26 **Blackfriars Bar,** 36 Bell Street, G1 1LG, Tel. 01 41 5525924, www.blackfriarsglasgow.co.uk, tägl. 12–24 Uhr, abends am Wochenende gibt es Livemusik; zieht alle Altersklassen an. Die Küche ist preisgünstig und bereitet gutes Essen. Eine buntgemischte Palette an Bieren lässt sich im *Blackfriars* versuchen.

15 **Horse Shoe,** 17–19 Drury Street, G2 5AE, 1. Stock, zwischen Bahnhof und George Square, Tel. 0141 2486368, www.thehorseshoebarglasgow.co.

uk, tägl. 11–24 Uhr. Bietet Preise für schmale Geldbörsen, ab £ 10 für komplette Menüs. Abends gibt es Karaoke.

27 **Scotia Bar,** 112–114 Stockwell Street, G1 4LW, an der Ecke Howard Street, Tel. 0141 5528681, tägl. 11–24 Uhr. Eine Trink- und Billardkneipe; südlich der Argyle Street liegt dieses alte Schlachtschiff in Glasgows Kneipenmeer, gegen den Lärm aus den Musikboxen hilft kein Ohropax mehr und die stimmgewaltigen Besucher der *Scotia Bar* sind nicht weit davon entfernt, die Musikboxen noch zu übertönen. Am Wochenende (ab Donnerstag) wird live gespielt.

22 **Rab Ha's,** 83 Hutchenson Street (zweigt von der Trongate Street ab), G1 1SH, Tel. 0141 3708818, www.rabhas.co.uk/bar, tägl. 11–24 Uhr. Gediegener Pub.

12 **The Pot Still,** 154 Hope Street, G2 2TH, Tel. 0141 3330980, www.thepotstill.co.uk, tägl. 11–24 Uhr. Wird mit seiner Auswahl an Hunderten von Whiskyflaschen besonders dessen Liebhaber begeistern.

11 **The Flying Duck,** 8 Renfrew Court, G2 3AU, www.theflyingduck.org, Di–Do und Sa/So 17–23.45 Uhr, Fr 17–3 Uhr. Bietet neben allerlei Live-Veranstaltungen auch ein auf den ersten Blick klassisches Fast-Food-Menü, das auf den zweiten Blick doch sehr vegan ist.

Nachtleben

Mit der lebendigen **Dance-Musikszene** in Glasgow gehen einige Clubs und *Venues* einher, die teilweise schon seit vielen Jahren einen Namen in der Szene haben.

19 **Sub Club,** 22 Jamaica Street, G1 4QD, neben St Enoch, www.subclub.co.uk, Fr/Sa 23–4 Uhr. Hier legen seit 1987 DJs in einem Keller auf, der sich rühmt, der älteste *Underground Club* der Welt zu sein.

7 **SWG3,** 100 Eastvale Place, G3 8QG, www.swg3.tv, vielmehr eine *Venue* als ein Club. Auf dem alten Industriegelände gibt es Hallen für *Raves,* aber auch eine Bar mit regelmäßigen Kunstaustellungen, Ateliers und Kulturveranstaltungen. Für aktuelle Veranstaltungen → Website.

21 **La Cheetah Club,** 73 Queen Street, G1 3BZ, www.lacheetahclub.co.uk, Mi–So 23–3 Uhr. Ein sehr kleiner Raum, der vom DJ-Pult dominiert wird, macht die Nächte hier zu einzigartigen Erlebnissen.

8 **The Berkeley Suite,** 237 North Street, G3 7DL, www.berkeleysuite.com. Während die Nächte in den anderen Clubs von Techno und House dominiert sind, hat sich *The Berkeley Suite* einer breiteren Variation an Genres verschrieben.

Einkaufen

Der Stadtbummler tritt in Glasgow in ein Schlaraffenland. Zu seinen Füßen liegen im Zentrum Glasgows die teils verkehrsberuhigten Straßen **Sauchiehall, Buchanan** und **Argyle Street** sowie die Nebenstraßen der großen Einkaufspassagen.

Außerhalb des Stadtzentrums sind entlang der **Great Western Road** weitere Geschäfte und Kaufhäuser aller Art zu finden.

Auf der Suche nach dem Zeitgeist stößt man auf die **Einkaufszentren** St Enochs, Buchanan Galleries oder Sauchiehall Street Centre und auf den edlen **Princess Square** mit einer Vielzahl diverser Läden.

24 **Forge Market,** 1201 Duke Street, G31 5NZ. Hier wird alles Mögliche gehandelt: Schottlands größter Markt in vier Wänden.

17 **Hector Russell,** 110 Buchanan Street, G1 2JN, tägl. 10–17 Uhr. Highlandausstatter mit sehr individuelle Kleidung.

3 **Alba Second Hand Music,** 55 Otago Street, G12 8PQ, Tel. 0141 3571795, www.albamusick.co.uk, Mo–Sa 11–17 Uhr. Alte Schallplatten und Antiquitäten findet man hier.

16 **Tiso,** 129 Buchanan Street, G1 2JA, Mo–Sa 10–17.30 Uhr, So 11–17 Uhr. Der Outdoor-Laden verkauft Zelte, Rucksäcke, Wanderschuhe und andere Utensilien für Wanderer und Bergsteiger.

Kultur und Theater

■ Das **Centre for Contemporary Arts,** ein Künstlerzentrum in der 350 Sauchiehall Street, G2 3JD, veranstaltet Theater, Konzerte, Kunstausstellungen und Lesungen. Über das Veranstaltungsprogramm informiert die Website www.cca-glasgow.com. Ein Buchladen im Foyer verkauft Kataloge über laufende Ausstellungen und Kunst. Die Selbstbedienungs-Bar bietet leckere Salate an, Tel. 0141 3524900, Mo–Do 10–24 Uhr, Fr/Sa 10–1 Uhr, So 12–24 Uhr.

■ Im **Theatre Royal,** 282 Hope Street, G2 3QA, ist die *Scottish Opera* zuhause, www.scottishopera.org.uk.

■ Das *Scottish National Orchestra* gibt seine Konzerte in der **Glasgow Royal Concert Hall,** 2 Sauchiehall Street, G2 3NW. Tel. 0141 2263868, www.rsno.org.uk (für das Orchester), Tel. 0141 3538000, www.glasgowconcerthalls.com (für die Halle und alle anderen dort stattfindenden Konzerte). Das Konzerthaus bietet Platz für 2500 Besucher.

■ **City Halls & Old Fruitmarket,** 100 Candleriggs, G1 1NQ, beherbergen das *BBC Scottish Symphony Orchestra* und das *Scottish Music Centre.* Hier finden auch das jährliche Jazzfestival und die *Celtic Connection* statt. Tickets unter Tel. 0141 3538000, www.glasgowconcerthalls.com.

■ Eines der modernen Theater in Glasgow ist das **Tramway Theatre,** 25 Albert Drive, G41 2PE, Tel. 0845 3303501, www.tramway.org. Einst war hier das *Museum for Transport* beheimatet, heute führt das Theater zeitgenössische Schauspiele, Opern und Ballett auf. Zu finden ist das Tramway Theatre südwestlich vom Zentrum. Man kann die U-Bahn benutzen und steigt dann an der Bridge Street aus. Von dort sind es ca. 20 Min. zu Fuß entlang der Eglington Street und Pollokshaws Street, von der der Albert Drive rechts abzweigt.

■ Eher Klassisches führt das **Citizens Theatre** auf. Es steht in der 119 Gorbals Street, G5 9DS, Tel. 0141 4290022, www.citz.co.uk.

■ **Tron Theatre,** 63 Trongate, G1 5HB, zeigt Theater, Comedy, Musik und Tanz. Karten sollte man unbedingt früh genug kaufen. Die Abendkasse ist meist ausverkauft. In der modern eingerichteten *Tron Bar* am *Tron Theatre* kann vor und nach der Aufführung noch etwas getrunken werden. Tel. 0141 5524267, www.tron.co.uk.

■ Zum Lachen sind die Vorführungen des **The Stand Comedy Club** mit wechselndem Programm Do–So, 333 Woodlands Road, G3 6NG, Tel. 0141 212 3389, www.thestand.co.uk.

18 **Tickets Scotland,** 237 Argyle Street (unter der Central Railway Bridge), G2 8DL, Tel. 0141 2045151, www.tickets-scotland.com, vertreibt Tickets für die diversen Aufführungen.

Kino

■ **Glasgow Film Theatre,** 12 Rose Street, G3 6RB, Tel. 0141 3326535, www.gft.org.uk, heißt das Programmkino (zwei Kinos) mit attraktiven Filmen. Die Rose Street ist eine Seitenstraße der Sauchiehall Street.

Bibliothek

■ Die **Mitchell Library,** North Street, G3 7DN, ist die größte Bibliothek Glasgows und liegt am Ende der Bath Street nach links, in der Nähe der Charing Cross Zone, am Motorway 118. Hier können Bücherwürmer in einem Meer von Büchern versinken; vor allem geeignet für Leute, die sich über Schottland näher informieren möchten. Eine Ausstellung widmet sich dem Nationalpoeten *Robert Burns* (Di–Sa 10–16 Uhr, www.mitchelllibrary.org).

Aktivitäten

■ Für all diejenigen, die sich einen guten Überblick über Glasgow verschaffen möchten, bietet sich eine **Stadtrundfahrt im offenen Doppeldeckerbus** an. Information und Reservierung unter www.citysightseeingglasgow.co.uk, Tel. 0141 2040444. Die Busse fahren im 10-Minuten-Takt auf festen Routen mit der Möglichkeit, an verschiedenen Stopps ein- und auszusteigen, u. a. am George Square.

■ In der **Tennent's Wellpark Brewery,** 161 Duke Street, G31 1JD, kann man an **Brauereiführungen** teilnehmen oder auch in Kochworkshops seine Kochkünste verfeinern. Führungen sind zu buchen unter Tel. 0141 2027145 oder www.tennentstours.com. **Kochkurse** findet man unter www.tennentstrainingacademy.co.uk.

Umgebung von Glasgow

Paisley

Im Westen von Glasgow liegt Paisley, die Geburtsstätte des berühmten **Paisley-Schals,** der mit Tannenzapfensegmenten gefärbt ist. Das **Paisley Museum and Art Galleries** in der High Street stellt die Entwicklung des weltbekannten Schals dar und informiert über die Geschichte des Ortes.

■ **Paisley Museum and Art Galleries,** PA1 1WB, https://reimagined.paisleymuseum.org, Di–Sa 11–16 Uhr, So 12–17 Uhr, Eintritt frei.

Paisley besitzt ein Kloster aus dem 12. Jh. In der **Paisley Abbey** in der Innenstadt steht ein keltisches Kreuz aus dem 10. Jh., das Barochan Cross, das einst einen Platz auf einem Hügel im Port Glasgow hatte. In der Abtei sind schöne Glasfenster zu sehen und die Gräber der *Bruces,* des Gründergeschlechts von Schottland.

■ **Paisley Abbey,** Abbey Close, PA1 1JG, www.paisleyabbey.org.uk, Di–Sa 10.30–15.30 Uhr, geführte Touren Di und Do um 14 Uhr (£ 5).

■ **Anfahrt:** Paisley ist zu erreichen mit den Buslinien 36, 37, 38 und 39 der *Western Scottish* von der Buchanan Bus Station in Glasgow. Mit dem Auto gelangt man auf der M 8 und A 737 zu der 10 km entfernten Stadt.

Bothwell Castle

Im **Tal des Clyde** in Uddingston an der M 74 südöstlich von Glasgow steht die Ruine des Bothwell Castle aus dem 13. Jh. Die Burg aus rotem Sandstein gehörte wie viele andere im Süden Schottlands zum Machtbereich der *Black Douglasses* und war eine der größten im Lande.

■ **Bothwell Castle,** Uddingston, G71 8BL, www.historicenvironment.scot/bothwell-castle, April–Sept. Di–Sa 9.30–17 Uhr, Okt.–März Sa–Mi 10–16 Uhr, Eintritt £ 7,50.

David Livingstone Centre

Das David Livingstone Centre liegt bei Blantyre hinter Bothwell, von Glasgow auf der M 8/M 74 zu erreichen. *David Livingstone,* der **Missionar und Entdecker,** wurde dort im Jahre 1813 geboren. Sein Vaterhaus, eine afrikanische Hütte mit einer Ausstellung über afrikanische Geschichte und Fundstücke, die *Livingstone* von seinen Reisen mitgebracht hat, sind hier zu besichtigen. Ein Besuch lohnt sich vor allem, wenn man sich für die Erschließung des afrikanischen Kontinents interessiert.

■ **David Livingstone Centre,** 165 Station Road, Blantyre, G72 9BY, Tel. 01698 821424, www.david-livingstone-birthplace.org. Der Park ist immer geöffnet, das Museum tägl. 10–16.30 Uhr, geführte Touren Mi, Fr und So um 11 Uhr, Eintritt £ 7,50.

New Lanark

Südöstlich von Glasgow bei Lanark im Tal des Clyde liegt ein **Meilenstein der Sozialgeschichte,** New Lanark. In der Industriesiedlung wirkte der Sozialreformer *Robert Owen.* In den mächtigen Baumwollfabriken von New Lanark hat *Owen* seine sozialistischen Ideen in die Tat umgesetzt und u. a. die erste Schule für Kinder in Schottland gegründet.

Dem Flusslauf des Clyde folgt von Glasgow die M 74/A 72 in Richtung Lanark. Hinter Motherwell und Hamilton verlässt man die Vorstädte Glasgows. Allmählich werden die Ortschaften kleiner und die Landschaft attraktiver. Der höchste Berg des Clyde-Tales ist der Tinto-Hill, der fast 700 m hoch ist.

In einer malerischen Schlucht des Clyde südlich der Stadt Lanark stehen die Fabrikgebäude der einstmals **größten Baumwollspinnerei** von Großbritannien. Der Barbier *Richard Arkwright* trat 1783 an den Industriellen *David Dale* heran, um einen Geschäftspartner für seine Entwicklung einer mit Wasserkraft betriebenen Spinnmaschine zu finden. *Dale* und *Arkwright* wurden Partner, als Standort der Baumwollfabrik wählten die beiden den Fluss Clyde. Das

Adobe Stock © Tamara Kulikova

Projekt wurde ein Erfolg, knapp 2500 Menschen lebten und arbeiteten in New Lanark. Allerdings waren die Arbeitsbedingungen katastrophal und Kinderarbeit an der Tagesordnung.

1799 heiratete der Waliser **Robert Owen** die Tochter von *David Dale* und wurde dessen Geschäftspartner. *Owen*, ein innovativer Mensch, versuchte durch Verbesserungen im sozialen Bereich respektablere Lebensbedingungen zu schaffen, mit der Erkenntnis im Hinterkopf: Ein zufriedener Arbeiter leistet mehr. So führte *Owen* die kostenlose ärztliche Versorgung ein. Die Lebensmittelpreise wurden gesenkt, um Forderungen nach einer Lohnerhöhung vorzubeugen. „The New Institution for the Formation of Character" hieß die Schule, die *Robert Owen* gründete, die erste Schule für Arbeiterkinder in Großbritannien. Kinder bis zum Alter von zehn Jahren wurden in einem großen Saal unterrichtet, ältere besuchten die Abendschule.

Doch der Unternehmer scheiterte mit seinen gut gemeinten Sozialreformen an der englischen Regierung, die ihm die finanzielle Unterstützung versagte. Er zog sich aus New Lanark zurück und versuchte in Amerika, einen genossenschaftlichen Betrieb zu verwirklichen. Der Versuch scheiterte ebenso, und *Owen* engagierte sich fortan für die Gewerkschaften.

2001 wurde der gesamte Komplex von der UNESCO zum **Weltkulturerbe** erklärt. In einem **Besucherzentrum** wird vorgeführt, unter welch harten Bedingungen Kinder zu Anfang des 19. Jh. leben und schuften mussten. Ferner wird erklärt, wie die Baumwollverarbeitung in jener Zeit funktionierte und wie das Wasser des Clyde für die Baumwollverarbeitung eingesetzt wurde.

☒ Von der UNESCO geschützt: das einstige Zentrum der Baumwollspinnerei New Lanark

- **New Lanark Visitor Centre,** ML11 9BY, Tel. 01 555 661345, www.newlanark.org, tägl. 10–16 Uhr, Eintritt £ 12.

Falls of Clyde

Ein ausgeschilderter Pfad führt von New Lanark am Ufer des Clyde entlang durch das **Falls of Clyde Nature Reserve.** Leider raubt die Schleuse eines Wasserkraftwerks dem Clyde eine enorme Wassermenge, die die **Stromschnellen** und **Wasserfälle** einiges an Dramatik kostet. Für die Lachse, die den Clyde hinaufschwimmen oder -springen, genügt das reduzierte Wasservolumen, um die Granitfelsen und Klippen zu überwinden. An einigen Sonntagen in den Sommermonaten wird die Schleuse für eine Stunde geöffnet und die Clyde-Wasserfälle führen Normalwasser.

- **Falls of Clyde,** New Lanark, ML11 9DB, https://scottishwildlifetrust.org.uk/reserve/falls-of-clyde.

Praktische Tipps

Unterkunft

- **New Lanark Mill Hotel②**, ML11 9DB, Tel. 015 55 667200, www.newlanarkhotel.co.uk. Direkt an den alten Gemäuern der Mühle.

Dumbarton

Von Glasgow aus führt die A 82 in Richtung Norden tief in die Highlands hinein. Etwa 25 km hinter Glasgow passiert man die Industriestadt Dumbarton, die einst ein Zentrum des Schiffbaus war.

Mary Queen of Scots wurde im Alter von fünf Jahren von Dumbarton Castle mit einem Schiff nach Frankreich gebracht, zum Schutz vor dem wütenden englischen Monarchen *Henry VIII.* Dieser hatte sich im 16. Jh. einen trickreichen Plan erdacht, um Schottland ohne Krieg ins englische Königreich einzugliedern. Sein Sohn *Edward* sollte mit *Mary Stewart,* der legitimen schottischen Thronfolgerin, vermählt werden und *Edward* dann die beiden Königreiche in Personalunion regieren. Doch die Schotten durchschauten die Pläne des englischen Königs und krönten *Mary Stewart* im Jahre 1542 kurzerhand zur Königin von Schottland. *Henry VIII.*, furchtbar erzürnt über das schottische Handeln, reagierte seine Wut im südlichen Schottland ab, wo seine Truppen große Verwüstungen hinterließen – das Ereignis ging in die schottische Geschichte als „Rough Wooing" ein.

Dumbarton Castle

Dumbarton Castle steht auf einem Felsen, dem **Dumbarton Rock,** in der Stadtmitte. Von der mittelalterlichen Burg sind heute das Burgverlies, ein Torweg und eine Sonnenuhr erhalten, die *Königin Mary* dem Castle geschenkt hat. Der Rest des Inventars stammt aus späteren Jahrhunderten.

■ **Dumbarton Castle,** G82 1JJ, www.historicenvironment.scot/dumbarton-castle, April–Sept. tägl. 9.30–17.30 Uhr, April–Mitte Mai nicht Do/Fr, Okt.–März Sa–Mi 10–16 Uhr, Eintritt £ 7,50.

Adobe Stock © Maciej Olszewski

Praktische Tipps

Verbindungen

Bahn

- Zwischen **Glasgow** und Dumbarton verkehren tagsüber im Halbstundentakt Züge (ca. £ 5,50).

Bus

- Von **Glasgow** fahren Busse von *First* (Linie 1) von der Central Station bis Dumbarton. Morgens um 5.30 Uhr, Sa um 8.30 Uhr, verkehrt der erste Bus, der letzte um 22 Uhr (ca. £ 3).

Radweg

- Nach Dumbarton und weiter nach Loch Lomond führt ein Radweg. Er startet an der Bell's Bridge in der Nähe des *Exhibition Centers*.

Helensburgh

Hinter Dumbarton führen zwei Straßen, die A 82 und die A 814, nach Norden in die Highlands. Beide treffen in Arrochar, einem Dorf hinter Loch Lomond, wieder zusammen. Die verkehrsreiche A 82 ist der Hauptverbindungsweg ins schottische Hochland und verläuft am linken Ufer von Loch Lomond. Die ruhigere A 814 folgt zuerst der Küstenlinie von Gare Loch, danach der des Loch Long. Etwa 13 km hinter Dumbarton erreicht die Straße Helensburgh.

Ein berühmter Mann ist 1888 in dieser Stadt geboren, *John Logie Baird,* der Pionier der Fernsehtechnik. Er erfand einen mit infraroten Strahlen arbeitenden Fernsehapparat.

Die Küste von Helensburgh ist ein geeigneter Standort zum **Schwimmen, Segeln** oder **Wandern.** Die Berge im Hinterland ermöglichen weite Blicke über Gare Loch und den Mündungsarm des Clyde. Ein schöner Weg führt durch Glen Fruin; ein Tal, das sich von der B 832 vor der Ortschaft Daligan erreichen lässt.

Hill House

Im Jahre 1902 entstand das Hill House, ein **Landhaus,** entworfen von *Charles Rennie Mackintosh,* dem einflussreichen Jugendstilarchitekten. *Mackintosh* begreift das Wohnhaus in seiner geschichtlichen Entwicklung als Fortführung der Burg. Bewusst verwendet er Elemente der mittelalterlichen Burg-Architektur, wie den Turm, das (vergitterte) Fenster oder den Erker. Einige Anregungen, wie z. B. die Pflanzen- oder Tierornamentik, hat er aus dem asiatischen Kulturkreis übernommen. Mit seiner Frau entwarf er auch die Inneneinrichtung.

Das Hill House liegt an der B 832 am Stadtausgang von Helensburgh in Richtung Daligan auf der rechten Seite, von wo man den breiten Mündungsarm des Clyde überblickt. Den Elementen ausgesetzt, hat das Haus die vergangenen Jahre sehr gelitten, daher trägt es nun ein „Stahlkettenhemd", welches den Trocknungsprozess ermöglicht.

- **Hill House,** Upper Colquhoun Street, G84 9AJ, www.nts.org.uk/visit/hill-house, tägl. 10–17 Uhr, Eintritt £ 14.

◁ Dumbarton Castle auf dem Dumbarton Rock

Praktische Tipps

Verbindungen

Bahn

- Züge fahren von **Glasgow,** Bahnhof Queen Street Station. Die Zugfahrt dauert ca. 1 Stunde und kann von morgens bis abends alle halbe Stunde angetreten werden (ca. £ 8).

Bus

- Die Busse von *First* fahren von **Glasgow,** Central Station, ab, eventuell muss man in Dumbarton umsteigen (ca. £ 6).

Fähre

- Eine **Personenfähre** verbindet Helensburgh Mo–Sa mehr als zehnmal täglich mit den Orten **Kilcreggan** und **Gourock,** die sich am Mündungsarm des Clyde gegenüberliegen. Von Gourock laufen Fähren weiter nach **Dunoon** aus, dem Urlaubszentrum auf der Halbinsel Cowal. Die Fahrten kosten zwischen £ 4 und £ 5.

Unterkunft

- **Riva Hotel**②, 12–14 West Clyde Street, G84 8SQ, Tel. 01436 677796, www.rivahotel.co.uk. Modernes Hotel direkt an der Promenade.

Essen und Trinken

- **Sugar Boat,** 30 Colquhoun Square, G84 8AQ, Tel. 01436 647522, www.sugarboat.co.uk, Mo–Sa ab 9 Uhr, So ab 10 Uhr. Gemütliches Restaurant mit einladendem Ambiente, einer großen Auswahl an Wein und leckerem Essen aus lokalen Produkten.
- **La Barca,** 33 West Clyde Street, G84 8AW, Tel. 01 436 268518, www.labarcahelensburgh.co.uk, So–Di und Do 12–21 Uhr, Mi und Fr/Sa 12–22 Uhr. Verkauft spanische Tapas und Wein.

Loch Lomond

Nordwestlich von Glasgow befindet sich mit dem 39 km langen und bis zu 8 km breiten Loch Lomond der **größte See Schottlands.** Eingebettet in die Berge des schottischen Hochlands, ist er Teil des **Nationalparks** Loch Lomond and The Trossachs.

Das Naherholungsgebiet rund um Loch Lomond zeigt sich den Besuchern von zwei verschiedenen Seiten. Am touristischen Westufer entlang verläuft die Hauptverbindungsstraße A 82. Die einspurige B 837 entlang der ruhigeren östlichen Uferlinie endet kurz hinter dem Ort **Rowardennan.** Dahinter ragt der 974 m hohe, grasbewachsene **Ben Lomond** steil in den Himmel. Das Gebiet eignet sich hervorragend für Wanderungen oder als Einstieg in den West Highland Way, der am Ostufer vorbeiführt. In **Balloch** am Südzipfel oder **Tarbet** am Nordwestufer des Sees starten kleine oder große **Bootsrundfahrten.** Von Tarbet aus kann **Inversnaid** mit dem Boot erreicht werden. Ein Rundweg führt hier an einem kleinen **Wasserfall,** der sich bei Regen in einen beachtlichen verwandelt, entlang.

▷ Loch Lomond mit Blick auf Inveruglas

715sc nb

Praktische Tipps

Informationen

- **www.lochlomond-trossachs.org**
- **www.cruiselochlomond.co.uk**

Unterkunft, Essen und Trinken

In Balloch

- **Balloch House**②-③, Balloch Road, G83 8LQ, Tel. 01389 752579. Rustikales Hotel mit ordentlichem **Restaurant.**
- **Gowanlea Guesthouse**①, Drymen Road, G83 8HS, Tel. 01389 752456, www.hotelatlochlomond.co.uk. Unkompliziertes B & B in der Nähe des Zentrums von Balloch.
- **Dog House,** 54 Balloch Road, G83 8LE, Tel. 013 89 607300, tägl. ab 11 Uhr. Gute Atmosphäre, mit regelmäßiger Live-Musik.

In Ardlui (am nördlichen Ende des Sees)

- **Ardlui Hotel**③, G83 7EB, Tel. 01301 704243, www.ardlui.co.uk. Das Hotel betreibt mit dem *Holiday Park* (s. u.) eine Fähre zum anderen Ufer.
- **Ardlui Holiday Park**①, G83 7EB, Tel. 01301 70 4243, www.ardlui.co.uk. Wegen der Fähre zum anderen Ufer (→ oben) ein gutes Etappenziel auf dem West Highland Way, der am Ostufer entlangführt.

In Rowardennan

- **Cashel Campsite**①, Cashel, G63 0AW, Tel. 013 60 870234, www.cashel-campsite.com. Sehr schön am unbewegten Ostufer des Loch Lomond gelegen. April–Mitte Okt.
- **Rowardennan Lodge Youth Hostel**②, G63 0AR, Tel. 01360 870259, www.hostellingscotland.org.uk/hostels/rowardennan/. Bietet sich als Durchgangsstation an: für Wanderer auf dem West Highland Way, der am Ostufer des Loch Lomond verläuft, oder als längere Bleibe, um die Hügel und Seen des *Queen Elizabeth Forest Park* zu erkunden. März–Okt.

Halbinsel Cowal

Die Halbinsel Cowal, begrenzt von Loch Long und Firth of Clyde im Osten und Loch Fyne im Westen, zerfurchen **fjordartige Meeresarme.** Freunden des Wassersports eröffnen sich hier viele Möglichkeiten. Angelbegeisterte haben die freie Auswahl, ihr Glück im salzigen **Loch Long** oder **Loch Goil** zu versuchen oder Forellen im Süßwasser von **Loch Eck** zu fangen. Die A 815 erschließt das Gebiet der Halbinsel von Norden aus; sie zweigt kurz vor **Cairndow** von der A 83 ab und führt bis zum größten Ort der Halbinsel, Dunoon.

Am Loch Goil entlang

Im Norden Cowals erstreckt sich der **Argyll Forest Park.** Ausgedehnte Wanderpfade führen durch die aufgeforsteten Gebiete zwischen Loch Eck und Loch Goil. Für Klettertouren sind die Arrochar Alps im Norden Cowals geeignet. Manche Berge erreichen eine Höhe von über 1000 m.

Nach 4 km Fahrt auf der A 815 öffnet sich vor dem Fahrer das Tal Hell's Glen. Eine einspurige Straße, die B 839, schlängelt sich durch das tief eingeschnittene Tal bis nach **Lochgoilhead** und weiter am Ufer des Loch Goil entlang bis Carrick, dem Ende der Straße. In Lochgoilhead bieten sich gute Bleiben für Wanderer und Bergsteiger (s. u.). Von hier lässt sich der Loch Goil überblicken und die nördlich gelegene Bergwelt erwandern.

In Carrick, auf einer Landzunge am Loch Goil, steht **Carrick Castle.** Die Mauern der Burg aus dem 14. Jh. sind intakt, es gibt ein neues Dach. Die *Lords von Argyll* hielten hier Gericht, Übeltäter fanden nach einem Urteilsspruch gleich ihren Platz im Gefängnis der Burg. Im Jahre 1685 brannten die Truppen des *Earls of Atholl's* die Burg nieder.

Praktische Tipps

Unterkunft, Essen und Trinken

■ **Lochgoilhead Hotel**②, PA24 8AD, und **Drimsynie House Hotel**②, beide Tel. 0845 4599772, www.cove.co.uk/argyll-holidays. Ersteres liegt am Ufer von Loch Goil, während sich das *Drimsynie House Hotel* in einem schlossartigen Anwesen auf dem Drimsynie Estate befindet. **Argyll Holidays** (gleiche Tel.) betreibt auch Selbstversorgerunterkünfte und Holiday Parks.

■ **Loch Fyne Oyster Bar,** Loch Fyne, Clachan, Cairndow, PA26 8BL, Tel. 01499 600482, www.lochfyne.com, Mo–Sa 9–17 Uhr, So 9.30–17 Uhr. Der lokale Produzent von Fisch und Meeresfrüchten bietet hier frische Austern an. Eine gute Einstimmung auf die schottische Westküste.

Westen und Süden der Halbinsel

Zum **Lachlan Castle** fährt man zunächst an der Westküste entlang nach Süden und zweigt 4 km hinter Strachur auf die B 8000 nach Newton ab. Die Burgruine liegt 4 km hinter Newton in Richtung Otter Ferry am Loch Fyne. Das Castle war früher der Sitz des Clans *MacLachlan.* Ein Besuch der grün überwachsenen Burgruine, die zum ersten Mal im Jahre 1314 erwähnt wurde, lohnt sich vor allem unter landschaftlichen Gesichtspunkten.

UNSER TIPP: Hinter dem Ort **Clachan of Glendaruel** zweigt von der A 886 die einspurige A 8000 ab. Sie führt in eine Gegend, die wegen ihres Panoramas zu den feinsten auf Cowal zählt. Dort, im Südwestzipfel der Halbinsel, ist **Tighnabruaich** das geschäftigste Dorf. Einige Segelyachten liegen in der geschützten Bucht. In der Segelschule können Anfänger das nötige Handwerk lernen. An der Küste südlich des Ortes laden schöne **Sandstrände** zum Baden ein.

⊡ Lachlan Castle liegt direkt am Ufer des Loch Fyne

Adobe Stock © drhfoto

Praktische Tipps

Unterkunft

- **Tregortha B & B**①, Tighnabruaich, PA21 2BD, Tel. 01700 811132, www.tregortha.co.uk. Ein hübsches viktorianisches Häuschen mit schönen Blicken auf Bute und den Meeresarm. Die Besitzer sind auch künstlerisch tätig.
- **Glendaruel Caravan Park**①-②, Glendaruel, PA22 3AB, Tel. 01369 820267, www.glendaruelcaravanpark.com. Eingebettet in das gleichnamige Tal, am Campingplatz entlang fließt das Flüsschen Ruel, das dem Tal den Namen verleiht. April–Okt.

Aktivitäten

- Die **Tighnabruaich Sailing School,** Tighnabruaich, PA21 2AH, Tel. 01700 811717, www.tssargyll.co.uk, bietet im Sommer Segel- und Surfkurse an, ab £ 250.

Am Loch Eck entlang

Auf einer Länge von 30 km setzt die A 815 von **Strachur** ihren Weg nach Dunoon fort, dem größten Ort auf der Halbinsel Cowal. Die Straße verläuft am Ufer von Loch Eck entlang, das sich wie ein Bandwurm zwischen den Bergen des Argyll Forest Park windet. Von den waldgesäumten Hügeln hat man eine hervorragende Aussicht auf Loch Fyne, Loch Long oder Loch Goil.

In **Kilmun,** 10 km nördlich von Dunoon, lässt sich die **Kilmun Church** bestaunen. Dort war einst ein keltisches Kloster aus dem 7. Jh. Der Turm der Kirche stammt aus dem 15. Jh., das aktuelle Gebäude aus dem 19. Jh. Die Orgel wird mit Wasserkraft betrieben.

- **Kilmun Church,** PA23 8SE, Tel. 07887 856514, www.historickilmun.org, April–Okt. Do–So 11–16 Uhr, sonst nach tel. Vereinbarung, Eintritt £ 5.

Dunoon

In der Stadt Dunoon am Firth of Clyde leben knapp 8000 Menschen, mehr als 50 Prozent der gesamten Bevölkerung Cowals. Die meisten von ihnen arbeiten in der Tourismusbranche. An Wochenenden und in den Sommerferien zieht

Dunoon mit seinen Seen und bewaldeten Bergen in der unmittelbaren Umgebung erschöpfte Glasgower an, die abends die große Auswahl an Pubs genießen und tagsüber Wassersport treiben oder die Landschaft erwandern.

Vom geschichtsträchtigen **Dunoon Castle,** das auf einem kleinen Hügel die Stadt und den Firth of Clyde überblickt, sind nur noch die Reste der Grundmauern zu sehen. Die Burg war lange Zeit ein Zankapfel zwischen Schotten und Engländern, bis ihr Verfall derart fortgeschritten war, dass es sich für die verfeindeten Parteien nicht mehr lohnte, um sie zu streiten.

Am Fuß des Burghügels steht eine **Highland-Mary's Statue** zu Ehren der Geliebten von *Robert Burns.* Diese hieß *Mary Campbell of Auchnamore* und wurde auf einer Farm in der Nähe von Dunoon geboren. Der schottische Dichter hatte sich in das Mädchen vom Lande mit Haut und Haaren verliebt. Die beiden Liebenden versprachen sich gegenseitig die Heirat, doch *Mary* starb leider, noch bevor die beiden Liebenden vor den Traualtar treten konnten.

The Cowal Highland Gathering nennen sich die Highland Games in Dunoon. Der Wettbewerb der Dudelsackbläser, Pipe-Bands, Hammerwerfer und vieler anderer Athleten findet am letzten Wochenende im August statt. Zusammen mit den Highland Games wird ein Tanzwettbewerb veranstaltet. Während der **World Highland Dancing Championships** messen sich Tanzgruppen aus aller Welt in der Disziplin des Schottentanzes. Die Wettbewerbe locken in der Regel sehr viele Besucher an. Eintrittskarten bestellt man am besten im Voraus bei: *The Gathering Office,* 54 Hillfoot Street Dunoon, Tel. 01369 703206 (ab Februar), www.cowalgathering.com.

UNSER TIPP: Nicht verpassen sollte man den **Benmore Botanic Garden** in Dunoon, einen 60 ha großen Landschaftspark mit riesigen Redwood-Bäumen.

- **Benmore Botanic Garden,** PA23 8QU, www.rbge.org.uk/visit/benmore-botanic-garden, März–Okt. tägl. 10–17 Uhr, Eintritt £ 9.

Praktische Tipps

Informationen

- Wanderkarten, ein Verzeichnis der Sehenswürdigkeiten auf Cowal und andere Infos vertreibt das **Tourist Information Centre,** 7 Alexandra Parade, PA 23 8AB, Tel. 01369 703785.
- **www.visitcowal.co.uk**

Verbindungen

- **Fähre:** Zwischen **Gourock** auf der Ostseite des Firth of Clyde und Dunoon verkehren in der Zeit von 6.30 bis 22.30 Uhr bis zu dreimal stündlich Fähren von *Western Ferries*. Die einfache Fahrt kostet ab £ 5,70, Pkw ab £ 21,70.
- **Bahn:** Von **Gourock** besteht ein sehr guter Anschluss zum Bahnhof **Glasgow Central.** Die Züge verkehren stündlich und benötigen ca. 50 Minuten.

Unterkunft

- **The Whistlefield Inn**②, PA23 8SG, Tel. 01369 860484, www.thewhistlefieldinn.com. Frühstück genießen mit Panoramablick auf Loch Eck.
- **Bed & Breakfast** findet sich rund um den Pier in der Alexandra Parade und der Marine Parade.

Essen und Trinken

- **The Lorne,** 249 Argyll Street, PA23 7QT, Tel. 01369 701777, www.thelorne.com, tägl. 11–24 Uhr. In der modern gestalteten Bar werden gutes Essen und auch Cocktails angeboten.

■ **Chatters,** 58 John Street, PA23 8BJ, Tel. 07879 472898, www.chattersdunoon.co.uk/restaurant. Schöne Atmosphäre, die zum Essen, Trinken und Wohlfühlen einlädt.

Aktivitäten

■ **Clyde Cruises** am Pier, PA15 1HW, Tel. 01475 72 1281, www.clydecruises.com, bietet kleine Kreuzfahrten rund um den Firth of Clyde an.

■ **Dunoon & District Angling Club,** 28 Royal Crescent, PA23 7AH, Tel. 01369 830350, www.dunoonangling.com, erteilt die Erlaubnis zum Angeln. Angelscheine erhält man bei **Heal & Glen,** 124–126 Argyll Street, PA23 7NA.

■ Ebenfalls Angelscheine und Ausrüstung erhält man bei **Campbells Paint & Hardware,** 124–126 Argyll Street, PA23 7NA, Tel. 01369 704191.

■ Im **Cowal Golf Club,** Ardenslate Road, PA23 8LT, Tel. 01369 705673, www.cowalgolfclub.com, spielt man auf einem 18-Loch-Platz.

■ **Velvet Path Trekking & Pony Riding Centre,** PA23 7SL, Tel. 01369 830580, in Innellan südlich von Dunoon, veranstaltet auch Ausritte.

Insel Bute

Die Insel Bute trennt nur ein Katzensprung vom Festland der Halbinsel Cowal. Bute gehört zum Naherholungsgebiet von Glasgow. Das Zentrum der Insel ist die Stadt **Rothesay** an der Westküste mit rund 4600 Bewohnern; auf dem Lande leben rund 2000 Menschen. Autofahrer nehmen von Glasgow die M 8 Richtung Port Glasgow/Greenock und durchfahren Greenock in Richtung Largs. Etwa 15 km hinter Greenock erreicht man Wemyss Bay, die Fährablegestelle nach Rothesay.

Bute ist touristisch gut erschlossen. Am ersten Maiwochenende wird ein **Jazz-Festival** veranstaltet und Mitte August finden die **Highland Games** statt. Wenig später schließt sich die **Rothesay Flower Show** Anfang September an.

Rothesay

In und um Rothesay gruppieren sich viele Sehenswürdigkeiten. Die **Ardencraig Gardens,** südlich von Rothesay an der A 844, gehören der Royal Burgh of Rothesay; hier zieht man Pflanzen, die in ganz Bute vertrieben werden. In Käfigen sind Vögel aus aller Welt zu beobachten und verschiedene Fische schwimmen in den Teichen des Gartens.

■ **Ardencraig Gardens,** PA20 9EZ, www.gardens-of-argyll.co.uk, Mai–Sept. Mo–Fr 9–16 Uhr, Sa/So 13–16.30 Uhr, Eintritt frei.

Das **Bute Museum,** in der Stuart Street im Zentrum Rothesays gegenüber dem Rothesay Castle gelegen, stellt eine breite Palette von frühgeschichtlichen Funden aus und gibt Auskunft über die Geschichte der Seefahrt auf Bute.

■ **Bute Museum,** 7 Stuart Street, PA20 0EP, www.butemuseum.org.uk, im Sommer Mo–Sa 10.30–15.30 Uhr, So 13.30–15.30 Uhr, im Winter Di–Do und Sa 13.30–15.30 Uhr, Eintritt £ 5.

Die Geschichte hat in Bute Spuren hinterlassen, die tiefste Spur im **Rothesay Castle,** das im 11. Jh. von den Wikingern gegründet wurde und in der Schlacht von Largs im Jahre 1263 in schottische Hände fiel. Die Burg wurde von den Truppen *Cromwells* im Civil War, dem Bürgerkrieg im 17. Jh., stark beschädigt. Das Besondere an der mittelalterlichen Burg ist ihre Architektur: Vier Rundtürme sind mit hohen Mauern um einen runden Burghof angeordnet. Die Burg, eine Zeit lang Hauptquartier der *Stewarts*, des schottischen Herrschergeschlechts, befindet sich auf dem Castlehill, dem Burghügel mitten in Rothesay.

- **Rothesay Castle,** Castlehill Street, PA20 0DA, www.historicenvironment.scot/rothesay-castle, März Sa–Mi 10–12 und 13–16 Uhr, April–Sept. tägl. 9.30–12 und 13–17 Uhr, Eintritt £ 7,50.

Die Überreste einer mittelalterlichen Pfarrkirche zu Ehren der Mutter *Jesu*, **St Mary's Chapel,** finden sich im Süden von Rothesay an der Upper High Street, in Richtung Loch Fad. In der Kapelle, die wahrscheinlich im 12. Jh. errichtet wurde, sind zwei Grabmäler zu sehen. Auf dem einem ist ein Ritter in voller Rüstung abgebildet, auf dem anderen eine Mutter mit ihrem Kind.

Schon im 6. Jh. gründete der *Heilige Blane* die **St Blane's Chapel** ganz im Süden Butes, die heute leider nur noch eine Ruine ist. Zur Kapelle führt von Rothesay die A 845 nach Kingarth, in Richtung Süden. Kurz vor Kingarth muss man nach Garrochty rechts abbiegen. Die Kapelle liegt nach etwa 2 km links auf einer kleinen Anhöhe. Am Straßenrand auf dem Weg dorthin sind ein Steinkreis und einige Standing Stones zu sehen.

Auch der *Heilige Ninian* hat auf Bute im 6. Jh. eine Kirche gebaut. Von der **St Ninians Chapel** existieren allerdings nur noch die Grundmauern und der Klostergarten. Die Kapelle findet sich an der Westküste Butes bei Meikle Kilmory, auf der Landzunge in der St Ninian's Bay.

Praktische Tipps

Informationen

- **Tourist Information Centre,** Winter Gardens, Victoria Street, Rothesay, PA20 0AT, Tel. 01700 50 7943.
- **www.visitbute.com**

Verbindungen

Fähre

- Bute ist durch regelmäßige Fähren von **Caledonian MacBrayne** mit dem Festland verbunden, Tel. 08000 665000, www.calmac.co.uk.
- Die früheste von den ca. 15 Fähren nach **Rothesay** legt um 7.15 Uhr von **Wemyss Bay** ab, die letzte um 19.45 Uhr. Auf umgekehrtem Weg von Rothesay nach Wemyss Bay startet die erste Fähre um 6.25 Uhr, die letzte um 19.45 Uhr. Sa und So ist der Fährbetrieb eingeschränkt. Die einfache Fahrt kostet ca. £ 3,50 für eine Person, ab £ 12,50 für einen Pkw. Zum Einchecken sollte man 30 Min. vor Abfahrt an Ort und Stelle sein.
- Die andere Fährverbindung nach Bute ist **Colintraive – Rhubodach,** im Norden Butes. Zwischen 5.30 Uhr und 20.55 Uhr verkehren die Fähren im 30-Minuten-Takt. Der Preis beträgt £ 1,50 für die einfache Fahrt, für Autos zahlt man ab £ 6,50.

Bahn

- Von Glasgow Central Station besteht eine direkte Zugverbindung nach **Wemyss Bay,** der Fährablegestelle nach Bute. Ab 6.05 Uhr fahren nahezu stündlich Züge nach Wemyss Bay (rund £ 9).

Unterkunft

■ Die meisten **B & Bs** und **Hotels** finden sich am Ufer der Bucht von Rothesay.

■ **Kames Castle,** Port Bannatyne, PA20 0QP, Tel. 01700 504886, www.kamescastlecottages.co.uk. Ein *Tower House* aus dem 14. Jh., an der A 886 von Rothesay kommend hinter Port Bannatyne auf einer kleinen Anhöhe. Vermietet werden Cottages für 2–9 Personen, ab £ 500/Woche.

■ **St. Ebba B & B**②, 37 Mount Stuart Road, PA20 9EB, Tel. 01700 500059, www.stebbabandb.co.uk. Schönes Hotel mit wunderbarer Aussicht und schönen Zimmern.

■ **Roseland Holiday Park**②, Canada Hill, Rothesay, PA20 9EH, Tel. 01700 501840, www.roseland lodgepark.co.uk. Von hier hat man einen Überblick über den Firth of Clyde. Der Campingplatz verfügt über ein Café, Wohnwagen, Zeltplätze sowie einige Glamping Pods. Der Canada Hill ist der Hügel, der sich hinter Ardencraig auftürmt.

Essen und Trinken

■ **Helmi's,** 26 East Princes Street, Rothesay, PA20 9DL, Tel. 01700 504551, www.fb.com/helmisbake ry, Mo–Sa 10–16 Uhr. Die Bäckerei und Konditorei schlägt den Bogen zwischen feiner französischer Patisserie und arabischen Wraps und Dips.

■ **The Waterfront,** 16 East Princes Street, PA20 9DL, Rothesay, Tel. 07865 533232, Di/Mi und Sa 17–21 Uhr. Auswahl aus einem bunten Potpourri kultureller Essensreferenzen: polnisch, spanisch, schottisch und indisch, alles ist erlaubt.

Aktivitäten

■ **Golfer** können auf Bute zwischen drei Golfplätzen wählen, Infos unter www.visitbute.com/thin gs-to-see-and-do.

■ **Angler** fangen Forellen in den Seen im Süden der Insel, Quien Loch, Loch Fad und Loch Ascog, vorausgesetzt, sie haben sich vorher um die Angelerlaubnis gekümmert. Das *Bute Estate Office,* Tel. 01700 502627, in Rothesay, High Street, erteilt die Lizenz, um im Quien Loch und im Loch Ascog Forellen zu angeln. Die Angelerlaubnis für Loch Fad bekommt man von *Loch Fad Fisheries Ltd.* am Loch Fad, PA20 9PA, Tel. 01700 504871.

■ **Wanderer** versuchen ihr Glück im Norden Butes. Dort kann man auf den höchsten Hügel, den Windy Hill (278 m), spazieren.

■ Das ideale Fortbewegungsmittel auf Bute ist das **Fahrrad.** Man kann sich bei *The Bike Shed* in der East Princess Street, Rothesay, PA20 0HW, einen Drahtesel ausleihen, Tel. 01700 505515, www.the bikeshedrothesay.com.

Einkaufen

■ **Isle of Bute Smokehouse,** 61–67 High Street (Bute Yard Courtyard), PA20 9AU, Tel. 01700 5054 14, www.butesmokehouse.com, Di–Sa 9–15 Uhr, erster Samstag im Monat 10–16 Uhr.

Inveraray

Von Cairndow am Nordende der Halbinsel Cowal fährt man auf der A 83 weiter nach Inveraray, einem Ort mit einer merkwürdigen Geschichte. Das Städtchen am Loch Fyne ist der Sitz der Herzöge von Argyll. Im 18. Jh. ließ *Archibald,* der dritte *Duke of Argyll,* seine mittelalterliche Burg abreißen, weil sie seinen ästhetischen Maßstäben widersprach. Das Fischerdorf Inveraray störte seinen Sinn für Kunst ebenfalls, und daher wurde zusammen mit der alten

Burg auch das gesamte Fischerdorf abgerissen.

Der Reichtum *Archibalds* sorgte dafür, dass ein neues prunkvolles Schloss an der Stelle der alten Fischersiedlung entstand. Das neue Inveraray verlegte der leitende Architekt *Roger Morris* einen Kilometer weiter südwärts auf eine Landzunge. *Robert Mylne* entwarf das *Argyll Arms Hotel* und das Rathaus, ein anderer bedeutender Architekt seiner Zeit, *John Adam,* die Kirche. Das Städtchen, das auf dem Zeichenbrett entstand, hat mit seinen weißen Häusern an sich etwas Prachtvolles – wenn man über die Souvenirläden, den Trubel und die hohen Eintrittspreise hinwegsieht.

Inveraray Jail

Inveraray Jail, das alte Gefängnis am Ufer von Loch Fyne, wurde umgestaltet in ein **Gefängnismuseum.** In den rekonstruierten Zellen sitzen Menschenpuppen. Eine Ausstellung klärt über die Foltermethoden des Mittelalters auf.

■ **Inveraray Jail,** PA32 8TX, www.inverarayjail.co.uk, tägl. 10–17 Uhr, Eintritt £ 15,50.

Inveraray Castle

Das Inveraray Castle liegt einen Kilometer nördlich von Inveraray an der A 83. Das Schloss des *Duke of Argyll,* des Clanchiefs der *Campbells,* begonnen im Jahr 1744, beanspruchte über 40 Jahre Bauzeit. Das Ergebnis ist ein prachtvolles rechteckiges **Märchenschloss** mit vier runden Spitztürmen an jeder Ecke, eingebettet in eine künstlich angelegte Gartenlandschaft. Das Innere des Schlosses wurde noch üppiger als das aufwendige Äußere gestaltet. Wertvolle Teppiche, Silbergeschirr und Porzellan aus China, die Waffenhalle mit Beutestücken ver-

Adobe Stock © lapas77

gangener Feldzüge und die Familienporträts, gemalt von Meistern wie *Ramsay* oder *Raeburn*, locken viele Besucher an.

■ **Inveraray Castle,** PA32 8XE, www.inveraray-castle.com, April–Sept. Do–Mo 10–17 Uhr, Okt. 10–16 Uhr, Eintritt £ 16,50, nur Garten £ 9.

Auchindrain Township Open Air Museum

UNSER TIPP: Das Auchindrain Township Open Air Museum liegt 9 km südlich von Inveraray an der A 83. Das ursprüngliche Hochlanddorf wird heute als **Freilichtmuseum** genutzt. Die Landhäuser aus dem 18. und 19. Jh. sind wie zu ihrer Gründungszeit belassen, als die Bauern das Feld noch mit den einfachsten Geräten bestellen mussten. Das Empfangshaus hält bei Regen Schirme bereit.

■ **Auchindrain Township Open Air Museum,** PA32 8WD, www.auchindrain.org.uk, im Sommer Di–Sa 10–16.30 Uhr, im Winter Mo–Do 10–15 Uhr, Eintritt £ 12.

Praktische Tipps

Informationen

■ **Tourist Information Centre,** Front Street, PA32 8UY, Tel. 01499 302063, ganzjährig geöffnet.

Verbindungen

Am besten werden Inveraray und das Umland mit dem Auto erschlossen.

Bus

■ Die Buslinien 926 und 976 verkehren vier- bzw. zweimal täglich von **Glasgow** über Inveraray nach **Campbeltown** und **Oban.** Ein Ticket für die zweistündige Fahrt kostet rund £ 17. Weitere Busse verkehren nach **Lochgilphead** und **Dunoon.**

Unterkunft

■ **The George Hotel**②, PA32 8TT, und **The First House**②, PA32 8TX, 1 Main Street East, Tel. 01499 302111, www.thegeorgehotel.co.uk. Im historischen Kern, stilvoll eingerichtete Zimmer mit einem urigen Pub im Erdgeschoss.

■ **Killean Farmhouse**①, PA32 8XT, Tel. 07943 96 3121, www.killean-farmhouse.co.uk. Liegt ca. 6 km südlich von Inveraray und bietet mit einem Wintergarten auch bei schlechtem Wetter schöne Aussichten in das umgebende Tal.

■ **Inveraray Hostel**②, Dalmally Road, PA32 8XD, Tel. 01499 302454, www.inverarayhostel.co.uk. Findet sich in Richtung Dalmally/Oban. Von Arrochar kommend, biegt man am Ortseingang durch den steinernen Torbogen nach rechts ab. Nach etwa 500 m steht die Jugendherberge an der linken Straßenseite. Einfaches Hostel im Stil eines Bungalows.

■ **Argyll Caravan Park**③, PA32 8XT, 4 km südlich von Inveraray an der Küstenstraße A 83, Tel. 01499 302285, www.argyllcaravanpark.com. Bietet nur Stellplätze, keine Zelte. Der Platz liegt szenisch an der Küste.

Essen und Trinken

■ **Samphire Seafood,** 6a Arkland, PA32 8XT, Tel. 01499 302321, www.samphireseafood.com, Di–Sa 12–14.30 und 17–20.30 Uhr. Reichhaltiges Angebot an Fisch und Meeresfrüchten.

☐ Inveraray Castle

324sc jf

Zwischen Inveraray und Oban

In Inveraray zweigt die A 819 nach Norden von der A 83 ab. Auf einer Länge von 25 km durchquert die A 819 das **Glen Aray,** ein waldgesäumtes Tal, dann erreicht die Straße hinter Cladich einen langgezogenen See, **Loch Awe.**

Loch Awe Boats, etwa 3 km südlich von Cladich an der B 840, **verleiht Boote aller Art,** um den See zu erkunden oder zu angeln und bietet kleine Bootstouren an (Ardbrecknish, Tel. 07703 11 2422, www.loch-awe.com/things-do).

Folgt man rund 8 km dem Uferverlauf des Sees, stößt man auf die A 85, die Verbindungsstraße zwischen Perth und Oban. In Richtung Oban muss man nach links abbiegen.

An der nördlichen Spitze von Loch Awe präsentiert sich **Kilchurn Castle,** eine Wohnburg aus dem 15. Jh. Die Burg wurde auf Veranlassung von *Sir Colin Campbell* gebaut, der Nord- und der Südteil stammen aus dem Jahre 1693. Die Burg besteht heute noch als Ruine. Das Castle kann nur zu Fuß von der A 85 bei Dalmally erreicht werden. Unter der nahegelegenen Eisenbahnbrücke geht es von der Seeseite zum Castle, also Vorsicht, auf die Flut achten.

■ **Kilchurn Castle,** PA33 1AF, www.historicenvironment.scot/visit-a-place/places/kilchurn-castle, Zum Zeitpunkt der Drucklegung war das Castle wegen Restaurationsarbeiten nur von außen zu besichtigen, Infos auf der Website.

Zurück auf der Straße nach Oban, der A 85, passiert man kurz nach der Burg das Dorf **Lochawe** am gleichnamigen See. Wer die mit 37 km längste Bucht Schottlands mit ihrer reichen Vegetation erkunden möchte, für den ist der kleine Ort ein guter Ausgangspunkt.

Hinter Lochawe steigt die Straße allmählich an und überquert den Pass of

Brander, rechts flankiert vom 1126 m hohen **Ben Cruachan,** von dessen Spitze sich bei klarem Wetter eine weite Aussicht eröffnet. Am Berg, in einer riesigen Aushöhlung, befindet sich die **Cruachan Pumped Storage Power Station,** ein Wasserkraftwerk mit einer Leistung von 400 MW. Die Einfahrt in das Kraftwerk befindet sich an den Waterfalls of Cruachan. Ein Bus transportiert Besucher.

Cruachan Visitor Centre, PA33 1AN, www.visitcruachan.co.uk, April–Okt. Mo–Fr 9.15–16.45 Uhr, Nov.–März Mo–Fr 9.15–15.45 Uhr, Eintritt £ 7,50.

An dem Ort **Taynuilt** hat man die Passhöhe hinter sich gelassen. Die Landschaft wird weniger gebirgig; zur rechten liegt Loch Etive, zur linken erstreckt sich der Fearnoch Forest. Wenn man in Taynuilt der A 845 nach rechts folgt, erscheint am Loch Etive eine Besonderheit, ein Relikt aus der Anfangszeit der Industrialisierung: **Bonawe Iron Furnace,** ein mit Holzkohle gefeuerter Hochofen. Hier wird die Herstellung von Eisen vom Abholzen der Bäume, die sich auf Kohlemeilern in Holzkohle verwandeln, bis zur Verhüttung erklärt.

Bonawe Iron Furnace, PA35 1JQ, www.historicenvironment.scot/bonawe-historic-iron-furnace, April–Sept. tägl. 10–16 Uhr, Eintritt £ 7,50.

Von Taynuilt bis nach Oban am Firth of Lorn sind es noch rund 20 km.

Kilchurn Castle liegt malerisch am Loch Awe

Oban

Die **Hafenstadt** am Firth of Lorne ist ein florierender Ort, mit gut 8000 Einwohnern der größte im weiten Umkreis. Bekannt ist Oban als Urlaubsgebiet für Wassersportler, vor allem für Segler und Taucher. Sie profitieren von der geschützten Lage der Stadt. Die Insel Kerrara liegt wie ein Wellenbrecher in einer Entfernung von 1–2 km vor der Küste Obans und schützt den Hafen. Für Inselreisende, die mit den Schiffen der *Caledonian MacBrayne* auf die Hebriden fahren möchten, ist die Stadt Oban Durchgangsstation.

Mitte/Ende August finden die **Highland Games** in Oban statt. Andere Feste: **Ceilidh Festival** und **Oban Mod** werden in der 2. Junihälfte veranstaltet.

An Sehenswürdigkeiten ist Oban nicht reich, dafür besitzt es eine Kuriosität, den **McCaig's Tower.** Entworfen nach dem Vorbild eines Kolosseums, thront das eigenartige Bauwerk des Bankiers *McCaig* über der Stadt. Zwei Ziele verfolgte *McCaig* mit dem Bau, erstens sich und seiner Familie ein außergewöhnliches Denkmal zu schaffen, was ihm sicher gelungen ist, und zweitens den vielen arbeitslosen Zeitgenossen eine Beschäftigung zu geben. Leider wurde das Bauwerk nicht vollendet, denn *McCaig* starb vorher und seine Erben verfolgten andere Ziele, als *McCaig's* „Sozial-Turm" zu vollenden (Eintritt frei). Von dem runden Turm gibt sich ein wundervoller Blick über ganz Oban und die im Meer schlummernden Inseln. Besonders abends lohnt sich die Aussicht.

716sc lb

Nördlich von Oban, zu Fuß ca. eine halbe Stunde, steht die Ruine des **Dunollie Castle** aus dem 13. Jh. Die Burg war der Stammsitz des Clans *MacDougall*, der die Grafschaft Lorne beherrschte. Von der Burgruine hat man einen schönen Ausblick auf die Bucht von Oban.

■ **Dunollie Castle,** PA34 5TT, www.dunollie.org, Mitte März–Okt. So–Fr 10–16 Uhr, Eintritt £ 10.

Dunstaffnage Castle

Eine andere Burg der *MacDougalls* findet sich weitere 6 km nördlich, abseits der A 85. Das Castle Dunstaffnage kontrollierte in strategisch günstiger Position die Einfahrt zum Loch Etive.

■ **Dunstaffnage Castle,** Dunbeg, bei Oban, PA37 1PZ, www.historicenvironment.scot/visit-a-place/places/dunstaffnage-castle-and-chapel, April–Sept. tägl. 9.30–16.30 Uhr, Okt.–März Sa–Mi 10–16 Uhr, Eintritt £ 7,50.

Insel Kerrera

UNSER TIPP: Die kleine Insel Kerrera liegt nur 10 Min. von Oban entfernt und ist über zwei verschiedene Punkte zu erreichen: Entweder mit der **Fähre** über die Gallanach Road westlich von Oban (www.calmac.co.uk) oder mit dem **Wassertaxi** am Hafen von Oban (www.kerreramarina.com/book-a-ferry).

In 5–6 Std. lässt sich die gesamte Insel umrunden. Es lohnt sich vor allem der Westen der Insel für eine Besichtigung des **Gylen Castle.** Für eine Erfrischung danach bietet sich das **Kerrera Tea Garden & Bunkhouse** (www.kerrerabunkhouse.co.uk) an, in dem auch Übernachtungen angeboten werden.

⌃ Der McCaig's Tower thront über der Hafenpromenade von Oban

› Gylen Castle liegt malerisch an der Küste von Kerrera

Kerrera

Gylen Castle im grünen Meer

- **Schwierigkeit:** mittel
- **Dauer:** 3–4 Std.
- **Distanz:** ca. 11 km
- **Höhenunterschied:** 200 m
- **Ausgangspunkt:** Fährhafen Kerrera

Die Fähre auf die kleine Insel zwischen Oban und Mull setzt von **Gallanach** südlich von Oban über (dazu der Gallanach Road von Oban etwa 3 km nach Süden folgen, bis diese den kleinen Fähranleger erreicht). Auf der anderen Seite angekommen, startet ein **Rundweg** zunächst an der Küste, der dann über das Landesinnere auf die andere Seite der Insel führt und dabei einen hervorragenden Blick auf Gylen Castle und später Mull bietet. Gylen Castle, das in etwa der Hälfte der Strecke zu sehen ist, wird ausgeschildert, sodass keine Abzweigung verpasst werden kann.

Vom Ufer aus geht es vorerst an der **Küstenstraße** weiter, die anfangs geteert ist und später etwas steiniger wird. Nach kurzer Zeit liegt am Ufer in einer kleinen Bucht seit 2015 das alte **Bootswrack** oder vielleicht auch nur noch Teile der **Old Shanty.** Nach dem Bootswrack macht der Weg eine kleine Rechtskurve und steigt nach dem Passieren eines kleinen Gatters leicht an. Ist der Anstieg überwunden, liegt **Gylen Castle** zur linken Seite und kann über einen kleinen Pfad erreicht werden. Im grünsten Grün liegt die Burg in einer **magisch wirkenden Umgebung.** Auf den Wiesen grasen Ziegen und Schafe – ein Ort, der zum Verweilen einlädt.

Wer möchte, kann das auch im **Kerrera Tea Garden & Bunkhouse,** in dem nicht nur gegessen, sondern auch übernachtet werden kann. Dafür wieder auf den Rundweg zurückkehren, ein paar Schritte weiter findet es sich.

Dem Rundweg folgt man nun weiter in einer Rechtskurve – die Aussicht auf Mull ist hervorragend – bis zurück zum Ufer, wo die Fähre wieder erreicht wird.

Wer kein Auto zur Verfügung oder Lust auf eine **längere Strecke** hat, kann alternativ auch das **Water Taxi** nehmen. Dieses startet im Hafen von Oban und braucht rund 10 Min. zum Übersetzen. Es hält etwas weiter im Norden der Insel. Der Rundweg kann so um 2–3 Std. verlängert werden. Vorher sollte sich aber über die Fahrtzeiten und Tickets informiert werden, da die kleinen *Water Taxis* nicht endlos Platz bieten (www.kerreramarina.com/book-a-ferry).

Praktische Tipps

Informationen

- **Tourist Information Centre,** Argyll Square, PA34 4AN, Tel. 01631 563122, auch Vermittlung von Zimmern.
- **www.oban.org.uk**

Verbindungen

Fähre

- Von Oban aus verkehren **Autofähren** zu den Hebrideninseln Mull, Lismore, Colonsay, Coll, Tiree, Barra und South Uist, Tel. 08000 665000, www.calmac.co.uk.

Bahn

- Oban ist vom Bahnhof **Glasgow Queen Station** zu erreichen. Es ist die letzte Station der Bahnlinie. Wer weiter nach Norden will, muss zurückfahren bis Crianlarich. Von dort geht die Bahnlinie bis nach Mallaig, der Fährablegestelle nach Skye. Die Züge verkehren mit einer Unterbrechung am Mittag alle 2 Std. und benötigen ca. 3 Std. für die Fahrt. Die Zugfahrt kostet knapp £ 30, für Frühbucher gibt es aber auch günstigere Tickets.

Bus

- Von der Buchanan Bus Station in **Glasgow** fahren die Busse von *Citylink* für ca. £ 25 bis nach Oban.

Unterkunft

An der Esplanade, der Hauptstraße in Oban, finden sich sehr viele **Hotels** und **B & B.**

- **The Royal Hotel**②, Argyll Square, PA34 4PE, Tel. 01631 563021, www.strathmorehotels-theroyaloban.com. Hübsches Haus in idealer Lage.
- **Oban Backpackers**②, Breadalbane Street, PA 34 5NZ, Tel. 01631 562107, www.obanbackpackers.com. Recht zentral gelegenes, buntes Hostel, Rucksäcke und Reisende werden in acht Räumen verstaut.
- **Sutherland House**②, Corran Esplanade, PA34 5PN, Tel. 01631 562539, www.sutherlandhouseoban.co.uk. Das kleine Guest House steht etwas außerhalb mit vier weiteren Häusern recht prominent am Ufer von Oban und bietet einen schönen Blick auf die Bucht.
- **Oban Youth Hostel**②, Corran Esplanade, PA34 5AF, Tel. 01631 562025, www.hostellingscotland.org.uk/hostels/oban/. Schöne Villa am Ufer an der Corran Esplanade in Richtung Norden, Fort William. Vom Bahnhof in Oban läuft man ca. 25 Min. bis zur Jugendherberge.
- **Oban Holiday Park**②, Gallanach Road, PA34 4QH, Tel. 0333 1881930, www.obancaravanpark.com. Erreicht man über die kleine Küstenstraße südlich von Oban, vom Zentrum der Stadt folgt man dem Hinweisschild Gallanach. Auf einer kleinen Anhöhe über einer szenischen, ebenfalls kleinen Bucht gelegen.
- **Roseview Caravan Park**③, Roseview, Glenshellach Road, PA34 4QJ, Tel. 01631 562755, www.roseviewoban.co.uk. Zum Campingplatz biegt man in Oban in die High Street ein, lässt das *Tourist Information Centre* rechts liegen und biegt nach links in die Glenshellach Road ein. Nach ca. 2 km erreicht man den Campingplatz, der ein wenig weiter im Inland liegt als der *Oban Holiday Park* (→ oben).

Essen und Trinken

- **Oban Fish & Chip Shop,** 116 George Street, PA 34 5NT, Tel. 01631 567000, www.obanfishandchipshop.co.uk, Mo–Sa 12–19 Uhr. Eine einfache *Fish & Chips*-Bar mit klassischen *Fish & Chips* und täglich wechselndem fangfrischen Fisch.
- **Green Shack,** Calmac Pier, PA34 4DB, tägl. 10–18 Uhr. Im Hafen wird in einer kleinen grünen Hütte Krustentier und Fisch fast fangfrisch zubereitet. Der

Stand hat ein gewisses Maß an Popularität erreicht, etwas Zeit wird benötigt.

- **HINBA Coffee Roasters,** 62 George Street, PA34 5SD, www.hinba.co.uk, tägl. 9–16 Uhr. Auf der Promenade lässt sich mit einem Spezialitätenkaffee insbesondere bei schönem Wetter die Sonne in dem kleinen Café genießen.
- **Oban Chocolate Company,** 34 Corran Esplanade, PA34 5PS, www.obanchocolate.co.uk, tägl. 10–16.30 Uhr. Hier können eigene Schokoladentafeln verziert oder eine heiße Schokolade getrunken werden.

Aktivitäten

- **Borro Boats,** Dungallan Parks, Gallanach Road, PA34 4PD, Tel. 01631 563292, verleiht kleinere Segel- und Motorboote.
- **Oban Phoenix Cinema,** in der George Street im Zentrum, PA34 5NX, zeigt die neuesten Kinofilme, Tel. 01631 562905, www.obanphoenix.com.
- Ein klassischer Single Malt wird in der **Oban Distillery** hergestellt. Vom *Visitor Centre* in der Stafford Street finden im Sommer auch Führungen statt, PA34 5NH, Tel. 01631 572004, www.obanwhisky.com/distillery, tägl. 10–17 Uhr, Führung £ 22.
- **Sea.fari Adventures** unternimmt Schlauchboot-Expeditionen auf den Hebriden-Inseln und den Küstenstrichen vor Oban und Mull. Die Insel Easdale befindet sich ca. 25 km südlich von Oban. Man folgt zuerst der A 816 in Richtung Lochgilphead, bevor man dann bei Kilniver nach rechts zur Insel abbiegt, 4 Easdale Island, PA34 4RF, Tel. 01852 300003, www.seafari.co.uk.
- **Staffa Tours**, direkt am Hafen in Oban in einem roten runden Gebäude, bietet Bootstouren zu den umliegenden Inseln an, Tel. 07732 912370, www.staffatours.com/tour-departure-from/oban (auch online buchbar).
- **Hebridean Air Services** bietet Rundflüge ab £ 80 an, Start ist am Flughafen in Oban, Tel. 08458 057465, www.hebrideanair.co.uk.

Von Oban nach Tarbert

Durch eine hügelige und oft bewaldete Landschaft schlängelt sich die A 816 von Oban nach Süden. Um die Westküste bis runter zur Halbinsel Kintyre zu erkunden, benötigt man ein Auto. Auf Busse ist hier nicht immer Verlass. Dafür überzeugen die Orte südlich von Oban mit ihrem Charme und der umliegenden Natur, in der insbesondere Greifvögel und Rehe gesichtet werden können.

Isle of Seil

UNSER TIPP: Von **Kilninver,** einem Hafenstädtchen 10 km südlich von Oban, lohnt ein Abstecher nach Westen zur Isle of Seil. Die „Bridge over the Atlantic", eine Bogenbrücke aus Stein von 1793, verbindet Festland und Insel. Der Isle of Seil vorgelagert ist das Inselchen **Easdale,** das in drei Minuten per Passagierfahre zu erreichen ist. Hier lohnt sich ein Besuch des **Easdale Island Folk Museum,** das die Gewinnung des *Slate* (Schiefer) auf den Inseln illustriert.

- **Easdale Island Folk Museum,** Easdale Island, PA34 4TB, www.easdalemuseum.org, April–Sept. tägl. 11–16 Uhr, Eintritt £ 3.

Kilmartin

Nach weiteren 35 km Fahrt erreicht man die kleine Ortschaft Kilmartin. Am Ende des Dorfes findet man rechts einen Parkplatz. Neben dem Parkplatz steht das **Kilmartin Museum.** In dem fein restaurierten Gebäude werden alle möglichen prähistorischen Utensilien ausgestellt.

■ **Kilmartin Museum,** PA31 8RQ, www.kilmartin.org, April–Okt. Mi–So 10–17 Uhr, Nov.–März 11–16 Uhr, Eintritt £ 9,50.

Im Tal, das sich rechts des Weges hinter Kilmartin ausbreitet, kann man schon von der Straße aus einige einzeln stehende Steine erkennen. Wenn man auf die Nebenstraße entlang des Baches abbiegt, befindet man sich in einem der an vorgeschichtlichen Fundstätten reichsten Täler Schottlands. In den Feldern verstreut liegen mehrere **Steinzeitgräber,** die etwa 3000 v. Chr. aufgeschichtet wurden. Im Gegensatz zu den Typen Nordschottlands ist hier die Grabkammer nicht rund, sondern langgezogen. In einem Eichenhain, dem **Temple Wood,** gleich rechts des Weges, stehen außerdem die Reste zweier Steinkreise. Im nördlichsten Stein des besser erhaltenen Kreises ist eine spiralförmige Einritzung zu erkennen, die Frühgeschichtler als ein Sonnensymbol deuten. Ein anderer Stein sollte im Mittelalter wohl als Mühlstein verwendet werden. Als er allerdings bei der Bearbeitung zerbrach, blieb er an der Kultstätte unbenutzt liegen. Die Folgen der Versuche des Müllers kann man noch heute im östlichen Teil des Kreises erkennen.

Ein paar Kilometer weiter liegt in dem breiten Tal des gemächlich mäandernden Add **Dunadd Fort.** Über einen holprigen Feldweg und eine alte Brücke erreicht man, wenn man von der Hauptstraße rechts abbiegt, den hoch aufragenden einzelnen Felsen mitten in dem weiten Tal. Von der Festung, die hier auf dem Felsen vom 6. bis 9. Jh. Hauptstadt des schottischen Königreiches Dalriada war, ist kaum mehr geblieben als wenige fast unsichtbare Mauerreste. Wem das nicht genügt, der wird sich dennoch begeistern lassen von der schönen Aussicht auf den Fluss. Ein Fußabdruck, der in einen der Felsen gemeißelt ist, diente wahrscheinlich einer Zeremonie bei der Krönung des Königs.

Lochgilphead und Tarbert

In Lochgilphead, einem größeren Ort ohne nennenswerte Sehenswürdigkeiten, trifft die Straße auf die A 83, die weiter bis Campbeltown führt. Der Weg zieht sich nun am Westufer des Loch Fyne entlang, bis er nach 22 km Tarbert erreicht. Das Städtchen liegt am **Übergang zur Halbinsel Kintyre.** Das East Loch Tarbert erstreckt sich bis in den idyllischen kleinen Hafen des Ortes. Halbkreisförmig umstehen die Häuser das Hafenbecken, beschützt von der Ruine einer dornenumrankten Burg.

Praktische Tipps

Unterkunft, Essen und Trinken

Kilmartin

■ **Kilmartin Hotel**②, PA31 8RQ, Tel. 01546 510250, www.kilmartin-hotel.com. Ein familienbetriebenes Hotel, das in dem kleinen Ort zum Entspannen und Genießen einlädt.

☒ An der Küste der Halbinsel Kintyre erstrecken sich lange Sandstrände

Adobe Stock © AlexanderNikiforov

Lochgilphead

- **Empire Travel Lodge**②, Union Street, PA31 8JS, Tel. 01546 602381, www.empirelodge.co.uk. Unterkunft im Lodge-Stil in altem Kino aus der Empirezeit.
- **Lochgilphead Caravan Park**①, Bank Park, PA31 8NX, Tel. 01546 602003, www.lochgilphead caravanpark.com. Der Platz liegt in Lochgilphead rechts der Straße Richtung Campbeltown an den Ufern der Bucht von Loch Gilp. April–Okt.
- **Tayvallich Inn,** PA31 8PN, Tel. 01546 870282, www.tayvallichinn.com, tägl. 12–14.30 und 17–20 Uhr. In der Mitte der Halbinsel zwischen Loch Sween und dem Sound of Jura östlich von Lochgilphead liegt das Fischerörtchen Tayvallich. Dort findet sich das *Tayvallich Inn,* das sich auf Meerestiere spezialisiert hat, von denen die meisten frisch im örtlichen Hafen anlanden.
- **Argyll Cafe,** Argyll Street, PA31 8LZ, Tel. 01546 606225, www.argyllcafe.co.uk, Di–Sa 11–14.30 und 17–21 Uhr. Das Café lädt zu Kuchen oder auch einfachen Speisen mit lokal bezogenen Zutaten ein.

Tarbert

- In Tarbert findet man am Hafen und in der Stadt verteilt mehrere B & B's, etwas außerhalb liegt auf einem Felsvorsprung das **Dunivaig B & B**②, Pier Road, PA29 6UG, Tel. 01880 820896, www.dunivaig.co.uk.
- **Café Ca'Dora,** Harbour Street, PA29 6UD, Tel. 01 880 820258, www.fb.com/cafecadora, Mo/Di 8–17 Uhr, Mi–Sa 8–19 Uhr, So 9–18 Uhr. Hat neben leckeren Gerichten mit Fleisch und Fisch auch einige vegane Optionen im Angebot.
- **The Anchorage Bistro,** im *Islay Frigate Hotel* drei Häuser weiter, Harbour Street, PA29 6UD, Tel. 01880 820881, www.anchoragetarbert.co.uk, Mi–Sa ab 17 Uhr. Mit allem, womit das lokale Umland an Fleisch und Fisch punkten kann, punktet auch dieses Bistro.

Halbinsel Kintyre

Wie ein Zeigefinger weist die knapp 80 km lange Halbinsel Kintyre auf die irische Nachbarinsel. Es scheint, als hätte die Natur vorausgeahnt, dass viele Schotten mit den katholischen Nordiren sympathisieren würden.

Die **Landschaft** der Halbinsel ist sanft gewellt und besitzt für Schottland ungewöhnlich große Waldflächen. Unterhalb der Steilküsten erstrecken sich lange Sandstrände, denen verstreut herumliegende, ausgewaschene Felsen oft ein romantisches Aussehen verleihen. Unberührte Natur wird man in Kintyre nicht finden, da der größte Teil des Landes der Halbinsel landwirtschaftlich genutzt wird. Für Ruhe und Erholung ist diese Gegend dennoch wie geschaffen.

Kintyre gehört zu den ältesten Siedlungsgebieten der irischstämmigen Kelten in Schottland. **Kammergräber und Steinkreise** zeugen darüber hinaus von einer noch älteren Kultur. Im frühen Mittelalter war die Halbinsel das Kernland der **Scoten,** deren Volksstamm Schottland den Namen gab. Im Hochmittelalter beherrschten die **Wikinger** Kintyre, wie die gesamte Westküste und die Inseln. Viele Ortsnamen weisen noch auf diese Phase der Geschichte hin.

Praktische Tipps

Informationen

- **www.visitkintyre.info**

Verbindungen

Flug

- **Loganair** fliegt wochentags mehrmals von Glasgow aus Campbeltown an (Rückflug ab £ 80).

Bus

- *Scottish Citylink* unterhält die Buslinie, die mehrmals täglich von **Glasgow Buchanan Station** über Inveraray nach Campbeltown fährt (Fahrtzeit ca. 4 Std.). Von Glasgow bis Campbeltown kostet die einfache Fahrt ca. £ 28, bis Tarbert ca. £ 23.
- Von **Oban** aus fährt nachmittags ein Bus bis Lochgilphead, von wo man mit *Scottish Citylink* weiterfahren kann. Auf der Rückfahrt ergibt sich diese Verbindung nur, wenn man schon um 7.15 Uhr in Campbeltown losfährt.

Fähre zu den Inseln

- Von Kennacraig, 8 km südlich von Tarbert, fahren Autofähren zu den Inseln **Islay** und **Jura.** Von Claonaig, an der B 8001 ca. 7 km im Südosten von Kennacraig, starten im Sommer Autofähren nach **Arran.** Von Tayinloan an der A 83 auf halbem Weg zwischen Tarbert und Campbeltown verkehrt eine Autofähre von *Caledonian MacBrayne* nach **Gigha.**

Campbeltown

An der Westküste von Kintyre, begleitet von lang gezogenen Sandstränden und Steilküsten, führt die A 83 weiter Richtung Campbeltown. Auf halbem Weg passiert man **Tayinloan,** den Fährort zur kleinen Insel Gigha.

61 km hinter Tarbert erreicht man die Stadt am Ende des gleichnamigen Fjords. Die Hügel um Campbeltown sind mit Weideflächen überzogen, die schon auf den **ländlichen Charakter** der Stadt hinweisen. Erst während des Heringsbooms im 19. Jh. wuchs der Ort zur Stadt heran. Die Stadt war mit 30 Destillerien zwischenzeitlich Whisky-Hauptstadt Schottlands, heute verbleiben nur drei Brennereien und keine nennenswerte sonstige Industrie.

Praktische Tipps

Informationen

- **Tourist Information Centre,** MacKinnon House, The Pier, PA28 6EF, Tel. 01586 552056. Hier kann man sich auch nach Segelschulen oder Bootsverleihen erkundigen.

Unterkunft

- **Dellwood Hotel**②, Drumore, PA28 6HD, Tel. 01 586 552465, www.dellwoodhotel.co.uk. Schlichtes Hotel am Stadtrand.
- In der Shore Street oder der Fort Argyll Road, aber auch auf einigen der umliegenden Farmen gibt es **B & B.**
- **Machrihanish Holiday Park**②-③, Machrihanish, PA28 6PT, Tel. 01586 810366, www.campkintyre.com. Zum Platz folgt man von Campbeltown der B 843 Richtung Machrihanish. Der Platz liegt kurz vor dem Ort rechts. Der Park bietet Übernachtungen in verschiedenen Holzhütten an. März–Okt.

Essen und Trinken

- **Pubs** findet man im ganzen Ort.
- **Café Bluebell,** 6 Hall Street, PA28 6BU, Tel. 015 86 552800, Di–Sa 9–16 Uhr, So 11–16 Uhr. Lohnt für einen schnellen Imbiss, einfache Sandwiches und Kuchen.

Mull of Kintyre

Ein Stück hinter Campbeltown endet die A 83. Um das Mull of Kintyre zu erreichen, fährt man von hier auf der B 842 weiter. 16 km hinter der Stadt gelangt man nach **Southend,** das aus ein paar Häusern entlang der Straße besteht. An der Küste erstreckt sich ein schöner, lang gezogener halbrunder Sandstrand. Das andere Ende des Strandes begrenzt der malerische **Dunaverty Rock,** auf dem sich einst eine Burg erhob und der mit einer grauenvollen Erinnerung beladen ist: Sein zweiter Name lautet *Blood Rock.* 1647, während der Bürgerkriege, ließen die Covenanter hier 300 Königstreue niedermetzeln.

Hinter dem Berg liegt das Areal eines 18-Loch-Golfplatzes. Etwas weiter befindet sich rechts der Straße am Fuße eines hohen Felsens ein alter Friedhof. An seinem Ende, ein paar Meter den Hang hoch, ist an zwei Fußabdrücken gut diejenige Stelle zu erkennen, an welcher der *Heilige Columba* 563 n. Chr. erstmals das schottische Festland betrat.

An der nächsten Abzweigung biegt man links ab und passiert die letzten Häuser. Nun schlängelt sich die Straße holprig und steil durch einsame Heidelandschaft dem Felsen Mull of Kintyre zu. Ex-*Beatle* **Paul McCartney,** der sich in der Nähe eine kleine Farm gekauft hat, besang diesen hoch aus dem Meer ragenden, auch im Sommer windumtosten Felsen in einem seiner größten Erfolge („Mull of Kintyre"). Von hier oben ist sogar eine Ortschaft in dem nur 20 km entfernten Nordirland zu erkennen.

Ostküste

UNSER TIPP: Auf dem Weg von Campbeltown nach Norden bietet sich die schmale und idyllische B 842 entlang der Ostküste von Kintyre als Alternative zur schnellen A 83 an. Immer wieder steil hinauf und hinunter, passiert diese Route hübsche kleine Fischerorte und bietet herrliche Aussichten auf die Berge von Arran.

In **Saddell,** auf dieser Route ca. 16 km hinter Campbeltown, verstecken sich am Waldrand die Reste der kleinen alten Zisterzienser-Abtei **Saddell Abbey.** Wenig ist heute von der Abtei erhalten, außer ein paar Mauern und Grabsteinen, doch die hohen alten Bäume und der versteckt plätschernde Bach machen den Ort zu einer romantischen Idylle.

In **Claonaig,** dem Fährhafen nach Arran, trifft man auf die B 8001, die nördlich nach Tarbert zurückführt. Vorher bietet sich noch ein Abstecher nach **Skipness** an. Der Weg führt auf einer engen Straße kurvig zwischen wie von Riesenhand auf den Strand geworfenen Felsen hindurch. In Skipness erhebt sich mit einem schönen Blick auf Arran die Ruine von **Skipness Castle,** einer typischen Festung des 15. Jh. In der Nähe der Burg gibt es eine kleine Kapelle, die älter ist als das Skipness Castle. Sie stammt aus dem 14. Jh. und beherbergt fünf Grabsteine.

Überblick | 125

Dunbar | 161

Edinburgh | 126

Falkirk | 167

Haddington | 162

Linlithgow | 166

Musselburgh | 156

North Berwick | 158

Roslin | 157

South Queensferry | 163

718sc bcg

4

Lothian und Edinburgh

»Die Hauptstadt Schottlands besitzt das größte klassizistische Stadtviertel Großbritanniens, es brachte ihr den Namen „Athen des Nordens“ ein.

◁ Blick über die verschachtelten Dächer der Altstadt von Edinburgh

Lothian und Edinburgh

LOTHIAN UND EDINBURGH

Die im Südosten Schottlands gelegene Region Lothian wird von drei Seiten durch natürliche Barrieren begrenzt: im Norden durch den Firth of Forth, im Osten durch das Meer, und im Süden trennen drei Hügelketten, die Pentland-, die Moorfoot- und die Lammermuir Hills, das Land von den Borders. Einzig im Westen gibt es keine natürliche Grenze, hier verläuft die Regionalgrenze etwa auf halbem Wege zwischen Glasgow und Edinburgh. Zentrum und Hauptstadt dieser fruchtbaren Region ist Edinburgh.

Überblick

Die **historischen Wurzeln** des Gebietes lassen sich bis in die Steinzeit zurückverfolgen. Schon damals lebten hier Menschen und hinterließen in den Lammermuir Hills Spuren von Hügelforts. Seit der Zeit der Römer bewohnten die Pikten Lothian, dessen Name sich vermutlich von einem ihrer Könige, *Loth*, ableitet. Den Pikten folgten die Angeln. Lothian bildete den Nordteil des Landes Bernicia und war so bis 1018 unabhängig vom übrigen Schottland. Dann aber besiegte *Malcolm II.* die Angeln und verleibte Lothian seinem Königreich ein. Noch im selben Jahrhundert wurde der schottische Gerichtshof nach Edinburgh verlegt, von da an verlief die Geschichte Lothians mit der Edinburghs parallel.

Als mit Verlust der schottischen Unabhängigkeit Anfang des 18. Jh. friedlichere Zeiten einkehrten, verlor die Architektur ihren wehrhaften Charakter, und neue, feinere Herrenhäuser entstanden. Die Residenzen wurden oft mit den Gewinnen aus der Kohleförderung finanziert, einem Erwerbszweig, der schon vor 800 Jahren durch mittelalterliche Mönche Einzug in diese Region hielt.

Auch die **Landwirtschaft** spielt hier seit alters her eine wichtige Rolle. Noch heute ist Lothian eines der fruchtbarsten Gebiete Großbritanniens und versorgt u. a. Edinburgh. In den weiten Ebenen wird vor allem Gerste angebaut, während in den höher gelegenen, weniger fruchtbaren Gebieten Schafe weiden. Die großen Äcker und Felder erstrecken sich, soweit das Auge reicht und prägen das Landschaftsbild, einzig unterbrochen von Hügeln aus Vulkangestein, die plötzlich aus der Landschaft aufragen.

NICHT VERPASSEN!

- **Edinburgh Castle,** thronend über der Stadt | 127
- **Palace of Holyroodhouse,** Wohnsitz der königlichen Familie | 134
- **Rosslyn Chapel,** ein Traum der Steinmetzarbeit | 157
- **Hopetoun House,** Gemeinschaftswerk der Architektenfamilie Adam | 164

Diese Tipps erkennt man an der gelben Markierung.

Edinburgh

Schottlands Hauptstadt (ca. 500.000 Einwohner) erhebt sich inmitten eines urzeitlichen Vulkangebietes, dessen Berge von der Eiszeit durch tiefe Täler getrennt wurden. Die Täler, die sich oft als grüne Adern durch die Stadt ziehen, sind der Beitrag der Natur zum Flair dieser Stadt.

Das eigentlich Ungewöhnliche an Edinburgh ist jedoch das einmalige Nebeneinander einer gut erhaltenen schottischen Altstadt und des vielleicht größten klassizistischen Stadtviertels der Welt, der „Neustadt". Die Neustadt hatte Edinburgh einst den Ruf eines **„Athens des Nordens"** eingebracht. Jenen Beinamen prägte vor allem die an die griechische Antike angelehnte Architektur der Baumeister wie *Henry Playfair* und *Robert Adam*. Die Zeitgenossen erinnerte aber auch das von Philosophen wie *Dugald Stewart* und *David Hume*, von Dichtern wie *Robert Burns, Walter Scott* und *Robert Louis Stevenson* und von Ökonomen wie *Adam Smith* geprägte rege Geistesleben an die Blütezeit griechischer Kultur.

Wer mit dem Zug in Edinburgh ankommt, blickt, aus dem Bahnhof kommend, auf die Princes Street Gardens, die eine grüne Grenze zwischen Alt- und Neustadt bilden. Links thront auf dem Berg über der **Old Town** die Burg, die für viele Schotten noch immer die Unabhängigkeit und Freiheit Schottlands repräsentiert. Rechts strahlt – wenn die Sonne einmal scheint – die georgianische **New Town** Weltstadtflair, Wohlstand und Modernität Edinburghs aus.

Das Nebeneinander zweier so verschiedener Stadtcharaktere kann bei vielen Besuchern, die im Sommer in die Stadt strömen, den Eindruck eines riesigen Freilichtmuseums erwecken. Deshalb lohnt es, sich Zeit zu nehmen und auf Entdeckungssuche am Rande der Attraktionen zu gehen oder einfach mit

326sc ab

den Bewohnern des „Museums" zu reden.

Während des weltberühmten **Edinburgh Festivals** und des parallel stattfindenden **Edinburgh Fringe Festivals** platzt die Stadt im Sommer regelmäßig aus allen Nähten. Das dreiwöchige Festival, das mit über 2000 Veranstaltungen das größte Kunstfestival der Welt ist, verdoppelt jedes Jahr im August die Einwohnerzahl der Stadt.

Edinburgh lebt aber nicht nur vom Tourismus. Nach London ist die Stadt das zweitgrößte **Finanzzentrum** des Vereinigten Königreiches. Fast alle großen britischen Banken und Versicherungsgesellschaften unterhalten in Edinburgh eine Filiale und die Zentralen drei der vier größten schottischen Banken, der *Bank of Scotland,* der *Royal Bank of Scotland* und der *TSB Bank* befinden sich hier. Die Börse verbindet die Stadt mit den Finanzmärkten der Welt. Manche Schotten behaupten sogar, das *banking* sei hier erfunden worden.

Edinburgh ist im Gegensatz zur Industriemetropole Glasgow eine Stadt des Mittelstandes. Eine Ausnahme sind die **Brauereien** und **Brennereien.** Besonders dem Edinburgher Bier begegnet man in ganz Schottland und *Edinburgh Gin* ist über die Landesgrenzen hinweg ein Begriff für Ginliebhaber.

Die **Universität** ist eine der ältesten des Landes. Sie ist im ganzen Vereinigten Königreich bekannt, und vor allem die medizinische Fakultät genießt Weltruhm. Als Beweis wird gerne erzählt, dass die Ärzte der russischen Zaren über Jahrhunderte hinweg Schotten waren.

Zwischen den beiden Metropolen Schottlands, **Edinburgh und Glasgow,** besteht seit Jahrhunderten eine stille Rivalität. Glasgower werfen den Edinburghern gern Hochnäsigkeit vor. Dabei spielt sicherlich auch ein gutes Stück Neid auf die wirtschaftliche und damit soziale Gesundheit Edinburghs im Vergleich zur Nachbarin am Clyde mit. Tatsache ist aber, dass Edinburgher Fremden aufgrund deren massenhaften Auftretens erheblich gleichgültiger gegenüberstehen als die gastfreundlichen Glasgower.

Sehenswertes in der Old Town

Die Innenstadt Edinburghs teilt sich im Wesentlichen in die zwei Bereiche Altstadt und Neustadt. Im Zentrum der Altstadt, der *Old Town,* verläuft die **Royal Mile,** jene Straße, zusammengesetzt aus Castlehill, Lawnmarket, High Street und Canongate, welche die Burg und das Schloss der schottischen Könige miteinander verbindet. Ihren Anfang nimmt die königliche Meile am Edinburgh Castle.

Edinburgh Castle

Edinburgh Castle ist die **bekannteste Burg des Landes,** für Schotten zugleich auch die symbolträchtigste. Ersteres ist vor allem an der Besucherzahl von mehr als einer Million im Jahr und an dem Einbahnstraßensystem, durch das sich

☒ Edinburgh Castle

die Touristenströme in der Hochsaison durchs Castle schieben, zu erkennen. Letzteres liegt daran, dass die Festung in den Kriegen gegen England oft hin und her wechselte, oft zerstört wurde, aber letztlich immer schottisch blieb und wieder aufgebaut wurde.

Der Vulkanfelsen des Burgberges (133 m) war schon in der Eisenzeit besiedelt. Spätestens seit dem 7. Jh. wurde er auch befestigt. Aufgrund ihrer strategisch günstigen Lage war die Burg bald wichtig und umkämpft. *Kirkaldy of Grange* hielt am längsten einer Belagerung stand: drei lange Jahre gegen die Feinde seiner Königin, *Maria Stuart.* Der *Earl of Moray* nahm das Castle 1313 in einer Nacht ein: Er kletterte mit dreißig Mann den Felsen hoch und überrumpelte die Wachen im Handstreich. Heute ist die Burg immer noch Hauptquartier der schottischen Division, doch ist der Ansturm so groß, dass eine Verteidigung gar nicht erst gewagt wird.

Man nähert sich der Burg über die **Esplanade,** dem alten Exerzierplatz, das **Portcullis Gate.** Das Original entstand hier 1574, doch das jetzige Gebäude ist das Ergebnis einer viktorianischen Rekonstruktion.

Oben auf der alten Burg angekommen, fällt ein winziges Kapellchen auf, **St Margaret's Chapel,** das älteste Gebäude der Burg und der Stadt. Im normannischen Stil im 11. Jh. erbaut, ist sie der *hl. Margaret* geweiht, die als Frau *Malcolms III.* den Katholizismus und die englische Sprache nach Schottland brachte. Unterhalb der Kapelle auf einem Absatz Richtung Stadt blickt man auf einen Friedhof besonderer Art. Seit der Zeit *Victorias* werden hier auf dem *Cemetery for Soldier's dogs* besonders verdiente Vierbeiner aus der britischen Armee beigesetzt. Über der **Halbmond-Batterie** (1574), die auf die Old Town zielt, erhebt sich der **Palast,** dessen Gebäude den **Crown Square** umschließen. Er datiert aus dem 15. Jh. und wurde oft umgestaltet.

Im Ostflügel befinden sich der Crown Room und die Gemächer *Maria Stuarts.* Im **Crown Room** werden die Kroninsignien ausgestellt, die Krone *Jacobs V.,* die bis auf *Robert Bruce* zurückgeht, das Schwert und das Zepter, die der Papst um 1500 *Jacob IV.* überreichte. Diese Herrschaftszeichen waren über ein Jahrhundert, seit der Unionsakte 1707, die die Parlamente Schottlands und Englands vereinte, verschollen. Erst 1818, als die schottische Öffentlichkeit sich ihrer plötzlich besann und glaubte, die Engländer hätten sie geraubt, öffnete *Sir Walter Scott* mit Erlaubnis *George IV.* eine bestimmte Truhe im Crown Room und entdeckte sie wieder. Seither sind die Insignien, die die Schotten nie mehr benutzen, aber hier im Castle aufbewahren dürfen, in diesem Raum ausgestellt.

Nebenan liegen die Gemächer *Maria Stuarts,* die in einem winzigen Zimmer *Jacob VI.,* den späteren *James I.,* zur Welt brachte. Die Räume sind mit einigen Reliquien von der Schlacht bei Culloden sowie einigen Porträts der Royal Family geschmückt. Über dem Eingang prangen die Monogramme *Marias* und ihres zweiten Ehemannes *Henry, Lord Darnley.*

Im Südbau befindet sich die in allen schottischen Burgen obligatorische **Great Hall.** Ihre Wände sind mit Unmengen von Kriegswerkzeug geschmückt.

Nicht weniger martialisch ist die Kanone aus dem 15. Jh., die vor St Margarets Chapel steht. Auch **Mons Meg,** wie sie im Volksmund heißt, war nach England verschwunden, und erst *Scott* konnte die Kanone, die schon 1681 platzte und seitdem nur noch Symbolwert besitzt, von *George IV.* zurückerwirken. In ihrem gewaltigen Rohr, so heißt es, seien auch schon Kinder gezeugt worden.

Im Westbau ist heute ein Café untergebracht. Die Nordseite des Palasthofes wird von einem Kriegerdenkmal abgeschlossen, das auf der Stelle errichtet wurde, auf der früher die Burgkapelle stand. Unterhalb der Bergkuppe, im jüngeren Teil des Castles, befinden sich noch einige Gebäude, die heute als **Museen** die Geschichte der schottischen Armee und der einzelnen Divisionen beleuchten. Hier werden der Krieg und das Militär weitgehend ohne Beleuchtung der Schattenseiten präsentiert. Wer enttäuscht sein sollte von dem, was das von ferne so imposante Castle innen zu bieten hat, wird aber sicher mit der Hauptattraktion der Burg entschädigt werden: der herrlichen Aussicht über Edinburgh und den Forth.

■ **Edinburgh Castle,** EH1 2NG, www.edinburghcastle.scot, April–Sept. tägl. 9.30–18 Uhr, Okt.–März 10–16 Uhr, Eintritt £ 19,50.

Entlang der Royal Mile

Direkt unterhalb des Castles, Ecke Castlehill/Ramsay Lane, liegt auf der linken Seite der **Outlook Tower.** Er beherbergt eine **Camera Obscura,** die den Blick über die ganze Stadt auf eine Platte projiziert, und zeigt zahlreiche weitere optische Illusionen. Die letzte Führung findet ca. eine halbe Stunde vor der Schließung statt.

■ **Camera Obscura,** 549 Castlehill, EH1 2ND, www.camera-obscura.co.uk, Kernöffnungszeiten tägl. 9–21 Uhr (genaue Zeiten auf der Website), Eintritt £ 22,95.

Dem „Aussichtsturm" gegenüber liegt **Scotch Whisky Experience.** In Beschreibungen und aufwendig aufgebauten Szenen wird versucht, dem Thema Whisky gerecht zu werden. Als passionierte Whiskyliebhaber müssen wir jedoch viel eher den Besuch einer „lebenden" Brennerei im Hochland empfehlen. Wer schon in Edinburgh dem Lebenswasser näher kommen möchte, dem seien die Pubs am Grassmarket, einer der besten Whiskyläden der Welt, *Cadenhead's Whisky Shop* in der Canongate (→ Einkaufen), oder ein *tasting* bei der altehrwürdigen *Scotch Malt Whisky Society* (→ Essen und Trinken) angeraten.

■ **Scotch Whisky Experience,** 354 Castlehill, EH1 2NE, www.scotchwhiskyexperience.co.uk, tägl. 10–20 Uhr, Eintritt ab £ 23.

Gegenüber kann man sich in der **Edinburgh Old Town Weaving Company** seinen eigenen Tartan weben lassen.

UNSER TIPP: Vorbei an der Tolbooth Church (1844) und der Assembly Hall, der Versammlungshalle der *Church of Scotland*, gelangt man nach Lawnmarket, an dem nach einigen Metern auf der linken Seite **Gladstone's Land** liegt. „*Land*" ist die alte schottische Bezeichnung für einen Wohnblock. Gladstones Land war ein Mietshaus, das ein *Mr. Gladstone* im 17. Jh. kaufte und ausbauen ließ. In jedem Stockwerk lebte eine Familie. Heute gehört das Haus dem

National Trust for Scotland, der es, wie alle seine Häuser, liebevoll mit Möbeln der Zeit eingerichtet hat und hier das Leben einer mittelständischen Familie des 17. Jh. nachstellt. Den originalgetreuen Eindruck versucht schon vor dem Eingang eine liegende Plastiksau in rührender Weise zu vermitteln. Durch das Haus wird man von den wie immer ehrenamtlichen, äußerst netten Helferinnen des *Trusts* geleitet. Einen Besuch dieses Museums können wir nur empfehlen.

■ **Gladstone's Land,** 477B Lawnmarket, EH1 2NT, www.nts.org.uk/gladstones-land, tägl. 10–15 Uhr, Eintritt £ 10, Informationen zu Touren sind auf der Website zu finden.

Im Hinterhof hinter Gladstone's Land findet sich unvermutet das Lady Stair's House mit dem **Writers' Museum,** das schottischen Schriftstellern wie *Burns* (sprich „Brrns"), *Scott* und *Stevenson* gewidmet ist. Neben vielen Büsten, Habseligkeiten und Originaltexten der Dichter kann überdies auch eine alte Druckerpresse besichtigt werden.

■ **Writers' Museum,** EH1 2PA, www.edinburghmuseums.org.uk/venue/writers-museum, tägl. 10–17 Uhr, Eintritt frei.

Am Writers' Museum in der Altstadt

739sc ab

Etwas weiter bergab, am Anfang der Highstreet (*Highstreet* ist in allen alten schottischen Städten die Bezeichnung für die Hauptstraße) befindet sich der **Parliament Square.** Der Platz erhielt seinen Namen durch das Parliament House hinter St Giles, das bis 1707 Sitz des schottischen Parlaments war. Das gegenwärtige Aussehen des Platzes ist noch nicht sehr alt. Es entstand erst, als 1817 das Old Tolbooth (Gefängnis), einige Wohnblocks und der alte Friedhof von St Giles abgerissen wurden. Das **Heart of Midlothian,** ein herzförmiges Pflaster in der Straße, markiert die Stelle, an der sich einst die Todeszelle des alten Tolbooth befand.

Die **Statue** hinter der Kirche stellt **Charles II.** dar. Vor dem König soll an der Kirchenwand das Grab des schottischen Reformators *John Knox* gelegen haben, was heute nur noch an seinem Namen in einem der Kirchenfenster und an seiner Statue zu erkennen und daher immer noch etwas umstritten ist.

Den Platz beherrschend erhebt sich **St Giles' Cathedral,** eines der Zentren der schottischen Geschichte. Hier wurden die Könige gekrönt, und *John Knox* predigte gegen die Katholiken. Heute ist sie die Hauptkirche der presbyterianischen Christenheit. Die Fundamente gehen auf eine normannische Gründung zurück, von der allerdings nur eine einzige, achteckige Säule erhalten geblieben ist. Der heutige Bau stammt zum größten Teil aus dem 15. Jh., jedoch wurde das Äußere 1829 erneuert, während man den typischen Turm in seiner ursprüngliches Form beließ. Sehenswert sind vor allem der Osteingang und die dort liegende **Thistle Chapel,** die Kapelle des ältesten schottischen Ritterordens, des *Thistle Orders* (Distelordens), die *Robert Lorimer* 1911 neu ausgestaltete.

■ **St Giles' Cathedral,** EH1 1RE, www.stgilescathedral.org.uk, Mo–Fr 10–18 Uhr, Sa 9–17 Uhr, So 13–17 Uhr, im Sommer sonntags kostenlose Konzerte um 18 Uhr, eine Spende von etwa £ 6 wird erwartet.

Gegenüber dem Osteingang der Kirche steht das **Mercat Cross,** das Zeichen der Stadtwürde im schottischen Mittelalter. Unter dem Hoheitszeichen, dem Einhorn, wurden früher öffentliche Enthauptungen durchgeführt.

Gegenüber dem Mercat Cross erhebt sich das **Rathaus.** Der Bau des Rathauses markierte den Beginn des Neoklassizismus in Edinburgh, der im Entwurf der New Town gipfelte. **John Adam** schuf das Gebäude 1761 ursprünglich als königliche Börse und erweiterte es später zum Rathaus und Sitz der Behörden.

Es gibt Menschen, die behaupten, es sei kein Zufall, dass sich die High Street hinter dem **John Knox House** verengt, denn die bescheidene Straßenbreite scheint der streng puritanischen Einstellung des Reformators Rechnung zu tragen. In dem nicht nur von außen schönen Haus, erbaut 1490, hat der Überlieferung nach der schottische Reformator *John Knox* 1561–72 gewohnt, beweisen lässt sich das allerdings nicht. Neben einer Ausstellung zu *Knox,* der Reformation und *Maria Stuart* beherbergt das Gebäude das **Scottish Storytelling Centre.** Dieses birgt neben allerhand Informativem zu schottischen Geschichten auch ein reges Theaterprogramm sowie Liveauftritte von Geschichtenerzählern.

Geschichte Edinburghs

Die Besiedelung Edinburghs begann schon in der **Steinzeit,** wie die Ausstellung im *Huntly House Museum* sehr anschaulich zeigt. Spätestens seit dem **7. Jh.** war dann der Burgberg befestigt. Manche sagen, der Name *Edinburgh* verweise auf *Edwin,* den König von Northumbria, der die Burg gründete (Edwins burgh). Andere meinen, der Name ginge auf das gälische *Din Eidyn* zurück, das Hügelfestung bedeutet. Die schottischen Könige bauten erst **1128** eine Burg auf dem Felsen, aber schon **1215** tagte hier das erste Parlament.

Die Stadt wuchs, und schon bald übertraf sie die alte Königsstadt Perth an Bedeutung, sodass *James II. Stewart* **1452** seine Residenz nach Edinburgh verlegte. Etwa in dieser Zeit wurde die erste Stadtmauer angelegt. **1530 brannte die ganze Stadt nieder,** und was stehen blieb, zerstörten die Engländer *Heinrichs VIII.,* als sie Edinburgh 1544 einnahmen. Dies ist auch der Grund, warum außer St Margaret's Chapel, St Giles und Holyrood Abbey heute fast kein altes Gebäude mehr steht.

Als *Maria Stuart* **1561** in Edinburgh einzog, erlebten die Bürger der Stadt eines der aufregendsten Kapitel ihrer Geschichte. Die junge Königin in der Hand machtlüsterner Männer und ihr Feind, der fanatische Prediger *John Knox,* hielten die Gemüter in Bewegung (→ Exkurs: „Mary Queen of Scots", S. 138).

740sc bcg

Nach der Reformation wurde **1583** die **Universität** gegründet. Als **1603** *Jacob VI.* auch *James I. von England* wurde, zog er mit seinem gesamten Hofstaat nach London um und ließ in Edinburgh Castle nur einen leeren Stuhl zurück.

Vom Ende der *Stuarts* kündete der Diktator **Oliver Cromwell,** der **1650** in Edinburgh einzog. Bis zum Ende der Bürgerkriege und Revolutionen blieb Edinburgh nun wieder Brennpunkt der Ereignisse in Schottland. Doch nachdem **Bonnie Prince Charlie** mit dem letzten Versuch der Jakobiten, den Thron zurückzuerobern, gescheitert war, fiel Edinburgh in Provinzrang zurück.

Erst nachdem **Sir Walter Scott** den britischen König *George IV.* **1822** für eine Schottlandreise gewinnen konnte, die zu einem Triumph für das britische Königshaus wie für die schottische Nation (der König trug Kilt) wurde, besuchen die britischen Staatsoberhäupter die Stadt wieder regelmäßiger.

Queen Victoria, die königliche Schottlandliebhaberin, verweilte später immer wieder einige Zeit in Edinburgh, seine alte Bedeutung als **Hauptstadt** erlangte die Metropole am Forth jedoch nie mehr. Auf den Gebieten der Kultur, der Wissenschaft und auch des Finanzwesens genießt Edinburgh aber auch heute noch Weltruhm.

◁ Der Calton Hill gibt einen guten Ausblick auf Stadt und Burg

■ **Scottish Storytelling Centre,** 43–45 High Street, EH1 1SR, www.scottishstorytellingcentre.com, tägl. 10–18 Uhr, Eintritt £ 7.

Dem John Knox House schräg gegenüber liegt das **Museum of Childhood.** Das öffentliche Museum zeigt Exponate, die alle Bereiche des kindlichen Lebens dokumentieren. Ein Bonbon für kindliche Museumsmuffel stellt die bemerkenswerte Sammlung von Spielzeugen aller Art dar.

■ **Museum of Childhood,** 42 High Street, EH1 1TG, www.edinburghmuseums.org.uk/venue/museum-childhood, tägl. 10–17 Uhr, Eintritt frei.

In der Canongate, die ihren Namen nach den Kapitelherren (Kanonikern) des nahen Klosters erhielt, steht auf der rechten Seite das **Old Moray House.** 1628 von einer Gräfin erbaut, gehört es zu den größten der alten aristokratischen Stadthäuser. Ein gutes Stück schottischer Geschichte spielte sich hier ab. So nahm *Cromwell* 1648 hier sein Hauptquartier und 1707 wurde in den Räumen der Unionsvertrag unterzeichnet. Heute befindet sich in dem Gebäude eine Schule. UNSER TIPP: Ein wenig unterhalb, auf der gegenüberliegenden Seite, befindet sich das **Canongate Tolbooth.** Das Gebäude von 1591 war einst Heimat von Stadtverwaltung, Justiz und Gefängnis. Die große Uhr an der Außenseite ist eine viktorianische Zutat. Heute beherbergt das Gebäude **The People's Story Museum,** ein städtisches Museum, das in liebevoller und detailgetreuer Weise mit vielen Szenen, Ausstellungsstücken, Geräuschen und Erzählungen das tägliche

Leben der Menschen des ausgehenden 18. Jh. nahe zu bringen versucht. Dieses Museum ist in jedem Fall einen Besuch wert.

■ **The People's Story Museum,** 163 Canongate, EH8 8BN, www.edinburghmuseums.org.uk/venue/peoples-story-museum, tägl. 10–17 Uhr, Eintritt frei.

Gegenüber befindet sich in Huntly House das **Museum of Edinburgh.** Auch Huntly House (erbaut 1517) gehört zu den großen alten Häusern von Edinburgh. Das heutige Heimatmuseum der Stadt führt umfangreich und liebevoll, bisweilen kurios durch die Geschichte Edinburghs und des Umlandes seit der Zeit der ersten Besiedlung.

■ **Museum of Edinburgh,** 142–146 Canongate, EH8 8DD, www.edinburghmuseums.org.uk/venue/museum-edinburgh, tägl. 10–17 Uhr, Eintritt frei.

Ein Blick in den **White Horse Close** kurz vor Holyrood Palace auf der linken Seite lohnt sich. Aus dem schön renovierten Hinterhof fuhr früher die Postkutsche nach London ab.

Auf der rechten Seite blitzt auf dem Weg in Richtung Holyrood Palace die Fassade des neu erbauten **Scottish Parliament** durch die Reihen der Altbauten. Dieser Komplex aus Holz, Beton und Stahl bildet den Versammlungsort des schottischen Parlaments. Er kann sowohl auf eigene Faust erkundet werden als auch bei täglichen Führungen. Diese ermöglichen den Zugang zu sonst nicht zugänglichen Räumen wie dem unteren Teil des Plenarsaals.

■ **Scottish Parliament,** EH99 1SP, www.parliament.scot/visit, Mo und Fr/Sa 10–17 Uhr, Di–Do 9–18.30 Uhr, Eintritt frei.

Palace of Holyroodhouse

Am östlichen Ende der Royal Mile erhebt sich der Palace of Holyroodhouse (auch **Holyrood Palace**). *David I.* hatte im 12. Jh. an dieser Stelle eine Abtei gegründet, aus deren Gästehaus sich nach und nach der Palast entwickelte. *James IV.* beschloss, das Gebäude auszubauen, und sein Sohn *James V.* fügte 1528 den Nordwestturm hinzu, der als einziger Gebäudeteil vom alten Schloss erhalten blieb. In dieser Periode entstand auch der quadratische Grundriss der Anlage.

Während der sechs Jahre, in denen *Maria Stuart* in dem Palast residierte,

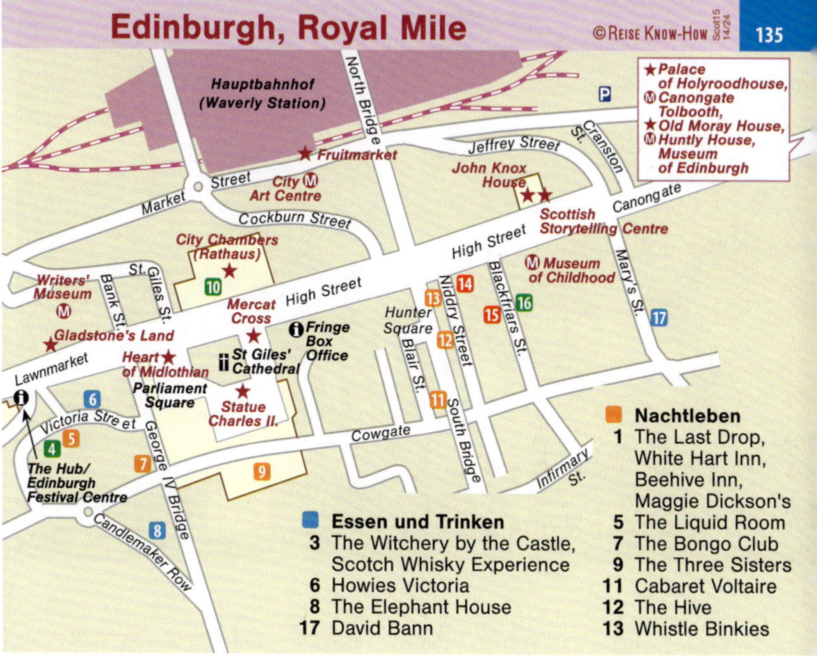

war Holyrood Palace Schauplatz bewegter Ereignisse.

Seine heutige Gestalt erhielt der Palast in den Jahren 1671–76, als *Charles II.*, obwohl nie in Edinburgh gewesen, beschloss, die Anlage umzubauen. *Sir William Bruce of Balcaskie* verordnete dem alten Palast eine Radikalkur. Er ließ, bis auf den Nordwestturm, alles wegreißen und neu errichten. Zur Vereinheitlichung der Front spiegelte er den überlebenden Turm im Südwesten und vereinigte so in der Anlage Renaissance mit Barock.

1745 erlebte das alte, von den britischen Königen vernachlässigte Gemäuer noch einmal ein paar kurze, aber glänzende Monate, als *Charles Edward Stuart* hier Hof hielt und die Clans versammelte. Doch nach der Niederlage von Culloden dauerte es 76 Jahre, bis 1822 unter *George IV.* Holyrood als Residenz wiedergeboren wurde. Seit der Zeit *Queen Victorias* wurde Holyrood dann wieder regelmäßige **Residenz der britischen Königsfamilie.** Es ist daher gut möglich, dass während der Aufenthalte von Mitgliedern der königlichen Familie das Schloss für die Öffentlichkeit geschlossen ist.

Zur Besichtigung freigegeben sind nur die offiziellen Staatsgemächer, die Galerie und die historischen Gemächer *Lord Darnleys* und *Maria Stuarts.* Der erste Teil der Führung geht durch die **Staatsgemächer.** Diese enthalten wertvolle Gobelins aus ganz Europa und sind zum größten Teil mit Möbeln des 17. Jh. ausgestattet.

In der **Gemäldegalerie,** dem größten Saal des Palastes, fanden früher die Bälle *Bonnie Prince Charlies* statt. An den

504sc ab

Wänden hängen 111 Porträts schottischer Könige von *Fergus I.* (330 v. Chr.) bis *James VII.* (1685–88), der diese Ahnengalerie anlegen ließ. Der Maler, der Holländer *De Witt,* nahm sich mangels besserer Vorlagen einfach zwei Männer von der Straße, die er verschieden kostümierte und dann malte. Die Porträts zeigen, bis auf das *Maria Stuarts* und des Auftraggebers natürlich, folgerichtig nur zwei Gesichter in allen möglichen Gewändern des 17. Jh.

Die folgenden **Räume Darnleys und Maria Stuarts** in dem alten Nordwestturm sind nahezu leer, bis auf ein sehr wertvolles, noch erhaltenes Prunkbett aus dem 16. Jh. In *Maria Stuarts* Gemächern erinnert eine Messingplatte an die Stelle, an der ihr Sekretär, *David Rizzio,* ermordet wurde. *Darnley* hatte über eine enge Treppe, die seine Gemächer mit denen seiner Frau verband, die Verschwörer eingelassen.

Der **Park** schließt sich dem Palast nach Osten an. In dem Garten blühen je nach Jahreszeit Rosen und ein Bereich wurde dem Kräutergarten der Abtei nachempfunden. Einmal im Jahr findet hier die *Royal Garden Party* statt, zu der mehr als 3000 Gäste geladen werden.

Den Namen *Holyrood* erbte das Schloss von der älteren **Abtei.** 1228 hatte *David I.* an der Stelle des heutigen Schlosses einen Jagdunfall. Vor dem sicheren Tod bewahrte ihn nur das Auftauchen eines heiligen Hirsches, dem angeblich, gleichsam als drittes Horn, ein Kruzifix zwischen dem Geweih stand. Daraufhin gründete der König an dieser Stelle ein Augustinerkloster, das zugleich den Einfluss des Katholizismus vergrößern sollte. Schon vor Ende des Jahrhunderts war die erste Kirche zu klein, und

⌃ Palace of Holyroodhouse, die königliche Residenz

ein neuer Bau wurde begonnen. Den Bildersturm der Reformation *John Knox'* überlebte allerdings nur ein Teil, der in der Folge als reformierte Pfarrkirche genutzt wurde. Doch als *James VII.* das Gotteshaus zur Krönungskirche und Hauptkirche des *Thistle Order's* machte und wieder offen den Katholizismus einführte, fiel 1688 auch der Rest der Revolution zum Opfer. 1758 versuchte man noch einmal, das Gebäude zu retten und deckte die Kirche mit einem Steindach. Als dieses bereits zehn Jahre später einstürzte, überließ man die Kirche endgültig sich selbst.

Die romantische Ruine der Abtei ist mit vielen Grabplatten und -steinen übersät, die der Stätte durchaus etwas Gespenstisches verleihen, sofern sie nicht gerade von Besuchern übervölkert ist.

■ **Palace of Holyroodhouse,** EH8 8DX, www.rct.uk/visit/palace-of-holyroodhouse, April–Juni und Okt. Do–Mo 9.30–18 Uhr, Juli–Sept. tägl. 9.30–18 Uhr (letzter Einlass 16.30 Uhr), Nov.–März Do–Mo 9.30–16.30 Uhr (letzter Einlass 15.15 Uhr), Eintritt £ 22 (bei Buchung im Voraus £ 20).

Südlich der Royal Mile

Die Old Town besteht aber nicht nur aus der Royal Mile. Südlich unterhalb des Burgfelsens liegt mitten in der Altstadt ein hübscher alter Platz: der **Grassmarket.** Von ihm fuhren früher die Postkutschen ab, und hier fanden die niederen, nichtadligen Hinrichtungen statt. Früher wie heute finden sich am Grassmarket und seiner Umgebung die besten Kneipen der Stadt, Takeaways und Cafés.

Im Gasthaus **White Hart Inn,** das auf der zur Burg liegenden Seite des Platzes steht, kehrten schon *Burns, Wordsworth* und andere Persönlichkeiten regelmäßig ein.

Von Grassmarket aus kann man mit dem Rücken zum Castle die Candlemaker Row den Berg hinaufgehen. Am Ende der Gasse liegt rechts der Eingang der **Greyfriars Church** (erbaut 1620). Um die Greyfriars Church herum befindet sich der älteste Friedhof der Stadt. Er war Schauplatz der Unterzeichnung des *National Covenant* (1638), des Dokumentes, in dem sich die Unterzeichner gegenseitig das Festhalten an der Reformation versicherten. Auch die rührselige Geschichte von *Greyfriars Bobby,* dem Hündchen, das 14 Jahre am Grab seines verstorbenen Herrn wachte, gut ernährt von den benachbarten Metzgern, trug sich hier zu.

Von der großen Kreuzung vor Greyfriars zweigt nach rechts die Chambers Street ab. Auf der rechten Seite liegt das **National Museum of Scotland.** Es ist der Zusammenschluss von Royal Scottish Museum und Museum of Scotland. Das Gebäude des ehemaligen Royal Scottish Museum, das 1861–88 von *Francis Fowke* erbaut wurde, ist das älteste noch stehende und eines der schönsten Beispiele viktorianischer Baukunst in Edinburgh. In seinen Räumen befinden sich Sammlungen zu fast allen Bereichen der Wissenschaft, wie z. B. der Archäologie, der Völkerkunde, der Naturgeschichte, der Technik. Darüber hinaus beherbergt das Museum noch eine hervorragende Sammlung von Kunstgewerbegegenständen. Gleich nebenan befindet sich in einem modernen, imposanten Gebäude der Architekten *Benson* und *Forsyth* das vormalige Museum of Scotland. Die umfangreiche Sammlung

Mary Queen of Scots – tragische Heldin oder Opfer ihrer selbst?

Man schrieb das Jahr 1542. Nach der Schlacht am *Solway Moss* lag *Jacob V.* zugrunde gerichtet in seiner Burg und wartete auf den Tod. Da schenkte ihm seine französische Frau einen Thronfolger. Aber, der Sohn war ein Mädchen. *Jacob* ließ es noch schnell auf den Namen seiner Mutter, *Marie de Guise,* taufen und sofort zur Königin salben, dann begab er sich enttäuscht zu seinen Ahnen.

Eine **Königin in Windeln,** das war es, worauf *Heinrich VIII.* nur gewartet hatte. Er plante, die Kleine, die als seine Nichte, solange er kinderlos blieb, auch seine Erbin war, zu entführen und sich dadurch Schottland zu sichern. *Mary of Guise* vereitelte das Vorhaben. Sie ließ ihre Tochter **an den Hof von Frankreich** zu ihren mächtigen Verwandten in Sicherheit bringen.

Unter den französischen Königskindern wuchs *Maria Stewart* zu einem fröhlichen jungen Mädchen heran. Der alte König *Heinrich II.* (reg. 1547–1559) von Frankreich nannte seinen Gast liebevoll „ma petite reine" und vermählte sie 1558 mit seinem Sohn und Erben. Bald starb der alte König, und *Maria,* die sich nun auf französische Art *Stuart* nannte, wurde so **Königin von Frankreich.** Doch *Franz II.* war ein recht ungesunder Ehemann, der seine Frau schon 1561 zur Witwe machte. Die junge Witwe war nun nur noch **Königin von Schottland.** Sie nahm ihren neuen Namen und kehrte in die alte Heimat zurück.

Nach Schottland zurückgekehrt, musste die junge Katholikin erkennen, dass nach dem Tod ihrer Mutter 1560 das schottische Parlament in Eigenregie den **Protestantismus zur Staatsreligion** erhoben hatte. *Maria* ließ sich aber nicht das Recht nehmen, die verbotene katholische Messe zu hören. Gleichzeitig trieb sie ihr wacher Intellekt dazu, sich das Gedankengut der neuen Konfession zu erschließen. Oft musste **John Knox,** der 1555 die *Church of Scotland* gegründet hatte, von seinem Haus auf der Royal Mile zum Holyrood Palace wandern und mit einer Frau über Theologie streiten. Der Frauenhasser, der mit seinen Schriften sogar seine frühere Beschützerin *Elisabeth I. von England* verärgert hatte, konnte mit seinen lebensfremden Bibelsprüchen die lebensfrohe Königin nicht beeindrucken. Dennoch verbündete sich die Pragmatikerin mit den protestantischen Lords und konnte dadurch eine stabile Regierung etablieren.

Als **ledige Königin** war *Maria* natürlich auch eine begehrte Braut. Um ihre Hand warben Kaiser- und Königssöhne aus ganz Europa. *Maria* plante, sich mit *Elisabeth* auf einen Kandidaten zu einigen. Sie hoffte dadurch und mit einem Verzicht auf ihre direkten Thronansprüche, *Elisabeths* Anerkennung als Erbin zu erhalten. Doch *Elisabeth* wollte nur eine minderwertige Heirat zulassen, und so regelte *Maria* die Angelegenheit schließlich für sich allein.

Sie **heiratete 1566** ihren Cousin *Henry Stewart, Lord Darnley,* der ebenfalls Ansprüche auf den englischen Thron besaß. Der junge Chevalier hatte der Königin den Kopf verdreht. Die Heirat sollte ihr Leben wenden. Nach der katholischen Hochzeit fürchteten viele Protestanten eine Gegenreformation. Zum Unglück für *Maria* zeigte sich bald nach der Hochzeit, dass *Lord Darnley* arrogant, dumm und treulos war. Er trank und betrog die junge Königin ständig.

Maria Stuart wendete sich deshalb immer mehr ihrem italienischen Sekretär **David Rizzio** zu. Er wurde nicht nur zum ersten Berater der

Königin, sondern auch ihr Gesellschafter. *Lord Darnley* wurde misstrauisch und in seiner Eifersucht noch von einigen Lords bestärkt, die in *Rizzio* einen Spion des Papstes erkannt zu haben glaubten. Am 9. März 1566 ließ *Darnley* über eine enge Treppe, die seine Gemächer mit denen seiner Frau verband, seine Mitverschwörer ein. Vor den Augen der Hochschwangeren brachten sie den Italiener dann auf brutalste Art und Weise um. Noch heute wird in Holyrood Palace die Stelle gezeigt, an der *Rizzio* verblutet sein soll.

Maria Stuart vergaß ihrem Mann die Tat nie. Sie verstand es sehr schnell, ihn von seinen Anhängern zu isolieren und schickte alle an dem Mordkomplott Beteiligten ins Exil. Als im Juni ihr **Sohn James geboren** wurde, durfte der Vater ihn nicht einmal sehen. *Maria* ließ den Säugling in einem Korb heimlich am Festungsberg abseilen und nach Stirling in Sicherheit bringen.

Am frühen Morgen des 10. Februar 1567 zerbarst das Stadthaus ihres Mannes *Darnley* in einer Detonation. Sein erdrosselter Körper wurde in der Nähe gefunden. Gerüchte brodelten auf. Obwohl *Maria* eine Beteiligung nicht nachzuweisen war, wendete sich mit dieser Tat ihr Schicksal, denn sie **heiratete zum dritten Mal,** noch in der Trauerperiode, den Hauptverdächtigen *James Hepburn, fourth Earl of Bothwell.*

Nicht nur Schottland, auch *Marias* europäische Verbündete waren geschockt. Die Lords erhoben sich gegen *Bothwell.* In der Schlacht bei Musselburgh wurde er geschlagen und *Maria,* die in einem Nacht- und Nebelritt zu ihm geeilt war, wurde **gefangen genommen.** Sie wurde gezwungen, abzudanken und einen Regenten für den minderjährigen *James* einzusetzen. Sie selbst wurde in Loch Leven Castle gefangen gesetzt, *Bothwell* machte eine kurze Karriere als Seeräuber auf Orkney und endete in der Gefangenschaft des dänischen Königs.

Am 2. Mai 1568 gelang es *Maria Stuart,* zu fliehen und zu ihren Verwandten in Südschottland zu gelangen. Doch in Langside bei Glasgow

wurde ihre improvisiert zusammengestellte Armee geschlagen, und sie musste weiter **nach England fliehen.** Dort, so hatte sie gehofft, würde ihr *Elisabeth I.* Asyl gewähren.

Doch die englische Königin hatte *Marias* Ansprüche auf ihren Thron nie vergessen. Sie setzte ihre Cousine in Fotheringhay Castle gefangen. *Maria Stuart* versuchte aus der **Gefangenschaft** heraus immer wieder, gegen *Elisabeth* und sogar gegen ihren Sohn, *James VI.,* zu intrigieren. Nach 19 Jahren Haft wurde sie am 8. Februar 1587 enthauptet, nachdem man eine bis heute umstrittene Geheimkorrespondenz gefunden hatte, die sogar die Ermordung *Elisabeths* nicht ausschloss.

Seither haben sich immer wieder Historiker und Literaten mit dem dramatischen Leben dieser ungewöhnlichen Frau auseinandergesetzt. *Schillers* „Maria Stuart" ist nur das bekannteste Beispiel dafür. Lesenswert ist auch die gleichnamige Romanbiografie von *Stefan Zweig.*

zeigt auf sechs Stockwerken 100 Jahre schottischer Geschichte, ein Muss für jeden Schottlandfan.

■ **National Museum of Scotland,** EH1 1JF, www.nms.ac.uk/national-museum-of-scotland, tägl. 10–17 Uhr, Eintritt frei.

Ebenfalls in der Chambers Street erhebt sich ein paar Schritte weiter auf der gleichen Straßenseite das **Old College der Universität,** die auf eine lange Tradition zurückblicken kann. 1583 gegründet, ist sie heute eine der größten im Vereinigten Königreich. Als 1789 ein neues Gebäude errichtet werden sollte, beauftragte man *Robert Adam* mit den Arbeiten. Nach dessen Tod vollendete *William Henry Playfair* den Bau des Old College. Die große Kuppel über dem Torweg fügte *Rowand Anderson* 1883 hinzu. Der Innenhof beeindruckt durch die riesigen Dimensionen der klassizistischen Architektur. Das Old College ist bis heute das Herz der Universität mit ihren knapp 50.000 Studenten und ca. 15.000 Angestellten. In dem Gebäude befindet sich die **Talbot Rice Gallery,** die wechselnde Ausstellungen zu zeitgenössischer Kunst zeigt.

■ **Talbot Rice Gallery,** EH8 9YL, www.trg.ed.ac.uk, Di–Sa 10–17 Uhr, Eintritt frei.

Am Rande der Old Town befinden sich noch weitere interessante Museen.

Das **City Art Centre** liegt in der Market Street, einer nördlichen Parallelstraße der Royal Mile. In einem umgebauten Gebäude von 1899 sind die Kunstsammlungen der Stadt untergebracht. Sie umfassen zumeist Werke schottischer Künstler seit dem 17. Jh., darüber hinaus finden wechselnde Ausstellungen statt.

■ **City Art Centre,** 2 Market Street, EH1 1DE, www.edinburghmuseums.org.uk/venue/city-art-centre, tägl. 10–17 Uhr, Eintritt frei.

Direkt gegenüber befindet sich im **Fruitmarket** ein offenes Zentrum für Kultur. Neben wechselnden Ausstellungen finden dort Buchlesungen und Performances statt. Das kleine Café ist auch sehr nett.

■ **Fruitmarket,** 45 Market Street, EH1 1DF, www.fruitmarket.co.uk, tägl. 11-18 Uhr, Café 9–18 Uhr, Eintritt frei.

Für einen regnerischen Tag lohnt sich mit Kindern ein Besuch im interaktiven Museum **Dynamic Earth,** das mit vielen Showeffekten die geologische Geschichte der Erde erzählt. Das Museum liegt gegenüber vom sehenswerten Neubau des Scottish Parliament in der Holyrood Road.

■ **Dynamic Earth,** EH8 8AS, www.dynamicearth.co.uk, Mo–Fr 10–16 Uhr, Sa/So 10–18 Uhr, letzter Einlass jeweils 2 Std. vor Schluss, Eintritt £ 19,50, Kinder (4–15 J.) £ 12.

Sehenswertes in New Town

Den zweiten Schwerpunkt der Innenstadt bildet die Neustadt, die *New Town.* Diese „Neustadt“ ist heute allerdings auch schon über 200 Jahre alt. Mitte des 18. Jh. drohte die Old Town aus allen

Nähten zu platzen. Nach langem Ringen setzte der ambitionierte Bürgermeister *Lord Provost* (schott. für Bürgermeister) *George Drummond* die **Ausschreibung eines Neubaugebietes** durch. Es sollte am nördlichen Ufer des Nor Loch, das bereits seit 1759 trockengelegt war und heute den Princes Street Garden bildet, entstehen.

Ein Architektenwettbewerb ließ überraschend den erst sechsundzwanzigjährigen *James Craig* als Sieger hervorgehen. *Craigs* Entwurf, *George IV.* gewidmet, sah eine Prachtstraße vor (George Street), die zwei Plätze, St Andrews Square und St George Square (heute Charlotte Square), als Allegorie für Schottland und England miteinander verband. George Street flankieren sollten zwei einseitig bebaute Straßen, die auf die Burg blickende Princes Street und die zum Firth of Forth zeigende Queens Street. Zwei weitere Parallelstraßen nahmen das Motiv Schottland–England wieder auf: Thistle (Distel) Street und Rose Street.

1767 wurde mit dem Bau begonnen. Zunächst entstand St Andrews Square, dann zogen sich die Bauarbeiten langsam nach Westen, bis 1811 auch der Charlotte Square (benannt nach der Frau *George III.*) fertiggestellt war. Die *New Town Conservation Area* ist mit 310 ha eines der größten klassizistischen Stadtviertel. Zusammen mit der Old Town bildet die New Town das **UNESCO-Weltkulturerbe** *Old and New Towns of Edinburgh.*

Ursprünglich sollte jeder der beiden großen Plätze auch eine Kirche erhalten. Dies wurde jedoch von *Sir Laurence Dundas* verhindert, indem er auf dem dafür vorgesehenen Grundstück am **St Andrews Square** eines der schönsten Stadthäuser errichten ließ. Heute ist es Sitz der *Royal Bank of Scotland* und eines der wenigen alten Gebäude am St Andrews Square.

Sein Pendant, der **Charlotte Square,** hat, anders als jener, sein ursprüngliches Aussehen bewahrt. Die Nordseite ist ein Werk *Robert Adams.* Die Idee *Adams* war es, verschiedene Häuser mit einer einheitlichen palastartigen Fassade zu versehen. Charlotte Square Nr. 7, eines der *Adam*-Häuser, beheimatet heute das **Georgian House.** Der *National Trust for Scotland* hat das Haus liebevoll eingerichtet und dokumentiert den Lebensstil einer großbürgerlichen Familie um das Jahr 1800. Das Museum stellt sozusagen den Gegenpart zu Gladstones Land in der Old Town dar. Das Haus ist seiner Zeit getreu aufgeteilt: im Keller die reich ausgestattete Küche sowie die Bedienstetenzimmer, im Erdgeschoss die Bibliothek, Wohn- und Speisezimmer, Salon und Schlafzimmer im ersten, und weitere vier Zimmer im zweiten Stockwerk. Im Salon befindet sich das interessante Original einer Zeitung aus dem Juli 1789 mit einem Augenzeugenbericht von der französischen Revolution.

■ **Georgian House,** 7 Charlotte Square, EH2 4DR, www.nts.org.uk/visit/georgian-house, März–Okt. tägl. 10–17 Uhr, Feb. und Nov. 10–16 Uhr, Eintritt £ 12,50.

Im Gegensatz zum St Andrews Square erhielt Charlotte Square seine Kirche. *Robert Reid* erbaute sie 1811 als St Georges Church. Heute befindet sich darin einer der Ableger des schottischen Staatsarchivs, die **National Records of Scot-**

land. Sie sind leider nicht öffentlich zugänglich.

Nördlich der New Town verläuft die Queen Street, die die Princes Street spiegelt. An ihrem östlichen Ende erhebt sich ein großes Rotsandsteingebäude, das *Sir Rowand Anderson* Ende des 18. Jh. entwarf. In seinem Innern hat die **Scottish National Portrait Gallery** eine Heimat gefunden. Sie bewahrt Gemälde und seltene Fotografien berühmter Schotten und anderer Menschen auf, die seit dem 16. Jh. mit der schottischen Geschichte verbunden sind.

■ **Scottish National Portrait Gallery,** 1 Queen Street, EH2 1JD, www.nationalgalleries.org/visit/scottish-national-portrait-gallery, tägl. 10–17 Uhr, Eintritt frei.

An der Südseite der New Town liegt die Princes Street. An ihrem Ostende erhebt sich wie die abgebrochene Spitze einer gotischen Kathedrale das **Scott Monument.** Inmitten seiner Romanfiguren thront der Dichter, *Sir Walter Scott,* unter diesem überdimensionalen Baldachin und betrachtet die Passanten. Das 60 m hohe Denkmal kann bestiegen werden.

■ **Scott Monument,** EH2 2EJ, www.edinburghmuseums.org.uk/venue/scott-monument, tägl. 10–12.30 und 13.45–15.30 Uhr, Eintritt £ 8.

Über die **Princes Street Gardens,** mit der ältesten **Blumenuhr** der Welt, blickt man von der Princes Street genau auf die Schokoladenseite des Castles.

Die Princes Street Gardens werden durch **The Mound** (engl. Erdhügel) in einen westlichen und einen östlichen Teil unterteilt. *The Mound* entstand nach 1767, als man entgegen vielen Protesten hier den Bauschutt der entstehenden New Town aufschüttete. Auf diesem Hügel erbaute *William Henry Playfair* bis 1859 zwei Tempel. In dem der Princes Street am nächsten gelegenen dorischen Tempel, der **Royal Scottish Academy,** finden wechselnde Ausstellungen, die meist schottische Kunst zeigen, statt. Durch große Dachfenster ist die *Academy* hervorragend beleuchtet.

■ **Royal Scottish Academy,** EH2 2EL, www.royalscottishacademy.org, Mo–Sa 10–17 Uhr, So 12–17 Uhr, Eintritt frei.

Neben der *Academy* erhebt sich ein ähnlicher Tempelbau, der die **National Gallery of Scotland** beherbergt. Zwar hat dieser Tempel die gleichen Oberlichter,

741sc ab

Das Scott Monument in Edinburgh

doch die rote Tapete, die dem ganzen Museum eine gediegene Atmosphäre verleiht, schluckt viel von dem Licht. Möbel aus dem 16.–18. Jh., die in der ganzen Galerie verteilt stehen, unterstreichen zusätzlich die barocke Atmosphäre. Die Sammlung umfasst Werke der europäischen Malerei des 16.–19. Jh. *Tizian, El Greco, Velasquez* und *Rembrandt* sind dabei ebenso vertreten wie die Briten mit *Reynolds, Landseer* und *Turner.* Im ersten Stock findet sich außerdem eine kleine Impressionistensammlung mit Werken unter anderem von *Sisley, Degas, Monet, Gauguin* und *Van Gogh.*

■ **National Gallery of Scotland,** EH2 2EL, www.nationalgalleries.org/visit/scottish-national-gallery, tägl. 10–17 Uhr, Eintritt frei.

Craigs New Town war noch nicht ganz fertig, da begann man bereits mit ihrer Erweiterung. Nach allen Seiten, nur nicht in die Princes Street Gardens hinein, wurde angebaut. Ein weiteres Meisterwerk urbaner Architektur entstand auf den Grundstücken des *Earl of Moray* am westlichen Ende der Queen Street. Dieser ließ 1823 von *Gillispie Graham* die Dreieinigkeit von **Randolph Crescent, Ainslie Place** und **Moray Place** entwerfen. Mit dem Halbkreis, der Ellipse und dem Kreis vereinigte *Graham* in den Formen der Plätze drei verschiedene geometrische Figuren zu einer harmonischen Gesamtanlage.

UNSER TIPP: An der Rückseite der Häuser des Moray Place fällt das Gelände steil ab zu den Ufern des Leith. Etwas flussaufwärts befindet sich **Dean Village,** ein altes Mühlen- und Bäckerviertel. Der durch Stromgewinnung künstlich gebändigte Leith trieb noch im 19. Jh. an dieser Stelle elf Wassermühlen an. Schon für das 12. Jh. ist die Existenz von Mühlen in dem engen Tal bezeugt. Heute ist Dean Village ein ruhiges Wohnviertel, eine Idylle in direkter Nachbarschaft der stark frequentierten Ausfallstraße nach Norden. Flussaufwärts lohnt sich ein **Spaziergang** entlang des Leith durch ein Dickicht aus Holz und Blättern, das die Nähe der Stadt fast vergessen lässt.

Südlich des Leith bei Dean Village liegt das Stadtviertel Westend. Hier im Eglinton Crescent sind eine der Jugendherbergen und gleich nebenan das **Deutsche Konsulat** zu finden. In der Nähe bezeugt unübersehbar ein Bau am Palmerston Place die Einfallslosigkeit viktorianischer Architekten. Auf den ersten Blick sieht **St Mary's Episcopal Cathedral** wie ein Bauwerk aus dem 14. Jh. aus. Auch ein weiterer Blick verrät nichts wesentlich Neues. Schlägt man allerdings im Führer nach, erhält man den Beweis: Diese Kirche wurde erst 1870–79 erbaut und ist ein neohochgotisches Plagiat.

■ **St Mary's Episcopal Cathedral,** EH12 5AW, www.cathedral.net, Mo–Fr 8–18 Uhr, Sa/So 8–17 Uhr, Eintritt frei.

Am anderen Ende der New Town liegt an einer der belebtesten und befahrensten Kreuzungen der Stadt das **Register House.** Es wurde 1774 am Ostende der Princes Street angelegt, um das schottische Staatsarchiv aufzunehmen und ist eine von *Robert Adams* repräsentativsten Bauten. Heute hat das Archiv schon lan-

Theodor Fontane – Sammler schottischer Sagen und Legenden

1858, als *Theodor Fontane* in London lebte und sich als Zeitungskorrespondent seinen Unterhalt verdiente, ergriff er die Gelegenheit, in das raue und mythische Land zu reisen, das *Walter Scott* und dessen Dichtungen eine Heimat gewesen war. Als junger Mann hatte *Fontane Scotts* „Minstrelsy of the Scottish Border" (1802/03) kennengelernt, ein Werk, das, wie er selbst sagte, „auf Jahre hinaus meine Richtung und meinen Geschmack bestimmte". Der Realist *Fontane,* der die Romantik des eigenen Jahrhunderts als Modeströmung verurteilte, war begeistert von „Echtheit" und „Stil" des Werkes *Walter Scotts:* „Er war ein Hauptpfeiler echter, gesunder Romantik gegenüber jener falschen und krankhaften romantischen Richtung, die sich die eigentliche nannte."

Im August 1858 brach *Fontane* mit seinem alten Freund *Bernhard von Lepel* zu einer **zehntägigen Rundreise** nach Schottland auf. Was *Fontane* vor allem „Jenseit des Tweed" suchte, davon gibt sein Reisebericht, den er später in Deutschland veröffentlichte, Auskunft. Er suchte nicht den Einblick in das Leben der Bevölkerung, sondern nach Geschichte und Geschichten. Die Beschreibung der Reise bildet nur den Rahmen für eine solche Zahl an Sagen, Morden und Gespenstern, dass es erstaunt, wie er sie in nur zehn Tagen hat sammeln können. Der ungewöhnlich romantische Bericht „Jenseit des Tweed" darf daher durchaus als Hommage *Fontanes* an sein altes Vorbild *Scott* gelesen werden.

Auch in Edinburgh, der ersten Station der beiden Freunde, hat *Fontane* eine ganze **Perlenkette schöner Geschichten** gesammelt. Die Schnur beginnt in Holyrood Palace, wo noch der grausige Blutfleck zu sehen war, den der arme *Rizzio* bei seiner Ermordung hinterlassen hatte. Aber es ist vor allem die Altstadt, die mit ihren zahllosen Legenden lockte. Da ist das Moray House in der Highstreet, in dem 1650 die Hochzeit zwischen dem jungen *Lord Argyle* und einer *Moray* gefeiert wurde. Während der Hochzeit geschah es, dass der lange gejagte *Marquis of Montrose,* der in den Revolutionswirren auf Seiten der *Stuarts* stand, als Gefangener die Highstreet hinaufgeschleppt wurde. Vom großen Balkon aus spuckte die alte *Lady Argyle* auf den stolzen Hochländer. 35 Jahre später zog wieder ein Zug die Royal Mile hinauf. Diesmal war es der *Graf von Argyle,* der den Royalisten in die Hände gefallen war. *Bonnie Dundee* ließ den damaligen Bräutigam so die erlittene Schmach büßen, bevor er enthauptet wurde.

Hinrichtungen fanden auf dem Mercat Cross statt. Doch vorher saßen die meisten Delinquenten im Old Tolbooth ein. Das besondere dieses Gefängnisses sah der junge *Fontane* nicht in der Leichtigkeit, mit der aus ihm auszubrechen war. Vielmehr war es eines der besten Verstecke für Flüchtige. In dem uralten Bau herrschte das Chaos. So kam es, dass *Robert Ferguson,* der sich an einem Komplott gegen *Charles II.* beteiligt hatte, hier wochenlang in der Zelle eines befreundeten Gefangenen unentdeckt leben konnte. Auch fanden hier 1746 einige Anhänger von *Bonnie Prince Charlie* Unterschlupf und Rettung, während die hannoverschen Soldaten ihre Spuren bis tief ins Hochland verfolgten.

Auf dem Mercat Cross fanden aber nicht nur Hinrichtungen statt. Hier wurden auch Bekanntmachungen verlesen oder von Geistern Prophezeiungen verkündet. 1513, als König *Jacob IV.* in Holyrood sein letztes Nachtlager nahm, bevor er zur tragischen Schlacht von Flodden Field gegen England aufbrach, vernahm man die ganze Nacht über eine Geisterstimme von der Plattform herab. Sie warnte vor dem Feldzug und nannte die Namen all derer, die fallen würden, sollte die Warnung ungehört bleiben. Der erste Name war der des Königs.

Oft ging es aber auch lustig zu in Edinburgh. So als der Magistrat der Stadt ein Festmahl zu Ehren König *Georgs I.* gab. Es sollte der schlechte jakobitische Ruf der Stadt im fernen London zerstreut werden. Unter aller Augen schmausten die Ratsherren auf der Plattform des Mercat Cross, als sie ein Wolkenbruch in die Flucht trieb. Zurück an der Tafel fanden sie – zur Freude der Jakobiten in der Stadt – statt Wein nur noch Wasser in ihren Gläsern. Sogleich lief ein Spottgedicht durch alle Gassen:

„Einstens zu Cana, als bei Tisch
Sich's um den fehlenden Wein gehandelt,
Hat der König des Himmels frisch
Alles Wasser in Wein verwandelt.

Gestern, als zu Braunschweigs Ehr'
Zechten unsre City-Prasser,
Sprach der Himmel: „nimmermehr!"
Wandelnd ihren Wein in Wasser."

Mehr noch als an den Geschichtslegenden fand *Fontane* jedoch Gefallen an **Gespenstersagen.** „Die Gespenster scheinen hier eine Art Landesprodukt zu sein", stellt er nicht ohne angenehmes Erschauern fest. Eine dieser Sagen spielt in Westbow. Hier wohnte *Major Weir*, ein gefeierter Veteran und frommer Puritaner, mit seiner Schwester. *Weir* war stets schwarz gekleidet und hatte immer einen langen schwarzen Stock bei sich. Er war eine feuriger Prediger in den Versammlungen und übte nicht geringen Einfluss in der Stadt aus. Es fiel aber auf, dass er alt und gebrechlich wurde, sobald er seinen Stab weggelegt hatte. Eines Tages erschien der gestrenge Major vor Gericht und klagte sich selbst an. Man wollte ihn abweisen, doch beharrte er so darauf, dass der Prozess eröffnet wurde. „Unerhörte Dinge kamen an's Licht; Betrug, Mord, Unzucht und jede Form nächtlicher Orgien." Der Major und seine Schwester wurden verbrannt. Auf dem Scheiterhaufen riss sie sich die Kleider vom Leib und murmelte, sie wolle „in aller Schande sterben". Dem Major konnten die Flammen erst etwas anhaben, als sein Stab verbrannt war. Seit dieser Zeit hörte man des Nachts aus dem ersten Stock des Hauses in der Westbow wildes Tanzen, Gläserklingen – und das Spinnrad von *Grissel Weir.*

Auch wenn *Fontane* nicht unsere Leidenschaft für das Land im Norden teilte, ihm oft seine (damalige) Armut geradezu vorwarf und es mit seinem geliebten London verglich, die schier endlose Sammlung von Geschichten und Legenden machen seinen Reisebericht zu einer spannenden wie schaurigen Reise durch ganz Alba, nicht nur dessen Hauptstadt. Allen, die Gefallen finden an Geschichten und Gruselmären, sei *Fontanes* Werk daher wärmstens empfohlen.

■ *Theodor Fontane:* **Jenseit des Tweed,** 1860, Neudruck: Insel Taschenbuch, Frankfurt a. M.

wikimedia commons © E. Bieber

ge das Aufnahmevermögen des Gebäudes gesprengt, sodass es nur noch die Zentrale eines Netzes von Archiven darstellt. Es finden regelmäßig Ausstellungen statt.

■ **Register House,** 2 Princes Street, EH1 3YY, Mo–Fr 9–16.30 Uhr, Eintritt frei.

Am Register House vorbei den Waterloo Place hinauf gelangt man auf den Tempelberg Edinburghs: **Calton Hill.** In den Jahrzehnten um 1800 hatte die Aufklärung in Schottland ihre Blüte. Die vielen klassizistischen Gebäude und die verschiedenen, in der Stadt geborenen Philosophen wie *David Hume* oder *Dugald Stewart* brachten Edinburgh den Ruf eines „Athens des Nordens" ein.

Diesem Anspruch wollten die Edinburgher die Krone aufsetzen, als sie 1822 mit dem Bau des **Nationaldenkmals** auf dem Calton Hill begannen. Das Denkmal sollte den schottischen Gefallenen in den Napoleonischen Kriegen gewidmet sein. Doch die Begeisterung war größer als die Spendenfreude. Von der geplanten Kopie des Athener Parthenons wurden nur ein paar Säulen fertig. *„Scotland's pride and poverty"*, wie der Architekt *William Henry Playfair* resigniert feststellte.

Das Denkmal für die Schlacht bei Trafalgar, **Nelson Monument,** dagegen wurde fertiggestellt und kann bestiegen werden.

■ **Nelson Monument,** 32 Calton Hill, EH7 5AA, www.edinburghmuseums.org.uk/venue/nelson-monument, tägl. 10–17 Uhr, Eintritt £ 6.

Ausblick von Calton Hill mit dem Dugald Stewart Monument

Adobe Stock © Tomas Marek

Auf der Kuppe des Calton Hill erhebt sich das 1818 erbaute **City Observatory,** das als Ausstellungsfläche für moderne und visuelle Kunst dient.

■ **City Observatory,** 38 Calton Hill, EH7 5AA, www.collective-edinburgh.art, Mi–So 10–17 Uhr, Eintritt frei.

Vor dem Observatorium steht ein Denkmal für den Philosophen *Dugald Stewart.* Das Schönste an Calton Hill ist aber die Aussicht. Man hat einen guten Blick über die Stadt, auf die Royal Mile bis zum Castle, den Forth, auf Holyrood und Arthur's Seat.

Etwas unterhalb von Calton Hill, zwischen dem burgartigen St Andrew's House, das die schottische Verwaltung beherbergt, und dem Waterloo Place, liegt der **Old Calton Burial Ground,** der ein Monument für *David Hume* beheimatet. Der Friedhof ist wie viele schottische Friedhöfe einen Besuch wert. Er strahlt in dem Chaos seiner halbverfallenen Grabsteine und vergessenen Monumente eine angenehme Ruhe aus, wie man sie nur auf schottischen Friedhöfen antrifft. Ähnliches gilt auch für den **New Calton Burial Ground,** etwas weiter unten in der Calton Road, der - obwohl jünger - den gleichen verwahrlosten, ruinenhaften Eindruck macht.

Sehenswertes außerhalb des Zentrums

UNSER TIPP: Nördlich des Leith, an der Inverleith Road, kann man sich im wunderschönen **Royal Botanic Garden** vom Trubel der Stadt erholen. Auf einer Fläche von 27 ha wachsen im Botanischen Garten über 14.500 verschiedene Pflanzen, Blumen und Bäume. Er ist der zweitälteste Botanische Garten Großbritanniens und geht auf einen medizinischen Kräutergarten aus dem Jahre 1670 zurück. Nach zweimaliger Umsiedelung gedeiht er nun schon seit 1823 an seinem heutigen Ort. Berühmt ist er wegen seines Rhododendrongartens, dem angeblich größten der Welt.

Auch die riesigen, zum Teil noch viktorianischen Gewächshäuser machen den Besuch des Parks zum Erlebnis. Von einigen Stellen aus bietet sich darüber hinaus ein schöner Blick über die Stadt, mit Castle, Calton Hill und Arthur's Seat im Hintergrund.

Sehenswert ist auch der **Steingarten,** der, liebevoll angelegt, gleich in der Nähe des Osteingangs liegt.

■ **Royal Botanic Garden,** EH3 5NZ, www.rbge.org.uk, März–Sept. tägl. 10–18 Uhr, Okt. und Feb. 10–17 Uhr, Nov.–Jan. 10–16 Uhr, Eintritt frei.

An der Belford Road westlich von Dean Village steht in einem kleinen Park die Galerie **Modern Art One,** zuvor unter dem Namen *Scottish National Gallery of Modern Art* bekannt. Die kleine, aber feine Ausstellung der Kunst des 20. Jh., mit kurzen und guten Erläuterungen zu den Stilrichtungen versehen, ist etwas außerhalb in einem klassizistischen Gebäude untergebracht. Der das Gebäude umgebende Park bildet den idealen Rahmen für die Plastiken von *Henry Moore,* die vor dem Museum aufgestellt sind. Die Sammlung enthält Werke einiger wichtiger Maler des 20. Jh., wie *Picasso,*

Matisse, Miro, Braque, Liechtenstein, u. a. Im ersten Stock finden wechselnde Ausstellungen statt. Auf der anderen Straßenseite der Belford Road befindet sich die **Modern Art Two,** vormals *Dean Gallery.* Zusammen mit der *Scottish National Portrait Gallery* und der *National Gallery of Scotland* bilden die beiden Museen die **National Galleries of Scotland,** wobei die *Dean Gallery* der modernen und zeitgenössischen Kunst gewidmet ist.

Der schönste Weg zu den beiden Museen ist ein etwa halbstündiger **Fußmarsch** entlang des Leith, der in Dean Village seinen Anfang nimmt.

■ **Modern Art One & Two,** 73 & 75 Belford Road, EH4 3DR, www.nationalgalleries.org, tägl. 10–17, Eintritt frei.

Südlich von Holyrood Palace liegt der 3,6 km² große **Holyrood Park.** Er bewahrt einen Hauch von Wildnis mitten in Edinburgh und seinen Vorstädten. Auf verschiedenen Wanderwegen kann man die höchste Kuppe ersteigen, **Arthur's Seat,** die 251 m über dem nahen Meer liegt. Von hier oben wird der beschwerliche Aufstieg mit einem grandiosen Blick über Edinburgh und sein ganzes Umland belohnt. Wer nicht so hoch hinaus will, kann es mit *George VI.* halten, der gerne die **Radical Road** unterhalb der Salisbury Crags, im Westen des Massivs, entlangspazierte. Auch von hier hat man bereits einen schönen Blick über die Stadt mit dem Castle.

Etwa 6,5 km westlich des Zentrums dehnt sich an der Corstorphine Road der 1913 gegründete **Edinburgh Zoo** aus. Weltberühmt ist er für seine Pinguinparade, die im Sommer täglich um 14.30 Uhr stattfindet.

■ **Edinburgh Zoo,** 134 Corstorphine Road, EH12 6TS, www.edinburghzoo.org.uk, April–Sept. tägl. 10–18 Uhr, Okt. und März 10–17 Uhr, Nov.–Feb. 10–16 Uhr, Eintritt £ 26,80 (Online-Buchung £ 24).

Im Süden der Stadt befindet sich am **Blackford Hill,** eingeschlossen von einem Golfplatz, der **zweitgrößte Campus** der Universität Edinburgh. Die Universität erwarb das Gebiet 1919 und fing 1920 an, die ersten Gebäude zu errichten. Im Verlauf der letzten 100 Jahre sind weitere Gebäude hinzugekommen und so lassen sich hier die Blüten und Auswüchse der jüngeren Architekturgeschichte bewundern. Blackford Hill zeigt Edinburgh in einer Totalen abseits der üblichen Ausblicke wie Calton Hill oder Arthur's Seat. Auf dem Berg steht außerdem das **Royal Observatory,** das viele Vorträge zu astronomischen Themen anbietet. Eine Voranmeldung ist erforderlich. Informationen finden sich unter www.roe.ac.uk/vc.

Zwischen Edinburgh und dem Firth of Forth liegt **Leith,** das bis 1920 noch eine unabhängige Stadt *(burgh)* war, obwohl es immer schon Edinburghs Hafen am Forth war. An der Straße The Shore, entlang des rechten Leith-Ufers, und den umliegenden Gassen finden sich noch einige weitere Häuser des alten Leith. An der Mündung des Flüsschens liegt noch heute der winzig anmutende alte Hafen aus dem 16. Jh., der kaum an einen ehemaligen Marinehafen denken lässt. Rundherum stehen die historischen Dockhäuser und die alten Seemannsunterkünfte. Hier liegt auch die ehemalige

742sc lk

königliche **Yacht Britannia,** die ihre fünf Decks für Besucher geöffnet hat.

- **Yacht Britannia,** EH6 6JJ, www.royalyachtbritannia.co.uk, April–Aug. tägl. 9.30–16 Uhr, Sept.–März 10–16 Uhr, Eintritt £ 19,50.

Die Küste entlang in Richtung Osten gelangt man bald nach **Portobello,** dem Edinburgher Brighton. Im Sommer herrscht reger Bade- und Strandbetrieb.

Praktische Tipps

Informationen

- **Tourist Information Centre,** 249 High Street, EH1 1YJ, auf der Royal Mile, Tel. 0131 4733820. Hier gibt es einen hervorragenden Stadtplan und es werden Unterkünfte vermittelt.
- **www.edinburgh.org**
- Wer viel besichtigen möchte, für den lohnt der **Edinburgh Pass,** welcher freie Fahrt und freien Eintritt zu diversen Sehenwürdigkeiten ermöglicht. Zu erhalten beim *Tourist Information Centre,* £ 50 (1 Tag), £ 75 (2 Tage), £ 90 (3 Tage).

Verbindungen

Flughafen

- **Edinburgh Airport** ist ein internationaler Flughafen. Tagsüber verkehren alle 6 Min. Busse zwischen dem 13 km entfernten Airport und der City, abends im 20-Minuten-Takt. Die Straßenbahn (→ unten) fährt alle 7 Min. Der Preis für eine Fahrt mit dem Taxi beträgt rund £ 25. Flugauskunft: www.edinburghairport.com.

Bahn

- Der **Bahnhof** befindet sich direkt im Zentrum. Haupteingang ist von der Waverley Bridge aus (zwischen Princes Street und Market Street).
- Bahnlinien gibt es in East Lothian zwischen Edinburgh und **North Berwick** sowie **Dunbar.**

⌃ Blick auf Arthur's Seat

■ Zwischen 6.30 und 23.30 Uhr fahren etwa stündlich Züge, meist über Kirkcaldy in Fife, nach **Perth.** Alle 2–3 Stunden fahren diese weiter bis **Inverness** und halten unterwegs u. a. in Dunkeld, Pitlochry oder Aviemore.

■ Auch mit **London** ist Edinburgh sehr gut verbunden. Mehrmals täglich fährt ein Expresszug.

Bus

■ Der **Busbahnhof,** mit Verbindungen von Orkney bis London, liegt gleich am Nordostende des St Andrew Square etwas versteckt in einem Hof. Man muss von der Straße aus erst durch die überdachte Einfahrt hindurchgehen. Hier erhält man Fahrpläne und Tickets der verschiedenen Gesellschaften und alle weiteren Informationen.

Autoverleih

■ **Avis,** u. a. am Flughafen, www.avis.co.uk.

■ **Arnold Clark Car Rental,** mehrere Filialen in Edinburgh, u. a. am Flughafen, Tel. 0131 3330124, www.arnoldclarkrental.com.

Stadtverkehr

Straßenbahn

■ Die **Tram** verkehrt vom **Flughafen** bis nach **Newhaven** am Firth of Forth. Die Einzelfahrt kostet im Stadtgebiet £ 2, bis zum Flughafen £ 5,50.

Stadtbus

■ **Lothian Buses** (Infobüro am Bahnhof an der Waverley Bridge, Tel. 0131 4750615) ist zuständig für Edinburgh und die nähere Umgebung, das übrige Lothian wird von verschiedenen Busgesellschaften bedient. Man bezahlt die Fahrt beim Fahrer (möglichst passend oder mit Kreditkarte).

Kombinierte Tickets

■ Das **All-Day-Ticket** (beim Busfahrer zu kaufen) ermöglicht für £ 5 einen Tag lang freie Fahrt auf allen Buslinien von *Lothian Buses*. Es gilt auch für die Straßenbahn. Wer länger bleiben möchte, für den lohnt sich der Erwerb eines **Ridacard Season Tickets** (im *Lothian Bus Travelshop*), mit dem man für £ 22 eine Woche bzw. für £ 66 vier Wochen lang die Tram und diese Busse, die in ganz Lothian verkehren, nutzen kann.

Taxi

■ **City Cabs Edinburgh,** Tel. 0131 2281211, www.citycabs.co.uk.

Fahrradverleih

15 **Biketrax Cycle Hire** (→ Karte Umschlag hinten), 11 Lochrin Place, EH3 9QB, Tel. 0131 2286633, www.biketrax.co.uk, Mo–Do 9–18.30 Uhr, Fr 9–18 Uhr, Sa 9.30–17.30 Uhr, So 10–17 Uhr, verleiht Fahrräder ab £ 30/Tag.

16 **Cycle Scotland** (→ Karte S. 134), 29 Blackfriars Street, EH1 1NB, Tel. 0131 5565560, www.cyclescotland.co.uk, tägl. 10–18 Uhr, verleiht Fahrräder ab £ 30/Tag, veranstaltet aber auch Fahrradtouren in ganz Schottland.

Unterkunft

Edinburgh ist nicht nur die Hauptstadt Schottlands, sondern auch eine wichtige Kongress-, Industrie- und Festivalstadt und nicht zuletzt die Kapitale des Tourismus. Es gibt daher in der ganzen Stadt verteilt unzählige **Hotels,** von denen wir hier nur eine winzige Auswahl vorstellen können.

Das Angebot an **Bed & Breakfast** ist in Edinburgh sehr groß, jedoch sind die Häuser nicht immer leicht zu finden. Generell sind die Ausfallstraßen ein guter Tipp, um eine Unterkunft ausfindig zu machen. Der **Buchungsservice des Tourist Information Centre** (→ oben) vermittelt Unterkünfte.

Für die Zeit des **Festivals** im August und September sollte man unbedingt **vorbuchen,** egal welche Unterkunftsart man bevorzugt. Außerdem schnellen die Kosten in die Höhe, manche Hotels und Herbergen verlangen im August den bis zu zwei- bis dreifachen Preis.

Rund um die Royal Mile (→ Karte S. 134)

14 **Radisson Blu Edinburgh**③, 80 High Street, EH1 1TH, Tel. 0131 5579797, www.radissonblu.com/de/hotel-edinburgh. Hotel an der Royal Mile in einem der alten „lands" (Blöcke).

2 **Castle Rock Hostel**①, 15 Johnston Terrace, EH1 2PW, Tel. 0131 2259666, www.castlerockedinburgh.com. Großes, lebendiges Hostel direkt neben dem Castle.

15 **High Street Hostel**①, 8 Blackfriars Street, EH1 1NE, in der Old Town, Tel. 0131 5573984, www.highstreethostel.com. Privates Hostel.

Im weiteren Stadtgebiet (→ Karte Umschlag hinten)

13 **Kick Ass Grassmarket**②, 2 West Port, EH1 2JA, Tel. 0131 2266351, www.kickasshostels.co.uk/kick-ass-grassmarket. Modernes Hostel am hübschen Grassmarket.

3 **Waldorf Astoria Edinburgh**③, Princes Street, EH1 2AB, Tel. 0131 2228888, www.waldorfastoriaedinburgh.com. Eines der besten Hotels der Stadt, mit Blick auf die Burg.

17 **Rosehall Hotel**②, 101 Dalkeith Road, EH16 5AJ, an der A 68, südlich von Arthur's Seat, Tel. 0131 6679372, www.rosehallhotel.co.uk. Recht ursprünglich eingerichtetes Hotel.

2 **Piries Hotel**①, 4–8 Coates Gardens, EH12 5LB, Tel. 0131 3371108, www.pirieshotel.com. Einfaches Hotel in unmittelbarer Nachbarschaft des Haymarket.

9 **Edinburgh Central Hostel**①, 9 Haddington Place, EH7 4AL, Tel. 0131 5242090, www.hostellingscotland.org.uk/hostels/edinburgh-central/. Von der Princes Street in die Leith Street einbiegen, dann Leith Walk bis Haddington Place, ca. 10 Min. zu Fuß vom Bahnhof, *die* zentrale Jugendherberge Edinburghs.

6 **Haystack Hostel**②, 5/3 West Register Street, EH2 2AA, Tel. 0131 5570036, www.haystackhostel.com. Schlafen in modern gestalteten Betten in der New Town.

Camping (→ Karte Umschlag hinten)

1 **Edinburgh Club Campsite**②, 35–37 Marine Drive, EH4 5EN, Tel. 0131 3126874, www.caravanclub.co.uk. Hier kann man direkt am Firth of Forth campen. Vom Stadtzentrum der Queensferry Road nordöstlich folgen, dann ausgeschildert.

16 **Mortonhall Caravan & Camping Park**②, 38 Mortonhall Gate, Frogston Road East, EH16 6TJ, am Südring, Ausfahrt „Station" nehmen, dann Richtung Mortonhall, Tel. 0131 6641533, www.meadowhead.co.uk/parks/mortonhall. Wohnwagen und Zelt.

Essen und Trinken

In Edinburgh finden sich **Restaurants** aller Küchen und für jeden Geldbeutel. Die meisten sind entlang der Royal Mile und südlich davon gelegen. Auch im Bruntsfield Place und an der Leven Street in der Nähe des *King's Theatre* finden sich einige. Viele Studenten nehmen ihr Mittagessen in den Kneipen rund um die Uni südlich der Altstadt ein.

Rund um die Royal Mile (→ Karte S. 134)

3 **The Witchery by the Castle,** Castlehill, Royal Mile, EH1 2NF, Tel. 0131 2255613, www.thewitchery.com, tägl. 12–22.30 Uhr. Bietet Theatergängern noch späte Mahlzeiten oder auch komplette Menüs, Kinder erst ab 8 Jahren willkommen.

8 **The Elephant House,** 21 George IV Bridge, EH1 1EN, Tel. 0131 4660873, www.elephanthouse.biz, tägl. 10–18 Uhr. Steht für eine riesige Auswahl an Tee und Kaffee und über 600 Elefanten. Hier saß

auch *J.K. Rowling,* als sie ihre ersten *Harry-Potter-*Bände verfasst hat. Relativ touristisch.

6 **Howies Victoria,** 10–14 Victoria Street, EH1 2HG, Tel. 0131 2251721, www.howies.uk.com, Mo–Do 12–14.30 und 17.30–21.30 Uhr, Fr–So 12–15 und 17.30–21.30 Uhr. Gutes schottisches Essen auch für den kleineren Geldbeutel.

17 **David Bann,** 56–58 St Marys Street, EH1 1SX, Tel. 0131 5565888, www.davidbann.co.uk, tägl. 12–22 Uhr. Bietet in einer Seitenstraße der High Street vegetarische Gerichte mit Inspirationen rund um den Globus und lokalen Zutaten an. Hauptspeisen ungefähr £ 16.

Im weiteren Stadtgebiet

(→ Karte Umschlag hinten)

4 **Mussel Inn,** 61–65 Rose Street, EH2 2NH, Tel. 0131 2255979, www.mussel-inn.com, Mo–Fr 12–14.30 und 17–22 Uhr, Sa/So 12–22 Uhr. Gerichte um £ 16, auf schottische Meeresfrüchte spezialisiert, auch vegetarisch.

8 **Pickles,** 60 Broughton Street, EH1 3SA, Tel. 074 85 711023, www.getpickled.co.uk, Mo–Do 16.30–23 Uhr, Fr 16–24 Uhr, Sa 12–24 Uhr, So 12–23 Uhr. Serviert sauer Eingelegtes zum Teilen.

7 **Stac Polly,** 29–33 Dublin Street, EH3 6NL, Tel. 0131 5562231, www.stacpolly.com, tägl. 12–14 und 18–21.30 Uhr. Hier kann man schottisch essen.

14 **Lovecrumbs,** 155 West Port, EH3 9DP, Tel. 0131 6290626, www.lovecrumbs.co.uk, Mi–Mo 9–18 Uhr. Wer bei Kaffee/Tee und Kuchen nach der Inspiration für sein eigenes Buch sucht, ist hier richtig.

Whiskyclubs

3 **Scotch Whisky Experience** (→ Karte S. 134), 354 Castlehill, EH1 2NE, Tel. 0131 2200441, www.scotchwhiskyexperience.co.uk. Veranstaltet schottische *Banquettes* und *Whisky tastings.*

10 **Scotch Malt Whisky Society** (→ Karte Umschlag hinten), The Vaults, 87 Giles Street (am unteren Ende des Leith Walk), EH2 1JX, Tel. 0131 55434 51, www.smws.com, Mo–Sa 10–22 Uhr, So 12–22 Uhr. Ein Leckerbissen für Whiskyfreunde ist das *tasting,* das der älteste und größte Whiskyclub der Welt auf Anfrage organisiert. Allerdings muss man/frau Mitglied sein oder ein Mitglied begleiten, um in den Genuss eines *tastings* zu kommen.

Nachtleben

Das Nachtleben Edinburghs ist wesentlich studentischer als das Glasgows. Mit einer der international renommiertesten Universitäten des Landes kommen **viele Studierende aus aller Welt,** die sich abseits der Studien gerne vergnügen möchten. Daher findet sich im Gebiet **rund um die Universität,** südlich der Royal Mile, eine hohe Konzentration an **Pubs, Cafés** und auch einigen **Clubs.**

Pubs

Am einfachsten findet man Unterhaltung in den Pubs. Es gibt derer etwa 500, die über ganz Edinburgh verteilt sind, nur in der New Town sind sie seltener.

1 Die meisten Kneipen findet man am Grassmarket (→ Karte S. 134). Im **The Last Drop,** 74–78 Grassmarket, EH1 2JR, So–Do 12–24 Uhr, Fr/Sa 12–1 Uhr, gehen Studierende gerne Mittagessen. In **Maggie Dickson's,** 92 Grassmarket, EH1 2JR, www.maggiedicksons.co.uk, Mo–Do 12–1 Uhr, Fr–So 10–1 Uhr, benannt nach einer Kindsmörderin, ist bisweilen die Hölle los. Auch das **Beehive Inn** („Bienenkorb"), 18–20 Grassmarket, EH1 2JU, So–Do 12–24 Uhr, Fr/Sa 12–1.30 Uhr, macht seinem Namen alle Ehre. Im **White Hart Inn,** 32 Grassmarket, EH1 2JU, So–Do 12–24 Uhr, Fr 12–1 Uhr, Sa 11–1 Uhr, verkehrten schon *Burns* und *Wordsworth.*

9 Viele Studierende gehen im Cowgate aus. Dort zeigt z. B. **The Three Sisters,** 139 Cowgate, EH1 1JS, www.thethreesistersbar.co.uk, tägl. 12–3 Uhr, in einem offenen Innenhof diverse Sportarten (→ Karte S. 134).

13 **Whistle Binkies** (→ Karte S. 134), 4–6 South Bridge, EH1 1LL, Tel. 0131 5575114, www.whistlebinkies.com, tägl. ab 17 Uhr. Livemusik bis 3 Uhr früh.

5 In der Rose Street z. B. ist die Bar **The Abbotsford** (→ Karte Umschlag hinten), 3–5 Rose Street, EH2 2PR, Tel. 0131 2255276, www.theabbotsford.com, tägl. 12–22 Uhr, zu empfehlen, die noch ein original georgianisches Interieur besitzt.

11 **Kilderkin** (→ Karte Umschlag hinten), 67 Canongate, EH8 8BT, Tel. 0131 5562101, www.fb.com/Kilderkinbar, So–Do 12–23 Uhr, Fr 12–24 Uhr, Sa 12–1 Uhr. Solider Pub am Fuß der Royal Mile, veranstaltet manchmal *Quiz Nights.*

Clubs (→ Karte S. 134)

7 **The Bongo Club,** 66 Cowgate, EH1 1JX, www.thebongoclub.co.uk. An 11 Monaten des Jahres wird aufgelegt, hier spielt eine wilde Musikmischung von *Drum and Bass* über *Hip-Hop, Funk* und *Techno* bis hin zu *World Music.* Der Club befindet sich neben der *Central Library* und ist aufgrund anderweitiger Nutzung während des Festivals geschlossen.

11 **Cabaret Voltaire,** 36–38 Blair Street, EH1 1QR, www.thecabaretvoltaire.com, Do/Fr 19–3 Uhr, Sa 17–3 Uhr. Bietet auf zwei Ebenen mitten in der historischen Altstadt besten Sound. Immer freitags werden *Techno* und *House* aufgelegt.

12 **The Hive,** 15–17 Niddry Street, EH1 1LG, www.thehivenightclub.co.uk, So–Do 22–3 Uhr, Fr/Sa 21–3 Uhr. Spielt an mehreren Abenden der Woche aktuelle Charts und ist für günstige Drinks bekannt.

5 **The Liquid Room,** 9C Victoria Street, EH1 2HE, www.liquidroom.com, tägl. 22.30–3 Uhr. Lässt die Auswahl zwischen Livemusik und Clubnights.

Einkaufen

In Schottland gibt es keine Ladenschlussgesetze. Zwar schließen in Edinburgh viele Geschäfte um 18 Uhr, doch haben oft kleinere Läden, vor allem die der Pakistanis, zum Teil bis in die Nacht geöffnet. In der Innenstadt haben viele Geschäfte auch Sonntagvormittags geöffnet.

- Eine der beliebtesten Einkaufsstraßen Edinburghs ist, wie sollte es anders sein, die **Princes Street.** Hier finden sich etliche Boutiquen, aber auch **Kaufhäuser** und **Supermärkte.**
- Das moderne **St James Quarter,** 1 Leith Street, EH1 3AD, dessen spiralförmiger Abschluss weithin sichtbar ist, bietet viele Einkaufsmöglichkeiten.
- **Modeboutiquen** findet man in der Rose Street, **Juweliere** in der George Street. Läden für jeden Bedarf (z. B. Fahrradläden) finden sich in der Nicolson Street und in ihrer Verlängerung, der South Bridge.
- Auch entlang des North West Circus Place und der Raeburn Street finden sich einige kleinere Geschäfte. Wer nach **Antiquitäten** sucht, sollte hier und vor allem in der abzweigenden St Stephen Street und im ganzen Stockbridge Ausschau halten.

12 **Cadenhead's Whisky Shop** (→ Karte Umschlag hinten), eine Pflichtadresse für jeden Maltwhiskyfreund befindet sich an der Royal Mile: *William Cadenhead* füllt seine eigenen Malts ab, meist unfiltriert und in Fassstärke. Dem urigen Laden in der Canongate 172, EH8 8DF, sieht man nicht an, dass *Cadenhead* in alle Welt exportiert, www.cadenhead.scot.

Festivals

- Das **Edinburgh International Festival,** das jedes Jahr im August und September stattfindet, ist weltberühmt. Da Edinburgh zum Festival regelmäßig rund drei Millionen Besucher anzieht, ist dringend zu empfehlen, sich Unterkünfte möglichst lange vorher zu reservieren. In diesen Wochen finden überall, selbst auf allen Straßen und Plätzen, Konzerte, Theater, Aktionen und Veranstaltungen statt. Mit mehr als 2000 Veranstaltungen in drei Wochen ist das Festival das größte Kunstfest der Welt. Jedes Jahr im März kommt das Programm heraus und ab April können Karten im *Festival Centre,* genannt *The Hub,* vorbestellt werden: **The Hub, Edinburgh Festival Centre,** Castlehill, Royal Mile, EH1, Tel. 0131 4732000, www.eif.co.uk.

■ Begleitet wird das Festival vom **Edinburgh Festival Fringe.** Dies ist ein Programm mit moderneren Formen der Musik und des Theaters: Jazz, Folk, Kabarett, Experimentaltheater u. a. Das Programm und Karten gibt es beim **Fringe Box Office,** 180 High Street, EH1 1QS, www.edfringe.com.

■ Genannt werden müssen noch **Edinburgh Hogmanay** (Silvester) und das Ende Juli/Anfang August stattfindende **Edinburgh International Jazz & Blues Festival,** die von weit überregionaler Bedeutung sind.

Informationen für Kulturinteressierte: Festival Fringe Office in Edinburgh

719sc ab

Kultur und Theater

■ Der wichtigste Konzertsaal in Edinburgh ist die **Usher Hall** (Tel. 0131 2281155, www.usherhall.co.uk), die bedeutende Orchester aus der ganzen Welt empfängt. Das *Schottische Nationalorchester* gibt jedes Jahr eine Herbstsaison. Der Saal liegt südwestlich unterhalb des Castle an der Grindlay Street, EH1 2EA.

■ Die größten Theater sind das **King's Theatre** (Tel. 0131 5296000, www.capitaltheatres.com/your-visit/kings-theatre, soll 2025 wiedereröffnet werden) am Beginn der Leven Street, EH3 9LQ, und das **Royal Lyceum Theatre** (Tel. 0131 2484848, www.lyceum.org.uk), das neben der *Usher Hall* steht, EH3 9AX. Hier werden Theaterstücke, Opern und Ballette aufgeführt.

■ Das **Edinburgh Playhouse,** 18–22 Greenside Place, EH1 3AA, Tel. 0844 8471660, www.playhousetheatre.com, ist die Adresse für Musicalfreunde.

■ Das **Ross Open Air Theatre,** Princes Street Garden (nur im Sommer), EH2 2HG, Tel. 0131 2288616, www.rossbandstand.org, bietet Kultur im Freien.

■ Das **Traverse Theatre,** 10 Cambridge Street, EH1 2ED, Tel. 0131 2281404, www.traverse.co.uk, ist eine der besten britischen Bühnen für zeitgenössische Stücke.

■ Daneben gibt es noch unzählige kleine Theater. **Spielpläne** erhält man im *Tourist Information Centre* in der High Street.

Touren

■ Ein **Stadtbesichtigungsbus** mit offenem Dach fährt auf einem Rundkurs fast alle wichtigen Sehenswürdigkeiten der Innenstadt ab (Princes Street, Old Town mit Grassmarket und Royal Mile, Holyrood Palace, Calton Hill, St Andrew Square, Charlotte Square und New Town). Der Bus fährt viertelstündlich und hält an allen Sehenswürdigkeiten zum Ein- und Aussteigen. Da ein Fahrschein einen Tag Gültigkeit besitzt, kann man eine Besichtigungstour mit individuellen Aufenthalten gestalten. Abfahrt ist alle 15 Min. an der Waverley Bridge (Fahrpreis: £ 16). Die Rundfahrt dauert ca. 1 Std.

UNSER TIPP: Kostenlose **Führungen** entlang der **Royal Mile** werden im August und September von *Edinburgh Festival Voluntary Guides* (www.edinburghfestivalguides.org) organisiert. Treffpunkt ist vor dem Rathaus **City Chambers** am Fuße der Castle Esplanade (Start alle 10 Min. 10–10.30 und 14–14.30 Uhr).

4 Zunehmender Beliebtheit erfreuen sich die **Geistertouren** durch das nächtliche Edinburgh. Von Lesern empfohlen wurde uns **The Cadies & Witchery Tours** (→ Karte S. 134), die die schauerlichen Geschichten durch „echte" Geistererscheinungen illustriert (84 West Bow, EH1 2HH, Tel. 0131 2256745, www.witcherytours.com). Start ist Mi–So um 19 Uhr, £ 15.

10 Die Touren von **The Real Mary King's Close** (→ Karte S. 134) führen durch die unterirdischen Gassen der Old Town und zurück ins 17. Jh. Treffpunkt: 2 Warriston's Close, EH1 1PG, Tel. 0845 07062 44, www.realmarykingsclose.com, £ 22,50. Führungen alle 15 Min. zwischen 9 und 21 Uhr, Voranmeldung ratsam.

■ Der *Scottish Literary Tour Trust* veranstaltet eine **Edinburgh Literary Pub Tour,** die im Sommer täglich um 19.30 Uhr, im Winter nur freitags, am *Beehive Inn*, Grassmarket, beginnt (Ticketverkauf im Pub, → oben). Schauspieler erklären während der Führung und in verschiedenen Pubs den wichtigen Zusammenhang zwischen jenen und den Werken der bedeutendsten schottischen Dichter. Tel. 0800 1697410, www.edinburghliterarypubtour.co.uk, £ 20. Der *Trust* veranstaltet auch familiengeeignete literarische Führungen.

Golf

■ Seit 1457 wird in Edinburgh Golf gespielt, **The honourable Company of Edinburgh Golfers** behauptet sogar, der älteste Golfclub der Welt zu sein. An den Stadtgrenzen gibt es 28 private und 9 städtische Golfplätze.

■ Der **Portobello Golf Club** im Nachbarort Portobello (Stanley Street, EH15 1JJ, Tel. 0131 6694361, www.edinburghleisure.co.uk/venues/portobello-golf-course) ist ein günstiger Golfplatz für Besucher.

Östlich und südlich von Edinburgh

Radfahren in Lothian

UNSER TIPP: Die östliche und südliche Umgebung von Edinburgh lässt sich gut in ein bis zwei lohnenden Tagesausflügen erkunden. Die schönste Art, **East Lothian** und **Midlothian** zu durchfahren, ist per Rad. Ruhige Straßen, eine sanft gewellte Landschaft und das für Schottland außergewöhnlich gute Wetter versprechen einen angenehmen, nicht zu anstrengenden Ausflug. Bei Musselburgh und Haddington führen einige **Radwege entlang stillgelegter Bahngleise** abseits der Straßen.

■ Ein Weg entlang stillgelegter Bahngleise verbindet **Haddington** mit **Longniddry** an der Küste. Von der West Row am östlichen Ortsausgang in die Alderston Road abbiegend, zweigt die Fahrradroute 76 kurz danach links ab.

■ Von **Musselburgh** nach Süden, entlang dem Fluss Esk nach Whitecraig, und weiter nach Pencaitland verlaufen ebenfalls stillgelegte Gleise mit Radwegen.

Musselburgh

Östlich von Edinburgh verläuft die A 1 um Musselburgh herum. In dieser kleinen Hafenstadt befindet sich eine beliebte **Pferderennbahn,** auf der durchgehend während des ganzen Jahres Rennen stattfinden. Hier kann man die Einheimischen bei einer ihrer Lieblingsbeschäftigungen beobachten (Termine erfährt man unter www.musselburgh-racecourse.co.uk oder unter Tel. 0131 6652859).

Newhailes

Etwas westlich von Musselburgh befindet sich der **Palast** Newhailes. Der Palast aus dem 18. Jh. mit seinem Rokoko-Interieur und Garten inklusive Grotte und Teehaus ist nur mit Führung zu besichtigen, die am besten im Voraus reserviert werden sollte. Für Familien gibt es auch kürzere Touren.

■ **Newhailes,** Newhailes Road, Musselburgh, EH21 6RY, Tel. 0131 6535599, www.nts.org.uk/newhailes, Führungen März–Okt. tägl. um 11 Uhr, Nov./Dez. Do–So um 11 Uhr, Eintritt £ 15.

Prestongrange Museum

Ab Musselburgh führt die B 1348 an der Küste entlang. Zwischen Musselburgh und Prestonpans lohnt sich ein Besuch des Prestongrange Museum. In dem alten, etwas heruntergekommenen **Kohlebergwerk** wird die Entwicklung der 800 Jahre alten schottischen Kohleförderung dargestellt.

■ **Prestongrange Museum,** Morison's Haven, Prestonpans, EH32 9RX, April–Sept. Mi–So 11–16.30 Uhr, das Bergwerk, ohne Museum, kann auch im Winter per Audiotour über das Handy besichtigt werden, Eintritt frei.

Crichton Castle

Südöstlich von Edinburgh steht im Ort **Crichton** in der Nähe von Pathhead Crichton Castle. Diese Burg war das Stammhaus der *Bothwell's,* dessen bekanntestes Mitglied, der *4. Earl of Bothwell,* als dritter Ehemann *Maria Stuarts* in die Geschichte einging (→Exkurs: „Mary Queen of Scots", S. 138).

Die **malerisch gelegene Ruine** beeindruckt durch die kassettenartigen Steinmetzarbeiten an den Innenhofmauern. Aufbau und Ausstattung dieses Innenhofes sind einzigartig für eine schottische Burg aus dem 16. Jh. und wahrscheinlich nach italienischen oder spanischen Vorbildern entstanden.

■ **Crichton Castle,** Pathhead, EH37 5XA, www.historicenvironment.scot/crichton-castle, April–Sept. tägl. 9.30–17.30 Uhr, Eintritt £ 7,50. Aufgrund von Restaurationsarbeiten war die Burg zum Zeitpunkt der Drucklegung für Besichtigungen im Inneren geschlossen.

[>] Rosslyn Chapel

Roslin

Etwa 10 km südlich von Edinburgh zwischen der A 703 und der A 6094 liegt der hübsche Ort Roslin. Die „bewaldete" Umgebung, das Castle und die verschlafene Atmosphäre machen den kleinen Ort zu einem attraktiven Ausflugsziel.

Rosslyn Chapel

Herausragende Sehenswürdigkeit des Ortes ist die Rosslyn Chapel mit ihren berühmten **Steinmetzarbeiten.** 1446 legte *William St Clair* den Grundstein für die Kapelle, doch als er 40 Jahre später starb, waren die Arbeiten noch nicht beendet und wurden eingestellt. Erst auf Geheiß *Queen Victoria's* wurde 1862 die Taufkapelle errichtet, um dem Bau einen Abschluss zu geben.

Jeder Quadratzentimeter im Innern scheint mit Steinmetzarbeiten verziert zu sein, und gekrönt wird der Anblick von der Prentice Pillar, einem Meisterwerk dieser Kunst. Nachdem ein Lehrling diese Säule in vollendeter Manier geschaffen hatte, soll er vom Meister aus Neid erschlagen worden sein.

Die Kapelle ist mit einer Vielzahl von in Stein gehauenen christlichen, jüdischen, heidnischen sowie aus den Ursprüngen des **Freimaurertums** stammenden **Zeichen und Symbolen** übersät. Seit Jahrhunderten ist die Kapelle Gegenstand von Legenden und von einer geheimnisumwitterten Aura umgeben. Die Maiskolben über einem Fenster, die vor der Entdeckung Amerikas unbekannt waren, sollen Beleg der wikingischen Herkunft der Familie sein. *Dan Brown* greift in **„Sakrileg"** eine der Legenden auf und vermutet den Heiligen Gral unter der Kapelle. Im *Tea Room* bei der Kapelle kann man eine gemütliche Erholungspause einlegen.

■ **Rosslyn Chapel,** Chapel Loan, Roslin, EH25 9PU, www.rosslynchapel.com, Mo–Sa 9–17 Uhr, So 12–17 Uhr, Eintritt £ 10,50.

North Berwick

Ganz im Norden der **Küste des Firth of Forth** liegt North Berwick. Der hübsche, kleine Ferien- und Fischerort im Osten Lothians ist stolz auf seinen **Bass Rock.** Der Vulkanfelsen liegt mitten in der Forth-Förde und ist ein Paradies für Vögel und Ornithologen. Auf dem Felsen, der über 100 m senkrecht aus dem Meer ragt, befinden sich die Ruinen einer Kapelle aus dem Jahr 1542. Die **St-Baldred-Kapelle** war einem Heiligen gewidmet, der hier in der Einsamkeit gelebt haben und 606 n. Chr. gestorben sein soll.

Scottish Seabird Centre

Im **Seevogel-Zentrum** kann man in einer Ausstellung und anhand von verschiedenen Kameras und Fernrohren mehr über das Leben der Kormorane, Eiderenten, Papageientaucher, Möwen und vor allem der nach dem Bass Rock benannten **Basstölpel** erfahren. Das Zentrum befindet sich im Hafen von North Berwick.

■ **Scottish Seabird Centre,** The Harbour, North Berwick, EH39 4SS, Tel. 01620 890202, www.seabird.org, Feb./März und Sept./Okt. tägl. 10–17 Uhr, April–Aug. tägl. 10–18 Uhr, Nov.–Jan. tägl. 10–16 Uhr, Eintritt £ 11,95. Zum Zeitpunkt der Drucklegung war das Zentrum wegen Überschwemmung geschlossen. Café und Shop haben geöffnet.

Vom Zentrum aus werden mehrmals täglich **Wildlife-Bootstouren** durch die Bucht durchgeführt, ab £ 27. Boote, die am Bass Rock anlegen, müssen im Voraus gebucht werden, £ 140.

The Law

Wer leicht seekrank wird und sich auf dem Land wohler fühlt, kann bei schönem Wetter The Law, den kegelförmigen **Vulkanfelsen** im Ort, besteigen. Es gilt, etwa 200 m Höhenunterschied zu bewältigen, doch wird die Mühsal mit einem schönen Blick über die Umgebung belohnt. Das zerfallene Gebäude nahe dem Gipfel stammt von 1803 und diente zur Zeit der Napoleonischen Kriege als Ausguck. Ganz auf der Spitze ist ein riesiger Bogen aus dem Jochbein eines Wales zu bestaunen. Seit 1709 vermutlich Handelsschiffe solch ein Jochbein als Trophäe mit in die Heimat brachten und auf dem Berg aufstellten, ist der Knochen bereits mehrmals ersetzt worden, obwohl niemand den Grund für die Errichtung des „Denkmals" kennt. Bei der letzten Sanierung 2008 wurde der Knochen aus dem Jahr 1935 durch eine Replik aus Glasfaser ersetzt. Der ca. halbstündige Aufstieg (direkte Route) ist nicht schwer, trotzdem sollte man unbedingt auf dem Weg bleiben.

Dirleton Castle

Westlich von North Berwick liegt die sehenswerte **Ruine** Dirleton Castle. Die Burg mit den massiven Schutzmauern wurde um 1225 von *John de Vaux* erbaut und fiel 1650 unter dem Ansturm der Truppen *Cromwells.* Zu sehen sind unter anderem die Überreste der Wohnräume des Lords, die eigens mit Mauern eingefriedet sind, eine Halle aus dem 15. Jh. und das Jacobean House, das zur Zeit der Regentschaft *James' VI.* entstanden ist.

Innerhalb der Burgmauern steht ein bienenkorbförmiger **Taubenschlag,** der Platz für 1100 Nester bot. Bei den mittelalterlichen Herren als Geflügelvorrat beliebt, waren die Tauben von den Bauern gefürchtet, da sie das Saatgut pickten. Rings um die Burg befindet sich ein **Park,** in dem Einheimische gern Bowling spielen.

Dirleton Castle, Dirleton, EH39 5ER, www.historicenvironment.scot/dirleton-castle, April–Sept. tägl. 9.30–17 Uhr, Okt.–März 10–16 Uhr, Eintritt £ 7,50.

Yellowcraig Beach

Unweit der Burg von Dirleton lädt der Yellowcraig Beach zu einem schönen Tag am Strand ein, er ist besonders familiengeeignet.

UNSER TIPP: Von hier aus führt ein lohnenswerter, aber etwas anspruchsvollerer **Strandweg** bis nach North Berwick. Der Weg bietet schöne Ausblicke übers Meer und zum vorgelagerten Inselchen Fidra mit seinem Leuchtturm.

Tantallon Castle

An der A 198, nur wenige Kilometer östlich von North Berwick, thront auf einer steilen Klippe Tantallon Castle. Die aus rotem Sandstein erbaute, seit 300 Jahren zerstörte Burg ist mit ihren über 4 m starken Mauern ein eindrucksvolles Beispiel für die **trutzigen Festungen** nahe der englischen Grenze. Das imposante Bauwerk bietet immer noch einen beeindruckenden Anblick. Kinder können auf dem Gelände gut herumtoben.

Obwohl zu einer Zeit gebaut, als die meisten Clan Chiefs schon die weniger

Tantallon Castle

Adobe Stock © stockescapes

kostspielige Tower-House-Architektur bevorzugten, entschied sich *William I., Earl of Douglas*, im Jahr 1358 für den Bau eines Courtyard-Castle, das im Gegensatz zu den Turmhäusern einen Innenhof besitzt. Wahrscheinlich wollte der Earl mit dem gewaltigen Bau seine wichtige Stellung im Land unterstreichen. Nach seinem Tod teilten sich seine Nachfolger in die *„Red" Douglases* und die *„Black" Douglases*, und die „Roten" waren es, mit denen der Name des Castle weiterhin verbunden blieb. Die Burg wurde zur idealen Festung dieser mächtigen Familie, denn oft lagen sie wegen ihrer Eigenheit, die königliche Autorität vollkommen zu missachten, im Streit mit dem Königshaus. Im Jahre 1651 konnte jedoch auch Tantallon dem massiven Ansturm *Cromwellscher* Truppen nicht mehr standhalten und liegt seitdem in Trümmern.

- **Tantallon Castle,** Near North Berwick, EH39 5PN, www.historicenvironment.scot/tantallon-castle, April–Sept. tägl. 9.30–17 Uhr, Okt.–März 10–16 Uhr, Eintritt £ 7,50.

Museum of Flight

Zwischen North Berwick und Haddington lohnt für Fluginteressierte ein Abstecher zum Museum of Flight. In den Hangars eines **Flugplatzes aus dem Zweiten Weltkrieg** sind zahlreiche Flugzeuge, Raketen und Modelle ausgestellt. Auch die Aspekte des Fliegens werden vermittelt: In einem Raum wird erklärt, wie Fallschirme gelagert werden und ein anderer bringt dem Besucher die aerodynamischen Prinzipien des Fliegens näher.

- **National Museum of Flight,** East Fortune Airfield, EH39 5LF, www.nms.ac.uk/flight, April–Okt. tägl. 10–17 Uhr, Nov.–März Sa/So 10–16 Uhr, Eintritt £ 13,50/14,50, Kinder (5–15 J.) £ 8,50/9,50.

Preston Mill

Etwa 3 km vom Museum of Flight entfernt in Richtung Dunbar ist bei **East Linton** eine malerische **Wassermühle** zu sehen. Die *Preston Mill & Phantassie Doocot* ist heute die einzige noch intakte Mühle ihrer Art in Schottland. *Doocot* leitet sich ab von *dovecot* (Taubenschlag) und ist ein Verweis auf das Gebäude neben der Mühle, das früher Platz für ungefähr 500 Vögel bot.

- **Preston Mill & Phantassie Doocot,** East Linton, EH40 3DS, www.nts.org.uk/preston-mill, März–Okt. Do–Mo 10.30–15.30 Uhr, Eintritt £ 10, Besichtigung nur mit Führung (stündlich).

Praktische Tipps

Informationen

- **www.north-berwick.co.uk**

Verbindungen

Bus

- Busse nach **Haddington, Dunbar** und **Edinburgh** fahren in der Church Road ab. Die Buslinien X5 und 124 verbinden Edinburgh beinahe halbstündlich mit North Berwick (£ 5). Die Linie 120 nach Dunbar fährt zwischen 7 und 20 Uhr knapp zweistündlich ab (£ 3). Linie 121 von und nach Haddington fährt im gleichen Takt, aber nur bis 17 Uhr (£ 3).

Fähre

■ Im Sommer bietet *Sula Boat Trips* eine Fährverbindung nach **Anstruther** auf der anderen Seite des Firth of Forth an. Die Überfahrt dauert rund 45 Min. und wer hin und zurück möchte, hat 4–5 Std. Zeit, um Anstruther zu erkunden. Mehr Informationen unter Tel. 01620 849289 oder www.sulaboattrips.co.uk.

Unterkunft

Die Hotels in North Berwick sind eher klein und familiär, aber teuer. Sie verteilen sich über die ganze Ortschaft und sind an den größeren Straßen angesiedelt. Mehrere Anbieter von B & B finden sich in der Dirleton Avenue, der Straße nach Dirleton.

■ **Golf Lodge B & B**③, 53 Dirleton Avenue, EH39 4BL, Tel. 01620 890064, www.northberwickgolflodgebb.co.uk. Klassisch gestaltetes, gemütliches B & B mit Kamin.

■ **Nether Abbey Hotel**③, 20 Dirleton Avenue, EH39 4BQ, Tel. 01620 892802, www.netherabbey.co.uk. Etwas außerhalb gelegen, die Entfernung wird aber mit einer eigenen Bar aufgewogen.

■ **Tantallon Caravan Park**②, Tantallon Road, EH39 5NJ, etwas außerhalb an der A 198 nach Dunbar, Tel. 01620 893348, www.meadowhead.co.uk. Wohnwagen, Glamping und Zelte, grenzt an einen Golfplatz.

Essen und Trinken

■ **Buttercup Cafe,** 92 High Street, EH39 4HE, Tel. 01620 614134, Do–Mo 8.30–15.30 Uhr. Bietet Süßspeisen, Herzhaftes und warme Getränke für eine gemütliche Pause an.

■ **The Rocketeer,** 26 Victoria Road, EH39 4JL, Tel. 01620 895577, www.rocketeerrestaurant.co.uk, Frühstück tägl. 9–11 Uhr, Lunch So–Mi 12–16.45 Uhr, Do–Sa 12–16 Uhr, Dinner Do 17–19.30 Uhr, Fr/Sa 17–20.30 Uhr. Das Restaurant hat eine verglaste Terrasse mit Ausblick aufs Meer und bietet frische Meeresfrüchte.

Dunbar

Ganz im Osten von East Lothian liegt die kleine **Hafenstadt** Dunbar. Ehemals ein wichtiger Fischerei- und berüchtigter Schmugglerhafen, wirkt das Städtchen heute eher verschlafen. In dem hübschen Ort lohnt es sich, ein bisschen herumzuschlendern. Insbesondere der High Street verleihen die dortigen **kleinen, alten Häuser** ein harmonisches Aussehen.

Das **Rathaus,** ungefähr in Straßenmitte, ist ein Renaissancebau aus dem frühen 17. Jh. und diente als Gefängnis. Heute beherbergt das Gebäude mit dem ungewöhnlichen, eckigen Turm das örtliche **Heimatmuseum.**

■ **Dunbar Town House Museum and Gallery,** EH42 1ER, April–Sept. Mi–So 13–17 Uhr, Okt.–März Sa 14–16 Uhr, Eintritt frei.

Dominiert wird die High Street jedoch vom **Lauderdale House** am nördlichen Ende der Straße. Das herrschaftliche Gebäude stammt aus dem 18. Jh. und wurde Ende des gleichen Jahrhunderts unter der Regie *Robert Adams* renoviert. Neben der Erneuerung der Fassade wurden auch zwei Seitenflügel angebaut, und noch heute verweisen viele Details wie die Sphinx, die Schornsteine, der Stuck und die Balustraden auf den großen schottischen Architekten.

Von der Zeit, als Dunbar ein bedeutender Fischereihafen war, zeugt heute nur noch die Existenz von gleich zwei Häfen: der **Old** oder **Cromwell Harbour** aus dem 17. Jh. und der **New** oder **Victoria Harbour,** erbaut um 1842. Am Victoria Harbour steht die Ruine des **Dunbar Castle** aus dem 15. Jh. 1566 flohen *Maria Stuart* und ihr Gemahl *Darnley* in die Burg, die heute nistenden Möwen Zuflucht gewährt.

East Links Family Park

Westlich von Dunbar, etwas außerhalb des Ortes, findet sich ein Erlebnispark rund um das Thema **Bauernhof,** in dem Kinder sich an Spielgeräten und zwischen Heuballen austoben, aber auch Tiere streicheln und etwas über die Arbeit auf einem Bauernhof lernen können.

- **East Links Family Park,** EH42 1XF, www.eastlinks.co.uk, im Sommer tägl. 10–17 Uhr, im Winter tägl. 10–16 Uhr, Eintritt £ 19.

Praktische Tipps

Informationen

- **www.dunbar.org.uk**

Verbindungen

Bus

- Busse nach und aus **Edinburgh, Haddington** und **North Berwick** halten in Dunbar in der High Street. Zwischen Dunbar und Edinburgh fährt halbstündlich die Linie X7 von *East Coast Buses* mit Zwischenstopps in Haddington und **East Linton.** Endstation in Edinburgh ist Haymarket. Die Fahrtzeit beträgt 1 Std., ca. £ 6.

Unterkunft

In Dunbar sind viele kleine **Hotels** u. a. in der Umgebung Bayswell Road, Bayswell Park und Marine Road sowie am nördlichen Strand angesiedelt, dafür ist das Angebot an **B & B** verhältnismäßig klein. Diese findet man in den genannten Straßen sowie in der East Links Road am östlichen Strand.

- **Springfield Guest House**②, Belhaven Road, EH42 1NH, Tel. 01368 862502. Gemütliche Unterkunft.
- **Belhaven Bay Caravan Park**③, Belhaven Bay, EH42 1TU, im Westen Dunbars, Tel. 01368 865956, www.meadowhead.co.uk. Zwischen Seen und der See gelegen.

Essen und Trinken

- **The Creel,** 25 Lamer Street, EH42 1HJ, Tel. 01368 650400, www.thecreeldunbar.co.uk, Mi–Sa 12–14 und 17.30–21 Uhr, So 12–17 Uhr. Frische Land- und Meeresprodukte in raffinierten Zubereitungen.

Haddington

Das noch weiter westlich gelegene Städtchen Haddington gilt als einer der besterhaltenen Orte Schottlands. Der **mittelalterliche Stadtaufbau** ist noch vollständig und insgesamt 286 der Gebäude sind als architektonisch besonders interessant eingestuft.

Besonders malerisch ist die **High Street** mit den alten Fassaden und Geschäftsfronten, insbesondere sind auf die etwas versteckten Zunftzeichen an der Ecke High Street, Ross' Close zu achten.

Die mittelalterliche Kirche **St Mary's Parish Church** in der Sidegate, einer Nebenstraße der High Street, ist ebenfalls sehenswert. Als diese Kirche aus dem 14. und 15. Jh. zwischen 1971 und 1973 komplett restauriert wurde, erhielt sie u. a. eine Fiberglasdecke.

- **St Mary's Parish Church,** EH41 4BZ, www.stmaryskirk.co.uk, Mai–Sept. So–Sa 13.30–16 Uhr.

Lohnend ist auch ein Besuch des eindrucksvollen **Lennoxlove House.** Die Geschichte des herrschaftlichen Anwesens datiert zurück bis ins 14. Jh. Zu sehen ist u. a. auch die Totenmaske von *Mary Queen of Scots.* Nach einer Renovierung dient Lennoxlove House hauptsächlich als **Hotel.** Mi, Do und So werden allerdings zwischen 12 und 15 Uhr (letzte Führung) **Führungen** durch das Haus angeboten (£ 10), mehr Infos unter www.lennoxlove.com.

Praktische Tipps

Verbindungen

Bus

- Die Bushaltestelle liegt in der Market Street, Busse nach **Edinburgh** und **Dunbar** etwa jede halbe Stunde, Linien X6 und X7, Fahrzeit nach Edinburgh 50–60 Min., £ 4, nach Dunbar 20 Min., £ 3.

Unterkunft

- **Maitlandfield House Hotel**②, 24 Sidegate, EH41 4BZ, Tel. 01620 826513, www.maitlandfieldhouse.co.uk. Geeignet besonders für Wanderer und Angler, versprüht einen historischen Charme.
- **The Victoria Inn**③, 9 Court Street, EH41 3JD, Tel. 01620 248110, www.thevictoriainnhaddington.co.uk. Bietet neben Zimmern auch lateinamerikanische Gerichte mit schottischen Zutaten.
- **B & B** findet man eher ein wenig außerhalb des Stadtzentrums.
- **Orchard House Chalets B & B**②, 22 Letham Mains Holdings, EH41 4HB, Tel. 07546 428951. Unterkunft in einfachen Bungalows etwas außerhalb.

Essen und Trinken

- **The Waterside Bistro,** 1–5 Waterside, EH41 4AT, Tel. 01620 825674, www.thewatersidebistro.co.uk, Mo–Do 12–14.30 und 17.30–20.30 Uhr, Fr–So 12–20.30 Uhr, Bar So–Do 12–22 Uhr, Fr/Sa 12–23 Uhr. Szenisch am Fluss Tyne gelegen, klassische Gerichte in guter Ausführung.

South Queensferry

Wenn man einige Kilometer hinter Edinburgh in Richtung Westen die A 90 verlässt, gelangt man bald in das kleine South Queensferry. Seinen Namen erhielt die Ortschaft, als *Queen Margaret* im 11. Jh. hier des Öfteren die Fähre über den Forth nahm, um in die alte Königsstadt Dunfermline zu gelangen. Entsprechend findet sich am anderen Ufer auch ein Ort namens North Queensferry.

Forth Bridges

Auch heute beginnt der Reisende seine Forth-Überquerung in South Queensferry, doch nun spannen sich über den Dächern der Stadt gleich drei Wunderwerke der Technik, die Forth Bridges. Die älteste, die **Eisenbahnbrücke (Forth Rail Bridge),** wurde 1890 fertiggestellt und fällt wegen der massiven Eisenverstrebungen schon von Weitem ins Auge. Nach dem gleichen Prinzip wie der Eiffelturm konstruiert, zählt die 2523 m lange Brücke zu den größten Ingenieurleistungen des 19. Jh.

Neben dem massiven Gitter der Eisenbahnbrücke nimmt sich die elegante Gerade der **Forth Road Bridge** schwindelerregend zerbrechlich aus. Nur zwei Pfeiler tragen die 2517 m lange Hängebrücke, deren Bau (Fertigstellung 1964) eine technische Glanzleistung darstellte. Die dritte Brücke, **Queensferry Crossing,** wurde 2017 eingeweiht. Die vielen Stahlseile, die die Brücke tragen, geben ihr einen filigranen, aber widerstandsfähigen Anstrich.

Inchcolm Island

Vom Hawes Pier in South Queensferry legt im Sommer ein- bis zweimal täglich ein Schiff zur im Forth gelegenen Insel Inchcolm ab. Mit etwas Glück kann man während der etwa einstündigen Überfahrt einige Robben beobachten.

Auf der hübschen Insel ist die **Inchcolm Abbey** zu besichtigen. Das mittelalterliche Kloster (um 1123) gilt als der besterhaltene Klosterkomplex Schottlands. Bemerkenswert ist das achteckige Kapitelhaus aus dem 13. Jh.

- **Inchcolm Abbey,** KY3 0UA, www.historicenvironment.scot/inchcolm-abbey, April–Sept. tägl. 10.30–17.30 Uhr, Okt. tägl. 9.30–16.30 Uhr, Eintritt £ 7,50.
- **Fähre und Ausflugsfahrten:** Bootsfahrten zur Insel und durch den Firth of Forth, Abfahrten mehrmals täglich, der Aufenthalt auf der Insel dauert 75–90 Min., Tel. 0131 3313030, www.maidoftheforth.co.uk, www.forthtours.com. Der Preis beträgt £ 20. Freitagabend um 20 Uhr, im August 19.30 Uhr, legt die „Maid of the Forth" zu einer „Jazz Cruise" ab, einer zweistündigen Kreuzfahrt mit Jazz Band.

Hopetoun House

Einige Kilometer westlich von South Queensferry ist Hopetoun House, die herrschaftliche **Residenz der Hope-Familie,** auf jeden Fall einen Besuch wert. Ursprünglich von *Sir William Bruce* entworfen und 1703 fertiggestellt, ist das heutige Erscheinungsbild ein Werk der **Architektenfamilie Adam.** *William Adam* nahm 1721 Vergrößerungen vor, und nach dessen Tod waren seine Söhne *John, Robert* und *James* für die Innengestaltung verantwortlich. Das Gebäude hat eine interessante, reichhaltige Inneneinrichtung und ist von einem wunderschönen **Park** umgeben, in dem u. a. ein Naturlehrpfad angelegt ist. Erholung von der Flut der Eindrücke findet man im *Stables Room* mit allerdings gehobenen Preisen.

- **Hopetoun House,** South Queensferry, EH30 9RW (diesen Code für Navis verwenden, dann den Schildern folgen), www.hopetoun.co.uk, Do–Mo 11–17 Uhr, Eintritt £ 13,50, nur Park £ 6,50.

[>] Die Forth Rail Bridge, ein Zeichen früher Industrialisierung

Adobe Stock © George

House of the Binns

Weiter westlich, auf halbem Weg nach Bo'ness, verkörpert das House of the Binns einen völlig anderen Herrenhaustypus. *Binns* ist nicht der Name der Besitzer, sondern leitet sich vom schottischen Wort *ben* (Hügel) ab. Die Residenz ist seit 1612 Heim der *Dalyell*-Familie, deren bekanntestes Mitglied, der berüchtigte *General Tam,* 1681 die *Royal Scots Greys* anführte und nebenbei mit dem Teufel kommunizierte. Anfang des 17. Jh. erbaut, spiegelt der Bau den Übergang von einer befestigten Burg zum Herrenhaus wieder. Die Stuckdecken in den vier Haupträumen stammen aus dem Jahr 1630.

■ **House of the Binns,** Linlithgow, EH49 7NA, www.nts.org.uk/visit/places/house-of-binns, Besichtigung nur mit Führung, März/April und Sept./Okt. Do–Mo 10–15 Uhr, Mai–Sept. tägl. 10–15 Uhr, Eintritt £ 12,50, Garten tägl. 9–19.30 Uhr.

Blackness Castle

Unweit des House of the Binns wurde auf einer kleinen **Landzunge** Blackness Castle in der Form eines Schiffes erbaut. Die Burg aus dem 15. Jh. ist noch gut erhalten und von eindrucksvollem Anblick. Blackness war einst eine bedeutende Festung und eine der vier Burgen, die laut des *Act of Union* befestigt bleiben sollten. Später diente es als Gefängnis, als Sprengstoffmagazin und schließlich für kurze Zeit als Jugendherberge. Die Burg diente einigen **Filmen** und **Serien** als Kulisse, so sind z. B. viele Szenen der Serie *Outlander* hier entstanden.

■ **Blackness Castle,** Blackness, Linlithgow, EH49 7NH, www.historicenvironment.scot/blackness-castle, April–Sept. tägl. 9.30–17 Uhr, Okt.–März tägl. 10–16 Uhr, Eintritt £ 7,50.

Praktische Tipps

Verbindungen

Bus

- Die Buslinie 43 verkehrt im 20-Minuten-Takt zwischen **Edinburgh** und South Queensferry (£ 3).

Essen und Trinken

- **Ferry Tap,** 36 High Street, EH30 9HN, Tel. 0131 3312000, www.ferrytap.co.uk, So–Do 12–23 Uhr, Fr/Sa 11–24 Uhr. Klassischer Pub mit Burgern und anderen einfachen Gerichten.

Linlithgow

Weiter Richtung Westen führt die A 9 durch die Kleinstadt Linlithgow. Im **Linlithgow Palace** lebten alle *Stuart*-Könige bis *James VI.*, und auch *Maria Stuart* wurde 1542 hier geboren, während ihr Vater im nahgelegenen Falkland Palace im Sterben lag. Leider ist der Palast im 18. Jh. abgebrannt. Geblieben sind eine immer noch mächtige Ruine sowie größtenteils intakte Gebäude und die fantastische Lage am Seeufer. Die Great Hall und die Kapelle datieren aus dem späten 15. Jh.

- **Linlithgow Palace,** Kirkgate, EH49 7AL, www.historicenvironment.scot/linlithgow-palace, April–Sept. tägl. 9.30–17.30 Uhr, Okt.–März tägl. 10–16 Uhr, Eintritt £ 10.

Die mittelalterliche **St Michael's Parish Church** direkt neben dem Palast fällt auf wegen ihrer ungewöhnlichen, aber gelungenen Turmspitzenkonstruktion, die aus vier sich kreuzenden Aluminiumstreben besteht.

Wer noch weiter in die Geschichte zurückblicken möchte, sei auf den **Cairnpapple Hill,** ca. 5 km südlich von Linlithgow, verwiesen. Der Berg ist auf der A 706 in Richtung Süden zu erreichen, wenn man etwa 4 km nach dem Ortsausgang auf die B 792 nach Torphichen abbiegt. Kurz hinter Torphichen zweigt ein Fußweg ab zur Ausgrabungsstätte. Seit ca. 3000 v. Chr. diente er als Begräbnisstätte, und später als Freilichttempel, schließlich um 1500 v. Chr. wieder als bronzezeitliches Grab. Die Ausgrabungsstätte gilt als eines der bedeutendsten prähistorischen Denkmäler Schottlands, und man erhält die Möglichkeit, in ein **Bechergrab** aus dem frühen Bronzezeitalter hinabzusteigen.

- **Cairnpapple Hill,** GPS N 55.928244, W 3.622336, www.historicenvironment.scot/cairnpapple-hill, April–Sept. tägl. 10–16.30 Uhr, Eintritt £ 7,50.

Praktische Tipps

Unterkunft

- **West Port Hotel**②, 18–20 West Port, EH49 7AZ, Tel. 01506 847456. Landhotel mit **Pub** (So–Do 10–23 Uhr, Fr 10–24 Uhr, Sa 10–2 Uhr).
- **Beecraigs Caravan & Camping Site**①-②, EH49 6PL, Tel. 01506 284516, www.beecraigs.com. Etwa 3 km südlich von Linlithgow im Landschaftspark Beecraigs Country Park gelegen.

Essen und Trinken

■ **Mason Belles Kitchen,** 52 High Street, EH49 7AE, Tel. 01506 843867, www.masonbelleskitchen.co.uk, Mi–Sa 11–22 Uhr, So 12–18 Uhr. Modernes Essen in gleichem Ambiente.

■ **The Coffee Neuk,** 11 The Cross, EH49 7AH, Tel. 01506 846097, So–Fr 10–16 Uhr, Sa 9–16 Uhr. Wer es gerne rustikaler hat, dem sei *The Coffee Neuk* empfohlen. Hier gibt es auch Kaffee und Kuchen.

Falkirk

Die Stadt Falkirk liegt etwa 30 km westlich von Edinburgh und hat in ihrer Umgebung einige Sehenswürdigkeiten zu bieten.

Helix Park und Kelpies

Etwas östlich der Innenstadt von Falkirk, an einem Arm des Kanals, erheben sich die stählernen **Köpfe zweier Kelpies** 30 Meter in die Höhe. Die Statuen der beiden mythologischen Pferdewesen sollen an die Pferde erinnern, die früher die Kähne durch den Kanal zogen. Rund um die Kelpies befindet sich The Helix,

Einzigartiges Schiffshebewerk: Falkirk Wheel

Adobe Stock © Gordo

ein Park mit Spazier- und Radwegen, dazu Attraktionen wie einem **Wasserspielplatz.** Die Kelpies können auch von Innen besichtigt werden (→ Exkurs: „Gespensterglaube – eine schottische Leidenschaft“, S. 562).

■ **The Kelpies, Helix Park,** Falkirk, FK2 7ZT, www.thehelix.co.uk, April–Okt. tägl. 9.30–17 Uhr, Nov.–März tägl. 9.30–16 Uhr, Eintritt ab £ 7.

Callendar House

Östlich von Falkirk liegt an der B 816 Callendar House. Die **Residenz** kann auf eine 600 Jahre alte Geschichte zurückblicken, wurde jedoch im 18. Jh. vom Kupferhändler *William Forbes* neu gestaltet. Höhepunkt der Führung ist die funktionstüchtige **georgianische Küche,** in der kostümierte Darsteller im Sommer das Leben der Dienstboten im 18. Jh. nachstellen.

■ **Callendar House,** Callendar Park, FK1 1YR, www.falkirkleisureandculture.org/venues/callendar-house, Mi–Mo 10–17 Uhr, Eintritt frei.

[>] Die Überreste des Antonine Wall

Falkirk Wheel

Westlich von Falkirk hat 2002 das weltweit erste **Schiffsrad** aufgemacht. Das Falkirk Wheel ist eine **Schleusenkonstruktion,** die den Forth-Clyde-Kanal mit dem 35 m höher gelegenen Union Canal verbindet, indem die Schiffe in einer Art Riesenrad hochgehoben werden. In etwa einstündigen Bootsfahrten kann man dies auch selbst erleben.

■ **Falkirk Wheel,** Lime Road, FK1 4RS, Tel. 0300 3730868, www.thefalkirkwheel.co.uk, im Sommer 2–3 Boote pro Stunde, im Winter 5 Boote pro Tag, tägl. 10–17.30 Uhr, £ 17,50.

Antonine Wall

Unweit von Falkirk können Überreste des Antonine Wall besucht werden, der zwischen 142 und ca. 160 n. Chr. die nördlichste Begrenzung des römischen Reichs bildete, bevor sich Rom wieder bis zum Hadrianswall zurückzog. Die Grenzbefestigung, bestehend aus einem drei Meter hohen Erdwall und einem tiefen Graben, zog sich ca. 63 km vom Firth of Forth im Westen zum Firth of Clyde im Osten entlang. Alle drei Kilometer stand ein Kastell, z. B. in Falkirk oder Rough Castle in der Nähe des Falkirk Wheel. Überreste des Antonine Wall, der zwar längst nicht so gut erhalten ist wie sein südlicheres Pendant, der Hadrians Wall, sind aber dennoch **Weltkulturerbe** der UNESCO und können auch im Park von Callendar House bestaunt werden (→ oben, Infos unter www.antoninewall.org).

Praktische Tipps

Informationen

■ **Tourist Information Centre,** Lime Road, Tamfourhill, Tel. 01324 620244, am Falkirk Wheel.

Verbindungen

Bahn

■ Entlang der A 9 führt eine regelmäßige Bahnverbindung von **Edinburgh** nach **Stirling** oder **Glasgow.** Haltestellen sind in **Linlithgow** und Falkirk.

Bus

■ Die Busse der Linie X38 verbinden zwischen 6.30 und 22 Uhr fast halbstündlich über die gleiche Strecke Falkirk und **Edinburgh.** Die Linie X37 fährt ab 6 Uhr stündlich nach **Glasgow.** Die Tageskarte kostet £ 10.

Unterkunft

■ **Park Hotel**②, Camelon Road, FK1 5RY, Tel. 013 24 628331. Eines der wenigen Hotels in Falkirk.
■ **Orchard Hotel**①, 2 Kerse Lane, FK1 1RG, Tel. 01 324 624567, www.orchard-hotel.co.uk. Zentral gelegen, mit eigener Bar.

Essen und Trinken

■ **Finnegans,** 45 Vicar Street, FK1 1LL, Tel. 01324 614050, www.fb.com/FinnegansFalkirk, Mo–Sa 9–16 Uhr, So 9.30–15 Uhr. Hier geht es süß aber auch deftig zu, besonders die Eisbecher und Mehlspeisen verführen.

330sc jf

Überblick | 173

Aberfoyle | 183

Anstruther | 188

Bannockburn | 180

Crail | 189

Culross | 184

Dunfermline | 185

East Neuk | 187

Elie | 188

Falkland | 199

Isle of May | 189

Kinross | 201

Loch Katrine | 182

Loch Leven | 200

Pittenweem | 188

St Andrews | 190

St Monans | 188

Stirling | 174

The Trossachs | 182

Adobe Stock © astar321

5

Central und Fife

»In Bannockburn erkämpfte Robert the Bruce im Jahre 1314 die schottische Unabhängigkeit, was William (Braveheart) Wallace vor ihm noch nicht gelungen war. Beiden Persönlichkeiten wird in der Nähe Stirlings gehuldigt.

[<] Abendstimmung in Stirling

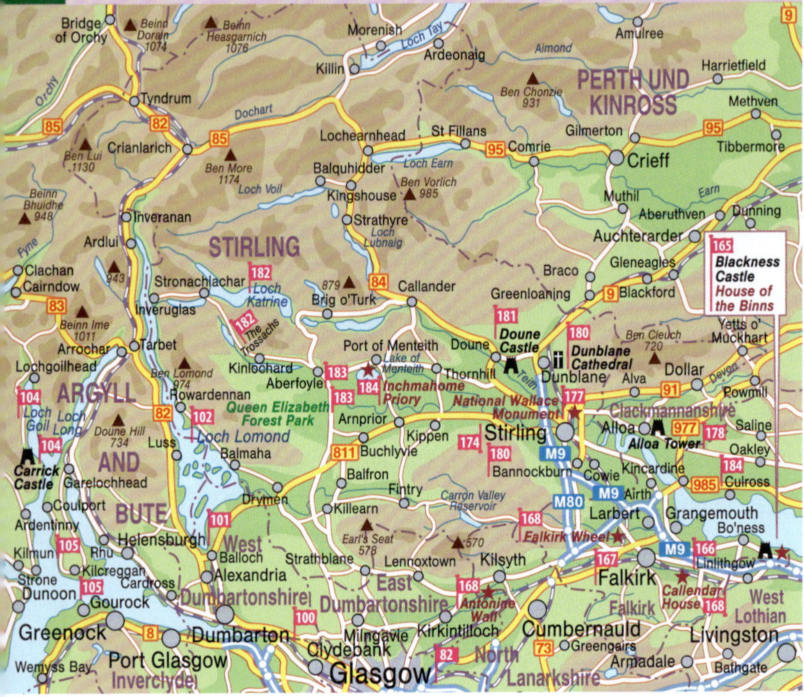

NICHT VERPASSEN!

- **Bannockburn,** Schlacht um die Unabhängigkeit Schottlands | 180
- **The Trossachs und Loch Katrine,** mit dem Dampfschiff durch den Nationalpark | 182
- **East Neuk,** charmante Fischerdörfer | 187
- **St Andrew's Cathedral,** einst die größte Kirche Schottlands | 194
- **Falkland Palace,** Jagdschloss der *Stuarts* | 199

Diese Tipps erkennt man an der gelben Markierung.

CENTRAL UND FIFE

Wie der Name bereits sagt, liegt Central im Herzen Schottlands. Die Region erstreckt sich über das Gebiet zwischen Stirling im Osten und Loch Lomond im Westen.

Wie der Kopf einer Dogge ragt die Halbinsel Fife im Südosten Schottlands ins Meer hinaus. Von drei Seiten umschließt Wasser, der Firth of Forth im Süden, der Firth of Tay im Norden und die offene See im Osten, das Land. Diesem Umstand verdankt Fife seine außergewöhnlich lange Küstenlinie.

Überblick

Central ist relativ stark besiedelt, wobei sich die Industrie in der Stadt Stirling konzentriert. Die Region ist landschaftlich reizvoll mit bewaldeten Tälern, romantischen Seen und Hügeln, die einen Vorgeschmack auf das schottische Hochland geben. Wegen der geografischen Nähe zu Edinburgh und Glasgow sowie seiner landschaftlichen Schönheit hat sich Central zum Naherholungsgebiet der Stadtbewohner entwickelt und ist im Sommer mehr als gut besucht.

Die kleine Region **Fife** ist geprägt von der Fischerei und der Landwirtschaft. Ersteres bezeugen die Fischerdörfer in East Neuk, letzteres ist kaum zu übersehen, durchquert man das Land. Bis zum Horizont, und der ist im flachen Fife weit, erstrecken sich die Felder, unterbrochen von einigen Waldstücken. Stolz sind die Einwohner auf die Geschichte ihrer Heimat, denn Fife war im 11. Jh. das schottische Königreich und Dunfermline die Hauptstadt. Noch heute sprechen die Menschen vom „ancient kingdom of Fife“, vom alten Königreich Fife.

Stirling

Die **an den Ufern des Forth** gelegene Kleinstadt (rund 38.500 Einwohner) hat sich im 18. und 19. Jh. zu einer **Verwaltungs- und Industriestadt** entwickelt und lebt heute vor allem von der Produktion landwirtschaftlicher Geräte, Düngemittel und Textilien. Seit 1967 ist in Stirling zudem eine **Universität** beheimatet. Die Stadt kann auf eine lange kaufmännische Tradition zurückblicken, denn dank ihrer günstigen geografischen Lage erhielt sie schon vor Ende des 13. Jh. die Rechte einer Royal Burgh.

Der Name *Stirling* ist vermutlich eine Verballhornung des walisischen Ausdrucks *place of striving*, was so viel bedeutet wie „Ort des Streites“. Die Bezeichnung liegt nahe, betrachtet man die Geschichte Stirlings mit den zahllosen Schlachten, die hier stattgefunden haben und von denen heute noch das nahe gelegene Schlachtfeld Bannockburn sowie der trutzige Charakter des Stirling Castle zeugen.

Stirling Castle

Das hoch auf einem Vulkanfelsen scheinbar uneinnehmbar thronende Stirling Castle findet erstmals Anfang des 12. Jh. im Zusammenhang mit *Alexander I.* urkundliche Erwähnung. Zu jener Zeit besaß Stirling Castle allerdings noch keine Ähnlichkeit mit der mächtigen Burg, die wir heute vorfinden. Vielmehr bestand sie zum größten Teil aus Holzbauten und Palisaden, denn Maurerarbeiten, freilich noch in geringem Ausmaß, sind erst aus dem späten 13. Jh. bekannt. Von umfangreicheren Arbeiten wird sogar erst seit dem 14. Jh. berichtet. Aus dieser Zeit stammt auch das **North Gate,** das sich aufgrund seiner Fertigstellung im Jahre 1381 das älteste heute noch erhaltene Bauwerk der Burg nennen darf.

Wegen seiner strategisch günstigen Lage oberhalb des Forth war Stirling Castle während seiner 700-jährigen Geschichte stets ein beliebtes Objekt von Streitigkeiten: Kein anderes Schloss Schottlands hat so oft den Besitzer gewechselt. Doch auch von anderen Ereig-

Adobe Stock © cornfield

nissen weiß Stirling zu berichten: Hier wurde *James III.* geboren, *James IV.* und *James V.* sind in Stirling aufgewachsen, *Maria Stuart* wurde in der örtlichen Kirche im Alter von nur neun Monaten gekrönt, und auch *James VI.* feierte auf der Burg rauschende Feste, bevor er König von ganz Britannien wurde.

James IV. und *James V.* waren es, die größere Bautätigkeiten an Stirling Castle veranlassten. *James IV.* zeichnet vornehmlich für die Errichtung der Außenverteidigungsanlagen (um 1500) und den **Royal Courtyard** (heute Upper Square), um den sich die interessantesten Gebäude der Burg gruppieren, verantwortlich.

Die **Kapelle,** neben der Great Hall errichtet, ist so, wie sie sich heute darstellt, erst unter der Regentschaft *James' VI.* entstanden, als dieser im Jahr 1594 eine angemessene Räumlichkeit für die Taufe seines ersten Sohnes, *Prince Henry,* benötigte. Doch bezeugt bereits die erste Erwähnung der Burg aus dem 12. Jh. die Existenz einer Kapelle innerhalb der Befestigung. Die Wandmalereien, die das Innere des rechteckigen Gebäudes schmücken, sind erst einige Jahre nach dem Bau der Kapelle, 1628, unter der Hand von *Valentine Jenkins* entstanden.

Die Fassade in ihrer klassischen Form und mit der Vielzahl an Dämonen, Wasserspeiern und anderen grotesken Gestalten macht den **Palast** zu einem der herausragendsten Beispiele der schottischen Frührenaissance. Deutlich sichtbar ist der Einfluss französischer Baumeister und Steinmetze, die diesen Stil nachhaltig prägten.

Über eine kleine, neogotische Brücke, unter der der Besucher bei Betreten des Upper Square hindurchgeht, gelangte *James V.* vom Palast in die **Great Hall.** Da dieser separate Eingang jedoch den Königen vorbehalten war, gibt es für Normalsterbliche noch einen Eingang am Hof. Das imposante rechteckige Gebäude mit der Holzdecke ist um 1500 entstanden und diente als Versammlungsstätte bei Staatsgeschäften und größeren Zeremonien. Die letzten 200 Jahre

☐ ☐ Stirling Castle und Blick von den Burgmauern über die Stadt

331sc jf

beherbergte es eine Kaserne und wurde erst 1964 geräumt.

Im vierten Gebäude am Hof, dem sogenannten **King's Old Building,** das zum größten Teil erst aus dem 18. und 19. Jh. stammt, ist eines jener martialischen schottischen Militärmuseen untergebracht, in dem stetig untermalt durch Schlachtenlärm und -musik, die blutig-glorreiche Geschichte des *Argyll and Sutherland Highlander Regiment* dargestellt wird.

In dem Schloss gibt es noch mehr zu entdecken, etwa die lebhaft gestaltete Küche oder die Queen Anne Gardens, doch vor allem bietet sich bei schönem Wetter ein herrlicher **Blick von den Burgmauern** über den Forth und die Umgebung Stirlings.

Die **Palace Vaults** sind speziell für Kinder gestaltet, die sich hier verkleiden können und mittelalterliche Spiele und Instrumente ausprobieren dürfen.

■ **Stirling Castle,** FK8 1EJ, www.stirlingcastle.scot, April–Sept. tägl. 9.30–18 Uhr, Okt.–März tägl. 9.30–17 Uhr, letzter Einlass 1 Std. vor Schluss, Eintritt £ 19,50 (bei Online-Buchung £ 17,50). Führungen zwischen 10 und 16 Uhr halbstündlich.

Sehenswertes in der Altstadt

Neben seinem Aushängeschild, dem Castle, hat Stirling noch einiges anderes Sehenswertes zu bieten. In der reizvollen **Altstadt** erinnern noch mehrere Gebäude an die ehemalige Existenz als Königssitz. Am besten beginnt man den Rundgang in der Spittal Street, läuft über die St John Street und Castle Wynd zur Burg hoch und entdeckt so auch die anderen Schönheiten Stirlings.

Die **Church of the Holy Rude** ist mit ihrem gotischen Mittelschiff eine der wenigen erhaltenen mittelalterlichen Kirchen Schottlands. Hier wurden auch *Maria Stuart* und ihr Sohn, *James VI.*, zur Königin bzw. zum König gekrönt.

■ **Church of the Holy Rude,** FK8 1ED, www.churchoftheholyrude.co.uk, nur im Sommer Mo–Sa 10–18 Uhr, Eintritt £ 5.

Neben der Kirche befindet sich **Mar's Wark,** das Haus des Vormundes *James' VI.*, des *John Earl of Mar.* Auffallend ist die außergewöhnliche Renaissancefassade, die reich mit Pilastern, heraldischen Emblemen, Skulpturen und sogar einer in Tuch gehüllten Leiche versehen ist. Heute nur noch eine Ruine, ist Mar's Wark nicht von innen zu besichtigen.

Schräg gegenüber wurde **Argyll's Lodging** um 1630 auf Geheiß *Williams Earl of Stirling* errichtet. Später ging es in den Besitz des neunten *Earl of Argyll* über, der es 1670 vergrößern ließ. Einige Räume sind restauriert und möbliert worden. Das Gebäude wird derzeit umfassend renoviert und kann nicht besichtigt werden.

Wer wissen möchte, wie die weniger reichen Menschen gelebt haben, kann auf dem Weg vom Castle herunter in die Stadt in der Broad Street einige **Little Houses** aus dem 16.–18. Jh. betrachten.

Smith Art Gallery & Museum am Albert Place beherbergt neben einer interessanten Darstellung der Geschichte Stirlings wechselnde Ausstellungen.

■ **Smith Art Gallery & Museum,** FK8 2RQ, www.smithartgalleryandmuseum.co.uk, Mi–So 10–17 Uhr, Eintritt frei.

Teile des alten Gefängnisses **Tolbooth** in der St. John Street wurden zu einem Kunstzentrum umgebaut. Dort finden regelmäßig Konzerte, aber auch Ausstellungen oder Mal- und Musikstunden statt (Tel. 01786 274000, www.stirling events.org/tolbooth-event).

In unmittelbarer Nähe hat das alte viktorianische Gefängnis von Stirling seine Tore für Besucher geöffnet. Mit Hilfe von Schauspielern und einem ebenfalls verkleideten Museumsführer wird das Leben im **Old Town Jail** wirklichkeitsgetreu nachgestellt.

■ **Old Town Jail,** FK8 1EA, www.oldtownjail.co.uk, Mai–Nov. tägl. 10–18 Uhr, Eintritt £ 12.

☐ Schon von Weitem sichtbar: das National Wallace Monument

National Wallace Monument

2,5 km außerhalb von Stirling, vom Castle aus gut sichtbar, liegt auf dem Abbey Craig das stark besuchte National Wallace Monument. Der rund **65 m hohe Turm** wurde zu Ehren des Nationalhelden *Sir William Wallace* („Braveheart") errichtet und birgt in seinem Innern eine **Ausstellung** über den schottischen Freiheitskämpfer und die Schlacht bei Stirling, die die Schotten unter seiner Führung um 1300 gegen die Engländer gewannen. Der etwas beschwerliche Aufstieg bis zur Turmspitze (246 Stufen) wird allerdings mit einem fantastischen Ausblick über die gesamte Umgebung belohnt.

■ **National Wallace Monument,** Abbey Craig, Hillfoots Road, FK9 5LF, www.nationalwallacemonument.com, Nov.–Feb. tägl. 10–16 Uhr, März tägl. 10–17 Uhr, April–Juni und Sept./Okt. tägl. 9.30–17 Uhr, Juli/Aug. tägl. 9.30–18 Uhr, Eintritt £ 11,30.

332sc jf

Stirling

Übernachtung
- 1 The Woods Caravan Park
- 4 Castlecroft
- 5 Stirling Youth Hostel
- 7 Willy Wallace Hostel
- 10 The Golden Lion Hotel

Essen und Trinken
- 2 The Gallery Restaurant
- 3 Whistlebinkies
- 8 Caffe Pompei

Einkaufen/Sonstiges
- 6 Velocity 44
- 9 Stirling Arcade
- 11 Thistles Shopping Centre
- 12 Autoverleih

Cambuskenneth Abbey

Wesenlich weniger stark besucht, ragen in der Nähe die Überreste von Cambuskenneth Abbey in den Himmel. Die Abtei wurde 1140 unter *David I.* erbaut. *Robert Bruce* hielt hier 1314 und 1326 sein Parlament ab. *James III.* und *Margarethe von Dänemark* liegen in der Abtei begraben. Heute ist nur noch der schöne **Glockenturm** aus dem 12. Jh. erhalten.

■ **Cambuskenneth Abbey,** www.historicenvironment.scot/visit-a-place/places/cambuskenneth-abbey, April–Sept. tägl. 9.30–17.30 Uhr, Eintritt frei.

Alloa Tower

Östlich von Stirling, in **Alloa,** lohnt ein Besuch des Alloa Tower im Ortszentrum. Da in Alloa eine wichtige Fähre über den Forth ging, wurde im 14. Jh. der **Festungsturm** erbaut. Im 18. Jh. gestaltete *John Erskine, 6. Earl of Mar,* das Innere neu, so wie es noch heute zu sehen ist.

■ **Alloa Tower,** Alloa, FK10 1PL, www.nts.org.uk/visit/alloa-tower, April–Okt. Fr–Mo 12–16 Uhr, Eintritt £ 8,50.

Praktische Tipps

Informationen

- **Stirling iCentre,** Old Town Jail, St John Street, FK8 1EA, Tel. 01786 475019.
- **www.stirling.co.uk**

Verbindungen

Bahn

- Der Bahnhof liegt relativ zentral in der Burghmuir Road. Regelmäßige Verbindungen führen nach **Edinburgh, Glasgow** und über **Perth** nach **Dundee, Aberdeen** und **Inverness.**

Bus

- Der Busbahnhof liegt ähnlich zentral in der Goosecroft Road. Busverbindungen mit *Citylink* bestehen nach **Edinburgh, Glasgow** und über **Perth** nach **Dundee, Aberdeen** und **Inverness.** Zusätzlich fahren lokale Busse durch die weniger besiedelten Gebiete der Central Region und halten auch in kleineren Ortschaften.

Unterkunft

4 **Castlecroft**②, Ballengeich Road, FK8 1TN, Tel. 07553 345497, www.castlecroft-uk.co.uk. Schönes B & B am Castle mit tollem Ausblick.

5 **Stirling Youth Hostel**②, St John Street, FK8 1EA, Tel. 01786 473442, www.hostellingscotland.org.uk/hostels/stirling/. In schickem Altstadthaus nahe dem Castle gelegen.

7 **Willy Wallace Hostel**②, 77 Murray Place, FK8 1AU, Tel. 01786 446773. Hübsche Zimmer, mit historischer Lounge für spannende Gespräche, günstig in der Stadtmitte gelegen.

10 **The Golden Lion Hotel**②-③, 8–10 King Street, FK8 1DQ, Tel. 01786 475351, www.thegoldenlionstirling.com. Edles Hotel mit Restaurant.

1 **The Woods Caravan Park**②, Diverswell Farm, Alva, FK10 3AN, Tel. 01259 762802, www.thewoodscaravanpark.co.uk. Liegt einige Kilometer östlich von Stirling, südlich der A 91, am Fuße der Ochil Hills mit entsprechend schönem Panorama.

Essen und Trinken

3 Zahlreiche Pubs und Bars gibt es in der Innenstadt, z. B. **Whistlebinkies** unterhalb des Castle, 73–75 St Mary's Wynd, FK8 1BU.

2 **The Gallery Restaurant,** 84 Drip Road, FK8 1SE, Tel. 01786 406027, www.forthvalley.ac.uk/the-place/gallery-restaurant, Di–So 12–13.15 Uhr, Do zusätzlich 17–18.30 Uhr. Bietet auf dem Campus des *Forth Valley College* gutes Essen mit schöner Aussicht zu erschwinglichen Preisen an.

8 **Caffe Pompei,** 55 King Street, FK8 1DR, Tel. 07 967 641767, www.fb.com/caffepompeistirling, Mo 9–16 Uhr, Di–Sa 9–17 Uhr, So 11–16 Uhr. Das feine Café hat *Canneloni,* aber die süßen, außerdem noch Kaffee und andere italienische Spezialitäten.

Feste

- **Stirling Highland Games,** im August (www.stirlinghighlandgames.com).
- **Bloody Scotland,** Mitte September, Festival für Fans der schottischen Kriminalliteratur (www.bloodyscotland.com).

Einkaufen, Sonstiges

11 Gut Einkaufen kann man in der Gegend um Baker Street und King Street, an deren Ende sich das **Thistles Shopping Centre** befindet, Goosecroft Road, FK8 2EA, www.thistlesstirling.com, Mo–Mi und Fr/Sa 9–17.30 Uhr, Do 9–18 Uhr, So 10–17 Uhr.

9 Ebenfalls an der King Street wurde Ende des 19. Jh. die **Stirling Arcade** erbaut, FK8 1AX. Hier

haben die Geschäfte zum Teil auch sonntags geöffnet.

6 Einen Fahrradladen gibt es an der Ecke Barnton Street, Princes Street: **Velocity 44,** 44 Barnton Street, FK8 1NA, Tel. 01786 465292, www.velocity44.com, Mo–Fr 9–17 Uhr, Sa 10–16 Uhr.

12 **Autoverleih:** *Arnold Clark Hire Drive,* Kerse Road, FK7 7LA, Tel. 01786 478686, www.arnoldclarkrental.com, Mo–Fr 8–17.30 Uhr, Sa 8–16 Uhr, So 9–13 Uhr.

Umgebung von Stirling

Bannockburn

3 km südöstlich von Stirling liegt an der A 872 das ehemalige **Schlachtfeld** von Bannockburn. Bannockburn hat für die Geschichte und das Selbstverständnis der Schotten eine ganz besondere Bedeutung, denn im Jahre 1314 errangen hier die Schotten in einer entscheidenden Schlacht die **Unabhängigkeit von England.** Die Schotten unter *Robert the Bruce* waren damals zahlenmäßig weit unterlegen, doch *Robert* lockte die Engländer in den Sumpf; die gegnerische Reiterschaft blieb in dem Morast stecken, konnte ihre Überlegenheit nicht ausspielen, und die Schotten gingen als Sieger aus der Schlacht hervor. *Robert the Bruce* wurde schottischer König und das Land für mehrere Jahrhunderte unabhängig. Vor diesem Hintergrund wird klar, warum die Schotten zu diesem Ort pilgern, obwohl das Schlachtfeld selbst nicht von besonderem Interesse ist.

Doune Castle

Der *National Trust for Scotland* hat die nationale Attraktion besucherwirksam aufbereitet und ein **Bannockburn Visitor Centre** errichtet. Ein Video schildert den genauen Ablauf der Schlacht; außerdem sind Ritterstatuen in Lebensgröße zu bewundern und es gibt eine Ausstellung über das schottische Königreich von der Unabhängigkeit bis zur Vereinigung der Kronen. Wie in vielen Besitztümern des *National Trust* können Kinder (und nicht nur Kinder) im Zentrum echte Kettenhemden, Helme und mittelalterliche Kleidung ausprobieren sowie an Schlachtspielen teilnehmen.

Beeindruckend ist außerhalb des Zentrums die lebensgroße **Bronzestatue** von *Robert the Bruce* zu Pferd, in Rüstung und mit der typischen Streitaxt in der Hand.

Battle of Bannockburn Visitor Centre, Glasgow Road, Whins of Milton, Stirling, FK7 0LJ, www.nts.org.uk/bannockburn, tägl. 10–17 Uhr, Eintritt £ 8,50.

Dunblane Cathedral

10 km nördlich von Stirling führt die A 9 ins Städtchen Dunblane. Sein Schmuckstück ist eine hochgotische **Kathedrale,** ein herrliches dreischiffiges Gotteshaus, das größtenteils im 13. und 14. Jh. entstanden ist. Die Kathedrale hatte während der Reformation ihr Dach verloren, ist jedoch zwischen 1892 und 1895 vollständig restauriert worden. Virtuose Holzschnitzereien sind noch an der Kanzel, dem Chorgestühl und der Orgel zu bewundern. Prachtvolle alte Fenster stehen in gelungenem Einklang zu modernen, genauso wie das relativ neue

333sc jf

Chorgestühl (19./20. Jh.) mit den verzierten Stühlen aus dem 15. Jh., die sich um den Altar gruppieren, harmoniert.

■ **Dunblane Cathedral,** The Cross, FK15 0AQ, www.historicenvironment.scot/dunblane-cathedral, April–Sept. Mo–Sa 10–12.30 und 13.30–16.30 Uhr, So 14–16.30 Uhr, Okt.–März Mo–Sa 10–12.30 und 13.30–16 Uhr, Eintritt frei.

Doune Castle

Doune, 8 km westlich von Dunblane an der A 84, ist ein hübscher Ort mit einer sehr gut erhaltenen Burgruine. Das mittelalterliche Doune Castle wurde im 14. Jh. hauptsächlich unter *Robert Stewart,* dem jüngsten Sohn von *Robert II.,* errichtet und war später Sitz der *Earl of Moray.* Doch schon früher, zu Zeiten der Römer, hat an dieser strategisch günstigen Stelle ein Fort gestanden, von dem nur noch der Erdhügel, auf dem die Burg steht, zeugt. In den letzten beiden Jahrhunderten wurde Doune Castle restauriert und die Laird's Hall und Great Hall wieder eingerichtet.

Film- und Serienfans kennen die Burg aus *Monty Python's* „Ritter der Kokosnuss" (1975) und der auf den Romanen *Diana Gabaldons* basierenden Serie „Outlander" (seit 2014). Für den Pilotfilm der erfolgreichen Serie „Game of Thrones" wurde Doune Castle zudem als Teil der *Burg Winterfell* genutzt.

Die **Brücke** innerhalb des Ortes ließ *R. Spittal,* der Schneider von *James IV.,* 1535 errichten, um sich an dem Fährmann zu rächen, der ihm die Überfahrt verweigert hatte.

■ **Doune Castle,** Castle Hill, FK16 6EA, www.historicenvironment.scot/doune-castle, April–Sept. tägl. 9.30–17.30 Uhr, Okt.–März tägl. 10–16 Uhr, Eintritt £ 10.

The Trossachs und Loch Katrine

Von Doune führt die A 84 weiter Richtung Nordwesten, bis in Kilmahog die A 821 mitten durch die Trossachs zum Loch Katrine abbiegt. Allgemein wird das gesamte Gebiet von Callander und Loch Earnhead im Osten bis zum Loch Lomond im Westen The Trossachs genannt, ursprünglich galt die Bezeichnung aber nur für die etwa zwei Kilometer lange **Schlucht** vom Loch Achray zum Loch Katrine.

Die ruhige, hügelige Gegend bietet einen leichten Vorgeschmack auf das Hochland und ist Teil des **Nationalparks Loch Lomond and The Trossachs** (www.lochlomond-trossachs.org).

Bereits im 19. Jh. pilgerten viele romantische *Walter-Scott*-Verehrer zum Loch Katrine, um auf den Spuren der „Lady of the Lake" zu wandeln, die laut *Scott* auf einem Eiland im See leben sollte. Doch auch wer die Novelle nicht gelesen hat, wird Gefallen an dem lieblichen See finden, besonders im Herbst, wenn der Wald um den See in allen Farben leuchtet. Am Nordufer des Loch Katrine entlang führt eine einspurige Straße, die für Autos gesperrt ist, auf der Fahrradfahrer aber eine herrliche Fahrt am Seerand unternehmen können.

Mit dem Schiff über Loch Katrine

Eine andere Möglichkeit, Loch Katrine kennenzulernen, ist eine „Kreuzfahrt" mit dem **Dampfschiff** „Sir Walter Scott", das im Sommer vom Trossachs Pier am Ostende des Sees nach Stronachlachar am Westende ablegt.

UNSER TIPP: Reizvoll ist auch eine **Verbindung von Fahrrad- und Schifffahrt,** d. h. die Hinfahrt mit dem Schiff zu unternehmen, um dann am Nordufer mit dem Rad zurückzufahren. Allerdings können die Fahrräder nur morgens auf

Adobe Stock © Nicola

das Boot und sollten aus Platzgründen vorher angemeldet sein. Einen Fahrradverleih gibt es am Pier.

■ **Schiffstour:** Neben zwei Fahrten nach Stronachlachar um 10.30 und 13.30 Uhr fahren die Schiffe auch kleine Rundtouren über den See, die 45–60 Min. dauern. Es ist empfehlenswert, die Tickets im Voraus zu buchen, Tel. 01877 376315, www.lochkatrine.com, Hin- und Rückfahrt abhängig vom Schiff ab £ 14.

Queen Elizabeth Forest Park

Südlich des Sees erstreckt sich der Queen Elizabeth Forest Park. Durch den Naturpark führen mehrere ausgeschilderte Wanderwege, und wer genug Energie aufbringt, kann auch den **Ben Lomond** besteigen, der von seiner Spitze in 974 m Höhe bei klarem Wetter großartige Ausblicke gewährt.

Radwanderweg in die Highlands

Durch das Gebiet des Nationalparks führt der Radwanderweg **Glasgow – Loch Lomond – Killin Cycle Way,** der das Lowland mit den Highlands verbindet. Der Weg beginnt in Glasgow am Ufer des Clyde, folgt dem Fluss weiter bis Dumbarton, um dann über Balloch am Loch Lomond bis nach Drymen zu führen. Von dort aus geht es über zwei verschiedene Routen durch den Queen Elizabeth Forest Park nach Aberfoyle, wo man sich entweder für den längeren Weg entlang des Loch Katrine oder für die direkte Route nach Callander entscheiden kann. Von Callander schließlich geht es nördlich weiter bis nach Killin.

■ **Infos:** www.sustrans.org.uk.

■ **Fahrräder leihen** kann man u. a. bei *Katrine Wheelz* am Pier des Schiffs an Loch Katrine (FK17 8HZ, Tel. 01877 376366, www.katrinewheelz.co.uk), oder beim *Wheels Cycling Centre* in Callander (FK17 8HW, Invertrossachs Road, Tel. 01877 3311 00, www.wheelscyclingcentre.com).

Aberfoyle

Entlang des Queen Elizabeth Forest Park führt die B 829 in südlicher Richtung nach Aberfoyle. Der Ort ist **umrahmt von schönster Natur** und eignet sich als Ausgangspunkt für Ausflüge in die Umgebung. Aberfoyle nennt sich selbst das „Tor zu den Trossachs".

Hochseilklettergarten

Etwas nördlich von Aberfoyle, an der A 821, liegt im Queen Elizabeth Forest Park der Hochseilklettergarten **Go Ape,** der mit zwei langen „Abseilfahrten" (bis zu 436 m lang, höchste Plattform 22 m über der Erde) aufwarten kann. Im Hochsommer ist es ratsam, im Voraus zu buchen.

■ **Go Ape,** FK8 3SX, Tel. 01603 895500, www.goape.co.uk, ab £ 20 (Zutritt erst ab 10 Jahren und einer Körpergröße von 1,40 m).

◁ Mit dem Schiff unterwegs auf Loch Katrine

Inchmahome Priory

6 km östlich von Aberfoyle stehen auf einer Insel im **Lake of Menteith,** dem einzigen *Lake* Schottlands, die Ruinen der Inchmahome Priory. Die Gebäude gehörten zu einem Augustinerkloster, das im Jahre 1238 gegründet worden war. Von **Port of Menteith** fährt ein Boot zu der Insel.

- **Inchmahome Priory,** FK8 3RA, www.historicenvironment.scot/inchmahome-priory, April–Sept. tägl. 10–16.30 Uhr, Okt. 10–15 Uhr, Eintritt £ 10.

Praktische Tipps

Unterkunft

- **The Forth Inn**②, Main Street, FK8 3UQ, Tel. 018 77 382372, www.forthinn.com. Schickes Hotel im Zentrum Aberfoyles, serviert auch Essen.
- **Trossachs Holiday Park**②, Gartmore, FK8 3SA, etwa 5 km südlich von Aberfoyle an der A 81, Tel. 0800 1971192, www.trossachsholidays.co.uk. Terrassierter Campingplatz am Rande der Trossachs.

Essen und Trinken

- **The Faerie Tree,** FK8 3UG, Tel. 01877 382191, www.thefaerietree.co.uk, So–Do 12–24 Uhr, Fr/Sa 12–1 Uhr. Pub, serviert Bar-Food.
- **Aberfoyle Delicatessen,** Main Street, FK8 3UU, Tel. 01877 382242, Mo–Fr 8.30–17 Uhr, Sa 8–17 Uhr, So 9.30–17 Uhr. Frisches Fleisch, Burger und *Pies* auf die Hand.

☒ Die Little Houses von Culross

Culross

Von Aberfoyle führt der Weg östlich über Stirling nach Culross **im Süden Fifes.** Das 600-Seelen-Dorf liegt etwa 11 km westlich von Dunfermline. Keine Burg, große Kirche oder herrschaftliche Residenz machen die Anziehungskraft dieses Ortes aus, vielmehr die sogenannten **Little Houses,** kleine, bürgerliche Häuser aus dem 16. und 17. Jh. Seit seiner Gründung im Jahr 1931 hat sich der *National Trust for Scotland* nicht nur für die Restaurierung herrschaftlicher Residenzen, sondern auch für den Erhalt kleinerer Wohnhäuser eingesetzt. Hier in Culross hat er vortreffliche Arbeit geleistet, der kleine Ort ist heute das beste schottische Beispiel bürgerlichen Lebens im 16. und 17. Jh. Trotzdem ist Culross kein Freilichtmuseum, sondern eine lebende Stadt. Die kleinen Häuser befinden sich in Privatbesitz und sind bewohnt, was dem Flair dieses Ortes nur zuträglich sein kann.

Das Aushängestück des Dorfes ist der **Palace,** der allerdings nie königlicher Palast, sondern „nur" das größte Haus des Städtchens war. Der Palace wurde in zwei Etappen erbaut, der ältere Teil 1597. Die Buchstaben *GB* über dem südlichen Mittelfenster verweisen auf den Besitzer, den Kaufmann *George Bruce.* Dieser revolutionierte Anfang des 17. Jh. den Kohlebergbau und machte Culross zu einem damals bedeutenden Kohle- und Salzhafen. Der jüngere Teil des Hauses stammt aus dem Jahr 1611, und die Initialen *SGB* über einem der Dachfenster verdeutlichen den Erfolg des Händlers: *Sir George Bruce* war wegen seiner Verdienste für die Wirtschaft zum Ritter geschlagen worden. Von der Einrichtung ist leider nicht viel erhalten, doch reizvoll sind die bemalten Decken in einigen Räumen. Die kleine Teestube am Ausgang lädt zu einer Ruhepause ein. Zum Preis von £ 5,50 finden von hier aus Führungen durch den Ort statt.

■ **Culross Palace,** KY12 8JH, www.nts.org.uk/culross, April–Sept. tägl. 10–17 Uhr, März und Okt. tägl. 10–16 Uhr, Eintritt £ 13, nur Garten £ 5.

Ein Besuch des **Town House** (Rathaus) vermittelt anhand einer Ausstellung und eines Videos die Geschichte von Culross und der Little Houses.

The Study (1613), neben dem obligatorischen Mercat Cross, ist das zweitgrößte Haus in Culross. *Bishop Leighton* hatte in dem Haus im späten 17. Jh. ein Studierzimmer eingerichtet und gab so dem Gebäude seinen Namen. Im ersten Stock ist ein großer Raum mit alten Möbeln und einer wundervollen niederländischen Decke zu besichtigen.

Über den Dächern der Stadt thront **Culross Abbey,** eine alte Zisterzienser-Abtei, 1217 von *Malcom, Earl of Fife,* gegründet. Die Kirche wurde 1633 renoviert und bietet u. a. Raum für ein *George-Bruce*-Denkmal aus Alabaster. Auf dem Friedhof finden sich einige mit Zunftzeichen geschmückte Grabsteine.

Dunfermline

Vor fast 1000 Jahren war The Auld Grey Toon of Dunfermline für kurze Zeit die Hauptstadt Schottlands. 1060 gab *Malcolm III.,* der Sohn des von *Macbeth* ermordeten *Duncan,* der Stadt an der Südküste von Fife den Vorzug vor der alten Hauptstadt Perth und verlegte seinen Hof nach Dunfermline. 10 Jahre später heiratete der grobschlächtige König die zarte sächsische Prinzessin *Margaret,* die es sich zur Aufgabe machte, sowohl die groben Sitten der Kelten zu verfeinern als auch ihre Kirche zu katholisieren.

743sc bcg

Für ihre Anstrengungen und ihr Bemühen um die armem Menschen der Stadt wurde *Margaret* später heiliggesprochen. Aus ihrer Zeit stammen die Überreste des **Palastes** und der **Culdee Church,** die sie vergrößern ließ, beide neben der Abtei.

Sehenswertes

UNSER TIPP: Die **Abtei,** die zusammen mit der Kirche das Stadtbild dominiert, wurde unter *David I.* im frühen 12. Jh. errichtet und diente als Begräbnisstätte der schottischen Könige von *Malcolm III.* bis *Robert the Bruce*. Heute ist nur noch das faszinierende normannische Kirchenschiff aus dieser Zeit erhalten. Die separat stehende Kirche stammt aus dem 19. Jh. Nicht zu übersehen ist im neuen Chor das Grab *Robert Bruce's,* des Königs, der 1314 die schottische Unabhängigkeit erkämpfte.

■ **Dunfermline Abbey,** St Margaret's Street, KY12 7PE, www.historicenvironment.scot/dunfermline-abbey-and-palace, April–Sept. Mo–Sa 10–16.30 Uhr, So 13–16.30 Uhr, Okt.–März Di–Sa 10–16 Uhr, Eintritt frei.

Angrenzend an das Abteigelände (Eingang von Maygate aus) findet sich **Abbot House.** In dem schönen alten Haus aus dem 14.–16. Jh. werden regelmäßig Konzerte und Workshops veranstaltet. Sollte einmal nichts los sein, lohnt sich ein Besuch dennoch wegen des süßen Cafés oder des historischen Gartens (www.abbothouse.org).

Gleich nebenan liegt der weitläufige **Pittencrieff Park,** der bei schönem Wetter auf jeden Fall einen Blick wert ist. Der Park bietet einiges: einen Bach mit romantischer Brücke, einen Musikpavillon mit Café und das **Pittencrieff House** mit wechselnden Foto- und Malereiausstellungen.

Der Park ist wie viele andere öffentliche Gebäude der Stadt eine Spende ihres angeblich „größten Sohnes", **Andrew Carnegie.** Dieser wurde 1835 als Sohn einer Weberfamilie in Dunfermline geboren und stand als Kind oft vor den Türen des Parks, den er nicht betreten durfte. 1848 emigrierte er mit seinen Eltern nach Amerika und verwirklichte dort den amerikanischen Traum „vom Tellerwäscher zum Millionär". In der Stahl- und Eisenindustrie machte er sein Glück und starb als einer der reichsten Männer der Welt. 350 Mio. US-Dollar gab er während seines Lebens für wohltätige Zwecke aus und bedachte dabei auch immer wieder seine schottische Heimat. Als Wohltäter der Menschheit feiert ihn Dunfermline und ehrt ihn mit einem **Andrew Carnegie Birthplace Museum** in der Moodie Street. Doch die Spendenfreudigkeit und Philanthropie war nur eine Charakterseite dieses Mannes. Auf der anderen Seite war sein Umgang mit den Arbeitern geprägt von Skrupellosigkeit. Die Arbeitsbedingungen in seinen Betrieben waren so schlecht, dass er sich die Kritik anderer Musterkapitalisten einhandelte. Trotzdem ist es interessant zu sehen, aus welchen Verhältnissen er stammte und wie er es schaffte, als Einwanderer zu einem der reichsten Männer Amerikas aufzusteigen.

■ **Pittencrieff Park,** KY12 8QH, http://pittencrieff.fife.scot, April–Sept. tägl. 11–17 Uhr, Okt.–März 11–16 Uhr, Eintritt frei.

■ **Andrew Carnegie Birthplace Museum,** KY12 7PL, www.carnegiebirthplace.com, tägl. 11–16 Uhr, Eintritt frei.

Das andere markante Gebäude ist der **Rathausturm** (City Chambers, Old Highstreet). Seit Dunfermline im Jahre 1112 freie Marktstadt (Burgh) wurde, findet sich hier auch ein Rathaus. Das jetzige stammt allerdings erst aus dem späten 19. Jh. und trägt neben neogotischen eindeutig viktorianische Züge.

Praktische Tipps

Verbindungen

Bahn

■ Dunfermline ist mit einer regelmäßigen Bahnverbindung an **Edinburgh** angeschlossen. Die Fahrt dauert etwa 30 Min. mit Zwischenstopps u. a. in **Inverkeithing** und **North Queensferry.**

Bus

■ Busse verbinden Dunfermline stündlich mit **St Andrews** (Buslinie X24) und **Glasgow** (X27). Die Fahrten sind am günstigsten mit der Tageskarte des *East Scotland DayRider* für £ 11.

■ Lokale Buslinien fahren nach **Culross, Alloa** und **Falkirk** (Linien 8 und 28), **Kirkaldy** und **Leven** (Linien 7 und 33), **Glenrothes** (Linie 31) und **North Queensferry** (Linien 7D, 87 und 89). Tageskarten für West Fife kosten £ 8.

Unterkunft

Das Hotelangebot ist erstaunlich groß; kleinere, gediegene Hotels sind überall in der Stadt zu finden.

■ **Clarke Cottage Guest House**①, 139 Halbeath Road, KY11 4LA, Tel. 01383 735935, www.clarkecottageguesthouse.co.uk. Hübsches Guest House in der Nähe der Haltestelle Dunfermline Queen Margaret.

■ **Garvock House Hotel**②, St John's Drive, KY12 7TU, Tel. 01383 621067, www.garvock.co.uk. Das schöne Hotel liegt idyllisch um den Dunfermline Public Park.

Essen und Trinken

■ Dunfermline bietet eine große Variation indischer Küche, so zum Beispiel das hübsche **Dhoom,** 19–21 New Row, KY12 7EA, Tel. 01383 223340, www.dhoomuk.co.uk, Mo und Mi/Do 12–22 Uhr, Fr/Sa 12–22.30 Uhr, So 13–22 Uhr, das sich moderner, indischer Küche verschrieben hat.

East Neuk

Spricht man vom Charme Fifes, denkt man an die **Küstendörfer** von East Neuk mit ihren Fischkuttern, Gassen und roten Ziegeldächern. Largo, Elie, St Monans, Pittenweem, Anstruther und Crail heißen die Dörfer, die bei aller Ähnlichkeit doch auch Besonderheiten zu bieten haben.

Das alte schottische Wort *Neuk* bedeutet Ecke. *East Neuk* heißt „östliche Ecke“ und beschreibt die Lage am **Landzipfel von Fife.** Im Mittelalter wurde von hier aus reger Handel mit Frankreich, Skandinavien und den Niederlanden betrieben, wobei die Schotten Wolle, Kohle, Leder und Fisch gegen Holz und verschiedene Waren eintauschten.

Als der Handel zurückging, expandierte der **Fischfang.** Riesige Heringsflotten belebten die Häfen East Neuks, doch auch sie sind schon lange verschwunden, und nur noch wenig erinnert heute in den malerischen Fischerdörfern an die großen Zeiten des Handels und Fischfangs. Dem aufmerksamen Betrachter wird jedoch ein Relikt aus den mittelalterlichen Handelstagen nicht entgehen. Die **Treppengiebelhäuser,** typisch für diese Gegend und in ganz Fife verbreitet, erinnern stark an die niederländische Dacharchitektur und sind zweifelsohne von dieser geprägt.

Elie

Windsurfer und Badegäste schätzen besonders den Hafen bzw. den **schönen Sandstrand** bei Elie, die beide geschützt in einer Bucht liegen.

St Monans

Wenige Meilen weiter liegt **St Monans** mit einer ungewöhnlichen Fischerkirche aus dem 14. Jh. Die **Auld Kirk** kann, neben einem im Querschiff aufgehängten Schiffsmodell, wie so viele Kirchen in Schottland mit einem Superlativ aufwarten: The Auld Kirk ist angeblich die Kirche Schottlands, die sich am nächsten zum Meer befindet (www.stmonanschurch.org.uk).

Pittenweem

In Pittenweem (piktisch für „Ort der Höhle"), noch ein paar Kilometer weiter, findet täglich frühmorgens ein **Fischmarkt** statt. Viele vom *National Trust for Scotland* restaurierte Häuser und **St Fillan's Cave** in Hafennähe, eine Höhle, in welcher der Missionar *St Fillan* gelebt haben soll, machen den Ort sehenswert (der Schlüssel zur Höhle ist beim *Cocoa Tree Café* in der High Street erhältlich, → Essen und Trinken).

Pittenweem ist jährlich Anfang August Austragungsort des **Pittenweem Arts Festival** mit Straßentheater und Musikveranstaltungen.

Etwa 3 km nordöstlich von Pittenweem liegt **Kellie Castle and Garden.** Die Burg aus dem 14. Jh. wurde im 19. Jh. von der Architekten- und Künstlerfamilie *Lorimer* behutsam renoviert und ist eines der Castles in Schottland, in denen es nachweislich spukt.

■ **Kellie Castle and Garden,** KY10 2RF, www.nts.org.uk/visit/kellie-castle, März–Okt. Do–Mo 11–16 Uhr, der schöne Garten ist März–Okt. tägl. von Sonnenaufgang bis Sonnenuntergang geöffnet, Eintritt £ 12,50, nur der Garten £ 3.

Anstruther

Anstruther (sprich: Anster), der größte East-Neuk-Hafen, beherbergt das **Scottish Fisheries Museum,** wo Einrichtungen aus Fischerhütten, Angelgeräte, Boote sowie historische Gebäude zu besichtigen sind.

■ **Scottish Fisheries Museum,** KY10 3AB, www.scotfishmuseum.org, Mo und Mi–Sa 10–16.30 Uhr, So 11–16.30 Uhr, Juli/Aug. bis 17 Uhr, Eintritt £ 11.

[>] Der kleine Hafen von Crail, einem der Dörfer am Landzipfel East Neuk

Bootsfahrt zur Isle of May

UNSER TIPP: Vom Hafen von Anstruther aus fährt im Sommer täglich ein Boot zur vor der Küste liegenden Isle of May. Die Insel mit dem **ältesten Leuchtturm Schottlands** gehört dem *Scottish National Heritage* und ist ein **Naturschutzreservat.** Insbesondere Vögel sind hier zu beobachten, z. T. nisten auf der kleinen Insel bis zu 250.000 Vögel, darunter 100.000 **Papageitaucher.** Die Fahrt dauert 4–5 Stunden inkl. eines Aufenthalts von 2–3 Stunden. Auf der Insel beantworten Mitarbeiter von *NatureScot* Fragen und sorgen dafür, dass die Vögel nicht gestört werden. Mit ein bisschen Glück kann man auch **Delfine und Robben** sehen.

- **Anstruther Pleasure Cruises,** Anstruther, KY10 3AB, Tel. 07957 585200, www.isleofmayferry.com, die Abfahrtszeiten richten sich nach Wetter und Gezeiten, £ 38, Kinder die Hälfte.

Crail

UNSER TIPP: Crail am östlichen Ende von Fife ist der Archetypus eines East-Neuk-Fischerdorfes. Der pittoreske **Hafen** mit den alten Hafenmauern, die rotgedeckten Häuser und das flämisch beeinflusste **Rathaus** aus dem 16. Jh. machen die Atmosphäre des Ortes aus. Den großen Stein an der alten **Church of St Mary** (12. Jh.) schleuderte angeblich vor langer Zeit der Teufel in einem Wutanfall von der Insel May auf das Gotteshaus, das er glücklicherweise jedoch knapp verfehlte.

Praktische Tipps

Verbindungen

Bus

- Die Buslinie 95 fährt stündlich von **St Andrews** über die East-Neuk-Dörfer nach **Leven.** Linie X60

Adobe Stock © Afunbags

verbindet St Andrews mit **Edinburgh** und hält ebenfalls in den Dörfern (außer Crail).

- Für einen Tagesausflug nach East Neuk bietet sich das Ticket **East Scotland DayRider** an. Die Karte für £ 11 gilt den ganzen Tag auf allen *Stagecoach*-Linien und reicht von Edinburgh bis über Dundee hinaus (erhältlich beim Busfahrer und unter www.stagecoachbus.com).

Unterkunft

- **Honeypot Guesthouse**②, 6 High Street, Crail, KY10 3TD, Tel. 01333 450935, www.honeypotcrail.co.uk. Liegt direkt im Zentrum Crails und bietet schöne Blicke aufs Meer.
- **Albert Cottage**②, 15 Viewforth Place, KY10 2PZ, Pittenweem, Tel. 01333 313973, www.albertcottagefife.co.uk. Stilvoll dekoriertes B & B in viktorianischen Gemäuern.
- **B & B** findet man in Anstruther u. a. am Hafen, in Crail z. B. in der High Street und in Elie in der High Street und am Park Place. Die Preise liegen zwischen £ 30 und £ 40.

Camping

- **Sauchope Links Holiday Park**②, KY10 3XJ, 1,5 km östlich von Crail an der A 917, Tel. 01333 450 460, www.largoleisure.co.uk. Direkt am Strand gelegen, bietet einige Hütten und Camping Pods zur Miete.
- **Elie Holiday Park**②, KY9 1HB, an der A 915 4 km westlich von Elie, Tel. 01333 330283, www.abbeyford.com/locations/elie-holiday-park. Großer Park mit vielen Dauercampern.

Essen und Trinken

- **Cocoa Tree Café,** 9 High Street, Pittenweem, KY10 2LA, Tel. 01333 311495, www.pittenweemchocolate.co.uk, tägl. 10–17 Uhr. Das Café ist vor allem für die Schokoladenspezialitäten bekannt. Wer auf den Geschmack gekommen ist, kann sich im angrenzenden kleinen Laden gleich noch ein bisschen mit Vorräten eindecken.
- Im Hafen von Anstruther gibt es einige sehr nette Restaurants und Cafés. Im **Coast Coffee,** 13 Shore Street, KY10 3BD, Tel. 01333 311411, www.fb.com/coastcoffeeanstruther, Mo–Sa 7.30–17 Uhr, So 8–17 Uhr, lässt sich das Treiben im Hafen sehr bequem bei Kaffee und Kuchen oder Sandwichs beobachten.
- **Crail Harbour Gallery,** Shoregate, Crail, KY10 3SU, am Weg in den Hafen, www.crailharbourgallery.co.uk, tägl. 10.30–17 Uhr. Die kleine Galerie lädt in einem sanierten Fischerhäuschen zum Verweilen ein. Bei gutem Wetter besteht sogar die Möglichkeit, im kleinen Garten zu sitzen und direkt auf das Meer zu blicken.

St Andrews

An der Ostküste von Fife liegt der Ort, dessen Name jedes Golferherz höher schlagen lässt: St Andrews, das **Mekka des Golfsports,** wo Golfer immer Vorfahrt haben und selbst der *St Andrews Scotch Whisky* in golfballförmige Flaschen abgefüllt wird. Im Jahre 1754 gründete sich die *Society of St Andrews Golfers,* die sich später in den *Royal and Ancient Golf Club of St Andrews* umbenannte. Das am Strand gelegene Clubhaus am **Old Course** des *R & A,* des **The Royal & Ancient Golf Club,** ist heute weltweit offizielles Golf-Hauptquartier und letzte Instanz in allen Streitfragen (→ Praktische Tipps/Aktivitäten).

☒ Ausblick vom Turm der St Andrews Cathedral

Trotz ihrer fünf Golfplätze täte man der Stadt jedoch Unrecht, reduzierte man sie allein auf diesen Sport. Groß war der Einfluss auf die schottische Religionsgeschichte und das Bildungswesen. Im 8. Jh. erlitt der *heilige Regulus* Schiffbruch vor der Küste Fifes, konnte sich aber an Land retten. Mit sich führte er die Gebeine des **Apostels Andreas,** und aus Dankbarkeit für sein Überleben errichtete *Regulus* an der Stelle des heutigen St Andrews eine Kapelle. *St Andreas,* der an einem quergestellten Kreuz starb, wurde der Nationalheilige der Schotten und sein Zeichen, das Andreaskreuz, ist heute noch in der schottischen Fahne zu sehen. St Andrews entwickelte sich bald zu einem **Wallfahrtsort** für Tausende von Pilgern aus aller Welt, 1160 wurde die Kathedrale erbaut und um 1200 die Burg, als Festung und Palast des Bischofs. Mit der Reformation im Jahr 1559 erlosch der religiöse Einfluss der Stadt, Kathedrale und Burg verfielen.

Wichtiger Meilenstein im schottischen Erziehungswesen war die Einrichtung der ersten schottischen Universität im Jahr 1412, gefolgt 1450 von der Gründung des **St Salvator's College,** und bis heute besitzt St Andrews eine der besten theologischen Fakultäten Großbritanniens. Die Studenten, die hier die Universität besuchen, sind sehr traditionsbewusst. Sie tragen ihren *red gown,* den roten Filzumhang, und flanieren sonntags auf der Hafenmauer.

Sehenswertes

Der noch erhaltene mittelalterliche Stadtgrundriss und viele alte Häuser machen einen Stadtrundgang lohnenswert. Den beginnt man am einfachsten am **West Port,** das schon im Mittelalter Einlass in die Stadt gewährte. Das Tor stand ursprünglich weiter östlich, wurde aber bereits 1589 an seinem jetzigen Standort

720sc ab

Scotland – Home of Golf

Entgegen den Gewohnheiten anderer Länder ist Golf in Schottland **Volkssport.** Hier betreibt jede und jeder die vornehme Sportart rund um den kleinen weißen Ball unabhängig von Jahreseinkommen oder Standeszugehörigkeit. Von der allgemeinen Beliebheit des Sports zeugt auch die große Anzahl an Golfplätzen: über 420 Plätze sind über das ganze Land verteilt und verhelfen Schottland zur größten Platzdichte der Welt.

Der **Ursprung** des Spieles ist unbekannt, doch soll ein schottischer Hirte eines Tages mit einem Stock einen Stein erst vor sich hergetrieben und dann immer weiter weg geschlagen haben. Als der Stein schließlich in einem Kaninchenloch verschwand, war das Golfspiel erfunden. Sei dem wie es ist, die erste schottische Erwähnung stammt aus dem Jahr 1457, als *James II.* das Dekret *„Gowf and fitba to be utterly cryit doon and not usit"* erließ. Mit diesem Erlass verbot der König das Golf- und das Fußballspiel, da beide Sportarten die jungen Männer offensichtlich vom kriegerischen Bogenschießen abhielten.

712sc ab

Dies konnte jedoch die **Ausbreitung** des Golfspiels nicht verhindern, zumal selbst die königliche Nachkommenschaft von *James II.* dem Sport frönte: *Maria Stuart* war Anhängerin dieser Sportart und ihr Sohn, *James VI.*, ließ, sobald er englischer König wurde und nach London übersiedelte, den ersten Golfplatz südlich der schottischen Grenze errichten.

Ziel des Spieles ist bekanntermaßen, einen Ball mit einem Schläger über verschieden lange Bahnen in ein Loch zu treiben und dabei möglichst wenige Schläge zu benötigen. Ein Durchgang führt über insgesamt 18 Loch, bei Golfplätzen mit nur 9 Loch werden zwei Runden gespielt. Eine Bahn besteht aus dem Abschlag, der Spielbahn, genannt *Fairway,* und dem Grün bzw. *Green,* auf dem sich, gekennzeichnet mit einer roten Fahne, das Loch befindet. Rechts und links des *Fairway* liegen die sog. *Roughs,* d. h. nicht geschnittene Rasenflächen, Bäume, Teiche usw., in die man seinen Ball möglichst ebenso wenig schlagen sollte wie in die Sandbunker auf der Spielbahn. Auf die Suche nach seinem Ball darf man übrigens höchstens fünf Minuten verwenden, um nachfolgende Spieler nicht zu behindern.

Für jedes Loch ist eine Mindestanzahl an Schlägen vorgeben, das sogenannte *Par.* Für eine Bahn von einer Länge bis zu 238 m gilt ein *Par* von drei, bis 434 m vier und über 435 m fünf Schlägen. Locht man nach einer Schlagzahl von einem unter *Par* ein, ist das ein *Birdy,* zwei unter *Par* nennt man *Eagle,* drei unter *Par* heißt *Albatros* und das direkte Einlochen wird als *Ace* bezeichnet.

Ein Spieler darf bis zu 14 **Schläger** mit in die Runde nehmen, mit denen man je nach Material des Schlägerkopfes – Holz oder Eisen – und Neigungswinkel der Schlagfläche den Ball unterschiedlich weit schlagen kann.

Dass Golf in anderen Ländern als Sportart der *Upper Class* gilt, ist angeblich einer Werbekampagne der Whiskyfirma *Johnnie Walker* zu verdanken. *Johnnie Walker* wollten ihren Whisky auch nach Übersee exportieren, doch fand das Getränk in den Vereinigten Staaten keinen Absatz, denn der amerikanische Markt war völlig mit irischem Whiskey gesättigt. Werbestrategen erkannten aber den Bedarf der amerikanischen Oberschicht nach einer elitären Sportart, da Polo für die meisten zu gefährlich war. Also führten die Schotten ihren bis dahin unbekannten Volkssport Golf ein und gründeten Clubs mit ganz strengen Aufnahmekriterien und Scotch-Ausschank.

Ein Gastspieler sollte folgende **Regeln der Etikette** beachten:

- Golf wird in Schottland traditionell in einem flotten Tempo durchgespielt, eine Runde sollte nicht länger als 3½ Stunden dauern. Will man den Sport gemächlicher angehen, sollte man nachfolgenden Spielern gestatten durchzuspielen.
- Löcher, die man in den Rasen schlägt, sollte man wieder schließen, damit die Bahn nicht beschädigt wird.

◁ Achtung, Golfer:
Schild auf dem Old Course in St Andrews

wieder aufgebaut. Das Wappen *David I.*, der im 12. Jh. der Stadt die Marktrechte garantierte, das Stadtwappen an der Ostwand und die beiden Nebenbögen sind Zugaben aus dem 19. Jh.

Man geht nun weiter entlang der South Street Richtung Innenstadt. Die South Street selbst ist eine der drei Hauptstraßen der Altstadt, die alle an der Kathedrale zusammenlaufen. Etwa 200 m weiter sind auf der rechten Seite die Ruinen der **Blackfriars Chapel** zu sehen. Die Kapelle aus dem frühen 16. Jh. ist alles, was die Zerstörungswut der Reformatoren des Jahres 1559 vom Blackfriars-Kloster stehen ließ. An der gewölbten Decke sind noch die Überreste einer Kreuzigungsdarstellung zu sehen.

Die **Town Hall,** etwa 200 m entfernt, wurde 1858 errichtet. In den Vorraum wurde ein Stein aus dem alten Gefängnis mit eingebaut, dessen Eingravierungen das Datum 1565 und das Wappen eines ehemaligen Bürgermeisters zeigen. Hier findet sich auch **Fife Contemporary Art and Craft,** mit Ausstellungen zu moderner Kunst und Kunsthandwerk.

Die **Holy Trinity Church** auf der anderen Straßenseite ist weniger wegen architektonischer Besonderheiten als aufgrund der Vielzahl an ausgestellten Relikten sehenswert. Gegenstände wie die *Bishop's Branks,* ein grobes Eisengestell, das ahnungslosen Schwätzern während einer Messe plötzlich über den Kopf gezogen wurde, um sie mundtot zu machen, geben der Kirche den Charakter eines städtischen Museums.

Nur wenige Meter weiter kann man auf der rechten Seite das schmiedeeiserne Tor des **St Mary's College** bewundern. In großen Lettern steht über dem

334sc jf

Eingang *in principio erat verbum,* „am Anfang war das Wort“, und verweist auf die hochgeistigen Studien, die hier betrieben werden. Durch das Tor gelangt man in den herrlichen, parkähnlichen Innenhof der Universität. Gleich zu Anfang wird man von einer 250-jährigen Eiche begrüßt, die zwar wunderbar gewachsen ist, sich jedoch vom Alter her nicht mit dem Dornenbaum am Glockenturm messen kann, den schon *Maria Stuart* gepflanzt haben soll.

St Mary’s College wurde 1537 gegründet und 1554 fertig gestellt. Die Nord- und Westgebäude der rechteckigen Anlage stammen noch aus dieser Zeit, während die anderen Teile erst im 17. Jh. erbaut wurden. Die Sonnenuhr neben dem Glockenturm datiert ebenfalls aus dem 17. Jh., der obligatorische efeubewachsene Taubenschlag am anderen Ende des „Hofes“ ist etwa 100 Jahre jünger.

Am Ende der South Street steht, ganz St Andrews überragend, die Kathedrale bzw. ihre Ruinen. Rechts der Straße ist der ehemalige Haupteingang des sakralen Geländes **The Pends** völlig erhalten; durch den gotischen Torweg führt nun eine Straße.

Die **St Andrews Cathedral** war vor ihrer Zerstörung während der Reformation die größte Kirche Schottlands, und Tausende von Pilgern beteten jährlich an den 31 Altären. Doch auch die Ruinen lassen die riesigen Ausmaße der zwischen 1160 und 1318 errichteten Kathe-

⌃ St Andrews Cathedral

› Die Ruine von St Andrews Castle

drale (109 m lang, 19 m breit) noch erahnen. Die westliche Giebelwand, die 19 m in den Himmel ragt, gibt mit ihrem östlichen Pendant einen guten Eindruck von der einstigen Größe.

Auf dem Friedhof um die Kathedrale erhebt sich 30 m hoch **St Rule's Tower.** Der eckige normannische Turm einer noch älteren Kirche kann über eine enge, steile Wendeltreppe bestiegen werden, eine Anstrengung, die der weite Ausblick vom Turm zur Genüge belohnt. Die Turmbesteigung kostet Eintritt, Tickets sind beim **Kirchenmuseum** auf dem Friedhof erhältlich. Das Museum selbst zeigt unter anderem sehr schöne keltische Kreuzsteine.

■ **St Andrews Cathedral,** KY16 9QL, www.historicenvironment.scot/st-andrews-cathedral, April–Sept. tägl. 9.30–17.30 Uhr, Okt.–März 10–16 Uhr, Eintritt £ 7,50.

Vom St Rule's Tower herab kann man einen schönen Blick auf **St Andrews Castle** werfen. Die Burg, um 1200 nördlich am Meer erbaut, war der Palast der Erzbischofs von St Andrews. In der Ruine sind ein finsteres Verlies und während einer Belagerung gegrabene Tunnel zu besichtigen.

■ **St Andrews Castle,** KY16 9AR, www.historicenvironment.scot/st-andrews-castle, April–Sept. tägl. 9.30–17.30 Uhr, Okt.–März 10–16 Uhr, Eintritt £ 10.

Nun schlendert man über The Scores weiter, am **St Salvator's College** entlang, und biegt in den Butt's Wynd ab. An der Ecke zur North Street steht der Turm von St Salvator's Kirche und College. St Salvator's ist das älteste College in St Andrews und wurde 1450 gegründet. Der Turm und die Kirche sind Überreste aus dem Mittelalter und mit dem Namen des Erbauers *Bischof James Kennedy* verbunden, der in der Kirche begraben liegt. In der Kirche wird im April ein Universitätsgottesdienst abgehalten, zu dem die Studenten in roten Umhängen erscheinen.

Unweit davon, in The Scores, informiert das **St Andrews Aquarium** über die verschiedenen Bewohner der schottischen See.

■ **St Andrews Aquarium,** KY16 9AS, www.standrewsaquarium.co.uk, tägl. 10–17 Uhr, Eintritt £ 15, Kinder £ 12,50.

Im Bruce Embankment, schräg gegenüber dem Clubhaus des *Old Course,* befindet sich das **R&A World Golf Mu-**

744sc lk

St Andrews

0 200 m ©Reise Know-How Scot23 14/24

Übernachtung
1 Old Course Hotel St Andrews
2 Doune House
5 Craigtoun Meadows Holiday Park
6 Cairnsmill Caravan Park

Essen und Trinken
3 The Keys Bar
4 The Criterion
7 The Grange Inn

seum. Die Ausstellung erzählt die Geschichte des Golfsports und zeigt u. a. Golfkleidung verschiedener Jahrhunderte. Eine Multimediaschau darf natürlich auch nicht fehlen.

■ **R&A World Golf Museum,** KY16 9AB, www.worldgolfmuseum.com, April–Okt. tägl. 9–17 Uhr, Nov.–März 10–16 Uhr, Eintritt £ 17,50.

Im Kinburn Park an der Doubledykes Road liegt das **St Andrews Museum,** das die lange und ereignisreiche Geschichte der Stadt illustriert.

■ **St Andrews Museum,** KY16 9DP, www.onfife.com/st-andrews-museum, April–Sept. Mo–Sa 10.30–16 Uhr, Okt.–März nur Mi–Sa, Eintritt frei.

Südlich des Stadtzentrums, in einem Wohngebiet in der Canongate, befindet sich der schöne **St Andrews Botanic Garden** mit verschiedenen Bereichen wie Steingärten, Teichen oder Wasserfällen.

■ **St Andrews Botanic Garden,** KY16 8RT, www.standrewsbotanic.org, April–Sept. tägl. 10–17 Uhr, Okt.–März 10–16 Uhr, Eintritt £ 6.

Strände

UNSER TIPP: Bei schönem Wetter kann man sich am schönen Sandstrand, den **West Sands** am Old Course, in der Sonne aalen. Da der Strand schön fest und glatt ist und ein stetiger Wind weht, ist er ideal für Strandsportarten wie Kiten, Kanufahren oder Landyachting. Dafür ist der nördliche Teil des Strandes vorgesehen (www.blownaway.co.uk).

Familien mit kleineren Kindern sind eher an den etwas geschützteren **East Sands** zu finden, da es hier auch einen Spielplatz gibt. Beide Strände sind bewacht.

Praktische Tipps

Informationen

- **St Andrews iCentre,** 70 Market Street, KY16 9NU, Tel. 01334 472021, tägl. 9.30–17 Uhr.

Verbindungen

Bahn

- In St Andrews gibt es keinen Bahnhof, der nächste liegt in **Leuchars.** Dort halten die Züge, die **Aberdeen** mit **Edinburgh** und **Glasgow** verbinden. Andere Stationen in Fife auf dieser Linie sind **Inverkeithing, Kirkcaldy, Markinch for Glenrothes, Ladybank** und **Cupar.** Die Züge fahren in etwas unregelmäßigen Abständen, ungefähr jede halbe Stunde, sonntags seltener.

Bus

- St Andrews wird durch die Buslinien X58, X59 und X60 mit **Edinburgh** verbunden. Nach **Glasgow** fährt die Linie X24. St Andrews und **Dundee** verbindet die Linie 99. Für alle Verbindungen ist die Tageskarte für „East Scotland" am günstigsten (£ 11).

Taxi

- **Independent Taxis of St Andrews,** Tel. 01334 477777.
- Ein **Taxistand** ist bei der Bus Station, Ecke City Road/Station Road zu finden.

Unterkunft

Hotels findet man in der Altstadt, besonders nahe der North Street. In der ganzen Stadt, z. B. in der Abbey Street (Seitenstraße der South Street) und ihrer Verlängerung Abbey Walk und St Mary's Street findet man **B & Bs.**

2 **Doune House**②, 5 Murray Place, KY16 9AP, Tel. 01334 475195, www.dounehouse.com. Stilvolles Guest House neben der Universität.

1 **Old Course Hotel St Andrews**③, Old Station Road, KY16 9SP, Tel. 01334 474371, www.oldcoursehotel.co.uk. *Das* Golfhotel am Ort mit passender Einrichtung und entsprechendem Standort.

- In den Sommermonaten vermietet die Universität die **Studierendenzimmer** als Unterkünfte. Mehr Informationen unter https://bnb.st-andrews.ac.uk/resbus/bnb.

Camping

6 **Cairnsmill Caravan Park**①-②, Largo Road, KY16 8NN, entlang der A 915, 1,5 km südlich des Stadtrands, Tel. 01334 473604, www.cairnsmill.co.uk. Betreibt auch ein *Bunkhouse*, idyllisch an Cairnsmill Burn gelegen.

5 **Craigtoun Meadows Holiday Park**③, Mount Melville, KY16 8PQ, Tel. 01334 475959, www.craigtounmeadows.co.uk. Der Platz liegt zwischen St Andrews und Strathkinnes etwas geschützter an einem Wald.

Essen und Trinken

Pubs und **Restaurants** finden sich in der Altstadt besonders entlang der drei Hauptstraßen North, Market und South Street. Auch in den Nebenstraßen, welche die drei Hauptstraßen miteinander verbinden, findet man mehrere Pubs. Ebenfalls in der South Street sowie in der Market Street befinden sich **Eiscafés.**

4 **The Criterion,** 99 South Street, KY16 9QW, Tel. 01334 474543, www.criterionstandrews.co.uk, tägl. 10–24 Uhr. Gutes Pubfood (vor allem Pies).

3 **The Keys Bar,** 87 Market Street, KY16 9NX, Tel. 01334 472414, www.thekeysbar.co.uk, So–Do 10–24 Uhr, Fr/Sa 10–0.45 Uhr. Verfügt über eine gute Whiskyauswahl.

7 **The Grange Inn,** Grange Road, KY16 8LJ, Tel. 01334 472675, www.thegrangeinn.com, Do–So 12–15 und 18–22 Uhr. In dem exzellenten Restaurant kann man für £ 70 ein Lunchmenü für zwei Personen erhalten.

Feste

UNSER TIPP: **Lammas Market** ist der älteste mittelalterliche Markt Schottlands und immer ein großes Spektakel. Termin ist jedes Jahr im August über ein Wochenende von Freitag bis Dienstag, am Sonntag ist der Markt geschlossen.

Aktivitäten

■ **Golf:** Auf dem berühmten **Old Course** beim Clubhouse können Nicht-Clubmitglieder nach Entrichtung eines Entgeltes von £ 295 (Hauptsaison) spielen. Sonntags bleibt der Platz geschlossen. Buchungen müssen bis zu zwei Jahre im Voraus gemacht werden. *St Andrews Links Trust,* Pilmour House, Tel. 01334 466666, www.standrews.com, kümmert sich auch um die anderen fünf Golfplätze der Stadt. Ansonsten wird ein Teil der Plätze am Vortag verlost, bzw. einzelne Spieler können frühmorgens zum Platzwart gehen und vielleicht einen Platz erheischen. Die anderen fünf Golfplätze der Stadt sind dagegen sieben Tage die Woche, ohne Voranmeldung und bereits gegen eine Gebühr von £ 15 bis £ 160 bespielbar.

Eine **Führung** auf dem Old Course findet im April und Mai einmal täglich um 11 Uhr statt, von Juni bis Sept. gibt es täglich zwei Führungen um 11 und 14 Uhr. Treffpunkt ist das *St Andrews Links* Clubhouse, £ 15, Kinder unter 12 Jahren kostenlos.

■ Für £ 5 kann man in der Touristinfo eine **Audioführung durch die Stadt** buchen. Im Preis sind Ermäßigungen für verschiedene Attraktionen inbegriffen.

Spaß vor allem für Kinder machen die **St Andrews Treasure Trails,** eine Schatzsuche durch die Stadt, z. B. eine *Murder Mystery Tour* durch die Altstadt. Die Anleitung kann man für £ 9,99 auf www.treasuretrails.co.uk herunterladen oder schon zu Hause ausdrucken (Tel. 01872 263692).

UNSER TIPP: Nordwestlich von St Andrews im Ort **Guardbridge** bietet die **Eden Mill** schöne Besichtigungstouren an. Hier wird sowohl Bier gebraut als auch Gin und Whisky destilliert (Main Street, Guardbridge, St Andrews, KY16 0US, www.edenmill.com, £ 15, Voranmeldung ratsam, nicht für Kinder unter 16 Jahren).

■ Die Spielzeit des exzellenten **Byre Theater** in der Abbey Street geht von Mitte Mai bis Ende Dezember und beinhaltet sehenswerte Aufführungen. Auskunft über Veranstaltungen unter www.byretheatre.com, Tel. 01334 475000.

[>] Falkland Palace mit seinem Garten

Falkland

Im Landesinneren von Fife liegt am Fuße der **Lomond Hills** das kleine Städtchen Falkland. Zahlreiche **Little Houses** aus dem 16. und 17. Jh. wurden liebevoll restauriert und laden zu einem Gang durch die Straßen und Gassen ein.

Falkland Palace

Beherrschend wirkt Falkland Palace, eines der sieben Schlösser der *Stuart*-Könige. Im Grunde zu klein für eine königliche Residenz, war der Palast das **Jagdschloss der Stuarts** und Brautgeschenk für die jeweilige Königin.

Die ursprünglichen Besitzer, die *Earl of Fife*, hatten den Palast im 12. Jh. als Festung erbaut, doch 300 Jahre später machte *James II.* den Palast zur königlichen Residenz und nahm zwischen 1453 und 1463 erhebliche Erweiterungen vor. *James IV.* und *James V.* sind die wichtigsten Bautätigkeiten zuzuschreiben, und unter *James V.* entstand auch der Südflügel, der, vergleichbar dem Palast von Stirling Castle, eines der schönsten Beispiele der schottischen Frührenaissance ist. Im 17. Jh. brannte der Palast ab, wurde aber im 19. Jh. wieder aufgebaut. Die Inneneinrichtung ist daher größtenteils nicht original, jedoch wurden die Möbel mit Sorgfalt ausgesucht und stammen zumeist aus der entsprechenden Epoche.

In dem wunderschönen kleinen **Park,** der sich dem Palast hinten anschließt, ist ein **Royal Tennis Court** aus dem Jahr 1539 zu bewundern, der älteste königliche Tennisplatz Großbritanniens. Im Unterschied zu normalen Tennisplätzen

Adobe Stock © Pietro Bevilacqua

Adobe Stock © Louise McGilviray

werden hier die Wände ähnlich wie beim Squash ins Spiel mit einbezogen.

■ **Falkland Palace & Garden,** KY15 7BY, www.nts.org.uk/visit/falkland-palace, März–Okt. tägl. 11–17, Eintritt £ 17, nur Garten £ 6,50.

Praktische Tipps

Unterkunft

■ **The Ruin at Maspie House Gallery**③, High Street, KY15 7BU, Tel. 01337 857735, www.maspiehousegallery.com/stay. Hinter der Galerie eines lokalen Künstlers findet sich in einem rustikalen Haus eine charmante Unterkunft.

■ **Best Western Balgeddie House Hotel**②, Balgeddie Way, Glenrothes, KY6 3QA, Tel. 01592 742 511, www.balgeddiehouse.com. Etwas entfernt am südlichen Rand des Lomond Hill Regional Park, aber sehr nett.

⌃ Malerische Brücken bei Falkland

Essen und Trinken

■ **Campbell's Coffee House & Eatery,** High Street, KY15 7BU, an der Kirche, Tel. 01337 858738, www.campbellscoffeehouse.co.uk, Di–Fr 10–16 Uhr, Sa/So 9.30–16.30 Uhr. Serviert Kuchen und Scones zum Kaffee oder auch einfache Gerichte für den kleinen Hunger.

Loch Leven

Schon außerhalb des Bezirks Fife, aber noch auf der Halbinsel liegt in der Nähe der M 90 der Loch Leven. Im April und September ist der **reizvolle See** Rastplatz für Scharen von Wildgänsen und Enten.

Lochleven Castle

Auf einer **Insel** inmitten des schönen Sees steht die Ruine einer Burg. Lochleven Castle wurde um 1300 erbaut, trotzdem wird die Festung vor allem mit *Maria Stuart* assoziiert. Nach ihrer dritten Heirat mit dem *Earl of Bothwell* fiel die Königin in Ungnade bei ihren Fürsten, wurde nach Lochleven gebracht, gefangen gehalten und gezwungen, zugunsten ihres Sohnes, *James VI.*, abzudanken. Nach fast einjähriger Gefangenschaft gelang es *Maria* zu fliehen, doch nach einer verlorenen Schlacht verließ sie bereits 14 Tage nach ihrer Flucht Schottland für immer in Richtung England.

Ein Besuch des Castle ist heute von eher historischem Interesse, denn die Burg ist stark zerstört und allenfalls aufgrund ihrer Insellage als romantische Ruine zu bezeichnen. **Boote** fahren regelmäßig vom **Kinross Pier** ab, doch bei windigem Wetter ist die Überfahrt nur seefesten Reisenden zu empfehlen.

■ **Lochleven Castle,** Pier Road, Kinross, KY13 8UF, www.historicenvironment.scot/lochleven-castle, April–Sept. tägl. 10–16.30 Uhr, Okt. 10–16 Uhr, Eintritt £ 10. Da nur geringe Kapazitäten für den Bootstrip bestehen, rät *Historic Environment Scotland* zur Buchung vorab.

Kinross

Die Kleinstadt Kinross, am Westufer des Sees gelegen, ist eine freundliche Stadt ohne große Anziehungskraft. Zu erreichen ist die Stadt über die B 996, der Pier liegt an einer Nebenstraße, die östlich von der Hauptstraße abbiegt. Am Pier liegt ein malerischer, alter **Friedhof,** der einen Blick wert ist. Nördlich des Friedhofs und des daran angrenzenden Parks liegt die andere Attraktion des Städtchens: **Kinross House.** Das herrschaftliche Gebäude wurde im Jahr 1690 von *Sir William Bruce* entworfen und gebaut. Es ist leider nicht für den Publikumsverkehr geöffnet.

Adobe Stock © Gordon

Nur per Boot zu erreichen: Lochleven Castle

Überblick | 205
Angus Glens | 222
Arbroath | 217
Brechin | 224
Dundee | 211
Edzell | 224
Forfar | 224
Glamis | 222
Kirriemuir | 223
Montrose | 219
Perth | 206
Stonehaven | 220

6

Tayside

»In Scone wurden früher die schottischen Könige gekrönt, in Dundee der schottische Journalismus. Wanderern seien die Angus Glens ans Herz gelegt.

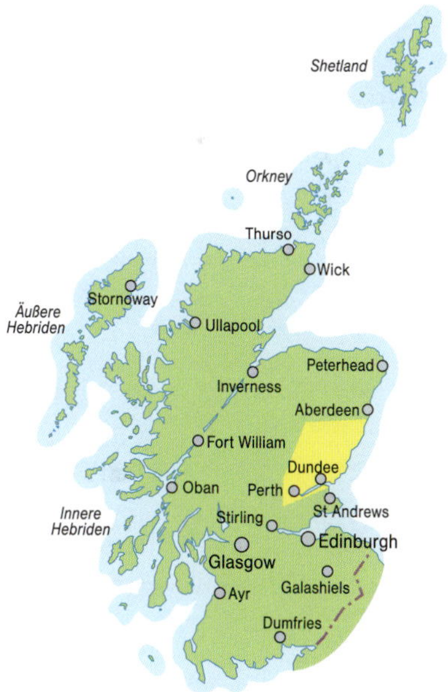

‹ Blick über die Hafenstadt Dundee

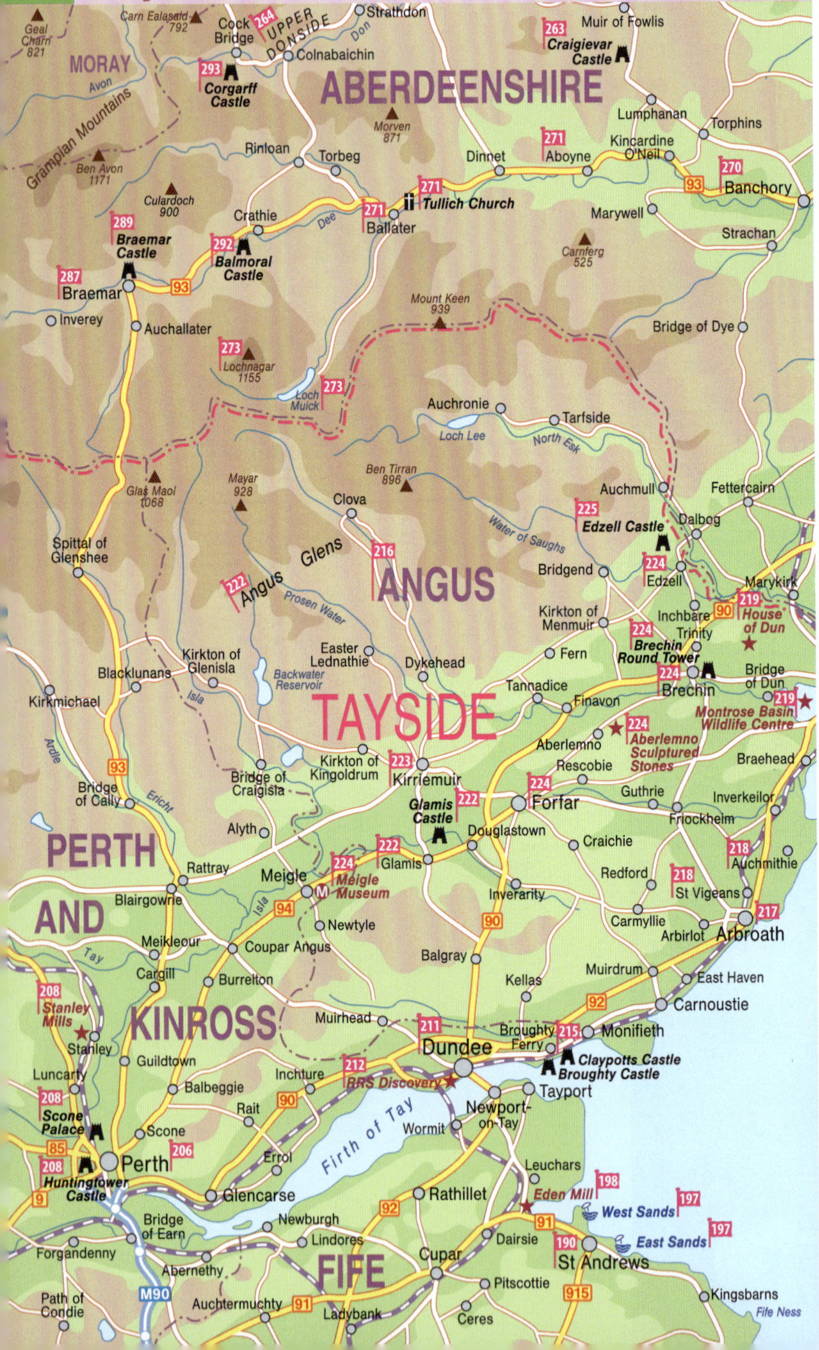
0 10 km
Geal Charn 821
Carn Ealasaid 792
Cock Bridge
264
UPPER DONSIDE
Strathdon
Don
Colnabaichin
263
Muir of Fowlis
Craigievar Castle
MORAY
Avon
293
Corgarff Castle
ABERDEENSHIRE
Grampian Mountains
Morven 871
Lumphanan
Torphins
Ben Avon 1171
Rinloan
Torbeg
Dinnet
271
Aboyne
Kincardine O'Neil
270
93
Banchory
Culardoch 900
271
Tullich Church
271
Ballater
Marywell
Crathie
Dee
289
Braemar Castle
292
Balmoral Castle
Strachan
Carnferg 525
287
Braemar
93
Inverey
Auchallater
Mount Keen 939
Bridge of Dye
273
Lochnagar 1155
Loch Muick
273
Auchronie
Tarfside
Loch Lee
North Esk
Ben Tirran 896
Glas Maol 1068
Mayar 928
Clova
Auchmull
Fettercairn
225
Edzell Castle
Dalbog
Water of Saughs
Spittal of Glenshee
216
Glens
Angus
222
ANGUS
Bridgend
224
Edzell
Marykirk
Prosen Water
Kirkton of Menmuir
Inchbare
90
219
House of Dun
Trinity
224
Brechin Round Tower
Easter Lednathie
Kirkton of Glenisla
Dykehead
Fern
Blacklunans
Backwater Reservoir
Tannadice
224
Brechin
Bridge of Dun
Isla
Kirkmichael
TAYSIDE
Finavon
219
Montrose Basin Wildlife Centre
224
Aberlemno Sculptured Stones
Ardle
Aberlemno
Braehead
93
Kirkton of Kingoldrum
223
Kirriemuir
Rescobie
Bridge of Craigisla
224
Forfar
Guthrie
Bridge of Cally
Ericht
Glamis Castle
222
Inverkeilor
Friockheim
PERTH
Alyth
Douglastown
Craichie
218
Auchmithie
Rattray
Meigle
224
Meigle Museum
222
Glamis
Redford
218
St Vigeans
Blairgowrie
Inverarity
AND
94
Isla
Newtyle
90
Carmyllie
Arbirlot
217
Arbroath
Meikleour
Tay
Coupar Angus
Balgray
Cargill
Burrelton
Kellas
Muirdrum
East Haven
208
Stanley Mills
KINROSS
92
Carnoustie
Muirhead
211
Broughty Ferry
215
Monifieth
Stanley
Dundee
Claypotts Castle
Broughty Castle
Guildtown
Luncarty
Inchture
212
RRS Discovery
Tayport
208
Scone Palace
Balbeggie
Rait
90
Newport-on-Tay
Wormit
Firth of Tay
Scone
85
206
208
Perth
Errol
Leuchars
Huntingtower Castle
198
9
Glencarse
Rathillet
Eden Mill
197
West Sands
Bridge of Earn
Newburgh
92
91
197
East Sands
Lindores
Dairsie
190
St Andrews
Forgandenny
Abernethy
FIFE
Cupar
Pitscottie
915
Kingsbarns
M90
Path of Condie
Auchtermuchty
91
Ladybank
Ceres
Fife Ness

TAYSIDE

Die Region Tayside, wie sie in diesem Buch behandelt wird, erstreckt sich über das Gebiet nördlich des Firth of Tay. Die Region wird für schottische Verhältnisse von der Sonne verwöhnt, das Klima ist mild. Im Winter liegt Schnee auf den Bergspitzen, die im Sommer mit lila Heidekraut übersät sind.

Überblick

Einst war Tayside Zentrum des piktischen Königreichs, bis im 9. Jh. die **Pikten** mit den Scoten unter *Kenneth MacAlpine* vereint wurden. Das mysteriöse piktische Volk ist verschwunden, doch zeugen Hügelfestungen und Erdhäuser

NICHT VERPASSEN!

- **Scone Palace,** Krönungsort der schottischen Könige | 208
- **RRS Discovery,** Dreimastbark für *Scotts* Antarktisexpedition | 212
- **Dunnottar Castle,** uneinnehmbar ohne Mauern | 221
- **Glamis Castle,** Geburtsort der Queen Mum | 222
- **Angus Glens,** Wandern satt | 225

Diese Tipps erkennt man an der gelben Markierung.

von der einstigen Anwesenheit der Pikten in dieser Region.

Das **Landesinnere** des Tayside ist sanft, mit schönen, teilweise bewaldeten Tälern und bewachsenen Hügeln. Der Boden wird landwirtschaftlich genutzt, denn die Landwirtschaft ist neben der Fischerei der Haupterwerbszweig.

Die **Küste** verläuft oft steil mit atemberaubenden Felsformationen, die unterbrochen werden von sandigen Badestränden.

Industrie gibt es in Tayside nur um Dundee, der viertgrößten Stadt Schottlands. Whiskybrennerei spielt für die Wirtschaft eine ebenso große Rolle wie die ständig wachsende Tourismusbranche. In Perth, im Südwesten der Region, werden im Februar und im Oktober die sogenannten **Bull Sales,** große Viehmärkte, abgehalten.

Perth

Wenige Kilometer südlich von Perth führt die Autobahn M 90 über eine Kuppe und eröffnet einen herrlichen Blick auf die Stadt im Tal. Perth liegt in einer fruchtbaren **Ebene am Tay,** dort, wo vom Meer aus die erste Möglichkeit bestand, eine Brücke über den Fluss zu schlagen. Jahrhundertelang mussten alle Reisenden, die von Fife nach Dundee wollten, den Umweg über Perth nehmen, bis im 19. Jh. die Eisenbahnbrücke und später die Autobahnbrücke über den Tay eröffnet wurden.

Perth ist eine **alte Stadt.** Überreste der Stadtmauer zeugen schon von einem römischen Lager an dieser Stelle, und bereits im Jahr 1210 wurden der Stadt die Marktrechte zugesprochen. Bis ins 15. Jh. hinein bzw. bis zur Ermordung des Dichterkönigs *James I.* war Perth die schottische Hauptstadt, und beim nahe gelegenen Scone Palace wurden die schottischen Könige gekrönt.

Ehemals ein geschäftiger Hafen, ist Perth heute **Zentrum** einer fruchtbaren, landwirtschaftlich genutzten Region. Zudem sind mehrere Brennereien und einige andere Industriezweige angesiedelt.

Perth ist zwar eine alte, doch nur teilweise eine schöne Stadt. Viele alte Häuser wurden abgerissen und durch neue, eher unattraktive, zweckmäßige Bauten ersetzt. Im Stadtzentrum zwischen den beiden Parkanlagen North Inch und South Inch, die seit Jahrhunderten die Stadt eingrenzen, finden sich noch einige sehenswerte **georgianische Bauten.**

Sehenswertes

In der **St John's Kirk** am St John's Place hielt *John Knox* am 11.5.1559 eine feurige Predigt. Von der folgenden Zerstörungswut der aufgebrachten Bevölkerung blieb auch St John's nicht verschont, sie wurde jedoch nicht so stark zerstört wie andere Kirchen in Schottland.

Im 19. Jh. wurde mit der Renovierung der Kirche begonnen, 1926 waren die Arbeiten beendet. Große Teile des Langschiffes wurden zwischen 1100 und 1126 erbaut, Chor und Querschiff stammen aus dem 15. Jh. Die massiven Säulen und

[>] In St John's Kirk beteten schon drei Kirchengemeinden parallel

die prächtige Decke des Mittelschiffs stehen im Kontrast zu dem schlichten Kreuz und Altar aus dem 20. Jh.

1,3 km nördlich des St John's Place in der Hay Street steht das hübsche **Balhousie Castle,** Hauptquartier und Museum des *Black Watch Regiment.*

■ **Balhousie Castle,** PH1 5HR, www.theblackwatch.co.uk, April–Okt. tägl. 9.30–16.30 Uhr, Nov.–März 10–16 Uhr, Eintritt £ 12.

Nordöstlich, nahe dem North Inch, ist in North Port eines der ältesten Gebäude der Stadt zu sehen. Im **Fair Maid's House** wohnte *Catharine Glover,* die *Walter Scott* als „The Fair Maid" verewigt hat. Als die Mörder *James I.* 1437 ins nahe gelegene Blackfriars Monastery eindringen wollten, verriegelte die tapfere *Catharine* die Tür in Ermangelung des eisernen Riegels mit ihrem Arm. Trotzdem konnte sie die Eindringlinge nur für kurze Zeit aufhalten und den Mord an *James* nicht verhindern. Heute residiert in dem Haus die *Royal Scottish Geographical Society* mit einem schönen kleinen **Museum zum Thema Geografie** (Karten, Atlanten, Globen, aber auch Reiseführer und interaktive Displays).

■ **Fair Maid's House,** 15–19 North Port, PH1 5LU, www.rsgs.org, Mai–Sept. Do–Sa 12.30–16 Uhr, Eintritt frei.

Gleich nebenan steht in der George Street ein großes georgianisches Gebäude. Es beherbergt die **Art Gallery.** Die Galerie zeigt den Einfluss moderner schottischer Künstler sowie eine Ausstellung des lokalen spätimpressionistischen Malers *John Duncan Fergusson.*

745sc ab

■ **Perth Art Gallery,** 78 George Street, PH1 5LB, Mo und Fr/Sa 10–17 Uhr, Do 10–19 Uhr, So 10–16 Uhr, Eintritt frei.

Im Zentrum befindet sich das **Perth Museum,** in dem Sammlungen zur örtlichen Geschichte gezeigt werden, aber auch der Krönungsstein der schottischen Könige, der *Stone of Destiny* ausgestellt ist. Das Museum wurde erst im Frühjahr 2024 neu eröffnet.

■ **Perth Museum,** St John's Place, PH1 5SZ, https://perthmuseum.co.uk, Fr–Mi 10–17 Uhr, Do 10–19 Uhr, Eintritt frei, temporäre Ausstellungen £ 10. Für den *Stone of Destiny* wird ein extra Ticket benötigt, das aber kostenlos ist (→ Website).

Am anderen Tay-Ufer erstreckt sich **Branklyn Garden.** In dem kleinen Park sind neben Rhododendren auch viele seltene Pflanzen zu sehen. Am schönsten ist ein Besuch im Frühling oder Herbst.

■ **Branklyn Garden,** 116 Dundee Road, PH2 7BB, www.nts.org.uk/branklyn-garden, April–Okt. tägl. 10–17 Uhr, Eintritt £ 8,50.

Huntingtower Castle

Westlich des Stadtrandes, an der A 85, steht Huntingtower Castle. Die Burg aus dem 15. Jh. bestand ursprünglich aus zwei benachbarten Turmhäusern, die erst im 17. Jh. miteinander verbunden wurden. Bis 1600 war es das Heim der berüchtigten Familie *Ruthven,* deren *4. Lord* der *1. Earl of Gowrie* war und 1582 den jungen *König James VI.* hier zehn Monate gefangen hielt. Ein weiterer versuchter Staatsstreich im Jahr 1600 endete mit der Hinrichtung des *3. Earl* und der Enteignung der Familie. Im Haus befindet sich eine der **ältesten erhaltenen Deckenmalereien** Schottlands.

■ **Huntingtower Castle,** PH1 3JR, www.historicenvironment.scot/huntingtower-castle, April–Sept. tägl. 10–12.30 und 13–16.30 Uhr, Okt.–März Sa–Mi 10–12.30 und 13.30–16 Uhr, Eintritt £ 7,50.

Stanley Mills

Wer sich für Industriedenkmäler interessiert, kann einige Kilometer nördlich von Perth in Stanley die Stanley Mills besuchen. Die **Textilfabrik** war von 1780 bis 1989 in Betrieb und nutzte die Kraft des River Tay. Viele interaktive Displays und Erklärungen zur Wasserkraft machen das Museum auch für Kinder interessant.

■ **Stanley Mills,** Stanley, PH1 4QE, www.historicenvironment.scot/stanley-mills, April– Sept. tägl. 10–16.30 Uhr, Eintritt £ 7,50.

Scone Palace

Etwa 3 km nordöstlich von Perth an der A 94 liegt Scone, der **Krönungsort der schottischen Könige.** Im 9. Jh. soll *Kenneth MacAlpine,* der Vereiniger der Pikten und Scoten, den **Stone of Destiny** hierhergebracht haben, auf dem bis ins 13. Jh. alle schottischen Könige gekrönt wurden. 1296 wurde der Stein vom englischen König, *Edward I.,* aus Scone entwendet und in die Westminster Abbey gebracht. Erst 1996 kehrte er in einer feierlichen Zeremonie nach Schottland zu-

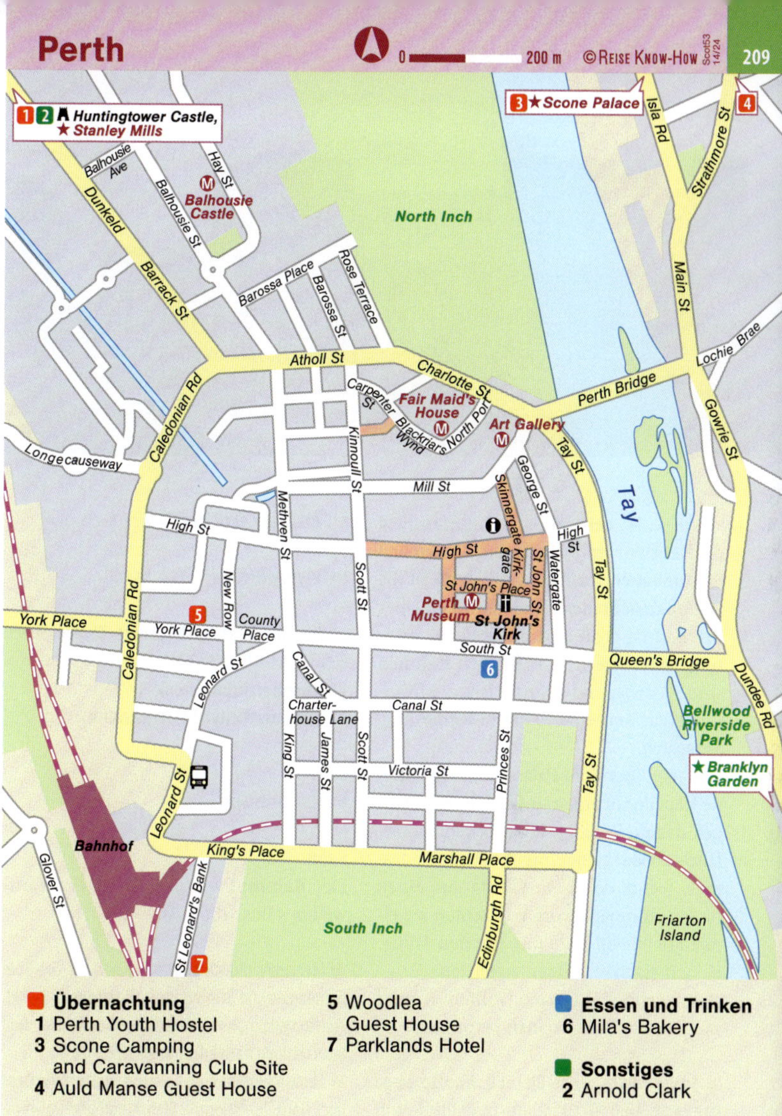

rück und befindet sich heute im Edinburgh Castle.

Im 12. Jh. gründete *König Alexander I.* in Scone ein Kloster, in dem der heilige Stein aufbewahrt wurde. Im 16. Jh. blieb auch dieses Kloster nicht von den wütenden Reformatoren verschont; es wurde zerstört und noch im selben Jahrhundert an gleicher Stelle Scone Palace errichtet.

335sc ab

Im 19. Jh. ließ der *3. Earl of Mansfield* die Residenz im viktorianisch-gotischen Stil umbauen. Sonderlich reizvoll ist die Außenansicht des Palastes nicht, aber der Bau ist groß und die Innenausstattung sehenswert. In mehreren Räumen sind vorwiegend französische Möbel, Porzellan und eine Elfenbeinsammlung ausgestellt.

Gegenüber dem Palast steht eine kleine Kapelle auf einem unscheinbaren **Hügel,** dessen Erde aus allen Teilen Schottlands zusammengetragen wurde. Jedesmal, wenn die *Clan-Chiefs* auf einen neuen König schworen, brachten sie einen Stiefel voll Erde mit, um den Treueeid auf eigenem Boden zu leisten.

Im schönen Garten sollten Kinder nicht das tolle **Labyrinth** verpassen.

- **Scone Palace,** Scone, PH2 6BD, www.scone-palace.co.uk, April–Okt. tägl. 10–17.30 Uhr, Eintritt £ 18,50, nur Garten £ 12, im Winter unregelmäßige Öffnungszeiten des Gartens.

Früher Königssitz, heute Prunkschloss: Scone Palace

Praktische Tipps

Informationen

- **Visit Scotland Perth iCentre,** 45 High Street, PH1 5TJ, Tel. 01738 450600.
- **www.perthshire.co.uk**
- **www.perthcityandtowns.co.uk**

Verbindungen

Bahn

Der **Bahnhof** liegt am King's Place unweit des Busbahnhofs.

- Mehrmals täglich fährt von Perth ein Zug über Gleneagles und Stirling nach **Glasgow** (£ 9–19). Zudem verkehren mehrere Züge über Kircaldy und Inverkeithing nach **Edinburgh** (£ 10–20).
- Ebenso besteht eine Bahnlinie nach **Inverness** über Dunkeld, Pitlochry, Blair Atholl und Dalwhinnie. Der Zug fährt ebenfalls mehrmals täglich, macht teilweise aber nur in Pitlochry Zwischenstation. Die Fahrt kostet je nach Buchungszeitpunkt £ 14–32.
- Eine regelmäßige Verbindung besteht zwischen **Aberdeen** und Perth. Der Zug fährt entlang der Küste mit Stationen u. a. in **Dundee** und Arbroath.

Bus

Der **Busbahnhof** liegt in der Leonard Street, einer Nebenstraße der Verlängerung der A 9 aus Stirling. Lokal verkehrende Busse halten vorwiegend in der Mill Street, einer Parallelstraße der High Street.

- Zwischen den Städten Perth und **Edinburgh** verkehren mehrere Linien der *Scottish Citylink*. Die Route führt über Dunfermline und Kinross nach Perth und fährt etwa jede Stunde. Die Fahrt dauert etwa 100 Min. und kostet £ 16.
- Von Perth fährt der Bus weiter nach **Inverness,** über Birnam Station (Dunkeld), Pitlochry, Kingussie und Aviemore. Die Fahrtdauer beträgt 170 Min., der Fahrpreis liegt zwischen £ 16 und £ 30.
- Die Buslinie M8 von Dundee nach **Glasgow** macht Zwischenstopp in Perth. Kostenpunkt nach Dundee £ 6–11, nach Glasgow £ 10–17.

Autoverleih

2 **Arnold Clark,** The Triangle, PH1 3GA, nördlich der Innenstadt, Tel. 01738 230600, www.arnoldclarkrental.com, Mo–Fr 8–17.30 Uhr, Sa 8–16 Uhr.

Unterkunft

Hotels aller Preisklassen sind im Stadtzentrum sowie am östlichen Tay-Ufer in der Dundee Road und am Pitcullen Crescent (an der A 94 nach Scone) angesiedelt.

B & B finden sich vor allem an den größeren Straßen, am anderen Tay-Ufer in der Dundee Road (A 85 nach Dundee) und am Pitcullen Crescent (A 94 nach Scone).

7 **Parklands Hotel**③, 2 St Leonard's Bank, PH2 8EB, Tel. 01738 622451, www.theparklandshotel.com. Elegantes Hotel direkt am South Inch Park.

4 **Auld Manse Guest House**②, Strathmore Street, PH2 7HP, Tel. 01738 562960. Etwas außerhalb am anderen Tayufer gelegen.

5 **Woodlea Guest House**②, 23 York Place, PH2 8EP, Tel. 01738 621744, www.woodleaperthuk.co.uk. Bietet simple Zimmer direkt in der hübschen Altstadt.

1 **Perth Youth Hostel**②, Perth College, Crieff Road, PH1 2GA, Tel. 01738 877800, www.hostellingscotland.org.uk/hostels/perth/. An der A 85 nach Westen, modernes Hostel auf dem Campus der Universität, allerdings nur im Sommer geöffnet.

3 **Scone Camping and Caravanning Club Site**②, Old Scone, PH2 6BB, Tel. 01738 552323. Ruhig in der Nähe von Scone Palace und einer Pferderennbahn gelegen.

Essen und Trinken

6 **Mila's Bakery,** 11 Princes Street, PH2 8NG, Di–Sa 9–17 Uhr. Leckere Backwaren, ob auf die Hand oder bei Kaffee/Tee im netten Café: Es schmeckt.

Dundee

Nördlich von Fife, am anderen Ufer des Firth of Tay, liegt die Industriestadt Dundee, die ehemals für *Jute, Jam and Journalism* bekannt war. Heute ist von den drei großen „J“ nur das *Jam* geblieben, denn **Marmelade,** wenn auch in bescheideneren Mengen, wird in der knapp 150.000-Einwohner-Stadt noch immer hergestellt. Manche behaupten, auch die berühmte *English Marmelade,* die Orangenmarmelade mit Schalen, sei in Dundee von einer *Mrs. Keiller* erfunden worden, eine Ansicht, die jedoch nicht überall geteilt wird.

Die **Juteindustrie** florierte in Dundee ein Jahrhundert lang. Die Planwagen der Siedler Amerikas waren bespannt mit Jute aus Dundee, und bis in die 50er-Jahre des 20. Jh. bot die Juteproduktion Beschäftigung für etwa 7000 Menschen. Doch seit die Inder begannen, ihre Rohjute selbst zu verarbeiten, wurde das Material knapp, und die Aufträge blieben aus. Heute wird nur noch wenig Jute hergestellt, von einer Industrie kann nicht mehr die Rede sein.

Das dritte „J", der **Journalismus,** bezog sich auf das Zeitungsimperium *Thompson & Legs*, das immer noch existiert und mehrere Blätter verlegt, aber stark an Bedeutung verloren hat. In einem anderen journalistischen Bereich sind die Dundonians jedoch noch immer führend: Die Helden der schottischen Kindheit, die Comicfiguren *Desperate Dan* und *Lord Snooky* und allen voran *Oor Wullie* und die *Broons* stammen aus den hiesigen Zeichnerstuben. Diesem Erbe zollt Dundee durch mehrere Bronzestatuen Tribut: **Desperate Dan** läuft durch die High Street, wo sich auch ein Drachen findet, **Oor Wullie** ist am Albert Square zu finden, **Minnie the Minx** am City Square. Am niedlichsten ist allerdings die **Pinguin-Parade** auf der Kirchenmauer der Old Steeple Church in der Nähe des *Overgate Shopping Centre.*

Dundee ist eine Industriestadt. In den 1960er-Jahren mussten viele alte Häuser neueren, zweckmäßigeren Gebäuden weichen und wurden abgerissen. Die Lebensqualität in Dundee wird von den Bewohnern selbst als recht hoch eingeschätzt. Einkaufen und wohnen lässt es sich gut in Dundee, ebenso bestehen regelmäßige Verbindungen zu allen größeren britischen Städten. Es gibt einen Flugplatz, einen Bahnhof, eine Autobahn und ein dichtes Busnetz.

Seit 2014 gehört Dundee zum Netzwerk der UNESCO Creative Cities, in diesem Fall **UNESCO City of Design.** Die Stadt wurde damit für ihre innovativen Arbeiten im Bereich Design ausgezeichnet. Das renommierte *Victoria and Albert Museum of Design* in London zollt dieser Auszeichnung mit einer Dependance in Dundee Rechnung. Das eigenwillige und interessante Gebäude des japanischen Architekten *Kengo Kuma* am Tay-Ufer unweit der *RRS Discovery* wurde 2018 als *V&A Dundee* eröffnet.

Sehenswertes

Im Hafen von Dundee liegt am Victoria Dock die königliche **Frigate Unicorn** (ausgeschildert). Das Kriegsschiff mit dem Einhorn als Gallionsfigur wurde im Jahre 1824 erbaut und bietet Platz für 46 Kanonen. Ein Rundgang im Innern des Rumpfes vermittelt einen Eindruck vom Leben in der *Royal Navy* des 19. Jh. Da dem Schiff die Masten fehlen, kann es jedoch nicht mit dem majestätischen Anblick der *Discovery* konkurrieren.

■ **Frigate Unicorn,** DD1 3BP, www.frigateunicorn.org, Di–So 10–16 Uhr, Eintritt £ 8,80.

An der A 85 nach Perth, nahe den Tay-Brücken, liegt die **Dreimastbark „RRS Discovery"** im Discovery Point. Das Schiff lief unweit seines jetzigen Standorts 1901 vom Stapel. Gebaut wurde es für *Captain Scott*, der damit seine erste Antarktisexpedition unternahm, ein zu jener Zeit schier ungeheuerliches Abenteuer. Heute liegt der Dreimaster nach einer Restaurierung wieder in seinem Heimathafen und ist zur Besichtigung freigegeben. Seemannsmodelle, Originalgeräusche und Originalgerüche sowie ein Film sollen dem Besucher ein authentisches Erlebnis vermitteln.

RRS Discovery, DD1 4XA, www.rrsdiscovery.com, April–Okt. Mo–Sa 10–17 Uhr, So 11–17 Uhr, Nov.–März bis 16 Uhr, Eintritt £ 17, zusammen mit dem *Museum Verdant Works* (→ unten) £ 24,50.

In unmittelbarer Nachbarschaft der *RRS Discovery* liegt das **V&A Dundee.** Im Innern der beiden umgedrehten Pyramiden findet sich eine bunte Sammlung an Designstücken schottischen Ursprungs – vom traditionellen Tartan über Jugendstilmöbel hin zu Computerspielen und modernen Designerkleidern ist alles vertreten. In einer wechselnden Ausstellung bietet sich Raum für zeitgenössische Designer.

V&A Dundee, 1 Riverside Esplanade, DD1 4EZ, www.vam.ac.uk/dundee, tägl. 10–17 Uhr, Eintritt frei.

Im Stadtzentrum (ausgeschildert) ist mitten zwischen hohen Häusern der alte **Friedhof The Howff** angelegt. Einstmals Garten des Greyfriars-Klosters, schenkte *Maria Stuart* das Grundstück im 16. Jh. der Stadt als Friedhof. Grabsteine aus drei Jahrhunderten bezeugen, dass bis vor etwa 100 Jahren so mancher Dundonian hier seine letzte Ruhestätte fand. Zusätzlich diente der Friedhof als Treffpunkt *(howff)* der Handwerksgilden, auch heute noch nimmt hier so mancher Dundonian sein Mittagessen ein. Biertrinken ist auf dem Grundstück verboten, wie mehrere Schilder verkünden.

746sc ab

Im Osten begrenzt die Barrack Street die Anlage. Wenn man sich am nördlichen Ende der Straße nach rechts wendet, vorbei an The Howff, erreicht man den Albert Square und die **McManus Galleries.** Die Ausstellungen innerhalb der Galerie thematisieren die örtliche Geschichte und wirtschaftliche Entwicklung der Stadt. Die Kunstgalerie zeigt Werke flämischer, holländischer, französischer und britischer Meister, darunter

Die McManus Galleries in Dundee

Dundee

0 200 m ©Reise Know-How Scot52 14/24

Übernachtung
- 3 Queen's Hotel
- 4 Aabalree Guest House
- 5 Dundee Backpackers Hostel
- 6 Apex City Quay Hotel & Spa
- 8 Riverview Caravan Park

Essen und Trinken
- 1 Gallery 48
- 2 Oshibori

Sonstiges
- 7 Arnold Clark Car Rental

einige sehenswerte Arbeiten des schottischen Jugendstilkünstlers *George Dutch Davidson*. Das Museum beherbergt zudem eine archäologische und eine naturkundliche Sammlung.

■ **McManus Galleries,** DD1 1DA, https://mcmanus.co.uk, Mo–Sa 10–17 Uhr, So 12.30–16.30 Uhr, Eintritt frei.

Einen Einblick in die Geschichte der Juteindustrie Dundees vermittelt das **Museum Verdant Works** im West Henderson's Wynd, westlich des Zentrums.

■ **Verdant Works,** DD1 5BT, www.verdantworks.com, April–Okt. Mo–Sa 10–17 Uhr, So 11–17 Uhr, Nov.–März Mi–Sa 10–16 Uhr, So 11–16 Uhr, Eintritt £ 14, zusammen mit der *RRS Discovery* (→ oben) £ 24,50.

Im Kunstzentrum **Dundee Contemporary Arts** (Nethergate) gibt es zwei Galerien mit zeitgenössischer Kunst, Werkstätten für Künstler und zwei Kinos.

■ **Dundee Contemporary Arts,** 152 Nethergate, DD1 4DY, www.dca.org.uk, So–Do 10–23 Uhr, Fr 10–24 Uhr, Sa 10–1 Uhr, Eintritt frei.

Sollte das Wetter schlecht sein, lohnt ein Besuch des **Dundee Science Centre** am Greenmarket. Das Wissenschaftsmuseum hat viele Experimente zum selbst Ausprobieren.

■ **Dundee Science Centre,** 14 Greenmarket, DD1 4QB, www.dundeesciencecentre.org.uk, Mi 11–13.30 Uhr, Sa/So 9–11.30, 12–14.30 und 15–17.30 Uhr, Eintritt £ 6,50, Kinder £ 5, Buchung über die Website empfohlen.

Wer am Ufer des Firth of Tay steht, dem fallen die beiden großen **Tay Bridges** über den Fjord ins Auge. Links die Autobahn-, rechts die Eisenbahnbrücke, ragen in der Mitte noch die traurigen Überreste einer dritten Brücke aus dem Wasser. Die erste Eisenbahnbrücke über den Tay wurde nach sechs Jahren Bauarbeiten 1877 eingeweiht. Drei Kilometer lang war die Brücke, ein Wunderwerk der Technik, der Stolz Dundees. Doch bereits zwei Jahre später stürzte die Brücke während eines Unwetters ein und zog einen Zug und 75 Passagiere mit sich in den Abgrund. Der Sturm, der an diesem 28.12.1879 tobte und *Theodor Fontane* zu seiner Ballade „Die Brück' am Tay" inspirierte, zerstörte nicht nur die Brücke, sondern auch die Träume allzu Fortschrittsgläubiger, denn als Unfallursache stellte sich vor allem technisches Versagen heraus.

Die **Promenade** des Tays hat in jüngerer Zeit – auch abseits des Designmuseums *V&A Dundee* – einige Entwicklung erfahren. Der **Maritime Trail** (ausgeschildert) führt beginnend beim Design Museum in einem Rundweg einmal durch das ehemalige Hafenquartier und erklärt die Geschichte des Gebiets. Die neue Position des Hafens, etwas flussabwärts, ist an den beeindruckend großen Ölplattformen erkennbar, die dort zur Dekommissionierung angelandet wurden. Die **Aussichtsplattform** nach der Autobrücke bietet einen schönen Ausblick.

Im Vorort **Broughty Ferry,** etwa 5 km östlich des Stadtzentrums, steht am Ufer eines der besterhaltenen *Tower Houses* Schottlands. **Claypotts Castle** hat einen „Z"-förmigen Grundriss mit zwei Rundtürmen, die sich diagonal gegenüber stehen. Auf den Türmen sitzen wie Hauben hervorspringende Räumlichkeiten. Die Burg wurde im späten 16. Jh. für die *Strachan*-Familie erbaut und war später u. a. im Besitz von *John Graham of Claverstone,* bekannter unter dem Namen *Bonnie Dundee;* leider nur von außen zu besichtigen (→ Kapitel 8: Killiecrankie).

Geöffnet hat das nahe gelegene **Broughty Castle** aus dem späten 15. Jh. Es beherbergt das Heimatmuseum von Broughty Ferry und zeigt u. a. eine Ausstellung zum Walfang. Außerdem hat man von hier einen schönen Blick aufs Meer.

■ **Broughty Castle,** DD5 2TF, April–Sept. Mo–Sa 10–16 Uhr, So 12.30–16 Uhr, Okt.–März Mo geschlossen, Eintritt frei.

Praktische Tipps

Informationen

■ **Dundee iCentre,** 1 Riverside Esplanade, im *V&A Dundee,* Tel. 01382 527527, tägl. 10–17 Uhr.
■ **www.dundee.com**

Grafschaft Angus

Zwischen Dundee und Aberdeen liegt die Grafschaft Angus. Sie wird im Osten durch das Meer begrenzt und endet dort an einer **herrlichen Küste mit steilen Klippen** aus rotem Sandstein, die von sanften Buchten mit Sandstränden unterbrochen werden. An der A 92 zwischen Dundee und Aberdeen ist die *Angus Coastal Tourist Road* ausgeschildert, die als Alternative zur Hauptstrecke die Küste entlangführt.

Im Westen liegt die Bergkette Angus Glens, wo **schöne Täler,** allen voran das Glen Esk, zum Wandern einladen. Zwischen dem Meer und den Bergen erstreckt sich ein schmaler Streifen mit hübschen Ortschaften, Feldern und kleinen Waldflächen.

Verbindungen

Bahn

Der **Bahnhof** liegt nahe den Tay-Brücken am Ufer.

- **Auskunft** über den Fahrplan und Tickets erhält man bei *ScotRail,* Taybridge Station, South Union Street, Dundee, Mo–Sa 6.25–19.30 Uhr, So 8.30–19.30 Uhr.
- Dundee verlässt jede halbe Stunde ein Zug in Richtung **Aberdeen.** Zwischenstationen sind Arbroath, Montrose und Stonehaven. Die Fahrt dauert etwa 70 Min. und kostet zwischen £ 10 und £ 25.
- Züge fahren auch regelmäßig mehrmals am Tag durch Fife nach **Edinburgh** (£ 6–22) und über Perth nach **Glasgow** (£ 13–27).

Bus

Der Busbahnhof in Dundee ist die **Seagate Bus Station** nördlich des Hafens. Hier erhält man auch genauere Informationen. Dundee ist gut an das Umland und die größeren schottischen Städte angeschlossen.

- Die Linien M92 Edinburgh – Aberdeen, M9 Glasgow – Aberdeen und X7 Perth – Aberdeen kreuzen an der Seagate Bus Station. Zudem fahren von dort die Verbindungen X54 nach **Edinburgh,** M8 nach **Glasgow,** 99 nach **St Andrews** und 57 nach **Perth** ab. Alle M-Linien werden von *Megabus* angeboten. Der Rest wird von *Stagecoach* betrieben.
- Neben Orten in den umliegenden Regionen, die von weiteren Buslinien angefahren werden, halten die Fernverbindungen nach Aberdeen in **Muirdrum, Montrose, Inverbervie** und **Stonehaven,** auf dem Weg nach Edinburgh in **Perth, Kinross** und **Dunfermline.**
- *Stagecoach* bietet unter dem Namen *DayRider* **Tagestickets** an (mehr Informationen unter www.stagecoachbus.com/tickets/dayrider). Mit diesen Tickets lassen sich Ausflüge nach **St Andrews** (£ 8), an die nördliche **Ostküste** (£ 11) oder auch in die **Angus Glens** (£ 8) in einem Tag gut verwirklichen.

Flug

- Der **Dundee Airport** liegt nur 3 km außerhalb des Stadtzentrums am Riverside Drive. Das Taxi in die City kostet £ 10. Von hier gehen Flüge nach **Belfast, London** und **Shetland.** Flugauskunft: Tel. 01 382 662200, www.hial.co.uk.

Taxi

- Tel. 01382 500500 oder 01382 666999.

Autoverleih

7 **Arnold Clark Car Rental,** East Dock Street, DD3 6AH, Tel. 01382 225382, www.arnoldclarkrental.com.

Unterkunft

Hotels finden sich in der ganzen Stadt, u. a. im Stadtzentrum, am Tay-Ufer und in Broughty Ferry am südöstlichen Stadtrand.

6 Apex City Quay Hotel & Spa②, 1 West Victoria Dock Road, DD1 3JP, Tel. 01382 202404, www.apexhotels.co.uk. Modernes Hotel direkt im historischen Hafen.

3 Queen's Hotel②, 160 Nethergate, DD1 4DU, Tel. 01382 322515, www.queenshotel-dundee.com. Gediegenes Hotel in einem historischen Gebäude mitten im Stadtzentrum.

4 Aabalree Guest House①-②, 20 Union Street, DD1 4BH, Tel. 01382 223867, www.aabalree.com. Zentrale Unterkunft mit farbenfrohen Zimmern.

5 Dundee Backpackers Hostel②, 71 High Street, DD1 1SD, Tel. 01382 224646, www.hoppo.com/dundeebackpackershostel. Liegt zentral in der Innenstadt in einem Zusammenschluss alter Gebäude; mit zahlreichen Lounges und einer Küche viel Platz für nette Gespräche oder ein gemütliches Buch.

8 Riverview Caravan Park②, Marine Drive, Monifieth, DD5 4NN, Tel. 01382 535471, www.riverview.co.uk. Der Wohnmobilplatz in Monifieth liegt im Osten von Dundee, noch hinter Broughty Ferry, an der A 930. Nur für Erwachsene.

Essen und Trinken

1 Gallery 48, 48 West Port, DD1 5ER, Tel. 01382 225666, www.gallery48.co.uk, Mo–Do 8–24 Uhr, Fr 8–23 Uhr, Sa/So 9–23 Uhr. In der Galerie werden neben zeitgenössischer Kunst auch Tapas, spanische Weine und eine reichhaltige Ginauswahl angeboten.

2 Oshibori, 162 Nethergate, DD1 4EE, Tel. 01382 690370, www.oshiborirestaurants.co.uk, Mo–Sa 12.30–15.30 und 17.30–22.30 Uhr, So 17.30–22.30 Uhr. Ein perfektes Zusammenspiel aus der Frische und Qualität schottischer Zutaten mit deren Wertschätzung aus der japanischen Küche.

Arbroath

Etwa 25 km nordöstlich von Dundee liegt das Städtchen Arbroath an der A 92. Schotten wird bei Nennung des Namens Arbroath die Unterzeichnung der schottischen **Unabhängigkeitserklärung** im Jahr 1320 einfallen. Nach dem Sieg von Bannockburn unter *Robert the Bruce* wurde die schottische Unabhängigkeit von England in Arbroath schriftlich besiegelt. Den nichtschottischen Besucher wird eher die Ruine von Arbroath Abbey und der *Arbroath smokie* interessieren.

Arbroath Abbey wurde 1178 von *William „the lion"* gegründet und von Tironensier-Mönchen bewohnt. Von der aus rotem Sandstein erbauten Abtei sind heute noch sehenswerte Teile der Kirche und der Wohngebäude erhalten. Auch das Haus des Abtes überdauerte und beherbergt heute eine Ausstellung über das Leben in der kirchlichen Gemeinschaft sowie einige Stücke mittelalterlicher Kunst.

■ **Arbroath Abbey,** DD11 1EG, www.historicenvironment.scot/arbroath-abbey, April–Sept. tägl. 10–12.30 und 13.30–16.30 Uhr, Okt.–März bis 16 Uhr, Eintritt £ 10.

Weiterhin ist die Stadt für ihren **Arbroath smokie,** den über Eichen- und Birkenspänen **geräucherten Schellfisch,** bekannt. Zwischen Abtei und Hafen wird fast überall frisch geräucherter Schellfisch verkauft, der besonders gut kalt, mit dunklem Brot, Butter, Pfeffer und viel Zitronensaft schmeckt.

Adobe Stock © w11buc

Fußweg nach Auchmithie

UNSER TIPP: Von der Hauptstraße geht innerhalb der Ortschaft eine Straße ab zur Bucht und Klippe **Whiting Ness.** Hier beginnt ein enger Fußweg, der entlang der Küste in das etwa 5 km nördlich gelegene Auchmithie führt (bzw. kurz vor der Ortschaft an der Landstraße endet). Die faszinierende **Steilküste** aus rotem Sandstein, das Meer, das an die Felsen brandet, und die einsamen Schreie der Vögel versprechen vor allem bei schönem Wetter einen herrlichen Ausflug. Auchmithie ist ein **malerisches Fischerdorf** mit Häusern oberhalb der Klippen und einem kleinen Hafen unten am Meer.

St Vigeans

Nur wenige Meter hinter dem nördlichen Ortsausgang von Arbroath biegt links eine kleine Straße von der A 92 in Richtung St Vigeans ab. Von der Abzweigung ist es nur noch wenig mehr als ein Kilometer, bis man in den Ort gelangen, dessen kleine rote Kirche auf einem Hügel errichtet wurde.

Um den Hügel gruppieren sich mehrere Häuser aus rotem Sandstein, von denen eines das **St Vigeans Museum** beherbergt. 38 piktische Grabsteine werden in diesem Museum ausgestellt und erläutert.

■ **St Vigeans Museum,** DD11 4RB, Tel. 01241 878 756, April–Sept. Di–Do und Sa 10–16.30 Uhr, Eintritt £ 7,50.

Lunan Bay

UNSER TIPP: Wenn man weiter entlang der A 92 fährt, lohnt es sich auf jeden Fall, einmal auf eine der östlichen Nebenstraßen Richtung Küste abzubiegen, um einen Blick über die roten **Sandsteinklippen** auf das Meer zu werfen. Auf halben Weg zwischen Arbroath und Montrose führt eine Seitenstraße zur Lunan Bay. Die Bucht mit dem schönen Sandstrand wird überragt von der Ruine des **Red Castle.** Die Burg stammt ver-

Arbroath Abbey

Klassizistisches Juwel: das House of Dun

mutlich aus dem 15. Jh., das zerstörte Turmhaus thront noch immer aufrecht auf einem Felsen über dem Meer.

Der **Strand** ist vor allem bei Familien beliebt. Auf den **Sanddünen** sollen auch schon Kinder mit Schlitten gesichtet worden sein.

Montrose

Weiter nördlich führt die Straße nach Montrose. Wie auf einer Halbinsel wird der Ort von drei Seiten durch Wasser begrenzt: die See im Osten, ein Flusslauf im Süden und das Montrose Basin im Westen. Die Hafenstadt bietet gute Einkaufsmöglichkeiten, besitzt jedoch keine Attraktionen, abgesehen von den Heerscharen an Wildgänsen, die jeden Winter den See bevölkern.

Die Vögel beobachten und mehr über sie erfahren kann man im **Montrose Basin Wildlife Centre** in Rossie Braes, Montrose.

Montrose Basin Wildlife Centre, www.montrosebasin.org.uk, Mitte Feb.–Okt. tägl. 10.30–17 Uhr, Nov.–Mitte Feb. Fr–Mo 10.30–16 Uhr, Eintritt £ 5,50.

House of Dun

Wenn man die Stadt auf der A 935 in westlicher Richtung verlässt, erreicht man nach 5 km ein weiteres Meisterwerk des schottischen Architekten **William Adam.** *Adam* wurde 1730 von *David Erskine, Lord Dun,* beauftragt, als Ersatz für das alte Castle ein **Landhaus** mittlerer Größe zu entwerfen. Entstanden ist dabei das House of Dun, das wie viele *Adam*-Bauten insbesondere durch die ausgewogene Innenarchitektur besticht. Typisch für seinen Stil ist die Kombination von Halle und Salon im Erdgeschoss und der Bibliothek oberhalb des Salons. Den Salon schmücken aufwendige Stuckarbeiten von martialischer Thematik. Der Raum ist etwas höher als die übrigen Zimmer des Erdgeschosses und bedingt dadurch zwei Ebenen im ersten Stock, wo die Bibliothek über eine zusätzliche Treppe betreten werden kann.

Von außen bewirkt diese Einheit aus Salon und Bibliothek eine Auflösung der ansonsten eher strengen Linien des quadratischen Gebäudes. Die übrigen Räume sind liebevoll mit Möbelstücken, Gemälden, Vasen und anderem eingerichtet, und mehrere hilfsbereite, ehrenamtliche Mitarbeiterinnen des *National*

251Sc bcg

Trust for Scotland stehen bei Fragen zur Verfügung. Um das Haus erstreckt sich ein **Park** mit schönen Spazierwegen.

■ **House of Dun,** DD10 9LQ, www.nts.org.uk/house-of-dun, nur mit Führungen zu besichtigen, genaue Zeiten auf der Website, Eintritt £ 16. Der Park ist tägl. 8–20 Uhr geöffnet.

Praktische Tipps

Unterkunft in der Umgebung

St Cyrus

■ Verlässt man Montrose entlang der A 92 nach Norden, erreicht man nach wenigen Kilometern St Cyrus. Das kleine Dorf mit Sandstrand und Blick über die ganze Bucht verfügt über einen sehr empfehlenswerten Campingplatz am Meer: **Miltonhaven Seaside Caravan Park & Campsite①-②**, DD10 0DL, www.miltonhaven.co.uk, ca. 3 km nördlich von St Cyrus an der A 92, April–Okt.

Johnshaven

■ **The Anchor Hotel①**, New Road, Johnshaven, DD10 0HD, Tel. 01561 362288, www.anchorhotel johnshaven.co.uk. Hat auch eine Bar und ein Restaurant. Johnshaven liegt zwischen Montrose und Stonehaven an der Küste.

Essen und Trinken

■ **Pavilion Cafe,** Melville Gardens, DD10 8HG, Tel. 01674 958188, www.fb.com/pavilioncafemontrose, Mi–Sa 9.30–15 Uhr. In dem kleinen Grünstreifen im Zentrum von Montrose werden Kuchen, Kaffee und leichte Speisen in idyllischer Szenerie geboten.

☒ Unbezwingbar: Dunnottar Castle

Stonehaven

Stonehaven, ca. 15 km südlich von Aberdeen an der A 92 gelegen, ist eine kleine Stadt mit einem reizvollen Hafen am Fuße einer imposanten **Sandsteinklippe.** Der Felsen ist auf einem Fußweg zu erklimmen und verspricht bei schönem Wetter einen herrlichen Blick über das Meer und die Stadt. Von der Spitze nimmt auch ein Pfad zum drei Kilometer entfernten Dunnottar Castle seinen Anfang, der entlang der dramatischen Küstenlinie verläuft.

Am weitläufigen **Strand** des moderneren Teils der Kleinstadt führt eine schöne Promenade entlang, während am gemütlichen alten **Hafen** von Stonehaven neben Sportbooten immer noch ein paar Fischerboote ankern. Im Pub und Hotel *The Ship Inn* am Kai kann man wunderschön draußen sitzen und die Hafenatmosphäre genießen (→ Essen und Trinken). Auf der Hafenmauer steht ein **Imbissstand,** an dem man leckere Snacks aus vor Ort gefangenen Hummern und Krebsen kaufen kann.

Am Hafen befindet sich auch das alte Gefängnis, das **Tolbooth,** das keine Gefangenen mehr, sondern nun das örtliche **Heimatmuseum** beherbergt.

■ **Tolbooth Museum,** AB39 2JU, www.stone haventolbooth.co.uk, April–Sept. Mi–Mo 13.30–16.30 Uhr, Okt.–März Sa/So 12.30–15.30 Uhr, Eintritt frei.

Zu den Öffnungszeiten des Heimatmuseums kann auch der **Uhrturm** in der High Street besichtigt werden.

Dunnottar Castle

Etwa 3 km südlich von Stonehaven an der A 92 ist **eine der faszinierendsten Ruinen Schottlands zu sehen.** Dunnottar Castle hat keine Festungsmauern und war trotzdem so sicher, dass während der Cromwell'schen Kriege die schottischen Reichsinsignien hier aufbewahrt wurden.

Dieses Rätsel löst sich, hat man die Burg vor Augen. Dunnottar Castle steht auf einem über **50 m hohen Felsen im Meer,** mit nur einer schmalen Verbindung zum Festland. Ein enger, steil gewundener Pfad war der einzige Zugang zur Burg und konnte mit nur wenigen Soldaten selbst gegen ein großes Heer verteidigt werden. Auch der heutige Besucher erklimmt den Felsen über den schmalen Pfad, und auf halbem Wege erwartet ihn wie einst der Wachposten ein Kassierer, der aufpasst, dass niemand ohne Ticket die Burg betritt.

Ursprünglich stand auf dem Felsen eine Kapelle, doch im 14. Jh. wurde die Kirche an ihren heutigen Standort am Fluss Carron, ca. 3 km landeinwärts, verlegt. Unmittelbar darauf errichtete *Sir William Keith, Marischal of Scotland,* eine Festung auf dem Felsen und wurde dafür vom Erzbischof von St Andrews wegen „Entweihung geheiligten Bodens" exkommuniziert, eine Anordnung, die vom Papst jedoch wieder aufgehoben wurde. Zu sehen sind heute noch die Ruinen des Turmhauses, einiger Wohngebäude und der Kapelle.

- **Dunnottar Castle,** AB39 2TL, www.dunnottarcastle.co.uk, April–Sept. tägl. 9–18 Uhr, Okt. und März 10–17 Uhr, Nov.–Jan. 10–15 Uhr, Feb. 10–16 Uhr, Eintritt £ 11,50.

Praktische Tipps

Unterkunft

In Stonehaven sind mehrere Hotels vor allem in den etwas größeren Straßen, wie Allardice Street und Arduthie Road, anzutreffen. Durch die Nähe zu Aberdeen sind hier die Unterkünfte auch in der Nebensaison stark frequentiert. Es empfiehlt sich daher, rechtzeitig vorzubuchen.

722sc bcg

■ **Arduthie House**②, Ann Street, AB39 2DA, Tel. 01569 767765, www.arduthiehouse.scot. In einem hübschen viktorianischen Haus im Stadtzentrum gelegen.

■ **Rooms at 31**②, 31 Ann Street, AB39 2DA, Tel. 07873 203026, www.roomsat31.co.uk. Einfache, aber ordentliche Unterkunft im Zentrum.

■ **Queen Elisabeth Park Club Campsite**①-②, AB39 2RD, Tel. 01569 760088. Im Norden Stonehavens neben dem Schwimmbad in unmittelbarer Nähe zur Küste, der Campingplatz ist an der A 90 ausgeschildert.

Essen und Trinken

■ **Tolbooth Seafood Restaurant,** AB39 3JU, am Hafen, Tel. 01569 762287, www.thetolboothrestaurant.co.uk, Di–Fr 12–15 und 17–24 Uhr, Sa 12–24 Uhr, So 12–21 Uhr. Hier kann man gut essen.

■ Schöne Pubs sind überall in der Innenstadt oder am Hafen, wo auch das **The Ship Inn,** 5 Shorehead, AB39 2JY, Tel. 01569 762617, www.shipinnstonehaven.com, Mo–Fr 12–14.15 und 17.30–20.30 Uhr, Sa/So 12–20.30 Uhr, liegt, zu finden.

Aktivitäten

UNSER TIPP: An der Strandpromenade gibt es ein beheiztes **Meerwasserfreibad,** in der Nähe befindet sich das **Leisure Centre** mit Schwimmbad, Café, u. a. Die Stadt bietet ein relativ breites Angebot an Freizeitaktivitäten, insbesondere im sportlichen Bereich. Die Auswahl reicht von **Golf** über **Bowls, Tennis, Reiten, Angeln** usw. bis zum **Quoiting,** einer alten, fast ausgestorbenen schottischen Sportart, die mit schweren Eisenringen gespielt wird. Tennis- und Bowlsplätze sind neben dem Schwimmbad am Strand zu finden.

■ **Angelscheine** für die umliegenden Gewässer verkauft *The Pet Shop,* 21 Cameron Street, AB39 3BL, Tel. 01569 762082, www.stonehavenangling.com.

Glamis und die Angus Glens

Glamis Castle

Auch im **Hinterland von Angus** finden sich mehrere Sehenswürdigkeiten, unter denen Glamis Castle die herausragende ist. Wer von Dundee nach Stonehaven nicht entlang der Küste, sondern durch das Landesinnere fahren möchte, verlässt Dundee auf der A 90 in nördlicher Richtung, die über Forfar nach Stonehaven führt. Etwa auf halbem Wege zwischen Dundee und Forfar zweigt westlich die A 928 von der A 90 nach Glamis (sprich: Glarms) ab. Auf einer langen Allee nähert sich der Besucher schließlich dem Castle und sieht schon von weitem zwischen den Bäumen die großen rosagrauen Mauern der Burg.

Das große L-förmige **Turmhaus** mit niedrigeren Anbauten auf beiden Seiten ist in seiner heutigen Form erst im 17. Jh. entstanden, trotzdem sind Teile des Towers wesentlich älter und wurden bereits im 14. Jh. errichtet. Glamis ist eine jener drei Burgen, die Schauplatz der Ermordung *Duncan's* durch *Macbeth* gewesen sein sollen. Doch auch hier spricht schon das Alter gegen diese Theorie, da *Duncan* bereits im 11. Jh. getötet wurde.

Glamis ist zudem berühmt für seine **Gespenster.** In einer Krypta spielt der riesige rotbärtige *Beardie Crawford* am Sabbath Karten mit dem Teufel, und niemand kann im Inneren des Castle das Zimmer zu einem Fenster finden, das von außen deutlich in einem der oberen Stockwerke zu sehen ist.

Adobe Stock © francis92

■ **Glamis Castle,** Glamis, DD8 1RJ, www.glamis-castle.co.uk, Mitte März–Okt. tägl. 10–17 Uhr, das Castle kann nur im Rahmen einer Führung besucht werden, Eintritt £ 17,50, £ 8,50 ohne Besichtigung des Castles.

Kirriemuir

Nördlich von Glamis liegt an der A 926 das kleine Städtchen Kirriemuir. Von hier aus lassen sich Wanderungen durch die herrlichen **Angus Glens,** die **Täler** der Region, wie Glen Isla, Glen Prosen oder Glen Clova, unternehmen.

In der Brechin Road, in der Stadtmitte, wurde *James Matthew Barrie* geboren. Der *National Trust* ehrt den Schöpfer von *Peter Pan* mit dem **J M Barrie's Birthplace Museum** in dessen altem Wohnhaus und dem **Peter Pan Garden.**

■ **J M Barrie's Birthplace Museum,** 9 Brechin Road, DD8 4BX, www.nts.org.uk/visit/j-m-barries-birthplace, April–Okt. Do–So 10.30–16.30 Uhr, Eintritt £ 9, Garten Eintritt frei.

⌃ Geburtsort der Königinmutter: Glamis Castle

Meigle Museum

UNSER TIPP: Einige Kilometer südwestlich von Glamis liegt an der A 94 das Meigle Museum. Das Museum stellt 26 **Steine aus der keltisch-christlichen Zeit** (6.–10. Jh.) aus, in die Bilder und Ornamente eingeritzt sind. Damit ist Meigle eine der wichtigsten europäischen Sammlungen von Bildhauerei aus dem frühen Mittelalter.

■ **Meigle Museum,** Dundee Road, Meigle, PH12 8SB, April–Sept. So–Mi 10–16.30 Uhr, Eintritt £ 7,50.

336sc jf

Forfar

Nordöstlich von Glamis liegt an der A 94 Forfar mit einem hübschen Stadtzentrum aus roten Sandsteinhäusern. Von dem geschäftigen Forfar führen zwei Straßen ins nordöstliche Brechin, die gut ausgebaute A 90 und die B 9134.

Wer sich für die kleinere Straße entscheidet, kann auf halbem Wege die **Aberlemno Sculptured Stones** bewundern, vier keltische Steine, von denen drei direkt an der Straße stehen. Der vierte und schönste steht an einer Nebenstraße im Kirchhof (Hinweisschild), ein Kreuzstein aus dem 8. Jh. mit verschlungenen Ornamenten auf der einen und piktischen Symbolen und Figuren auf der anderen Seite.

Brechin

Etwa 10 km weiter nordöstlich hat Brechin eine wirkliche Besonderheit zu bieten. Der **Brechin Round Tower** ist ein Rundturm irischen Typs, wie es ihn in Schottland nur noch einmal im 100 km weiter südlich gelegenen Abernethy gibt. Der schlanke Turm wurde im späten 11. Jh. erbaut und diente den Pikten als Zuflucht vor plündernden Wikingern. Das spitze Dach ist nicht piktisch, sondern wurde erst im 14. Jh. hinzugefügt.

Edzell

Hinter Brechin stößt die A 935 auf die gut ausgebaute A 90 nach Stonehaven. Folgt man dieser Straße nach Stonehaven, zweigt bei Keithock die B 966 nach Edzell ab. Das Städtchen kann man durch den **Dalhousie Arch,** einen etwas absurd wirkenden Torbogen, der 1887 am Ortseingang aufgestellt wurde, betreten.

Schon etwas außerhalb der Ortschaft biegt links die Straße nach **Edzell Castle** ab. Die ursprüngliche Burg aus dem 12. Jh. befand sich ehemals etwa 300 m südwestlich des heutigen Standortes, und um diese Burg gruppierten sich die Häuser des ersten Ortes Edzell. Von Burg und Stadt blieb nur der Kirchhof erhalten, alles andere ist verschwunden. Das jetzige Castle, nun auch nur noch eine Ruine, wurde um 1500 in der damals üblichen Art des *Tower House* errichtet, also eines Turms mit mehreren Stockwerken. Um einen solchen Turm reihten sich in einem verteidigungsfähigen Hof die Wohngebäude.

Bekannt ist Edzell Castle allerdings nicht für seine Gebäude, sondern seinen **Garten,** der schon seit 1552 zur Burg gehört. Der jetzige wurde 1604 von *David Lindsay* angelegt. Trotz oder gerade wegen der geringen Ausmaße besticht die Anlage durch ihre Komposition: Ornamente aus Blumen werden von kunstvoll zu den Wörtern „dum spiro spero" („solange ich atme, hoffe ich") geschnittenen Hecken umrahmt, und selbst an den Gartenmauern blühen Blumenarrangements, die sich mit eingemeißelten Bildern abwechseln.

■ **Edzell Castle,** DD9 7UE, www.historicenvironment.scot/visit-a-place/places/edzell-castle-and-garden. Zum Zeitpunkt der Drucklegung war das Castle wegen Restaurierungsarbeiten geschlossen.

Wandern in den Angus Glens

UNSER TIPP: Wenn man von Edzell Castle auf die B 966 Richtung Fettercairn zurückkehrt, wird man kurz hinter Edzell über eine alte Brücke den **Fluss North Esk** überqueren. Gleich hinter der Brücke ist eine kleine blaue Tür mit der Aufschrift „The Burn" zu sehen. Hinter dieser Tür erstreckt sich entlang des North Esk ein Privatgrundstück mit Durchgangserlaubnis für Spaziergänger. Der Pfad führt ein Stück entlang des North Esk durch das herrliche Tal **Glen Esk,** wo man bei den *Rocks of Solitude* in den Sommermonaten (ca. Mai–Juli) die Lachse auf dem Weg zu ihren Laichplätzen springen sehen kann.

Durch das Tal führt ab **Dalbog** auch ein normaler Wanderweg, ebenso wie einige der zahlreichen umliegenden und durchweg sehenswerten Täler durch Wanderwege erschlossen sind. Von hier aus kann man zu Fuß diesen Teil der Grampian Mountains überqueren und so ins Dee-Tal gelangen. Durch das Glen Esk führt auch eine schmale Straße.

☒ Der Aberlemno Sculptured Stone im Kirchhof in Forfar

Überblick | 228

Aberdeen | 232

Aboyne | 271

Alford | 263

Ballater | 271

Banchory | 270

Banff | 247

Buckie | 251

Crovie | 247

Cruden Bay | 242

Cullen | 249

Dufftown | 267

Elgin | 251

Forres | 253

Fraserburgh | 244

Huntly | 260

Inverurie | 258

Keith | 261

Macduff | 247

Pennan | 247

Peterhead | 243

Portknockie | 250

Tal des River Dee | 268

Turriff | 257

723sc ab

7 Grampian und Aberdeen

»Das Herz der schottischen Whiskyindustrie und Tower-Häuser satt, landschaftliche Schönheit und Tradition in Form von Baumstamm werfenden oder Steine schleudernden Männern im Kilt – hier findet sich für jeden etwas.

◁ Bei Dufftown in den Grampians

GRAMPIAN UND ABERDEEN

Grampian heißt die Region im Nordosten Schottlands nach den Grampian Mountains, die im Südwesten aufragen. Im Norden und Osten setzen der Firth of Moray und die Nordsee dem Gebiet eine natürliche Grenze. Zwischen Gebirge und Meer erstreckt sich eine fruchtbare Ebene aus weiten Feldern und bewaldeten Tälern, an der Küste wechseln sich atemberaubende Steilklippen und Felsformationen mit lieblichen Buchten und weißen Badestränden ab.

NICHT VERPASSEN!

- **Old Aberdeen,** das mittelalterliche Zentrum | 235
- **Elgin Cathedral,** einst die schönste Kathedrale Schottlands | 251
- **Bennachie-Bergkette,** wandern in historischer Umgebung | 258
- **Castle Fraser** und **Craigievar Castle,** Märchenschlösser in Grampian | 262, 263
- **Crathes Castle,** Tower-House-Architektur | 269

Diese Tipps erkennt man an der gelben Markierung.

Überblick

Die Menschen dieser Region leben traditionell vom **Fischfang** aber auch von der **Ölindustrie.** Im Jahre 1969 wurde hier vor der Küste das erste britische Ölfeld erschlossen.

Im Landesinnern ist die Landwirtschaft der Haupterwerbszweig. Überall wird Ackerbau betrieben, und einige der vielen kleinen Dörfer veranstalten ihren eigenen Viehmarkt.

Die Erde der **Grampian Mountains** im Westen bietet nicht mehr ausreichend Nährstoffe für Feldfrüchte, nur die genügsame Erika kann hier überleben. Die Landschaft ist karg und als einziges Zeichen der „Zivilisation" trifft man in dem dünn besiedelten Gebiet über weite Strecken nur Schafe.

Grampian kann neben seiner abwechslungsreichen Landschaft mit einer Vielzahl und Vielfalt an **Burgen und Schlössern** aufwarten wie kaum ein anderer Teil Schottlands. Zerfallene Ruinen stehen nahe majestätischen *Tower Houses* oder herrschaftlichen Residenzen.

Für das leibliche Wohl sorgt ein dichtes Netz von **Whiskybrennereien.** Zentrum und administrative Hauptstadt der Region ist **Aberdeen,** die drittgrößte Stadt Schottlands, die sich seit Entdeckung der Ölquellen zur Ölhauptstadt Europas entwickelt hat.

Die Beschreibung dieser Region erfolgt strahlenförmig ausgehend von der Stadt Aberdeen. Die erste Streckenbeschreibung ist die nördlichste, und danach gehen wir immer weiter nach Süden, bis schließlich im letzten Abschnitt das Dee-Tal beschrieben wird.

Adobe Stock © mountaintreks

Geschichte

Obwohl Grampian schon früh besiedelt war, wie Bronzezeitgräber und Forts aus der Eisenzeit bezeugen, ist das erste bekannte Ereignis in der Geschichte Grampians die Vereinigung der Pikten und Dalriada Scots durch *Kenneth MacAlpine* im 9. Jh. Später erlangten die *Comyns, Earls of Buchan,* die Herrschaft über die Region und wurden so mächtig, dass sie mit *Robert Bruce* um die Königswürde konkurrierten. Nach einer Niederlage gegen *Bruce* im Jahr 1307 verloren sie ihren Einfluss und mussten ihre beherrschende Position an die *Gordons* abtreten. Diese regierten das Land 250 Jahre lang wie Despoten, bis sie 1561 *Maria Stuart* den Anspruch auf die Krone streitig machten und ebenso wie die *Comyns* zuvor vernichtend geschlagen wurden. Von da an zeigten sich die Bewohner der Region zumeist königstreu und unterstützten auch die Jakobitenaufstände im 17. Jahrhundert.

⌃ Der Fluss Dee in den Grampians

Tarbat Ness
Portmahomack
Tarrel
Hill of Fearn
Balintore
Shandwick
316 Shandwick Stone
Moray Firth
Burghead
Burghead Bay
Hopeman
Burghead
Branderburgh
Lossiemouth
251 Elgin Cathedral
251 Elgin
Findhorn
254
Findhorn Bay
Kinloss
Alves
96
253 Forres
253 Sueno's Stone
Dyke
Nairn
254 Brodie Castle
Rafford
Kellas
Auldearn
Dallas
Cawdor
301 Cawdor Castle
Mill Buie 371
Findhorn
Ferness
Dava
Findhorn
Lochindorb
Carne na Loine 549
HIGHLAND
Carn Glas-choire 659
95
294 Grantown-on-Spey
Dulnan Bridge
9
Carrbridge
Lynemore
Nethy Bridge
Dulnain
Boat of Garten
285 Aviemore
Spey
9
Coylumbridge
Alvie
286 Loch Morlich
285 Highland Wildlife Park
285 Cairn Gorm 1245
Kincraig
Feshiebridge
Ben Macdui 1309
Cairn Toul 1291
Grampian
Geal Charn 821
Avon
Mountains
Ben Avon 1171
287 Braemar
289 Braemar Castle
93
289 Linn of Dee
Inverey
Auchallater
An Sgarsoch 1006
PERTH AND KINROSS
251 Scottish Dolphin Centre
Kingston
Spey Bay
Mosstodloch
Fochabers
Longmorn
Lossie
Spey
MORAY
268 Glen Grant Distillery
Rothes
Ben Aigan 471
Craigellachie
Upper Knockando
Aberlour
267 Dufftown
267 Glenfiddich Distillery
267 Balvenie Castle
Marypark
Ben Rinnes 840
Tomnavoulin
Cook's Cairn 755
GRAMPIAN
292 Tomintoul
Carn Mor 804
Carn Ealasaid 792
Cock Bridge
293 Corgarff Castle
Colnabaichin
Don
264 UPPER DONSIDE
Bellabeg
Strathdon
Morven 871
Rinloan
Torbeg
Culardoch 900
Crathie
Dee
292 Balmoral Castle
271 Ballater
271 Tullich Church
Dinnet
Mount Keen 939
273 Lochnagar 1155
273 Loch Muick
ANGUS
Auchronie
Loch Lee
Tarfside
250 Bow Fiddle Rock
250 Portknockie
Findochty
249 Cullen
251 Buckie
Forgie
Newmill
261 Keith
261 Strathisla Distillery
Mulben
Isla
260 Huntly Falconry Centre
Deveron
Culdrain
Bridgend
Tap o'Noth 563
267 St Mary's Kirk
Rhynie
Mossat
265 Kildrummy Castle
Milltown
Glenkindie

0
10 km
©Reise Know-How
ScotK07 14/24
Stromness (Mainland, Orkney Islands)
Lerwick (Shetland)
NORTH SEA
ABERDEENSHIRE
Pitsligo Castle
Fraserburgh
Kinnaird Head
Macduff Marine Aquarium
Crovie
Rosehearty
Portsoy
Whitehills
Pennan
Mid Ardlaw
Inverallochy
St Combs
Fordyce
Banff
Macduff
Gardenstown
New Aberdour
Memsie
Loch of Strathbeg
Duff House
Longmanhill
Ladysford
Rattray Head
Cornhill
Deveron
New Pitsligo
Crimond
Rattray
Knock Hill 450
Finnygaud
New Byth
Strichen
New Leeds
North Ugie
St Fergus
Aberchider
Turriff
Milltown of Rothiemay
Cuminestown
Mintlaw
Peterhead
Darra
Maud
New Deer
Stuartfield
Buchan Ness
Bogniebrae
Boddam
Huntly Castle
Kirktown of Auchterless
Fyvie Castle
Auchnagatt
Bullers of Buchan
Huntly
Hill of Dudwick 174
Hatton
Badenscoth
Fyvie
Methlick
Cruden Bay
Ythan
Slains Castle
Toll of Birness
Haddo House
Bay of Cruden
Leith Hall
Kirkton of Culsalmond
Ellon
Tolquhon Castle
Tarves
Kennethmont
Insch
Loanhead of Daviot
Oldmeldrum
Collieston
Pitmedden Garden
Pitmedden
Newburgh
Whiterashes
Maiden Stone
Inverurie
Newmachar
Don
Bennachie Visitor Centre
Balmedie
Kintore
Alford
Kemnay
Muir of Fowlis
Castle Fraser
Blackburn
Dyce
Tillyfourie
Lyne of Skene
Bridge of Don
Craigievar Castle
Dunecht
Bucksburn
Westhill
Aberdeen
Kirkton of Skene
Lumphanan
Echt
Cults
Torphins
Cove Bay
Drum Castle
Dee
Charlestown
Aboyne
Peterculter
Crathes Castle
Kincardine O'Neil
Portlethen
Kirkton of Durris
Banchory
Marywell
Newtonhill
Netherley
Carnferg 525
Strachan
Muchalls
376
Mowtie
Stonehaven
Bridge of Dye
Dunnottar Castle
North Esk
Drumlithie
Catterline
Auchenblae

Aberdeen

„Die graue Stadt am Meer". Hätte *Theodor Storm* Aberdeen gekannt, hätte er vielleicht nicht seine Heimatstadt Husum, sondern die schottische Handelsstadt so beschrieben. Grau, kalt und abweisend erscheint die granitene Stadt bei bewölktem Himmel, und nur wenig können die unzähligen berühmten Rosenanlagen den düsteren Eindruck aufhellen. Bahnen sich dann aber nach einem Regenschauer ein paar Sonnenstrahlen den Weg durch die Wolkendecke, zeigt sich Aberdeen in einem anderen Licht. Überall beginnt der Granit silbrig zu glitzern, und auch die Behauptung, das Stadtbild spiegele den Charakter seiner Bewohner wieder, erhält eine neue Bedeutung.

Ob man sie nun mag oder nicht, einen eigenwilligen Charme kann man dieser drittgrößten Stadt Schottlands (230.000 Einwohner), die nördlicher liegt als Moskau, auf keinen Fall absprechen.

[>] Der Rathausturm im Zentrum von Aberdeen

Sehenswertes

Wie im Mittelalter teilt sich Aberdeen auch heute noch in **zwei Teile:** die Handelsmetropole **Central Aberdeen** mit georgianischen und viktorianischen Granitbauten einerseits und das Zentrum des studentischen Lebens, **Old Aberdeen,** eine unter Denkmalschutz stehende, mittelalterliche Stadt, andererseits.

Central Aberdeen

In Central Aberdeen stehen die Sehenswürdigkeiten recht nah beieinander, was große Fußmärsche zwischen den einzelnen Attraktionen erspart.

Am besten beginnt man seinen Rundgang in der Castle Street am **Mercat Cross.** Da Aberdeen schon seit dem Mittelalter Marktrecht besitzt, befindet sich hier das für die freien Marktstädte *(Burgh)* übliche Marktkreuz. In diesem Fall stammt es aus dem Jahr 1686 und wird von einem Einhorn aus weißem Marmor gekrönt. Die Reliefs entlang der Arkade zeigen neben den Wappen der Krone und der Stadt die Porträts sämtlicher *Stuart*-Monarchen von *James I.* bis *James VII.*

Nebenan, in der Union Street, steht das viktorianische **Rathaus** mit dem weithin sichtbaren Westturm. Der Granitturm stammt aus dem 19. Jh. und ist ca. 250 Jahre jünger als sein Pendant im Osten des Rathauses, der Gefängnisturm. Hier ist das *Tolbooth Museum* untergebracht, das allerdings zurzeit wegen Restaurierungsarbeiten geschlossen ist.

Marischal College in der Broad Street wurde 1593 von *Georg Keith, 5th Earl of*

Marischal, gegründet, um ein protestantisches Gegengewicht zum katholischen King's College in Old Aberdeen zu schaffen. Als im 19. Jh. das ursprüngliche Gebäude zu klein und baufällig wurde, entwarf 1837 *Archibald Simpson* eine neue Anlage aus vier Flügeln, die hinter dem alten College errichtet wurde. Anfang des 20. Jh. schließlich verschwanden diese ursprünglichen Gebäude völlig und wurden nach einem Entwurf *A. Marshall Mackenzie's* durch eine neue Front für die Anlage *Simpsons* ersetzt. Aufwendige Verzierungen schmücken trotz des harten, schwer bearbeitbaren Granits diese Fassade.

Fast fehl am Platz wirkt das mittelalterliche **Provost Skene's House,** das zwischen zwei modernen Neubauten in der Guestrow steht (zu erreichen von der Broad Street). Es beherbergt das lohnende **Städtische Museum.** In mehreren Etagen werden Einrichtungen aus verschiedenen Epochen sowie historische und prähistorische Fundstücke ausgestellt. Provost (Bürgermeister) Skene's House selbst ist das älteste Haus im Stadtzentrum (erbaut 1545) und berühmt für die bemalte Holzdecke seiner Kapelle aus dem frühen 17. Jh.

■ **Provost Skene's House,** AB10 1AS, Mo–Sa 10–17 Uhr, So 11–16 Uhr, Eintritt frei, das Museum wurde komplett renoviert und 2021 neu eröffnet.

Nur wenige hundert Meter entfernt, sieht man die **Kirk of St Nicholas** am Back Wynd. Gegründet im 12. Jh., wurde die einst größte Pfarrkirche Schottlands während der Reformation in zwei Teile geteilt und bietet heute gleich drei verschiedenen Gemeinden Unterkunft. Der westliche Teil der Kirche ist zwischen 1741 und 1755 unter *James Gribbs* entstanden, einem der bedeutendsten Kirchenbauer Großbritanniens.

Im Osten befindet sich eine kleine steinerne Krypta, **St Mary's** (14. Jh.), in der im 17. Jh. mutmaßliche Hexen gefangen gehalten wurden, während sie später als Klempnerwerkstatt und als viktorianische Suppenküche profaneren Zwecken diente (im Sommer Mo–Fr 12–15 Uhr).

338sc bcg

Aberdeen, Zentrum

Übernachtung
2 Arkaig Guest House
6 Mercure Aberdeen Caledonian Hotel
7 Deeside Holiday Park
9 Günstige Hotels

Essen und Trinken
8 Foodstory
10 The Ashvale
11 Jewel In The Crown
12 The Silver Darling

Sonstiges
1 Arnold Clark Car & Van Rental

Nachtleben
3 The Blue Lamp
4 The Flagship
5 Under the Hammer

Schön ist der Friedhof, der die Kirche umschließt und zur Union Street von dem freistehenden Säulenbau **Facade,** einer klassizistischen Absurdität aus dem Jahre 1829, begrenzt wird.

Eine der interessantesten Sehenswürdigkeiten in Aberdeen ist mit Sicherheit die **Aberdeen Art Gallery** am Schoolhill. Die Galerie zeigt zum einen eine sehr gute Sammlung von Kunstwerken aus den letzten drei Jahrhunderten, mit Schwerpunkt auf den zeitgenössischen Arbeiten, und besticht zum anderen durch die Innenarchitektur ihrer Eingangshalle: Durch ein schnörkellos ausgeschnittenes weißes Oval strömt das Tageslicht herein. Es lenkt den Blick zunächst auf die Ornamentik der Decke, dann auf die aus verschiedenfarbigem Granit beschaffenen Säulen bis er zuletzt auf den Skulpturen verweilt. Hast und Hektik der Straße sind vergessen, die Kunst steht im Fokus.

■ **Aberdeen Art Gallery,** AB10 1FQ, Mo–Sa 10–17 Uhr, So 11–16 Uhr, Eintritt frei.

In einer Stadt, die seit Jahrhunderten von den Schätzen lebt, die das Meer ihr zugesteht, darf ein Seefahrtsmuseum nicht fehlen. Das sehenswerte **Aberdeen Maritime Museum** ist im **Provost Ross's House,** dem drittältesten Haus des Zentrums (1593), in der Shiprow untergebracht. Anhand von Modellen und Animationen wird die heimische Geschichte der Fischerei, des Schiffbaus und der Nordsee-Ölgewinnung beschrieben.

■ **Aberdeen Maritime Museum,** AB11 5BY, Mo–Sa 10–17 Uhr, So 11–16 Uhr, Eintritt frei.

Nahe den Hafenanlagen an der Mündung des Dee ist die heute noch bewohnte Fischersiedlung **Footdee** (aberdonisch *Fittie*) zu besichtigen, die im frühen 19. Jh. von den Fischern selbst entworfen wurde.

Aberdeen ist berühmt für seine Gärten und Rosenanlagen. Reizvoll ist der **Duthie Park** im Süden, der außer einem Hügel nur aus Rosen auch den größten Wintergarten der Welt zu bieten hat. Oder im Westen die weitläufigste Anlage Aberdeens, **Hazlehead Park,** in dem sich ein Irrgarten und gleich drei Golfplätze befinden. Oder die **Union Terrace Gardens** in der Stadtmitte, ein natürliches Amphitheater, das für Freilichtkonzerte, Tanz und Straßentheater genutzt wird.

Im Frühjahr oder Frühsommer wird Aberdeen von vielen Street Artists besucht. Im Rahmen des **Festivals Nuart** werden die Straßen zur Leinwand und an vielen Ecken entstehen kleine und große Kunstwerke. Der graue Eingang eines Parkhauses wird mit einer Mauer aus Einzelbildern versehen, einige Lücken in Gebäuden werden mit bunten Legosteinen verschlossen und der graue Granit wird mit Farbe durchbrochen. Sonntags werden im Sommer Führungen angeboten. Mehr Informationen unter www.nuartaberdeen.co.uk.

Old Aberdeen

Atmosphärisch schöner, weil intimer als Central Aberdeen ist das nördlich davon gelegene Old Aberdeen. Die **mittelalterliche Stadt,** die rund um die Kathedrale gewachsen ist, besaß bis ins 19. Jh. hinein ein eigenständiges Marktrecht und

Geschichte und Wirtschaft Aberdeens

Das Datum der **Stadtgründung** ist unbekannt, doch schon im 11. Jh. erklärte *Alexander I.* Aberdeen zu einer seiner Hauptstädte. 1179 garantiert *William „the lion"* der Stadt die Rechte einer freien Hanse. Als Anfang des 14. Jh. die **Unabhängigkeitskriege** stattfanden, unterstützte Aberdeen *Robert the Bruce* und erhielt als Dank sein eigenes Jagdrevier (die heutigen Freedom Lands), sein Wappen und das Motto „Bon Accord" (Gute Übereinstimmung).

Abgesehen von den Überfällen durch die umliegenden Lords vor denen bis 1770 die Befestigung der Stadt schützte, überließen die Aberdonians das gegenseitige „Köpfeeinschlagen" den anderen und widmeten sich lieber dem Handel, sodass die Geschicke der Stadt schon seit jeher weniger von politischen Ereignissen als von wirtschaftlichen Entwicklungen bestimmt wurden.

Die **Industrielle Revolution** im 18./19. Jh. hinterließ hier deutlich ihre Spuren: Papier- und Textilfabriken wurden gegründet und in der Seefahrt die berühmten *Aberdeen Clippers* entwickelt, die schnellsten Segler ihrer Zeit. Als schließlich 1882 mit dem Bau von Dampfbooten für die Trawlfischerei begonnen wurde, zogen Scharen von Fischerfamilien nach Aberdeen.

Das wirtschaftliche Wachstum brachte Wohlstand und das Bedürfnis nach neuem Wohnraum, Verwaltungsgebäuden und Repräsentanz mit sich. *Archibald Simpson* und *John Smith* stellten sich der Herausforderung und entwarfen eine Stadt ganz aus dem heimischen Granit. Damit prägten sie das bis heute kaum veränderte Stadtbild und den Beinamen Aberdeens: „Granite City". Die **Granit-Architektur** begann mit der Union Street, angelegt im Jahr 1801, und erreichte ihren Höhepunkt mit dem Bau der Fassade von Marischal College 1905. Die imposante Anlage in der Broad Street gilt als das zweitgrößte Granitgebäude der Welt.

Die spektakulärste Veränderung fand erst im 20. Jh. statt: Seit 1969 östlich von Aberdeen das erste britische Ölfeld erschlossen wurde, erlebte die Stadt einen wirtschaftlichen Boom. Aberdeen entwickelte sich in dieser Zeit von einem überdimensionalen Fischerdorf, wie es von nicht aberdonischen Spöttern bisweilen genannt wurde, zur **Ölhauptstadt Europas,** ohne jedoch das charakteristische Erscheinungsbild durch unsensible Bauvorhaben zu verlieren.

Nach den „fetten" 1990er-Jahren ist spätestens seit den 2010er-Jahren ein **Umschwung** in die Ölindustrie eingekehrt und die Antwort auf die Frage, welche die Zukunft der aberdonischen Wirtschaft sein soll, müssen seine Bewohner noch herausfinden. Auch wenn viele klassische Gewerbe im Rahmen des Öl-Booms etwas ins Nachtreffen geraten sind, hat die Stadt noch andere Standbeine. Heute sind die Energie- und Tourismusbranche sowie die Biowissenschaften weitere bedeutende Erwerbszweige.

724sc ab

Ölschiff im Hafen von Aberdeen

ein Gericht. Heute steht Old Aberdeen, dessen älteste Häuser um 1500 erbaut wurden, unter Denkmalschutz.

Als Ausgangspunkt für einen Rundgang eignet sich am besten **King's College** in der High Street. Die katholische Universität wurde 1495 von *Bishop William Elphinstone* gegründet und erst 1860 mit Marischal College im Zentrum vereinigt. Der größte Teil der Gebäude entstand wie Marischal erst nach 1820, doch die Kapelle ist noch ein Überbleibsel der ursprünglichen Anlage. Schon aus der Ferne beherrscht der Kirchturm das Stadtbild mit seiner markanten „gekrönten" Spitze, die an St Giles in Edinburgh erinnert. Innerhalb der Kapelle ist ein Eichengestühl aus dem 16. Jh. zu bewundern, das einzig verbliebene seiner Art in Schottland.

Die Universität ist in den letzten Jahren keineswegs geschrumpft und daher wird durch die wachsende Zahl Studierender auch immer neuer Lernraum benötigt. Dieser steigende Bedarf manifestiert sich in der Bedford Road westlich der High Street, in der sehr gelungenen **Sir Duncan Rice Library,** deren Architekten schon die Nationalbibliothek Kopenhagens entworfen haben. Im Erdgeschoss der Bibliothek findet sich eine Galerie mit wechselnden Ausstellungen.

Weiter nordwärts, auf der High Street, dort wo sie breiter wird, steht das **Old Town House** aus den Jahren 1788/89. Früher diente es u. a. als Rathaus, Markthalle und Gefängnis.

Anschließend führt die Route zur **Cathedral of St Machar's** in der Straße Chanonry. Die Kirche besteht seit dem Jahr 1157 und wurde nach dem Heiligen benannt, der hier im 6. Jh. ein Kloster gegründet haben soll. Von der ursprünglichen Kirche blieben zwar die trutzigen Torbögen aus rotem Sandstein (14. Jh.) erhalten, doch ist St Machar's das älteste Granitgebäude Aberdeens und vor allem weltweit die einzige Kathedrale aus Granit. Innen eher karg ausgestattet, beeindruckt die berühmte Eichendecke aus dem Jahr 1520 mit 48 heraldischen Emblemen. Gegenüber St Machar's lädt der **Cruickshank Botanic Garden** zu einem schönen Spaziergang ein.

Wenn man weiter die Chanonry hinauf und durch den **Seaton Park** läuft, gelangt man zum Fluss Don und der mittelalterlichen Brücke **Brig o'Balgownie.** Die Brücke mit dem gotischen Bogen wurde um 1318 fertiggestellt und war bis ins 19. Jh. der einzige nördliche Zugang in die Stadt. Der romantische Schwung des Flusses und die alten Häuser auf beiden Seiten der Brücke mit den Vorgärten verbreiten eine erholsame Atmosphäre, die zum Rasten verführt.

Aberdeen mit Kindern

Wie für viele andere Städte Großbritanniens gibt es auch für Aberdeen die Möglichkeit, verschiedene **Stadtteile per Schatzsuche zu erkunden,** was gerade für Familien mit Kindern eine nette Alternative zu den üblichen Stadtrundgängen bietet. Durch Old Aberdeen führt z. B. eine „Murder and Mystery Tour". Die „Schatzkarte" bzw. das Heft zur jeweiligen Suche kann man für £ 9,99 auf www.treasuretrails.co.uk erstehen.

An verregneten Tagen lädt auch das **Aberdeen Science Centre** in der Constitution Street (Central Aberdeen, → Karte S. 234) zu einem Besuch ein. In vielen Exponaten werden Themen rund um

Old Aberdeen

Weltall, Energie und Lebenswissenschaften erklärt. Eine Zone richtet sich explizit an Kinder unter 6 Jahren. Das Museum wird unter anderem durch die ortsansässigen Ölfirmen finanziert.

■ **Aberdeen Science Centre,** 179 Constitution Street, AB24 5TU, www.aberdeensciencecentre.org, tägl. 10–16.30 Uhr, Eintritt £ 11,50, Kinder ab 3 J. £ 7,50, Familienticket £ 35.

Praktische Tipps

Informationen

■ **Visit Scotland iCentre,** 23 Union Street (Central Aberdeen, → Karte S. 234), Tel. 01224 269180.

■ **www.visitabdn.com**

Verbindungen

Flug

■ **Aberdeen Airport** liegt rund 10 km von Aberdeen entfernt nahe dem Ort Dyce. Von Dyce gibt es in regelmäßigen Abständen Zugverbindungen (Taxi zum Bahnhof rund £ 5) oder man nimmt das Taxi für £ 10. Vom Flughafen werden fast alle britischen Zentren angesteuert. Von hier heben auch die Helikopter zu den Ölplattformen ab. Flugauskunft: Tel. 0844 4816666, www.aberdeenairport.com.

Fähre

■ Von Aberdeen fährt bis zu 4x wöchentlich eine Fähre nach **Kirkwall** auf Orkney, Dauer 6 Std., und bis zu 7x wöchentlich nach **Lerwick** auf Shetland, Dauer 12½ Std. (→ Orkney und Shetland).

Bahn

■ Gute und regelmäßige Bahnverbindungen existieren ebenfalls mit den anderen britischen Zentren. **Von London** aus verkehrt ein Hochgeschwindigkeitszug zum zentral gelegenen Bahnhof in der Guild Street. Tickets für die 7-stündige Reise sind bei langfristiger Planung ab £ 55 zu haben.

- Etwa jede halbe Stunde verlässt ein Zug Aberdeen, der über Stonehaven und Montrose nach **Dundee** fährt, von wo ein Zug über Perth und Stirling nach **Glasgow** anschließt. Die Fahrt von Aberdeen nach Dundee dauert eine gute Stunde und kostet zwischen £ 9 und £ 25.
- Bis zu 11x am Tag verkehrt ein Zug zwischen Aberdeen und **Inverness,** mit Zwischenstationen u. a. in Inverurie, Keith, Elgin und Forres; die Fahrt dauert etwas über 2 Std. und kostet £ 14–35.
- Eine weitere Verbindung besteht im Ein-Stunden-Rhythmus zwischen Aberdeen über Dundee durch Fife nach **Edinburgh,** Fahrtzeit etwa 2½ Std.

Bus

Für Ziele in der näheren Umgebung oder kleinere Ortschaften empfiehlt es sich, mit einem Bus zu fahren, da das Busnetz besser ausgebaut ist. Der **Busbahnhof** befindet sich wie der Bahnhof in der Guild Street.

- Aberdeen bedient die ganze **Grampian Region** mit regelmäßigen Busverbindungen. Die Routen ziehen sich strahlenförmig durch das Gebiet und verkehren mehrmals täglich. Eine Tageskarte für das ganze Gebiet kostet £ 17, einzelne Gebiete sind günstiger. Genauere Infos findet man bei den jeweiligen Ortsbeschreibungen.
- Etwa alle zwei Stunden fährt eine Linie über Dundee nach **Edinburgh,** Zwischenstationen sind u. a. Stonehaven, Montrose und Kircaldy. Etwas öfter verkehrt der Bus aus Edinburgh, der die Route über Perth nimmt. Die Fahrtzeit beträgt jeweils 3 bis 3½ Std. (£ 42).
- Etwa 13 Std. braucht der Bus von *National Express,* um **von London** nach Aberdeen zu fahren. Der Bus fährt täglich und kann im Vorverkauf schon ab £ 30 gebucht werden.

Taxi

- **ComCabs,** Tel. 01224 353535.
- **Pegasus Taxis,** Tel. 01224 516500.

Autoverleih (→ Karte S. 234)

1 **Arnold Clark Car & Van Rental,** AB11 Canal Road, AB25 3TL, Tel. 01224 622714, www.arnoldclarkrental.com.

Unterkunft

Während neuere Hotels eher am Stadtrand angesiedelt sind, finden sich in der Innenstadt die alten, traditionsreichen Häuser.

Central Aberdeen (→ Karte S. 234)

6 **Mercure Aberdeen Caledonian Hotel**②, 10–14 Union Terrace, AB10 1WE, Tel. 01224 640233. Ein hübsches, altes, traditionsreiches Hotel im Stadtzentrum.

9 In der Great Western Road befinden sich weitere **günstige Hotels.**

2 **Arkaig Guest House**①-②, 43 Powis Terrace, AB25 3PP, Tel. 01224 638872, www.arkaig.co.uk. Einfaches B & B, etwas außerhalb gelegen.

7 **Deeside Holiday Park**③, South Deeside Road, AB12 5FX, ca. 12 km von Aberdeen entfernt an der B 9077, Tel. 01250 878123, www.woodleisure.co.uk. Campingplatz in szenischer Landschaft.

Old Aberdeen (→ Karte S. 238)

3 **The Jays Guest House**②, 422 King Street, AB24 3BR, Tel. 01224 638295, www.jaysguesthouse.co.uk. Privates kleines B & B in Reichweite von Old Aberdeen.

2 Die Universitäten der Stadt Aberdeen vermieten während der Semesterferien (Juli–Sept.) wöchentlich **Studentenapartments: King's College Apartments,** 110 High Street, AB24 3HE, Tel. 01224 273444, Apartment ab £ 220 pro Woche, B & B ab £ 25, www.abdn.ac.uk.

725sc bcg

Essen und Trinken (→ Karte S. 234)

Restaurants finden sich in Aberdeen praktisch in allen der zahlreichen Hotels. Ein paar Tipps:

11 **Jewel In The Crown,** 145 Crown Street, AB11 6HP, Tel. 01224 210288, www.thejewelaberdeen.com, Di–Do 12–14 und 17.30–23 Uhr, Fr/Sa 12–14 und 17–23.30 Uhr, So 15–22 Uhr. Gutes, wenn auch nicht ganz günstiges indisches Essen.

Marischal College

10 **The Ashvale,** 42–48 Great Western Road, AB10 6PY, Tel. 01224 575842, www.menu.theashvale.co.uk, Mo–Mi 12–14 und 16.30–20.30 Uhr, Do 12–14 und 16.30–21 Uhr, Fr/Sa 12–21 Uhr, So 13–20.30 Uhr. Bereitet angeblich eines der besten *Fish & Chips* Schottlands zu.

8 **Foodstory,** 11–15 Thistle Street, AB10 1XZ, www.foodstorycafe.co.uk, tägl. 8–16 Uhr. Etwas außerhalb der Altstadt; was die Distanz an Umständen verursacht, machen Essen und Ambiente wett.

12 **The Silver Darling,** Pocra Quay, AB11 5DQ, Tel. 01224 576229, www.thesilverdarling.co.uk, Mo–Do 12–14 und 17–20 Uhr, Fr 12–14.30 und 17–21 Uhr, Sa 12–21 Uhr, So 12–20 Uhr. Am Eingang des Hafens mit schönen Blicken auf die Nordsee und die vorbeifahrenden Schiffe.

Nachtleben (→ Karte S. 234)

Die besten Pubs findet man ohne Schwierigkeiten in der Innenstadt, insbesondere entlang der **Union Street** und ihrer Nebenstraßen. Je weiter man sich der **Castle Street** (beim Rathaus) nähert, desto mehr Pubs gibt es. Viele gemütliche Pubs findet man natürlich auch in Old Aberdeen.

3 **The Blue Lamp,** 121 Gallowgate, AB25 1BU, www.thebluelampaberdeen.com. Hier wird Live-Musik gespielt (viel Jazz, Eintritt £ 12).

5 **Under the Hammer,** 11 North Silver Street, AB10 1RJ, www.underthehammeraberdeen.co.uk, Di–Do 17–24 Uhr, Fr 16–1 Uhr, Sa/So 12–2 Uhr. Gemütlicher Pub, in dem viele einheimische Gäste bei einem guten Bier zu finden sind.

4 **The Flagship,** 17 Gallowgate, AB25 1EB, www.brewdog.com/uk/brewdog-aberdeen, Mo–Do 16–24 Uhr, Fr/Sa 12–1 Uhr, So 12–24 Uhr. Inzwischen weit über die Grenzen von Aberdeen hinaus bekannt, betreibt die Brauerei *BrewDog* aus dem Umland Aberdeens *The Flagship* im Herzen der Stadt. Hier werden 28 verschiedene Biersorten ausgeschenkt.

- In der **Belmont Street** nahe Union Terrace Gardens findet sich nahezu alles, was das Herz begehrt: Clubs, Discos, Bars mit Live-Band und Pubs.

Aktivitäten

- Aberdeen besitzt ca. 3 km schönsten **Sandstrand.** Hier in der Nordsee zu baden ist aufgrund der Wassertemperatur nicht jedermanns Sache.
- Angenehmer und ungefährlicher ist ein Match auf einem der **Golfplätze.** Wem dies immer noch zu anstrengend ist, der sei auf den **Vergnügungspark** oder den **Ballsaal,** beide an der Strandpromenade, verwiesen.

1 **beCyCle** (→ Karte S. 238), 21 High Street, AB24 3EB, die Initiative verleiht Mi 15–20 Uhr und Sa 13–18 Uhr kostenlos Räder.

Kultur und Theater (→ Karte S. 234)

- **Tickets** und **Veranstaltungshinweise** gibt es über www.aberdeenperformingarts.com.
- **His Majesty's Theatre** im Rosemount Viaduct, AB25 1GL, wurde 1906 erbaut, fasst 1500 Zuschauer und bietet ein gutes Programm an Ballett, Oper und Theater, Tel. 01224 641122.
- In der **Music Hall,** Union Street, AB10 1QS, treten regelmäßig das *Scottish Chamber Orchestra* und das *Scottish National Orchestra* auf, Tel. 01224 641 122.
- Im Juli findet im **Arts Centre,** 33 King Street, AB24 5AA, ein *Arts Carnival* und ab September die Theatersaison statt. Das Theater ist Spielstätte mehrer Spielgruppen unter anderem einiger Jugendgruppe, Tel. 01224 635208, www.aberdeenartscentre.com.
- **The Lemon Tree,** 5 West North Street, AB24 5AT, ist ein kleines Kunstzentrum mit zwei Studiobühnen und einem Pub, Tel. 01224 641122.

Märkte und Veranstaltungen

- Jeden letzten Sonntag im Monat (außer Dezember) findet im *Norwood Hall Hotel,* Garthdee Road,

Die Küste Grampians

UNSER TIPP: **Zwischen Aberdeen und Inverness** erstreckt sich eine herrliche Küste. **Steilklippen,** unterbrochen von **Badebuchten,** Fischerdörfer und geschäftige Kleinstädte kennzeichnen die Region, die fast gänzlich vom Fischfang lebt.

AB15 9FX, der **Aberdeen Antique and Collector's Market** statt, Infos unter Tel. 01224 313377.

- Jeden letzten Samstag des Monats von 9 bis 17 Uhr findet in der Belmont Street der **Aberdeen Country Fair** statt, auf dem Produkte (Lebensmittel und Kunsthandwerk) der Region verkauft werden.
- Über das ganze Jahr verteilt sind zudem noch einige **Festivals:** Im Juni finden die traditionellen *Aberdeen Highland Games* statt. Daneben gibt es Rosen-, Tanz- und Fischfestivals sowie ein Jazzfestival im September.

Cruden Bay

Etwa 40 km nördlich von Aberdeen liegt an der A 975 die **Bay of Cruden,** eine Bucht mit etwa 3 km schönstem Sandstrand. Die Bucht leitet ihren Namen von dem gälischen *croju-dane* (Gemetzel der Dänen) ab, eine Bezeichnung, die an eine Begebenheit aus dem Jahre 1012 erinnert. Damals versuchten die Dänen unter Führung des späteren englischen Königs *Knut*, an dieser Stelle in Schottland einzudringen, doch wurden sie in einer blutigen Schlacht von den Schotten unter *Malcolm II.* zurückgeschlagen.

UNSER TIPP: Vom Ort Cruden Bay führt ein **Fußweg** entlang der Küste mit ihren atemberaubenden Steilklippen vorbei an Slains Castle bis zu den 4 km entfernten Bullers of Buchan. Der Weg ist ausgeschildert, verlangt aber Vorsicht (vor allem mit Kindern). Festes Schuhwerk und lange Hosen sind sehr wichtig, da gerade um die Bullers of Buchan herum im Sommer Brennnesseln gedeihen.

Slains Castle liegt im Norden der Bucht an einer steilen Klippe. Die Burg wurde um 1597 vom *9. Earl of Erroll* erbaut und im 19. Jh. erneuert und erweitert. Anfang des 20. Jh. geriet der *20. Earl of Erroll* in Geldnöte und musste Slains Castle verkaufen, das seitdem verfiel. Die Ruine lässt kaum glauben, dass dieses Castle *Bram Stoker* zu seiner Erzählung *Dracula* inspiriert haben soll, ähnelt sie doch mehr einer baufälligen Fabrikhalle als einem schaurigen Gespensterort.

Adobe Stock © panalot

Die Legenden, die sich um das umliegende Land ranken, hatten die Fantasie *Stoker's* wohl beflügelt. Denn alle 12 Monate, so heißt es, kehren die Seemänner, die im vorausgegangenen Jahr vor der Küste ertrunken sind, aus dem Meer zurück. Dann entscheidet es sich, ob ihre Seelen fortan im Himmel oder in der Hölle weiterleben.

3 km weiter nördlich ist eines der bekanntesten Felsengebilde Schottlands zu sehen. Die **Bullers of Buchan** ist eine 70 m tiefe Schlucht, in die durch einen Felsenbogen das Meerwasser hineinbraust. Entlang des Abgrundes führt ein schmaler Weg, der bei Feuchtigkeit glitschig sein kann. Dies konnte jedoch vor vielen Jahren einen Einheimischen nicht davon abhalten, im betrunkenen Zustand zu wetten, er werde mit seinem Pferd um die Schlucht herumreiten. Er umrundete den Abgrund tatsächlich, als er aber jedoch am nächsten Morgen von seinem Treiben hörte, starb er angeblich vor Schreck an einem Herzinfarkt. Von der Straße ist die Bullers of Buchan 10 km südlich von Peterhead an der A 975 ausgeschildert.

Peterhead

Peterhead, einige Meilen weiter nördlich, ist mit rund 19.000 Einwohnern nach Inverness die größte Stadt nördlich von Aberdeen. Die Geschichte dieser Kleinstadt wurde seit jeher durch das Meer bestimmt. Bis Ende des 16. Jh. war Peterhead nur ein Fischerdorf, 1593 erhielt es dann Marktrechte. 1788 lief der erste Walfänger aus, und schon bald hatte die Stadt die größte Walfangflotte des Vereinigten Königreichs. Doch 20 Jahre später wurde der Walfang von der florierenden **Heringsfischerei** verdrängt, und um 1850 galt Peterhead mit einer Flotte von über 400 Schiffen als der größte Heringshafen Schottlands nach Aberdeen. Unterstützt wurde diese Entwicklung durch die Vergrößerungsarbeiten an den Hafenanlagen, die größtenteils von Strafgefangenen durchgeführt wurden.

Obwohl Walfang und Heringsfischerei schon lange der Vergangenheit angehören, ist Peterhead noch immer einer der bedeutendsten Fischereihäfen Europas. Der örtliche **Fischmarkt** ist der größte des Vereinigten Königreichs. Der Markt findet wochentags ab 7 Uhr am Hafen statt und ist auf jeden Fall einen Besuch wert. Jeden Tag werden hier bis zu 14.000 Kisten Fisch verkauft und in Lastwagen verladen.

Peterhead ist von Geschäftigkeit geprägt, trotzdem erinnern manche Stellen an das Fischerdorf, so **Buchanhaven** im Norden und **Roanheads** nördlich des Hafens, wo noch einige der alten Fischerhäuser zu sehen sind.

Das älteste Haus der Stadt, das **Ugie Salmon Fish House,** steht ebenfalls im Norden an der Mündung des River Ugie. Das Baudatum 1585 ist in einen der Giebel eingeritzt. Im Innern werden immer noch Lachs und Forellen über einem Feuer aus Eichenholz geräuchert.

■ **Ugie Salmon Fish House,** Golf Road, AB42 1LS, www.ugiesalmon.co.uk, Mo–Fr 8–17 Uhr.

☒ Slains Castle an der Bay of Cruden

In der South Road hat 2016 das **Peterhead Prison Museum** aufgemacht. Das Gefängnis war von 1888 bis 2013 in Betrieb und kann nun besichtigt werden.

- **Peterhead Prison Museum,** AB42 2ZX, www.peterheadprisonmuseum.com, April–Okt. tägl. 10–18 Uhr, letzter Einlass 16.30 Uhr, Nov.–März 10–16 Uhr, letzter Einlass 14.30 Uhr, Eintritt £ 12.

Praktische Tipps

Verbindungen

Bus

- Zwischen Peterhead und **Aberdeen** verkehren Buslinien von *Stagecoach North Scotland.* Die Linien 61, X60 und X63 verbinden Peterhead abwechselnd etwa alle halbe Stunde (sonntags seltener) mit Aberdeen, die X63 fährt über **Cruden Bay,** die X60 über **Ellon,** die etwas langsamere 61 hält in beiden Orten. Die Haltestelle ist in Aberdeen Guild Street Bus Station, in Peterhead in der Back Street. Die Fahrtzeit beträgt etwa 1 Std. Tickets kosten £ 10 pro Fahrt oder £ 18 für eine Tageskarte.
- Von Peterhead fahren jede Stunde die Linien 69 und X69 nach **Fraserburgh.** Sonntags fährt alle 2 Stunden ein Bus, die Fahrtzeit beträgt 40 Min. Tickets kosten £ 7,50 pro Fahrt oder £ 11 für eine Tageskarte.

Taxi

- **Elite Taxis,** Tel. 01779 477774.

Unterkunft

- **The Palace Hotel**②, Prince Street, AB42 1PL, Tel. 01779 474821, www.palacehotel.co.uk. Modernes Hotel mit **Restaurant** im Zentrum.
- **B & B** findet man ab £ 30 pro Übernachtung überall in der Stadt, z. B. in der King Street, Queen Street und South Road. King Street ist die Verlängerung der South Road (A 952) und stößt nördlich auf die Queen Street.
- **Marina Bay Holiday Park**②, South Road, AB42 2XX, im Süden der Stadt, östlich der A 952, Tel. 01779 480205, www.marinabayholidaypark.co.uk. Vom Park, der neben dem Jachthafen liegt, öffnen sich Ausblicke auf das Meer und den etwas entfernten Hafen, nur April–Sept.

Essen und Trinken

- **Dolphin Cafe,** West Pier, AB42 1DW, Tel. 01779 478595, www.dolphincafepeterhead.co.uk, So–Do 11–18.45 Uhr, Fr/Sa 11–19.45 Uhr. Verkauft *Fish and Chips* und andere panierte Meerestiere direkt aus dem Meer auf den Teller.
- **Seaview Hotel Bistro,** Seaview Road, AB42 3NS, Tel. 01779 475665, www.boddamhotel.com/bistro, tägl. 12–20 Uhr. Neben *Fish and Chips* und Burgern auch Einflüsse anderer Küchen, mit vegetarischen und veganen Optionen.

Fraserburgh

Die A 90 führt von Peterhead nach Fraserburgh, der Stadt am nordöstlichsten Zipfel Schottlands. Zwischen den beiden Ortschaften verläuft entlang der Küste ein nahezu **ununterbrochener Sandstrand.**

Bei **Rattray Head** kann man sogar **Sanddünen** bestaunen, die teilweise über 20 m hoch sind und das Loch of Strathbeg vom Meer trennen. Kurz nach der winzigen Ortschaft Oakhill verläuft die A 952 in Richtung Old Rattray. Um die Dünen zu sehen, muss man sich von Old Rattray per pedes weiterbewegen.

Das **Loch of Strathbeg** ist ein Vogelparadies, vor allem im Winter tummeln sich hier Tausende von Gänsen. Die *Royal Society for the Protection of Birds (RSPB)* hat ein **Besucherzentrum** eingerichtet mit Beobachtungsposten und Informationen. Kinder können kostenlos Wildlife-Explorer-Rucksäcke ausleihen mit Gläsern für Käfer, Fernrohr und Erklärungen, auch werden immer wieder spezielle, wechselnde Aktivitäten für Kinder angeboten.

Visitor Centre, AB43 8QN, www.rspb.org.uk, tägl. 9.30–17 Uhr, Eintritt frei.

Das Zentrum der Stadt Fraserburgh (12.500 Einw.) wirkt kaum wie das einer gewachsenen Ortschaft, denn schnurgerade Straßen treffen rechtwinklig auf schnurgerade Straßen, wie man es aus Trabantenstädten kennt. Nichtsdestotrotz geht die Geschichte Fraserburghs zurück bis ins 14. Jh., als die Stadt noch Faithlie hieß.

1570 ließ *Alexander Fraser, 8. Laird of Philorth,* im Nordosten der Stadt eine Burg errichten, die 200 Jahre später zu einem der ersten **Leuchttürme** Schottlands umgebaut wurde.

Auf dem Gelände befindet sich heute das lohnenswerte **Museum of Scottish Lighthouses.** Im Rahmen einer stündlich stattfindenden Führung, die im Eintrittspreis inbegriffen ist, kann man den Leuchtturm besteigen.

Museum of Scottish Lighthouses, Stevenson Road, AB43 9DU, www.lighthousemuseum.org.uk, tägl. 10–17 Uhr, Eintritt £ 11, Kinder £ 5, Familien £ 24.

Das älteste Gebäude ist allerdings nicht das ehemalige Castle, sondern der **Wine Tower,** ein rechteckiger Bruchsteinturm aus dem 16. Jh. Zu welchem Zweck der Turm errichtet wurde, ist leider ungewiss, der Volksmund weiß aber zu berichten, dass es im Innern spukt. Der Wine Tower, neben dem Leuchtturm gelegen, kann auf Anfrage besichtigt wer-

Endloser Strand und Dünen bei Fraserburgh

den, Details erfährt man beim *Lighthouse Museum.*

Am Saltoun Square findet sich das **Mercat Cross** als Zeichen der Marktrechte Fraserburghs. Das Kreuz wird auf das Jahr 1763 datiert und zeigt als einziges Marktkreuz Schottlands sowohl das Wappen des Königreiches Schottland als auch das des Vereinigten Königreiches.

Praktische Tipps

Informationen

- **Tourist Information Centre,** Museum of Scottish Lighthouses, Kinnairdhead, Castle Terrace, Tel. 01346 518315.
- **www.visitfraserburgh.com**

Verbindungen

Bus

- Die Buslinien X67 und 68/X68 von *Stagecoach* verbinden Fraserburgh mit **Aberdeen.** Die Route führt über **Mintlaw** und **Ellon.** Die Busse fahren im Halbstundenrhythmus, sonntags stündlich, die Fahrt dauert 70 Min. Tickets kosten £ 13 pro Fahrt und £ 17,50 für eine Tageskarte.
- Die Buslinie 74 fährt stündlich von Fraserburgh über **Sandhaven** nach **Rosehearty,** die Fahrtzeit beträgt 14 Min. Tickets kosten £ 4,50 pro Fahrt und £ 11 für eine Tageskarte.

Unterkunft

- **B & B** in der Charlotte Street oder in der Victoria Street, beide in der Stadtmitte.
- **Esplanade Caravan Park**②-③, South Harbour Road, AB43 9TB, Tel. 01346 379162, https://fraserburghcampsite.wixsite.com/fraserburgh-campsite, April–Okt. Wenn man von Süden auf der A 92 in die Stadt kommt, biegt man rechts von der Maconochie Road in die Kessock Road ab, nach 250 m wieder links auf die South Harbour Road. Am Strand mit Blick auf die Nordsee.

Essen und Trinken

- **Nooks & Crannies,** 43 Cross Street, AB43 9EL, www.fb.com/NooksCrannies43, Do–Sa 11–16 Uhr. Einfache und hervorragende süße Speisen.
- **The Captain's Table,** 20 Seaforth Street, AB43 9BB, Tel. 01346 512412, www.thecaptainstable.ltd, Di–So 12–14.30 und 17–20.30 Uhr. Frische Meerestiere.

Die Nordküste von Grampian

Pitsligo Castle

Ca. 8 km westlich von Fraserburgh verläuft die Küstenstraße B 9031 durch das freundliche Fischerdorf **Rosehearty.** Wenn man hier die erste Abzweigung nach links nimmt, erreicht man nach einem Kilometer Pitsligo Castle. Die beeindruckende Ruine mit bis 3 m dicken Mauern stammt aus dem 15. Jh. und war Wohnsitz der *Frasers, Lairds of Pitsligo.* Der letzte Burgherr war *Alexander Forbes, 4. Laird of Pitsligo,* ein begeisterter Jakobiter und bekannt als Wohltäter der Armen. Nach Niederschlagung der *'45 Jacobite Rebellion* im Jahre 1746 bei Culloden versteckte er sich 46 Jahre lang bis zu seinem Tod, um der Gefangennahme durch die Engländer zu entgehen.

Pennan

UNSER TIPP: Wieder zurück auf die B 9031 Richtung Westen, biegt etwa 5 km hinter New Aberdour eine schmale Straße nach Pennan ab. Pennan ist **eines der schönsten Fischerdörfer Schottlands** und Drehort des Kultfilms aller Schottlandfans „Local Hero". Steil führt die Straße hinab in das Dorf, und Wohnwagen sowie Fahrzeuge mit schlechten Bremsen parken lieber oben. Im Rücken eine imposante Sandsteinklippe und vor den Augen das Meer, bietet die kleine Bucht gerade Platz genug für eine schmale Häuserzeile und eine Straße. Vielleicht 20 kleine weiße Häuser, ein Pub, ein Hafenbecken und eine rote Telefonzelle – das ist der Ort Pennan!

Crovie

Crovie, 5 km westlich, ist nicht weniger malerisch. Hier war der Raum zwischen Felsen und Meer sogar derart begrenzt, dass nicht einmal mehr eine Straße Platz gefunden hat und das letzte Stück zu Fuß zurückgelegt werden muss.

Macduff

Nochmals einige Kilometer westlich liegt am Fuße des Hill of Doune der geschäftige **Fischerhafen** Macduff. Hier kann man allerlei Fischerei- und fischereiverwandtes Handwerk kennenlernen. In der High Shore, ebenfalls in Hafennähe, befindet sich das **Macduff Marine Aquarium.** Es ist vielleicht nicht so groß wie die Aquarien anderer Städte, aber sehr nett und nicht so horrend teuer.

■ **Macduff Marine Aquarium,** 11 High Shore, AB44 1SL, www.macduff-aquarium.org.uk, April–Okt. Mo–Fr 10–17 Uhr, Sa/So 11–17 Uhr, Nov.–März Sa–Mi 11–16 Uhr, Eintritt £ 8,95, Kinder bis 4 J. £ 3,60, bis 15 J. £ 5,40, Familien £ 25,90.

Praktische Tipps

Verbindungen

■ **Bus:** In Macduff hält die Linie 35, die **Aberdeen** mit **Elgin** verbindet. Zeitweise jede halbe Stunde, sonntags nur stündlich, fährt ein Bus, die Fahrtdauer beträgt 1½–2 Std. Die Linie 35 kommt teilweise auch aus Elgin über **Fochaber, Cullen** und **Banff** und fährt nach Aberdeen weiter über **Turriff** und **Oldmeldrum.** Die Fahrt nach Aberdeen kostet £ 13,50, eine Tageskarte £ 17,50.

Daneben verkehren weitere Linien ins Umland, z. B. die 271 nach **Fraserburgh** oder die 301 nach **Huntly** (Tageskarte für die Region £ 11).

Unterkunft

■ **The Knowes Hotel**②, 43 Market Street, AB44 1LL, Tel. 01261 458000, www.knoweshotelandrestaurant.co.uk. Das elegante Hotel neben dem *Macduff War Memorial* überblickt die ganze Bucht.

■ **Wester Bonnyton Caravan and Camping Park**②, Wester Bonnyton, Gamrie, Banff, AB45 3EP, Tel. 01261 832470, www.campsites.co.uk. Etwa 3 km östlich von Macduff etwas im Inland an der B 9031. April–Okt.

Banff

Die Stadt am anderen Ende der Banff Bay, 3 km westlich, blickt auf eine lange Handelstradition zurück. Im 12. Jh. war Banff Mitglied der „Nördlichen Hanse", eines Zusammenschlusses freier Handelsstädte *(Burghs)* mit Handelserlaubnis. Das Städtchen unterhielt Verbindungen mit ganz Europa, obwohl es erst ab dem 18. Jh. einen eigenen Hafen besaß. Einige Bauten erinnern noch heute an die lange Geschichte der Stadt, unter ihnen die Schutzmauern der Burg, die die Stadt seit dem 12. Jh. vor räuberischen Wikingern schützen sollte.

Das **Mercat Cross** in der Low Street, einer Parallelstraße der High Street, kann ein achteckiges, mit Blattverzierungen geschmücktes Kapitell aufweisen, das ins frühe 16. Jh. datiert, sein Schaft dagegen ist 100 Jahre jünger.

Im 17. und 18. Jh. entdeckte die schottische Oberschicht Banff als idealen Ort, um hier den Winter zu verbringen. Der Strand, das Meer, das schöne Tal des Deveron und nicht zuletzt das für schottische Verhältnisse recht beständige Klima bewirkten und bewirken die Anziehungskraft des Ortes. Dieser Zeit hat Banff eine Vielzahl von eleganten **georgianischen Landhäusern** zu verdanken, die, wie nahezu die ganze Innenstadt, unter Denkmalschutz stehen. Auf den Mauern des mittelalterlichen Castle wurde ebenfalls im 18. Jh. ein neues Herrenhaus gebaut, nach einem Entwurf *John Adam's,* eines Mitgliedes des Architektenclans *Adam.*

In der High Street kann man bei schlechtem Wetter dem **Museum of Banff** einen Besuch abstatten. Dort werden Silberarbeiten, Waffen und Rüstungen ausgestellt, die örtliche Geschichte erzählt und Handwerkszeug des einheimischen Astronomen *James Ferguson* gezeigt.

■ **Museum of Banff,** AB45 1AE, www.bphsmob.org.uk, April–Sept. Mi 14–16 Uhr, Do–Sa 10.30–13 Uhr, Okt.–März nach Absprache, Eintritt frei.

Adobe Stock © Calum Smith

UNSER TIPP: Am südlichen Stadtrand findet sich **Duff House,** eine großartig und sehenswert angelegte architektonische Kuriosität inmitten des *Royal Golf Course.* Anfang des 18. Jh. erbte der junge *William Duff, Lord Braco* und späterer *Earl of Fife,* das größte Vermögen Schottlands. Seiner neuen Stellung entsprechend, entschloss er sich, eine neue, herrschaftliche Residenz zu bauen und beauftragte *William Adam* mit der Planung. Dem großen Architekten schwebte ein dreigliedriger Palast vor Augen, der Auftraggeber schenkte nur den immensen Baukosten Beachtung. Schließ-

Duff House in Banff

lich kam es zu einem Prozess und zur Einstellung der Arbeiten. *William Duff* soll der Bau ein solches Ärgernis gewesen sein, dass er den fertigen Mittelteil nie bewohnte. Erst seine Nachfahren verhalfen Duff House zur seiner Blüte, als sie es für Feste benutzten.

Obwohl unvollendet, gehört Duff House zu den schönsten Exemplaren georgianischer Barockarchitektur Großbritanniens und gilt als Meisterwerk von *William Adams.* Der dreistöckige Prunkbau wird an den Ecken von quadratischen Türmen abgeschlossen, korinthische Pilaster (flach aus der Wand heraustretende Säulen) und die obligatorische Balustrade schmücken die Fassade. Eine große Freitreppe bildet den Eingang zu Duff House, das, originalgetreu eingerichtet, einen Ableger der *National Galleries of Scotland* beherbergt.

■ **Duff House,** AB45 3SX, www.historicenvironment.scot/duff-house, Mai–Sept. Do–So 10–16.30 Uhr, Okt.–April Fr–So 10.30–16 Uhr, Eintritt £ 10.

Von Duff House führt ein Spaziergang in südlicher Richtung entlang des River Deveron zur 3 km entfernten **Bridge of Alvah,** die sich in einem Bogen über die Schlucht des Deveron spannt.

Praktische Tipps

Unterkunft

Hotels sind in der High Street und in den Straßen östlich davon zu finden.

■ **Carmelite House**②, Low Street, AB45 1AY, Tel. 01261 812152, www.carmelitehousehotel.com. Einfaches Hotel in der Stadtmitte.

■ **Banff Links Caravan Park**②-③, AB45 2JJ, Tel. 01261 812228, www.banfflinkscaravanpark.co.uk. Verlässt man 1,5 km westlich von Banff die A 98 und biegt nördlich auf die B 9139 ein, liegt der Platz nach 150 m auf der rechten Seite direkt am Strand, es gibt einen großen Spielplatz.

Cullen

20 km westlich von Banff liegt das Fischerdorf Cullen. Das hübsche Dorf wird von einem **Eisenbahnviadukt,** das sich quer über die Dächer der vielen kleinen Häuser spannt, geradezu erschlagen. Als im Jahr 1886 hier eine Eisenbahnlinie erbaut wurde, weigerte sich die *Countess of Seafield,* die Linie über ihr großes Grundstück bei Cullen House verlaufen zu lassen. Daraufhin wurde über den Köpfen der Fischer, die sich nicht wehren konnten, das Eisenbahnviadukt errichtet. Die Bahnlinie wurde im Jahr 1967 stillgelegt, und Teile der Schienenstrecke funktionierte man danach zu einem Fußweg um.

Durch die Bögen des Viadukts kann man auf den wunderschönen Strand der Bucht blicken. Mitten im Sand stehen hier drei große Felsen, die von den Einheimischen **The Three Kings,** die drei Könige, genannt werden.

Praktische Tipps

Unterkunft

Hotels sind am Seafield Place oder in der Seafield Street im Zentrum angesiedelt.

■ **Cullen Bay Hotel**②, AB56 4XA, an der A 98 oberhalb des *Cullen Link Golf Club,* Tel. 01542 840432, www.cullenbayhotel.com. Gemütliches Hotel, das Aussichten über Cullen Bay und den Golfplatz bietet.

■ **Cullen Bay Holiday Park**③, AB56 4TW, Tel. 01542 840766, www.culliganparks.co.uk/cullen-bay-holiday-park. Vermietung von *Holiday Homes* oberhalb der Steilküste von Cullen, keine Zelte, keine Wohnwagen, April–Mitte Okt.

Essen und Trinken

■ **Cullen Bay Hotel** (→ Unterkunft), tägl. 12–14.30 und 17–20 Uhr. Als Namensgeber des *Cullen Skink,* eines herzhaften Fischeintopfs, bietet es sich an, diesen im *Cullen Bay Hotel* zu genießen, das auch schon die *Cullen Skink World Championchips* gewann.

■ **Linda's Fish & Chips,** 54 Seafield Street, AB56 4SW, Tel. 01542 840202, www.fb.com/lindasfishandchips, So–Do 12–20 Uhr, Fr/Sa 12–21 Uhr. Neben klassischem *Fish & Chips* gibt es hier auch veganes Fast Food.

Portknockie

Von Cullen führt ein Fußweg etwa 4 km entlang der zum Teil über- wältigenden Klippenformationen nach Portknockie. Der Weg beginnt am Golfplatz in Cullen und ist gut ausgeschildert. Eine andere Möglichkeit, zu Fuß nach Portknockie zu gelangen, ist entlang der stillgelegten Eisenbahnschienen (Ausgangspunkt *Cullen Bay Hotel*). Wer nicht nach Portknockie laufen will, für den führt auch eine Straße, und zwar die A 942, in die Stadt. Etwa 3 km nach Ortsausgang biegt die A 942 von der A 98 ab.

Erwähnenswert ist der Fischerort insbesondere aufgrund seiner fantastischen Steilküste. Im Osten des Ortes kann man ein wahres Erosionskunstwerk bewundern. Der **Bow Fiddle Rock** ist ein spitz

Adobe Stock © Siobhan Fraser

zulaufender Torbogen, der etwa 20 m vom Strand entfernt aus dem Meer aufragt. Zu erreichen ist der Felsen über einen kurzen Fußweg, der am Küstenweg in Portknockie beginnt.

Praktische Tipps

Unterkunft

■ **Victoria Hotel**②, 1 Victoria Street, AB56 4LQ, Tel. 01542 840574, www.thevictoriahotelportknockie.co.uk. Zentral gelegen.

Buckie

Westlich von Buckie, dort wo der River Spey in den Moray Firth mündet, ist das **Scottish Dolphin Centre** angesiedelt. Jeweils zur vollen Stunde finden von hier aus **Touren** statt, bei denen in der Flussmündung **Delfine, Robben, Seevögel** und evtl. auch **Otter** zu beobachten sind. Jeweils um 12.15 Uhr und um 15.15 Uhr kann man im Sommer das Eishaus besichtigen, in dem eine große Anzahl an Walknochen und eine audiovisuelle Tour durch den Firth, der *Dry Dive,* zu sehen sind. Außerdem finden häufig besondere Aktivitäten für Familien statt.

■ **WDC Scottish Dolphin Centre,** Spey Bay, IV32 7PJ, Tel. 01343 820339, https://dolphincentre.whales.org, Feb.–Juni und Sept./Okt. Do–Mo 10.30–16 Uhr, Juli/Aug. tägl. 10.30–16 Uhr, Nov. Do–Mo 10.30–15.30 Uhr, Eintritt frei.

◁ Launenspiel des Meeres: Bow Fiddle Rock bei Portknockie

Elgin

Wenn man von Osten auf der A 96 nach Elgin kommt, führt links eine Seitenstraße zur berühmten **Elgin Cathedral** (Hinweisschild). Die Kathedrale wurde 1224 gegründet und galt als die schönste Schottlands. „Die Laterne des Nordens“ war ihr Beiname, und bereits 1390 leuchtete sie lichterloh, als der *„Wolf of Badenoch“,* ein Bruder *Robert III.,* die Kathedrale aus Rache für seine Exkommunikation abbrannte. Doch die Kirche wurde wieder aufgebaut und blieb bis zur Reformation unversehrt. Dann jedoch zerstörten aufgebrachte Reformatoren die Kathedrale erneut und endgültig. 1567 wurden die Spitzen der beiden Türme heruntergerissen, und der Verfall begann. Bis ins 19. Jh. hinein diente die Kirche sogar als Steinbruch für örtliche Bauvorhaben, bis man sie schließlich unter Denkmalschutz stellte.

Es wurden zaghafte Restaurierungsversuche unternommen, wie man an einzelnen Fensterbögen bemerken kann. Relativ gut erhalten sind sowohl die Ost- als auch die Westfassade mit den zwei großen Türmen, die aufgrund ihrer abgebrochenen Spitzen an eine französische Kathedrale erinnern. Auch das achteckige Kapitelhaus gilt immer noch als das schönste Schottlands.

■ **Elgin Cathedral,** King Street, IV30 1HU, www.historicenvironment.scot/elgin-cathedral, April–Sept. tägl. 10–16.30 Uhr, Okt.–März 10–16 Uhr, Eintritt £10.

Elgin selbst ist eine alte Stadt mit einer sehenswerten Hauptstraße. Mehrere alte

726sc bcg

Häuser, ein Marktkreuz und eine Kirche auf einer Verkehrsinsel sind in der High Street zu finden. Das Haus Nummer 7, **Braco's Banking House,** wurde 1694 erbaut und ist eines der wenigen Gebäude, das noch die ehemals typische Fassade aus Blendarkaden aufweist.

St Giles Kirk auf der Verkehrsinsel wurde 1827–28 erbaut und von *Archibald Simpson* entworfen. Ihren ungewöhnlichen Standort verdankt die Kirche der Tatsache, dass genau an dieser Stelle bereits im Mittelalter ein Gotteshaus errichtet war.

Das **Elgin Museum,** am östlichen Eingang der High Street gelegen, beherbergt eine interessante Sammlung aus Fossilien und archäologischen Fundstücken.

■ **Elgin Museum,** 1 Hight Street, IV30 1EQ, www.elginmuseum.org.uk, nur im Sommer Mi–So 13–16 Uhr, Eintritt frei.

⌃ Elgin Cathedral

Etwas nordwestlich der Innenstadt liegen auf dem Ladyhill die Überreste des **Elgin Castle.** Der leichte Aufstieg auf den Hügel lohnt sich nicht so sehr wegen der wenigen Mauern, die noch von der Burg aus dem 13. Jh. übrig sind, sondern vielmehr wegen des schönen Blicks über Elgin. Seit 1839 steht auf dem Ladyhill auch das 25 m hohe **Duke of Gordon Monument.**

Praktische Tipps

Verbindungen

Bahn

■ Züge verkehren im 2-Std.-Rhythmus nach **Aberdeen** (ab £ 12) und **Inverness** (ab £ 14,50) zwischen 5 und 22 Uhr. Die Fahrzeit nach Inverness beträgt etwa 30 Min., nach Aberdeen etwa 2 Std. Der Zug nach Inverness macht Zwischenstation in Forres und Nairn, der nach Aberdeen u. a. in Keith, Huntly und Inverurie.

Bus

■ Jede Stunde fährt die Linie 10 wochentags von **Aberdeen** über Inverurie, Huntly, Keith, Elgin, Forres und Nairn nach **Inverness.** Die Fahrt von Aberdeen nach Elgin dauert 2 Std. und kostet um £ 14; die Fahrtdauer von Elgin nach Inverness beträgt 1 Std., der Kostenpunkt liegt bei £ 14.

Die Linie 35 fährt jede Stunde, abends seltener, von Aberdeen u. a. über Turriff, Macduff, Banff und Buckie nach Elgin. Die Fahrt kostet £ 14.

Unterkunft

Hotels in den verschiedenen Preisklassen findet man in der High Street und den Nebenstraßen.

- **Mansion House Hotel**③, The Haugh, IV30 1AW, Tel. 01343 548811, www.mansionhousehotel.co.uk. Am River Lossie, befindet sich in einem Herrenhaus aus dem 19. Jh.
- **Moraydale Guest House**②, 276 High Street, IV30 1AG, Tel. 01343 546381, www.moraydaleguesthouse.com. Zentral gelegenes Hotel mit gutem Frühstück und gemütlichen Zimmern.
- **Riverside Caravan Park**②, West Road, IV30 8UN, Tel. 01343 542813, www.riversidecaravanparkelgin.co.uk. Einfacher Campingplatz am Lossie, April–Okt.

Essen und Trinken

- Die meisten **Restaurants** und **Pubs** sind in der Innenstadt zu finden.
- **19 Crepes&Coffee,** 19A Batchen Street, IV30 1BH, Tel. 07484 789427, www.fb.com/19CrepesCoffee, Mo–Sa 9–16 Uhr. Wer Hunger auf Süßes hat, kommt hier bei den reichhaltigen *Bubble*-Waffeln auf seine Kosten.

Einkaufen

- In Elgin befindet sich einer der beiden wichtigsten unabhängigen Whiskyabfüller. Bei **Gordon & MacPhail** (121 High Street, IV30 1EA, Tel. 01343 545110, www.gordonandmacphail.com) kann man sehr gute schottische Malts erhalten, das Angebot ist wechselnd. Zu beachten ist außerdem, dass *Gordon & MacPhail* auf dem Etikett das Jahr des Brennens und nicht das Alter bei der Abfüllung angeben.
- **McCalls of Elgin,** 54 South Street, IV30 1JX, Tel. 01343 540590, www.mccalls.co.uk, Mo/Di und Do/Fr 10–16 Uhr, Sa 9–16 Uhr. Hier kann man sich nach vorheriger Terminvereinbarung einen Kilt schneidern lassen, ihn aber auch leihen. Restposten aus dem Verleih werden manchmal günstiger abgegeben.

Forres

19 km weiter führt die A 96 durch Forres. Hier sollen laut *William Shakespeare Macbeth* und *Banquo* mit den drei Hexen zusammengekommen sein. Heute jedoch wirkt das Städtchen alles andere als mystisch. Vielmehr verleihen die gepflegten Parkanlagen, unter ihnen der **Grant Park** mit Blumengebilden u. a. in Form von Teddybären und eines Pfaus, der Stadt eine freundliche Atmosphäre.

Kommt man von Osten in die Stadt und biegt nach dem Ortseingang in die erste Seitenstraße auf der rechten Seite ein, gelangt man zu **Sueno's Stone.** Der etwa sechs Meter hohe Stein gehört zu den außergewöhnlichsten piktischen Bildersteinen Schottlands. Auf der einen Seite des schmalen Sandsteins ist eine Schlachtszene abgebildet. Köpfe, Körper und Waffen drängen sich um einen piktischen Rundturm, während die andere Seite ein Kreuz mit dem typischen Ring zeigt. Der Stein stammt wahrscheinlich aus dem 9. oder 10. Jh. und wurde vermutlich anlässlich eines Sieges über einfallende Wikinger aufgestellt.

Vom **Nelson's Tower** im Grant Park hat man bei klarem Wetter einen wunderschönen Blick auf die Umgebung. Wie der Name sagt, wurde der Turm zu Ehren *Lord Nelsons* und als Erinnerung an die Schlacht bei Trafalgar errichtet. Vom Parkplatz führt ein 10–15-minütiger Spaziergang durch den Wald auf den Cluny Hill. Über 96 Stufen geht es dann auf den Turm, in dem auch ein kleines **Museum** untergebracht ist.

■ **Nelson's Tower,** 6 Clovenside Road, IV36 3BT, www.forresheritage.co.uk/nelsons-tower, April–Sept. tägl. 14–16 Uhr, wenn die Flagge über dem Turm weht, Eintritt frei.

Brodie Castle

7,5 km westlich von Forres an der A 96 ist Brodie Castle zu besichtigen. Die *Brodies* leben bereits seit dem 12. Jh. auf diesem Grund, doch das ursprüngliche Castle wurde 1645 zerstört. Die jetzige Burg basiert auf einem *Tower House* in Z-Form und wurde im 17. und 19. Jh. erweitert. Drinnen werden **Möbel und Porzellan** sowie eine Gemäldesammlung mit Werken aus dem 17. bis 19. Jh. ausgestellt, zudem kann die sehr schöne **Bibliothek** besichtigt werden. Um das Castle sind mehrere Spazierwege angelegt. Eines der alten Häuser im Park kann man als Ferienwohnung mieten.

■ **Brodie Castle,** Brodie, IV36 2TE, www.nts.org.uk/visit/brodie-castle, Führungen März–Okt. Mi–So um 10, 11.30, 14 und 15.30 Uhr, der Park ist ganzjährig von 9.30 Uhr bis Sonnenuntergang geöffnet, Eintritt £ 14.

Findhorn Bay

Eine malerische Bucht mit einem **Strand aus farbigen Kieseln** und ein netter Ort machen Findhorn auf jeden Fall eine Reise wert. Da die Bucht nur durch eine enge Öffnung mit dem Meer verbunden

747sc bcg

ist, ist die Strömung in der eigentlichen Bucht gefährlich, zum offenen Meer hin gibt es aber auch einen schönen Strand und man kann über das Wasser zur Black Isle blicken.

Praktische Tipps

Informationen

- **www.visitforres.scot**

Essen und Trinken

- **The Captain's Table,** Findhorn Marina, IV36 3YE, Tel. 01309 690663, www.captainstable.uk, tägl. 9.30–21 Uhr. Ein toller Pub in der Bucht mit einer großen Terrasse.

Von Aberdeen nach Turriff

Von Aberdeen nach Banff an der Nordküste führt die A 947 durch das **Landesinnere von Grampian,** eine Strecke, die sich insbesondere durch eine Vielzahl an Castles auszeichnet. Die Auswahl reicht von verfallenen **Ruinen** wie Tolquhon Castle über vollständig erhaltene **Burgen** wie Fyvie Castle bis zu herrschaftlichen **Residenzen** wie Haddo House.

☒ Bunte Strandhäuschen in der malerischen Bucht Findhorn Bay

Pitmedden Garden

Kurz vor Oldmeldrum biegt die A 920 ostwärts nach Ellon ab. Wenn man dieser Richtung folgt, lohnt nach etwa 5 km in **Pitmedden** ein Besuch des Pitmedden Garden. Im Mittelpunkt des 40 ha großen Grundstücks steht der sogenannte Great Garden. 1675 von *Alexander Seton* angelegt, zeigt der Garten vier große Blumenornamente. Drei der Muster wurden bei der Wiederherstellung der Anlage in Ermangelung der Originalpläne dem Garten von Holyroodhouse in Edinburgh entlehnt; das vierte zeigt als Tribut an den ursprünglichen Gartenarchitekten das Wappen *Setons.* Auf dem übrigen Gelände sind Spazierwege angelegt. Auch das zugehörige **Museum of Farming Life** kann besichtigt werden.

- **Pitmedden Garden and Museum of Farming Life,** Ellon, AB41 7PD, www.nts.org.uk/visit/pitmedden-garden, Mai–Sept. Do–So 10.30–16.30 Uhr, Eintritt £ 10.

Tolquhon Castle

Falls man von Pitmedden entlang der B 999 zum nördlich gelegenen Haddo House fährt, kann man nach ca. 2 km Tolquhon Castle besuchen, das links neben der Straße steht (Hinweisschild). Die **große Ruine** gehörte einst der Familie *Forbes,* und *William Forbes* war es, der zwischen 1584 und 1589 das alte *Tower House* wesentlich erweiterte und in eine große rechteckige Anlage um einen Innenhof verwandelte. Stolz scheint *William Forbes* auf sein Werk gewesen zu sein, ließ er sich doch mittels einer Inschrift rechts des Torwegs als Bauherr verewigen: „Al this warke excep the auld tour was begun be William Forbes 15 Aprile 1584 and endit be him 20 October 1589". Zu sehen sind heute noch Küche, Keller, die Halle und das Zimmer des Laird. Besonders schön sind die beiden **Wappen** über dem Tor, wobei das untere, verwaschene Wappen von *William Forbes* ist und das obere jenes von *James VI.*

■ **Tolquhon Castle,** Tarves, AB41 7LP, www.historicenvironment.scot/tolquhon-castle, April–Sept. Do–Mo 10–12 und 13–16.30 Uhr, Eintritt £ 7,50.

Haddo House

Von Tolquhon führt die B 999 ins nahgelegene Tarves, von wo noch 6 km bis Haddo House zurückgelegt werden müssen (Hinweisschild). Die dreigliedrige herrschaftliche Residenz wurde 1731 von *William Adam* für *William, 2. Earl of Aberdeen,* entworfen. Das Zusammenspiel von einem größeren Hauptbau und zwei niedrigeren Seitenflügeln lässt denn auch leicht die Handschrift des großen schottischen Architekten erkennen. Die Freitreppe, die an der hinteren Fassade in einem eleganten Schwung direkt in den Salon führt, war dem *2. Earl of Aberdeen* indes häufig ein Ärgernis. Allzu oft führte das unbeständige Wetter dazu, dass man am ganzen Leibe vor Nässe triefend im Salon stand. Das Mobiliar im Innern des Hauses entstammt größtenteils nicht mehr dem 18. Jh., sondern ist original *Adam*-Revival aus dem Jahre 1880.

■ **Haddo House,** Methlick, Ellon, AB41 7EQ, www.nts.org.uk/visit/haddo-house, März–Dez. Fr–Mo Führungen um 11, 13 und 15 Uhr, der Garten ist ganzjährig von Sonnenaufgang bis Sonnenuntergang geöffnet, Eintritt £ 16.

Fyvie Castle

Wieder zurück auf der A 947, liegt etwas nördlich des kleinen Ortes Fyvie eine der **schönsten Burgen Schottlands** (ausgeschildert). Die fünf Türme von Fyvie Castle stehen für je eine der fünf Familien, die einmal die Burg besaßen. Dementsprechend heißen die Türme *Preston, Meldrum, Seton, Gordon* und *Leith.* Der älteste Teil des Castle stammt bereits aus dem 13. Jh. und gilt als das großartigste Exemplar schottischer Baronialarchitektur.

Dies verdankt Fyvie nicht zuletzt seinen letzten Besitzern. Der Industrielle *Alexander Forbes-Leith* erstand das Gut 1889, restaurierte es gründlich und entfernte dabei so mancherlei unschönes Beiwerk, mit dem das Castle im Laufe der Zeit verziert worden war. Die Inneneinrichtung zeugt größtenteils vom Reichtum des *First Lord Leith of Fyvie.* Die **Gemäldesammlung** ist eine besonders schöne und kostbare Zusammenstellung verschiedener Porträts, unter ihnen Werke von *Gainsborough, Raeburn, Batoni, Romney, Opie* und *Hoppner.* Zudem werden Waffen und Rüstungen des 16. Jh. sowie mehrere Wandteppiche ausgestellt.

■ **Fyvie Castle,** Fyvie, Turriff, AB53 8JS, www.nts.org.uk/fyvie-castle, April–Anf. Juli und Sept./Okt. Mi–So 10.30–16.30 Uhr, Anf. Juli–Aug. tägl. 10.30–16.30 Uhr, Garten ganzjährig von 9 Uhr bis Sonnenuntergang geöffnet, Eintritt £ 16.

Turriff

Turriff, etwa 15 km weiter nördlich an der A 947, ist das Einkaufszentrum der Umgebung und eine Stadt mit sehr langer Vergangenheit. Schon im 6. Jh. wird Turriff als die Hauptstadt des piktischen Prinzen *Lathmon* erwähnt. Im 12. Jh. hatte der Templerorden hier eine Niederlassung und rekrutierte Männer für die Kreuzzüge. Im 17. Jh. war Turriff eine der Hauptstädte der *Covenanter Rebellion* (→ Geschichte, S. 542).

Inzwischen ist es ruhiger geworden um den kleinen Ort mit den roten Sandsteinhäusern. Doch einmal jährlich, an zwei Tagen Ende Juli/Anfang August, fallen wahre Besucherhorden in das Städtchen ein. Rund 25.000 Menschen besuchen jährlich die **Turriff Show,** eine der größten landwirtschaftlichen Veranstaltungen Europas, u. a. kann man dort auch Viehauktionen miterleben.

Eine Kuh war es auch, die 1913 die Stadt noch einmal in die Schlagzeilen brachte und die Souvenirindustrie florieren ließ. Damals weigerte sich der **Farmer Robert Paterson,** der neuen *National Health Insurance* beizutreten. Um die fehlende Beitragszahlung auszugleichen, pfändete die Polizei kurzerhand eine seiner Kühe und gab sie dem Verkauf preis. Versuche, das Tier in Turriff zu versteigern, endeten mit einem Tumult und der Flucht der Polizisten. Die Auktion in Aberdeen schlug ebenfalls fehl, bis Nachbarn von *Paterson* sich erbarmten, die Kuh ersteigerten und sie dem Bauern wieder zurückgaben. Auch heute kann man noch Ansichtskarten von der „Turra Coo“ in den Souvenirläden entdecken, schließlich verhalf diese Geschichte Turriff zu nationalem Ruhm.

Praktische Tipps

Verbindungen

■ **Bus:** Busse der Linie 35 fahren ungefähr jede Stunde (sonntags alle 2 Std.) von **Aberdeen,** Busstation, über Newmachar, Oldmeldrum, Fyvie, Turriff und Macduff nach Banff (Fahrtdauer ca. 2 Std.).

Unterkunft, Essen und Trinken

■ **Fife Arms Hotel**②, The Square, AB53 4AE, Tel. 01888 563124, www.fifearms.com. Schlichte Zimmer in zentraler Lage, mit **Restaurant.**

■ **Laird's Kitchen,** AB53 5TD, Tel. 01888 563479, tägl. 10–16 Uhr. Im nahegelegenen Delgatie Castle, bietet frische Backwaren und Konfiserie sowie ein einfaches Mittagsmenü.

■ **The Rustic Grill,** 13 Balmellie Street, AB53 4DW, Tel. 01888 567187, www.fb.com/therusticgrillturriff, Di–Do 12–22 Uhr, Fr 12–24 Uhr, Sa 10–24 Uhr, So 10–22 Uhr. Kreative Kost: Von frittiertem Halloumi, Satay-Spießen und *Black Pudding* über *Haggis* reichen die Einflüsse einmal um den halben Globus.

Autoverleih

■ **Morrison Motors,** Greengates/Banff Road, AB53 5TA, Tel. 01888 562069, www.morrisonmotors.co.uk.

Von Aberdeen nach Keith

Zwischen Aberdeen und Keith bahnt sich **am Fuße der Grampian Mountains** die A 96 ihren Weg in nordwestlicher Richtung durch eine sanft hügelige Landschaft mit zum größten Teil landwirtschaftlich genutzten Flächen.

Praktische Tipps

Verbindungen

- **Züge** von Aberdeen nach Inverness fahren mehrmals täglich in Abständen von ein bis zwei Stunden über Inverurie, Huntly, Keith und Elgin. Die gesamte Fahrzeit beträgt etwa 130 Min.
- Zwischen Aberdeen und Keith verkehrt die **Buslinie 10.** Morgens um 7 Uhr startet der erste Bus in Aberdeen, Guild Street Bus Station, danach verlassen die Busse bis 23 Uhr im Stunden-Rhythmus die Stadt in Richtung Keith. Die Fahrt dauert etwa 1½ Stunden, Zwischenstopps sind in Inverurie (Market Place), Colpy und Huntly (Square). Von Keith (Square) fährt der Bus weiter bis Fochabers (Square), Elgin (Bus Station), Forres (Tolbooth), Nairn (Bus Station und Tradespark), bis er nach insgesamt 4 Std. Fahrt in Inverness, Bus Station, ankommt. Der erste Bus in umgekehrter Richtung fährt in Inverness um 5.30 Uhr los, danach jede Stunde bis 20.30 Uhr. Die Tageskarte für die gesamte Strecke kostet £ 17,50.

Inverurie

Größter Ort auf der Strecke ist mit rund 14.800 Einwohnern das 25 km nordwestlich von Aberdeen gelegene Inverurie. Obwohl der Ort keine größeren Sehenswürdigkeiten aufweisen kann, bietet er zumindest ein gutes Angebot an Einkaufs- und Unterkunftsmöglichkeiten und eignet sich als Ausgangspunkt für Ausflüge in die reizvolle Umgebung.

Bennachie Visitor Centre

Die **Bennachie-Bergkette** im Westen von Inverurie ist zu Recht sehr beliebt bei Ausflüglern und Wanderern, obwohl selbst die höchste der fünf Spitzen, Oxen Craig, lediglich 528 m Höhe aufweisen kann. Am Fuß der Berge wurden massive Aufforstungsarbeiten unternommen, doch die meisten der Spitzen sind kahl und zeigen nur den nackten Fels. Über Natur und Geschichte des Gebietes informiert das *Bennachie Visitor Centre* (auf der A 96 Inverurie Richtung Nor-

Wanderweg zur Mither Tap

den verlassen, dann links Richtung Chapel of Garioch, schließlich nochmals erst rechts, dann links).

Im Zentrum beginnen mehrere **Wanderwege** unterschiedlicher Länge und Schwierigkeit. Wenn man zur **Mither Tap** hochwandert, achte man auf die Erdmauern, die in einem Umfang von etwa 500 m die Spitze umfassen. Die über 6 m dicken Wälle gehörten zu einem Fort aus der Eisenzeit, das den Einheimischen als Zufluchtsort vor römischen Angriffen diente.

Das Eisenzeitfort auf der Mither Tap ist jedoch nicht der einzige Überrest aus vorschottischen Tagen. Einige **Steinkreise** und **Gräber** aus der Bronzezeit (2000–1000 v. Chr.), weitere **Forts** aus der Eisenzeit (ca. 500 v. Chr. bis 500 n. Chr.) und **piktische Symbolsteine** sind häufig in dieser Gegend anzutreffen und verweisen auf die früheren Bewohner.

■ **Bennachie Visitor Centre,** Chapel of Garioch, AB51 5HX, Tel. 01467 681470, www.bennachievisitorcentre.org.uk, Apr.–Okt. tägl. 10–16.30 Uhr.

Maiden Stone

Einen schönen piktischen Symbolstein kann man etwas südlich von Chapel of Garioch (Seitenstraße der A 96) sehen: den Maiden Stone (GPS N 57.31206, W 2.49337). Ca. 300 m vor dem Stein lässt ein Kuriosum den Blick zum linken Waldrand abschweifen. Was sich von Weitem wie ein *Buddha* ausnimmt, entpuppt sich aus der Nähe als eine kolossale, barbrüstige **Frauenstatue** im Stil der 1930er-Jahre, die, eher originell als schön, im Wald versteckt wurde. Der 3 m hohe Maiden Stone aus dem 7. oder 8. Jh. weist auf einer Seite ein viergeteiltes **Relief** auf, in dem u. a. Spiegel, Kamm und ein Elefant abgebildet sind. Die andere Seite zeigt Ornamente und ein **piktisches Kreuz,** das verwittert ist. Eine Legende weiß von der Jungfrau von Drumdurno zu berichten, die der Teufel an dieser Stelle zu Stein verwandelte.

Aufgrund potentieller Frostschäden im Winter ist der Stein in dieser Zeit eingepackt und kann nur im Sommer besucht werden.

Loanhead of Daviot

Wenn man Inverurie nicht auf der A 96, sondern der B 9001 verlässt, kommt man nach etwa 8 km zu der Abzweigung nach Daviot. Bei Daviot steht einer der besterhaltenen **Steinkreise** des schottischen Ostens (GPS N 57.34952, W 2.420 946). Der Loanhead of Daviot umfasst einen liegenden und 10 stehende Steine. In der Mitte ist ein Grab angelegt.

Leith Hall

Eine weitere Alternative zur A 96 ist die B 9002, die ca. 10 km hinter Inverurie von der A 96 abzweigt. Sollte man sich für diese Strecke entscheiden, lohnt nach etwa 20 km ein Abstecher zu Leith Hall. Das kleine, aber feine **Herrenhaus** steht inmitten eines 114 ha großen Grundstücks und ist seit 1650 Heimat der *Leith*-Familie. Im Inneren des weiß verputzten Gebäudes sind neben Möbeln persönliche Gegenstände der verschiedenen *Lairds,* die zumeist beim Militär dienten, ausgestellt.

Durch das Grundstück führen mehrere Spazierwege, und neben Vögeln und Schafen sind auch *Highland Cattles* zu sehen.

■ **Leith Hall,** Garden & Estate, Huntly, AB54 4NQ, www.nts.org.uk/visit/leith-hall, April–Mai und Okt. Fr–So 10.30–16 Uhr, Juni–Sept. Do–Mo 10.30–16 Uhr, das Grundstück ist ganzjährig von Sonnenaufgang bis Sonnenuntergang geöffnet, Eintritt £ 15.

Praktische Tipps

Unterkunft

■ **Hotels** findet man in Inverurie am Market Place oder am nordwestlichen Stadtrand.

■ **Hillhead Caravan Park**②, Kintore, AB51 0YX, Tel. 01467 632809, www.sutherlandparksaberdeenshire.com. Der Park liegt etwas außerhalb von Inverurie und bietet einen guten Standort für Wanderungen im benachbarten Bennachie Forest.

Essen und Trinken

■ Entlang der **High Street** sind einige Take-Aways, Restaurants und Pubs angesiedelt.

■ **Fennel Restaurant,** 10 Burn Lane, AB51 4UZ, Tel. 01467 670065, www.fennelrestaurant.co.uk, Mi/Do 12–22.30 Uhr, Fr 12–23 Uhr, Sa 10–23 Uhr, So 10–21 Uhr. Saisonale Gerichte in ausgefallenen Kombinationen.

■ **Cocoworks,** Station Road, AB51 4TN, im Bahnhof, Tel. 01467 629600, www.fb.com/cocoinverurie, Di–Sa 10–16 Uhr. Das kleine Café versüßt das Warten auf den nächsten Zug bei Kuchen oder Sandwiches.

Huntly

In Huntly treffen 36 km hinter Inverurie die A 97 und die A 96 wieder zusammen. Am nördlichen Ende der freundlichen Kleinstadt steht die prächtige **Ruine Huntly Castle,** die mit herrlichen heraldischen Emblemen über dem Tor des Hauses und an den Burgmauern verziert ist. Schön kann man hier die architektonische Geschichte der Burg durch fünf Jahrhunderte beobachten: Die erste Burg aus dem 12. Jh. war eine Festung aus Erde und Holz, die zweite ein mittelalterliches L-förmiges *Tower House,* und die dritte wurde nach der Zerstörung des Turmhauses im 16. Jh. als eine fast palastartige Residenz gestaltet. 500 Jahre lang bewohnten die streng katholischen *Gordons* das Castle, bis es in den Bürgerkriegen Mitte des 17. Jh. endgültig zerstört wurde.

Recht gut erhalten ist auch das **Brauhaus,** eine Einrichtung, die bis in das 19. Jh. essentiell für alle größeren Haushalte war. So tranken die Mannen von Huntly in Ermangelung von Tee etwa eine Gallone (ca. 4,5 Liter) Ale pro Tag und Mann, eine Menge, die zu damaliger Zeit keineswegs unüblich war.

Leider ist auch in Huntly wie bei allen anderen Ruinen nicht mehr allzu viel zu sehen, doch das Vorhandene ist gut erklärt und mit vielen Hintergrundinformationen zum damaligen Leben angereichert.

■ **Huntly Castle,** AB54 4SH, www.historicenvironment.scot/huntly-castle, April–Sept. tägl. 10–16.30 Uhr, Okt.–März Sa–Mi 10–16 Uhr, Eintritt £ 7,50.

An der A 96 liegt das **Huntly Falconry Centre.** Hier kann man Falken, Eulen, Adler etc. bewundern, sich aber auch in 1–5 Tageskursen in das Handwerk des Falkners einführen lassen.

■ **Huntly Falconry Centre,** Broadland, Cairnie, AB54 4UU, www.huntly-falconry-centre.com, Ostern–Okt. tägl. ab 10.30 Uhr, Flugvorführungen finden um 11, 12.45 und 14.30 Uhr statt, Eintritt £ 10.

Praktische Tipps

Unterkunft

■ **Greenmount Guest House**①, 43 Gordon Street, AB54 8EQ, Tel. 01466 792482. Auch Angellizenzen, traditionelles Guest House im Zentrum.

■ **B & B** finden sich im Stadtzentrum – u. a. an der King Street, Castle Street und ihren Nebenstraßen.

■ **Huntly Castle Caravan Park**②, AB54 4UJ, Tel. 01466 794999, www.huntlycastle.co.uk. Geschützter Campingplatz in Laufweite von Huntly Castle und dem Flüsschen Deveron, April–Mitte Okt.

Essen und Trinken

■ Auf der Duke Street sowie der Gordon Street finden sich einige **Restaurants, Pubs** und **Cafés.**

Keith

18 km westlich von Huntly führt die A 96 durch Keith. Die Kleinstadt liegt mitten in fruchtbarstem Ackerland und ist administratives und Einkaufszentrum der Umgebung. Das Stadtbild wurde vornehmlich im 18. und 19. Jh. geprägt, doch reicht die Geschichte der Stadt viel weiter zurück. Schon im Jahr 700 missionierte der *Heilige Maelrubha* die Einwohner zum Christentum, und der erste nachreformatorische Heilige Schottlands, *St John Ogilvie,* erblickte 1580 in der Umgebung das Licht der Welt.

In der Church Road, der Fortsetzung der A 96, überrascht das Aussehen der **St Thomas Church** den Betrachter. 1830 gebaut, ist sie zumindest in Teilen der romanisch-dorischen Kirche „Santa Maria degli Angeli" in Rom nachempfunden. Im Innern der katholischen Kirche ist das Gemälde „Incredulity of St Thomas" von *Francois Dubois* eine Betrachtung wert. Das Gemälde wurde 1828 von *Charles X. von Frankreich* gestiftet.

Unweit der Kirche führt die **Auld Brig** wie schon im 17. Jh. über den River Isla. Die Brücke wurde 1609 erbaut und ist die älteste intakte Brücke der Region. UNSER TIPP: Ebenfalls einen Altersrekord hält die **Strathisla Distillery** in der Seafield Avenue, einer Nebenstraße der Church Road. Die über 200 Jahre alte Brennerei mit den zwei Pagoden ist eine der ältesten Schottlands, bekannt wegen ihres Blends *Chivas Regal.* Es werden besonders schöne Führungen angeboten.

■ **Strathisla Distillery,** AB55 5BS, Tel. 01542 78 3044, www.maltwhiskydistilleries.com/strathisla, April–Okt. tägl. 10–17 Uhr, Nov./Dez. Mi–Sa 10–16 Uhr, ab £ 22, Reservierungen empfehlenswert.

Anfang/Mitte Juni feiert Keith zwei Tage lang ein **Festival of Traditional Music and Songs.**

Sollte man in der Stadt einkaufen wollen, wundere man sich nicht, wenn man entlang der Hauptstraße kaum **Geschäfte** sieht. Diese sind wie die **Restaurants** und **Pubs** überwiegend in der Mid Street, einer Parallelstraße, angesiedelt.

Praktische Tipps

Informationen

■ **www.inkeith.com**

Unterkunft

■ **Chapelhill Croft**①-②, Crossroads, AB55 6LQ, Tel. 01542 870302, www.chapelhillcroft.co.uk. Ein etwas abgelegenes Croft in den Hügeln um Keith.

Essen und Trinken

■ **Fochabers Ice Cream Parlour,** 33–35 High Street, Fochabers, IV32 7DX, Mo–Do und Sa 10–18 Uhr, Fr 10–19 Uhr, So 10.30–19 Uhr. Unweit von Keith gibt es in Fochabers an der Hauptstraße wirklich leckeres Eis.

Von Aberdeen nach Dufftown

Zwischen Aberdeen und Elgin verlaufen die Straßen A 944, A 97 und schließlich die A 941, die zusammen die Grenzlinie zwischen dem dicht besiedelten, verkehrstechnisch gut erschlossenen Nordosten der Region und der teilweise kargen, fast einsamen Berglandschaft im Südwesten bilden. Außerdem führen die Straßen mitten durch das **Herz der Whiskyproduktion** Schottlands, dessen unbestrittenes Zentrum Dufftown mit gleich sieben Brennereien darstellt.

Durch die Region führt auch der **Scottish Malt Whisky Trail,** der die neun wichtigsten Speyside-Brennereien in einer Art Rundweg verbindet. Eine Broschüre zu dieser Touristenstraße liegt in jedem *Tourist Information Centre* aus (www.maltwhiskytrail.com).

Castle Fraser

Falls man Aberdeen gen Westen auf der A 944 verlässt und 22 km weiter bei Dunecht auf die B 977 nach Norden abbiegt, führt kurz hinter dieser Kreuzung eine Nebenstraße in westlicher Richtung nach Achath. Von dort aus ist es nicht mehr weit bis Castle Fraser.

Eingerahmt durch die herrlichen alten Bäume der zurführenden Allee ergibt sich ein toller Blick auf das Castle. Die

Adobe Stock © Uwalthie Pic Project

vielen Türmchen und Zinnen durchbrechen die Symmetrien gekonnt und bilden ein stimmiges Gesamtbild. Begonnen wurde der Bau der Burg von *Michael Fraser* im Jahre 1575 unter Nutzung des rechteckigen *Tower Houses*, das bereits früher hier gestanden hatte. Zunächst ließ *Fraser* den Rundturm und den viereckigen Turm einander diagonal gegenüber errichten, doch schon sein Sohn erweiterte das nun Z-förmige *Tower House* um die beiden niedrigen Seitenflügel.

Im Innern des prächtigen Castle erwarten den Besucher neben geschmackvoll eingerichteten Räumen auch ein paar reizvolle Kleinigkeiten, etwa das Holzbein des *Charles Mackenzie Fraser*. Dieser hatte im Jahre 1812 unter dem *Duke of Wellington* in Spanien gekämpft und dabei ein Bein verloren. Die Beinprothese sowie die beiden Kugeln, die ihn verletzten, werden nun als besonderes Relikt in der Bibliothek ausgestellt.

Besucher können auch durch das „Laird's Lug" schauen, ein unauffälliges Guckloch im Bailiff's Room, durch das der Gutsverwalter einst das Treiben in der Great Hall unter ihm beobachten konnte.

■ **Castle Fraser,** Sauchen, Inverurie, AB51 7LD, www.nts.org.uk/visit/castle-fraser, April–Juni und Sept.–Mitte Okt. Fr–Di 10.30–16.30 Uhr, Juli/Aug. und Mitte–Ende Okt. tägl. 10.30–16.30 Uhr, Nov.–Mitte Dez. Fr–Mo 10.30–16 Uhr, Eintritt £ 16.

◁ Eine der schönsten Burgen Schottlands: Castle Fraser

Alford

Wieder zurück auf der A 944, erstreckt sich die Straße nochmals 22 km bis nach Alford. In dem verschlafenen Städtchen hat das **Grampian Transport Museum** eine Heimat gefunden. Pferdekutschen, Fahrräder, Motorräder, Dampffahrzeuge und jede Menge anderer Oldtimer demonstrieren, wie sich schon unsere Großeltern fortbewegten.

■ **Grampian Transport Museum,** AB33 8AE, www.gtm.org.uk, tägl. 10–17 Uhr, Eintritt £ 13.

Praktische Tipps

Unterkunft, Essen und Trinken

■ **Kildrummy Inn**③, Kildrummy, AB33 8QS, Tel. 019755 71227, www.kildrummyinn.co.uk. *Kildrummy Inn* ist auch ein **Restaurant.**

Craigievar Castle

Südlich von Alford ist nach 10 km an der A 980 das **Märchenschloss** Craigievar Castle zu besichtigen. 1610 von *William Forbes* als ein L-förmiges *Tower House* erbaut, blieb Craigievar im 19. Jh. von viktorianischen Schnörkeln verschont und stellt sich heute noch ebenso reizvoll dar wie zu Lebzeiten seines Bauherrn.

William Forbes war ein reicher Kaufmann, der aufgrund seiner Handelsverbindungen zum osteuropäischen Festland auch „Willie the Merchant" oder „Danzig Willie" genannt wurde. Starkes Nationalbewusstsein und die Notwendigkeit, aufgrund akuten Holzmangels möglichst viele Räume unter einem möglichst kleinen Dach unterzubringen,

Adobe Stock © Jaroslav Moravcik

veranlassten ihn, ein typisch schottisches, fünfstöckiges *Tower House* zu errichten. 13 Jahre dauerten die Bauarbeiten, und erst 1623 konnte *Forbes* in sein neues Heim einziehen. Die Stuckdecken im Innern der Burg wurden erst 1625, ein Jahr vor *Forbes* Tod, fertiggestellt.

Außen bildet der schlichte Turm einen schönen Kontrast zu der aufwendig gestalteten Dachkonstruktion. Wie Äste aus einem Baumstamm sprießen Türmchen, Schornsteine und Kuppeln aus den unteren Turmmauern. Durch die teilweise etwas dunklen Räume mit Originaleinrichtung findet etwa alle Viertelstunde eine Führung statt.

■ **Craigievar Castle,** Alford, AB33 8JF, www.nts.org.uk/visit/craigievar, Mai und Sept. Fr–Mo 10.30–16 Uhr, Juni–Aug. tägl. 10.30–16 Uhr, Okt. Sa/So 11–15 Uhr, Eintritt £ 16. Da immer höchstens 10 Besucher auf eine Führung mitgenommen werden, muss man eventuell etwas warten.

Wie aus einem Märchen: Craigievar Castle

Upper Donside

Zehn Kilometer westlich von Alford stößt die A 944 bei **Mossat** auf die A 97. Hier hat man die Möglichkeit, südlich in das Upper Donside, das obere **Don-Tal,** einzubiegen. Es ist ein fruchtbares Tal, weniger wild als das Dee-Tal, aber ebenso reizvoll. Besonders Glückliche sichten vielleicht sogar einen Adler oder einen Otter.

Normalerweise ist es still in dem Tal, doch einmal jährlich, am vierten Samstag im August, hält Unruhe Einzug in das friedliche Gebiet. An diesem Tag eröffnet traditionell der **March of the Clansmen** die örtlichen Highland Games. In voller **Clan-Tracht,** die Lanzen und Äxte in der Hand, versammeln sich die *Men of Lonach* um 8 Uhr morgens in **Bellabeg,** um lautstark durch das Tal des Don zu marschieren. Auf dem Weg wird bei den Schutzherren der Spiele in der Lonach Hall Station gemacht und sich bei einem guten Schluck gestärkt, bevor die Mannen nachmittags ihre Kräfte in Bellabeg messen (Infos und Tickets: www.lonach.org, *Lonach Highland and Friendly Society,* Tel. 07498 310179).

Kildrummy Castle

Weiter flussaufwärts, 6 km von der Kreuzung in Mossat entfernt, stehen die Ruinen einer der ältesten Steinburgen in Schottland. Kildrummy Castle war Stammsitz der mächtigen *Earls of Mar* und wurde nach englischem Vorbild bereits im 13. Jh. errichtet, einer Zeit, als Steinfestungen in Schottland noch eine Seltenheit waren. Ursprünglich war der englische König *Edward I.* am Bau der Festung beteiligt, doch schon wenige Jahre später dienten die Gebäude als Unterschlupf für die Familie seines schottischen Widersachers *Robert Bruce.* Der folgenden Belagerung durch die Engländer hielt die Burg zwar ohne Mühen stand, doch ein verräterischer Schmied setzte sie von innen in Brand und zwang so die Burgbesatzung zur Aufgabe. In den folgenden Jahrhunderten war die Festung immer wieder Schauplatz von Belagerungen, Zerstörungen und Wiederaufbau, bis im Jahr 1716 die Burg nach der Niederlage des zweiten Jakobitenaufstands unter *James Stuart,* dem *„Old Pretender“,* von den Bewohnern endgültig verlassen und somit dem Zerfall preisgegeben wurde.

Allzu viel ist nicht mehr erhalten von den vier Rundtürmen, der rechteckigen Great Hall, dem jüngeren Torweg (16. Jh.) und den Wohngebäuden innerhalb der massiven Mauern, doch ein Gang um die Anlage entlang des Erdwalls vermittelt noch einen guten Eindruck von der einstigen Wehrhaftigkeit der Festung.

■ **Kildrummy Castle,** Kildrummy, AB33 8RA, www.historicenvironment.scot/kildrummy-castle, April–Sept. Mo–Fr 10–12 und 13–16.30 Uhr, Eintritt £ 7,50.

☐ Nur noch Ruinen: Kildrummy Castle

727sc ab

Whisky – das braune Wasser des Lebens

Ein Gerstenkorn kann es in Schottland weit bringen. Brot? Nun, das schottische Brot kann man bei aller Liebe nicht als ehrgeiziges Ziel bezeichnen. Bier? Nein, dafür muss die zweitbeste Gerste herhalten. In Schottland hat sich eine Form der Veredelung von Gerste (engl. *barley*) entwickelt, deren **Ursprung** manche bis in die Zeit der Pikten um die Zeitwende zurückverlegen. *Uisge beatha*, das „Wasser des Lebens", nennen es die Gälen, *Whisky* heißt es im Schottischen, das viele gälische Wörter einfach in eine Kurzform brachte.

Whisky gibt es nicht nur in Schottland – im internationalen Markt gibt es eine große Vielfalt an Herkunftsgebieten. Gerade irische, amerikanische und japanische Whiskys werden in Kennerkreisen geschätzt. Der **Scotch** wird aber mit Abstand am meisten gefragt und geschätzt. An vielen schottischen Orten sprießen junge Brennereien aus dem Boden, die versuchen, sich ein Stück vom Kuchen abzuschneiden.

381sc bcg

Die **Herstellung** von reinem Hochland-Malzwhisky ist eigentlich ganz einfach, doch benötigt man vier Dinge dazu, die es den Konkurrenten verwehren, den Geschmack des schottischen Stoffs zu erreichen: schottischer Torf, schottisches Hochlandwasser, schottische Destillateure und die Highlands.

Malzwhisky (kurz *Malt*) wird aus Gerste gewonnen, die zunächst keimen muss, um das Malz (Zuckerkristalle) auszubilden. Danach wird sie über Torffeuern getrocknet und erhält dabei mit dem Torfrauch den typischen rauchigen Geschmack, der den schottischen Whisky von anderen unterscheidet. Viele der älteren Brennereien haben ihren alten, heute nicht mehr benutzten Räucherofen stehen lassen, den man an der typischen, an Pagoden erinnernden Form erkennt. Nach dem Trocknen wird die Gerste gemahlen und das Malz mit Wasser herausgewaschen. Die nun entstandene Flüssigkeit wird mit Hefe vergoren. Das Ergebnis, ein dem Bier sehr ähnliches Gebräu, wird nun destilliert. Der dadurch gewonnene Rohwhisky wird in Eichenfässer gefüllt und muss mindestens sieben Jahre lagern, bis ein Schotte ihn Whisky nennt.

Viele der **Brennereien** in Schottland bieten Besuchern an, diesen Prozess zu beobachten und hinter die Kulissen zu schauen. Wir empfehlen hier besonders die kleineren Destillerien, da die Gruppen kleiner sind und man dadurch Zwischenfragen stellen kann.

Da die Herstellung von reinem *Malt* langwierig ist – die meisten guten Whiskies lagern mindestens 12 Jahre – wird der leichter herstellbare **Grainwhisky** (*grain* kann alle möglichen Getreidesorten bedeuten) mit dem *Malt* zum billigeren *Blend* verschnitten (engl. *blended*).

Viele der in Deutschland bekannteren *Scotch Whiskies* sind **Blends,** also nur zweitklassiger Whisky. Je höher aber der Maltanteil ist, desto weicher wird auch der *Blend.* Um den Unterschied, vor allem in der Schärfe, zu schmecken, sollte man es sich nicht nehmen lassen, im Pub einen *Malt* nach einem *Blend* zu genießen.

Aber auch Malzwhisky ist nicht gleich Malzwhisky. Zum einen ist das **Lageralter** entscheidend. Je länger ein Whisky im Eichenfass gelegen hat, desto weicher wird er in der Regel, wobei Kenner allerdings der Meinung sind, dass ein Alter über 12 Jahre keine spürbaren Veränderungen bringt. Beim Alter zählt nur die Lagerzeit, da der Whisky aufhört sich zu verändern, sobald er in luftdichten Flaschen abgefüllt ist.

Weiterhin unterscheidet man zwischen *Pure* und *Single Malt.* Der **Pure Malt** ist ein Verschnitt aus verschiedenen reinen Malzwhiskies, während der **Single Malt** aus einer einzigen Brennerei stammt, somit die Krone der Schöpfung darstellt. Die Whiskykenner unterscheiden darüber hinaus noch die **Western** und die **Eastern Malts.** Mit *Eastern Malts* sind vor allem die Whiskies aus der Whiskyregion Speyside gemeint, die durch ihr weiches, rundes Malzaroma bestechen. Die *Western Malts,* vor allem von den Inseln Islay und Skye und von Kintyre, besitzen ein erheblich raueres, torfigeres Aroma. Man sollte die *Western Malts* nach dieser schottischen Devise trinken:

„Drink no whisky without water and drink no water without whisky!"

Dufftown

Von Mossat führt die A 97 weiter nach Rhynie, wo die A 941 ins 30 km entfernte Dufftown abzweigt. 5 km nördlich von Mossat steht die schöne Ruine der mittelalterlichen **St Mary's Kirk.** Der Kirche fehlt zwar das Dach, doch ist sie sonst gut erhalten. Ein prächtiges romanisches Portal ist zu bewundern wie ein Gebeinhaus aus dem frühen 16. Jh.

Rome was built on seven hills, Dufftown stands on seven stills. Gleich sieben Quellen speisen sieben Brennereien und machen so den kleinen, freundlichen Ort Dufftown zur **Zentrale der schottischen Whiskyherstellung.** Eine der bekanntesten Whiskysorten, der *Glenfiddich,* wird in Dufftown gebrannt. Durch die **Glenfiddich Distillery** am Nordrand der Stadt drängen sich im Sommer Touristenströme, um das Geheimnis der Whiskybrennerei zu erfahren (Führungen tägl. 10–16 Uhr).

Unweit der Distillery liegt die Ruine von **Balvenie Castle,** im 13. Jh. als Festung des *Earl of Buchan* erbaut. Die Burg entwickelte sich von der Festung eines feudalen Barons zu einem stattlichen Wohnsitz, wie er für einen Renaissance-Adligen angemessen erschien. Deutlich wird dies an der Ostfront, wo *John Stewart, 4. Earl of Atholl,* um 1550 die Verteidigungsanlagen abreißen ließ.

■ **Balvenie Castle,** AB55 4GH, www.historicenvironment.scot/balvenie-castle, April– Sept. Mi–So 10–12 und 13–16.30 Uhr, Eintritt £ 7,50.

Der auffallend regelmäßige Grundriss der Ortschaft Dufftown entstand erst im frühen 19. Jh., als *James Duff, 4. Earl of*

Fife, die Stadt anlegen ließ, um die Arbeitslosigkeit nach den Napoleonischen Kriegen zu bekämpfen. Die vier Hauptstraßen treffen am Platz The Square in der Mitte des Ortes zusammen. Hier steht weithin sichtbar der **Clock Tower.** Die Uhr am Turm stammt ursprünglich aus Banff und wird auch *The Clock that hanged MacPherson* genannt. *MacPherson* war ein Räuber in *Robin-Hood*-Manier, der 1700 zum Tode verurteilt wurde und erhängt werden sollte. Doch die Bevölkerung erreichte beim König *MacPherson's* Begnadigung. Am Tage der Exekution war das Begnadigungsschreiben auf dem Weg, aber der schlitzohrige Sheriff von Banff stellte die Turmuhr eine Stunde vor, um das rechtzeitige Eintreffen des Schreibens zu verhindern.

Natürlich darf in einer Stadt wie Dufftown auch ein **Whisky Museum** nicht fehlen. Die kleine Ausstellung befindet sich in der High Street und erzählt die Geschichte der Whiskyherstellung sowie aus den Zeiten des Whiskyschmuggels.

Einige Kilometer nördlich ist bei Rothes die **Glen Grant Distillery** angesiedelt. Diese Brennerei ist kleiner und persönlicher als z. B. die große *Glenfiddich Distillery,* seit sie dem *Malt Whisky Trail* angehört aber auch kein „Geheimtipp" mehr.

- **Glen Grant Distillery,** AB38 7BS, www.glengrant.com, Führungen April–Okt. Mo–Sa 9.30–16 Uhr, So 11–16 Uhr, Nov.–März Mo–Sa 9.30–15.30 Uhr, Eintritt £ 7,50.

Praktische Tipps

Informationen

- **www.dufftown.co.uk**

Verbindungen

- **Bahn:** Zwischen Dufftown und **Keith** fährt der *Dufftown Keith Railway.* Die kleine touristische Eisenbahn verkehrt in jede Richtung 3x täglich (£ 7).
- **Bus:** Busse verkehren ab 7 Uhr stündlich nach **Elgin** und zwischen Ostern und Ende Okt. rund 4x am Tag nach **Aviemore.**

Unterkunft

- **The Tannochbrae**②, 22 Fife Street, AB55 4AL, Tel. 01340 820541, www.tannochbrae.co.uk. Hübsch gestaltetes, zentral gelegenes Gästehaus.
- **Dunvegan B & B**②, 21 Macduff Place, AB55 4AA, Tel. 07894 066586, www.dunvegan-dufftown.co.uk. Etwas einfacher, liegt auch recht zentral.

Essen und Trinken

- **Restaurants** und **Pubs** gibt es rund um den Dufftown Clock Tower.
- **Seven Stills,** 30 Fife Street, AB55 4AL, Tel. 013 40 820880, www.sevenstills.co.uk, Mo–Fr ab 18 Uhr. Verbindet die französische Küche mit der Geschmackswelt der umliegenden Whiskydestillerien.

Das Tal des River Dee

Durch das Dee-Tal führt die A 93 **von Aberdeen nach Ballater.** Das Tal ist hier breit und sanft, die Umgebung wird landwirtschaftlich genutzt und unterscheidet sich stark von der wilden Natur am Ursprung des Tals in den Grampian Mountains. Dieser obere Abschnitt des Dee-Tals um Braemar wird im Kapitel 8 „Das zentrale Hochland" beschrieben.

⊡ Die Gartenburg Crathes Castle

Drum Castle

Der große, alte Turm von Drum Castle, zwischen Aberdeen und Banchory gelegen, wurde bereits 1286 erbaut und gehört damit zu den drei **ältesten Tower Houses** in Schottland. 1323 verschenkte *Robert Bruce* das Castle mit dem umliegenden Land an seinen treuen Gefolgsmann *William Irvine.* 1619 wurde der Turm um ein Herrenhaus erweitert, im 19. Jh. folgte ein weiterer viktorianischer Anbau. Von außen durchaus sehenswert, kann Drum Castle innen jedoch nicht mit dem nahe gelegenen Crathes Castle konkurrieren. Die Möbel sind georgianisch und viktorianisch, im alten Turm ist zudem unten eine Bibliothek eingerichtet, doch der obere Teil gleicht eher einer Ruine.

■ **Drum Castle,** Drumoak, By Banchory, AB31 5EY, www.nts.org.uk/visit/drum-castle, April/Mai und Sept./Okt. Do–Mo 10.30–16 Uhr, Juni–Aug. tägl. 10.30–16 Uhr, Nov.–März Sa/So 10.30–16 Uhr, Eintritt £ 16.

Crathes Castle

8 km weiter westlich findet sich an der A 93 ein wahres Schmuckstück der schottischen *Tower-House*-Architektur. Crathes Castle wurde zwischen 1556 und 1596 auf Geheiß *Alexander Burnett's* errichtet, dessen Familie schon seit über 300 Jahren auf diesem Grund lebte. Auch die nächsten 350 Jahre verbrachte die *Burnett*-Familie in der Burg, die Ende des 17. Jh. unter *Sir Thomas* und *Margaret Burnett* noch um einen Seitenflügel erweitert wurde, da die 21 Kinder des Paares nicht mehr genügend Platz im alten Turmhaus fanden.

Die geschmackvolle **Inneneinrichtung** der gelbverputzten Granitburg

728sc bcg

zeigt, bedingt durch die kontinuierliche Anwesenheit einer Familie über mehrere Jahrhunderte, eine sehenswerte Zusammenstellung von Möbeln seit dem 16. Jh. mit Schwerpunkt auf dem 17. Jh. Beeindruckend sind insbesondere die herrlich **bemalten Decken** in einigen Räumen, die im frühen 17. Jh. von einheimischen Künstlern geschaffen wurden. Ebenfalls eine Seltenheit ist die Eichendecke in der Long Gallery, wo von Zeit zu Zeit der *Laird's Court,* ein örtlicher Gerichtshof, abgehalten wurde.

In einer Burg mit solch langer Tradition darf auch das **Burggespenst** nicht fehlen. Erstmals gesichtet wurde die *Green Lady* im 18. Jh., 100 Jahre bevor das Gerippe eines Babys in der Wand des Green Lady's Room gefunden wurde. Augenzeugen wissen denn zu berichten, dass die *Green Lady* immer mit einem Kind im Arm erscheine.

Außerhalb von Crathes Castle erstreckt sich ein weitläufiger **Park** mit wunderschönen Linden und ein sehenswerter Garten mit einer unüberschaubaren Vielzahl an Blumen, die in allen nur erdenklichen Farben und Formen leuchten, sowie herrlichen Eibenhecken.

■ **Crathes Castle,** Garden & Estate, Banchory, AB31 5QH, www.nts.org.uk/visit/crathes-castle, April tägl. 10–16 Uhr, Mai–Okt. tägl. 10–17 Uhr, Nov./Dez. Do–So 10–16 Uhr, Eintritt £ 16, Park tägl. von Sonnenaufgang bis Sonnenuntergang.

Banchory

Banchory, die größte Ortschaft des Dee-Tals, zeichnet sich wie Aboyne oder Ballater vor allem durch seine schöne Lage und die guten Unterkunftsmöglichkeiten aus.

Praktische Tipps

Informationen

■ **www.visitbanchory.com**

Verbindungen

■ **Bus:** Durch das Dee-Tal führen die Buslinien 201, 202 und 203 der *Stagecoach.* Von **Aberdeen** startet alle halbe Stunde ein Bus nach Banchory, doch nur jede Stunde fährt der Bus weiter über Kincardine O'Neil, Aboyne, Ballater und Crathie bis nach **Braemar.** Auskunft über die Abfahrtszeiten erhält man in Aberdeen beim Busbahnhof in der Guild Street. Die Tageskarte für das Dee-Tal kostet £ 11 (mit Aberdeen £ 17,50).

Unterkunft

■ **Tor-Na-Coille Hotel**②, Inchmarlo Road, AB31 4AB, Tel. 01330 822242, www.tornacoille.com. Sehr schönes Hotel in viktorianischem Landhaus mit gutem **Restaurant.**

■ **Feughside Caravan Park**②, AB31 6NT, Tel. 01330 850669, www.feughsidecaravanpark.co.uk. Etwa 8 km südlich von Banchory, wenn man die B 974 nach Strachan nimmt, von dort geradeaus weiter auf der B 976, nach 3 km hinter dem *Feughside Inn.*

Essen und Trinken

■ Für einen Snack bieten sich die **Cafés** und **Restaurants** entlang der High Street und Station Road an.

■ **Birdhouse Café,** 74 High Street, AB31 5SS, Tel. 01330 828456, Di und Do/Fr 8–17 Uhr, Mi 8–14.30 Uhr, Sa 9–17 Uhr, So 10–16 Uhr. Liebevoll eingerichtet, leckeres Frühstück.

Taxi

■ **Gordons Taxis,** Tel. 01330 825661.

Aboyne

Etwa 15 km weiter westlich streift die Straße **Kincardine O'Neil,** eine der ältesten Ortschaften des Deeside. Im Ortskern des hübschen Städtchens findet sich eine frühgotische Kirchenruine aus dem Jahr 1233.

Nur wenige Kilometer weiter westlich führt die Straße durch Aboyne. Diese freundliche Stadt eignet sich ähnlich wie Ballater sehr gut als **Ausgangspunkt für Exkursionen** in das Umland.

Praktische Tipps

Unterkunft

Hotels finden sich u. a. in der Charlestown Road und in der Bridgeview Road, beide Nebenstraßen der Ballater Road aus Ballater.

- **Loch Kinord Hotel**②, Ballater Road, AB34 5LW, Tel. 01339 885229, www.lochkinord.com. Elegantes Hotel, etwas außerhalb in idyllischer Landschaft gelegen.
- **The Boat Inn**②, Charleston Road, AB34 5EL, Tel. 01339 886137, www.theboatinnaboyne.co.uk. Netter Pub mit Zimmern im maritimen Stil.

Essen und Trinken

- **At The Sign Of The Black Faced Sheep,** Old Ballater Road, AB34 5HN, Tel. 01339 887311, www.blackfacedsheep.co.uk, Do–Di 10–16, So 11–16 Uhr. Führt neben leckeren hausgemachten Kuchen auch Weine, Öle und Einrichtungsgegenstände.
- **Spider on a Bicycle,** Station Square, AB34 5HX, www.spideronabicycle.co.uk, Di–Fr 10–15 Uhr, Sa/So 10–16 Uhr. Serviert Kaffee, Süßspeisen und leichte Snacks; wer noch etwas guten Kaffee, Brot oder Marmelade für unterwegs braucht, wird hier auch fündig.

Ballater

Von Aboyne führen zwei parallel verlaufende Straßen nach Ballater: die größere A 93 entlang des nördlichen Dee-Ufers und die B 976 am südlichen Ufer. Über die A 93 führt der Weg nach wenigen Kilometern vorbei an der **Tullich Church** mit einigen piktischen Symbolsteinen.

Ballater ist eine kleine Stadt, die sich als Einkaufs- und Übernachtungsstätte sowie als Ausgangspunkt für Ausflüge eignet. Die **McEwan Gallery** an der A 939, ca. 2 km westlich von Ballater, ist in einem Haus untergebracht, das 1902 nach einem Entwurf des Schweizer Künstlers *Rudolph Christen* errichtet wurde. Ausgestellt werden Ölgemälde, Aquarelle und Drucke des 18.–20. Jh. (Arbeiten der schottischen Schule, www.mcewangallery.com).

Am zweiten Donnerstag im August finden die **Ballater Highland Games** statt, nach Braemar mit die größten *Highland Games.* Neben den ganzen wichtigen Wettbewerben wie Baumstammwerfen, Gewichte schleudern, Tauziehen, *Highland Dancing* etc. erklingen den ganzen Tag über Dudelsäcke, können Kinder Sackhüpfen und finden sich im Umfeld auch jede Menge Verkaufsstände und Karusselle. Die Spiele sind zwar groß, aber trotzdem ein lokales Ereignis, da an den sportlichen und musikalischen Wettbewerben nur Einwohner Ballaters teilnehmen dürfen, die hier auch geboren wurden. Auf www.ballaterhighlandgames.com kann man Tickets kaufen, vor allem auch für den Parkplatz, und sich das Programm herunterladen.

Praktische Tipps

Informationen

■ **Ballater iCentre,** The Old Royal Station, Station Square, Ballater, Tel. 01339 755306.

■ **www.visitballater.com**

Unterkunft

Ballater bietet eine sehr große Auswahl an Hotels von kleineren, preisgünstigen Herbergen bis zu Vier-Sterne-Hotels.

■ **Alexandra Hotel**②, 12 Bridge Square, AB35 5QJ, Tel. 01339 755375, www.alexandrahotelballater.co.uk. Zentral gelegen.

■ **No. 45**②, 45 Braemar Road, AB35 5RQ, Tel. 01339 755420, www.no45.co.uk. Großes Haus im Grünen, aber trotzdem zentrumsnah.

■ **Ballater Hostel**②, Bridge Square, AB35 5QJ, Tel. 01339 753752, www.ballater-hostel.com. Einfaches Hostel im Zentrum mit sehr netten Besitzern.

■ **Ballater Caravan Park**②, Anderson Road, AB35 5QW, Tel. 01339 755727, www.ballatercaravanpark.com. Etwa 300 m vom Town Square entfernt, Ende Feb.–Ende Nov.

Essen und Trinken

■ **Clachan Grill,** 5 Bridge Square, AB35 5QJ, Tel. 01339 755999, www.clachangrill.com, Mi–Sa 13–20.45 Uhr, So 12–19.45 Uhr. Bietet feine Küche aus frischen schottischen Zutaten zu Mittag und Abend.

■ Weitere **Cafés, Pubs** und **Restaurants** liegen entlang der Bridge Street und der Golf Road.

Aktivitäten

■ **Fahrradverleih:** *Bike Station Ballater,* Station Square, AB35 5RB, Tel. 01224 507595, www.bikestationballater.co.uk, tägl. 10–16.30 Uhr, organisiert auch Fahrradtagestouren, ab £ 25/Tag.

■ Der **Deeside Gliding Club** zwischen Aboyne und Ballater veranstaltet im Sommer ein- bis zweiwöchige Intensivkurse im Segelflug. Für £ 125 können Probeflüge mit einem erfahrenen Fluglehrer gebucht werden. Infos am Flugplatz Aboyne Airfield (Dinnet, AB34 5LB) oder unter Tel. 01339 885339, www.deesideglidingclub.co.uk.

Weitwurf bei den Ballater Highland Games

749sc bcg

Lochnagar

Vom Loch Muick auf den Lochnagar

751sc ab

- **Schwierigkeit:** schwer (Trittsicherheit und gute Fitness erforderlich, festes Schuhwerk und warme Kleidung überlebenswichtig)
- **Dauer:** 6–8 Stunden
- **Distanz:** 19,6 km
- **Höhenunterschied:** 820 m
- **Ausgangspunkt:** Loch Muick

Die **Region um den See Loch Muick** (gesprochen Loch Mick) liegt wie das Schloss Balmoral im Nachbartal im direkten Besitz der regierenden britischen Monarchen. Auf diesem Gebiet hat die *Royal Air Force* einen weitläufigen, gut erschlossenen **Landschaftspark** angelegt.

Vom Parkplatz am **Spittal of Glenmuick** führt ein Weg am Nordufer des Sees entlang zur szenisch in einer Lichtung zwischen Bäumen gelegenen **Glas-allt-Shiel Lodge.** An gleicher Stelle stand ursprünglich eine Jagdhütte, die *Queen Victoria* nach deren Erwerb zugunsten des heutigen Hauses abreißen ließ. Nach dem Tod ihres geliebten *Alberts* verbrachte sie einige Zeit im Haus. Auch nachfolgende Monarchen und Prinzen haben dem Haus einen Besuch abgestattet.

Am meist verlassenen Haus angekommen, biegt der Weg in den Wald ab und führt südwestlich des Baches aus dem Wald hinaus. Dem Bachlauf weiter folgend geht es nun erst an der Bergflanke entlang und weiter in die Verschneidung hinein, die selbst aber zunehmend verschwindet. Kurz bevor die erste Hochebene erreicht ist, wirft sich der Bach **Glas Allt** mit beeindruckendem Getöse eine Felskante hinunter. Der Weg ist auch weiterhin gut ausgebaut und kreuzt kurz nach dem **Wasserfall** den Glas Allt, um in einen weiten Talkessel hineinzulaufen.

Nach rechts zweigt ein Weg zurück zum Parkplatz ab. Weiter im Talkessel fällt zu beiden Seiten das Wasser über Ebenen blanken Granits. Dem Weg rechts folgend, steigt man auf breiten Steinstufen die letzten 300 m zum Gipfel hinauf und kann das erste Cairn zur Markierung des Gipfels sehen. Diesen Scheingipfel ignorierend folgt man dem Kamm und erreicht schließlich das höhere Cairn, das den eigentlichen **Gipfel** markiert. Hier lässt es sich windgeschützt aushalten und auf der **Tafel** lassen sich die Gipfel bewundern, die bei perfekter Sicht von hier zu beobachten sein sollen: Ben Nevis, Cairngorm, Ben Macdui und sogar die Pentland Hills südlich von Edinburgh.

Auf dem **Weg zurück** zweigt der Weg kurz nach dem tieferen der beiden Cairns nach Osten ab und bietet einen spektakulären Ausblick auf den See, der dem Höhenzug seinen Namen verleiht. Durch eine breite Talsohle und entlang eines Flusslaufs überspringt man nun Loch Muick und kehrt direkt zum Parkplatz zurück.

[>] Der Wasserfall des Glas Allt

Aviemore | 285

Beauly | 305

Blair Atholl | 283

Braemar | 287

Cannich | 304

Dunkeld | 278

Grantown-on-Spey | 294

Inverness | 295

Killiecrankie | 283

Kingussie | 284

Loch Ness | 304

Pitlochry | 280

Tomintoul | 293

Adobe Stock © duncanandison

8

Das zentrale Hochland

» **Eine Burg mit Privatarmee, Highland Games, denen die königliche Familie beiwohnt, das berühmteste Ungeheuer der Welt – was will man mehr?**

‹ Wandern in den winterlichen Highlands

©Reise Know-How
0 10 km
ScotK08 14/24
Anschlusskarte S. 310
Anschlusskarte S. 230
Ben Wyvis 1046
Rogie Falls 315
Evanton
Cromarty Firth
Balblair
Cromarty
Moray Firth
Findhorn 254
Findhorn Bay
Kinloss
Elgin 251
Alves 96
Longmorn
Castle Leod 316
Dingwall
Garve 314
Loch Garve
Strathpeffer
Culbokie
BLACK ISLE
Cullicudden
Rosemarkie
Fortrose
Fort George 300
Ardersier
Nairn
Brodie Castle 254
Dyke
Forres
Sueno's Stone 253
Rafford 253
Kellas
Lossie
Contin
Conon Bridge
835
9
Avoch
Munlochy
Auldearn
Dallas
Marybank
Orrin
Tore
Redcastle
North Kessock 298
Croy 301
96
Cawdor
Cawdor Castle 301
Mill Buie 371
MORAY
Muil of Ord
Beauly Firth
Kilravock Castle 301
Culloden Moor 301
Ferness
Upper Knockando
Beauly 305
Inverness 295
Clava Cairns 301
Findhorn
Dava
Marypark
Beauly
Dochgarroch
Lochend
Nairn
Daviot
Loch Ashie
Loch Moy
Lochindorb
Carne na Loine 549
Ben Rinnes 840
Loch Ness Centre 304
Ness
Dores
Farr
Carn Glas-choire 659
Grantown-on-Spey 294
95
Cannich 304
Milton
Drumnadrochit
Loch Duntelchaig
9
Tomatin
Tomnavoulin
Loch 304
Urquhart Castle 304
Dulnan Bridge
Lynemore
Knockandhu
Carrbridge
Erogie
Meal Fuar-mhonaidh 696
Foyers
Dulnain
Nethy Bridge
Tomintoul 293
Boat of Garten
Loch Mhor
Carn Odhar 802
887
Invermoriston
Aviemore 285
Spey
Geal Charn 821
Loch Affric 304
Cnoc Fraing 745
Coylumbridge
Corgarff Castle 293
HIGHLAND
82
Leault Farm 285
Alvie
Loch Morlich 286
Avon
Fort Augustus 345
9 285
Kincraig
Highland Wildlife Park
Cairn Gorm 1245 285
Ben Avon 1171
292
Carn Dearg 945
Kingussie 284
Feshiebridge
Mountains
Don
Carn a'Chuilinn 816
Geal Charn 926
284
Ruthven Barracks
Ben Macdui 1309
Newtonmore
Highland Folk Museum 284
ABERDEENSHIRE
Cairn Toul 1291
Grampian
Braemar Castle 289
Melgarve
Garvamore
Laggan
86
287
Braemar
93
Roy
Spey
Etteridge
Dee
Linn of Dee 289
Inverey
Auchallater
889
9
951
Creag Meagaidh 1128
86
Loch Laggan
Dalwhinnie
An Sgarsoch 1006
Balmoral Castle 292
Ballater 271
Lochnagar 273
Loch Muick 273
Bruar Water
Beinn Dearg 1008
936
Glas Maol 1068
Beinn a'Chlachair 1087
Pattack
Pass of Drumochter 284
Tilt
Glas Tulaichean 1051
1010
Loch Ericht
Bruar Falls 284
Blair Castle 283
Carn nan Gabhar 1121
Spittal of Glenshee
Beinn na Lap 937
Ben Alder 1148
Loch Garry
Isla
Loch Ossian
Loch Errochty
Calvine
Pitagowan
Blair Atholl 283
Straloch
Kirkton of Glenisla
Errochty Water
Queen's View 281
Killiecrankie 283
Kirkmichael
Blacklunans
Rannoch Station
Killichonan
Kinloch Rannoch
Tressait
281
Pitlochry 280
Loch Tummel
Ardle
93
Loch Rannoch 281
Tummel Bridge
Castle Menzies 283
9
Loch Laidon
Schiehallion 1083
Grandtully
Ballinluig
Ericht
Tay
Weem
Coshieville
Aberfeldy
Dowally
Bridge of Cally
Bridge of Balgie
Fortingall
Rattray
Dunkeld 278
Kenmore
PERTH UND KINROSS
Blairgowrie
Coupar Angus
Lyon
Ben Lawers 1214
Birnam 278
Meikleour
Loch Lyon
Lawers
Ardtalnaig
Quaich
Milton
Trochry
Birnam Wood
Bankfoot
Cargill
Beinn Heasgarnich 1076
Morenish
Loch Tay
Amulree
Stanley Mills 208
Stanley
Aimond
Ardeonaig
Guildtown
Killin
Harrietfield
Perth 206
Luncarty
STIRLING
85
Ben Chonzie 931
Methven

DAS ZENTRALE HOCHLAND

Hier beginnt das Hochland: ausgedehnte Forste lieblicher als im Norden, aber auch die wilde Einsamkeit und atemberaubende Kargheit von Moor, Fels und Heide.

Und hier liegt der berühmteste See Schottlands: Loch Ness.

NICHT VERPASSEN!

- **Queen's View,** schon *Queen Victoria* machte hier Halt | 281
- **Braemar Gathering,** das berühmteste aller Highland Games | 289
- **Cawdor Castle,** hat hier *Macbeth Duncan* ermordet? | 301
- **Loch Ness,** Heimat des berühmtesten Ungeheuers der Welt | 304

Diese Tipps erkennt man an der gelben Markierung.

Von Perth nach Inverness

Die wichtigste und zwischen Perth und Inverness auch einzige Verbindung mit dem Norden ist die A 9. Der **Highway to the Highlands** windet sich über die unwegsamen **Grampian Mountains** nach Inverness. Die Strecke führt mitten durch den größten Nationalpark Schottlands, den **Cairngorm National Park.**

Da die A 9 der einzige direkte Weg nach Norden ist, wird sie sehr stark befahren und ist deshalb eine der schlimmsten Unfallstrecken Schottlands. Man darf sich auf keinen Fall von der Raserei anstecken lassen: Der unvermittelte Übergang von zwei- auf einspurige Teilstücke und riskantes Überholen sind die häufigsten Quellen von Unfällen, besonders, wenn man noch nicht an den Linksverkehr gewöhnt ist. Hier gilt: lieber Zeit nehmen und die immer einsamer und wilder werdende Landschaft auf den Pässen durch die Grampians genießen.

Praktische Tipps

Informationen

- **www.visitcairngorms.com**

Verbindungen

Bahn

- Da die Route, die die A 9 beschreibt, der einzige Übergang über die Grampians nach Inverness ist, folgt auch die Bahn dieser Strecke. Rund um die Uhr fahren die Züge aus Richtung oder nach **Edinburgh** oder **Glasgow.** Täglich gibt es vier Verbindungen mit London. Die Fahrt von Perth bis Inverness dauert 3½ Std., mit dem Express, der, aus London kommend, in Perth einläuft, sogar nur 2 Std.

Bus

- *Scottish Citylink Coaches* (Fahrplan-Info www.citylink.co.uk) unterhalten zwischen **Glasgow** und Inverness acht Buslinien, von denen zwei aus London kommen. Von **Edinburgh** nach Inverness über Perth und Aviemore verkehren täglich zwischen 7.15 und 20.45 Uhr 13 Busse. Die Fahrtzeit beträgt ca. 3¾ Std. und kostet einfach £ 41.

Einstimmen aufs Hochland: der Weg bis Dunkeld

Etwa 15 km nördlich von Perth erhebt sich links der A 9 auf den Bergen **Birnam Wood:** „*Macbeth shall never vanquished be until,/Great Birnam Wood to high Dunsinane Hill/Shall come against him,*" das versprachen die drei Hexen dem Königsmörder. *Shakespeare* aber ließ *Malcolm Canmores* Heer, das *Macbeth* vernichten sollte, in Birnam das Lager aufschlagen. Um die Zahl seiner Soldaten zu verhüllen, ließ der Sohn des erschlagenen *Duncan* seine Mannen den Wald abholzen. Jeder hatte einen Baum vor sich her zu tragen, um sich zu tarnen. So kam es, dass Birnam Wood zu Dunsinane Hill zog, wo *Macbeth* in seiner Burg wartete, und der Spruch der drei Hexen sich erfüllte.

[>] Dunkeld Cathedral

Dunkeld

UNSER TIPP: Dunkeld, eine ruhige, hübsche Stadt, zwei Kilometer von der A 9 entfernt, ist unbedingt einen Abstecher wert. Die **romantische Lage am Fluss** zwischen den steilen, bewaldeten Bergen und der **malerische Ortskern** machen Dunkeld zu einem der schönsten Hochlandstädte.

Im Frühmittelalter war der Ort eine Hauptstadt der Pikten. Seit dem 16. Jh. hatte er Bedeutung als Knotenpunkt zweier großer Viehzüge aus den Highlands in Richtung Süden. Einmal im Jahr wurde damals das zottelige *highland cattle* auf festen Routen zusammengetrieben, um in die städtischen Zentren verkauft zu werden. Zwei der wichtigsten Viehzüge trafen sich in Dunkeld, von wo aus es auf dem Weg der heutigen A 9 der Schlachtbank in Edinburgh entgegenging. Seit 1809 überspannt eine Brücke den Tay, die den Viehzügen das Durchschwimmen des schnell fließenden Flusses ersparte, wobei stets viele Tiere ertranken.

Das Zentrum von Dunkeld wurde im Rahmen des *Little Houses Program* des *National Trust for Scotland* wunderschön restauriert. Der *National Trust* unterstützte die privaten Hausbesitzer finanziell bei der Restaurierung ihrer Häuser und erreichte dadurch, dass ein typisches Stadtbild des 17. Jh. erhalten blieb. Gleich in der ersten Straße nach der Brücke links befindet sich ein hübscher dreieckiger Platz, die High Street.

Vom Platz geradeaus weiter zwischen den *Little Houses* hindurch, vorbei an der letzten Wohnstätte von *Alexander MacKenzie,* dem berühmten Kanadadurchquerer, gelangt man zur **Dunkeld**

Cathedral. Schon *Kenneth MacAlpine*, der Gründer Schottlands (843–860), hatte hier eine Kirche errichten lassen. Die heutige gotische Kathedrale wurde während des 14. Jh. gebaut. Kirchenschiff und Chor sind eine (wenn auch gut erhaltene) Ruine, während Chor und Kapitelhaus noch von der *Church of Scotland* benutzt werden.

■ **Dunkeld Cathedral,** Cathedral Street, PH8 0AW, www.dunkeldcathedral.org, April–Sept. tägl. 9.30–17.30 Uhr, Okt.–März 10–16 Uhr, Eintritt frei.

Praktische Tipps

Unterkunft

Dunkeld selbst besitzt kaum Hotels, in **Birnam,** etwas südlich, befinden sich weitere.

■ **Royal Dunkeld Hotel**②, Atholl Street, PH8 0AR, Tel. 01350 727322, www.royaldunkeld.co.uk. Sehr zentral gelegen.

■ **Tay House**③, 3 Tay Terrace, PH8 0AQ, Tel. 07900 995496, www.thetayhouse.co.uk. Eine edle Unterkunft für Jäger, Fischer und solche, die sich gerne so fühlen möchten.

■ **Atholl Arms Hotel**②, Bridgehead, Tay Terrace, PH8 0AQ, Tel. 01350 727219, www.athollarmshotel.com. In die z. T. großen Zimmer kann oft noch ein Zusatzbett für Kinder gestellt werden (am besten telefonisch anfragen).

■ **Invermill Farm Caravan Park**①-②, Inver, PH8 0JR, nach Abbiegen auf die A 822 sofort rechts, Tel. 01350 727477, www.invermillfarm.com. Der Campingplatz liegt auf einer Halbinsel zwischen Tay und Braan.

Essen und Trinken

■ Fast alle Restaurants, Pubs und Cafés finden sich entlang der Bridge Street und Atholl Street. Er-

Adobe Stock © 13threephotography

wähnt seien die **Aran Bakery** für feine Backwaren, 2 Atholl Street, PH8 0AR, Tel. 01350 727029, www.aran-bakery.com, Di–Sa 9.30–15.30 Uhr, und das eher klassische **Perth Arms Hotel**②, High Street, PH8 0AJ, Tel. 01350 727270, Do–Di 11–23 Uhr, Mi 15–23 Uhr.

Pitlochry

Weiter auf der A 9 Richtung Norden gelangt man nach gut 20 km in die Touristenmetropole am Fluss Tummel. Die Berge der Grampians rücken hier immer näher an die A 9 heran und umrahmen Pitlochry mit einer grandiosen Kulisse. Die Stadt verfügt über gute Hotels und Unterkünfte. Im Sommer ist das **Pitlochry Festival Theatre** auf der gegenüberliegenden Seite des Tummel ein Anziehungspunkt. Tickets für Schauspiele, Konzerte und anderen Veranstaltungen erhält man am Theater unter Tel. 01796 484626 oder im *Tourist Information Centre* (www.pitlochryfestivaltheatre.com).

Im Tal sind die Wasser des Tummel zum **Loch Faskally** aufgestaut worden, einer Idylle für Spaziergänger und Angler. Vor der Staumauer haben die Schotten eine 310 m lange künstliche **Lachstreppe** angelegt, über die jährlich ca. 5000 Lachse ins Loch Faskally gelangen. Das **Pitlochry Dam Visitor Centre** bietet verschiedene Ausstellungen zum Thema Wasserkraft und Umweltschutz, zur Geschichte des Wasserwerks und zur Lachswanderung. Man hat von dort einen besonders schönen Blick auf die Lachstreppe.

- **Pitlochry Dam Visitor Centre,** Armoury Road, PH16 5AP, www.pitlochrydam.com, Mi–So 10–16.30 Uhr, Eintritt frei.

Pitlochry eignet sich bestens als Ausgangspunkt für **Wanderungen** in die nahen Berge. Die Umgebung der Stadt besitzt schon die Großartigkeit des Hochlandes, doch ist sie aufgrund ausgedehnter Forste lieblicher als die nordwestlichen Highlands. Aber auch wer gerade die wilde Einsamkeit, atemberaubende Kargheit der Moor-, Fels- und Heideflächen des zentralen Hochlandes liebt, hat mit Pitlochry ein Sprungbrett.

Praktische Tipps

Informationen

- Das **Tourist Information Centre** liegt an der Hauptstraße gleich nach dem Ortseingang auf der rechten Seite an einem großen Parkplatz: 22 Atholl Road, PH16 5BX, Tel. 01796 472215.
- **www.pitlochry.org**

Verbindungen

- **Bus:** Bis **Kinloch Rannoch** fährt zwei- bis dreimal am Tag ein Bus. Nach **Blair Castle** und weiter bis **Calvine** fahren mehrmals täglich Busse.

Unterkunft

- **Knockendarroch Hotel & Restaurant**③, Higher Oakfield, PH16 5HT, Tel. 01796 473473, www.knockendarroch.co.uk. Dinner, gehobenes Hotel in einem viktorianischen Haus.
- **Pine Trees Hotel**③, Strathview Terrace, PH16 5QR, Tel. 01796 472121, www.pinetreeshotel.co.uk. Feines kleines Hotel in hübschem viktorianischen Landhaus über der Stadt.

Saorsa 1875③, 2 East Moulin Road, PH16 5DW, Tel. 07399 559946, www.saorsahotel.com. Nettes Hotel in viktorianischem Bau. Das zugehörige Restaurant bezeichnet sich selbst als das erste

Ab hier wird es zweisprachig

043sc bcg

100 % vegane Restaurant des Vereinigten Königreichs. Neben veganen Klassikern wie Falafel oder gebratenen Auberginen gibt es auch ausgefallenere Ideen wie veganen *Black Pudding*.

■ **Derrybeg Guest House**②, 18 Lower Oakfield, PH16 5DS, Tel. 01769 472070, www.derrybeg.co.uk. Modern eingerichtete Zimmer.

■ **Pitlochry Youth Hostel**②, Knockard Road, PH16 5HJ, in der Ortsmitte rechts, dann erste Straße wieder rechts und dann links (ziemlich steil den Berg hinauf), Tel. 01796 472308, www.hostellingscotland.org.uk/hostels/pitlochry/. Zentral gelegenes Hostel mit allem, was eine schottische Jugendherberge auszeichnet.

■ **Pitlochry Backpackers Hotel**②, 134 Atholl Road, PH16 5AB, Tel. 01796 470044, www.pitlochrybackpackershotel.com. Sehr zentral gelegen, im Vergleich zum *Pitlochry Youth Hostel* (→ oben) sind hier weniger Familien und mehr Einzelreisende.

■ **Faskally Caravan Park**②, liegt an der B 8019 nach Killiecrankie, PH16 5LD, Tel. 01796 472007, www.faskally.co.uk. Keine Zelte, in Laufweite des Faskally Forest und Loch Faskally.

Essen und Trinken

■ Pubs und Restaurants findet man entlang der Atholl Road, z. B. das **The Auld Smiddy Inn,** 154 Atholl Road, PH16 5AG, Tel. 01796 472356, www.auldsmiddyinn.co.uk, tägl. 11–23 Uhr, oder **Victoria's Restaurant,** 45 Atholl Road, PH16 5BX, Tel. 01796 472670, www.victorias-pitlochry.co.uk, tägl. ab 10 Uhr.

■ **Cidsin Indian Bistro & Gin Bar,** West Moulin Road, PH16 5EQ, Tel. 01796 472399, www.cidsinbistro.com, tägl. 16–22 Uhr. Serviert indische Küche mit reichem Gin-Angebot.

Queen's View und Loch Rannoch

Nördlich der Stadt geht links nach Westen die B 8019 ab. Sie führt entlang dem Ufer des romantischen Loch Tummel weiter aufwärts zum Loch Rannoch. Wenige Kilometer hinter Pitlochry eröffnet sich dem Reisenden ein erster **fantastischer Blick auf Loch Tummel,** ein Anblick, den schon *Queen Victoria* besonders zu schätzen wusste und der seitdem Queen's View heißt. Westlich von Loch Rannoch endet die Straße an einem der entlegensten Bahnhöfe Großbritanniens: **Rannoch Station.** Hier beginnt das **Rannoch Moor,** in dessen unwegsame Einsamkeit sich früher Verbrecher geflüchtet haben sollen.

Adobe Stock © travelwitness

Crofting

Das schottische Wort *croft* steht für eine Form der **Landverpachtung,** die sich so nur in Schottland und Irland entwickelt hat. Die Ursprünge gehen zurück bis in die hohe Zeit der Clans. Alles Gemeindeland gehörte damals dem Chief des Clans. Die einzelnen Pächter hatten nur wenig Rechte und mussten für diesen das Land bewirtschaften. Doch galt der Clanchief, als das Clansystem noch intakt war, als der Vater des Clans und erfüllte meist auch diese Funktion. In der Folge des Debakels von Culloden und der Unterdrückung der Hochlandkultur verkauften aber viele Chiefs ihr Land oder wurden gar enteignet. Die neuen Herren, oft reiche junge Engländer, versuchten nun Geld aus dem Land zu ziehen. Sie begannen, das Land in bestimmte Einheiten zu teilen, deren Pächter das Recht zur Nutzung der Gemeindeflächen besaßen. Aus diesen Einheiten wurden die heutigen Crofts.

Anfangs waren diese **Landlords** froh über das im 19. Jh. einsetzende Bevölkerungswachstum im schottischen Hochland, konnten sie doch alle Arbeitskräfte für die blühende Seetangindustrie gebrauchen. Doch als diese Branche zusammenbrach, begannen sie, die Menschen aus dem Hochland zu vertreiben, um Platz für die profitablere Schafzucht zu gewinnen.

Lange Zeit hatten die Crofter keine Möglichkeit, sich zu wehren und mussten auswandern, doch 1886 erbarmte sich das Parlament und erließ endlich die **Crofters Act,** ein Gesetz zum Schutz der schottischen Pächter. Seitdem haben die Crofter ihre Rechte immer weiter auszubauen verstanden. Heute hat der Landlord, der in einigen Gemeinden sogar gewählt wird, fast keine Eigentumsrechte mehr. Die Crofter dürfen nicht von ihrem Land vertrieben werden und können es an Familienmitglieder vererben.

Zum **Croft** gehört meist ein Haus, je nach Bodenbeschaffenheit zwischen 4 und 20 Hektar Land und das Recht, den Gemeindeboden zu Weidezwecken zu gebrauchen. Wenngleich das *Crofting* heute die verbreitetste Form der Landwirtschaft im Hochland ist, so ist sie bei weitem nicht die einzige. Die Crofter sind vielmehr eine **privilegierte Schicht** unter den Pächtern.

1981 lief ein von der EG unterstütztes Regierungsprogramm an, das es den Croftern mit **finanziellen Hilfen** ermöglichen sollte, ihre Erträge und damit ihre Einkommen zu erhöhen.

Das Programm entstand aufgrund der Erkenntnis, dass die traditionelle Wirtschaftsweise der kleinen Höfe **umweltschonend** ist und das Entstehen von Agrarfabriken verhindert. Die Crofts der Highlands sind berühmt für die Vielfalt von Arten, die auf ihren Ländereien Lebensraum finden.

Crofting kann auch heute noch **kein volles Einkommen** gewährleisten. Die meisten der 17.684 Crofter sind daher „nebenbei" noch als Arbeiter oder Fischer, auf Harris oftmals als Weber oder in anderen Berufen tätig. *Crofting* sichert also nicht die Lebensgrundlage, doch ergänzt es das Einkommen und kann dazu beitragen, das Leben im Hochland und auf den Inseln so attraktiv zu machen, dass die immer noch anhaltende Landflucht irgendwann aufhört.

Castle Menzies

Ein anderer Ausflug von Pitlochry führt ans **Loch Tay** im Südwesten. Die Tour sollte man mit dem Besuch von **Aberfeldy** und dem westlich davon in der Nähe der B 846 in Weem gelegenen Castle Menzies verbinden.

■ **Castle Menzies,** PH15 2JD, www.castlemenzies.org, April–Okt. Mo–Sa 10.30–16.30 Uhr, So 14–16.30 Uhr, Eintritt £ 11.

Killiecrankie

Nördlich von Pitlochry verläuft die A 9 durch ein enges Tal, dessen Wände links der Straße steil in die **Schlucht** von Killiecrankie abfallen. Hier besiegte im ersten Jakobitenaufstand *Bonnie Dundee,* der *Marquis von Montrose,* am 28. Juli 1689 ein überlegenes englisches Heer. Er selbst fiel durch eine verirrte Kugel, die ihn nach Ende der Schlacht noch traf. Volkserzählungen wissen, dass es eine magische Freikugel war, da Dundee mit dem Teufel im Zweckbündnis stand und daher unverwundbar war. Als Beweis wird angeführt, dass das Wasser zu kochen begann, sobald der Feldherr ein Fußbad nehmen wollte. Durch seinen Tod war die Rebellion trotz des Sieges zum Scheitern verurteilt. Links der A 9 hat der *National Trust for Scotland* ein **Besucherzentrum** mit Informationen über diese nationale Prestigeschlacht eingerichtet (tägl. 9.15–16.30 Uhr, Eintritt frei). Eher lohnt sich jedoch eine **Wanderung** durch die wildromantische Schlucht.

Blair Atholl

Ein Stückchen weiter biegt nach rechts eine Straße nach Blair Atholl ab. In der Ford Road wird in der **Blair Atholl Watermill** das Korn noch auf traditionelle Weise gemahlen. In der angeschlossenen Bäckerei und im Tearoom können dann Kuchen und Brot aus dem so gewonnenen Mehl verköstigt werden. Auf Anfrage gibt es auch Touren durch die Mühle.

■ **Blair Atholl Watermill,** PH18 5SH, Tel. 01796 481321, www.blairathollwatermill.co.uk, April–Okt. tägl. 9.30–15.30 Uhr.

Informationen

■ **www.athollglens.com**

Blair Castle

UNSER TIPP: Von der Hauptstraße zweigt rechts eine wunderschöne, lange Lindenallee ab, die zum Blair Castle, dem Sitz des *Duke of Atholl,* führt. Das strahlend weiße Castle gehört zu den sehenswertesten Schlössern in ganz Schottland. Die über 30 begehbaren Räume und Säle sind voller unschätzbar wertvoller Antiquitäten: Waffen, Möbel aus dem 16.–

☒ Ein Croft in den Highlands

19. Jh., eine Porzellansammlung, eine Kleidersammlung, wertvolle Bilder, u. a. von *de Witt*, *Lawrence* und *Landseer*, eines der drei authentischen Porträts von *Maria Stuart* und vieles andere machen das Castle zu einer Schatzkammer unter den schottischen Schlössern. Der *Duke of Atholl* besitzt als letzter Brite das Privileg, eine Privatarmee, die **Atholl Highlanders,** aufstellen zu dürfen (jährliche Parade im Rahmen des *Atholl Gathering* Ende Mai/Anfang Juni). Jeden Tag um 11 Uhr spielt ein *Piper* vor dem Eingang.

Vorbei an Blair Castle lockt nach wenigen Kilometern am *Bruar Visitor Centre* ein Spaziergang entlang der **Bruar Falls.**

■ **Blair Castle,** Blair Atholl, Pitlochry, PH18 5TL, www.blair-castle.co.uk, April–Okt. tägl. 10–17 Uhr, Eintritt £ 18,50, nur Garten £ 10, £ 1 günstiger bei Online-Buchung.

Pass of Drumochter

Hinter Blair Atholl beginnt endgültig der **Aufstieg in die Grampians.** Zum Pass of Drumochter (462 m) klettert nur noch die A 9 empor. Vorbei die Möglichkeit, auf idyllischen kleinen Nebenstraßen den *Highway to the Highlands* zu meiden. Dennoch ist die Landschaft fantastisch. Links und rechts der Straße stürzen unzählige Bäche zu Tal, türmen sich immer kahler werdende Bergmassive auf. Oben auf dem Pass wachsen nur noch Moose und Erika, die im Hochsommer alles in Purpur tauchten. „*If you had seen these roads before they were made, you would rise your hands and bless general Wade!*", sagte man in den Highlands, als der General zur Befriedung der unruhigen Hochlande im frühen 18. Jh. hier erstmals Straßen baute. Auf dem Pass von Drumochter versteht man sicherlich am besten, was mit dem Spruch gemeint ist.

Kingussie

Auf der nördlichen Seite der Wasserscheide wird das Land allmählich wieder offener, wenn auch nicht sanfter. Kingussie (sprich *Kinjussie*) ist der erste größere Ort im Spey-Tal. Auch er ist ein Touristenort, doch nicht so überlaufen wie etwa Pitlochry.

Das **Highland Folk Museum** (in der Kingussie Road, Newtonmore, ca. 3 km westlich von Kingussie) bietet einen breiten Einblick in das Leben der Highlands vergangener Jahre. Im Freiluftteil stehen einige alte Gebäude, im Inneren des Museums werden landwirtschaftliche Gerätschaften sowie Kunsthandwerk und Musikinstrumente ausgestellt. Wegen des großen Außengeländes ist das Museum auch für Kinder interessant.

■ **Highland Folk Museum,** PH20 1AY, www.highlifehighland.com/highlandfolkmuseum, April–Aug. tägl. 10–17 Uhr, Sept./Okt. tägl. 10.30–16 Uhr, Eintritt frei.

An der B 970, einen Kilometer südlich der Stadt, liegen die **Ruthven Barracks,** Überreste einer Kaserne aus dem 18. Jh. (GPS N 57.072245, W 4.039509). 1746 sammelten sich hier die Geschlagenen von Culloden ein letztes Mal und sprengten das Fort, als sie einsehen mussten, dass der Krieg verloren war, in die Luft.

Leault Farm

Auf der Leault Farm, ca. 5 km nördlich an der B 9152 bei Kincraig, demonstrieren im Sommer acht **schottische Schäferhunde** ihr Können. Beim Scheren der **Schafe** oder Flaschenfüttern der verwaisten Lämmer dürfen Besucher selbst mit Hand anlegen.

■ **Leault Farm,** Kincraig, PH21 1LZ, Tel. 01540 65 1402, Vorführung So–Fr um 16 Uhr. Die Farm hat nur zu Zeiten der Vorführung geöffnet, man sollte schon etwas vor 16 Uhr ankommen.

Highland Wildlife Park

Der Highland Wildlife Park in Kincraig ist ein **Ableger des Zoos in Edinburgh.** Der Schwerpunkt liegt hier vor allem auf der heimischen Fauna, doch es gibt auch vom Aussterben bedrohte Tierarten wie den Amur Tiger. Durch das größere Areal fährt man mit dem eigenen Auto, es gibt aber auch Teile, die zu Fuß erschlossen werden können.

■ **Highland Wildlife Park,** Kincraig, PH21 1NL, www.highlandwildlifepark.org.uk, März–Juni und Sept./Okt. tägl. 10–17 Uhr, Juli/Aug. tägl. 10–18 Uhr, Nov.–Feb. tägl. 10–16 Uhr, Eintritt £ 22,50.

Praktische Tipps

Unterkunft

■ **Newtonmore Hostel**②, Craigellachie House, Main Street, Newtonmore, PH20 1DA, Tel. 01540 673360, www.newtonmorehostel.co.uk. Schlichtes Hostel in Newtonmore.

Essen und Trinken

■ **Café Aroma,** 54 High Street, PH21 1HZ, Tel. 01540 661020, Mo–Sa 9–16 Uhr. Kaffee, Kuchen, einfache Snacks.

Aviemore

Weiter auf der A 9 erreicht man bald die Ortschaft Aviemore. Auch diese Stadt lebt vom Tourismus, doch fehlt ihr das Gemütliche von Kingussie sowie das Panorama von Pitlochry. Im Winter ist Aviemore ein gut besuchtes **Skizentrum:** Von der B 970 bei Coylumbridge zweigt eine winzige Straße ab, welche zum Cairngorm Lift führt; je nach Schneelage sind im Winter die Loipen bis ins Tal gespurt. Eine **Wanderung** am nahegelegenen **Loch Morlich** lohnt sich (→ Wanderung: Von Loch Morlich zum Ryvoan Bothy, S. 286).

Zahnradbahn auf den Cairn Gorm

Eine moderne Zahnradbahn erklimmt einen Großteil des 1245 m hohen Cairn Gorm. Im Winter als Skilift genutzt, bietet sie im Sommer Ausblicke auf die Cairngorm Mountains. Es gibt eine **Bergausstellung** sowie das höchstgelegene Restaurant Großbritanniens, ebenso geführte, 90-minütige Wanderungen rund um den Cairn Gorm.

■ **Funicular Railway CairnGorm Mountain,** Cairn Gorm Ski Area, Aviemore, PH22 1RB, Tel. 014 79 861261, www.cairngormmountain.co.uk, April–Okt. tägl. 10–17 Uhr, Nov.–März tägl. 9–17 Uhr, £ 13,50. Es gibt eine regelmäßige **Busanbindung** zum Bahnhof in Aviemore. Führungen starten um 10.30 und 13.30 Uhr.

Von Loch Morlich zum Ryvoan Bothy

Am grünen See vorbei auf den Berg des Schäfers

- **Schwierigkeit:** bis zum Bothy: leicht; auf den Berg: mittel
- **Dauer:** 2 Stunden
- **Distanz:** 8 km bis zum Bothy; 9 km Rundtour mit Berg
- **Höhenunterschied:** 450 m
- **Ausgangspunkt:** Glenmore

Der Weg biegt vor dem *Visitor Centre* in **Glenmore** (östlich von Ullapool) rechts ab und führt nach einer scharfen Linkskurve auf einen Waldweg. Diesem Waldweg folgend steigt er den Berg hinauf. Nach knapp 3 km durch schöne Waldwege liegt in einer Senke auf der rechten Seite **An Lochan Uaine,** der grüne See. Von hier ist es noch ein knapper Kilometer bis zur spartanisch eingerichteten Hütte Ryovan Bothy.

Der **Rückweg** kann auf dem gleichen Weg bestritten werden. Wer am Bothy noch frische Beine und ein Interesse an einem schönen Weitblick über die umliegende Landschaft hat (vorausgesetzt, das Wetter spielt mit), der nehme den Weg, der auf der linken Seite hinter dem Bothy beginnt und auf den **Meall a' Bhuachaille** führt. Von oben bietet sich ein schöner Ausblick auf Loch Morlich im Süden und Loch Garten im Norden. Der Abstieg folgt dem Pass bis zum Abstieg vom Creagan Gorm, wo der Weg geradeaus zum *Visitor Centre* zurückführt. Auf dem Abstieg ist eine Besonderheit schottischer Forstwirtschaft zu sehen: Statt einzelne Bäume zu schlagen, werden hier häufig ganze Flächen „geerntet“. Die Folge sind die Mondlandschaften am Rand des Weges.

- Die entsprechende **Ordnance Survey Karte** ist „Explorer 57 Cairn Gorm & Aviemore“.

Ein Schauer fegt über Loch Morlich

342sc sv

Praktische Tipps

Informationen

- **Tourist Information Centre,** 7 The Parade, Grampian Road, PH22 1RH, Tel. 01479 810930.
- **www.visitaviemore.com**

Unterkunft

- **Ravenscraig Guest House**②, 141 Grampian Road, PH22 1RP, Tel. 01479 810278, www.ravens craighouse.co.uk. Zentrales Guest House mit ansprechender Einrichtung.
- **Cairngorm Hotel**①, Grampian Road, PH22 1PE, Tel. 01479 810233, www.cairngorm.com. Prominentes Hotel im Zentrum.
- **Ardlogie Guest House**②, Dalfaber Road, PH22 1PU, Tel. 01479 810747, www.ardlogie.co.uk. Etwas ruhiger gelegen, sehr gemütlich.
- **Aviemore Youth Hostel**②, 25 Grampian Road, PH22 1PR, vor dem Ortseingang links, Tel. 01479 81 0345, www.hostellingscotland.org.uk/hostels/avie more/. Bungalow auf weitläufigem Gelände mit einfacher Einrichtung.
- **Cairngorm Lodge Youth Hostel**②, PH22 1QY, Tel. 01479 861238, www.hostellingscotland.org. uk/hostels/cairngorm-lodge/. Liegt mitten im Cairngorm National Park in einer alten Jagdhütte.
- **Aviemore Bunkhouse**②, beim *Old Bridge Inn,* Dalfaber Road, PH22 1PU, Tel. 01479 811181, www. aviemore-bunkhouse.com. Etwas gediegeneres, hübsch eingerichtetes Hostel.
- **Cairngorm Guest House**②, 139 Grampian Road, PH22 1RP, Tel. 01479 810630, www.cairn gormguesthouse.com. Hübsches Guest House an der Hauptstraße.
- **Rothiemurchus Camp & Caravan Park**①-②, Coylumbridge, PH22 1QU, 2 km östlich von Aviemore an der Straße zu den Liften (B 970), Tel. 01479 812800, www.rothiemurchus.net/visit/stay. Der Campingplatz liegt im Wald und ist Teil des *Rothiemurchus Centre,* das Outdooraktivitäten von Bogenschießen bis Kanufahren anbietet.

Essen und Trinken

- **Old Bridge Inn,** Dalfaber Road, PH22 1PU, Tel. 01479 811137, www.oldbridgeinn.co.uk, Do–Di 12–14.15 und 17–20.30 Uhr. Bietet eine gesunde Mischung aus moderner und klassischer Küche mit vielen vegetarischen und vegangen Optionen an.
- **The Pine Marten Bar,** Glenmore, PH22 1QU, Tel. 01479 861253, www.fb.com/PineMartenBar Glenmore, So–Fr 9–22 Uhr, Sa 9–24 Uhr. Heimelige Atmosphäre im Blockhüttenambiente, verspricht nette Abende bei regelmäßiger Live-Musik.
- **The Winking Owl,** 123 Grampian Road, PH22 1RH, Tel. 01479 812368, www.thewinkingowl.co, Mo–Do 12–23 Uhr, Fr/Sa 12–1 Uhr, So 12–22 Uhr. Lokal gebraute Biere und *Bar Food.*

Braemar

Von Pitlochry aus kann man auch auf die **Südseite der Grampian Mountains** und ins Tal des Dee gelangen. In Pitlochry zweigt nach rechts die A 924 ab. Nach 20 km biegt man links auf die B 950 und darauf wieder links auf die A 93 ein, die an den **Glenshee-Skiliften** vorbei durch eine grandiose Landschaft nach Braemar führt (→ Kap. 7: Das Tal des River Dee).

Braemar ist ein kleiner Ort am **Oberlauf des Dee,** das in einem Talkessel zwischen einsamen, zum Teil bewaldeten Bergen vor sich hin schlummert. Der Ort besitzt mehrere überraschend große Hotels, deren Pubs Abendunterhaltung auch in der Wildnis bieten.

Durch den Ort zwängt sich in einer Schlucht der **River Clunie.** Die Brücke über die Schlucht ist einst vom **Kindrochit Castle** bewacht worden, von dem nur noch die Grundmauern zeugen.

Der olympische Geist im Kilt

Auch im archaischen Zeitalter der Clans konnte es passieren, dass ein Frieden zwischen zwei Sippen länger hielt, als es dem Tatendrang der Clansmänner lieb war. Der Ernstfall trat ein. Die Häuptlinge scharten ihre geschicktesten und stärksten Mannen um sich und stellten sich dem sportlichen Wettkampf mit den Nachbarn. Als die Zeiten ruhiger wurden, die Klingen sich nur noch selten oder gar nicht mehr kreuzten, machte man allerorten im Hochland die friedlichen Wettkämpfe zu obligatorischen Einrichtungen im Leben der Clans. Die noch heute bestehenden **Highland Games** und **Highland Gatherings** waren geboren und entwickelten sich dann mit der Zeit zu Volksfesten.

An den Spielen teilnehmen kann jeder, der sich vorher als Athlet gemeldet hat, die **Disziplinen,** in denen man sich misst, sind dagegen festgelegt. Nicht auf allen Spielen werden sämtliche traditionellen Disziplinen gleichzeitig durchgeführt, das geschieht nur auf den großen Spielen, wie die von Braemar oder Oban. Die Wettkampfarten selbst bleiben jedoch gleich.

Am berühmtesten und exotischsten schillern unter ihnen die schwerathletischen Wettkämpfe hervor. Beim **tossing the caber** muss ein riesiger Kiefernholzstamm so durch die Luft geschleudert werden, dass er sich über das obere Ende überschlägt und möglichst exakt in der Zwölf liegenbleibt.

729sc bcq

Putting the weight heißt die Disziplin, bei der ein Eisengewicht von bis zu einem halben Zentner über eine mehrere Meter hochliegende Hochsprunglatte geworfen werden muss. Daneben wird auch das Hammerwerfen durchgeführt **(throwing the hammer)**, wobei der Hammer aus einem Holzstab mit einer runden Steinkugel am Ende besteht.

Tug-of-war nennt sich eine der spannendsten und beliebtesten Disziplinen, die im Deutschen einfach Tauziehen heißt. Auf vielen Spielen werden daneben auch klassische Laufwettkämpfe abgehalten, die vom Sprint (100 yards) über Hürdenlauf bis zu Dauerläufen auf nahe gelegene Berggipfel reichen. Das **highland dancing**, bei dem vom **sword dance** über zwei gekreuzten Säbeln bis zum **reel** alle Tänze vertreten sind, wurde früher nur von Männern betrieben, heute sind es meist junge Mädchen, die geradezu akrobatisch durch die Luft springen.

Zu guter Letzt messen sich auf den größeren Spielen natürlich auch die **Piperbands.** Dabei kommt es nicht nur auf virtuoses Dudelsackspiel an, die Kapellen müssen auch vorgeschriebene Marschformationen exakt abschreiten. Viele der Hochlandspiele haben fröhlichen Volksfestcharakter. Wenn die eigentlichen Wettkämpfe vorüber sind, wird in Festzelten und Kneipen gefeiert. Wollte man nach einem Vergleich suchen, könnte man die Highland Games als eine Kreuzung aus Trachtenfest, sportlichem Wettkampf und Kirmes oder Kirchweih bezeichnen. Es lohnt sich daher auch, auf die kleineren, familiäreren Spiele zu gehen, bei denen das Angebot sicher kleiner, die Stimmung aber ursprünglicher geblieben ist.

◁ Marsch bei den Highland Games

Das **Braemar Castle,** 1 km nördlich der Stadt, stammt aus dem 18. Jh. und ist mit viktorianischen Erkern geschmückt. Im Inneren finden sich Möbel des 17. Jh.

■ **Braemar Castle,** AB35 5XR, www.braemarcastle.co.uk, April–Juni und Sept./Okt. Mi–Sa 10–17 Uhr, Juli/Aug. tägl. 10–17 Uhr, Eintritt £ 12.

Braemar Gathering

Bekannt ist Braemar vor allem wegen des Braemar Gathering. Das größte und berühmteste aller **Highland Games** findet alljährlich am ersten Samstag im September statt und wird traditionell von der dann in Balmoral weilenden Königsfamilie besucht. Stämmige Schotten, virtuose Piper und akrobatische Hochlandtänzerinnen zeigen vor hohem Publikum ihr ganzes Können. Am Abend findet eine stadtweite Party in allen Bars und Pubs statt, die man sich auf keinen Fall entgehen lassen sollte.

■ Eintrittskarten verkauft oder reserviert **The Bookings Secretary,** *Braemar Royal Highland Society,* Coilacriech, Ballater, AB35 5UH, Tel. 013397 41098, www.braemargathering.org. Ticketpreise beginnen bei £ 15, für Kinder unter 14 J. ab £ 5.

Linn of Dee

Der weitläufige **Mar Lodge Estate** westlich von Braemar lohnt einen Ausflug allein schon wegen der Linn of Dee, einer engen **Klamm,** durch die sich der Dee hier zwängt, bevor er sich weiter nach Braemar schlängelt. An mehreren Stellen kann man hier schön picknicken oder baden.

Der Estate gehört zu den Cairngorm Mountains und ist **Großbritanniens größtes Naturschutzgebiet.** Das Gebiet umfasst 15 Munroes (Berge über 1000 Fuß Höhe bzw. 914,4 m) und unzählige **Wanderwege** verschiedener Schweregrade und Längen. Beim Parkplatz am Linn of Dee hat der *National Trust* eine kleine Station eingerichtet, in der ein Ranger Auskunft über Fauna (Steinadler, Kreuzottern etc.) und Flora sowie Tipps zu Wanderungen erteilt (→ Wanderung rechts).

Ein schöner **Rundweg** von ca. 5 km Länge, der auch mit Kindern gut zu bewältigen ist, führt erst am Dee entlang und dann durch das ebenso schöne **Glen Lui.** Die alten, verwachsenen schottischen Kiefern am Ufer des Lui werden aufgrund ihrer buckligen Form und des Alters auch „Granny Pines" oder „Granny Trees" genannt.

Praktische Tipps

Informationen

- **www.braemarscotland.co.uk**

Verbindungen

Bus

- Von Pitlochry nach Braemar gibt es keine direkte Busverbindung, sondern nur via **Aberdeen.** Von Aberdeen aus fährt die Linie 203 mehrmals täglich das Dee-Tal entlang über Banchory, Aboyne und Ballater nach Braemar. Die Tageskarte ist günstiger als die Einzelfahrt und kostet ca. £ 17,50.

Unterkunft

Für die **Highland Games** sollte man frühzeitig Unterkünfte vorbuchen. Das gilt besonders für die Jugendherberge.

- **Braemar Lodge Hotel**②-③, Glenshee Road, AB35 5YQ, Tel. 013397 41627, www.braemarlodge.co.uk. Klassisch gestaltetes Hotel, es gibt auch ein *Bunkhouse* und mehrere Hütten.
- **Craiglea B & B**①-②, Hillside Road, AB35 5YU, Tel. 013397 41641, www.craigleabraemar.com. Einfaches Guest House im Zentrum.
- **Cranford Guest House**②, 15 Glenshee Road, AB35 5YQ, Tel. 013397 41675, www.cranfordbraemar.co.uk. Gutes Guest House am Rand Braemars.
- **Braemar Youth Hostel**②, Corrie Feragie, 21 Glenshee Road, AB35 5YQ, Tel. 013397 41659, www.hostellingscotland.org.uk/hostels/braemar/. Die Jugendherberge liegt am südlichen Ortsrand.
- **Braemar Caravan Park**②, Glenshee Road, AB35 5YQ, links der Straße am südlichen Ortseingang, noch vor der Jugendherberge, Tel. 013397 41 373, www.braemarcaravanpark.co.uk. In Laufweite von Braemar gelegen.

Essen und Trinken

- **Gordon's Tearoom,** 20 Mar Road, AB35 5YL, Tel. 013397 41611, www.gordonstearoom.com, Mi–So 10–16 Uhr. Bodenständiges Essen: morgens mit *Scottish Breakfast* in klassisch, vegetarisch und vegan und mit heiß gefüllten Brötchen, mittags Burger, Sandwiches und schottisches *Mac'n'Cheese.*
- **The Bothy,** 7–9 Invercauld Road, AB35 5YP, Tel. 013397 41019, tägl. 9–17.30 Uhr. Kuchen, Sandwiches, einfache Speisen, Blick auf den Clunie Water.
- **The Clunie Dining Room,** Mar Road, AB35 5YN, im *Fife Arms Hotel,* Tel. 013397 20202, www.thefifearms.com/eat-drink/the-clunie-dining-room, tägl. 7.30–10.30 und 18–21.30 Uhr, Dinner nur Mo–Sa. Hier lässt es sich fein essen.

Linn of Dee und Glen Lui

Auf dem Mar Lodge Estate

- **Schwierigkeit:** leicht
- **Dauer:** 1 Stunde
- **Distanz:** 3 km
- **Höhenunterschied:** 40 m
- **Ausgangspunkt:** Braemar

Von **Braemar** dem Fluss Dee folgend gelangt man in das Gebiet des Mar Lodge Estate. Das ehemalige **Jagdanwesen** des Herzogs von Duff wurde 1995 vom *National Trust of Scotland* übernommen. Das dazugehörige Gebiet nimmt mit einer Fläche von rund 290 km² knapp 10 % des Cairngorms National Parks ein. In der Umgebung von Mar Lodge hat der *National Trust* am **Zusammenfluss von Dee und Lui Water** ein gut ausgeschildertes und befestigtes Wegenetz eingerichtet.

Nach der Übernahme hat der *Trust* begonnen, das Gebiet im Sinne der **Artenvielfalt** umzugestalten. Die Freizeitjagd wich einer durchgreifenden Bestandskontrolle und auf einmal konnten wieder Bäume in den sonst kahl gegrasten Heidelandschaften gedeihen. Die Monokulturen der übrigen schottischen Highland-Wälder sind hier in Teilen einem Mischwald gewichen, der die Artenvielfalt bietet und einigen einheimischen oder vormals einheimischen Arten Unterschlupf und Versteck gewährt.

Neben der spannenden Natur glänzt Mar Lodge auch mit **schöner Landschaft.** Der Fluss Dee hat kurz vor seinem Zusammenschluss mit dem Lui Water Furchen in das Land geschnitten und verläuft in einer Art Schlucht, dem **Linn of Dee.** Der Lui – beeindruckt von dem Fluss, in dem er kurz darauf aufgehen würde –, entschloss sich ebenfalls einige Kaskaden in seinen Lauf einzubauen, bevor er in den Dee aufgeht. Gekrönt wird die Szenerie von einer hübschen, alten Steinbrücke.

Wem die kurze Route zu wenig ist, der möge etwas die Täler hinaufspazieren.

Die Linn of Dee laden auch zum Baden ein

750sc bcg

Von Braemar nach Grantown

Die A 93 von Braemar **nach Ballater** führt durch eines der schönsten Täler Schottlands. Das **obere Dee-Tal** ist fast unbewohnt, der Fluss strömt durch die Wälder im Talgrund und über ihm ragen die im Sommer purpurnen Kuppen der Grampians.

[>] Romantik im Don-Tal: Corgarff Castle

[✓] Balmoral Castle, Sommersitz des britischen Königshauses

Balmoral Castle

9 km östlich von Braemar liegt rechts der A 93 im Wald versteckt Balmoral Castle, der **Sommersitz des britischen Königshauses.** *Königin Victoria*, die königliche Schottlandliebhaberin, und ihr Gemahl *Prinz Albert*, der Gentleman aus Oberfranken, hatten sich hier ein Schlösschen ganz im Stile viktorianischer Romantik gebaut. Hat sich ein Mitglied der *Royal Family* vor den Londoner Boulevardfotografen in die Einsamkeit von Deeside geflüchtet, kann das Schloss ganz oder teilweise geschlossen sein.

■ **Balmoral Castle,** Ballater, AB35 5TB, www.balmoralcastle.com, Anf. Mai–Mitte Aug. tägl. 10–17 Uhr, letzter Einlass 16 Uhr, Eintritt £ 17,50.

Adobe Stock © adfoto

730sc bcg

Durch das Tal des Don

Kurz vor Ballater, 12 km weiter am Dee abwärts, zweigt nach links die A 939 ab. Sie führt auf einer landschaftlich herrlichen Strecke über Tomintoul bis Grantown-on-Spey. Autofahrer seien gewarnt, ca. 8 km von der A 93 läuft die Straße über eine der typischen alten **Hochlandbrücken** mit einer besonders spitzen Kuppe. Sollte der Wagen also niedrig liegen, nimmt man besser den Umweg über die A 97 und A 944 ins Don-Tal. Radfahrern machen mehrfache 20-prozentige Steigungen die Fahrt zur Tortur. Wer die Klettertour dennoch auf sich nimmt, wird mit malerischen Aussichten für seine Strapazen belohnt.

Nach dem ersten Pass durchquert man das Don-Tal. Der Don unterscheidet sich hier in seinem Quellgebiet kaum vom Dee. Bevor es wieder steil aufwärts geht, steht links der Straße an einem Hang **Corgarff Castle.** Das *Tower House* aus dem 16. Jh. zeichnet sich durch seine idyllische Lage aus. Das Innere ist fast leer, seit es 1748 nach dem letzten Jakobitenaufstand in eine Garnison umgewandelt worden war.

- **Corgarff Castle,** AB36 8YP, www.historicenvironment.scot/corgarff-castle, Mai–Sept. Mi–So 10–12 und 13–16.30 Uhr, Eintritt £ 7,50.

Nun geht es wieder steil aufwärts. Auf der Höhe liegt das **Lecht-Tows-Skigebiet,** mit neun Liften eines der größten Schottlands.

Tomintoul

In Tomintoul, dem kleinen Straßendorf im nächsten Tal, geht nach rechts die B 9008 ab, die ins Glenlivet, Schottlands Whiskyzentrum, führt. Tomintoul selbst ist ein verschlafenes Hochlanddörfchen mit zwei Lebensmittelläden und ein paar Hotels. Im *Visitor Centre* in der Ortsmit-

Adobe Stock © Duncan Andison

te ist ein winziges **Museum** mit Gegenständen aus dem Leben der Highlands vor hundert Jahren eingerichtet (Mo 9.30–16.30 Uhr, Do und Sa 9.30–12.30 Uhr, Fr 13.30–16.30 Uhr).

Grantown-on-Spey

Nach einem weiteren Pass mit herrlichen Aussichtspunkten läuft die A 839 hinab ins Spey-Tal. Grantown-on-Spey ist ein **georgianischer Ort.** Im Winter dient er wie Aviemore als Unterkunftsort für Skitouristen. Im Sommer bietet er alle Annehmlichkeiten des modernen Lebens, ohne weit vom Wanderparadies in den Bergen entfernt zu liegen.

Von Grantown gelangt man über die A 95 und nach 5 km über die A 938 zur A 9 nach Inverness.

⌃ Idyllisch gelegen: Tomintoul

› Inverness Castle

Praktische Tipps

Verbindungen

Bus

- Die Buslinie 37/X37 von *Stagecoach* fährt etwa alle 2 Std. von Aviemore über Grantown-on-Spey nach **Inverness.** Samstags fahren nur fünf Busse, sonntags keiner. Zwischen **Grantown-on-Spey** und Aviemore bestehen an allen Tagen mehr Verbindungen (Einzelticket £ 6, Tageskarte £ 9).

Unterkunft

- **Culdearn House**②, Woodlands Terrace, Grantown-on-Spey, PH26 3JU, Tel. 01479 872106, www.culdearn.com. Hervorragendes Hotel.
- **Brooklynn**②, Grant Road, Grantown-on-Spey, PH26 3LA, Tel. 01479 873113, www.brooklynn.co.uk. Viktorianisches Haus mit schickem Interieur.
- **Willowbank Guesthouse**②, High Street, Grantown-on-Spey, PH26 3EN, Tel. 01479 872089, www.willowbankguesthouse.com. Im Zentrum von Grantown-on-Spey mit Speisesaal im Wintergarten.
- **Ardenbeg Bunkhouse**②, Grant Road, Grantown-on-Spey, PH26 3LD, Tel. 01479 872824. Einfaches Hostel in Grantowns Zentrum.

■ **The Smugglers Hostel**②, Main Street, Tomintoul, AB37 9EX, liegt links der Hauptstraße, kurz vor dem Ortsausgang, Tel. 01807 580364, www.thesmugglershostel.co.uk. Nur im Sommer geöffnet, Schottlands höchstgelegenes Hostel befindet sich im alten Schulhaus Tomintouls.

■ **Grantown-on-Spey Caravan Park**②, Seafield Avenue, Grantown-on-Spey, PH26 3JQ, man fährt von The Square nach Westen, dann an der *Bank of Scotland* rechts, Tel. 01479 872474, www.caravanscotland.com. Gepflegter Park am Rand der Stadt.

Essen und Trinken

■ **The Craig Bar,** Woodside Avenue, Grantown-on-Spey, PH26 3JN, Tel. 01479 872669, www.thecraigbar.co.uk, Mo–Fr 17–23 Uhr, Sa/So 14–23 Uhr. Die gemütliche Bar lädt zu *Pies* und *Pints* ein.

■ **High St Merchants,** 74 High Street, Grantown-on-Spey, PH26 3EL, Tel. 01479 872246, www.fb.com/al.heaney, Mi–So 10–16 Uhr. Hier kann man einen Nachmittagskaffee bei feinem schottischen Gebäck und ein paar hübschen Bildern genießen.

Inverness

Die Stadt an der „Mündung des Ness“ (gälisch = *Inver Ness*) ist die **Hauptstadt der Highlands.** Obgleich ihre Wurzeln bis in die Vorgeschichte zurückreichen, hat Inverness nur wenig von einer hübschen alten Stadt. Selbst das Castle über dem Ness sieht aus wie ein frisch gebasteltes Baukastenschloss. Inverness mit seinen rund 48.000 Einwohnern ist ein modernes geschäftiges Industriezentrum, besitzt aber dennoch auch Stellen mit eigenem Charme. Seine Bedeutung als **Seehafen** sowie als **Einkaufs- und Handelszentrum** verleihen der Stadt eine Lebendigkeit, die in anderen Städten gleicher Größe nicht vorhanden ist. Als Verkehrsknotenpunkt für alle Himmelsrichtungen eignet sich Inverness als guter Ausgangspunkt für Ausflüge in die gesamten Highlands.

343sc jf

Inverness

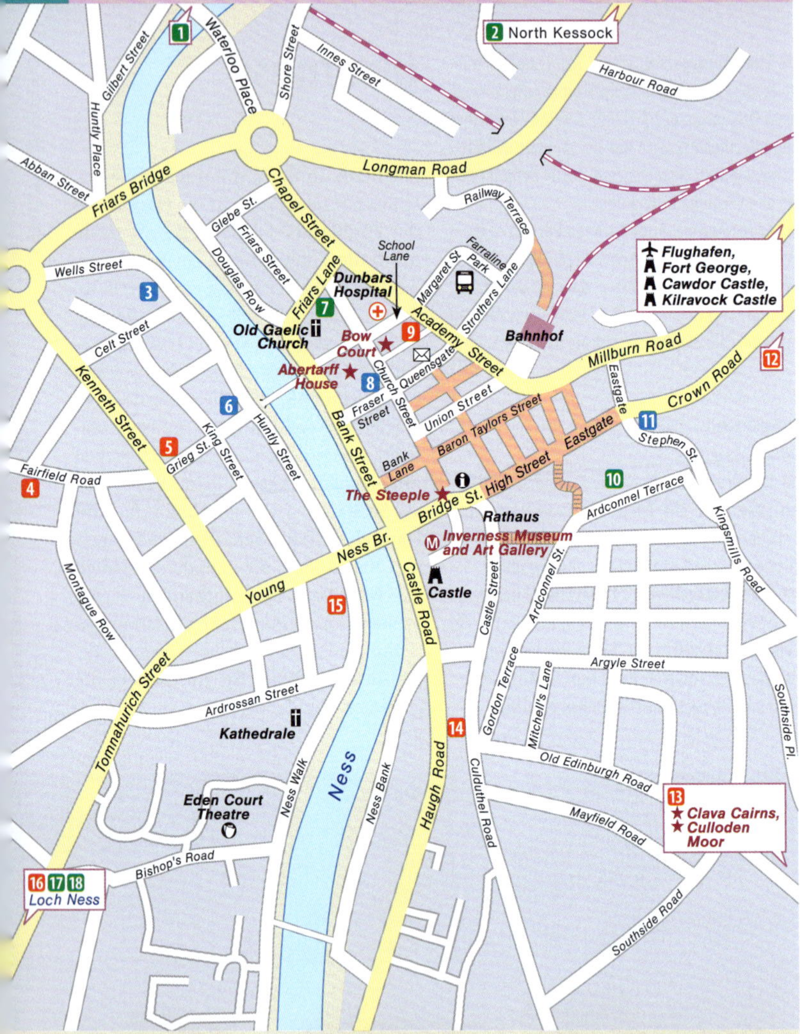

Übernachtung
- 4 Abermar Guest House
- 5 Eskdale Guest House
- 9 Black Isle Hostel
- 12 Inverness Youth Hostel
- 13 Macdonald Drumossie Hotel
- 14 Inverness Student Hotel
- 15 Palace Hotel & Spa
- 16 Bught Park Caravan Park & Campsite

Essen und Trinken
- 3 The Waterfront
- 6 River House Restaurant
- 8 Hootananny
- 11 Cheese & Tomatin

Einkaufen/Sonstiges
- 1 Bikes of Inverness
- 2 Focus Vehicle Rental
- 7 Leakey's Bookshop
- 10 Farmers' Market
- 17 Aquadome
- 18 Jacobite Cruises

Fußgängerzone

Schon *St Columba* besuchte Inverness, um sich von seinem Kampf mit *Nessie* auszuruhen. Später soll *Macbeth* in seiner Burg, die etwas östlich der heutigen stand, den *Duncan* ermordet haben – unromantische Historiker behaupten aber, *Duncan* sei in einer ehrlichen Feldschlacht gegen *Macbeth* gefallen. Jedenfalls zerstörte *Malcolm Canmore, Duncans* Sohn, aus Rache die Burg. In den Jakobitenaufständen war Inverness heiß umkämpft und ist seitdem Garnisonsstadt. Die schönen alten Häuser der Altstadt unter dem Castle zeugen von den unabhängigen Hochlandlairds, die sich in Edinburgh direkt unter den Augen des Königs unwohl gefühlt hätten.

Ausgezeichnet sind aber vor allem die **Einkaufsmöglichkeiten** von Inverness. Die Fußgängerzone in der gemütlichen kleinen Altstadt oder auch das große *Eastgate Centre* gleich am westlichen Eingang zum Zentrum laden zum Shopping ein. In den Läden der Altstadt findet man vom Kilt über Dudelsack und Musik, Whisky und *Shortbread,* Wolle und Tweed alles, was irgendwie schottisch ist.

Sehenswertes

Das **Castle** ist ein viktorianischer Bau aus dem 19. Jh., in dem sich heute die Stadtverwaltung befindet. Von seinem Vorplatz bietet sich ein schöner Blick über den Ness und den westlichen Teil der Stadt mit der Kathedrale. Der Turm des Castles kann bestiegen werden (£ 5). Das Castle und der umliegende Park werden derzeit in ein **Ausstellungszentrum** umgebaut, das 2025 eröffnet werden soll. In mehreren Ausstellungen sollen den Besuchern die vielen Facetten Schottlands dargelegt werden. Neben dem Whisky und Einblicken in die Pflanzenwelt des Landes soll auch auf die Tradition des Geschichtenerzählens eingegangen werden.

Am Castle Wynd abwärts erhebt sich links noch vor der Hauptstraße der Bau des **Inverness Museum and Art Gallery.** Es zeigt Exponate zu Archäologie, Geologie und Kultur der Highlands, Reliquien der Jakobitenkämpfe sowie eine Kunstausstellung. Man kann z. B. auch mal einen Kilt anprobieren.

■ **Inverness Museum and Art Gallery,** IV2 3EB, www.highlifehighland.com/inverness-museum-and-art-gallery, April–Okt. Di–Sa 10–17 Uhr, Nov.–März Di–Do 12–16, Fr/Sa 11–16 Uhr, Eintritt frei.

Gegenüber liegt das **Rathaus** aus dem 19. Jh. An der Ecke Church/Bridge Street steht **The Steeple,** das alte Gerichtsgebäude aus dem Jahre 1791, neben dem früher gleich das Gefängnis lag.

Folgt man der Bridge Street nach Westen, entdeckt man am anderen Ufer des Ness flussaufwärts die **Kathedrale,** ein neugotischer Bau, der dem Heiligen Schottlands, *St Andrew,* geweiht ist.

Wenn man noch vor der Brücke rechts geht, wandelt man die Uferpromenade des Ness hinab. Man biege in der Friars Lane, der vierten Straße, nach rechts in den ältesten Teil von Inverness ein. In der Church Street, der ersten rechts, versteckt sich hinter der **Old Gaelic Church** die **Old High Church.** Sie stammt aus dem Jahr 1770, allerdings ist der Glockenturm ein Relikt der Vorgängerkirche aus dem 14. Jh.

344sc jf

Gegenüber in der School Lane ist **Dunbars Hospital,** das alte Armenhaus, ein gutes Beispiel für die Architektur des 17. Jh. Auf der anderen Seite der School Lane hat der *National Trust* den **Bow Court,** eine typische Wohnanlage aus dem 18. Jh., restauriert.

Das **Abertarff House,** etwas weiter die Church Street aufwärts rechts, veranschaulicht sehr schön das Stadthaus eines Hochlandlairds aus dem 16. Jh.

Gemütliche Kneipen findet man in den engen Seitengässchen der Altstadt.

North Kessock

Am nördlichen **Ufer des Beauly Firth** liegt der Ortsteil North Kessock. Die Kessock Bridge (A 9) führt hinüber. Am alten Fähranleger stehen dort ein paar Picknickbänke, die mit einem schönen Blick über die Brücke und den Beauly Firth belohnen. Vor allem kann man hier aber mit etwas Glück **Delfine beobachten.** Eine weitere gute Stelle dafür ist weiter östlich am Chanonry Point, da die Delfine bei Flut besonders gern zum Jagen herkommen.

Praktische Tipps

Informationen

- Direkt an der High Street bietet das großzügig eingerichtete **Inverness iCentre** alle nötigen Informationen über Freizeit, Wandern, Ausflüge usw.: 36 High Street, IV1 1JQ, Tel. 01463 252401, tägl. 9.30–17 Uhr.
- **www.visitinvernesslochness.com**

Verbindungen

Bahn

- Der **Bahnhof** liegt zentral an der Academy Street, nur wenige Minuten vom Stadtzentrum entfernt. Von hier fahren die Züge in alle Richtungen.
- Dreimal täglich fährt ein Zug bis **Wick** und **Thurso** (ab £ 15). Die andere Route von *First ScotRail,* die Verbindung nach **Kyle of Lochalsh,** wird dreimal täglich befahren (ab £ 16). Mo–Sa elfmal, So nur fünfmal verkehrt ein Zug nach **Aberdeen** (ab £ 14). Verbindungen mit Edinburgh → dort.
- Mit **London** über Glasgow oder Edinburgh ist Inverness unter der Woche achtmal, sonntags nur einmal verbunden. Die Fahrt dauert ca. 8 Std. und kostet ab £ 55.

Bus

■ Der **Busbahnhof** liegt im Farraline Park, einer Seitenstraße der Academy Street, die die Altstadt nach Osten hin begrenzt. Von hier fahren die Busse in alle Richtungen der Umgebung, mehrmals täglich korrespondierend mit den Flügen auch zum Flughafen in Dalcross und zum Fort George oder nach Nairn. Eine Tageskarte im Stadtgebiet kostet £ 4,90, bis zum Flughafen und in die umliegende Region £ 9,20. Fernbusse fahren auch weiter bis **Fort William** (£ 13), nach **Edinburgh** (£ 25) oder nach **Thurso** im Norden (£ 22).

Einige der lokalen Busse fahren im **Queensgate** ab, der Verbindung zwischen Church Street und Academy Street.

Taxi

■ **Inverness Taxis,** Tel. 01463 222222.

Flug

■ Der **Flughafen** von Inverness liegt ca. 12 km östlich der Stadt bei Dalcross. Von hier gibt es Verbindungen nach **London** und zu einigen schottischen Städten. Für ein Taxi in die City bezahlt man rund £ 15. Ein Bus von der Innenstadt zum Flughafen fährt (außer So) alle 90 Min. vor der Post in Queensgate ab. Flugauskunft unter Tel. 01667 4640 00, www.hial.co.uk.

Autoverleih

2 **Focus Vehicle Rental,** 21a Seafield Road, IV1 1SG, Tel. 01463 709517, www.focusvehiclerental.co.uk, Mo–Fr 8–17 Uhr, Sa 8–13 Uhr.

Unterkunft

B & B kann man überall in der Stadt finden, besonders viele gibt es in der Fairfield Road: vor dem Castle über die Brücke, dritte rechts, zweite links.

☐ Die St Andrew's Cathedral in Inverness

15 **Palace Hotel & Spa** *(Best Western)*②, 8 Ness Walk, IV3 5NG, am Flussufer direkt gegenüber dem Castle, Tel. 01463 223243, www.invernesspalacehotel.co.uk. Edles Hotel mit großzügiger Ausstattung am Ufer des Ness.

13 **Macdonald Drumossie Hotel**②-③, Old Perth Road, IV2 5BE, Tel. 01463 236451, www.macdonaldhotels.co.uk/drumossie. Art-Déco-Hotel außerhalb der Stadt.

5 **Eskdale Guest House**②, 41 Greig Street, IV3 5PX, Tel. 01463 240933, www.eskdale-guesthouse.co.uk. Zentral gelegen mit hübscher Einrichtung.

4 **Abermar Guest House**①, 25 Fairfield Road, IV3 5QD, Tel. 01463 239019. Gut gelegenes Guest House mit netten Gastgebern.

12 **Inverness Youth Hostel**②, Victoria Drive, IV2 3QB, Tel. 01463 231771, www.hostellingscotland.org.uk/hostels/inverness/. Typisch schottische Jugendherberge mit Gemeinschaftsräumen und -küche.

14 **Inverness Student Hotel**②, 8 Culduthel Road, IV2 4AB, Tel. 01463 236556, www.invernessstudenthotel.com. Zentral gelegenes, farbenfrohes Hostel mit Küche und Gemeinschaftsräumen.

9 **Black Isle Hostel**②, 47–49 Academy Street, IV1 1LP, Tel. 01463 229920, www.blackislebrewery.com/accommodation. Über der *Black Isle Bar,* bietet neben Hostelbetten auch einzelne Zimmer an.

16 **Bught Park Caravan Park & Campsite**①-②, Bught Lane, IV3 5SR, am Rand der Stadt, an der A 82 (Fort William) kurz vor dem Kanal rechts, Tel. 01463 236920, www.invernesscaravanpark.com. In der Anlage findet man auch einen Fahrradverleih. Der Park liegt in der Nähe von Schwimmbad, Eisbahn und Ness Island, ideal zum Erholen. Ostern–Mitte Sept.

Essen und Trinken

3 **The Waterfront,** 70 Huntly Street, IV3 5JN, Tel. 01463 233870, www.thewaterfrontinverness.co.uk, tägl. 12–22.30 Uhr. Gutes Essen zu guten Preisen.

8 **Hootananny,** 67 Church Street, IV1 1ES, Tel. 01463 233651, www.hootanannyinverness.co.uk, So–Do 17–1 Uhr, Fr 17–3 Uhr, Sa 16–3 Uhr. Bietet fast jeden Abend Livemusik.

11 **Cheese & Tomatin,** 10 Stephen's Brae, IV2 3JN, Tel. 01463 223752, www.cheeseandtomatin.com, Di–Sa 17–22 Uhr. Mischt das Konzept der klassischen neapolitanischen Pizza mit Geschmack aus Schottland und der Welt.

6 **River House Restaurant,** 1 Greig Street, IV3 5PT, Tel. 01463 222033, www.riverhouseinverness.co.uk, Di–Sa 15–23.30 Uhr. Feinster schottischer Fisch und Meeresfrüchte werden hier serviert.

Einkaufen

7 **Leakey's Bookshop,** „the closest bookshop to heaven", 28 Church Street, IV1 1EY, www.leakeysbookshop.com, Mo–Sa 10–17.30 Uhr. Das Antiquariat nutzt eine säkularisierte Kirche als Verkaufsraum.

1 **Bikes of Inverness,** 39 Grant Street, IV3 6BP, Tel. 01463 225965, www.bikesofinverness.co.uk, Mo–Fr 9–17.30 Uhr, Sa 9–17 Uhr. Fahrradhändler.

10 In der Eastgate Precinct (in der Nähe der Burg) findet jeden ersten Samstag im Monat ein **Farmers' Market** statt.

Aktivitäten

- Mit ein bisschen Glück kann man auf einer **Tour mit der „Dolphin Spirit"** im Moray Firth **Delfine beobachten.** Die Touren starten von der Inverness Marina, ein Shuttlebus von der Innenstadt fährt mehrmals täglich gegenüber dem Rathaus in der Bridge Street los. *Dolphin Spirit Inverness,* Tel. 07544 800620, www.dolphinspirit.co.uk, £ 35, vierköpfige Familie £ 99.
- **Historische Stadtrundgänge:** *Inverness Historical Tours,* Tel. 07518 236730, invernesshistoricaltours@gmx.co.uk, Mo–Sa um 10, 12, 14 und 19 Uhr, Treffpunkt ist vor der Steeple (Bridge Street) am Ende der Church Street.

18 **Bootsfahrten** durch den Kaledonischen Kanal, der Verbindung der Ost- und Westküste Schottlands, und auf den Spuren der Legende von Loch Ness unternimmt **Jacobite Cruises,** an der A 82 Richtung Fort William am Kaledonischen Kanal (Tel. 01463 233999, www.jacobite.co.uk, £ 27).

17 **Schwimmbad: Aquadome,** IV3 5SS, im Bught Park im Süden der Altstadt, linkes Ness-Ufer, Tel. 01463 667500, Mo–Fr 10–20 Uhr, Sa/So 9–17 Uhr, Erwachsene £ 8,20, Kinder ab 5 Jahre £ 5,70, Familienkarte £ 21,40.

Kultur und Veranstaltungen

- **Eden Court Theatre,** Bishops Road, IV3 5SA, Tel. 01463 234234, www.eden-court.co.uk. Ballett, Schauspiel, Konzerte und Kino.
- **Inverness Music Festival** (im Frühjahr), **Highland Games** (im Juli), berühmter **Piper-Wettkampf** (im September).
- In der Nähe der Burg wird in den Sommermonaten jeden Donnerstag zwischen 16 und 20 Uhr sowie samstags und sonntags von 12 bis 16 Uhr **Traditional Music & Dance** zum Besten gegeben.

Im Osten von Inverness

Den Eingang des Moray Firth bewacht die größte britische Barockfestung: **Fort George.** Man erreicht sie auf der A 96 Richtung Nairn, dann geht es links auf die B 9006. Zwischen 1748 und 1769 bauten die *Adams,* Schottlands berühmteste Architektenfamilie, diese Bastion, um die Highlands nach dem letzten Jakobitenaufstand endgültig zu „befrieden". Die Festung ist begehbar, doch erhält man nicht mehr als einen Eindruck, da sie auch heute noch als Kaserne dient.

Die Lage ist allerdings fantastisch und von den Festungsmauern aus kann man im Moray Firth eventuell Delfine beobachten.

■ **Fort George,** IV2 7TD, www.historicenvironment.scot/fort-george, April–Sept. tägl. 9.30–17.30 Uhr, Okt.–März tägl. 10–16 Uhr, Eintritt £ 10.

Man folge der B 9006 zurück zur A 96, überquere diese und folge dann der B 9090 hinter dem Fluss Nairn links zum **Cawdor Castle.** Es ist eines der drei Anwesen, in denen *Macbeth Duncan* ermordet haben soll. Die Burg stammt aus dem späten 14. Jh., und so kann der Mord im Jahre 1040 kaum dort geschehen sein. Da sie auf wundersame Weise von viktorianischen Schnörkeln verschont geblieben ist, vermittelt sie noch einen unverfälscht mittelalterlichen Eindruck. Die Räumlichkeiten sind recht gut mit Möbeln des 17. und 18. Jh. und Bildern u. a. von *Reynolds* und *Lawrence* ausgestattet. Sehenswert ist die riesige alte Küche im Keller der Burg. Im Park blüht bis in den Herbst der englische Garten, ein Schmuckstück.

■ **Cawdor Castle,** IV12 5RD, www.cawdorcastle.com, Ende April–Anf. Okt. tägl. 10–17 Uhr, Eintritt £ 15,50.

Wenn man die B 9090 wieder zurück und hinter dem Fluss Nairn an der ersten Kreuzung links (B 9091) fährt, kommt man am **Kilravock Castle** vorbei. Die von 1460 stammende Burg und der schöne Park sind jedoch leider nicht für die Öffentlichkeit zugänglich.

Man folge der B 9091 und fahre dann auf der B 9006 zurück Richtung Inverness. Hinter den Bahngleisen geht links ein Sträßchen ins Tal des Nairn hinab. Im Tal befinden sich die **Clava Cairns,** drei steinzeitliche Kammergräber, die von Steinkreisen umgeben sind.

Auf der B 9006 weiter überquert man das **Schlachtfeld von Culloden Moor.** Hier wurde *Bonnie Prince Charlie,* der letzte Thronanwärter der *Stuarts,* mit seinen aus den Hochlandclans zusammengewürfelten Truppen am 16. April 1746 von einer überlegenen englischen Armee unter dem *Duke of Cumberland* geschlagen. Der *Duke* erwarb sich bei den Schotten den Beinamen *the butcher* (*Butch Cumberland* = der Schlächter *Cumberland*). Die Schlacht war bereits nach dreißig Minuten entschieden, dennoch ließ der Engländer alle Schotten abschlachten und noch drei Tage nach Überlebenden suchen, die sofort getötet wurden. Culloden bedeutete das endgültige Scheitern aller Restaurierungsträume der Jakobiten und den Anfang der brutalen Unterdrückung der Hochlandbewohner und ihrer Kultur durch die Engländer. Der *National Trust for Scotland,* dem das Feld gehört, hat direkt an der Straße ein **Besucherzentrum** eingerichtet. Ein Videofilm schildert ausführlich und anschaulich die Geschichte des 1745er-Aufstandes.

■ **Culloden Moor Visitor Centre,** IV2 5EU, www.nts.org.uk/culloden, April und Okt. tägl. 9–17 Uhr, Mai–Sept. tägl. 9–18 Uhr, Nov.–März tägl. 9–16 Uhr, Eintritt £ 12, mit geführter Tour über das Schlachtfeld £ 16.

Über die B 9006 kommt man direkt zurück ins Zentrum von Inverness.

Bonnie Prince Charlie – Held oder Abenteurer?

1688 hatte die **„Glorious Revolution"** die Dynastie der *Stuarts* weggefegt. An ihre Stelle hatten die Parlamente von Schottland und England *Wilhelm von Oranien* als *William III.* zum König von Großbritannien gemacht. In ihrem französischen Exil sannen die *Stuarts* aber noch lange darauf, die Krone zurückzuerobern. Bereits 1689 hatte *Lord Claverhouse, Viscount Dundee,* im ersten Jakobitenaufstand versucht, die Engländer zu schlagen. Doch er fiel bei Killicrankie und mit ihm die Revolte. Auch zwei weitere Versuche 1708 und 1715 scheiterten. Es kehrte Ruhe ein in Schottland, auch weil die Franzosen nicht mehr gewillt waren, die Abenteuer der *Stuarts* zu finanzieren.

In den folgenden dreißig Jahren versuchte die britische Regierung alles, um die Highlands zu befrieden. *General Wade* legte erstmals Straßen durch das Hochland und baute Brücken. Die Clans waren, wenigstens offiziell, entwaffnet und einige ihrer Hochlandregimenter der britischen Armee eingegliedert worden. Die Bedingungen für einen neuen Aufstand waren also denkbar schlecht. Da erklärte Frankreich sich noch einmal bereit, einen Versuch zu wagen. **Charles Edward Stuart,** der Enkel des verjagten *James VII./II.,* war ein intelligenter junger Mann, gebildet, mit Charme und Charisma ausgestattet und voll jugendlicher Energie. Als er vom Angebot Frankreichs erfuhr, eilte er sofort nach Nantes, um sich im Auftrag seines Vaters einschiffen zu können. Die Franzosen aber entzogen ihm ihre Unterstützung wieder. Zornig verkaufte er seine Juwelen, charterte ein Schiff und segelte mit sieben Freunden nach Schottland, wo er auf den Hebriden landete.

Dort fand er keine Unterstützung. *Laird MacDonald of Clanranald,* der dem Prinzen Unterkunft gewährte, riet ihm, wieder heimzusegeln. Kein Chief des Hochlandes war bereit, für einen Unbekannten sein Leben und das seiner *Clansmen* zu riskieren. Doch dem jungen *Stuart* gelang es, den Sohn **MacDonalds** von seinem Plan zu überzeugen. Als auch noch die **Camerons** gewonnen wurden, war der Bann gebrochen.

Adobe Stock © Simon Edge

Glenfinnan Monument am Loch Shiel: Hier hisste Bonnie Prince Charlie im August 1745 sein Banner

Am **19. August 1745** zog *Charles* in **Glenfinnan** auf dem schottischen Festland sein Banner auf, und viele der großen Lairds, wie die Lords des Hochlandes heißen, die mehr aus Neugierde erschienen waren, ließen sich von seiner flammenden Rede mitreißen und folgten dem Abenteurer. Der Aufstand gewann schnell an Größe. Im September erklärte *Charles* in Perth seinen Vater zum König und nahm das zögernde Edinburgh ein.

Die nächsten Monate verbrachte er in Holyrood, um seine Armee zu organisieren und um Bälle zu geben. Während seine Feste königliches Format aufwiesen, stand es um seine **Armee** nicht so gut. Die meisten seiner Männer waren **undisziplinierte Highlander,** und nur wenige Lowlandregimenter waren zu ihm übergelaufen. Dies bedeutete, dass die Armee fast keine Artillerie und nur wenig Reiterei besaß. Ein Zeichen dafür war, dass zwar Edinburgh eingenommen, die Burg aber nicht angegriffen werden konnte.

Um der Rückkehr der britischen Armee von ihrem Feldzug in Flandern zuvorzukommen, setzte *Charles* seine Truppe im Oktober nach Süden in Marsch. Doch sobald die **Grenze zu England** überschritten war, fielen viele Gebiete wieder ab von ihm. Außerdem kehrten viele der Hochländer zu ihren Feldern und Familien zurück. Dennoch schlug *Bonnie Prince Charlie* die schwachen englischen Verbände, die ihm die Route nach London verstellen wollten.

Erst in Derby in Mittelengland kam der Wendepunkt. Bis hierhin war der ungeschlagene Prinz voller Optimismus gewesen und machte sich bereits Gedanken, was er in London tragen sollte. In Derby jedoch zeigte sich seine wahre Lage. Die Truppen *Wades* bedrohten seine Flanke. Der **Duke of Cumberland** kam mit frischen Truppen aus Flandern. In Schottland organisierte sich der Widerstand, und die meisten großen Städte waren wieder in der Hand der Regierung. Von einem Aufstand der katholischen oder jakobitischen Engländer konnte keine Rede sein. *Charles'* Offiziere waren desillusioniert, zumal englische Verbände vor der Küste patrouillierten, um Hilfe aus Frankreich zu unterbinden. Der *„Young Pretender"*, wie ihn die Engländer nannten, musste umkehren. Auf dem Rückweg schlugen die 45er noch einmal ein englisches Heer, das Stirling entsetzen wollte, doch das Glück hatte die Schotten verlassen. Das Munitionsmagazin explodierte und die zusammengeschmolzene Armee, schlecht ausgerüstet und hungrig, stellte sich **bei Inverness** am **16. April 1746** der frischen, disziplinierten Truppe des *Duke of Cumberland.* Seine Offiziere rieten dem Prinzen von der offenen Schlacht ab und verwiesen auf das nahe Hochland, in dem die Regierungstruppen ihnen nicht gewachsen waren. Doch *Charles* suchte den Ruhm. Eine törichte Fehlentscheidung, die seine Getreuen teuer bezahlen mussten. In einer halben Stunde waren die Jakobiten geschlagen und ein Gemetzel setzte an. *„Butch Cumberland"*, der „Schlächter", wie der Sohn des Königs *George II.* noch heute genannt wird, ließ drei Tage nach der Schlacht Jagd auf Überlebende machen.

Charles Edward, der geschlagene Herausforderer, flüchtete ein halbes Jahr durch das Hochland. Obwohl ein **Kopfgeld** von 30.000 Pfund auf ihn ausgesetzt war, so viel wie manche Clanchiefs nicht besaßen, schaffte er es, bis auf die Äußeren Hebriden zu entkommen. Nur mit der Hilfe von *Flora MacDonald,* die ihn als ihre Zofe verkleidete und zwischen den englischen Schiffen nach Skye ruderte, gelang es dem Prinzen, nach vielen Entbehrungen auf eine französische Fregatte zu entkommen.

Zurück in Paris war er der Mann der Stunde. Doch schon bald wendete sich die Diplomatie erneut und er musste Frankreich verlassen. Er starb schließlich als einsamer Alkoholiker 1788 in Rom. Da er keine Nachkommen hatte, erlosch mit dem Tod seines Bruders *Henry,* des Kardinals von York, der Stamm der Weißen Rose.

Loch Ness

Südwestlich von Inverness führt die A 82 am **Kaledonischen Kanal** entlang bis nach Fort William an der Westküste. Der Kaledonische Kanal bildet eine Verbindung der Ost- und Westküste Schottlands. Er besteht größtenteils aus natürlichen Gewässern. Die eigentlichen Kanalabschnitte wurden im frühen 19. Jh. gebaut. Die Gesamtlänge der Schifffahrtsstraße zwischen dem Moray Firth an der Nordsee und dem Firth of Lorne am Atlantischen Ozean beträgt 97 km.

Knapp 10 km hinter Inverness erreicht man die Heimatgewässer des neben dem Yeti wohl **berühmtesten Ungeheuers der Welt:** Loch Ness. Wir empfehlen, nicht mehr als einen Tagesausflug an Loch Ness zu verschwenden, das außer seinem Ungeheuer wenig zu bieten hat. Die Landschaft dort ist für Schottland selten eintönig. Die im Folgenden beschriebene **Rundfahrt** (ohne Wanderungen) lässt sich gut an einem Tag bewältigen.

Loch Ness Centre

In **Drumnadrochit** ist im ersten großen Haus auf der rechten Seite das **Besucherzentrum** untergebracht. Eine Multimediaschau versucht, die Existenz *Nessies* unwiderlegbar zu beweisen. Unterstützt von modernster Technik wird in mehreren Räumen eine vergnügliche Reise durch die Nessiegeschichte geboten, die vor allem auch Kindern Spaß macht. Vom *Centre* aus starten stündlich **Bootstouren** über Loch Ness.

■ **The Loch Ness Centre and Exhibition,** Drumnadrochit, IV63 6TU, www.lochness.com, Ostern–Sept. tägl. 10–17 Uhr, Okt. 10–16 Uhr, Nov.–Ostern 10–15 Uhr, Eintritt £ 18,95, online £ 14,95.

Urquhart Castle

Durch Drumnadrochit hindurch und dann um die **Urquhart Bay** herum gelangt man zum Urquhart Castle (sprich: Örket). Es wurde im 13. Jh. als königliche Festung erbaut und spielte eine wichtige Rolle in den Unabhängigkeitskriegen unter *Robert the Bruce.* Im 16. Jh. wurde es stark erweitert, unter anderem um den heute noch teilweise erhaltenen Tower. 1691/92 lagen im Castle englische Truppen, die beim Verlassen den Eingang sprengten, um es verteidigungsunfähig zu machen. Seitdem ist die Burg verlassen. Heute stehen fast nur noch Grundmauern von einer der einst größten Burgen Schottlands.

■ **Urquhart Castle,** Drumnadrochit, IV63 6XJ, www.historicenvironment.scot/urquhart-castle, April–Aug. tägl. 9.30–20 Uhr, Sept. bis 18 Uhr, Okt. bis 17 Uhr, Nov.–März bis 16.30 Uhr, Eintritt £ 14,50, £ 13 bei Online-Buchung.

Cannich und Loch Affric

Während der Fahrt auf der A 831 durch das **Glen Urquhart** fasziniert die Landschaft. Von Cannich aus lohnen sich zwei Abstecher (am besten Wanderungen) in die Sackgassen von **Glen Cannich** zum Loch Mullardoch oder ins **Glen Affric** bis zum Loch Affric. Die schmalen Straßen bahnen sich einen Weg durch zunächst üppig bewachsene idyllische Täler. Bald wird die Vegetation immer spärlicher und geht in den typischen Moos und Heidebewuchs über.

Vom Loch Affric schlängelt sich ein **Fußweg** weiter zum *Glen Affric Youth Hostel* (ca. 3–4 Std.), einer kleinen Hütte auf der Wasserscheide zwischen Atlantik und Nordsee (→ Unterkunft). An der Westküste Schottlands endet der Wanderweg am Loch Duich, unterhalb der **Five Sisters of Kintail** (→ Kapitel 9: Five Sisters of Kintail).

Beauly

Von Cannich fährt man die A 831 nach Nordosten und trifft in Beauly auf die A 862. 16 km hinter Cannich steht links der Straße ein viktorianisches Landschlösschen: *Aigas House,* ein Hotel.

Beauly ist ein hübscher kleiner Ort am River Beauly. *Maria Stuart* soll der Stadt den Namen gegeben haben, als sie hier ausrief: „*Quel beau lieu!*" („Was für ein hübscher Ort!").

Am anderen Ende des Marktes steht zwischen alten Bäumen die Ruine der **Beauly Priory.** Die Abtei wurde 1230 gegründet. 1560 zerstörte man während der Reformation das Kloster, das Übrige besorgten die Bauarbeiten an der Zitadelle von Inverness.

Die A 862 führt an der Küste entlang zurück nach Inverness.

Unterkunft

- **Loch Ness Backpackers Lodge**②, Drumnadrochit, IV63 6UJ, Tel. 01456 450807, www.lochness-backpackers.com. *Independent Hostel* in Drumnadrochit.
- **Glen Affric Youth Hostel**②, Allt Beithe, IV4 7ND, Tel. 0345 2937373, www.hostellingscotland.org.uk/hostels/glen-affric/. Das Hostel ist eines der abgelegensten Hostels Schottlands, erst nach 3–4 Std. Fußmarsch erscheint die Hütte zwischen den umliegenden Highlands. April–Sept.

Nessies Lieblingsburg: Urquhart Castle

345sc sv

Loch Ness – Unbekanntes Tauchobjekt oder Sommerlochplombe?

Im Jahre des Herrn 565 war der irische Mönch und Klosterbauer **St Columba** im schottischen Hochland unterwegs. Er hatte vor, mittels des **Christentums** die Clans aus der grauen Vorzeit ins Mittelalter zu befördern. Dabei wanderte er auch an den Ufern des größten Binnengewässers der Britischen Inseln, Loch Ness, entlang. Plötzlich gewahrte er eine Gruppe Einheimischer, die einen der Ihren zu Grabe trugen. Dieser war einer *„aquatili bestiae"*, einem **Seeungeheuer,** zum Opfer gefallen. Sogleich erkannte *St Columba* seine Chance. Er ließ einen seiner Getreuen an einer schmalen Stelle des Sees zum anderen Ufer schwimmen, angeblich um ein dort vertäutes Boot zu holen. Kaum war der Mann im Wasser, da tauchte auch schon *„Niseag"*, heute nur noch *„Nessie"* genannt, auf, nicht gewillt, sich solch einen Brocken entgehen zu lassen. Das war *St Columbas* Stunde: *„Go thou no further, nor touch the man. Quick, go back!"* befahl der Heilige. Erschrocken floh das Untier, nicht aber die Heiden. Sie liefen in Scharen dem Heiligen zu. Seitdem sind die Schotten Christen, und Loch Ness hat ein Monster.

Beides hat sich bis heute nicht verändert. Verschreckt von jener Begegnung mit Menschen, ließ *Nessie* sich erst im 19. Jh. wieder sehen. 1827 vermerkt *Sir Walter Scott* in seinem Tagebuch, dass ihm berichtet wurde, wie man versucht hatte, die legendäre Wasserkuh zu fangen. 1880 berichtete *Duncan McDonald,* ein Taucher, wie ein großes Ungeheuer auf ihn zugeschwommen sei, ihm aber keine Beachtung geschenkt habe. Er war nicht unglücklich darüber, befand sich doch gerade kein Heiliger in der Nähe.

Wirklich **berühmt** wurde *Nessie* aber erst, als **1933** die großzügige A 82 durch das Great Glen gebaut wurde. Im Juli 1933 fuhren *Mr.* und *Mrs. Spicer* gemütlich am Ufer des Sees entlang, als sie plötzlich aus dem Farn am Fahrbahnrand ein seltsames Tier auftauchen sahen. Es hatte einen kleinen Kopf, einen langen dünnen Hals, einen dicken, schwerfälligen Körper und vier Flossen oder Füße. Im Maul trug es irgendein Tier, wahrscheinlich das Frühstück, und nach kurzer Zeit verschwand es mit einem lauten Platscher im See. Trotz des Hohns, mit welchem Wissenschaftler und Zoologen das Ehepaar überschütteten, griffen Zeitungen auf der ganzen Welt die Geschichte von dem 8–9 m langen Ungeheuer auf. *Nessie* wurde über Nacht berühmt.

Nach den *Spicers* erblickten noch Hunderte von Menschen (zwischen 1933 und 1974 ca. 300) das Monster im See. Meist begann zunächst das Wasser zu brodeln und zu spritzen, dann tauchte ein langer Hals mit einem kleinen Kopf auf. Oder man konnte nur einige aus dem Wasser ragende felsartige Buckel entdecken, die mit für Felsen erstaunlicher Geschwindigkeit durch das Wasser schwammen.

Doch die **Skeptiker** gaben nicht auf, *Nessie* zu verleugnen. *„Monstermania"*, „ein schlagendes Beispiel von Massenhalluzination" nannte *E. G. Boulenger,* der Direktor des Londoner Aquariums, das Phänomen. Andere sprachen von Seemannsgarn, durchdachten Public-Relation-Gags ambitionierter Hoteliers oder führten die vielen Sichtungen einfach auf die **Belohnungen** zurück, die für die Ergreifung des flüchtigen Monsters ausgesetzt wurden. Der New Yorker Zoo bot 500 Dollar, 20.000 Pfund der Zirkus *Bertram Mills* und die *Black and White Distillery* sogar eine Million Pfund. Noch heute sind die 500.000 Pfund der *Guinness*-Brauerei ausgeschrieben. Sollten

Sie aber mit dem Gedanken an diese Prämie spielen, dann müssen Sie *Nessie* nach dem Fang ganz schnell außer Landes schaffen. Schon 1934 haben die geschäftstüchtigen Highländer ihr Ungeheuer unter **Naturschutz** gestellt.

Am 12. November 1933 lehnte die britische Regierung den Antrag eines Unterhausabgeordneten ab, eine offizielle Untersuchung über die „Ungeheuersache" anzustrengen. Dies sei doch eher die Aufgabe von Privatleuten und Wissenschaftlern, ließ der Regierungssprecher verlauten. Diese Stellungnahme verstanden viele „Amateurcryptozoologen" als Aufforderung.

Alles, was man bis dahin von *Nessie* wusste, war, dass sie offenbar weiblichen Geschlechtes war, schlecht gelaunt wirkte, wenn sie etwa durch Straßenbausprengungen gestört wurde, ansonsten aber friedlich lebte und keine Schwierigkeiten machte. Man begann, allerlei Spekulationen anzustellen, welcher Spezies *Nessie* zuzuordnen sei. Auf der Basis von Fotos und Filmen, die mit der Zeit von ihr aufgenommen und alle von Sachverständigen auf ihre Echtheit untersucht wurden, entstanden verschiedene **Hypothesen.** Die am meisten vertretene besagt, dass *Nessie* zu einer Art der Plesiosaurier gehört. Diese räuberischen Reptilien lebten in küstennahen Meeresregionen und man dachte, sie seien seit der Kreidezeit ausgestorben. Bis vor 12.000 Jahren war Loch Ness noch ein solcher Meeresarm, der aber, als sich nach der Eiszeit das Land hob, zum See wurde. *Nessie* saß in der Falle – aber in einer sehr fischreichen und häuslichen, boten doch die vielen unterseeischen Höhlen in Loch Ness guten Unterschlupf. Dass zwischen Kreidezeit und Eiszeit mehrere Millionen Jahre lagen und *Nessie* sich von Salz- auf Süßwasser umstellen musste, sind nur Nebenaspekte, die sicher auch noch geklärt werden. Schwieriger zu erklären ist, wie ein Reptil, also ein Kaltblüter, in dem auch im Sommer nie über 6–7 Grad Celsius warmen Gewässer überleben kann.

Welcher Spezies *Nessie* auch immer angehört, man hat errechnet, dass 40–50 Exemplare zur Arterhaltung nötig sind. Und tatsächlich, ein Team des *Departments of Electronic Engineering* der Universität Birmingham erbrachte den Beweis. Es installierte ein **Sonarsystem** an der Südostecke des Sees. Am 28. August 1968 um 16.30 Uhr erschien ein großes Objekt auf dem Schirm, dass ob der enormen Geschwindigkeit, mit der es sich bewegte, kein Fischschwarm sein konnte. Kurze Zeit darauf zeigte sich an einer anderen Stelle des Schirms ein ähnliches Objekt. Es mussten also mindestens zwei *Nessies* existieren. Auch eine Flotte von Sonarbooten, die den ganzen See durchkämmte, ortete „große, sich bewegende Objekte", die tiefer als alle Fischschwärme tauchten.

Zum Unglück der Monsterforscher ist der See mit dem Ungeheuer verbündet. 50 Bäche aus Mooren und Heiden ergießen sich in den See und mit ihnen Abermilliarden kleinster Moorpartikel. Wie fast alle schottischen Seen ist deshalb auch Loch Ness undurchsichtig wie braune Tinte. Schon nach nur 2 m Tiefe können Taucher kaum die Hand vor Augen sehen. So ist es nicht verwunderlich, wenn Mini-U-Boote nicht mehr als eine neblig verschwommene Plesiosaurierflosse aufnehmen konnten.

Auch ist Loch Ness **unglaublich tief** – und keiner weiß bis heute genau, wie tief es ist. 325 Meter ist die größte bisher gemessene Tiefe, doch das moorige Wasser schluckt auch Sonarstrahlen, wer weiß also, ob der See nicht noch tiefer ist. Nie hat man aus diesem See die Leiche eines Ertrunkenen retten können, alles versinkt in unwägbare Tiefen. Wird man also jemals in der Lage sein zu erfahren, ob das Geheimnis von Loch Ness nur spielende Fischotter, bizarre Baumstämme oder vielleicht doch ein scheues Relikt jener Spezies ist, die in anderen Ländern nur noch in Form von versteinerten Knochen unter Glas auftritt?

Bonar Bridge | 317

Dornoch | 317

Dunbeath | 324

Durness | 330

Easter Ross, Halbinsel | 316

Fort William | 345

Gairloch | 339

Glen Coe | 352

Glenfinnan | 350

Helmsdale | 321

John O'Groats | 325

Kyle of Lochalsh | 341

Lochinver | 334

Mallaig | 352

Strathpeffer | 314

Thurso | 327

Torridon | 340

Ullapool | 337

Wick | 324

731sc bcg

9 Der Norden und Nordwesten

» Hier wird es wild und einsam, in den hohen Norden verirren sich nur wenige Touristen, obwohl diese Region und das westliche Hochland zu den schönsten Regionen Schottlands zählen.

Rogie Falls bei Strathpeffer

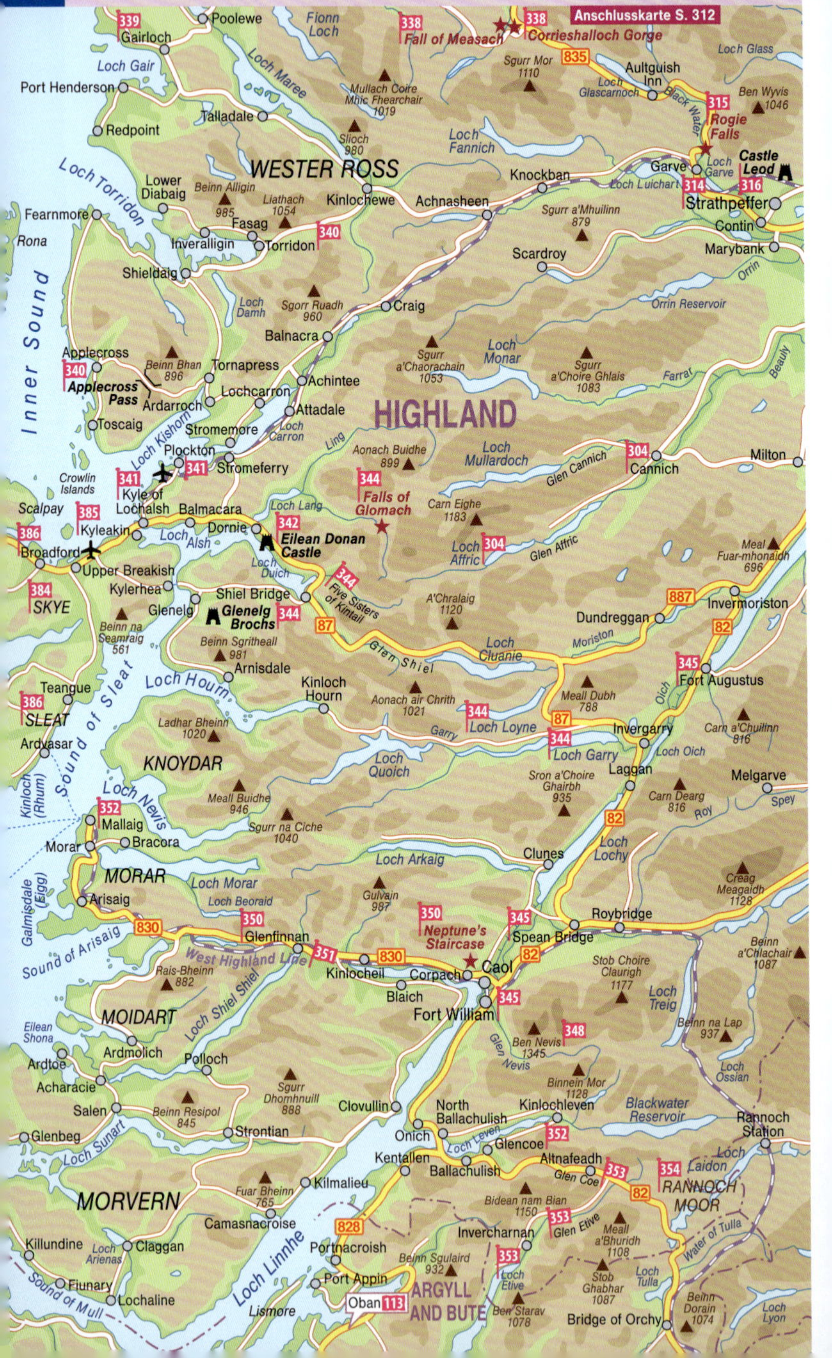

0 10 km
Anschlusskarte S. 312
339 Gairloch
Poolewe
Fionn Loch
338 Fall of Measach
338 Corrieshalloch Gorge
Loch Glass
Loch Gair
Sgurr Mor 1110
835
Aultguish Inn
Port Henderson
Mullach Coire Mhic Fhearchair 1019
Loch Glascarnoch
Black Water
315 Rogie Falls
Ben Wyvis 1046
Redpoint
Talladale
Loch Maree
Slioch 980
Loch Fannich
Castle Leod
Loch Torridon
WESTER ROSS
Knockban
Garve
Loch Garve
Lower Diabaig
Beinn Alligin 985
Liathach 1054
Kinlochewe
Achnasheen
Loch Luichart
314
316
Strathpeffer
Fearnmore
Fasag
340
Sgurr a'Mhuilinn 879
Contin
Rona
Inveralligin
Torridon
Marybank
Scardroy
Orrin
Shieldaig
Inner Sound
Loch Damh
Sgorr Ruadh 960
Craig
Orrin Reservoir
Balnacra
Applecross
340 Applecross Pass
Beinn Bhan 896
Tornapress
Sgurr a'Chaorachain 1053
Loch Monar
Sgurr a'Choire Ghlais 1083
Farrar
Beauly
Achintee
Lochcarron
Ardarroch
Attadale
HIGHLAND
Toscaig
Loch Kishorn
Stromemore
Loch Carron
Ling
Aonach Buidhe 899
Loch Mullardoch
304 Cannich
Milton
Plockton
Glen Cannich
341
341 Stromeferry
Crowlin Islands
344 Falls of Glomach
Kyle of Lochalsh
Loch Lang
Carn Eighe 1183
Scalpay
385 Kyleakin
Balmacara
Dornie
342 Eilean Donan Castle
386 Broadford
Loch Alsh
Loch Duich
Loch Affric
304
Glen Affric
Meall Fuar-mhonaidh 696
Upper Breakish
344 Five Sisters of Kintail
384 SKYE
Kylerhea
Shiel Bridge
A'Chralaig 1120
887
Invermoriston
Glenelg
Glenelg Brochs 344
Dundreggan
Beinn na Seamraig 561
87
82
Beinn Sgritheall 981
Glen Shiel
Loch Cluanie
Moriston
345 Fort Augustus
Arnisdale
Kinloch Hourn
Teangue
Loch Hourn
Aonach air Chrith 1021
Meall Dubh 788
Oich
386 SLEAT
Sound of Sleat
Ladhar Bheinn 1020
344 Loch Loyne
87
Invergarry
Carn a'Chuilinn 816
Garry
344 Loch Garry
Loch Oich
Ardvasar
KNOYDAR
Loch Quoich
Sron a'Choire Ghairbh 935
Laggan
Melgarve
Carn Dearg 816
Spey
Kinloch (Rhum)
Loch Nevis
Meall Buidhe 946
Roy
352 Mallaig
Sgurr na Ciche 1040
82
Morar
Bracora
Loch Arkaig
Clunes
Loch Lochy
MORAR
Creag Meagaidh 1128
Loch Morar
Loch Beoraid
Galmisdale (Eigg)
Arisaig
Gulvain 987
350 Glenfinnan
350 Neptune's Staircase
345 Spean Bridge
Roybridge
830
Sound of Arisaig
West Highland Line
351
830
82
Beinn a'Chlachair 1087
Rais-Bheinn 882
Kinlocheil
Corpach
Caol
Stob Choire Claurigh 1177
Blaich
345
Loch Treig
Loch Shiel
MOIDART
Fort William
Beinn na Lap 937
Eilean Shona
Glen Nevis
Ben Nevis 1345
348
Ardmolich
Polloch
Binnein Mor 1128
Loch Ossian
Ardtoe
Acharacle
Sgurr Dhomhnuill 888
Salen
Beinn Resipol 845
Clovullin
North Ballachulish
Kinlochleven
Blackwater Reservoir
Rannoch Station
Glenbeg
Strontian
Onich
Loch Leven
Glencoe
352
Loch Sunart
Kentallen
Ballachulish
Altnafeadh
353
354 Loch Laidon
Kilmalieu
Glen Coe
82
RANNOCH MOOR
MORVERN
Fuar Bheinn 765
Bidean nam Bian 1150
Camasnacroise
828
353 Glen Etive
Meall a'Bhuiridh 1108
Water of Tulla
Killundine
Loch Arienas
Claggan
Loch Linnhe
Portnacroish
Inverchanan
Beinn Sgulaird 932
353
Stob Ghabhar 1087
Loch Tulla
Fiunary
Port Appin
Loch Etive
Sound of Mull
Lochaline
ARGYLL AND BUTE
Beinn Dorain 1074
Loch Lyon
Lismore
Oban 113
Ben Starav 1078
Bridge of Orchy

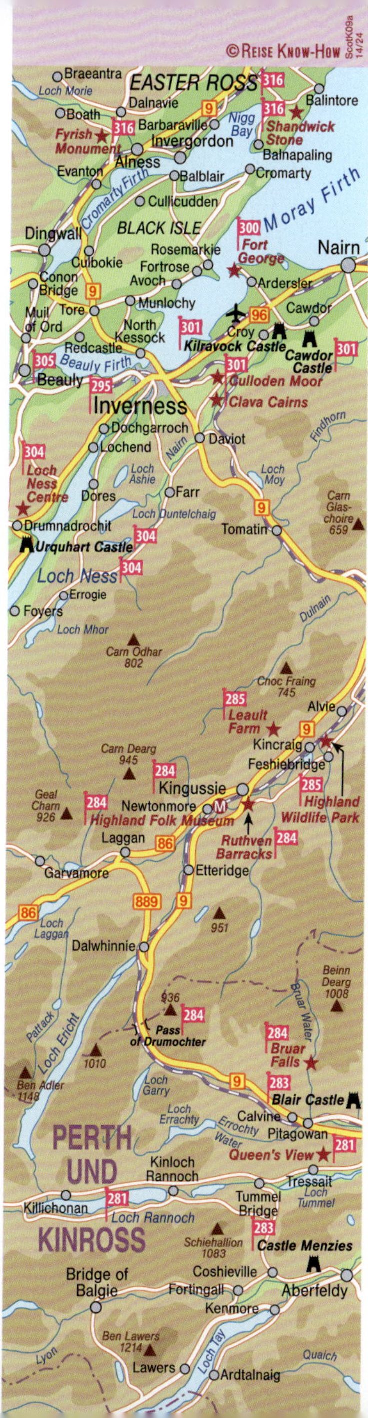

DER NORDEN UND NORDWESTEN

Hier findet sich das „eigentliche“, einsame Hochland. Mild und wetterbeständiger im Osten, einer Moorlandschaft mit vielen prähistorischen Fundstätten, wird im Norden und Westen das Wetter stürmischer und die Landschaft dramatischer: zerklüftete Küstenlinien im Norden, wilde Einsamkeit im Nordwesten und raue Schönheit im Westen.

NICHT VERPASSEN!

- **Dunrobin Castle,** Pracht auf Kosten der Highlandbewohner | 320
- **Duncansby Head,** hier endet Schottland | 325
- **Loch Assynt,** Burgruine in einsamer Highland-Kulisse | 336
- **Eilean Donan Castle,** Hollywoodstar unter den schottischen Burgen | 342
- **Jacobite Steam Train,** mit der Dampflok nach Hogwarts | 351
- **Glen Coe,** malerisches Tal der Tränen | 352

Diese Tipps erkennt man an der gelben Markierung.

Anschlusskarte S. 310

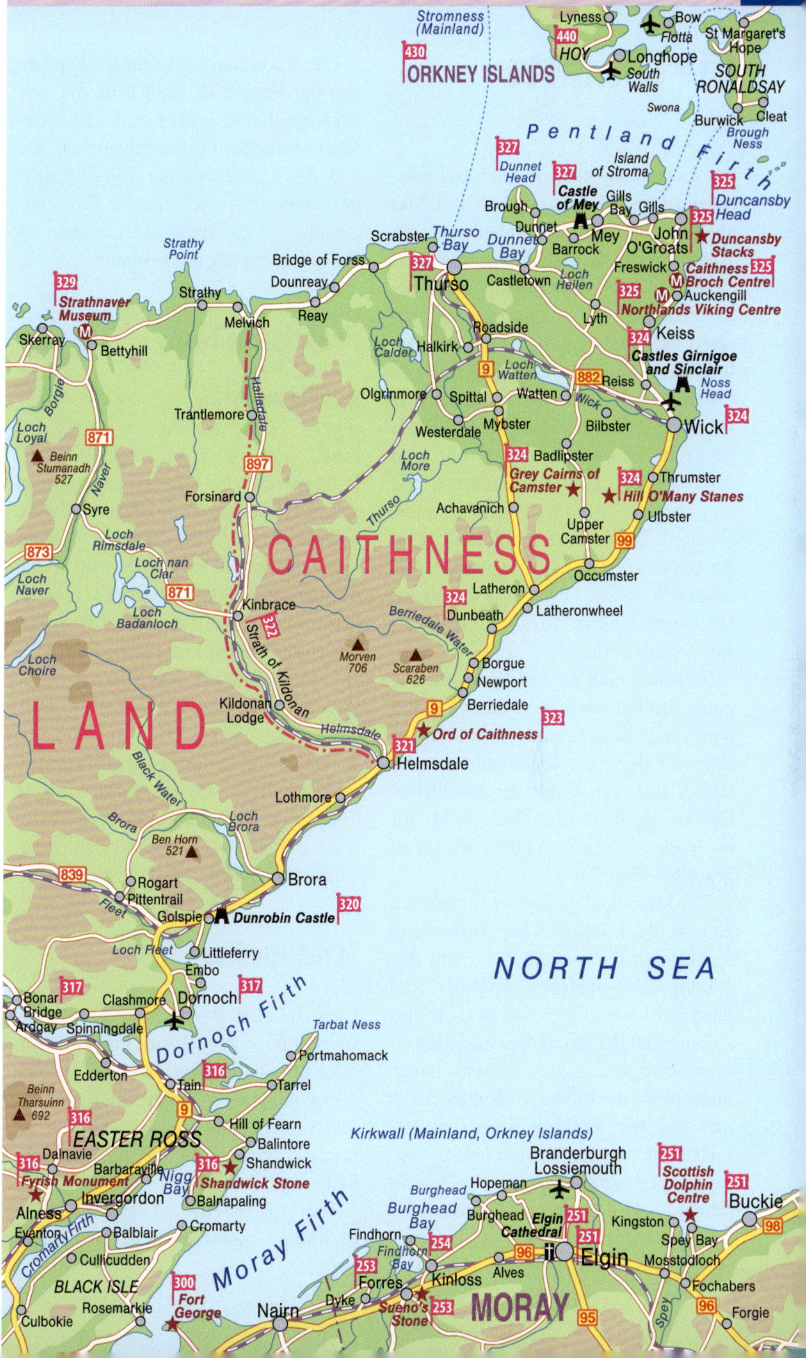

Stromness (Mainland)
430
ORKNEY ISLANDS
Lyness
440
HOY
Bow
Flotta
St Margaret's Hope
Longhope
South Walls
SOUTH RONALDSAY
Swona
Burwick
Cleat
Brough Ness
Pentland Firth
327
Dunnet Head
Island of Stroma
327
Castle of Mey
Gills Bay
Gills
325
Duncansby Head
Brough
Dunnet
Mey
John O'Groats
325
Duncansby Stacks
Barrock
Dunnet Bay
Thurso Bay
Scrabster
Bridge of Forss
Dounreay
327
Thurso
Castletown
Loch Heilen
Freswick
Caithness Broch Centre
325
Auckengill
Northlands Viking Centre
Strathy Point
Strathy
Melvich
Reay
329
Strathnaver Museum
Skerray
Bettyhill
Borgie
Loch Calder
Halkirk
Roadside
Lyth
Keiss
324
Castles Girnigoe and Sinclair
Noss Head
9
Loch Watten
882
Reiss
Olgrinmore
Spittal
Watten
Wick
Mybster
Bilbster
Wick
324
Westerdale
Trantlemore
Halladale
Loch Loyal
871
Beinn Stumanadh 527
Naver
897
Loch More
324
Badlipster
Grey Cairns of Camster
324
Thrumster
Hill O'Many Stanes
Ulbster
Forsinard
Syre
Thurso
Achavanich
Upper Camster
99
Loch Rimsdale
CAITHNESS
873
Loch nan Clar
Loch Naver
871
Occumster
Latheron
324
Dunbeath
Latheronwheel
Kinbrace
322
Loch Badanloch
Strath of Kildonan
Berriedale Water
Morven 706
Scaraben 626
Loch Choire
Borgue
Newport
Berriedale
LAND
Kildonan Lodge
9
323
Ord of Caithness
Helmsdale
321
Helmsdale
Black Water
Lothmore
Brora
Loch Brora
Ben Horn 521
839
Rogart
Brora
Pittentrail
Fleet
Golspie
Dunrobin Castle
320
Loch Fleet
Littleferry
Embo
NORTH SEA
317
Bonar Bridge
Ardgay
Clashmore
Dornoch
317
Spinningdale
Dornoch Firth
Tarbat Ness
Portmahomack
Edderton
316
Tain
Tarrel
Beinn Tharsuinn 692
316
9
Hill of Fearn
EASTER ROSS
Balintore
Kirkwall (Mainland, Orkney Islands)
316
Dalnavie
Barbaraville
316
Shandwick
Fyrish Monument
Nigg Bay
Shandwick Stone
Balnapaling
Branderburgh
Lossiemouth
251
Scottish Dolphin Centre
251
Buckie
Hopeman
Burghead
Burghead Bay
Invergordon
Alness
Evanton
Cromarty Firth
Balblair
Cromarty
Burghead
Elgin Cathedral
251
251
Kingston
Spey Bay
98
Findhorn
254
Findhorn Bay
Culicudden
Moray Firth
96
Elgin
Alves
Mosstodloch
253
Forres
Kinloss
BLACK ISLE
300
Fort George
Fochabers
Rosemarkie
Dyke
Sueno's Stone
253
MORAY
96
Spey
Forgie
Culbokie
Nairn
95

Die Ostküste

Die Ostküste gehört zu den **beschaulicheren Gegenden** von Schottland. Das liegt an der Landschaft, aber auch am Wetter an der britischen Nordseeküste, das beständiger und trockener als an der Atlantikküste ist. Auch landschaftlich zeigt sich die Region **milder als der Westen.** Besonders die beiden Halbinseln zwischen Moray, Cromarty und Dornoch Firth sind von einer typischen Agrarlandschaft bedeckt, nur hier und da von hübschen Landstädtchen wie Strathpeffer, Tain oder Dornoch unterbrochen. Etwas weiter landeinwärts, in der Gegend von Bonar Bridge und Lairg, lässt sich schon etwas von der rauen Hochlandszenerie Nord- und Westsutherlands erahnen.

Je weiter man an der Küste entlang nach Norden vordringt, desto dünner wird die Besiedelung, die sich bald nur noch an der Küste entlangdrängt. Im Hinterland, vor allem des nördlichen **Caithness,** erstrecken sich bald nur noch öde Moorflächen über einem sanft gewellten Hügelland.

Das scheint nicht immer so gewesen zu sein, denn im östlichen **Sutherland** („Südland“, da es südlich der von den Wikingern besiedelten Orkney- und Shetland-Inseln liegt) und in Caithness („Grafschaft der Katze“, benannt nach einem Wappentier der Pikten) liegen mehr **prähistorische Fundstellen** als in den meisten anderen Regionen. Die meisten dieser Stätten sind jedoch „naturbelassen“, da Ausgrabungen sich nicht lohnen, und müssen von Interessierten selbst erwandert werden.

Der landschaftlich beeindruckendste Teil der Region ist die **Küste,** die sich nach Norden zu immer steiler über das Meer erhebt. Steil aufragende Felsen, wie z. B. der Aussichtspunkt Ord of Caithness, faszinieren wie bizarre Erosionsgebilde, z. B. die Stacks of Duncansby an der Nordostspitze des Festlands.

Praktische Tipps

Verbindungen

Bahn

- Auf einer ähnlichen Route wie die A 9 verkehrt auch ein Zug von Inverness nach **Thurso** und **Wick.** Er fährt viermal täglich zwischen 7 und 18 Uhr, die Fahrt dauert ca. 4 Std. In **Dingwall** zweigt von dieser Strecke eine Linie in Richtung **Kyle of Lochalsh** ab (viermal täglich von Inverness). Tickets ab Inverness kosten zwischen £ 12 und £ 23 nach Helmsdale und zwischen £ 15 und £ 25 nach Thurso.

Bus

- *Stagecoach* fährt mit seinen Bussen in der ganzen Region. Die Linie X99 fährt dreimal täglich von Inverness über Helmsdale und **Wick** nach **Thurso** (£ 22). Zwischen 9 und 17 Uhr fährt zudem stündlich die Linie X25 von Inverness bis **Dornoch.**

Strathpeffer

Über die Firth Bridge, die sich von Inverness über den **Moray Firth** spannt, erreicht man die **Black Isle,** die Halbinsel zwischen dem Moray und dem Cromarty Firth. Die „Schwarze Insel“ ist rasch durchquert, die A 9 führt weiter in Richtung Norden.

Fährt man in Tore auf der Black Isle in Richtung Inland, gelangt man über

Dingwall in den kleinen **Kurort** Strathpeffer (rund 1040 Einwohner), dessen schwefelhaltiges Heilwasser man am Square in der Ortsmitte probieren kann. Der Brunnen steht im **Victorian Pump Room,** der zwischen 1870 und 1939 Zentrum des Spa Strathpeffer war, in dem sich die *High Society* zur Kur traf.

Am Ortseingang findet man links der Straße in einem alten viktorianischen Bahnhof einige Kunsthandwerksläden und das **Highland Museum of Childhood.**

■ **Highland Museum of Childhood,** IV14 9DH, www.highlandmuseumofchildhood.org.uk, Mi–Fr 10–15 Uhr, Sa 11.30–15 Uhr, Eintritt £ 5.

Neben dem ersten Haus auf der rechten Seite führt ein kleiner Fußweg den Berg hinauf zum **Eagle Stone.** Der piktische Bildstein, der bereits zweimal umgesetzt wurde, zeigt einen sitzenden Adler. Sollte der Stein noch ein drittes Mal seinen Standort wechseln müssen – so erzählen die Einheimischen –, wird ein Unglück über die Stadt kommen.

Strathpeffer hat außer seiner gepflegten und ruhigen Atmosphäre wenig zu bieten, dient aber als hervorragender Ausgangspunkt für **Wanderungen** in den Bergen von Cromarty, wie etwa zum 1046 m hohen **Ben Wyvis.**

Rogie Falls

An der A 835 zwischen Contin und Garve sind auf der rechten Seite die Rogie Falls ausgeschildert. Vom Parkplatz geht man noch ca. einen Kilometer zu den **Wasserfällen** des Black Water River, über die eine neue **Hängebrücke** gespannt ist. Infotafeln erklären die Lachswanderungen – die großen Fische kann man mit etwas Glück hier springen sehen. Eine etwas längere Wanderung führt entlang dem Fluss wieder zurück zum Parkplatz. Unter www.forestryandland.gov.scot/visit/rogie-falls kann man eine **Karte mit unterschiedlichen Wanderwegen** herunterladen.

☑ Piktischer Symbolstein in Strathpeffer: der Eagle Stone

049sc bcg

Castle Leod

Etwa 3 km östlich von Strathpeffer kann an bestimmten Tagen zwischen Mai und September das mittelalterliche Castle Leod besichtigt werden. Es ist die **Heimat des Clans Mackenzie** und noch bewohnt, sodass es keine regelmäßigen Öffnungstage gibt.

- **Castle Leod,** IV14 9AA, www.castleleod.org.uk, an ausgewählten Tagen (→ Website) 14–18 Uhr, Eintritt £ 12.

Praktische Tipps

Unterkunft

- **Highland Hotel**②, IV14 9AN, Tel. 01997 4214 57, www.highlandhotel.co.uk. Eines der großen klassischen Hotels mit entsprechender Innenausstattung.
- **Craigvar**③, The Square, IV14 9DL, Tel. 01997 421622, www.craigvar.com. Nobel eingerichtetes B & B.

Halbinsel Easter Ross

Die A 9 verläuft weiter am Nordufer des **Cromarty Firth** über die Halbinsel Easter Ross, um bald Richtung Tain am Dornoch Firth abzubiegen.

Fyrish Monument

8 km hinter Dingwall ragt linker Hand auf einem Berg eines der absurdesten *follies* Schottlands auf (als *folly* belächeln die Schotten die monumentalen Absurditäten ihrer viktorianischen Vorväter). Das Fyrish Monument ist ein **Nachbau des Stadttores** von Seringapatam in Indien, das ein Graf als Erinnerung an seine dortige Statthaltertätigkeit errichten ließ (GPS N 57.695604, W 4.337647).

Tain

Tain besitzt schon seit 1066 Marktrechte, als deren Symbol in der Ortsmitte das Mercat Cross steht. In der Tower Street widmet sich das **Tain & District Museum** der örtlichen Geschichte, unter anderem der Bedeutung Tains als Wallfahrtsort. Dementsprechend gehören auch **St Duthus Chapel and Collegiate Church** aus dem 14./15. Jh. zum Museumskomplex.

Beachtenswert ist auch der große **Tolbooth-Turm** an der Hauptstraße, in dem seit 1630 die Stadt ihre Verbrecher unterbrachte.

- **Tain & District Museum,** IV19 1DY, www.tainmuseum.org.uk, April–Okt. Di–Fr 10–16 Uhr, Eintritt £ 5.

Shandwick Stone

Südöstlich von Tain erreicht man auf der B 9165 am Meer **Shandwick.** In einem Feld südwestlich der Ortschaft haben die Pikten einen ihrer schönsten Symbolsteine mit einer Höhe von 2,70 Metern errichtet (GPS N 57.7472, W 3.924694).

Croick Church

In einem weiten Bogen kann man, die A 9 verlassend, auf der A 836 und der A 949 den **Dornoch Firth** umfahren.

Kurz vor Bonar Bridge zweigt in **Ardgay** eine kleine Nebenstraße ab. Durch ein zunächst breites und flaches Tal, vorbei an Stromschnellen und Wasserfällen des Carron, führt eine *Single Track Road* bis zur Croick Church. Diese **Kirche** bewahrt noch heute eine bittere Erinnerung an die Vertreibung der Menschen aus ihren Heimattälern während der **Clearances** (→ Exkurs „Die Erschaffung der Einsamkeit – Highland Clearances im 19. Jh.“, S. 318). 1845 trieb man die Bewohner des Glen Calvie hier zusammen und setzte sie zwei Tage dem Wetter aus, bevor sie nach Übersee verschifft wurden. Die Familienoberhäupter ritzten vor der endgültigen Abreise zur Erinnerung an die Grausamkeit der Mächtigen ihre Namen in ein Fenster der Kirche (www.croickchurch.com).

Bonar Bridge

In Bonar Bridge, dem Örtchen am Ende des **Dornoch Firth,** zweigt die A 836 nach Ullapool und Loch Laxford im Westen oder an den Kyle of Tongue im Norden ab. Alle drei Strecken führen über einspurige *Single Track Roads* durch eine überwältigende Landschaft mit manchmal sogar schneebedeckten Bergen, Wasserfällen, einsamen Seen oder versteckten *Crofts* an die Nordwestküste, eine der atemberaubendsten Landschaften Schottlands.

Hoch über dem Kyle of Sutherland, etwas nordwestlich der Ortschaft Bonar Bridge, steht auf einem Felsen **Carbisdale Castle.** Das Schloss wurde in seiner romantischen Lage, die von den Burgen des Rheins abgeschaut sein soll, erst 1910 von der Witwe des Herzogs von Sutherland errichtet. Sie war nach dem Tod ihres Mannes von ihrem Stiefsohn aus Dunrobin Castle, dem Stammsitz der *Sutherlands,* vertrieben worden. Als ihre Schwiegerverwandten sie auch noch verklagten, sie habe zu viel Mobiliar mitgehen lassen und sie nach verlorenem Prozess zu einem halben Jahr Gefängnis verurteilt wurde, sann sie auf Rache. Sie erbaute das prunkvolle Carbisdale Castle genau auf der Grenze zum Besitz ihrer Peiniger, von wo es herrisch auf den Gateway to Sutherland herabblicken konnte, den Weg, den ihr Stiefsohn nehmen musste, wenn er nach Dunrobin ritt. Bis 2016 gehörte das Castle dem schottischen Jugendherbergsverband und ist nun in privater Hand.

Falls of Shin

Vom Carbisdale Castle lohnt sich ein Spaziergang zu den Falls of Shin an der B 864, die alternativ zur A 836 nach Lairg führt. Besonders im Juni springen diese **Wasserfälle** im wildromantischen Shin-Tal, das sich neben der Straße zur Schlucht verengt, so viele **Lachse** hinauf, dass es selbst ungeübten Fotografen ein leichtes ist, das Phänomen im Bild festzuhalten.

Dornoch

Dornoch (rund 1400 Einwohner) liegt am nördlichen Eingang des gleichnamigen Firth. Es ist die „Hauptstadt“ der riesigen Grafschaft Sutherland. Das historische Stadtbild prägen besonders das **Castle,** auch *Bishop's Palace* genannt, das heute ein Hotel (→ unten) beherbergt,

Die Erschaffung der Einsamkeit – Highland Clearances im 19. Jh.

Wer im schottischen Hochland auf Wanderschaft geht, der kommt nicht umhin, irgendwann erstaunt festzustellen, wie viele Ruinen kleiner Steinhütten und Scheunen in den menschenleeren Glens vor sich hinwittern. Ein Blick auf die Karte beschert eine weitere Seltsamkeit. Jedes Küppchen, jedes Bächlein und jede Pfütze hat einen Namen. Ein Umstand, der in ähnlich einsamen Gegenden, wie z. B. Lappland, nicht denkbar wäre. Nur eine Erklärung ist hier hinreichend: das Land muss einmal bewohnt gewesen sein.

Noch in der Mitte des 19. Jahrhunderts war das Hochland ein für jene Zeit normal besiedeltes Gebiet. Doch das allgemeine Bevölkerungswachstum der Epoche machte sich auch hier bemerkbar. Bald wurde die Bevölkerung zahlreicher, als mit den veralteten Anbaumethoden auf dem nicht gerade übermäßig fruchtbaren Boden zu ernähren war. In den Lowlands, im südlichen Schottland, war man diesen Problemen mit modernen landwirtschaftlichen Methoden begegnet und in recht kurzer Zeit sogar zum Lebensmittelexporteur geworden. Man hatte das Land „gereinigt" (im Englischen *to clear*), d. h. durch Drainagen entwässert, begradigt, gedüngt und die Nutzung den Bodenverhältnissen angepasst. Nun versuchten einige der nordschottischen *Landlords,* der Landverpächter, gleiche Methoden auch im Hochland durchzuführen. Doch viele der kleinen Pächter sträubten sich gegen neue Methoden. Hinzu kam, dass die kleinen *Crofts* (Pachthöfe) meist zu klein waren, um wirtschaftlich produzieren zu können. Es mussten also, um größere Einheiten schaffen zu können, viele Familien ihr Land verlassen. **Erste Landvertreibungen** begannen. Mit diesen Vertreibungen begann das Wort *Clearances* (Bodenverbesserungen) einen ganz neuen Sinn zu erhalten: Säubern des Landes von Menschen.

Die **flächendeckenden Entvölkerungen** setzten jedoch erst ein, als die Landbesitzer eine ganz neue Profitquelle für das raue unfruchtbare Land entdeckten. Infolge gestiegener Nachfrage in Europa war der Wollpreis in die Höhe geschnellt. Die *Landlords* begriffen sofort: Wenn man das Land von den Menschen befreite, die letzten Wälder abholzte, dann war Raum geschaffen für Millionen von Schafen, die man über die Höhen weiden lassen konnte und nur einmal im Jahr zusammentreiben brauchte, um ihnen die gewinnträchtige Wolle zu nehmen.

Zu Tausenden mussten in der Folge die *Crofter* ihre angestammten Täler und Höfe verlassen und den Schafen Platz machen. Die Landbesitzer schreckten dabei vor **brutalsten Methoden** nicht zurück. Die *Duchess of Sutherland* ließ widerspenstigen Pächtern *(tennants)* das Dach über dem Kopf anzünden, auf den Hebriden ließ ein *Landlord* seine Pächter auf ein Schiff treiben, um sie direkt in den kanadischen Wald zu verschiffen, wo die meisten wegen der fehlenden Ausrüstung verhungerten.

Die meisten der Hochländer wanderten aus, nach Neuschottland in Kanada, nach Australien und Neuseeland. Nur wenige hatten das „Glück", von ihren Verpächtern minderwertiges Land, meist an der Küste, gestellt zu erhalten, auf dem sie kaum den Lebensunterhalt erwirtschaften konnten.

Doch in den 80er-Jahren des 19. Jh. begann sich **Widerstand** zu regen. In Irland, wo die Zustände ähnlich verheerend waren, kam es zu Aufständen, die die Regierung in London zwangen, den kleinen Pächtern **Zugeständnisse** zu machen. Aus Angst, ein zweites Irland könne vor der englischen Haustür entstehen, wurde die *Napier Commission* berufen. Diese Kommission beschäftigte sich intensiv mit der Lage im Hochland, und 1886 erließ das Unterhaus den *Crofters Act,* der erstmals den Pächtern die Sicherheit der Pacht zubilligte. Doch für die meisten der ehemaligen Hochländer kam das Gesetz zu spät. Das Hochland war entvölkert und in eine öde, menschenleere Wüste, die *man-made-desert,* verwandelt.

Ironie des Schicksals: Infolge des Überangebots an Wolle und der günstigen Konkurrenz vor allem aus Australien und Neuseeland fielen die Wollpreise. Die Landbesitzer fanden schnell eine neue Einnahmequelle. Die Schafe mussten nunmehr selbst – und mit ihnen die letzten verbliebenen Schafhirten – dem **Rotwild** Platz machen. Freizeitjäger der aufstrebenden oberen Mittelschicht aus England und auch vom Kontinent waren bereit, Unsummen für Jagdaufenthalte im Hochland zu bezahlen.

Black Houses im Skye Museum of Island Life: In solchen Häusern lebten die Crofter im 19. Jh. in den Highlands

und die **Cathedral,** die in einem kleinen Park mitten in der Stadt steht. Die frühgotische Kirche (Kathedrale ist etwas schmeichelhaft) wurde ab 1224 von einem Bischof auf eigene Kosten errichtet. Am Ufer des Firth finden sich herrliche **Sandstrände.** In den Dünen liegen ein Golfplatz und ein schöner Campingplatz.

Praktische Tipps

Informationen

- **www.visitdornoch.com**

Unterkunft

- **Dornoch Castle Hotel**②, Castle Street, IV25 3SD, Tel. 01862 810216, www.dornochcastlehotel.com. In altem Castle (15. Jh.) im Stadtzentrum mit zum Ambiente passender Einrichtung.
- **Dornoch Caravan & Camping Park**②, The Links, IV25 3LX, am Castle vorbei und auf dem Platz letzte Straße nach rechts, Tel. 01862 810423, www.dornochcaravans.co.uk. Direkt hinter den Dünen des weitläufigen Strands von Dornoch gelegen.

Essen und Trinken

- **The Highland Larder,** Beach Road, IV25 3LX, www.fb.com/thehighlandlarder, Mo–Sa 10–19 Uhr, So 10–17 Uhr. Am Parkplatz in der Nähe des Strandes gibt es traditionelles *Fast Food* mit lokalen Zutaten.

Veranstaltungen

- Die **Dornoch Highland Games** finden Anfang August statt.
- Im Sommer spielt die **Dornoch Pipe Band** samstagabends auf dem Square in der Stadtmitte.

[>] Zentrale der Clearances: Dunrobin Castle, Residenz der Herzöge von Sutherland

Dunrobin Castle

Etwa 17 km hinter Dornoch passiert man auf der A 9 den kleinen Ort Golspie. Die erste mögliche Einfahrt hinter Golspie nach rechts führt zur Zentrale und dem Produkt der kompromisslosesten **Clearances** von ganz Schottland: Dunrobin Castle. Wenn man diese Residenz besichtigt, behalte man im Hinterkopf, dass all die Pracht und all der Glanz auf dem Elend von vertriebenen Hochlandbewohnern errichtet wurden. Im 19. Jh. beschloss die Herzogin von Sutherland, ihre Pächter von ihrem Land zu vertreiben, um Schafe weiden zu lassen, da diese erheblich mehr Gewinn abwarfen. Dabei ging sie soweit, jenen Untertanen, die sich sträubten, ihr Land zu verlassen, die Häuser anzuzünden.

Der *Duke* und die *Duchesse of Sutherland* waren im 19. Jh. die zweitgrößten Grundbesitzer Europas und so reich, dass es *Queen Victoria,* als sie das Haus der *Sutherlands* in London besuchte, entfuhr: „Ich komme aus meiner Hütte in Ihren Palast!“

Den Rundgang durch das **Schloss** muss man ohne Führer bestreiten, obwohl die Tafeln und Beschreibungen nur unzureichend sind. Im Inneren sind wenig interessante Möbel des 18. und 19. Jh. zu sehen. Sehenswert dagegen ist der prachtvolle **Englische Garten,** der zwischen Burgfelsen und Meer liegt. In einem Gartenhaus befindet sich darüber hinaus die Sammlung unzähliger Trophäen sowie naturgeschichtlicher Fundstücke aus der Grafschaft und ein paar piktischer Symbolsteine.

- **Dunrobin Castle,** Golspie, KW10 6SF, www.dunrobincastle.co.uk, April und Okt. tägl. 10.30–

Adobe Stock © e55evu

16.30 Uhr, Mai–Sept. tägl. 10–17 Uhr, Eintritt £ 15,50.

Helmsdale

Bis John O'Groats folgt die Straße nun der Küstenlinie. Mal schmiegt sie sich an die Strände, mal schraubt sie sich hoch auf die Felsen und bietet einen herrlichen Blick über die See bis nach Speyside und Grampian. 18 km hinter Brora erreicht man Helmsdale, ein nettes **Fischerdorf** am Eingang des Strath of Kildonan, hübsch zwischen Bergen und Meer gelegen.

UNSER TIPP: Helmsdale ist ein sympathischer kleiner Fischerort, der während der *Clearances* entstand und während des Heringsbooms Anfang des 20. Jh. wuchs. Das **Timespan Museum,** von der A 9 abbiegend links im Ort, kontrastiert gut mit dem Besuch von Dunrobin Castle. Anhand eines virtuellen Modells und vieler alter Ausstellungsstücke versucht es, die Geschichte der Region und das Elend der *Clearances* anschaulich zu machen.

■ **Timespan Museum,** Dunrobin Street, KW8 6JA, www.timespan.org.uk, März–Okt. tägl. 10–17 Uhr, Eintritt £ 5.

Praktische Tipps

Verbindungen

Der **Bahnhof** von Helmsdale befindet sich am Südufer des Flusses.

Unterkunft

■ **The Belgrave Arms Hotel**②, Dunrobin Street, KW8 6JX, Tel. 01431 821242, www.belgravearmshotel.co.uk. Einfaches Hotel im Zentrum mit lebhafter Bar.

■ **Helmsdale Hostel**②, Stafford Street, KW8 6JR, links der A 9, den Hügel hoch am Ortsausgang, Tel. 07971 516287, www.helmsdalehostel.co.uk, geöffnet März–Okt. Eine kleine Wundertüte: von außen etwas unscheinbar, aber innen nüchterne Zimmer und ein hübscher, holzgetäfelter Aufenthaltsraum.

Adobe Stock © e55evu

Essen und Trinken

■ **Bannockburn Inn,** Stafford Street, KW8 6JY, Tel. 01431 821461, www.bannockburninn.co.uk. *Der* Pub in Helmsdale, serviert gutes Essen, bietet auch Zimmer an.

Strath of Kildonan

UNSER TIPP: Wenn man sich für die vielen **prähistorischen Fundstätten** des schottischen Nordens begeistern kann, dann bietet das Tal Strath of Kildonan eine gute Gelegenheit, auf Entdeckungssuche zu gehen. Man kann sich z. B. in diversen Onlineshops die hervorragende topografische Karte des Tals (Landranger 17: „Helmsdale and Strath of Kildonan") kaufen. Auf ihr sind alle bekannten Brochs, Steinkreise, Kammergräber, Ring- und Erdhäuser eingetragen, die, sämtlich „naturbelassen", versteckt neben der Straße in den Bergen, Seitentälern und Wäldern liegen.

Man verwende ruhig einen Tag darauf, das Tal hinaufzufahren und die Überreste gleich mehrerer vergangener Kulturen aufzusuchen. Das Tal ist auch für sich einen Abstecher wert. Die Vegetation wird immer karger, je höher man kommt. Man biegt in Kinbrace (Tankmöglichkeit) nach links über die Bahnschienen ab und fährt weiter bis zur *Badanloch Lodge.* Besonders im Abendlicht ist der Blick über das Seensystem des **Loch Badanloch** vor dem Rahmen der Berge unvergesslich. Mit ein wenig Glück kann man hier auch Steinadler oder Rotwildherden beobachten.

Das Fischerörtchen Helmsdale

Die Ruinen von Badbea

An der Küste von Caithness

Hinter Helmsdale steigt der Weg zum **Ord of Caithness,** einem Aussichtspunkt an der Grenze zur Grafschaft Caithness, an. Bei gutem Wetter sind von hier oben sogar einige der britischen Bohrinseln in der Nordsee zu erkennen. Nachdem die Straße einen weiten Bogen zur Landseite gemacht und dabei einen Bach überquert hat, passiert man rechts einen Rastplatz. Ist man an einer weiteren Erinnerung an die Zeit der „Hochlandreinigung" interessiert, sollte man hier anhalten. Ein schmaler Pfad führt etwa 500 m weiter an den Steilhang zum Meer. Hier liegen die Reste von **Badbea,** einer Siedlung, die die *Sutherlands* ein paar Croftern als Alternative zur Auswanderung gelassen hatten. Erzählungen berichten davon, dass die Menschen damals ihre Kinder und das Vieh anbinden mussten, damit sie der Wind nicht über die Klippen trieb.

Die **Grafschaft Caithness** unterscheidet sich beinahe schlagartig ab der Grenze vom bergigen, grandiosen Sutherland. Caithness ist hügelig, eine viel sanftere Landschaft. Abgesehen von einigen Weiden an der Küste bedeckt nahezu das ganze Landesinnere Heide und vor allem Moor- und Sumpfland. Das Meeresufer besteht aus einer langen zerklüfteten, bizarren Steilküste, eine Augenweide für jeden Romantiker.

Im Gegensatz zur Grafschaft Sutherland, dem „Südland" für die auf Orkney und Shetland beheimateten Wikinger, erhielt Caithness seinen Namen von den Pikten. Die Grafschaft war früher eine piktische Provinz mit der Katze als Wappentier, die denn auch den Namen abgab (*Caithness* = Grafschaft der Katze). Noch heute führen die *Sutherlands,* deren Grafschaft auch einst zu Caithness gehörte, die Katze in ihrem Wappen.

Adobe Stock © George

Dunbeath

Gut 25 km hinter Helmsdale passiert man Dunbeath. 1,5 km hinter dem Dorf steht rechts der Straße das **Laidhay Croft Museum.** Das Freilichtmuseum besteht aus Gebäuden eines alten *Croft,* eines typischen schottischen Kleinbauernhofes, aus dem frühen 18. Jh., die reich mit Möbeln und Gebrauchsgegenständen jener Zeit ausgestattet sind. Das Gehöft wurde so noch bis in die 1960er-Jahre bewohnt.

In der Region Caithness wurden einige **archäologische Lehrpfade** angelegt, z. B. bei Dunbeath Strath und Loch Yarrow. Infos dazu erhält man im **Dunbeath Heritage Centre,** in dem auch prähistorische Monumente und moderne Kunst ausgestellt werden.

- **Laidhay Croft Museum,** KW6 6EH, www.laidhay.co.uk, Ostern–Okt. tägl. 10–16 Uhr, Eintritt £ 3.
- **Dunbeath Heritage Centre,** Old School, KW6 6ED, Tel. 01593 731233, www.dunbeath-heritage.org.uk, Di/Mi und Fr 10–16 Uhr, Eintritt £ 3.

Grey Cairns of Camster

UNSER TIPP: Biegt man in Occumster links in eine Nebenstraße ab, trifft man nach 8 km auf die Grey Cairns of Camster, die gleich links der Straße in der trostlosen Moorlandschaft ruhen. Sie sind unbedingt einen Abstecher wert. Drei der berühmten **Gräber,** die ca. 2000–2500 v. Chr. errichtet wurden, sind wieder begehbar gemacht worden (GPS N 58.379267, W 3.266373).

Hill O'Many Stanes

Die zweite Straße links, wenn man zurück auf der A 99 ist, führt vorbei an den Hill O'Many Stanes, einer **steinzeitlichen Steinsetzung** aus 250 etwa 30–40 cm hohen Steinen (GPS N 58.328495, W 3.205047).

Wick

Wick (rund 6860 Einwohner) ist ein kleines Fischerstädtchen. Sehenswert ist besonders die Ruine der **Doppelburg Sinclair und Girnigoe.** Man folgt aus Wick anfangs den Schildern Richtung Flughafen, dann den spärlichen Wegweisern nach Noss Head. Auf halbem Weg zum Leuchtturm auf **Noss Head** findet sich ein kleiner Parkplatz. Über eine Kuhweide erreicht man diese pittoreske Ruine, die sich steil über der zerklüfteten Küste erhebt. Der ältere Teil der Burg, **Castle Girnigoe,** stammt aus dem 15. Jh. Im frühen 17. Jh. wurde dem älteren Tower mit **Castle Sinclair** ein weiterer Teil angefügt. Doch bereits im Jahre 1679 wurde die Burg verlassen.

Ähnlich malerisch wie Sinclair und Girnigoe steht hoch über der Nordsee im Süden der Stadt die kleine Ruine des **Old Man of Wick,** der alten Burg von Wick, deren Ursprünge bis zu den Wikingern zurückreichen.

Das **Wick Heritage Centre** in der Bank Row (am Kreisverkehr vor der Brücke rechts in die Union Street, dann bald auf der rechten Seite) zeigt Szenen aus dem Leben der Region mit dem Schwerpunkt Fischerei, das Innere eines

Leuchtturms und eine Fotosammlung mit über 1000 alten Aufnahmen aus der Geschichte der Stadt.

■ **Wick Heritage Centre,** 18–27 Bank Row, KW1 5EY, www.wickheritage.org, Ostern–Okt. Mo–Sa 10–16 Uhr, Eintritt £ 1.

Auf halber Strecke in Richtung John O'Groats illustriert in Auckengill im Sommer das **Northlands Viking Centre** die Geschichte der Wikinger in dieser Region und zeigt u. a. ein Langboot (Mai–Sept. tägl. 10–16 Uhr).

An gleicher Stelle befindet sich auch das **Caithness Broch Centre,** das über eben diese informiert und auf das Harbour Broch an der Küste verweist.

■ **Caithness Broch Centre,** KW1 4XP, www.thebrochproject.co.uk, im Sommer Di–Do 10–16 Uhr, Sa 10–14 Uhr.

Praktische Tipps

Verbindungen

Bahnhof und **Busbahnhof** befinden sich am Südufer des River Wick. Dahin gelangt man, von der A 9 am Kreisverkehr kommend, vor der Brücke links.

Unterkunft

■ **Mackays Hotel②**, Union Street, KW1 5ED, Tel. 01955 602323, www.mackayshotel.co.uk. Das stattliche und elegante Hotel liegt im Zentrum von Wick.

■ **Loch Watten House②**, Watten, KW1 5UG, Tel. 01955 621223, www.lochwattenhouse.co.uk. Gemütliches Guest House an der A 882 nach Thurso an Loch Watten.

■ **The Nethercliffe Hotel②**, Louisburgh Street, KW1 4NS, Tel. 01955 602044, www.nethercliffehotel.co.uk. Einfaches, schönes Hotel mit Restaurant.

■ **Wick River Campsite②**, Riverside Drive, KW1 5SP, Tel. 07563 388826, www.wickcampsite.co.uk. Camping am Ufer des Wick River in guter Laufreichweite von Wick.

Essen und Trinken

■ **Bord De L'eau,** 2 Market Street, KW1 4AR, Tel. 01955 604400, Di–Sa 12–14 und 18–21.30 Uhr, So 18–21.30 Uhr. Serviert feine französische Küche.

■ **Harbour Chip Shop,** Harbour Quay, KW1 5EN, Tel. 01955 606700, Mo 16–19.30 Uhr, Di–Sa 16–20 Uhr. Rustikales Restaurant, hier gibt es klassische *Fish and Chips.*

John O'Groats

Nördlich von Wick endet Schottland in John O'Groats, dem winzigen Fährhafen für Orkney (→ Kapitel 12: Orkney/Allgemeine Reisetipps).

An der Küste steht ein hübsches weißes **Hotel** mit „Seeblick", einem **Pub** und einem netten **Café.**

Nach Osten führt eine schmale Straße zum Leuchtturm auf **Duncansby Head,** der Nordostspitze des schottischen Festlands. Man sollte hier auf keinen Fall versäumen, einen Blick auf die **Duncansby Stacks** zu werfen, mehrere kegelförmige Felssäulen in der Brandung südlich der Landspitze. Noch schöner ist es sicherlich, die beiden Sehenswürdigkeiten auf einem **Fußweg** entlang der Küste zu erkunden, der am Hafen (zwischen *Last House* und *Last and First Shop*) beginnt (eine Strecke ca. 3 km).

Adobe Stock © e55evu

Praktische Tipps

Unterkunft, Essen und Trinken

- **Seaview Hotel**①-②, County Road, KW1 4YR, Tel. 01955 611220, www.coastandcountrypubs.com/seaview. Rustikales Hotel mit gutem **Restaurant,** verfügt auch über ein Bunkhouse.
- **John O'Groats Caravan & Camping Site**②, County Road, KW1 4YR, Tel. 01955 611329, www.johnogroatscampsite.co.uk. Am Ende der A 99, direkt an der Küste neben dem „letzten Haus" Schottlands gelegen.

John O'Groats mit seinem kleinen Hafen

Die Nordküste

Die Nordküste des schottischen Festlandes gehört zu den schönsten Küstenstreifen des Landes. Enorm zerklüftet und zersprengt, besitzt sie **unzählige kleine Buchten,** in denen die Brandung des Atlantiks und der Nordsee ausrollt. Die verträumten Buchten mit idyllischen, einsamen Stränden sind die Noten der Natur in der Sinfonie der Felsen, Klippen und Dünen, der Heide, der Bäche und Gestade, die zum Baden einlüden, wenn nur das Wasser nicht so kalt wäre. Die A 836 schlängelt sich durch dieses Gewirr von Fels und Wasser und oft genug fragt man sich als Fahrer vor einer Kurve, ob es dahinter überhaupt weitergeht. Im Westen der Küstenlinie schneiden Fjorde tief in das Bergland ein. Das Wetter wie das Land werden nach Westen im gleichen Maße rauer, wie die Bevölkerung schwindet.

Praktische Tipps

Verbindungen

Mit der Bevölkerungsdichte nimmt im Norden Schottlands auch die Verkehrsdichte ab. **Züge** fahren bis nach **Thurso,** weiter im Nordwesten gar keine mehr. Auch das **Trampen** gestaltet sich sehr schwierig bis unmöglich, da fast kein Auto die einsamen Straßen entlangfährt.

Die einzige Möglichkeit zur Fortbewegung neben einem eigenen Fahrzeug besteht in der **Busfahrt.** Aber auch das Busfahren ist kompliziert, da es nur **wenige Fernverbindungen** gibt und man oft auf das Umsteigen zwischen den lokalen Bussen angewiesen ist.

Bus

- Zwischen **Wick, Thurso** und **John O'Groats** sind die Verbindungen noch gut; unter anderem verkehren auf dieser Strecke Postbusse (Tel. 08457 740740).
- In Caithness fahren die Busse von *Stagecoach.* Die Linien X99, 82 und 80 verbinden **Wick** mit **Thurso** (rund £ 10), die X99 fährt dreimal täglich von Thurso nach **Inverness.**
- Nur samstags fährt die Linie 803 von *The Far North Bus* (www.thedurnessbus.com) zweimal direkt von **Thurso** nach **Durness,** ansonsten fährt sie zweimal wöchentlich nur den halben Weg bis nach **Tongue.**

Thurso und Umgebung

In John O'Groats knickt die A 99, nun als A 836, nach Westen ab. Nach etwa 10 km lohnt das **Castle of Mey** einen Besuch. Das Z-förmige *Towerhouse* ließ *George, 4. Earl of Caithness,* zwischen 1566 und 1572 für seinen zweiten Sohn *William* bauen. Als dieser 1573 jedoch den Familiensitz Castle Girnigoe besuchte, wurde er von seinem älteren Bruder *John* ermordet. *John* war seit sechs Jahren von seinem Vater auf dem Castle eingesperrt, wollte fliehen, wurde jedoch von seinem Bruder verraten. Als *John* darauf auch ermordet wurde, fiel das Castle of Mey an den dritten Sohn *George.* Nach diversen Besitzerwechseln begann die Burg im 20. Jh. zu verfallen, bis die um ihren Gatten *George VI.* trauernde *Queen Mum* das Castle 1952 sah und erstand. Nun wurde es samt Gartenanlage renoviert. Die Königinmutter verbrachte hier fortan jeden August einige Zeit, eine Tradition, die heute von ihrem Enkel *König Charles* weitergeführt wird.

- **Castle of Mey,** KW14 8XH, www.castleofmey.org.uk, Mai–Sept. (außer 2 Wochen Ende Juli/Anf. August) Mi–So 10.30–16 Uhr, Eintritt £ 14,50.

UNSER TIPP: Zurück auf der A 836 nach Westen, zweigt nach ein paar Kilometern rechts die B 855 ab, die auf **Dunnet Head** vor einer Klippe endet. Vom Leuchtturm auf dem **nördlichsten Punkt des Festlands** blickt man bis zu den der Küste vorgelagerten Orkney-Inseln.

Thurso (rund 7300 Einwohner), ein paar Kilometer weiter, ist die letzte Siedlung mit Stadtcharakter bis Ullapool an der Westküste. Der Ort macht einen freundlicheren Eindruck als das benachbarte Wick, doch unterscheidet ihn sonst nicht sonderlich viel von schottischen Ortschaften ähnlicher Größe.

In der ehemaligen **Thurso Town Hall** zeigt das **North Coast Visitor Centre**

347sc ab

(→ Informationen) neben piktischen Symbolsteinen und der Sammlung eines lokalen Botanikers auch eine Ausstellung über das benachbarte Atomkraftwerk Dounreay (→ Von Thurso nach Durness). Zu dem angeschlossenen Café gesellt sich auch die Tourismusberatung hinzu.

In der Nähe der Mündung des Thurso steht die Ruine der **Old St Peter's Church,** einer frühgotischen Kirche aus dem Jahr 1125. In der **Bibliothek** nahe dem Bahnhof finden regelmäßig kleine Ausstellungen statt. Surfer haben dagegen die schönen **Strände** mit guten Wellen für ihren Sport entdeckt.

Gleich westlich der Stadt zweigt rechts die Straße nach **Scrabster** ab, dem kleinen **Fährhafen** für die Schiffe von *Northlink Ferries* nach Orkney. Die Fähren sind mehrmals täglich von der Stadt aus mit Bussen zu erreichen.

Die Old St Peter's Church (12. Jh.) in Thurso

Praktische Tipps

Informationen

- **North Coast Visitor Centre,** High Street, KW14 8AJ, Tel. 01847 805020, www.highlifehighland.com/north-coast-visitor-centre, April–Okt. Di–Sa 10–17, Nov.–März Di–Do 11–15, Fr/Sa 11–16 Uhr.

Verbindungen

- **Bahn:** Der Bahnhof liegt südwestlich des Zentrums. Viermal täglich fährt ein Zug von *Scotrail* (Tel. 08457 484950) von **Inverness** über **Lairg** nach Thurso (ab £ 15).
- **Bus:** In der gleichen Straße wie das alte Rathaus liegt rechts der Busbahnhof. Busse nach **Süden** fahren in der St Georges Street, der Verlängerung der Brücke, ab. Busse in den **Westen** fahren ab der Olrig Street, von der Brücke rechts, bei der Fußgängerzone. Eine Tageskarte in der Region Caithness kostet £ 9,20, der Bus bis Inverness kostet rund £ 22.

Unterkunft

- **Pentland Lodge House**②, Granville Street, KW14 7JN, Tel. 01847 895103, www.pentlandlodgehouse.co.uk. Schlichtes B & B in Strandreichweite, einige der Zimmer mit Ausblick.

■ **The Park Hotel②**, Oldfield, KW14 8RE, Tel. 018 47 893251, www.parkhotelthurso.co.uk. Gutes Hotel am Stadtrand von Thurso.

■ **Sandras Backpackers①**, 26 Princess Street, KW14 7BQ, vom Bahnhof Richtung Stadtmitte, Tel. 01847 894575, www.sandras-backpackers.co.uk. Einfaches Hostel in der Innenstadt.

■ **Thurso Bay Caravan & Camping Park②**, Smith Terrace, KW14 7JY, Tel. 01847 892244, www.thursobaycamping.co.uk. An der A 9 am Strand von Thurso Bay.

Essen und Trinken

■ **Reids Bakery,** Henderson Street, KW14 7QU, www.reidsofcaithness.com, Mo–Fr 8.30–16.30 Uhr. Produziert phänomenale Backwaren, darunter ausgezeichnetes *Shortbread.* Sie wurde bereits als beste schottische Bäckerei ausgezeichnet.

■ **Bydand,** 2 Traill Street, KW14 8EJ, Tel. 01847 89 3737, www.bydandthurso.com, Mo–Mi und Fr/Sa 17.45–21 Uhr. Serviert Klassisches und Exotisches in guter Qualität.

■ **JPL Fishmongers & Fine Foods,** The Harbour, KW14 8DE, Tel. 01847 896310, Mo–Fr 9–17 Uhr, Sa 9–13 Uhr. Am Nordseepier, hat Fisch in ausgezeichneter Qualität und Frische. Das Krebsfleisch schmeckt sehr gut auf den weichen Brötchen von *Reids Bakery* (→ oben).

Aktivitäten

■ **Fahrradverleih:** *The Bike Shop,* 35 High Street (Verlängerung der Fußgängerzone hinter der Townhall), KW14 8AZ, Tel. 01847 895385, Di–Sa 9–17 Uhr.

Von Thurso nach Durness

Bei Dounreay, ca. 16 km westlich von Thurso, erhebt sich zwischen der Straße und dem Meer der Komplex des **Kernkraftwerks Dounreay.** Der Betrieb dieses Schnellen Brüters wurde 1994, 20 Jahre nach seiner Errichtung, eingestellt. Seit etlichen Jahren sind Rückbauarbeiten im Gange. Die Anlage, aus der in der Vergangenheit schon radioaktives Material austrat, wird weiterhin als Sicherheitsrisiko angesehen und ist streng bewacht. Eine normale Nutzung ist vor 2033 nicht absehbar, bis zum Ende der 2020er-Jahre soll jedoch radioaktiver Müll von einem stark verseuchten Gebiet entfernt sein.

Folgt man weiter der A 836, passiert man bald die Abzweigung der A 897, die durch das **Strath Halladale** und das Strath of Kildonan nach Helmsdale an der Ostküste führt.

Vorbei an wunderschönen einsamen Buchten und Stränden, in die man oft nur hinunterklettern kann, fährt man kurz vor **Bettyhill** an einer alten, ausgedienten Kirche vorbei. Sie gibt die Räumlichkeiten für das **Strathnaver Museum** her, eines jener kleinen Museen in schottischen Dörfern, die weniger durch den Umfang der Sammlungen, als vielmehr durch die liebenswerte Fülle der verschiedenartigsten auf-, über- und nebeneinander geschichteten Gegenstände begeistern. Das Strathnaver Museum enthält alte und historische Gegenstände, vom Fischerboot über Strandgut bis hin zu Grabsteinen.

Im ersten Stock ist ein Museum des **Clan Mackay** untergebracht, der einmal fast ganz Sutherland beherrschte. Der Museumswärter, natürlich ein *Mackay,* erzählt, dass die *Mackays* der Clan mit den meisten waffenfähigen Männern Schottlands waren. Sie kämpften als Söldner in ganz Europa und waren stets große Draufgänger. Sie ließen denn auch keinen Freund im Stich und kaum große Clanschlachten aus. Die *Sutherlands* dagegen hielten sich immer zurück, konnten aber mit Geld umgehen. Was das Ende vom Lied gewesen sei, meint der alte Museumsführer, könne man heute am Namen der Grafschaft erkennen.

■ **Strathnaver Museum,** KW14 7SS, www.strathnavermuseum.org.uk, März Mi–Fr 11–15 Uhr, April–Okt. Mo–Sa 10–17 Uhr, Eintritt £ 5.

An diesem Museum beginnt auch der **Strathnaver Trail,** ein ca. 42 km langer Weg nach Süden entlang der B 871/873 durch das Strathnaver-Tal, wobei 29 prähistorische und historische Fundstätten erläutert werden (Infos im *Bettyhill Tourist Information Centre,* Mo–Fr 11–15 Uhr).

Von Bettyhill steigt die Straße etwas ins Landesinnere auf, um am **Kyle of Tongue,** einem der langen Fjorde, wieder ans Meer zurückzukehren. Die Straße überquert den Meeresarm auf einem Damm. Vor dem Damm steht links eine Jugendherberge (→ Unterkunft).

Man durchquert nun die Halbinsel **A Mhoine.** Vor dem Flüsschen Hope zweigt links eine Straße ab, die am schönen **Loch Hope** unter dem 927 m hohen **Ben Hope** vorbei zum **Dun Dornaigil Broch** führt. Der 16 km lange Abstecher lohnt sich eher der fantastischen Szenerie als der Burg aus der Eisenzeit wegen. Sie wurde um die Zeitenwende errichtet und steht heute noch auf einer Seite über 5 m hoch (→ Exkurs „Brochs und Duns – die Burgen der Vorzeit", S. 346).

[>] Die Smoo Cave bei Durness

Praktische Tipps

Unterkunft

■ **Kyle of Tongue Hostel & Holiday Park**①-②, Tongue, nahe Lairg, IV27 4XH, Tel. 01847 611789, www.tonguehostelandholidaypark.co.uk, März–Okt. Schöne Jugendherberge auf weitläufigem Areal mit kleinem Laden zum Auffüllen der notwendigen Vorräte.

Durness

UNSER TIPP: Folgt man weiter der Küstenstraße, gelangt man nach Durness. Direkt vor dem Ortsanfang hat in einer langen, engen Bucht ein Flüsschen ein Naturwunder von überwältigenden Ausmaßen geschaffen. Links der Straße stürzt sich der Fluss tosend 21 m tief in ein Loch und ist verschwunden. Klettert man rechts der Straße in die Bucht, sieht man einen idyllischen Bach aus einer überdimensionalen Erdöffnung, der **Smoo Cave,** herausplätschern. Die riesige Höhle – der Ausgang ist 30 m breit und 15 m hoch – wurde schon von den Pikten besiedelt, die Wikinger gaben ihr den Namen (*Smiga* = Loch), und später versteckten sich hier Schmuggler. Bei gutem Wetter (d. h. wenn sich wenig Wasser im Bach befindet) kann man auf einer Holzbrücke in die inneren Höhlen bis zum Wasserfall vordringen.

Bei gutem Wetter lohnt für geologisch Interessierte und der schönen Aussicht wegen die Besteigung des **Beinn Ceannabeinne.** Der Rundweg (ca. 9 km und 300 Höhenmeter) nimmt am Parkplatz seinen Anfang und führt zunächst entlang des Allt Smoo.

Lohnend ist auch der **Coastal Walk,** ein Rundweg durch Dünen und entlang

Adobe Stock © kochanska

atemberaubender Steilklippen (Dauer ca. 3 Std.). Genaueres erfährt man in der Touristinformation.

In Durness gibt es einen **Supermarkt** und eine **Tankstelle.**

Hinter der Ortschaft zweigt rechts ein Weg zur **Balnakeil Craft Village** ab, einer **Künstlerkolonie,** in der man anspruchsvolle Souvenirs erstehen kann (www.balnakeilcraftvillage.weebly.com).

Cape Wrath, die Felsnase im äußersten Nordwesten, erreicht man auf einer kombinierten Boots- und Kleinbustour. Man erkundige sich aber vorher, ob das Boot über den Kyle of Durness setzt (im Laden mit Tankstelle am Ortseingang rechts, der die Touren organisiert, Tel. 01971 511287). Das Wetter macht in dieser Gegend häufig einen Strich durch die Rechnung.

Im Juli finden hier **Highland Games** statt.

Praktische Tipps

Informationen

- **www.visitdurness.com/durness-sutherland**

Verbindungen

- **Bus:** Neben der Route 803 ab Thurso (→ oben) fährt *The Far North Bus* auch dienstags, donnerstags und samstags zwischen **Inverness** und Durness (rund £ 10). Abfahrt in Durness ist um 8.05 Uhr am Post Office, in Inverness um 14.45 Uhr bzw. samstags um 16 Uhr. Im Sommer auch montags.

Unterkunft

- **Mackay's**③, IV27 4PN, Tel. 01971 511202, www.visitdurness.com. Edel aber rustikal eingerichtet, bietet tolles Essen, betreibt auch das *Lazy Crofter Bunkhouse.*
- **Lazy Crofter Bunkhouse**②, Durine, IV27 4PN, Tel. 01971 511202, www.visitdurness.com/bunkhouse. Von hier bietet sich eine weite Sicht aufgrund seiner erhöhten Lage.

Essen und Trinken

- **Cocoa Mountain,** IV27 4PT, www.cocoamountain.co.uk, Mitte März–Okt. tägl. 9–18 Uhr. In Balnakeil in der Umgebung von Durness hat sich eine kleine Künstlersiedlung gebildet. Die heiße Schokolade des dortigen *Cocoa Mountain Cafés* wird weithin gelobt.

Die nordwestliche Atlantikküste

Die nordwestliche Atlantikküste ist die **verlassenste,** gleichzeitig **wildeste** und **herausforderndste Gegend** Schottlands. Wer es hier aushalten will, muss es mit Regen und Sturm, Einsamkeit und Abgeschiedenheit aufnehmen können. Wer so weit nach Norden kommt, der wird aber auch von der ungezügelten Schönheit der Erde belohnt, wenn die Sonne nach einem Schauer durch die Wolken bricht und kantige Berge, steile Fjorde, Seen inmitten von Fels und Flechten, glitzernde Wasserfälle und unwegsame Täler plötzlich in ein unwirkliches Licht taucht.

Entspannung bietet diese Gegend nicht. Aber Jäger und Angler, die sich der Natur unterzuordnen wissen, Wanderer und Kletterer oder Menschen, die auch Mühen auf sich nehmen, um die verschiedenartigsten Seevögel, Robben und manchmal sogar Delfine zu beobachten, werden hier ein Paradies vorfinden. Entlang der ganzen Küste finden sich in unzähligen kleinen Buchten herrliche einsame Sandstrände. Der Fels, aus dem die Westküste besteht, Lewis-Gneis, Basalt und Sandstein, gehört zu den ältesten Gesteinsarten der Erde. Aufgrund ihrer atemberaubenden Landschaft wurde die Region als **North West Highlands Geopark** unter Naturschutz gestellt. Näheres dazu unter www.nwhgeopark.com.

Praktische Tipps

Verbindungen

Bus

- Einziges öffentliches Verkehrsmittel in dieser entlegenen Gegend sind Busse. Alle Verbindungen in der Region zwischen **Thurso** und **Lochinver** werden von *The Far North Bus* (*The Durness Bus,* www.thedurnessbus.com) bedient. Der Bus fährt bisweilen nur zweimal wöchentlich. Die Reise zwischen Thurso und Lochinver kann so bis zu drei Tage dauern.
- Im Sommer fahren *Scottish Citylink Coaches* (Tel. 08705 505050) zweimal täglich **Ullapool** von **Inverness** aus an. Dieselbe Gesellschaft fährt von **Glasgow** aus über **Fort William** dreimal am Tag **Kyle of Lochalsh** an.

Von Durness nach Lochinver

Von Durness verläuft die A 838 weiter nach Süden. Zwischen dem Loch Laxford und Scourie zweigt rechts eine Stichstraße Richtung Tarbet ab. Im Sommer kann man von Tarbet in einem kleinen Boot zum **Handa Island Wildlife Reserve** übersetzen. Die kleine **Insel** ist ein Paradies für Vögel und Ornithologen. Unzählige Silbermöwen, Raubmöwen, Sturmvögel, Alke, Tölpel, Papageitaucher und viele mehr sind von Unterständen des *RSPB (Royal Society for the Protection of Birds),* des schottischen Ornithologenvereins, aus zu beobachten.

Auf der Insel wird man von einem Ranger des *Scottish Wildlife Trust* empfangen, der eine kurze Einführung zu Fauna und Flora gibt und Fragen beantwortet (Tel. Ranger 07920 468572). Fahrten im Sommer Mo–Sa 9.30–16.45 Uhr, letzte Rückfahrt 14 Uhr, £ 20, Infos unter https://scottishwildlifetrust.org.uk/reserve/handa-island, für die Fähre unter Tel. 07780 967800, www.handa-ferry.com.

Von **Kylesku** schippert ein malerisches kleines Boot im Sommer mehrmals täglich (10.30, 12 und 14 Uhr, *Kylesku Boat Tours,* Tel. 07821 441090, www.northwestseatours.co.uk, £ 22) an Vogelfelsen und Seehundbänken vorbei bis tief in das **Loch Glencoul.** Der höchste Wasserfall des Königreiches, der **Eas Coul Aulin,** stürzt sich hier 200 Meter tief in den Fjord. Parkt man am **Loch na Gainmhinch** und wandert auf einem recht gut ausgebauten Weg westwärts um den See herum, erreicht man den Wasserfall nach gut zehn Kilometern.

Kurz hinter Kylesku zweigt die B 869 rechts ab und klettert entlang der fantastisch zerklüfteten Küste auf einem lohnenden Umweg nach Lochinver. Auf der Strecke bieten sich immer wieder herrliche Aussichten auf die vorgelagerten Inseln. Die Etappe ist leider für Wohnwagen nicht passierbar, da es streckenweise Gefälle bis zu 25 % gibt. Kurz bevor man Lochinver erreicht, bietet sich geradeaus ein herrliches Bild: Der **Canisp** (846 m) und der unverkennbare **Suilven** (731 m), was auf Gälisch so viel heißt wie Zuckerhut, ragen aus dem Hochland auf.

348sc ab

Die Berge Canisp und Suilven im Hinterland von Lochinver

Lochinver

Lochinver ist ein geschäftiges kleines Fischerdörfchen, in dem alle Zivilisationsgüter erhältlich sind, die man nach der einsamen Fahrt braucht. Sogar einen Friseur findet man hier. Am Ortseingang findet sich rechts ein Pie Restaurant und auf der linken Seite ein Supermarkt.

Das **Assynt Visitor Centre** liegt in der hinteren Ecke des Hafens von Lochinver in dem blauen Gebäude des Leisure Centres.

Noch ein Stück weiter folgt eine Kreuzung, deren rechte Abzweigung im Hafen endet. Links am Hafen hat in der ehemaligen *Fishermen's Mission* das **Café An Cala** eröffnet, das neben Essen auch ein Hostel bietet. Im Hafen findet sich ein **Pub.** Auch einige **Restaurants** entlang der Uferpromenade bieten Speisen an.

In der Nähe von Lochinver finden sich wunderbare weiße **Sandstrände,** von denen einer der schönsten in Clachtoll an der B 869 liegt. Am Strand zwischen Clachtoll und Stoer liegen die Reste vom **Clachtoll Broch.**

Noch weiter nördlich kann man vom Ru Stoer Lighthouse entlang der Klippen zum **Old Man of Stoer** wandern, einer etwa 60 Meter hohen Felssäule. Der Weg ist schön, aber besonders an einer Stelle ziemlich steil und glitschig.

⊡ Ein wahrlich hübscher Strand: Achmelvich Beach

Praktische Tipps

Information

- Eine kleine Besucherinformation mit einigen Informationen über lokale Fauna und Flora befindet sich im Gebäude des **Assynt Leisure Centre,** Culag New Pier, IV27 4JP, www.assyntleisure.co.uk.

Unterkunft

Die meisten **B & Bs** und **Guest Houses** finden sich in Lochinver entlang der Hauptstraße. Gerade in der Feriensaison sollte man jedoch darüber nachdenken vorzubuchen.

- **Kylesku Hotel**②, Kylesku, IV27 4HW, Tel. 019 71 910047, www.kyleskuhotel.co.uk. Modern eingerichtetes Hotel mit fantastischen Blicken in die Natur.
- **Achmelvich Beach Youth Hostel**②, Recharn, IV27 4JB, B 869 von Lochinver aus, erste Straße dann links zum Meer, Tel. 01571 844480, www.hostellingscotland.org.uk/hostels/achmelvich-beach/, geöffnet April–Sept. Liegt direkt am wunderschönen Strand von Achmelvich.
- **An Cala Café and Bunkhouse**②, Harbourside, IV27 4LE, Tel. 01571 844598, www.ancalacafeandbunkhouse.co.uk. Modernes Bunkhouse, guter Ausgangspunkt für Wanderungen im Umland.
- **Shore Caravan Site**①, 106 Achmelvich, IV27 4JB, B 869 von Lochinver aus, erste Straße dann links zum Meer, Tel. 01571 844393, www.shorecaravansite.co.uk. Wunderschön gelegen. April–Sept.

Essen und Trinken

- **Peet's,** Harbourside, Culag Road, IV27 4LE, Tel. 01571 844085, www.peets.co.uk, März–Anf. Nov. Fr–Di 18–20.30 Uhr. Verarbeitet lokale Erzeugnisse mit guter Technik, empfehlenswert.
- **An Cala Café** (→ Unterkunft), Mi–Sa ab 9 Uhr. Kuchen, Sandwiches und einfache Speisen direkt am Hafen.

Von Lochinver nach Achmelvich

Ein hübscher kleiner Strand

- **Schwierigkeit:** mittel
- **Dauer:** einfach: 1½–2 Stunden; hin und zurück: 3–4 Stunden
- **Distanz:** einfach: 7 km; hin und zurück: 14 km
- **Höhenunterschied:** 120 m
- **Ausgangspunkt:** Lochinver

Im Nordwesten von Schottland liegt die **Region Assynt** mit beeindruckender Wildnis, herrlichen Seen und schönen Stränden. An einem Arm des Atlantiks liegt der Ort **Lochinver,** in dem die hier beschriebene Wanderung beginnt. Aus dem Stadtzentrum von Lochinver führt dieser Weg vorbei an einsamen Seen und Häuschen zum Ort **Achmelvich,** der mit seinem **weißen Strand** und einer netten Jugendherberge zu glänzen weiß. Die Farbe des Strandes ist auf den hohen Anteil an Muschelkalk zurückzuführen, da der Gneis, aus dem das Umland besteht, aufgrund seiner hohen Härte wenig Abrieb aufweist.

Von der Bushaltestelle an der Kirche beginnend führt der Weg zunächst in Richtung Norden. Mit der Brücke am Ortsausgang kreuzt er den Inver und führt der Straße folgend durch die äußeren Ausläufer von Lochinver. Zum *Public Footpath* nach Achmelvich, durch ein kleines Metalltor und über einen offenen privaten Weg führt der Pfad direkt in die Einsamkeit der **Highlands.** Nach einiger Zeit im schroffen, aber schönen Niemandsland blickt man auf den etwas größeren See Loch Dubh und die vereinzelten Häuser von Ardroe. An diesen rechts haltend und der asphaltierten Straße über eine kleine Brücke folgend, stößt er kurz darauf auf die Straße nach Achmelvich. Nach links abgebogen erreicht diese nach kurzer Zeit den Ort Achmelvich und seinen Strand.

Auf den Felsen südlich des Strands findet sich ein kleines architektonisches „Verbrechen": **Hermit's Castle,** eine burgartige Behausung, trotzt hier den Stürmen. Die nicht mehr als menschhohe Brutalismus-„Burg" wurde wohl von einem Architekten aus Norwich in England errichtet, der sie nach sechs Monaten Bauzeit für ein Wochenende behauste und dann gemäß der Sage nicht mehr zurückkehrte.

752sc ab

349sc ab

Durch die Berge nach Ullapool

UNSER TIPP: Auf der A 837 fährt man von Lochinver am **Loch Assynt** vorbei und weiter Richtung Süden. Wer die wilde Schönheit des schottischen Nordens liebt und diese Strecke am Loch Assynt einmal entlanggefahren ist, wird seine Zweifel haben, ob Loch Lomond wirklich der schönste See Schottlands ist. Als I-Tüpfelchen steht die Ruine des kleinen **Ardvreck Castle** aus dem 15. Jh. auf einer Halbinsel im See. Das nahegelegene **Calda House** wurde vom *MacKenzie*-Clan errichtet. Dieser hatte Ardvreck Castle von den *MacLeods* erobert und für zu ungemütlich befunden. Der Clan übernahm sich mit dem Gebäude jedoch finanziell und so verfielen Burg und Herrenhaus. Die gesamte Gegend, vor allem um Loch Assynt, eignet sich hervorragend zum Wandern.

Hinter Loch Assynt steigt die Straße in das höher gelegene Hinterland auf. Die A 837, die bald nach links abbiegt, läuft über eine karge Hochebene nach Osten zum **Carbisdale Castle** und der A 9.

Kurz nach **Elphin** direkt an der A 835 dringt eine geologische Besonderheit der Region an die Oberfläche. Es war schon am Loch Assynt gut sichtbar, aber die beiden überlappenden Kontinentalplatten liegen im **Knockan Crag Nature Reserve** zum Anfassen nah aufeinander. Im Besucherzentrum des Parks wird über die geologischen Umstände informiert und ein paar Skulpturen säumen die Landschaft (GPS N 58.033668, W 5. 071210).

Hinter **Drumrunie** zweigt nach einigen Kilometern rechts eine kleine Straße ab. Nachdem man den allein stehenden und eindrucksvollen **Stac Pollaidh**

⌃ Überbleibsel bösen Blutes: Ardvreck Castle und Calda House am Loch Assynt

› Blick über Loch Broom bei Ullapool

(612 m) rechter Hand passiert hat, öffnet sich das Land zum Meer hin. Bald gabelt sich der Weg und führt links weiter nach **Achiltibuie.**

Die malerischen **Summer Isles,** die hier vor der Küste liegen, werden in einer vierstündigen Rundfahrt vom Hafen Ullapool aus angesteuert. Abfahrt ist im Sommer Mo–Sa jeweils um 10 und 13 Uhr, So um 10.30 und 13.30 Uhr, und wer Glück hat, sieht außer Seemöwen während der Fahrt auch Robben und Delfine (*Shearwater Cruises,* Tel. 07713 257219, www.summerqueen.co.uk, ab £ 45).

Praktische Tipps

Unterkunft, Essen und Trinken

■ **Summer Isles Hotel**③, Achiltibuie, IV26 2YG, Tel. 01854 622282, www.summerisleshotel.com. Das B & B führt überdies ein ausgezeichnetes **Restaurant.**

Ullapool

Fährt man auf der A 835 weiter nach Süden, erreicht man Ullapool, den **Fischerei- und Fährhafen am Loch Broom,** eine kleine, sehr touristische Stadt mit einer hübschen Hafenpromenade.

Der Ort eignet sich gut als Ausgangspunkt, um die Westküste und die westlichen Highlands zu erforschen. Sehr lohnend ist z. B. der **Ullapool Hill Walk** (ca. 13 km), der in Broom Court beginnt (Hinweisschild) und durch die einsame Moorlandschaft führt. Näheres zum Weg erfährt man im *Ullapool iCentre.*

Wen die Geschichte der Region und ihrer Besiedlung interessiert, der kann dem **Ullapool Museum** in der West Argyle Street einen Besuch abstatten.

■ **Ullapool Museum,** 7–8 West Argyle Street, IV26 2TY, www.ullapoolmuseum.co.uk, nur im Sommer Mo–Sa 11–16 Uhr, So 12–16 Uhr, Eintritt £ 7,50.

753sc bcg

Darüber hinaus besitzt das Städtchen genügend **Geschäfte,** um sich mit allem Notwendigen auszustatten. Vom Hafen laufen die **Fähre nach Stornoway** auf Lewis und verschiedene Ausflugsboote zu den Summer Isles (→ oben) aus. Informationen erhält man in den Buden am Kai.

Praktische Tipps

Informationen

- **Ullapool iCentre,** Argyle Street, IV26 2UB, Tel. 01854 612486.
- **www.ullapool.com**

Unterkunft

- **The Ceilidh Place**②, 14 West Argyle Street, IV26 2TY, Tel. 01854 612103, www.theceilidhplace.com. Ein lebendiges Hotel, Bunkhouse und **Restaurant.** Im vorgelagerten Buchladen gibt es eine hervorragende Auswahl lokaler Bücher und am Abend spielen auch mal Bands.
- **Caledonian Hotel Ullapool**②, Quay Street, IV26 2UG, Tel. 01854 612306, www.bespokehotels.com/caledonianhotel-ullapool. Liegt zentral am Fähranleger und bietet eine gute Frühstücksauswahl.
- **Ullapool Youth Hostel**②, 22 Shore Street, IV26 2UJ, vom Pier aus rechts an der Uferpromenade, Tel. 01854 612254, www.hostellingscotland.org.uk/hostels/ullapool/, ganzjährig geöffnet. Nette Jugendherberge im Zentrum.
- **Ardmair Point Holiday Park Ullapool**①-②, IV26 2TN, 5,5 km nördlich von Ullapool an der A 835 in Ardmair, Tel. 01854 612054, www.ardmair.com. Der Campingplatz liegt auf einer Halbinsel in wunderschöner Umgebung.

Essen und Trinken

- **Tea by the Sea,** 17 Shore Street, IV26 2UJ, Tel. 01854 613734, www.fb.com/teabytheseaullapool, Di–Sa 10–17 Uhr, So 11–16 Uhr. Ein nettes kleines Café an der Uferpromenade, das auch lokales Kunsthandwerk anbietet.
- **The Seafood Shack,** 9 West Argyle Street, IV26 2TY, www.seafoodshack.co.uk, März–Okt. tägl. 12–18 Uhr. Frisch zubereitete Fischgerichte in vielen Formen.
- **Ullapool Smokehouse,** 6A Morefield Industrial Estate, IV26 2SR, www.ullapoolsmokehouse.com, Mo–Fr 8–16 Uhr, So 9–15 Uhr. Wer Räucherlachs sucht, dem sei dieses *Smokehouse* empfohlen.

Aktivitäten

- **Ullapool Outdoors,** West Argyle Street, IV26 2TY, www.ullapooloutdoors.co.uk, Mo–Sa 9–17 Uhr. Bietet den Verleih von Crashpads an und stellt auf dem eigenen Blog noch einige Boulderrouten vor, weitere Routen gibt es in einem separaten Führer, der im Shop erhältlich ist.

Nach Gairloch

19 km südlich von Ullapool schneidet rechts der A 835 die **Corrieshalloch Gorge** tief in den Fels. Die 61 m tiefe und 1,5 km lange Schlucht wurde vom Schmelzwasser der letzten Eiszeit geschaffen. Von einem Aussichtspunkt und einer Hängebrücke blickt man auf den **Fall of Measach,** der 45 m tief in die Spalte stürzt.

Gleich hinter der Schlucht führt die A 835 geradeaus weiter nach Dingwall und Inverness. Rechts entlang geht es auf der A 832 über die weite Hochebene entlang dem River Dundonnel. In der **Gruinard Bay,** einer großen Bucht, die man auf der A 832 umfährt, ist unweit des Strandes eine Insel gleichen Namens zu sehen. Auf ihr testeten die Briten im Zweiten Weltkrieg Bomben, die mit dem Milzbranderreger bestückt waren. Mit

Erfolg: Alles Leben war im Nu ausgelöscht. Deutschland blieb die tödliche B-Waffe nur erspart, weil der Krieg schneller beendet war, als die Briten annahmen. Die Bakterien waren jedoch hartnäckiger, als zunächst vermutet, und setzten sich im Untergrund fest. Nachdem man den Boden entweder abgetragen oder desinfiziert hatte, setzte man dort wieder Schafe aus und erklärte die Insel 1990 wieder für sicher.

Am nächsten Fjord, dem Loch Ewe, kann der berühmte **Inverewe Garden** bewundert werden. Unzählige Pflanzen, darunter auch exotische aus Afrika und Asien und herrliche Rhododendron- und Hibiscusbestände, bieten eine nahezu ganzjährige, vom Golfstrom ermöglichte Blütenpracht.

■ **Inverewe Garden,** Poolewe, IV22 2LG, www.nts.org.uk/inverewe, April–Mitte Nov. tägl. 10–17 Uhr, Eintritt £ 15.

Gairloch

Weitere 12 km auf der A 832 führen von Inverewe Garden nach Gairloch, einem **Fischerort** am **Loch Gair.** Rechts der Hauptstraße befindet sich in einem alten Atombunker das **Gairloch Museum.** Es besitzt Ausstellungsstücke zu allen Bereichen des Lebens in der Region von der Vorgeschichte an. Neben Ausstellungsstücken wie einer Leuchtturmanlage, einem Gemischtwarenladen und einer Crofteinrichtung wird auch wechselnde zeitgenössische Kunst gezeigt.

■ **Gairloch Museum,** IV21 2BH, www.gairlochmuseum.org, April–Okt. Mo–Sa 10–17 Uhr, Nov.–März Mi 10–16 Uhr, Do und Sa 11–16 Uhr, letzter Eintritt jeweils eine Stunde vorher, Eintritt £ 8.

Praktische Tipps

Informationen

■ **GALE Centre Tourist Information,** Achtercairn, IV21 2BH, bietet neben Informationen auch ein Café und einen Shop.

Verbindungen

■ **Bus:** Die Busverbindungen in der Region werden von *Westerbus* bedient. Die Linie 700 fährt montags, dienstags, freitags und samstags nach **Inverness,** donnerstags fährt die Linie 707 nach **Ullapool,** die Linie 711 verbindet mittwochs **Poolewe** über Gairloch mit **Dingwall.** An Schultagen fährt die Linie 705 morgens von **Shieldaig** über **Torridon** und **Kinlochewe** nach Gairloch, nachmittags fährt der Bus zurück.

Unterkunft

■ **The Millcroft Hotel**②-③, Mihol Road, Strath, IV21 2BT, Tel. 01445 712376, www.millcroft-hotel.co.uk. Schickes Hotel mit Ausblick auf Loch Gairloch und Skye.

■ **Rua Reidh Lighthouse**③, in Melvaig, IV21 2EA, etwa 15 km von Gairloch auf der B 8021 in Richtung Ende der Welt, Tel. 01445 771263, www.stayatalighthouse.co.uk. In einem alten Leuchtturm an der Nordspitze der Halbinsel von Gairloch, bietet auch Ferienwohnungen, man sollte vorbuchen.

■ **Gairloch Sands Youth Hostel**②, Carn Dearg, IV21 2 DJ, an der B 8021, Tel. 01445 712219, www.hostellingscotland.org.uk/hostels/gairloch-sands/, geöffnet April–Sept. Jugendherberge mit hübscher Inneneinrichtung in der Nähe des langen Gairloch Sands Strandes.

■ **Gairloch Holiday Park**①-②, 1 Mihol Road, IV21 2BX, Tel. 01445 712373, www.gairlochholidaypark.co.uk. Gemütlicher Campingplatz im Zentrum, hat auch ein *Bunkhouse* mit Betten.

Essen und Trinken

- **Am Bàrd Cafe,** im Gairloch Museum (→ oben), www.gairlochmuseum.org/cafe, Mo–Fr 10.30–15 Uhr, Lunch 12–14 Uhr. Bietet selbstgebackene Kuchen und Sandwiches.
- **The Old Inn,** Flowerdale Glen, IV21 2BD, Tel. 01 445 712006, www.theoldinn.net. Die Küche ist insbesondere für die frischen Meeresfrüchte und das schottische Wild bekannt. Gepaart mit einer großen Auswahl an *Ales* und Ausblicken auf Wester Ross ergibt sich schnell ein schöner Abend.
- **The Barn Café,** IV21 2DL, auf dem *Sands Caravan & Camping,* Tel. 01445 712688, www.sandscaravanandcamping.co.uk/barn-café, Mai–Okt. tägl. 9–21.30 Uhr. Nach exzessiven Spaziergängen an den Gairloch Sands bietet das Café die dringend benötigte Stärkung.

Torridon

Von Gairloch führt die A 832 am wunderschönen, bewaldeten **Loch Maree** vorbei bis nach Kinlochewe und von dort weiter nach Dingwall an der Ostküste.

Wenn man rechts auf die A 896 abbiegt, fährt man durch ein wildes Hochtal entlang des River Torridon nach Torridon, einem kleinen Ort am Fuße des großartigen **Liathach-Massivs.** Noch vor Torridon geht es rechts nach **Fasag.** Der Ort besitzt einen kleinen Laden und am anderen Ende einen Pub. Die Umgebung des Dorfes ist eines der wildesten und unwegsamsten Gebiete Schottlands. An der Abzweigung in den Ort hat der *National Trust for Scotland,* dem die über 1000 m hohe Wand des Liathach gehört, ein **Besucherzentrum** eingerichtet. Man kann sich hier nach Wanderwegen und/oder Führungen sowie über Fauna und Flora des Gebietes erkundigen. Der *Ranger Service,* der im Sommer geführte Wanderungen organisiert, ist unter Tel. 01445 791368 zu erreichen, www.nts.org.uk/visit/torridon.

Südlich von Torridon biegt bei Tornapress der **Applecross Pass** von der A 896 ab. Während alle Wege in den Highlands auf die für die zum Beispiel in den Alpen typischen Serpentinen verzichten können, windet sich dieser Pass auf seinen acht Kilometern 600 Meter in die Tiefe. In der einsamen Natur, die er durchstreift, können auch mal **Hirsche** beim Revierkampf beobachtet werden.

Praktische Tipps

Unterkunft

- **Torridon Youth Hostel**②, IV22 2EZ, bei Achnasheen zwischen der A 896 und Fasag, Tel. 01455 791284, www.hostellingscotland.org.uk/hostels/torridon/, März–Okt. Das Hostel liegt am Rande Torridons und ist guter Ausgangspunkt für Wanderungen in der Umgebung. Der Pub auf dem Gelände des *The Torridon* (→ Essen und Trinken) ist jedoch eine halbe Stunde Fußweg entfernt.
- **The Torridon**③, IV22 2EY, bei Achnasheen, Tel. 01445 791242, www.thetorridon.com. Auf dem Gelände finden sich ein 5-Sterne-Hotel und eine etwas einfachere Unterkunft, zudem ein Pub und ein Restaurant (→ Essen und Trinken).

Essen und Trinken

- **Bo & Muc Brasserie,** auf dem Gelände des *The Torridon* (→ Unterkunft), Tel. 01445 791242, www.thetorridon.com/eat-drink/bo-muc, tägl. 12–15 und 18–21 Uhr.

▷ Im Hintergrund die Skye Bridge von Kyle of Lochalsh

Kyle of Lochalsh

Von Torridon gelangt man via A 896, A 890 und A 87 nach Kyle of Lochalsh, wo eine **Brücke nach Skye** führt (→ Kapitel 10: Skye).

In Kyle of Lochalsh kommt die Zugverbindung aus Inverness an und endet ihre szenische Fahrt auf einem Pier. Der **Bahnhof** beherbergt heute ein kleines **Museum,** das die Ingenieurskunst hervorhebt, die für den Bau der Strecke erforderlich war.

■ **Kyle Station Museum,** IV40 8AQ, www.kylestationmuseum.org, Mai–Okt. Mo–Sa 11–15 Uhr, Nov.–April Mo–Sa 11.30–13.30 Uhr, £ 5.

Kyle of Lochalsh ist ein kleiner Ort mit zwei winzigen Supermärkten, die aber alles Notwendige verkaufen. Ein Ausflug zum idyllischen **Plockton,** einem kleinen Fischerdörfchen in einer malerischen Bucht am Südeingang des Loch Carron, lohnt sich. Die Uferpromenade säumen verblüffenderweise einige Palmen, die nur der Golfstrom am Leben hält.

Praktische Tipps

Unterkunft

■ **The Kyle Hotel**③, Main Street, IV40 8AB, Tel. 01599 534204, www.bespokehotels.com/kylehotel. Hotel mit Bar im Zentrum des Städtchens.

Das westliche Hochland

Als westliches Hochland wird die Landschaft der Westküste und ihres Hinterlandes **zwischen Kyle of Lochalsh und Oban** bezeichnet. Da es nicht ganz so einsam und abgeschieden und daher auch nicht ganz so schwierig zu bereisen ist wie der Nordwesten, jenem aber an **landschaftlicher Schönheit** und an Rauheit der Natur nicht nachsteht, su-

350sc sv

chen viele Schottlandreisende sich diese Region aus, um sich einen Eindruck von der Ursprünglichkeit des schottischen Hochlandes zu verschaffen.

Mit dem **Glen Shiel** und dem **Glen Coe** befinden sich zwei der schönsten schottischen Täler im westlichen Hochland. Die Einsamkeit der Berg- und Moorlandschaften, die sich zwischen den wenigen Straßen erstrecken, lädt zum Wandern ein, obgleich die unbefestigten Wege und mangelnden Markierungen in dieser Region eine angemessene Ausrüstung erfordern.

Mit **Fort William** findet sich im westlichen Hochland eines der touristischen Zentren Schottlands. Die Stadt eignet sich hervorragend als Stützpunkt, von dem aus sich die bekanntesten und typischsten Orte des Hochlandes erkunden lassen. Nicht zuletzt zählt hierzu auch der **Ben Nevis,** der höchste Berg von Großbritannien und gleichzeitig „Hausberg" von Fort William.

Die Region ist auch reich an **Geschichte und Tradition** des oft romantisierten Hochlandes. In Glenfinnan fand eines der ruhmreichsten Kapitel schottischen Unabhängigkeitsstrebens statt, als *Bonnie Prince Charlie* 1745 hier die Clans versammelte und seinen Aufstand begann. Das Massaker von Glen Coe bildet eine der dunkelsten Episoden der schottischen Geschichte.

Praktische Tipps

Verbindungen

Bahn

- Züge von *ScotRail* fahren dreimal täglich (sonntags zweimal) von **Glasgow** über Crianlarich nach **Fort William** und **Mallaig.** Von Glasgow nach **Oban** via Crianlarich verkehrt wochentags viermal und sonntags zweimal ein Zug. Die Fahrt kostet £ 42, es gibt aber einen Frühbucherrabatt. Die Strecke Fort William – Mallaig wird im Sommer auch von einer alten Dampflok befahren (→ S. 351).
- Die Verbindung zwischen **Oban** und **Fort William** ist leider komplizierter. Sie beinhaltet immer einen Umstieg in Crianlarich mit häufig langen Wartezeiten. Die Reise dauert so 4½–6 Std.

Bus

- Bedeutend schneller und günstiger ist die Busverbindung von *Scottish Citylink.* In rund 1½ Std. fahren die Busse für £ 12 zwischen **Oban** und **Fort William.** Auch **Edinburgh, Glasgow, Inverness** und **Portree** auf Skye werden durch *Citylink* angebunden.
- Verbindungen im Umland von Fort William werden von *Shiel Buses* betrieben. Die Busse fahren meist einmal täglich in jede Richtung. Darunter zum Beispiel die Linien 500, 505 und 534 nach **Mallaig,** 502 nach **Salen,** 506 nach **Kilchoan** und 144/N44 über Glen Coe nach **Kinlochleven.** Die Fahrten von Fort William kosten nach Mallaig £ 7,50, nach Salen £ 8 und nach Kinlochleven £ 6,50.

Von Kyle of Lochalsh nach Fort William

Eilean Donan Castle

Von Kyle of Lochalsh braucht man nur immer der A 87 zu folgen, die die Highlands bis ins Great Glen überquert. Auf einer Insel im **Loch Duich,** dem die Strecke zunächst folgt, erhebt sich malerisch das Eilean Donan Castle, der trutzige Sitz der *MacRaes.* Das schnörkellose, aus Naturstein gemauerte Towerhaus und seine umgebenden Gebäude scheinen wie durch ein Wunder das verunstaltende viktorianische Mittelalter unbeschadet überstanden zu haben.

Auf der Insel des *St Donan,* die wahrscheinlich bereits von den Pikten befestigt war, ließ *Alexander II.* im frühen 13. Jh. eine Königsburg bauen. Sein Sohn überließ sie zur Wahrung königlicher Interessen in der entlegenen Region den treuen *MacKenzies. Robert Bruce* nahm hier Zuflucht, als seine Sache verloren schien, später, als König, unterwarf er von hier aus die westlichen Highlands. Die *MacKenzies* überließen 1509 die Burg den *MacRaes,* die ihnen als Leibgarde dienten. Das vorläufige Ende der Burg kam in den Jakobitenkriegen. Eine Abteilung spanischer Söldner, die die Sache der *Stuarts* unterstützen sollte, wurde 1719 in der Burg von drei englischen Fregatten aufgespürt. Die mit Kanonen bestückten Schiffe bombten die alten Gemäuer in Schutt und Asche.

Die Legende für Besucher der Burg lautet, *Farquhar MacRae,* ein treuer Clansman, habe geträumt, wie die Burg ausgesehen habe, und sein Clanchief stellte 1912–32 die Mittel zur Restauration. Hinterher stellte man fest, der gute *Farquhar* hatte in seiner Vision die Burg exakt so gesehen, wie sie auf alten Zeichnungen abgebildet ist.

Das echte Plagiat ist heute jedenfalls eines der Vorzeigecastles der Welt und darf in keinem **Ritterfilm** fehlen (wie z. B. „Prinz Eisenherz", „Highlander" oder dem modernen „Ritterfilm" „James Bond – Die Welt ist nicht genug").

Das Innere der Burg ist aufwendig restauriert worden und zeigt in mehreren eingerichteten Räumen Familienbilder und -reliquien. Sehenswert sind die Burgküche und die Great Hall.

■ **Eilean Donan Castle,** Dornie, IV40 8DX, www.eileandonancastle.com, April/Mai und Okt. tägl. 10–18 Uhr, Juni und Sept. tägl. 9.30–18 Uhr, Juli/Aug. tägl. 9–18 Uhr, Feb./März und Nov./Dez. tägl. 10–16 Uhr, Eintritt £ 12.

☐ Eilean Donan Castle

Adobe Stock © Lukassek

Wanderungen

Folgt man der A 87 weiter entlang dem Loch Duich, zweigt bald, bevor man das Ende des Fjordes erreicht, links eine Nebenstraße ab. An der Seitenbucht, die dieser Weg umrundet, findet sich in Morvich eine kleine **Informationsstelle,** die Beschreibungen für Wanderungen in dieser fantastischen Bergkulisse bietet. Besonders empfehlen wir den Weg durch das wilde Tal des Croe, der hier in die Bucht strömt, hinauf zum **Loch Affric** und dem *Glen Affric Youth Hostel* (→ Kapitel 8: Loch Ness, Unterkunft).

Eine andere Tour geht 13 km nach Nordosten zu den 112 m hohen **Falls of Glomach.** Feste, wenn möglich wasserdichte Schuhe sind in dieser Gegend lebenswichtig!

Five Sisters of Kintail

Am Ende des **Loch Duich,** nur ein Stück weiter, ergießt sich der River Shiel in den Fjord. Über 1000 m darüber liegen sich die Five Sisters of Kintail in den Armen. Das mächtige Massiv ragt beeindruckend über dem Tal auf.

In **Shiel Bridge** zweigt nach rechts eine Straße ab. Nach 2 km liegt rechts an der Bucht das *Ratagan Youth Hostel* (→ Unterkunft). Auf halbem Weg zur Herberge gabelt sich die Straße. Der linke Teil windet sich steil die Südseite des Loch Duich hinauf. Rückwärts gewandt, bietet sich ein grandioser Blick auf die Five Sisters und die Bucht und auf dem Pass erblickt man ein ebenso fantastisches Panorama: Skye und die Black Cuillins.

Glenelg Brochs

In **Glenelg,** am Fuß der Straße, biegt man links ab und nach einem Stück noch einmal links. Gleich rechts und links des Weges erheben sich ein wenig weiter oben im Tal **Dun Telve** und **Dun Troddan,** zwei der besterhaltenen frühen Burgen Schottlands, sogenannte **Brochs.**

Dun Telve liegt bei GPS N 57.194517, W 5.594852, das zweite Broch erscheint nach 500 Metern auf der anderen Straßenseite (→ Exkurs „Brochs und Duns – die Burgen der Vorzeit", S. 346).

Loch Loyne und Loch Garry

Von Shiel Bridge steigt die A 87 stetig in das immer rauer und wilder werdende **Glen Shiel** hinauf. Bald gabelt sich die Straße jenseits der Wasserscheide und steigt geradeaus als A 887 am Fluss Moriston nach Invermoriston am Loch Ness hinab.

Rechts macht die A 87 noch einen Bogen zum Loch Loyne und kommt hoch über dem bewaldeten Loch Garry heraus. Von dem schönen **Aussichtspunkt** geht es dann hinunter ins Great Glen nach **Invergarry.**

Im Süden des Great Glen

Den Great Glen genannten tiefen Einschnitt, der die Highlands von Nordosten nach Südwesten teilt, machte sich der Ingenieur *Thomas Telford* nutzbar, als er 1803 mit dem Bau des **Caledonian Canal** begann. Mit Hilfe von 29 Schleusen sollte dieser Kanal den Atlantik, der in Fort William ans Ufer spült, mit der Nordsee bei Inverness verbinden. Nach seiner Eröffnung im Jahre 1822 sollte der Wasserweg, ein bestauntes technisches Wunderwerk in der damaligen Zeit, Heringsfischern und Frachtschiffen die stürmische Nordumrundung Schottlands ersparen und dadurch auch die Wirtschaft des rückständigen Hochlandes fördern. Wirtschaftlich erfüllte der Kaledonische Kanal die in ihn gesetzten Erwartungen jedoch nicht. Heute nutzen ihn nur noch Sportboote und wenige Fischkutter, aber immerhin hatte er ganze 20 Jahre lang 3000 Hochländern Arbeit und Brot garantiert (→ Von Fort William nach Mallaig, S. 350).

Fährt man in Invergarry links ab, gelangt man nach **Fort Augustus** am **Südende des Loch Ness.** Das Städtchen entstand, wie Fort William, um eine der Festungen herum, die der Diktator *Oliver Cromwell* im ausgehenden 17. Jh. anlegen ließ, um das Hochland zu „befrieden". Pate für den Namen stand *William August, Duke of Cumberland,* der Schlächter von Culloden. Im späten 19. Jh. konvertierte die Bastion in ein Kloster. Heute befinden sich Ferienwohnungen in der Abtei, die malerisch zwischen dem Kanal, dem Fluss Oich und dem See liegt.

Wenn man der A 82 in der entgegengesetzten Richtung folgt, gelangt man bald an die bewaldeten Ufer des **Loch Lochy.**

Über den Ufern des Loch Lochy liegt nach einem Pass **Spean Bridge.** Der hübsche kleine Ort ist ein guter Ausgangspunkt für Wanderungen in die Umgebung.

Praktische Tipps

Unterkunft, Essen und Trinken

■ **Ratagan Youth Hostel**②, Glenshiel, IV40 8HP, Tel. 01599 511243, www.hostellingscotland.org.uk/hostels/ratagan/, März–Sept. Einfache Jugendherberge direkt am Ufer.

■ **Old Pines Hotel & Restaurant**③, Spean Bridge, PH34 4EG, Tel. 01397 712324, www.oldpines.co.uk. Führt in erster Linie ein hervorragendes Restaurant, vermietet aber auch Zimmer.

Aktivitäten

■ **Monster Activities,** Tel. 07710 540398, www.monsteractivities.com. Ein Veranstalter mit Sitz in Fort Augustus, bietet Aktivitäten wie Wassersportarten, Bogenschießen und Wanderungen im Great Glen an.

■ **Great Glen Water Park,** South Laggan, Spean Bridge, PH34 4EA, www.greatglenwaterpark.co.uk. Es werden diverse Wassersportarten angeboten, außerdem Vermietung von Hütten.

Fort William

Fort William (rund 5600 Einwohner), der **größte Ort der westlichen Highlands,** ist der nächste Ort, den die A 82 passiert. Die kleine Stadt am Loch Linnhe liegt am Ende des Great Glen, dort, wo der Kaledonische Kanal sich zum Atlantik hin öffnet. Der Parlamentskönig *Wilhelm von Oranien* gab dem Cromwellfort und der späteren Stadt den Namen. Die inoffizielle „Hauptstadt des Hochland-Tourismus" ist selbst leider nicht sehr schön, doch sind von hier alle Glanzpunkte der westlichen Highlands leicht zu erreichen. In der **High Street,** der Hauptgeschäftsstraße, in die man gelangt, wenn man geradeaus in die Stadt

Brochs und Duns – die Burgen der Vorzeit

Besonders auf den Archipelen Orkney und Shetland, in Caithness, vereinzelt entlang der Westküste und auf Skye, selten auch im südlichen Schottland finden sich die Reste von vorgeschichtlichen Befestigungsanlagen, den *Brochs*. Das Wort **Broch** leitet sich von dem norwegischen Begriff *borg* her, ist also verwandt mit unserer Burg. Im Gälischen wird oft der Begriff *dun* verwendet, der ebenfalls Festung, manchmal aber auch Hügel oder Kuppe bedeutet, wenn diese sich für den Bau einer Festung geeignet hätten. Das Wörtchen *dun* findet sich heute noch in vielen Ortsbezeichnungen (z. B. Dunrobin, Dunfermline, Dunottar u. a.).

An einigen der besser erhaltenen Bauresten lassen sich die **charakteristischen Bauelemente** von *Brochs* noch gut erkennen. Sie bestanden aus einem kreisrunden, aus Steinen ohne Mörtel aufgeschichteten Turm, der auch noch von einigen kleineren Hütten umgeben sein konnte. Am niedrigen Eingang findet sich häufig, in die dicke Fundamentmauer eingelassen, eine sogenannte Wächterzelle. Das Innere des *Brochs* war meist in ca. zwei Meter Höhe überdacht, oft noch an einem kleinen Vorsprung zu erkennen, auf den die Dachbalken aufgelegt wurden. Die Mauern, die eine Höhe von bis zu 13 Metern erreichen konnten, waren innen

Adobe Stock © Katarina Tauber

hohl und boten so Platz für Vorratskammern und eine Treppe, die sich in den Wänden zu einem Rundgang auf den Mauerkuppen hochschraubte.

Durch Radiokarbonuntersuchungen verschiedener Fundstücke konnte man die **Entstehung der Brochs** auf eine Zeit zwischen ca. 200 v. Chr. und 200 n. Chr. datieren. Einige waren noch in der Zeit des frühen Mittelalters bewohnt. Europaerfahrenen Lesern wird vielleicht die Ähnlichkeit der schottischen *Brochs* mit den sardinischen Nuragenburgen auffallen. Durch die Datierung lassen sich jegliche Verwandtschaftsbeziehungen ausschließen, da die Nuragen bereits seit 1500 v. Chr. errichtet worden waren.

Leider tappen die Wissenschaftler bis heute im Dunkeln, was die **Bewohner** der *Brochs* angeht und auch, warum die Anlagen errichtet wurden. Da man nur zwei *Brochs* ausgegraben hat, bei denen eindeutig eine Zerstörung festgestellt werden konnte, wäre es wohl verfehlt, von einer reinen militärischen Bedeutung der *Brochs* auszugehen. Da die Einwanderung der Belgen in Südengland (ab 100 v. Chr.) und erst recht die Eroberungen der Römer (ab 55 v. Chr.) erst in die Zeit nach dem Beginn des Brochbaus fallen, können diese Vorgänge, deren Auswirkungen in Form von Stammeswanderungen auch im Norden bemerkbar gewesen sein mögen, den Brochbau lediglich verstärkt, nicht aber initiiert haben. Aufgrund der architektonischen Struktur der Anlagen hätten sie längeren Belagerungen nicht standgehalten. Da man für die damalige Zeit in Schottland von einer stammesmäßig organisierten Gesellschaft ausgeht, liegt es nahe, *Brochs* als Fluchtburgen der Stämme bei Attacken räuberischer Banden zu betrachten – eine Annahme, die nicht zuletzt an die *Towerhouses* spätmittelalterlicher Hochlandclans denken lässt.

Fundstücke und Lage vieler *Brochs* lassen vermuten, dass ihre Bewohner Bauern waren, die sich z. T. auch von Fischerei und Jagd ernährten. Viele *Brochs* finden sich in geschützten Buchten, was die Vermutung nahe legt, dass ihre Bewohner Boote besaßen, mit denen auch ein Austausch entlang der Küste und mit Bewohnern der Inseln stattgefunden hat.

Noch heute sind einige schöne Exemplare von *Brochs* erhalten, die einen Eindruck vom einstigen Aussehen der Anlagen vermitteln können. Das bekannteste und am besten erhaltene ist auch das am weitesten entfernte: das **Mousa Broch** auf Shetland. Es steht noch ca. 11 m hoch und ist rundum so vollständig erhalten, dass sogar der Wehrgang auf den Zinnen bestiegen werden kann. Andere sehenswerte Ausgrabungsstätten sind der **Jarlshof** auf Shetland, **Midhowe** und **Gurness Broch** auf Orkney, **Dun Dornaigil** in Sutherland, das herrlich gelegene **Dun Carloway** auf Lewis sowie **Dun Telve** und **Dun Troddan** bei Glenelg.

Wer mehr über die rätselhaften Burgen erfahren will, dem sei das Heftchen **„Brochs of Scotland"** von *J. N. G. Ritchie* empfohlen, welches die wichtigsten dieser Bauwerke einzeln bespricht (in vielen schottischen Buchhandlungen erhältlich).

< Eins der besterhaltenen Brochs: Dun Telve im Tal von Glenelg

hineinfährt, wird von Kitsch bis Kunsthandwerk alles angeboten.

In der Mitte der High Street steht das **West Highland Museum.** In einfacher Präsentation wird hier ein interessantes Sammelsurium aller möglichen Gegenstände aus dem Hochland ausgestellt.

- **West Highland Museum,** PH33 6AJ, www.westhighlandmuseum.org.uk, Mai–Sept. Mo–Fr 10–17 Uhr, Sa 10.30–16 Uhr, im Aug. nur Mo–Fr, Okt.–April Mo–Fr 10–16 Uhr, Sa 10.30–16 Uhr, Eintritt frei.

Ben Nevis

Seine Bekanntheit verdankt Fort William einem Berg, dessen stumpfe Kuppe 1345 m hoch über die Stadt hinausragt. Der Ben Nevis ist der **höchste Berg Großbritanniens.** Auf einer „Fußgängerautobahn" ist es auch für Ungeübte möglich, vom **Glen Nevis,** dem Gletschertal, das den Berg von Westen und Süden umfasst, den Gipfel zu erreichen. Man unterschätze jedoch nicht den **Aufstieg.** Gute Schuhe sind genauso wichtig wie Vorsicht bei schlechtem Wetter (ständige Nebelgefahr!). Jedes Jahr fordert der eigentlich niedrige und leicht zu besteigende alte Ben Menschenopfer aufgrund des Leichtsinns seiner „Bezwinger" (→ Wanderung rechts).

Im Norden des Massivs liegt das **Nevis-Range-Skigebiet,** mit acht Liften eines der größten Schottlands. Die **Kabinenbahn** in das Gebiet verkehrt auch im Sommer.

- **Nevis Range Mountain Experience,** PH33 6SQ, Tel. 01397 705825, www.nevisrange.co.uk. Infos zu Gondelbahn (im Sommer tägl. 9.30–16.30 Uhr, im Winter 9–16 Uhr), Kletterpark, Fahrradverleih und Skisport.

Praktische Tipps

Informationen

- Am Ende eines Platzes in der Mitte der High Street liegt das große **Fort William iCentre** (Tel. 01397 701801). Man kann hier alles Wissenswerte über die Region erfragen und unter viel Literatur über ganz Schottland auswählen. Wanderern sind besonders die ausführlichen Routenbeschreibungen zu empfehlen, die nur wenig bis nichts kosten.
- **www.visitfortwilliam.co.uk**

Unterkunft

- **The Moorings Hotel**②-③, Banavie, PH33 7LY, etwas außerhalb am *Neptune's Staircase* auf dem Weg nach Mallaig, Tel. 01397 772797, www.moorings-fortwilliam.co.uk. Sehr gutes Hotel.
- **Alexandra Hotel**②, The Parade, PH33 6AZ, Tel. 01397 702241, www.strathmorehotels-thealexandra.com. Altes Haus im Zentrum.
- **Lochview House**②, Heathercroft Road, PH33 6EZ, Tel. 01397 703149, www.lochview.co.uk. Etwas oberhalb von Fort William mit tollem Ausblick auf Loch Linnhe gelegen, vermietet auch Ferienwohnungen.
- **B & B** findet man eigentlich überall in der Stadt, aber besonders in der Alma Road, am nördlichen Kreisel am Stadteingang Richtung Zentrum, dann vierte Straße links, und ihrer Verlängerung, der Argyll Road.
- **Glen Nevis Youth Hostel**②, PH33 6SY, am Kreisel im Norden vor der Stadt links ins Glen Nevis hinein, dann nach gut 2 km auf der rechten Seite, Tel. 01397 702336, www.hostellingscotland.org.uk/hostels/glen-nevis/. Einfaches Hostel mit großzügigem Aufenthaltsraum und ideal für Wanderungen in der Nevis Range gelegen.
- **Fort William Backpackers**②, Alma Road, PH33 6HB, Tel. 01397 700711, www.fortwilliam

Die Besteigung des Ben Nevis

Ein Gipfelsturm zum höchsten Punkt

- **Schwierigkeit:** schwer
- **Dauer:** 9 Stunden
- **Distanz:** 20 km
- **Höhenunterschied:** 1360 m
- **Ausgangspunkt:** Fort William oder *Ben Nevis Visitor Centre*

Der Ben Nevis ist mit 1345 m der **höchste Berg Schottlands** und lässt sich innerhalb eines Tages besteigen. Entweder von **Fort William** oder dem *Ben Nevis Visitor Centre* beginnend, steigt der Weg zunächst in einem gut ausgetretenen Kiesweg an. Mit steigender Höhe verschlechtert sich die Qualität des Weges und nahe dem Gipfel windet sich der Pfad in Serpentinen durch ein Geröllfeld. Der Gipfel mit der kleinen Wetterstation bietet wenig Schutz gegen Wind. Die Sicht ist nicht selten durch Wolken versperrt, aber dennoch hat man in diesem Moment den höchsten Berg Schottlands bezwungen.

Die **Temperaturen** auf und um den Ben Nevis liegen über das ganze Jahr nicht sehr weit über Null, deswegen muss bei einem Aufstieg auf den Gipfel beachtet werden, dass der Weg auf den Gipfel verschneit oder vereist sein könnte, sodass für einen erfolgreichen Aufstieg Schneeschuhe oder Spikes benötigt werden. Auch in einer wolkenverhangenen Spitze kann die Orientierung durchaus schwerfallen und abseits des Pfades gelangt man schnell in gefährliches Gelände. Für einen Aufstieg gilt deswegen generell, dass dieser nur bei ausreichender **Planung,** ordentlicher **Ausrüstung, Trittsicherheit** und entsprechendem **Wetter** durchgeführt werden sollte.

- **Weitere Informationen** zum Ben Nevis finden sich im *Ben Nevis Visitor Centre* oder der *Tourist Information* von Fort William. Als Karte ist die **Ordnance Survey Explorer Karte 394** für Ben Nevis und Fort William gut geeignet.

Übernachten in der Natur: Camper im Glen Nevis

351sc sv

backpackers.com. Einfache Jugendherberge oberhalb der High Street.

■ **Achintee Farm**②-③, Achintee Farm, PH33 6TE, außerhalb von Fort William im Glen Nevis, Tel. 07497 082820 (B & B) oder 07867 614180 (Hostel), www.achinteefarm.com. Einfaches Hostel oder B & B in idealer Lage für Touren in die Berge.

■ **Leasona B & B**①, in Torlundy, PH33 6SN, 2 km vom Skigebiet Nevis Range, Tel. 01397 704661, www.leasona.co.uk. Einfaches B & B mit toller Aussicht auf die Berge.

■ **Glen Nevis Caravan & Camping Park**①-②, PH33 6SX, Tel. 01397 702191, www.glen-nevis.co.uk/campsite, Mitte März–Anf. Nov. Liegt gut 3 km von der Hauptstraße im schönen Glen Nevis.

Essen und Trinken

■ **Ben Nevis Inn,** PH33 6TE, Tel. 01397 701227, www.ben-nevis-inn.co.uk, März–Okt. tägl. 12–22 Uhr, Nov.–April Mi–So 12–22 Uhr. Auf dem Abstieg vom Ben Nevis kann man auch noch in diesen Pub absteigen. Dort wird immer dienstags Livemusik gespielt und wenn die Beine versagen, werden im *Bunkhouse* auch Betten angeboten.

■ **The Crofter,** 7–11 High Street, PH33 6DH, Tel. 01397 704899, tägl. ab 11 Uhr. Ein klassischer Pub mit entsprechendem Essen und Einrichtung.

■ **Crannog Seafood,** 4 Cameron Square, PH33 6AJ, Tel. 01397 701873, www.garrisonwest.co.uk, tägl. 12–14.30 und 17–21 Uhr. Bereiten frischen Fisch und Meeresfrüchte zu, Reservierung unbedingt erforderlich. Vom Town Pier starten auch Ausflugsfahrten, www.crannog.net.

Einkaufen

■ **Caledonian Wool Co,** 68 High Street, PH33 6AD, www.caledonianwool.com, Di–Sa 11–17 Uhr. Bietet eine wirklich hübsche Auswahl britischer und schottischer Wolle.

Krankenhaus

■ **Belford Hospital,** Belford Road, PH33 6BS, Tel. 01397 702481.

Aktivitäten

■ **Fahrradverleih:** *Off Beat Bikes,* 117 High Street, PH33 6DG, Tel. 01397 704008, www.offbeatbikes.co.uk, Di–Sa 10–17 Uhr.

■ **Schwimmbad** und **Tennishalle:** vom nördlichen Kreisel aus Richtung Stadt in der zweiten Straße links, PH33 6AN.

Von Fort William nach Mallaig

Von Fort William aus lohnt sich ein Abstecher auf der A 830 nach Mallaig, dem Fährhafen zur Insel Skye. Gleich hinter der Stadt überquert man den Kaledonischen Kanal. Man biegt hinter dem Kanal rechts ab und sollte unbedingt einen Blick auf **Neptune's Staircase** werfen. Acht aufeinanderfolgende Stufen umfasst die Schleusenleiter des Meeresgottes, die dem Kaledonischen Kanal von der Meereshöhe des Loch Linnhe 19,50 m höher auf das Niveau des Loch Lochy verhilft.

Glenfinnan

Am bewaldeten Ufer des Loch Eil entlang, des tiefsten Einschnittes der See in die Berge von Lochaber, führt die Straße weiter bis Glenfinnan, einem winzigen Ort am Nordzipfel des Loch Shiel. Am 19. August 1745 pflanzte *Charles Edward Stuart* seine Standarte in den wunderschönen Talkessel und gewann mit Hilfe seines Charismas in einer flammenden Rede die Clans des Hochlandes für den Kampf gegen die Engländer. Das **Glenfinnan Monument,** eine Säule, die die Statue eines Clansman trägt, erinnert

Adobe Stock © totajla

heute unübersehbar an das Ereignis (→ Exkurs „Bonnie Prince Charlie – Held oder Abenteurer?“, S. 302).

Der *National Trust for Scotland* hat ein Besucherzentrum eingerichtet, an dem man am besten vorbeigehen sollte, um den Hang dahinter zu erklimmen. Ein herrlicher Blick über das Tal und **Loch Shiel** wird den Aufstieg belohnen.

Im Schlafwagen durchs Hochland träumen und nichts von der herrlichen Landschaft verpassen: unmöglich? Im *Sleeping Car* beim **Bahnhofsmuseum** von Glenfinnan ist dies kein Problem. Das Museum zeigt viele Geschichten um die Entstehungsgeschichte der Verbindung Glasgow – Mallaig. Im *Dining Car* ist zudem ein kleines Restaurant.

☐ Blick auf Loch Shiel und das Glenfinnan Monument

■ **Glenfinnan Station Museum,** Station Road, PH37 4LT, Tel. 01397 722295, www.glenfinnanstationmuseum.co.uk, Ostern–Okt. Mo–Sa 9–17 Uhr, So 10–17 Uhr, £ 1; *Dining Car* Di–Do und Sa 8.30–16.30 Uhr, Mi auch 17.30–20 Uhr, Fr 8.30–16 Uhr.

■ **Glenfinnan Sleeping Car**①-②, www.glenfinnansleepingcar.com. Vermietet Nächte im Schlafwagen.

Jacobite Steam Train

Neben der A 830 verläuft die berühmte **West Highland Line** von Fort William bis Mallaig zur Fähre nach Skye. Im Sommer schnauft für Touristen eine **historische Dampflok** die Berge hoch und runter: Der *Jacobite Steam Train* hat vor allem als *Hogwarts Express* aus den **Harry-Potter-Filmen** von sich Reden gemacht, aber auch davon abgesehen ist

Adobe Stock © Robert Neumann

die Strecke malerisch. Die Dampflok fährt von Ende April bis Oktober einmal täglich.

■ Abfahrtszeiten und Ticketvorbestellung: **West Coast Railways,** Tel. 01524 737751, www.westcoastrailways.co.uk. Hin- und Rückfahrt ab £ 65. Die Tickets sind aufgrund der hohen Beliebtheit sehr schnell ausgebucht. Eine Buchung im Voraus ist unvermeidlich.

Mallaig

Von Mallaig verkehren eine **Autofähre** nach Armadale auf Skye (Reservierung empfohlen) sowie **Personenfähren** zu den Inseln Eigg, Rhum und Canna. Daneben werden im Sommer vom Anleger in der Nähe des Bahnhofs auch **Ausflugsfahrten** nach Skye oder zum Loch Nevis angeboten, die z. T. mit den Zugabfahrten koordiniert sind.

⌃ Bekannt aus den Harry-Potter-Filmen: der Jacobite Steam Train auf dem Glenfinnan Viadukt

Glen Coe

Von Fort William folgt man der A 82 an der Küste entlang nach Süden weiter. Nach 20 km Weg kommt man an die Abzweigung der A 828 Richtung Oban. Auch wenn Oban das Ziel ist, lohnt es sich, links abzubiegen und einen Abstecher in das berühmteste und landschaftlich **überwältigendste Tal des schottischen Hochlands** zu machen.

Bis zu 1000 m hoch ragen die Wände des Glen Coe. Unzählige **Wasserfälle** stürzen sich die schroffen Felsen hinab in den tosenden, wild zu Tal brechenden Fluss Coe. Selbst bei Wolkenbrüchen verliert dieses Tal nichts von seiner Faszination, wenn aus den hunderten Bächen tausende werden und der Coe gewaltig durch die engen Schluchten rauscht.

Am Beginn des Tales beim **Ort Glencoe** hat der *National Trust* ein **Besucherzentrum** eingerichtet. Im Sommer veranstaltet er geführte Wanderungen durch die wuchtigen und überwältigenden Berge. Am *Visitor Centre* sowie an mehreren Stellen entlang der A 82 finden sich Parkplätze. In der Hochsaison kann es bisweilen voll werden. Wer sich die damit einhergehenden vollen Parkplätze und Straßen ersparen möchte, kann auch versuchen von Fort William oder Glencoe den Bus zu nehmen.

■ **Glencoe Visitor Centre,** PH49 4HX, www.nts.org.uk/glencoe, Mitte März–Okt. tägl. 9.30–17 Uhr, Nov./Dez. tägl. 10–16 Uhr.

UNSER TIPP: Besonders Radfahrern und Wanderern empfehlen wir, nach Überquerung der Wasserscheide nach Süden in das **Glen Etive** abzubiegen. Die Straße durch das malerische Tal mit seinen fantastischen Wasserfällen geht gemächlich bergab. Die Straße endet am **Loch Etive.** Wer dieses wunderschöne Loch per **Schiff** befahren möchte, muss zur Dunstaffnage Marina (an der A 85, östlich von Oban) fahren. Von hier aus begin-

Schottlands Tal der Tränen – Glen Coe

1692 war das grandiose Naturwunder des Glen Coe Kulisse für das tragischste der vielen **Massaker** in der Geschichte Schottlands. Nachdem der Aufstand der Jakobiten 1689 durch den Tod ihres Führers, des *Viscount Dundee,* gescheitert war, stellte *William III. von Oranien* den widerspenstigen Clans ein Ultimatum. Bis zum 31. Dezember 1691 sollten die *Chieftains,* die Oberhäupter, ihren Eid auf den neuen König abgelegt haben. Diese Forderung war unerhört, verstieß sie doch sogar gegen das Abkommen, das *William* mit dem schottischen Parlament abgeschlossen hatte, als er die Krone übernahm. Doch die Clans beugten sich der Gewalt. Nur der Chief der *MacDonalds of Glen Coe* wollte seine Treue zu den *Stuarts* wenigstens dadurch zeigen, dass er den Eid bis zum letzten Tag hinauszögerte. Ein Sturm machte es dann aber unmöglich, pünktlich zu erscheinen. So legte er seinen Eid zwar ordnungsgemäß, aber ein paar Tage zu spät ab.

Williams Schottlandminister sah endlich einen geeigneten Anlass gekommen, ein Exempel zu statuieren. *„Put all to the sword under seventy!"* (Überantworte alle unter siebzig dem Schwert!) lautete sein Befehl an *Captain Robert Campbell of Glenlyon.* Der marschierte mit 120 seiner *Clansmen* nach Glen Coe und gab vor, Quartier zu suchen.

Beinahe zwei Wochen ließen sich die *Campbells* von den *MacDonalds* aushalten. Schließlich, am 13. Februar 1692 um 5 Uhr morgens, bis in die Nacht hatten sie noch gemeinsam gezecht, zogen die *Campbells* die *MacDonalds,* Männer, Frauen, Kinder, aus den Betten und ermordeten sie. Wer entkam, starb in dem Schneesturm, der an diesem Tag durch das Tal wütete.

Das ruchloseste an diesem Verbrechen ist für Schotten nicht die Tat an sich, sondern der Bruch der Gastfreundschaft. Zwei Wochen Gastrecht in Anspruch zu nehmen und es dann so ehrlos zu schänden, im ganzen Land fand man keine Worte für diese bodenlose Ehrlosigkeit. Der Familienname *Campbell* ist deshalb angeblich bis heute unbeliebt in Schottland.

353sc jf

Im Glen Coe

nen im Sommer Rundfahrten, die auch eine Seehundkolonie einschließen (*Etive Boat Trips*, www.etiveboattrips.co.uk).

Die A 82 durchquert hinter dem Glen Coe das **Rannoch Moor,** das womöglich düsterste und einsamste Moor Schottlands, um dann, am Loch Lomond entlang, Glasgow zuzustreben.

Praktische Tipps

Unterkunft, Essen und Trinken

- **B & B** gibt es in Glencoe und Ballachulish.
- **Ardno House**②, Lettermore, Ballachulish, PH49 4JD, Tel. 01855 811830, www.ardnohouse.co.uk. B & B mit guter Aussicht auf Loch Linnhe.
- **Glencoe Youth Hostel**②, Glencoe, Ballachulish, PH49 4HX, Tel. 01855 811219, www.hostellingscotland.org.uk/hostels/glencoe/, ganzjährig geöffnet. Jugendherberge in zentraler Lage.
- **Fern Villa Guest House**①, Loanfern, Ballachulish, PH49 4JE, Tel. 01855 811393, www.fernvilla.scot. Gemütliche Unterkunft an den Ufern von Loch Leven.
- **Heart of Glencoe Holidays**②, Glencoe, Ballachulish, PH49 4HX, Tel. 01855 811906, www.heartofglencoe.co.uk. Im gleichen Tal wie das *Glencoe*

Youth Hostel (→ oben) gelegen, bietet neben dem *Bunkhouse* auch Unterkunft in kleinen Hütten an.

■ **Invercoe Caravans**②, Glencoe, PH49 4HP, an der B 863, 1 km entfernt von der A 82, Tel. 01855 81 1210, www.invercoe.co.uk. Vor allem für Wohnwagen und Campervans gut geeignet, an den Ufern von Loch Leven gelegen.

■ **Red Squirrel Campsite**②, Glencoe, PH49 4HX, Tel. 01855 811256, www.redsquirrelcampsite.co.uk. Campingplatz an den Ufern des Glencoe River.

■ **Corran Bunkhouse**②-③, PH33 6SE, an der Ablegestelle der *Corran Ferry,* Tel. 01855 821000, www.corranbunkhouse.co.uk. Ein Hostel am Ufer von Loch Linnhe.

■ **Clachaig Inn**②, Glencoe, PH49 4HX, in der Nähe des *Visitor Centre,* Tel. 01855 811252, www.clachaig.com. Im **Pub** treffen sich die *Outdoorer* aller Länder und Jahreszeiten und solche, die es werden wollen. Sollte mal keine Liveband spielen, zupft mit Sicherheit ein Gästebarde die Stimmung vorwärts. Außerdem gibt es B & B.

☑ Seen im Rannoch Moor

Adobe Stock © EyesTravelling

Überblick | 359

Arran | 359
- Blackwaterfoot | 364
- Brodick | 360
- Kildonan | 365
- Lamlash | 366
- Lochranza | 362
- Whiting Bay | 365

Gigha | 367

Islay | 369
- Bowmore | 372
- Port Askaig | 373
- Port Ellen | 370
- Rhinns of Islay, Halbinsel | 372

Jura | 374

Mull | 377
- Iona | 382
- Staffa | 383

Skye | 384
- Broadford | 386
- Cuillin Hills | 387
- Duirinish, Halbinsel | 389
- Dunvegan | 392
- Kyleakin | 385
- Portree | 396
- Sleat, Halbinsel | 386
- Trotternish, Halbinsel | 393

354sc ul

10

Arran und die Inneren Hebriden

»Schön sind alle Inseln, unser Favorit ist trotzdem Skye mit den schwarzen Cuillin Hills und den bizarren Felsformationen der Quiraings.

‹ Der Coral Beach auf Skye besteht aus vielen kleinen Muschelteilen

ARRAN UND DIE INNEREN HEBRIDEN

An die schottische Westküste schmiegen sich die Inneren Hebriden, wozu die Inseln Gigha, Islay und Jura, Colonsay und Oronsay, Skye sowie Mull gehören. Mit aufgenommen haben wir hier die Insel Arran im Firth of Clyde.

NICHT VERPASSEN!

- **Brodick Castle Garden & Country Park,** viktorianischer Garten auf Arran | 360
- **Finlaggan Castle,** „Lordship of the Isles" auf Islay | 373
- **Tobermory,** Hafenstädtchen auf Mull | 379
- **Staffa,** natürliche Basaltkathedrale | 383
- **Quiraing** und **Old Man of Storr,** bizarre Felsen auf Skye | 396

Diese Tipps erkennt man an der gelben Markierung.

Überblick

Landschaftlich reizvoll sind die Inseln allesamt. Als Diamanten unter den Inneren Hebriden handelt man im Allgemeinen die Insel **Skye,** die von hohen Klippen gesäumt wird. Auf Skye erheben sich die **Cuillin Hills** mit sieben Gipfeln über 900 m, die allerdings oft von Wolken umhüllt werden.

Ein offenes Geheimnis sind die häufigen **Niederschläge** auf den Inneren Hebriden. Die Wolken werden vom Westwind zu den Inseln transportiert. Auf den Cuillins auf Skye fällt jährlich über 3000 mm Regen, sodass pralle Bäche an ihren Hängen herabstürzen.

Arran

Zwischen der Halbinsel Kintyre und der Küste von Ayr liegt Arran. Die Insel lebt vom Tourismus, auch wegen ihrer Nähe zu Glasgow und der guten Erreichbarkeit. Im Sommer ist die Fähre nach Brodick immer gut gefüllt. Wer Entspannung und Ruhe genießen will, sollte Arran eher in der Nebensaison besuchen.

Angler, Surfer und andere Wassersportler kommen auf ihre Kosten in den Orten Brodick, Lochranza oder Lamlash, ebenso Bergsteiger und Spaziergänger, die die reiche Tierwelt Arrans bewundern möchten, denn Adler und Hirsche sind auf Arran zu Hause. Ein „Geheimtipp“ für die **Beobachtung von Adlern** ist die *Lochranza Distillery,* die am Fuße der Hügel hinter Lochranza liegt. Die Erbauung der Destillerie musste sogar verzögert werden, da Adler direkt über den Hügeln der Destillerie nisten. Bei gutem Wetter können die beeindruckenden Tiere beim Kreisen beobachtet werden.

Verbindungen

Fähre

- Arran besitzt zwei Fährhäfen. Die Hauptanlegestelle ist **Brodick** im Osten der Insel. Die Autofähre von **Ardrossan** nach Brodick benötigt 55 Min. und verkehrt fünfmal täglich zwischen 7 und 18 Uhr. Sonntags fahren nur vier Fähren. Umgekehrt startet die erste Fähre von Brodick nach Ardrossan um 8.20 Uhr, die letzte um 19.20 Uhr. Im Sommer gibt es einige zusätzliche Fahrten. Einfache Fahrt pro Person £ 4,60, Auto £ 18,60, www.calmac.co.uk. Von der Anlegestelle in Ardrossan gibt es gute Verbindungen mit dem Bahnhof *Glasgow Central.* Die Züge von Glasgow benötigen 30 Min. und fahren fast bis auf die Fähre.
- Vom Fährhafen **Lochranza** im Norden Arrans gibt es Fährverbindungen nach **Claonaig** auf der Halbinsel Kintyre. Diese Strecke bewältigt die Fähre im 75-Minuten-Takt zwischen 8.15 und 18.25 Uhr, umgekehrt von Claonaig nach Lochranza zwischen 8.50 und 19 Uhr (einfache Fahrt pro Person £ 3,50, Auto £ 11,60, www.calmac.co.uk).

Bus

- Auf Arran verkehren abgesehen von der Linie 321, die das Umland von Brodick bedient, drei Buslinien, die über unterschiedliche Routen **Brodick** und **Blackwaterfoot** verbinden. Linie 322 fährt bis zu zehnmal täglich durch das Inland über Machrie. Linie 323 fährt bis zu sechsmal täglich südlich über **Whiting Bay,** zwischen Brodick und Whiting Bay bestehen mehr Verbindungen. Linie 324 fährt durch den Norden der Insel über **Lochranza** sechsmal pro Tag. Die Tageskarte kostet rund £ 7,50.

Brodick

Die Fähre von Ardrossan legt im Hafen von Brodick an, einer kleinen Stadt, deren Häuser sich entlang der Küste hinziehen.

Nördlich von Brodick, an der A 841 in Richtung Lochranza, 3 km von der Anlegestelle, befinden sich die gut erhaltenen Gemäuer von **Brodick Castle.** Bereits zu Wikingerzeiten gab es an der Stelle des heutigen Castle eine Befestigungsanlage der Inselbewohner. Die heutige Form der Burg entstand im 13. Jh., weitere Teile wurden in den Jahren 1652 und 1844 hinzugefügt. Das Innere zeigt die Sammlung des *Duke of Hamilton,* der hier früher seinen Wohnsitz hatte. Liebhaber können sich an dem ausgestellten Silber- und Porzellangeschirr oder an den Porträts der *Hamilton*-Familie begeistern. Das Gelände ist von einem viktorianischen Garten, dem **Brodick Castle Garden & Country Park,** umgeben. Die Gärten sind sehr zu empfehlen.

■ **Brodick Castle, Garden & Country Park,** KA27 8HY, www.nts.org.uk/visit/places/brodick-castle, der Park ist April–Okt. tägl. 9–17 Uhr, Nov.–März tägl. 10–17 Uhr geöffnet, das Castle April–Okt. tägl. 10.30–17 Uhr, Eintritt £ 15, nur der Park £ 8,50.

Bei einem Strandspaziergang oder dem **Fisherman's Walk,** der in Brodick startet, können insbesondere vor Brodick Castle **Robben** beobachtet werden. Hier gibt es einige Hotspots, an denen sich die *Grey Seal* sowie die *Common Seal* häufig bewundern lassen.

☑ Brodick Castle

Adobe Stock © Luis

754sc lb

Auf den Goat Fell

Aussicht über Miniatur-Schottland

- **Schwierigkeit:** schwer (Trittfestigkeit und festes Schuhwerk)
- **Dauer:** 4–5 Stunden
- **Distanz:** 11,8 km
- **Höhenunterschied:** 870 m
- **Ausgangspunkt:** *Arran Brewery* oder Corrie

Der Goat Fell ist mit 874 m der **höchste Berg auf Arran** und lockt mit seiner atemberaubenden Aussicht viele Wanderer an. Die Wanderung startet bei der *Arran Brewery,* in der Nähe von **Brodick Castle.** Direkt rechts neben der Brauerei führt ein kleiner Pfad in den Wald, der Anfang der Wanderung. Die ersten 45 Min. laufen sich gut, es gibt keinen besonders großen Anstieg. Der Weg ist gekennzeichnet, verläuft am Anfang über Waldboden und parallel zu den Gärten von Brodick Castle. Später werden der Weg schmaler und der Anstieg steiler. Nach dem Passieren einer kleinen Holzbrücke, setzt sich der Belag aus einer Mischung aus Erd- und Steinboden zusammen, der bei **Regen** durchaus rutschig werden kann. Während es zu Beginn durch geschützten Wald ging, wird ab hier über offenes Feld gelaufen. Vor Regen und Wind ist kein Schutz mehr geboten. Nach der Querung eines kleinen Tores ist der Gipfel des Goat Fells sichtbar. Der Pfad schlägt eine Rechtskurve ein und strebt den Gipfel an, besonders das letzte Stück ist intensiv und hat es in sich, da es eine Steintreppe zu bewältigen gilt. Hier lohnen sich **Wanderstöcke.** Nach der Steintreppe ist der Gipfel erreicht und bietet eine wunderschöne Aussicht über Arran. Da die **Winde des Atlantiks** ungebremst über den Goat Fell pfeifen, wird es gerade an windigen oder regnerischen Tagen schnell kalt auf dem Gipfel und an ein langes Verweilen ist nicht zu denken.

Wer eine längere oder weniger belaufene Route sucht, kann auch von **Corrie** aus starten, der Weg ist etwas anspruchsvoller dafür aber auch einsamer. Eine weitere Option ist den Rundweg über **Glen Rosa** einzubeziehen. Dadurch verlängert sich die Route um 1–2 Std. Da die Route von Brodick bei gutem Wetter sehr überlaufen sein kann, kann sich einer der Alternativwege lohnen. Für die meisten Wanderer stellt der schnellste Weg hoch sowohl Hin- als auch Rückweg dar.

⌃ Blick auf den Goat Fell

Weiter der Hauptstraße in Richtung Norden folgend, gelangt man nach **Corrie,** einem kleinen Ort am Meer mit einem Küstenstreifen, der teils Stein-, teils Sandstrand ist.

Die **Fallen Rocks** sind riesige Steine hinter **Sannox** (Auto auf dem Parkplatz hinter North Sannox abstellen, dann ca. eine Dreiviertelstunde zu Fuß), die sich vermutlich nach der letzten Eiszeit aus dem Berghang gelöst haben.

Praktische Tipps

Informationen

- Das **Tourist Information Centre,** The Pier, Brodick, The Isle of Arran, KA27 8BB, direkt an der Fähranlegestelle, Tel. 01770 303776, hilft Besuchern auch, eine Bleibe zu finden.
- **www.visitarran.com**

Unterkunft

- **Carrick Lodge**②, KA27 8BH, Tel. 01770 3025 50, www.carricklodge.co.uk. Lage mit schöner Aussicht und guter Service.
- **The Douglas Hotel**②-③, KA27 8AW, Tel. 017 70 302968, www.thedouglashotel.co.uk. Bietet in eleganten Zimmern eine hafennahe Unterkunft.
- **B & Bs** finden sich entlang der A 841 und im gesamten Stadtgebiet von Brodick.
- **Glen Rosa Campsite**①, KA27 8DF, außerhalb von Brodick in Richtung Blackwaterfoot, Tel. 01770 302380. Vor dem Friedhof biegt man nach rechts ab und folgt dem *Glen Rosa Track*. Malerisch in Glen Rosa gelegen, nur Zelte.

▷ Lochranza Castle mit Bergkulisse

Essen und Trinken

- **Copperwheat Coffee House,** KA27 8AU, Tel. 01770 303522, tägl. 10–16.30 Uhr. Gemütliches Café am Hafen, in dem auch mal für kurze Zeit das Gepäck bis zur nächsten Fähre verstaut werden kann.
- **Little Rock Café,** KA27 8BA, Tel. 01770 303886, www.littlerockarran.com, tägl. 9–16 Uhr. Frühstück, Mittag und Kaffee können hier verzehrt werden.
- **Wooleys Of Arran,** KA27 8AL, Tel. 01770 3022 80, www.wooleys.co.uk, Mo–Sa 7–17 Uhr. Hält neben *Shortbread* und *Oatcakes* auch Steak Pies und Wraps bereit, um das Mittagessen zu bestreiten.

Aktivitäten

- **Fahrradverleih:** *Arran Bike Hire,* Shore Road, KA27 8JP, Tel. 07825 160668, tägl. 10–15 Uhr, ab £ 8,50 für 2 Std. und £ 20 für einen Tag. Auf der Website finden sich auch einige Routen durch anspruchsvolleres Gelände für Mountainbiker.
- Das *Tourist Information Centre* vergibt Erlaubnisscheine zum **Angeln** der *Arran Angling Association.*
- **Ranger Service,** Brodick Country Park, Brodick Castle, KA27 8HY, Tel. 0844 4932155, organisiert **Bergtouren.**

Lochranza

Weiter nördlich erreicht die A 841 das in einer Bucht gelegene Lochranza. Das **Cock of Arran,** der nördlichste Punkt der Insel, ist von hier 2–3 km entfernt. Dorthin führt von Lochranza ein Pfad über die Küstenberge, der weite Blicke über die Meerenge Sound of Bute und auf das schottische Festland ermöglicht.

Bei Springflut wird **Lochranza Castle** nass, so nah steht es am Wasser. Die Burgruine aus dem 13. Jh. (täglich geöffnet) ist eine typische Wohnburg, die früher von schottischen Königen als Jagdsitz benutzt wurde. *Robert Bruce,* König von Schottland, soll im Jahre 1307 nach seiner Jagd auf die sagenumwobene *Spinne von Rathlin Island* im Lochranza Castle eine Verschnaufpause eingelegt haben.

Praktische Tipps

Unterkunft

- **Lochranza Country Inn③**, KA27 8HL, Tel. 017 70 830223, www.lcilochranza.co.uk. Landhotel mit netter Bar.
- **Lochranza Youth Hostel②**, KA27 8HL, gleich hinter der weißen Kirche am Anfang der Lochranza Bay, Tel. 01770 830631, www.hostellingscotland.org.uk/hostels/lochranza/. Gemütliches Hostel in Laufreichweite aller Attraktionen Lochranzas.
- **Lochranza Caravan and Campsite①**, KA27 8HL, Tel. 01770 830273, www.arran-campsite.com. Der sehr schöne Campingplatz befindet sich im Zentrum von Lochranza.

Essen und Trinken

- **The Stags Pavilion,** KA27 8HJ, Tel. 01770 8306 00, www.stagspavilion.com, Do–So 17.30–20.15 Uhr. Bietet kreative Küche mit und ohne Fleisch für erschwingliche Preise an. Für Vegetarier und Veganer geeignet.
- **The Lighthouse Restaurant,** KA27 8HP, Tel. 01770 850240, www.thelighthousearran.co.uk, April–Anf. Okt. Di–Do und Sa/So 10–15 und 17–21.30 Uhr, Fr 17–21.30 Uhr. Im kleinen Ort Pirnmill an der Westküste liegt das Restaurant mit gutem Essen und schöner Aussicht auf den gegenüberliegenden Strand.
- **The Sandwich Station,** KA27 8HL, www.thesandwichstation.weebly.com, April–Sept. Mo–Sa 7.30–16 Uhr, So 8.45–15.30 Uhr. Das kleine familienbetriebene Bistro liegt am Hafen von Lochranza

755sc lb

und bietet eine wundervolle Auswahl an Sandwichkombinationen, mit leckeren, frischen Zutaten aus der Region.

Aktivitäten

- **Lochranza Distillery,** KA27 8HJ, Tel. 01770 830 264, www.arranwhisky.com, tägl. 10–16 Uhr, Führungen ab £ 15.

Zwischen Lochranza und Blackwaterfoot

Von Lochranza führt die Straße weiter an der Atlantikküste entlang, flankiert von Bergen, die eine Höhe von über 700 Metern erreichen; die Landschaft ist nur dünn besiedelt. Nach ca. 15 km öffnet sich linker Hand ein Tal, das **Glen Iorsa.** Ein Pfad führt südlich von Dougarie in das Tal hinein. Die Talsohle ist morastig und versumpft von vielen kleinen Seen. Die Höhenlage wird von zerklüfteten Berghängen geprägt.

Stone Circles

Weiter südlich auf der A 841 in Richtung Blackwaterfoot, in der Umgebung der Machrie Bay, stehen einige **Steinkreise aus der Bronzezeit,** die immer noch das Rätsel ihres Zweckes verbergen. Die Machrie Moor Standing Stones liegen bzw. stehen in der Nähe der Machrie Farm und sind über einen beschilderten Fußweg zu erreichen. Nach ca. 3–4 km hinter der Machrie Farm taucht auf der rechten Straßenseite die Steingruppe aus dem Bronzezeitalter auf. Die 15 Steinblöcke des **Auchgallon Stone Circle** gruppieren sich um ein Grab. Die Steine des **Farm Road Stone Circle** dagegen stehen meist vereinzelt, sie sind in grauer Vorzeit errichtet worden, geschätztes Alter: ca. 6000 Jahre. Am letzten Steinkreis hat ein Mensch unserer Tage seinen eigenen kleinen Zirkel errichtet – zu Ehren seines verstorbenen 17-jährigen Hundes, den er hier auf diese Weise bestattet hat.

King's Cave

Auf der anderen Straßenseite gegenüber der Machrie Farm beginnt der Fußweg zur King's Cave. Der Weg steigt allmählich an, die Küste wird steiler. Die „Höhle des Königs“ ist wahrscheinlich ein Produkt der Steinzeit, als der Meeresspiegel noch wesentlich höher lag. Das Meer hat nach und nach das untere Gestein ausgespült. Der **Fußweg zur Höhle** dauert ungefähr eine Stunde. Die Wanderschuhe sollten Profil haben, denn das letzte Stück des Weges muss über glatten Fels geklettert werden.

Blackwaterfoot

In Blackwaterfoot selbst gibt es keine prähistorischen Fundstellen, dafür ein ausgezeichnetes Angebot an **Sport,** den *Shiskine Golf Course* direkt am Meer, einen Tennis Court und das Angelgebiet an der Drumadoon Bay.

Hinter Blackwaterfoot zweigt von der Küstenstraße die B 880 (The String Road) ab und steuert quer durch die Insel auf Brodick zu.

Praktische Tipps

Unterkunft, Essen und Trinken

- **Blackwaterfoot Lodge**②, KA27 8EU, Tel. 017 70 860202, www.blackwaterfoot-lodge.co.uk. Ein hübsches, kleines Hotel mit **Restaurant** im Herzen von Blackwaterfoot.
- **Hope Cottage,** KA27 8EU, Tel. 01770 860377, www.cottagesonarran.co.uk/hope-cottage-black waterfoot. Für Selbstversorger, ab £ 585 für 4 Personen pro Woche.
- **Kinloch Hotel**③, KA27 8ET, Tel. 01770 860444, www.kinloch-arran.com. Schickes Hotel in der gehobenen Preisklasse in Blackwaterfoot, hat auch ein **Restaurant.**

Aktivitäten

- Das **Cairnhouse Riding Centre,** eine Farm in der Nähe von Blackwaterfoot, bietet **Pony Trekking** an, KA27 8EU, Tel. 01770 860466, www.cairn housestables.com, ab £ 40.

Im Inselsüden

Über die Küstenstraße erreicht man den südlichen Teil Arrans. Im Gegensatz zur kargen Hochlandszenerie des Nordens prägen den Süden sanfte, fruchtbare Hügel und größere Forstgebiete. Einen guten Eindruck von diesem Gegensatz vermittelt eine Wanderung entlang des Tals Scorrodale. Einen Kilometer hinter **Sliddery** beginnt der befestigte Fußweg durch das Tal, bis Lamlash sind es ca. 15 km.

Vor dem Start kann man sich die **Kilmory Cairns** anschauen, prähistorische Gräber, die nur eine Viertelstunde Fußmarsch in Richtung des Ortes Lagg entfernt sind.

Kildonan

Nur wenige Häuser bilden die Siedlung Kildonan, die direkt am Meer liegt. Die Küstenstraße umgeht diesen kleinen Ort, der für Wassersportfreunde, insbesondere für Taucher und Angler, eine Fundgrube ist. Taucher wenden sich an das *Kildonan Hotel* (→ Unterkunft).

Das **Kildonan Castle** an der Küste außerhalb des Ortes ist eine Ruine und ganzjährig frei zugänglich. Entlang der Küste westlich von Kildonan lassen sich mit etwas Glück **Seehunde** beobachten.

Praktische Tipps

Unterkunft

- **Kildonan Hotel**②, KA27 8SE, Tel. 01770 8202 07, www.kildonanhotel.com. Bietet herrliche Aussicht auf die Küste aus dem verglasten Speisesaal.
- **Seal Shore Camping & Touring Site**①-②, KA27 8SE, Tel. 01770 820320, www.campingarran.com, April–Okt. Direkt neben dem *Kildonan Hotel* (→ oben), mit Palmen und gelegentlichen Seehundsichtungen.

Whiting Bay

Hinter Kildonan macht die A 841 einen Knick nach Norden. Nach 8 km beginnt die größte Ortschaft auf Arran, Whiting Bay, die sich über mehrere Kilometer an der Küste erstreckt. Whiting Bay zieht viele Touristen an, darunter auch zahlreiche Wochenendgäste aus Glasgow.

Die **Giants' Graves** sind Überbleibsel aus der Jungsteinzeit: ein Grabhügel, umgeben von einer halbrunden Gruppe von *standing stones.* Ein ausgeschilderter

Pfad zu den Relikten beginnt vor der Ashdale-Brücke. 250 Treppenstufen sind zu überwinden, bis man die Anhöhe mit der Steingruppe erreicht.

Der Rundweg zu den Wasserfällen **Glenashdale Falls** beginnt auch vor der Ashdale-Brücke, geht aber dort geradeaus weiter, wo der Weg zu den Giants Craves nach links abzweigt. Die Tour dauert ca. 2 Std.

Praktische Tipps

Unterkunft

■ **Viewbank Cottage**②, Golf Course Road, KA27 8QT, Tel. 01770 700326, www.viewbank-arran.co.uk. Ein einladendes Gästehaus.

■ **Burlington Guest House**②, Shore Road, KA27 8PZ, Tel. 01770 700255. Einladendes Gästehaus mit reichhaltigem Essen im hauseigenen **Restaurant** und schönem Ausblick.

Essen und Trinken

■ **The Shore,** Shore Road, KA27 8PR, Tel. 01770 700161, www.theshorearran.co.uk, Do–Mo 12–15 Uhr. In einem kleinen Gebäude an der Küste bekommt man Kaffee und Kuchen, aber auch Herzhaftes.

■ **The Shurig,** Eden Lodge, KA27 8QH, Tel.01770 700277, www.fb.com/felicitysarran, Mi–Sa 16–23 Uhr, So 16–22 Uhr. Tolle Bar, die ab 17 Uhr auch Essen serviert.

Lamlash

Lamlash liegt in der gleichnamigen Bucht, 5 km südlich von Brodick. Das Inselchen **Holy Island** ist Lamlash wie ein Schutzschild gegen das heranstürzende Meer vorgelagert. Ein paar Schafe sieht man auf der Insel weiden. Die Insel, die in den 1990er-Jahren den Besitzer wechselte, schützt als natürlicher Wall den Jachthafen von Lamlash vor stürmischem Wetter. Als *Mary Queen of Scots* im Jahre 1548 im Alter von fünf Jahren vor dem englischen König *Henry VIII.* in Frankreich Zuflucht suchte, musste ihr Schiff auf der Überfahrt von Schottland nach Frankreich in Lamlash ankern, um einem Sturm zu entkommen.

Praktische Tipps

Unterkunft

Stonewater House②, Shore Road, KA27 8JN, Tel. 01770 601259, www.stonewaterhouse.co.uk. Veganes B & B mit der Option für ein *Full Scottish Breakfast.*

■ **Glenisle Hotel**③, Shore Road, KA27 8LY, Tel. 01770 600559, www.glenislehotel.com. Bietet in sehr gemütlicher Atmosphäre Unterkunft und ein Bistro.

Essen und Trinken

■ **Pierhead Tavern,** KA27 8JN, Tel. 01770 6004 18, tägl. ab 12 Uhr. Hier wird grundsolides Bar-Food serviert, lokales Ale gezapft und gelegentlich etwas musiziert.

■ **The Old Pier Cafe,** Shore Road, KA27 8JN, Tel. 01770 600249, www.oldpiercafe.co.uk, Mo und Do–Sa 10–15 Uhr, So 11–15 Uhr. Serviert süße Backwaren, salziges Frühstück oder leckere Kuchen.

■ **Drift Inn,** Shore Road, KA27 8JN, Tel. 01770 600608, www.driftinnarran.com, tägl. 12–21 Uhr. Bietet lokale Erzeugnisse in raffinierten Zubereitungen, dazu frisch gezapftes Bier und tolle Ausblicke.

▷ Blick über den Norden der Insel Gigha

Aktivitäten

Wie die meisten Dörfer auf Arran hat auch Lamlash ein reiches Sportangebot.

- **Taucher, Kletterer** und **Segler** wenden sich an das *Arran Outdoor Education Centre*, KA27 8PL, Tel. 01770 600532, www.arranoutdoor.com.
- Auf dem mit 4 km^2 größten **Golfplatz** Arrans ziehen die Golfspieler ihre Bahnen. *Lamlash Golf Club*, KA27 8JU, Tel. 01770 600296, www.lamlashgolfclub.com, PAR 69.

Gigha

Gigha (ausgesprochen: *Gi'ir*) heißt auf Nordisch „Gott". Das kleine Eiland 6 km vor der **Westküste von Kintyre** besticht durch Ruhe und die Blumenpracht auf der 10 km^2 großen Insel. Die warme Golfströmung und Gighas geschützte Lage durch Islay und Jura im Westen lassen Rhododendren und Azaleen blühen. Für Leute mit einer Vorliebe für eine sanfte, weniger dramatische Natur ist Gigha einen Ausflug wert.

UNSER TIPP: **Achamore House Gardens** sind die Attraktion Gighas. Von einem früheren Besitzer der Insel, *Sir James Horlick*, vor langer Zeit angelegt, freuen die Gärten heute wahrscheinlich jeden Hobbygärtner. Das ganze Jahr grünt und blüht es. Eine 3 km lange Tour führt durch die *Achamore House Gardens*, in denen Kamelien, Magnolien, Rhododendren und tropische Gewächse gedeihen. Der Garten liegt von der Anlegestelle in Ardminish ca. 10 Min. entfernt.

Der **Jachthafen von Ardminish** in der Mitte Gighas gewährt Seglern eine sichere Landung und ist der beste Ausgangspunkt auf der Insel, um Wassersport zu treiben. Die **Kirchenruine** in **Kilchattan** stammt aus dem 13. Jh.

Adobe Stock © Alwin

0 — 10 km

Castlebay (Barra)
Point of Ardnamurchan
Ockle
Ardtoe
Ardmolich
Acharacle
Loch Shiel
Achosnich
ARDNAMURCHAN
Salen
Beinn Resipol 845
Kilchoan
Ben Hiant 528
Glenbeg
Loch Sunart
Eilean Mor
Sorisdale
COLL
Ardmore Point
Clabhach
Arinagur
379
Tobermory
Caliach Point
Drimnin
MORVERN
Arileod
Dervaig
Killundine
Loch Arienas
Claggan
Gunna
Sound of Mull
Calgary
TIREE
Caolas
Loch Frisa
Fiunary
Kilninian
Lochaline
Barrapoll
Scarinish
Crossapoll
Loch Tuath
Salen
Lagganulva
Fishnish
Garmony
Balemartine
Balephuil
Lunga
Gometra
Ulva
Loch Ba
Dun da Ghaoithe 766
Craignure
Hynish
383
Staffa
Little Colonsay
Loch na Keal
Knock
379
Torosay Castle
Lochdon
Oban (Lorn)
Balnahard
377
Fingal's Cave
383
Ben More 966
MULL
379
Duart Castle
380
The Burg
382
Iona Abbey
Pennyghael
Ben Buie 717
Loch Spelve
Loch Scridain
Lochbuie
382
Iona
380
Fionnphort
380
Bunessan
380
Carsaig
Loch Buie
Firth of Lorn
Ross of Mull
Nun's Cave
380
117
Seil
Soa Island
Erraid
380
Ardalanish
Ardchiavaig
Carsaig Arches
380
Easdale
Balvicar
Cullipool
Garvellachs
Luing
Lunga
Toberonochy
Scarba
449
Cruach Scarba
376
Breackan's Cave
Dubh Artach
Rubh'a'Geodha
376
Corryvreckan
COLONSAY
Kiloran
Kilchattan
Scalasaig
Beinn Bhreac 467
ARGYLL
Garvard
AND BUTE
Ardlussa
Tayvallich
Oronsay
Loch Righ Mor
376
Tarbert
Sound of Jura
Rubh'a' Mhail
374
JURA
Keillmore
Nave Island
Sgarbh Breac 364
Kilmory
Beinn an Oir 785
376
Druimdrishaig
373
375
Lowlandman's Bay
Point of Knap
Sanaigmore
373
Port Askaig
Feolin
376
Burial Grounds
Finlaggan Castle
376
Small Isles
Aoradh
369
Craighouse
KNAPDALE
Loch Gorm
ISLAY
375
Clag Castle
Coul Point
Kilberry
373
Bridgend
Rubha na Traille
373
Kilchoman
Bruichladdich
372
371
Museum of Islay Life
373
Dun Norsebridge
MacArthur's Head
Ardpatrick Point
Kennacraig (Knapdale)
Bowmore
372
Rhinns of Islay
Port Charlotte
373
372
371
Ardtalla
367
GIGHA
367
Beinn Bheigeir 491
Kilchattan Chapel
Glenegedale
Kintour
Portnahaven
Ardminish
Rinns Point
Kildalton Chapel
370
367
Achamore House Gardens
Tayinloan
Ardbeg
370
370
Port Ellen
Lagavulin
371
Lower Killeyan
The Oa
Texa
Cara Island
119
Killean
KINTYRE
371
Mull of Oa
Rubha nan Leacan
Glenacardoch Point
83
Glenbarr

Praktische Tipps

Informationen

- **www.visitgigha.co.uk**

Verbindungen

Fähre

- **Von Tayinloan** im Westen der Halbinsel Kintyre verkehren zehn Autofähren am Tag nach Gigha, Abfahrt stündlich ab 8 Uhr, die letzte um 18 Uhr, So 10–17 Uhr.
- **Von Gigha** nach Tayinloan fährt die frühe Fähre um 7.30 Uhr, die späteste um 17.30 Uhr, So 9.30/16.30 Uhr. Die Hin- und Rückfahrt kostet £ 5,80. Wer die 10 km lange Straße auf Gigha mit dem Pkw befahren möchte, zahlt knapp £ 17 für die Fahrkarte. Die Überfahrt dauert etwa 20 Min.

Unterkunft

Die Auswahl an Unterkünften ist nicht sonderlich groß auf der kleinen Insel.

- **Achamore House**③, PA41 7AD, www.achamoregigha.co.uk. In den *Achamore Gardens* gelegen. Bietet die Möglichkeit, sich einmal wie ein Inselbesitzer zu fühlen. Das ehemalige Herrschaftshaus ist heute Unterkunft und Eventlocation.
- Es gibt auf der Insel noch einige **Ferienwohnungen,** buchbar unter www.gigha.org.uk/Self-Catering.
- **Isle of Gigha Camp and Motorhome Site**②, PA41 7AA, in der Nähe des Fähranlegers, Tel. 01583 505188, www.gighacampsite.co.uk. Aufgrund der zentralen Lage in Ardminish – dem zentralen Ort Gighas – auf der windgeschützteren Ostseite eignet sich der Campingplatz gut für Erkundungen der Insel. Es ist auch der einzige Campingplatz.

Islay

Westlich der Halbinsel Kintyre befindet sich die Insel Islay (gesprochen: *Eiler*), die zu den größten Inseln der Inneren Hebriden zählt. Whisky, Wildgänse und die sagenumwobene Geschichte von Islay locken die Besucher an.

Neun **Brennereien** verteilen sich über das 40 km lange und 35 km breite Eiland. Jede von ihnen brennt ihre eigene Geschmacksrichtung, und jeder Whisky lohnt einen Probeschluck.

Die bis zu **30.000 Wildgänse,** die zwischen Oktober und April auf Islay überwintern, sind nur einige der 111 **Vogelarten,** die es auf Islay zu entdecken gibt. Dem wechselnden Landschaftsbild entspricht eine Artenvielfalt vom Wiesenläufer bis zum Steinadler. Die Steilküste, die Süß- oder Salzwasserseen, die Moorlandschaften, auch das Ackerland bieten artgemäßen Lebensraum.

Geschichte

Auf Islay tagten im 14. und 15. Jh. die Clanchiefs des westschottischen Inselkönigreiches. Unter Führung der *MacDonalds* trafen sich im Finlaggan Castle die gewählten Führer der Clans zu einer Art Ältestenrat.

„The Lordship of the Isles“ – das Inselkönigreich – umfasste im 15. Jh. die gesamten Hebriden, Antrim in Nordirland sowie große Teile der Highlands. Im Jahre 1493 verlor der vierte und letzte *MacDonald* der Inseln seinen Königstitel, denn die Highlander bekämpften das

Inselkönigreich. Sie wollten ein gesamtschottisches Königreich. So verschwand „The Lordship of the Isles“ aus der Realität. In den Köpfen allerdings rumorte die Idee weiter, und so war es nicht erstaunlich, dass die eigenständigen *MacDonalds* zu den Hauptgegnern der Union von Schottland und England im Jahre 1707 gehörten. Das Gedankengut des „Lordship“ lebt heute noch in alten gälischen Volksliedern fort.

Praktische Tipps

Informationen

- **Tourist Information Centre,** The Square, Bowmore, PA43 7JP, Tel. 01496 305165.
- **www.islayinfo.com**

Verbindungen

Flug

- Islay besitzt den *Glenetedale Islay Airport* in der Nähe von Port Ellen, PA42 7AS, Tel. 01496 302361. Von hier aus besteht eine Verbindung nach **Glasgow** durch *Loganair* (www.loganair.co.uk). Kostenpunkt für eine Strecke etwa £ 170, im Voraus gebuchte Flüge können deutlich günstiger sein.

Fähre

- Die Fähren von *Caledonian MacBrayne* steuern sowohl **Port Ellen** als auch **Port Askaig** an. Die Fähre von **Kennagraig auf Kintyre** startet mehrmals täglich nach Islay und ist ca. 2 Std. unterwegs. Die Fähre verkehrt bis zu fünfmal täglich zwischen Kennacraig und Port Askaig oder Port Ellen, meist zwischen 7 und 20.30 Uhr. Die Einzelfahrt kostet £ 7,90, wer sein Auto mitnehmen möchte, zahlt zusätzlich £ 37. Infos unter Tel. 01475 650397 oder www.calmac.co.uk.

Bus

- Die Busse der *Scottish Citylink* verbinden **Kennacraig** mit der **Glasgow Buchanan Bus Station.** Der Bus verkehrt in Abstimmung mit der Ankunfts- und Abfahrtszeit der Fähre. Das Ticket kostet £ 24.

Port Ellen

Den größten Trubel und die meisten Touristen findet man in Port Ellen, dem **Fährhafen** in Islays Süden. Port Ellen ist der Standort der Fischerflotte und gehört mit rund 810 Einwohnern zu den größten Orten der Insel.

Im Südosten der Insel

UNSER TIPP: Wer will, kann in Port Ellen eine **Whisky-Tour** beginnen: Außer der *Port Ellen Distillery* liegen an der A 846 Richtung Ardbeg drei weitere Brennereien: *Laphroaig, Lagavulin* und zuletzt *Ardbeg.*

Dunyvaig Castle oder das, was davon übrig blieb, findet sich in **Lagavulin** rechts hinter der *Lagavulin Distillery* nahe der A 846. Das Castle stammt aus dem 14. Jh. Die Glanzzeiten der Burg endeten, nachdem die *MacDonalds* ihr Inselkönigreich aufgeben mussten.

Kildalton Chapel steht 5 km hinter **Ardbeg.** Die Kirchenruine stammt aus dem frühen 13. Jh. Das Besondere an der Kapelle ist das *Kildalton Cross* aus dem 9. Jh. Das aus einem Stein gehauene keltische Kreuz steht auf dem Friedhof, der die Kirche umgibt. Die biblische Ge-

▷ Die Laphroaig Distillery auf Islay

schichte von *Kain* und *Abel* ist auf dem linken Arm des Kreuzes szenisch festgehalten. Die Bilder auf dem rechten Arm beschreiben die Geschichte, in welcher Gott den ihm ergebenen *Abraham* auffordert, seinen Sohn *Isaak* zu opfern.

Weiter in Richtung Norden kommt man nach **Ardtalla,** einem kleinen Ort, der fast verschwindet im Schatten des Beinn Bheigeir, des mit 491 m höchsten Berges auf Islay. Von Ardtalla führt ein Weg nordwärts bis **MacArthur's Head,** wo ein Leuchtturm die Einfahrt in die Meerenge zwischen Islay und Jura, den Sound of Islay, markiert.

The Oa

The Oa wird der Südwestzipfel Islays genannt. Der Weg dorthin zweigt hinter Port Ellen nach links ab. Das zerklüftete Gebiet fällt zum Meer hin steil ab. Die Kliffe und Höhlen von The Oa gewährten in früheren Zeiten den Schmugglern Schutz. Von der geschützten Lage profitieren allerdings heutzutage nur noch die **Vögel,** die in diesem unwegsamen Küstengebiet brüten.

UNSER TIPP: Die Straße endet an der Steilküste bei Lower Killeyan. Von dort führt ein Fußweg zum **Mull of Oa,** wo das Amerikanische Rote Kreuz ein Monument für die Seekriegsopfer des Ersten Weltkriegs aufgestellt hat. An klaren Tagen zeichnet sich am Horizont die Küste Irlands ab, die rund 40 km entfernt ist.

Praktische Tipps

Unterkunft

■ **The Trout Fly Guest House②**, 8 Charlotte Street, PA42 7DF, Tel. 01496 302608, www.troutfly-islay.co.uk. Heimeliges Gästehaus mit Whisky-Dekor.

■ **The Islay Hotel③**, Charlotte Street, PA42 7DF, Tel. 01496 300109, www.theislayhotel.com. Das traditionelle Hotel rühmt sich für seinen frischen Fisch, wird in seiner Speisekarte aber doch allen Geschmäckern gerecht.

355sc bcg

■ Einer der beiden **Campingplätze①** auf Islay liegt bei *Kintra Farm* zwischen den Dünen an einem schönen Strand, Kintra Beach, PA42 7AT, Tel. 01496 302051, www.kintrafarm.co.uk, Mai–Sept. Außerdem **B & B②** und **Ferienwohnungen.**

Essen und Trinken

■ **SeaSalt Bistro & Takeaway,** 57 Frederick Crescent, PA42 7BD, Tel. 01496 300300, www.seasalt-bistro.co.uk, Di–So 10–15 und 17–20.45 Uhr. Unkompliziertes Essen mit weltweiten Einflüssen.

■ **Ardbeg Distillery,** PA42 7EA, Tel. 01496 3022 44, www.ardbeg.com, Di–Sa 10–17 Uhr. Hier gibt es neben *Whisky Tastings* auch etwas zu Essen.

Bowmore

Der Ort Bowmore, ca. 20 km nördlich von Port Ellen in der Mitte Islays, liegt zentral für Ausflüge, um die Insel in allen Richtungen zu erkunden. Zwischen 1718 und 1843 existierte in Bowmore eine Art Volksvertretung, das *Islay Parliament*. Die Parlamentarier waren allerdings keine demokratisch gewählten Volksvertreter, sondern allein der Besitz an Grund und Boden verlieh ihnen das Recht, ins Parlament einzuziehen.

Von einer Anhöhe im Zentrum Bowmores überblickt **The Church Of Kilarrow** das Städtchen. Die Kirche datiert aus dem Jahre 1767. Der Architekt entwarf die Kirche rund, mit der Absicht, dem Teufel keine Ecke zu bieten, in welcher er sich verstecken kann.

Die *Bowmore Distillery,* gegründet 1779, ist die älteste legale **Brennerei** auf Islay, sie liegt im Ortskern von Bowmore. Morgens und mittags werden Rundgänge angeboten.

Das Fort **Dun Norsebridge** ist eine freigelegte Befestigungsanlage der Wikinger. Von der A 846 von Bowmore kommend, biegt man direkt vor **Bridgend** in die Glen Road rechts ab und fährt 3 km bis zum Neriby Farmhouse. Dort in der Nähe liegt das Fort (GPS N 55.762903, W 6.191987).

Praktische Tipps

Unterkunft

■ **Harbour Inn③**, PA43 7JR, in der Nähe des Hafens, Tel. 01496 810330, www.bowmore.com/de/harbour-inn. Wird von der *Bowmore Distillery* betrieben und ist dementsprechend eingerichtet.

■ **The Lochside③**, 20 Shore Street, PA43 7LB, Tel. 01496 810244, www.lochsidehotel.co.uk. Schönes Hotel mitten in Bowmore.

■ **Lambeth Guest House②**, Jamieson Street, PA43 7HL, Tel. 01496 810597, www.lambeth-guesthouse.co.uk. Kleines B & B im Zentrum.

Essen und Trinken

■ **Peatzeria,** 22 Shore Street, PA43 7LB, Tel. 014 96 305171, www.peatzeria.com, So/Mo 17–21.30 Uhr, Di–Sa 12–15.30 und 17–21.30 Uhr. Etwas Abwechslung liefert diese Pizzeria, serviert Pizza und italienische Gerichte.

■ **The Celtic House,** Shore Street, PA43 7LD, Tel. 01496 810304, www.theceltichouse.co.uk, Mo–Sa 10–16.30 Uhr. Der Buch- und Geschenkeladen am Hafen spendet Wärme mit Kaffee, Tee oder heißer Schokolade und hausgemachten Kuchen.

Halbinsel Rhinns of Islay

Von Bowmore führt die A 846 bis Bridgend. Hier zweigt nach Westen die A 847 ab, die entlang der Küste des Loch Indaal über die Halbinsel Rhinns of Islay bis nach Portnahaven führt.

Die Halbinsel in Form eines Hammers bildet den Westen Islays. Die Gegend ist geprägt von einer flachen Moorlandschaft, welche sich um und zwischen Loch Gorm und Gruinart erstreckt. Nur an der Westküste entdeckt man eine steil abfallende Küste, die ab und zu durch einen Sandstrand unterbrochen wird. Auf der zum **Naturschutzgebiet** erklärten Halbinsel überwintern von Ende Oktober bis April Tausende von Wildgänsen.

Kilchoman Church and Cross liegt an der Westküste. Um zu der kleinen Kirche mit dem keltischen Kreuz zu gelangen, biegt man, von Bridgend kommend, in die B 8018 vor dem Ort Bruichladdich rechts ab und fährt ca. 10 km immer geradeaus bis nach **Kilchoman** mit der *Kilchoman Distillery.* Wer den Namen *Bruichladdich* kennt, spürt den gleichnamigen Whisky mit seinem sanften Geschmack förmlich auf der Zunge zergehen.

Der Ort **Bruichladdich** eignet sich zum Auskundschaften der Rhinns of Islay und zur Beobachtung der Tierwelt von der Steinkrähe bis zum Hirsch.

Hinter Bruichladdich erreicht man auf der A 847 den schmucken Fischerort **Port Charlotte.** Am Ortseingang (von Bridgend kommend) ist ein interessantes Heimatmuseum an der rechten Straßenseite zu finden. Das **Museum of Islay Life** beherbergt eine Sammlung alter landwirtschaftlicher Geräte und Gebrauchsgegenstände, eingerichtet in einer umgebauten Kirche.

■ **Museum of Islay Life,** PA48 7UA, www.islaymuseum.org, Mo–Fr 10.30–16.30 Uhr, Eintritt £ 5.

Praktische Tipps

Unterkunft

■ **Port Charlotte Youth Hostel**②, Port Charlotte, PA48 7TX, Tel. 01496 850385, www.hostellingscotland.org.uk/hostels/port-charlotte/. Von Port Ellen oder Port Askaig auf die A 846 nach Bridgend, von dort auf der A 842 weiter nach Port Charlotte. Gemütlich und rustikal eingerichtet.

Essen und Trinken

■ **Port Mòr Cafe,** Port Charlotte, PA48 7UE, Tel. 01496 850121, www.port-mor-community-cafe.co.uk, Ende März–Mitte April tägl. 10–19 Uhr, Mitte April–Mitte Mai tägl. 10–20.30 Uhr, Mitte Mai–Okt. tägl. 8.30–20.30 Uhr. Bietet leckeres Essen mit schöner Aussicht auf die gegenüberliegende Küste von Islay.

■ **An Tigh Seinnse,** 11 Queen Street, Portnahaven, PA47 7SJ, Tel. 01496 860224, tägl. 12–23 Uhr. Die Kneipe schenkt bis 23 Uhr aus.

Port Askaig

Die A 846 setzt von Bridgend ihren Weg durch eine landwirtschaftliche Gegend bis Port Askaig fort, dem **Fährhafen** im Osten Islays, 2 km von der Insel Jura entfernt. In Port Askaig wird ein 12 Jahre alter Single Malt Whisky mit Namen *caol ila* gebrannt. Nördlich von Port Askaig existiert eine weitere **Brennerei,** die *Bunnahabhain Distillery* und zwischen den beiden findet sich die 2019 neu eröffnete *Ardnahoe Distillery.*

Finlaggan Castle

Finlaggan Castle liegt auf einer **kleinen Insel** in einem malerischen Süßwassersee zwischen Bridgend und Port Askaig.

Eine Meile hinter Ballygrant (Richtung Port Askaig) biegt ein Schotterweg nach links ab. Ein Gatter muss noch geöffnet (und wieder geschlossen) werden, bevor man nach dem 2 km langen Schotterweg eine Holzhütte erreicht, die eine **Ausstellung** über *The Lordship Of The Isles* und Ausgrabungen der Universität von Edinburgh zeigt.

Über die Glanzzeiten des einstigen Treffpunkts der Clanchiefs, die hier aus allen Teilen der Hebriden zusammenkamen, ist im wahren Sinne des Wortes längst hohes Gras gewachsen. Das Castle ist zerfallen, und von der **Kapelle,** in welcher die Inselherrscher im 14. und 15. Jh. Gottes Segen empfingen, stehen nur noch die Grundmauern. Trotzdem: Die Reste des Finlaggan Castle vermitteln immer noch ein eindrucksvolles Bild von längst vergangenen Tagen, und ein Besuch lohnt sich schon allein wegen der herrlichen Lage der Burgruine.

Bei Hochwasser verleiht die Frau vor Ort den Besuchern Gummistiefel, damit sie den überfluteten Weg bis zum Finlaggan Castle meistern können. Ein kurzes Stück des Weges muss man **per Boot** zurücklegen.

■ **Finlaggan Castle,** PA45 7QT, www.finlaggan.org, April–Okt. Mo–Sa 10–16.45 Uhr, Eintritt £ 4.

▷ Blick von Craighouse zu den Paps of Jura

Jura

Jura trennt von der südwestlichen Nachbarinsel Islay die **Meerenge Sound of Islay,** die sich an der engsten Stelle bis auf einen Kilometer zusammenzieht. Die meisten Einwohner Juras wohnen in Craighouse, das an der einzigen Straße auf Jura liegt. Diese *Single Track Road* folgt dem Verlauf der Ostküste, bis sie hinter Ardlussa im Norden Juras in einen ungeteerten Weg übergeht. Die Westküste der Insel hat weder eine Straße noch Bewohner. Bei einer Ausdehnung von max. 44 km Länge und 13 km Breite verlaufen sich die Einheimischen und die wenigen Touristen der Sommermonate auf Jura. Wanderer und Leute, die auf der Suche nach Ruhe sind, finden auf Jura eine Idylle vor.

Geografisch gehört Jura zu den Inneren Hebriden. Das **Klima** ist mild, denn die Insel wird von allen Seiten geschützt: nördlich von Mull, südlich von Islay und westlich von Colonsay. Zeichen des milden Klimas sind die Palmen, die man ab und an auf der Insel sieht. Die **Landschaft** variiert von Schlick- und Moorland über ausgedehnte Sandstrände bis zu felsigen Hügeln, den **Paps of Jura.** Der höchste der Paps, der **Beinn an Oir,** misst 785 m.

Gälisch ist die ursprüngliche Sprache der Inselvolkes. Die meisten Insulaner sprechen zwei Sprachen: Schottisch und Gälisch. **Zeugnisse aus prähistorischer Zeit** finden sich einige auf Jura wie Wikingerforts oder *Standing Stones.* In der Geschichtsschreibung kommt Jura nicht vor. Die Glanzzeit der Hebriden, *The Lordship of the Isles* des 14. und 15. Jh., blieb hier anscheinend unbemerkt.

Adobe Stock © Barry Thomas, UK

Auf Jura, in der Einsamkeit von Barnhill, 10 km nördlich von Ardlussa, schrieb *George Orwell* seinen weltberühmten Roman „1984“.

Praktische Tipps

Informationen

- **www.isleofjura.scot**

Verbindungen

Fähre

- Die Feolin-Autofähre startet mehrmals am Tag von **Port Askaig** auf Islay zum Pier auf Jura. Fahrzeit: ca. 10 Min., Ticket inklusive Rückfahrt £ 4,80, Pkw (inkl. Fahrer) £ 23,20, Buchungen unter Tel. 01631 569167 oder https://juraferry.argyll-bute.gov.uk.

Unterkunft

- Unterkünfte sind auf Jura rar. Das einzige Hotel der Insel, **The Jura Hotel**②-③, Craighouse, PA60 7XU, Tel. 01496 820243, www.jurahotel.co.uk, ist sehr gut ausgestattet und ein idealer Standort zum Wandern und für Wassersport.

Essen und Trinken

- **The Antlers Bistro Restaurant,** Craighouse, PA60 7XP, Tel. 01496 305317, tägl. 8–18 Uhr. Serviert werden Kuchen und leichte Speisen, im angrenzenden Shop stehen Kunst und Handgemachtes zum Verkauf.

Sehenswertes

Im Inselsüden

Feolin heißt die Stelle, an der die **Fähre** von der Nachbarinsel Islay ankommt. Dort beginnt die 40 km lange *single-track-road,* die Jura von Süden nach Norden durchzieht. Die einspurige Straße verläuft entlang der Ostküste. Zwischen Feolin und dem 15 km entfernten Craighouse finden sich entlang der Straße einige **Steinkreise.**

Clag Castle liegt auf einem Eiland in der Einfahrt des Sound of Islay, gegenüber dem Leuchtturm MacArthur's

Head auf Islay. Hierher verbannten die *MacDonalds,* die auf Islay ihren Herrschaftssitz hatten, ihre Gefangenen.

An der Ostküste

Mit ein paar verstreuten Häusern ist **Craighouse** die größte Ansiedlung auf der Insel. Es besitzt das einzige Hotel, ferner die Post, einige Läden und die *Craighouse Distillery.* Gute Sportmöglichkeiten bestehen in der kleinen Inselhauptstadt für Segler, Surfer oder Schwimmer, aber auch für Wanderlustige, um die Paps of Jura, die drei Berge westlich von Craighouse, zu entdecken.

Zu den **Burial Grounds,** einem seltsamen Friedhof, biegt man 2–3 km hinter Craighouse links ab und folgt diesem Weg weitere 3 km. Der Friedhof, so scheint es, ist der Beweis, dass Whiskytrinken das Leben verlängert. Eine Frau, *Mary McGrain,* verstarb auf Jura im Alter von 128 Jahren und ein Mann, *Gillour McGrain,* ist hier begraben, der 180 Weihnachtsfeste erlebt haben soll.

10 km nördlich von Craighouse liegt die **Lowlandman's Bay,** eine Sandstrandbucht, die zum Spazierengehen oder zum Vögelbeobachten einlädt.

Weitere 12 km in Richtung Norden bei **Tarbert** befindet sich eine Landenge. Dort fressen sich die Wellen von Loch Tarbert immer weiter ins Landesinnere der Insel hinein.

Corryvreckan

Ein anderes Wasserschauspiel ist der Corryvreckan, ein **Strudel** zwischen Jura und Scarba, der nördlichen Nachbarinsel. Das *Jura Hotel* in Craighouse bietet Ausflüge dorthin mit dem *Landrover* oder mit dem Boot an. Ab Ardlussa ist die Straße in Richtung Norden mit einem Pkw kaum noch zu meistern. Den Strudel sollte man bei Flut erreichen, denn bei Ebbe ist von den wirbelnden Wassermassen nicht viel zu sehen.

Eine **Legende** rankt sich um den Strudel: Ein norwegischer Prinz namens *Breackan* liebte eine Königstochter von den Inneren Hebriden. Deren Vater akzeptierte eine Hochzeit der beiden nur unter der Bedingung, dass *Breackan* den Mut aufbrächte, mit seinem Boot drei Tage und Nächte in dem gefürchteten Strudel Corryvreckan vor Anker zu gehen. *Breackan* kannte keine Angst und stimmte zu. In Norwegen ließ er sich drei Ankertaue flechten, eines aus Hanf, eines aus Wolle und eines aus dem Haarschopf von Jungfrauen. Die Norweger glaubten, die Reinheit und Unschuld der Jungfrauen würde dem Seil göttliche Stärke verleihen. *Breackan* fuhr vor Jura in den Strudel und ankerte dort. Am ersten Tag löste sich der Hanf, am zweiten das Wollseil. Das jungfräuliche Seil aber hielt bis zum Abend des dritten Tages. Dann wurde es schwach, denn eine Jungfrau hatte anscheinend ihre Unschuld nicht mehr besessen. Das Tau riss. Der Prinz starb im Sog des Corryvreckan. Den toten Körper zog sein treuer Hund aus den Fluten.

Prinz Breackan wurde in einer Höhle begraben, **Breackan's Cave.** Bei Ausgrabungen in Breackan's Cave, die in einer Bucht an der Nordküste Juras liegt, fand man einen steinernen Sarg.

An der Küste von Mull

Mull

Mull ist nicht nur eine der größeren Hebrideninseln, sie ist auch besonders abwechslungsreich. **Moore** und **Seen, Steilküsten** und wunderschöne **Sandstrände, kleine Dörfer** mit herzlichen Bewohnern und eine **großartige Fauna** erwarten die Besucher. Neben Seevögeln jeder Art und Unmengen an Schafen sind hier auch Otter und Adler heimisch. Entlang der Nordwestküste können außer Robben recht verlässlich Weißschwanzseeadler gesichtet werden, während die Steinadler sich eher im Landesinneren des Landschaftsschutzgebietes rund um den Ben More aufhalten, das nur zu Fuß zugänglich ist.

Im April findet das **Mull Music Festival** statt. Im Juli messen die starken Männer der Insel in Tobermory auf den **Highland Games** ihre Kräfte.

Die Insel ist sehr bergig und wird vom Ben More (966 m), einem alten Vulkankegel, beherrscht. Besonders die stark zerklüftete Westküste beeindruckt durch grandiose Klippen und Felsformationen. Oftmals ist hier der Säulenbasalt zu sehen, der die vorgelagerte kleine Insel Staffa zu einem Naturwunder macht.

Da Mull im Gegensatz zu Skye **nur über eine Fähre** erreichbar ist, ist die Insel im Sommer nicht zu überlaufen. **Wohnwagen** werden nur auf die Fähre gelassen, wenn noch Platz übrig ist. Das heißt aber auch für alle Reisenden, dass man die Überfahrt unbedingt schon im Voraus buchen sollte.

Praktische Tipps

Informationen

- **www.visitmullandiona.co.uk**

315sc jf

Verbindungen

Fähre

Die Fähren von *Caledonian MacBrayne* (www.calmac.co.uk, Tel. 01475 650397) bieten verschiedene Möglichkeiten, auf die Insel zu gelangen. Die Fahrzeiten sind verknüpft mit den Fahrplänen der Busse auf dem Festland und auf Mull sowie der Bahn in Oban. Mit dem Auto erreicht man Mull von drei Stellen aus:

- Von **Oban** verkehren Fähren nach **Craignure** oder stoppen auf ihrer Fahrt zu den Inseln Coll und Tiree in **Tobermory.** Oban – Craignure: täglich 10x zwischen 7 und 22 Uhr, So 8x zwischen 9.50 und 20 Uhr, ab £ 4/Person, ab £ 15/Pkw.
- Vom Ende der A 884 in **Lochaline** überquert eine Fähre den Sound of Mull nach **Fishnish,** bis zu 15x täglich, ab £ 3/Person, ab £ 8/Pkw. Sonntags und im Winter verkehrt die Fähre seltener.
- Außerdem verbindet eine Fähre **Tobermory** mit **Kilchoan** auf der Halbinsel Ardnamurchan, mehrmals täglich, hin- und zurück £ 3/Person, ab £ 10/ Pkw.

Bus

- Auf Mull verkehren wenige Buslinien: Linie 95 verbindet **Craignure** und **Tobermory** bis zu 7x täglich. Linie 494 fährt 2x täglich von Tobermory nach **Calgary** an der Nordwestküste. Linie 96 fährt 2x täglich von Craignure nach **Fionnphort.**

Fahrrad- und Autoverleih

- **Cycle Mull,** Ardmore Road, PA72 6JJ, in Salen 15 km südlich von Tobermory, Tel. 07484 330047, www.cycle-mull.co.uk, Abholung jeweils zwischen 9 und 10 Uhr oder nach Absprache. Gewöhnliche und elektrische Fahrräder ab £ 20 pro Tag.
- **Mull Car Hire,** Craignure, PA65 6BE, Tel. 07425 127900, www.mullcarhire.co.uk, tägl. 8–20 Uhr. Vermietet Autos.
- **Harbour Garage,** Main Street, Tobermory, PA75 6NT, Tel. 01688 302103, Mo–Fr 8–18 Uhr, Sa 9–17 Uhr, So 10–15 Uhr. Vermietet auch Autos.

Unterkunft

- **The Tobermory Hotel**②, 53 Main Street, Tobermory, PA75 6NT, Tel. 01688 302091, www.thetobermoryhotel.com. Schönes Hotel direkt an der Hafenfront.
- **Carnaburg Guest House**②, 55 Main Street, Tobermory, PA75 6NT, Tel. 01688 302479, www.carnaburg.com. Nette kleine Herberge.
- **Tobermory Youth Hostel**②, Main Street, Tobermory, PA75 6NU, Tel. 01688 302481, www.hostellingscotland.org.uk/hostels/tobermory/, geöffnet März–Okt. Die Jugendherberge liegt direkt an der nördlichen Hafenfront, mit Fahrradverleih.
- **Shieling Holidays**②, Craignure, PA65 6AY, Tel. 01680 812496, www.shielingholidays.co.uk. Der Campingplatz bietet auch Unterkünfte in Hauszelten und vermietet Ferienwohnungen.

Essen und Trinken

An Tobar Café, Argyll Terrace, Tobermory, PA75 6QB, Tel. 01688 302211, www.antobarandmulltheatre.co.uk/an-tobar-cafe, Mo–Fr 10–16 Uhr. Bietet leckere vegetarische Speisen und Getränke an, auch wenn gerade nicht die Möglichkeit geboten wird, etwas Kunst anzuschauen.

Der Hafen von Tobermory auf Mull

732sc nb

Sehenswertes

Im Norden und Osten

Torosay Castle wurde erst im 19. Jh. von *William Bryce* im Scottish-Baronial-Stil erbaut. Die Burg wurde 2012 verkauft und nur der 5 ha große Park im italienischen Stil von *Robert Lorimer* ist der Öffentlichkeit von Zeit zu Zeit noch zugänglich.

Über die Duart-Bucht blickt Torosay Castle auf das trutzige alte **Duart Castle.** Von Land aus führt eine kleine Nebenstraße der A 849 zur Burg. Im Mittelalter war diese Festung, die im frühen 13. Jh. als eine der ersten Steinfestungen Schottlands errichtet wurde, bedeutend für die Beherrschung der südlichen Westküste. 1745, nach dem gescheiterten Jakobitenaufstand, wurde der Stammsitz der *MacLeans* von der Regierung konfisziert und verwaiste. Doch 1912 kaufte der damalige Clanchief den Familiensitz zurück und restaurierte ihn. Heute ist die Burg eine der wenigen schottischen Festungen, die ihr mittelalterliches Aussehen bewahrt haben, aber nicht in Ruinen stehen.

■ **Duart Castle,** PA64 6AP, www.duartcastle.com, April und Anf.–Mitte Okt. Fr–Mi 10.30–16 Uhr, Mai–Sept. tägl. 10.30–17 Uhr, Eintritt £ 10.

Tobermory (rund 1000 Einwohner), im Nordosten der Insel, ist die Hauptstadt von Mull. Das Städtchen ist idyllisch in eine steile Bucht gebettet, die den **Hafen** nicht nur zu einem der sichersten, sondern auch zu einem der schönsten in Schottland macht. In den Pubs der Hafenfront herrscht fast immer Stimmung.

Das **Mull Museum** in einer verwandelten Kirche an der Hauptstraße ist das kleine Heimatmuseum der Insel.

■ **Mull Museum,** Main Street, Tobermory, PA75 6NY, www.mullmuseum.co.uk, Ostern–Okt. Mo–Sa 10–16 Uhr, Eintritt frei.

Im **An Tobar,** das über dem Hafen in der Argyll Terrace steht, hat die *An Tobar & Mull Theatre Company* ihren Stammsitz. Hier finden über das Jahr verschiedenste **Kulturveranstaltungen** statt. Die *Company* tourt mit ihren Stücken durch ganz Schottland. Tagsüber bietet das Café leckere vegetarische Verpflegung an.

An der Westküste

Von Tobermory aus lohnt sich die Fahrt entlang der B 8073 und später der B 8035, die sich der wildromantischen Westküste anschmiegt. Bevor die B 8035 die A 849 nach Fionnphort erreicht, erstreckt sich westlich der Straße der **Naturpark The Burg.** Das unberührte Gebiet gehört dem *National Trust for Scotland* und ist ausschließlich zu Fuß zu besuchen. An der Westküste des Gebietes gibt das Meer bei Ebbe eine Rarität der Naturgeschichte frei, die Versteinerung eines 50 Mio. Jahre alten Baumes hat sich hier im Ufergestein erhalten. **Wanderer** durch The Burg sollten daran denken, dass sie im teils mühsamen Gelände nicht mit dem Auto zu erreichen sind und entlang der Küste auf die Gezeiten achten müssen.

Im Süden

Die südliche Halbinsel Mulls, **Ross of Mull,** besitzt ein paar wunderschöne Buchten mit Sandstrand, das Wasser ist allerdings immer ziemlich eisig.

Bei **Pennyghael** zweigt von der A849 eine *Singletrack Road* nach **Carsaig** an der Südküste der Insel ab. Am Ende der Straße führt ein kleiner **Wanderweg** ca. 6 km entlang der Küste bis zu zwei Felsenbögen, den **Carsaig Arches.** Der Weg ist wunderschön, aber nicht einfach. Der zweite Bogen ist nur bei Ebbe zu erreichen. Mit etwas Glück begegnet man unterwegs verwilderten Ziegen und kann in der **Nun's Cave** in den Felsen geritzte christliche Symbole bewundern, die z. T. aus dem 6.–9. Jh. stammen.

In **Bunessan** findet Anfang August die **Bunessan Show** statt. Auf dem Gelände der Grundschule wird hier Vieh bewertet, selbst angebautes Gemüse, Marmeladen oder sogar der eigene Kompost prämiert, Kinder bieten ihre Tanzkünste dar, Reiter und Reiterinnen aus der Umgebung konkurrieren beim Springreiten, Heusäcke werden in die Höhe geschleudert, Taue gezogen und alle haben einen Riesenspaß.

In **Ardalanish,** südlich von Bunessan, lohnt ein Besuch der **Ardalanish Island Weaver.** Hier kann man in der Werkstatt original viktorianische Webstühle bei der Arbeit beobachten (nur mit Lärmschutz) und anschließend im Shop bei der sehr netten Besitzerin Stoffe, Kleidung, Schals und Wolle erstehen. Die Wolle stammt von eigenen Schafen und wird mit Pflanzen aus der Umgebung gefärbt (www.ardalanish.com).

Wenn man der A 849, auf die man bald trifft, nach rechts folgt, erreicht man **Fionnphort,** den Fährort für die Boote nach Staffa und Iona. Von hier legt zweimal täglich das Boot der *Staffa Trips* nach Staffa ab. Tickets kann man entweder online oder beim netten Café und *Fish & Chips*-Shop am Fähranleger buchen (www.staffatrips.co.uk, £ 30, £ 15 für Kinder).

[>] Carsaig Arches

Carsaig Arches auf Mull

- **Schwierigkeit:** schwer (steinige, unbefestigte Wege entlang der Küste)
- **Dauer:** 5–6 Stunden
- **Distanz:** 13 km
- **Höhenunterschied:** 84 m
- **Ausgangspunkt:** Carsaig Pier

Am östlichen Ende des **Ross of Mull,** des untersten Finger Mulls, fällt der Basalt zum Wasser hin steil ab. An dieser Küste hat das Meer seine Arbeit begonnen und den Basalt über die Jahrtausende entfernt. An den **Carsaig Arches** ist es ihm gelungen, ihn zu durchbrechen und so einige natürliche Bögen durch den Stein zu treiben.

Der Einstiegspunkt der Wanderung ist Carsaig Pier. Zum Pier und dem Parkplatz kurz davor führt die Carsaig Road, die kurz nach **Pennyghael** von der A 849 abzweigt. Vom Parkplatz aus führt der Weg zunächst etwas die Carsaig Road zurück. Nach kurzer Zeit zweigt von der Straße nach links eine Sackgasse ab, der gefolgt wird. Nun geht es, sich an die Küste haltend, am Tor vorbei links auf den Strand zu. Dem **Pfad** entlang des Randes der Bucht folgend gelangt man zu einem Tor. Vor diesem geht es links und über einen **Bach,** um der Bucht bis zu ihrem Ende zu folgen. Dort wird der Weg wiederaufgenommen und man passiert eine Steinmauer durch ein Gittertor. Nach einem kurzen **sumpfigen Stück** ignoriert man den Pfad, der steil die Küste hinaufsteigt und bleibt stattdessen unten an der Küste. Dort geht es an einem **Erdrutsch** vorbei, der den Pfad oben unpassierbar gemacht hat.

Entlang der Küste gelangt man schließlich zur **Nun's Cave,** die einst geflüchtete Nonnen aus Iona beherbergte. Heute hausen hier hauptsächlich die wilden Ziegen, die auf der Wanderung nicht zu übersehen sind.

Nach der Höhle wird bald ein hoher **Wasserfall** passiert. Der Weg wird für eine Weile einfacher gangbar. Weiter der Küste folgend geht es vorbei an einer Ruine, ein paar Felsen und der Weg steigt etwas an. Oben liegt der **Aussichtspunkt** zum ersten Arch. Kurz darauf trennt einen nur noch ein Meeresarm von dem Bogen. Hier lassen sich die nistenden Möwen, Lummen und Kormorane gut beobachten.

Zurück zum Ausgangspunkt geht es auf dem gleichen Weg, den man gekommen ist.

Adobe Stock © acceleratorhams

Iona

Die kleine Insel Iona liegt der Südwestküste von Mull vorgelagert und ist von Fionnphort aus per Boot zu erreichen. Der Ausflug zu dem gut 100 Einwohner zählenden Eiland lohnt wegen seiner frühgotischen Abteikirche.

Iona ist das schottische Jerusalem, die Urstätte des Christentums für ganz Nordeuropa. Der schottische Apostel *St. Columba*, ein vertriebener irischer Prinz, ging im Jahre 563 auf der fruchtbaren Insel an Land und gründete die **Iona Abbey.** Die klösterliche Gemeinschaft wuchs und begann, erst die Westküste, dann ganz Schottland und später sogar Skandinavien zu bekehren. *St. Columbas* Christentum war dem *Hl. Johannes* verschrieben und unterschied sich vom „Katholizismus" des *Hl. Petrus* durch seine dezentrale und unhierarchische Organisation, auch durch Lebensfreude und tätige Nächstenliebe. Während der Raubzüge der Wikinger wurde das Kloster des *Columba* zerstört. Nur zwei keltische Kreuze (8. und 12. Jh.) zeugen von dieser Keimzelle des Christentums.

Die heutige frühgotische Abteikirche datiert aus dem Jahr 1203, in dem der *Lord of the Isles* hier ein Benediktinerkloster stiftete. Die Insel war den mittelalterlichen Menschen so heilig, dass auf ihr 48 schottische, vier irische und acht norwegische Könige sowie unzählige Clanchiefs der westlichen Inseln begraben liegen. Der letzte schottische König, der hier die ewige Ruhe neben seinem Opfer *Duncan* fand, war der Usurpator *Macbeth*.

Aber noch heute hat Iona seinen Platz im Bewusstsein des schottischen Volkes. 1979 wollte der *Duke of Argyll*, Chief des Clan *Campbell*, dessen Clan die Insel erst als Blutlohn für das Massaker im Glen Coe erhalten hatte, die Insel verkaufen. Die nationale Katastrophe drohte. Erst mit einer Spendenaktion und einem Millionenzuschuss von *Sir Hugh Fraser* gelang es dem *National Trust for Scotland*, die Insel vor ausländischem Zugriff zu bewahren und die nationale Ehre zu retten.

■ **Iona Abbey,** PA76 6SQ, www.historicenvironment.scot/visit-a-place/places/iona-abbey-and-nunnery, April–Sept. Mo–Sa 9.30–17.30 Uhr, So 12.30–17.30 Uhr, Okt.–März Mo–Sa 10–16 Uhr, So 12.30–16 Uhr, Öffnungszeiten sind aber auch von Fährzeiten abhängig, Eintritt £ 10.

⌃ Strand bei Fionnphort auf Mull nahe der Anlegestelle der Iona-Boote

› In der Fingal's Cave

Praktische Tipps

Informationen

- **www.welcometoiona.com**

Verbindungen

- Iona erreicht man von Fionnphort aus mit der **Personenfähre,** die ca. 10 Min. für die Überfahrt benötigt (tägl. 8.35–18.15 Uhr, ab Fionnphort £ 3,70, hin und zurück).
- In der Hochsaison werden von Oban aus **Ausflüge** nach Iona und Staffa angeboten. **Staffa Tours,** www.staffatours.com, legen sowohl von Fionnphort als auch von Oban ab. **West Coast Tours** (1 Queenspark Place, Oban, PA34 5RS, Tel. 01586 552319, www.westcoasttours.co.uk) starten in Oban und haben als Drei-Insel-Trip auch Mull im Programm.

Staffa

Staffa ist auf jeden Fall einen Ausflug wert, entweder über die längere Tour von Oban/Tobermory aus *(Staffa Tours)* oder direkt von Fionnphort *(Staffa Trips)*. Schon während der Überfahrt sind jede Menge **Robben,** mit etwas Glück **Delfine** sowie **Seevögel** wie Basstölpel, Trottellummen, Kormorane oder sogar die vereinzelte Große Raubmöwe zu beobachten.

Wenn der Seegang es zulässt, an der Basaltinsel anzulegen, führt ein Weg über die **Basaltsäulen** zur **Fingal's Cave,** wo man über dem rauschenden Meer sogar ein paar Schritte in die Höhle hineingehen kann.

Ein anderer Weg (da es sich um ein Naturschutzgebiet handelt, bitte auch auf dem Weg bleiben) führt eine steile Treppe hinauf, entlang der Steilküste bis zu einem Felsen, an dem im Sommer **Papageientaucher** nisten. Die putzigen, aber erstaunlich robusten Vögel, die bis zu 60 m tief tauchen können, kommen im April nach Staffa, brüten dort ein Junges aus und verlassen dann Ende Juli/Anfang August die Insel wieder (erst die Eltern, ein paar Tage später auch die Jungen), um das restliche Jahr auf dem Atlantik, fern jeder Küste, zu verbringen.

Mit *Staffa Tours* kann man von hier noch weiter nach **Lunga** fahren, das auch für seine Vogelpopulationen und die Papageientaucher bekannt ist.

Praktische Tipps

Verbindungen

- Im Sommer fährt täglich ein **Boot,** wenn das Wetter in dieser stürmischen Gegend es zulässt, von **Fionnphort** auf Mull über Iona zu der Insel. Fahrkarte ab £ 30. Kombinierte Ausflugsfahrten mit Iona → oben.

756sc bcg

Skye

Skye, die größte und bestbesuchte Insel der Inneren Hebriden, besitzt den Ruf der **schönsten Insel Schottlands** und – verdient ihn. Nicht nur bei Sonnenschein, der auf der Insel eher selten ist, sondern wenn Nebelfetzen und Regenschauer die Mondlandschaft der bizarren Bergwelt durchziehen, zeigt Skye eine romantische Schönheit, die selbst das nordwestliche Hochland nicht besitzt. Vielleicht hat man das Glück, einer der vielen Feen und Gespenster, die bis heute auf der Insel ein Reservat finden, zu begegnen. Nebel und Regen wird man dagegen oft antreffen. Ein alter Mann erzählte uns voll Stolz, dass Skye nicht nur der schönste, sondern auch der nasseste Fleck Europas sei: *„Four seasons a day"*, auf Skye ist dieses Versprechen Wirklichkeit.

Moor und Felsen sind die prägenden Formen der Landschaft. Das schwarze Massiv der Black Cuillins oder auch der bizarre Basalt der Quiraings sind ein wahres Kletterparadies, auch wenn sie, an der Höhe gemessen, nur „Hupf" darstellen, wie uns ein Allgäuer versicherte.

Skye ist **im Sommer überbevölkert.** Da die Insel mit dem Festland durch eine **Brücke** verbunden ist, begrenzt keine Fährenkapazität die Zahl der Besucher. Gerade für Wohnmobile sind die vielen *Singletrack Roads* zu eng, sodass das Fahren auf der Insel für alle Verkehrsteilnehmer zu einem Geduldsspiel werden kann.

Praktische Tipps

Informationen

- **www.isleofskye.com**

Verbindungen

Fähre

- Von **Mallaig** nach **Armadale** im Süden von Skye verkehrt eine Autofähre im Sommer Mo–Sa zwischen 7.40 und 18.10 Uhr 9x täglich, So 6x, im Winter 3x täglich, an Sonntagen nur einmal. Die Fahrt kostet ab £ 3,50/Person, ab £ 11/Pkw. Autofahrer sollten bei *Caledonian MacBrayne* vorbuchen, Tel. 08000 665000, www.calmac.co.uk.
- Im Sommer verkehrt außerdem 7x täglich eine kleine private Ro-Ro-Fähre zwischen dem Ort **Glenelg** und **Kylerhea** im Südosten der Insel, auch hier sind Vorbuchungen unter www.skyeferry.co.uk empfehlenswert. Rund £ 3,50/Person, £ 20/Pkw mit bis zu vier Personen.

Bus

- Mit dem Festland ist Skye durch die Busse von *Scottish Citylink* verbunden. Mehrmals täglich wird vom Fähranleger in Uig im Norden der Insel **Glasgow** über Fort William und Tarbert angefahren. Etwas seltener fährt ein Bus nach **Edinburgh** über Stirling und Oban (mit Umsteigen in Fort William).
- **Lokale Busse** fahren teilweise nur zweimal täglich (morgens hin, nachmittags zurück) alle wichtigen Orte an. Sa fährt nur ein reduziertes Angebot, während So keine lokalen Busse fahren.
- Während der Schulzeit durchfahren **Schulbusse** morgens und nachmittags nahezu alle Orte. Die Busse können per Handzeichen angehalten werden.

Trampen

- Gerade in der Hauptsaison gestaltet sich das Trampen zum Teil schwierig. Wer von A nach B gelangen möchte, kommt oft nur mit viel Geduld an.

0 10 km ©Reise Know-How SkotK10c 14/24

Kyleakin

Der **Fischerort** an der Brücke zum Festland im Osten der Insel lebt vor allem vom Tourismus. Über dem Hafenbecken ragen drei Mauersäulen auf. Sie gehören zu **Castle Moil** (*moil* = „dachlos"), einer alten *MacKinnon*-Festung.

Praktische Tipps

Unterkunft

- **Corran Guest House**②, IV41 8PH, Tel. 01599 534859. Schöne Unterkunft mit Seeblick.
- **Skye Backpackers**②, IV41 8PH, Tel. 01599 534 510, www.skyebackpackers.com. Einfaches Hostel mit den typischen Gemeinschaftsräumen.

Halbinsel Sleat

Von der Brücke bei Kyleakin fährt man auf der A 87 an der Küste entlang. Noch vor Broadford zweigt die A 851 auf die Halbinsel Sleat ab. Am Loch Na Dal im Norden der Halbinsel geht links ein Pfad zur einsamen *Kinloch Lodge,* wo der *Chief of Clan Donald* ein luxuriöses Hotel mit einem der besten Restaurants der Insel unterhält (→ unten).

In **Armadale** hat der Chief für seinen Clan neben der Ruine des alten Stammschlosses ein Besucherzentrum eingerichtet, das die Geschichte des Stammes von der Vorgeschichte an berichtet. Zum gleichen Komplex gehört das **Museum of the Isles,** das die Geschichte der Highlands seit der Zeit der Pikten veranschaulicht.

- **Museum of the Isles,** IV45 8RS, www.armadalecastle.com, April–Okt. tägl. 9.30–17 Uhr, Eintritt £ 14.

Praktische Tipps

Unterkunft

- **Bracken Brae**②, Ardvasar, IV45 8RU, Tel. 01471 844421, www.brackenbrae.com. Privates B & B mit schöner Aussicht und komfortabler Ausstattung.
- **Flora Macdonald Hostel**②, 3 Kilmore, Sleat, IV44 8RG, nördlich des Fähranlegers von Armadale, Tel. 07503 196227, www.skye-hostel.co.uk. Einfaches Hostel, etwas abgelegen in schöner Umgebung.

Essen und Trinken

- **Kinloch Lodge,** Isleornsay, IV43 8QY, Tel. 01471 833333, www.kinloch-lodge.co.uk (Voranmeldung erforderlich, Abendgarderobe erwünscht, auch Kochkurse), Abendessen ab £ 95/Person.

Broadford

Von Kyleakin erreicht man auf der A 87 nach 13 km Broadford. Der Ort bietet Einkaufsmöglichkeiten und einige Hotels sowie eine Tankstelle. Er eignet sich als Ausgangspunkt für Wanderungen oder Klettertouren in die nahen **Cuillin Hills.**

Praktische Tipps

Unterkunft

- **Otter Lodge**②, Harrapool, IV49 9AQ, Tel. 014 71 822954, www.otterlodgeskye.co.uk. Schlichtes B & B in Küstenlage.
- In Broadford gibt es im ganzen Ort verteilt eine ganze Reihe **B & B.**
- **Broadford Youth Hostel**②, IV49 9AA, Tel. 01 471 822442, www.hostellingscotland.org.uk/hostels/broadford/, März–Okt. Jugendherberge am Ende von Broadford an der Straße hinter dem Bach rechts, mit gemütlicher Lounge und großer Küche.

Essen und Trinken

- **Red Skye Restaurant,** IV42 8PY, in Breakish an der A 87 etwa 4 km vor Broadford, Tel. 01471 822 666, www.redskyerestaurant.co.uk, Mo–Sa 12–14.30 und 17.30–21.30 Uhr. Schottisches Essen, mit lokalen Zutaten zubereitet.
- **Café Sia,** Ford Road, IV49 9AB, Tel. 01471 822 616, www.cafesia.co.uk, tägl. 12–21 Uhr. Neben frisch geröstetem Kaffee beim Brunch gibt es warme und kalte Kleinigkeiten sowie Holzofen-Pizza.

Aktivitäten

Der **International Otter Survival Fund** in Broadford (7 Black Park, IV49 9DE, Tel. 01471 8224 87, www.otter.org) organisiert im Sommer mehrtätige Wanderungen zum **Otter Beobachten.**

▷ Die Cuillins bei Elgol

Cuillin Hills

Ein lohnender Ausflug von Broadford führt auf der B 8083 nach **Elgol,** eine Route, auf der man sich auch vom Postauto mitnehmen lassen kann.

Von Elgol aus bietet sich eine empfehlenswerte **Wandertour** in die Berge an, die man allerdings nur bei gutem Wetter und mit Wanderausrüstung unternehmen sollte. *Bella Jane* bietet Bootsfahrten über **Loch Coruisk** an. Es empfiehlt sich, in der Hochsaison vorzubuchen (Tel. 0800 7313089 bzw. 01471 866244, www.bellajane.co.uk). Die schwarzen, zerklüfteten Felsen der Cuillins – einer der höchsten Gebirgszüge von Großbritannien – begeistern mit ihrer wilden Schönheit sowohl Wanderer als auch Kletterer aus aller Welt, für die sie eine Herausforderung darstellen.

Von der Anlegestelle auf der anderen Seite des **Loch Scavaig** verläuft der Weg am Loch Coruisk aufwärts. Durch die Cuillins hindurch erreicht man **Glenbrittle,** wo es eine Jugendherberge gibt. Von Glenbrittle aus hat man bei klarem Wetter einen herrlichen Blick auf die 24 schwarzen Spitzen des mächtigen, fast 1000 m hohen Massivs der beeindruckenden Cuillins.

Für ein mutiges Eisbad liegen an den nördlichen Hängen der Cuillin Hills die anmutigen **Fairy Pools** bereit. Die glasklaren Becken entspringen einem kleinen Bach im Coire na Creiche, einem Seitental des Glen Brittle, schlängeln sich hinunter und münden schließlich in den River Brittle. Zu jeder Uhrzeit kann dieses Naturspektakel **kostenfrei** besichtigt werden. Dabei haben die Pools in den letzten Jahren aber deutlich an Bekanntheit gewonnen, wodurch auch ein Eisbad nur mit Zuschauern stattfinden kann. Die Natur leidet unter dem Bekanntheitsgrad leider massiv. Um die Erosion in diesem Gebiet nicht unnötig zu verstärken, sollten nur die bestehenden Pfade begangen werden, außerdem sollte kein Müll hinterlassen werden. Dem Bekanntheitsgrad entsprechend gibt es einen **Parkplatz,** von dem man ungefähr 20–25 Minuten bis zu den Fairy Pools braucht. Die Straße zu den Fairy Pools ist eine *Single Track Road,* zu Stoßzeiten sollte demnach Zeit zum Warten eingeplant werden (IV47 8TA, £ 6/Auto, £ 8/Wohnwagen, £ 15/Minibus).

757sc bcg

Sligachan Path bis Camasunary Bay

- **Schwierigkeit:** mittel
- **Dauer:** 7–8 Stunden
- **Distanz:** 25,9 km (bietet sich an 2 Tagen an)
- **Höhenunterschied:** 230 m
- **Ausgangspunkt:** *Sligachan Hotel*

Mit Blick auf die felsige Gebirgslandschaft aus Basalt und Gabbro führt der *Sligachan Path* durch die südlichen Highlands der **Black Cuillin Hills.** Der Fußpfad schlängelt sich in Nord-Süd-Richtung beginnend vom *Sligachan Hotel* (an der A 87) bis zur Camasunary Bay. Direkt am Hotel gibt es eine **Bushaltestelle.** Aufgrund der Länge der Wanderung empfiehlt es sich zu prüfen, wann abends die letzten Busse verkehren. Für Fahrzeuge sind am Hotel **Parkplätze** vorhanden.

Der knapp 700 m lange Fußweg führt vom Hotel über die sehenswerte, alte Brücke durch das sehr schöne **Glen Sligachan,** das als breites Tal beginnt und sich bei nur wenig steilem Anstieg immer mehr verjüngt. Schließlich erreicht der Pfad nach ca. 11,5 km am **Loch na Creitheach** vorbei einen kleinen Sattel, der den Blick auf die **Camasunary Bay** freigibt. In der **sandigen Bucht** befindet sich das *Camasunary Bothy* als Möglichkeit zum Übernachten.

758sc bcg

Praktische Tipps

Unterkunft

- **Glenbrittle Youth Hostel**②, IV47 8TA, an der Straße von Sligachan, 2 km vor der Bucht, Tel. 01478 640278, www.hostellingscotland.org.uk/hostels/glenbrittle/, geöffnet Mitte März–Sept. Jugendherberge, ideal gelegen für Wanderungen in die Cuillins oder zu den Fairy Pools.
- **Glenbrittle Campsite & Café**②, Glenbrittle, IV47 8TA, Tel. 01478 640404, www.dunvegancastle.com/glenbrittle/campsite, geöffnet April–Mitte Okt. Gut gelegen als Station für Wanderungen durch Skye, mit Shop.

Einkaufen

UNSER TIPP: Auf dem Weg nach Elgol, rund 8 km hinter Broadford, bietet sich eine der letzten Gelegenheiten, ein **handgeschmiedetes Schwert** zu erstehen: **Castle Keep,** Torrin, IV49 9BA, www.castlekeep.co.uk.

Nochmals etwa 10 km weiter in gleicher Richtung findet sich ein **Silberschmied,** der schönen keltischen Schmuck fertigt: **The Steading,** Strathaird, IV49 9AX, Tel. 01471 866366, www.duncanhouse.com. Wer den weiten Weg nur wegen der Schmieden macht, sollte vorher anrufen, ob geöffnet ist.

Im Inselzentrum

Von Broadford folgt die A 87 der Küstenlinie nach Nordwesten. Am Ende des Loch Ainort zweigt nach rechts eine alte Straße ab, die an einer wunderschönen Küste entlang mit Blick auf die **Inseln Scalpay und Raasay** sowie auf das Festland eine malerische Alternative zur

◁ Loch na Creitheach

A 87 bildet. Man sollte diese Route jedoch nur nehmen, wenn das Auto gut gefedert ist, da die alte Straße verfällt.

Von **Sconser,** kurz nachdem man auf der A 87 zurück ist, geht eine Autofähre nach Raasay, der lang gezogenen Berginsel zwischen Skye und dem Festland.

In **Sligachan** zweigt kurz danach nach links die A 863 Richtung Dunvegan ab, nach rechts geht die A 87 weiter bis Portree, der Hauptstadt der Insel. Durch ein Tal stürzt an dieser Kreuzung der River Sligachan aus den Cuillin Hills herab und fließt unter einer Steinbrücke hindurch, dazu ein paar Croftruinen und Schafe im Hintergrund: Der Talkessel im Zentrum von Skye ist einer der romantischsten Orte von Schottland.

Wenn man der A 863 folgt, biegt nach knapp 10 km links die B 8009 ab. Lohnende Abstecher von hier sind die Fahrt entlang des **Loch Harport** mit Besichtigung der Whiskybrennerei **Talisker Distillery** oder abermals links ins oben erwähnte Glenbrittle als Ausgangspunkt für Wanderungen in die Cuillin Hills.

■ **Talisker Distillery,** IV47 8SR, www.malts.com/en-gb/distilleries/talisker, März–Okt. tägl. 10–17 Uhr, Nov.–Feb. tägl. 10–16 Uhr, Eintritt £ 22.

Halbinsel Duirinish

Die A 863 führt weiter bis zum Loch Dunvegan. Kurz bevor man den Fjord erreicht, zweigt links die B 884 ab. Nach ein paar weiteren Kilometern rechts gelangt man auf einer sehr schlechten Straße nach **Borreraig** mit seinem Borreraig Park. Hier lehrten die *MacCrimmons* auf einem Felsen im Loch Dunvegan über Jahrhunderte das Spiel auf dem **Dudelsack.** Sie waren die berühmtesten Bläser Schottlands und dienten den *MacLeods* vom 15.–18. Jh. als Piper bei allen Gelegenheiten (→ Exkurs „Der Dudelsack“, S. 390).

Um jeden Berg auf Skye rankt sich mindestens eine Geschichte. Zwischen der Abzweigung von der A 863 und dem *Piping Centre* kann man im Süden den 488 m hohen **Healabhal Bheag** ersteigen, der Schauplatz einer der schönsten dieser Geschichten ist: Als im 16. Jh. *Alasdair MacLeod,* der Chief der *MacLeods,* in Holyrood weilte, fragte ein Lowland Earl auf einem Empfang den „wilden“ Hochländer provozierend, ob es auf Skye wohl einen so großen Saal mit einer so hohen Decke und so prachtvollen Leuchtern gäbe. Wenig später war der Earl Gast der *MacLeods* auf Skye. *Alasdair* führte den Spötter auf den Tafelberg *Healaval Bag,* wo unter dem klaren Nachthimmel auf das Üppigste gedeckt war, erhellt vom Licht hunderter Fackeln, die Clansmen rund um das Plateau in die Höhe hielten. Nach dem Essen wies der *MacLeod* auf den Himmel und triumphierte: „Sie werden nicht umhinkommen, mir Recht zu geben, Sir, dass mein Dach höher, meine Tafel reicher und meine Leuchter prächtiger sind als irgendwo in der Stadt.“ Weil der Laird in der sternklaren Nacht solches Glück mit dem Wetter hatte, heißt der Berg seitdem auch *MacLeods Table.*

UNSER TIPP: Im Nordwesten des Berges (am Ende der B 884) thront auf dem westlichsten Zipfel von Skye das **Neist Point Lighthouse.** Am kleinen Parkplatz vor der imposanten Steilküste beginnt ein steiler, aber gut ausgebauter Fußweg zum Leuchtturm. Eine raue See, mächtige Brecher über zerklüfteten Fel-

Der Dudelsack

Der Dudelsack, das urtypische schottische Instrument, stammt wahrscheinlich gar nicht aus Schottland. Allerdings ist er schon so alt, dass man seine **Herkunft** nicht genau bestimmen kann. Er wird z. B. bereits im Alten Testament in der Genesis und im Zusammenhang mit *Nebukadnezar* erwähnt. Ebenso gibt es Hinweise auf Dudelsäcke in Ninive und Assyrien, es wurden Instrumente in Ägypten gefunden, die bis ins Jahr 1500 v. Chr. zurückdatieren, und auch im alten Indien und in China (hier lässt sich die Tradition sogar bis 2585 v. Chr. zurückverfolgen) war der Dudelsack nicht unbekannt.

In etwas jüngerer Zeit gab es Pfeifer im alten Griechenland und auch in Rom, wo bei *Sueton* sogar eine Episode mit *Nero* verbrieft ist.

Die Römer waren es jedenfalls, die das Instrument nach Nordengland brachten, und zwar als Instrument der Infanterie, als das es selbst im 19. Jahrhundert noch benutzt wurde. Später war der Dudelsack über ganz Europa verteilt. In deutschsprachigen Gebieten kannte man ihn unter dem Namen „Sackpfeife".

Angesichts der Tatsache, dass sich der Dudelsack in so vielen Ländern unabhängig voneinander entwickelt hat, fordern auch die Schotten für sich das Recht auf ein nationaleigenes Patent, auch wenn vieles dafür spricht, dass er von außerhalb nach Schottland importiert wurde. Es gibt dafür allerdings keine Beweise.

Das Instrument fand forthin Verwendung als **Militärinstrument,** das einerseits die eigenen Mannen anfeuern, auf der anderen Seite mit seinem durchdringenden Klang den Gegner zermürben sollte. So sollen bereits schon bei der berühmten Schlacht von Bannockburn, als die Schotten 1314 ihre Unabhängigkeit von England erkämpften, den Soldaten Dudelsackpfeifer zur Seite gestanden haben.

Auf den kontinentaleuropäischen Besucher mag die erste Bekanntschaft mit einer *Piper Band,* d. h. etwa 20 Dudelsäcken auf einen Schlag, durchaus die gleiche demoralisierende Wirkung haben wie für den Gegner auf dem Schlachtfeld. Der produzierte **Klang** entspricht eben so gar nicht den hiesigen Hörgewohnheiten. Außer der durchdringenden Klangfarbe der Instrumente wirkt zusätzlich befremdlich die Tatsache, dass die Intervalle zwischen den einzelnen Tönen nicht den Intervallen der temperierten Tonleiter entsprechen, nach der im Normalfall gestimmt wird.

Der ursprüngliche Dudelsack bestand aus dem Blasebalg aus Tierhaut, einem kurzen Mundstück, durch das der Balg aufgeblasen wurde, einer Spielpfeife und einer Bordunpfeife, die auf einen einzigen Ton gestimmt war und die Melodie ununterbrochen begleitete. Im Laufe der Jahrhunderte kamen noch zwei weitere Bordunpfeifen hinzu, die, auf Grundton und Quinte gestimmt, heute den typischen Klang der Sackpfeife ausmachen.

Auch beim Dudelsackpfeifen darf man sich nicht ohne die entsprechende Ausbildung **Meisterpfeifer** nennen. Bevor sich ein Musiker mit diesem Titel schmücken kann, muss er ein regelrechtes Studium absolvieren, in dessen Verlauf er dazu befähigt wird, mindestens 300 Melodien der pibrochs, der Kriegsmärsche der Clans, der *laments,* in denen die gefallenen Helden beklagt werden, und der *reels,* der Tanzmusik der Highlands, auswendig spielen zu können. Die berühmteste Pfeiferschule befand sich auf Skye in dem Dorf Borreraig, das *Piping College* der *MacCrimmons,* das diese Familie, allem Anschein nach ausnahmslos leidenschaftliche Dudelsackspieler, um 1500 gründete. Nachdem die *MacLeods of MacLeod* die *MacCrimmons* zu ihren offiziellen Dudelsackspielern berufen hatten, verbreitete sich der musikalische Ruhm dieser Familie bald im ganzen Land, und selbst entlegene Highland-Clans schickten

759sc bcg

ihren musikalischen Nachwuchs zu den *MacCrimmons,* damit sie das siebenjährige Pipestudium absolvierten.

Die jüngste Forschung bestreitet allerdings die Rolle der *MacCrimmons* und sogar die Existenz der Schule, da deren Name im *Campbell Canntaireachd* von 1797, dem ältesten schriftlichen Zeugnis über Dudelsackmusik, nicht erwähnt wird. Diese Tatsache legt die Vermutung nahe, dass der *MacCrimmon*-Mythos erst von *Angus Mackay,* dem Pfeifer *Queen Viktorias,* erfunden wurde.

Nach 1746 und der Niederschlagung des letzten Jakobitenaufstandes durch die Engländer wurde der **Dudelsack** ebenso wie die anderen schottischen Wahrzeichen, der Tartan und die gälische Sprache, **verboten,** auch das *Piping College* auf Skye musste schließen. Doch das Instrument erwies sich als echtes Stehaufmännchen, denn als die ersten Highland-Regimenter in den englischen Kolonien aufmarschierten, fanden sich in ihren Reihen auch wieder einige Dudelsackspieler.

Seit dem 19. Jh. und der Auswanderungswelle aus Schottland erlebt der Dudelsack wieder eine **Renaissance,** da der klagende Ton des Instrumentes das Heimweh der im Ausland lebenden Schotten versinnbildlichte. 1945 wurde in Glasgow sogar ein neues *Piping College* gegründet, das sich in der Tradition der Pfeiferschule von Borreraig sieht.

Dem Schottlandreisenden von heute präsentieren sich die Dudelsackpfeifer in der Regel in Form von sogenannten **Piper Bands,** die in Begleitung von Schlagzeugen, auf denen die kompliziertesten Rhythmen gespielt werden, im Sommer vor Schlössern, bei *Highland Games* oder einzeln in den Straßen der Großstädte auftreten. Zudem unterhalten auch die meisten britischen Regimenter immer noch ihr eigenes *Regiment of Pipes and Drums.*

Piper bei den Highland Games in Ballater

sen und Sturmböen machen die Aussicht von der Klippe nahezu abenteuerlich. Nichts allerdings für leichtgewichtige Personen oder Kinder, da man sich unter Umständen nur mit Mühe aufrecht halten kann. Bei schönem Wetter kann man dagegen problemlos die Äußeren Hebriden sehen. Der Friedhof neben dem Leuchtturm diente übrigens 1995 als Kulisse für *Lars von Triers* „Breaking the Waves".

Auf halbem Weg zurück hat in **Colbost** das **Colbost Croft Museum** geöffnet. Das Museum ist in einem alten Black House untergebracht und zeigt das Leben auf Skye im 19. Jh. Außerdem ist eine kleine Whiskydestille nachgebaut.

■ **Colbost Croft Museum,** IV55 8ZT, www.dunveganmuseums.co.uk, zum Zeitpunkt der Drucklegung war das Museum wegen Sturmschäden geschlossen, Eintritt £ 1,50.

Dunvegan

Etwas nördlich von Dunvegan gelangt man bald zum **Dunvegan Castle.** Die Burg auf dem Felsen über dem Loch Dunvegan war einst vollständig von Wasser umgeben. In zahlreichen Umbauten wurde aus der ersten Befestigung auf dem Felsen von 1280 zunächst eine einfache *Keep* mit Schutzmauer und mit Zubauten im 16., 17. und 18. Jh. mehr und mehr ein Schloss. Im 18. Jh. entstand auch die **Landbrücke,** die Dunvegan Castle heute direkt mit dem Umland verbindet. Im 19. Jh. gestaltete der 25. Clanchief der *MacLeods* schließlich die gesamte Anlage in dem viktorianisch-romantischen Stil, der sie noch heute ziert.

Die Räume im Inneren erzählen über die Geschichte und das Wirken des **Clan MacLeod,** der die Burg über die letzten 800 Jahre fast durchgängig bewohnte. In den sehr sehenswerten, zeitgenössisch eingerichteten Räumen werden zahlreiche historische Artefakte und hochwertige Potrait-Gemälde der Clanchefs ausgestellt. Zu den bekannteren der Artefakte gehören das Trinkhorn von *Rory Mor,* aus dem jeder neue männliche Erbe nach Erreichen der Volljährigkeit trinken muss, eine Locke von *Bonny Prince Charlie,* die er *Flora MacDonald* vor seiner Abreise gab und die Reste der **Fairy Flag,** die Clanflagge der *MacLeods.*

Die Historiker streiten, ob diese Flagge von einem wikingischen Vorfahren der *MacLeods* bei einer Plünderung von Pilgern erobert wurde oder durch Feen zu den *MacLeods* kam. Die schönste der Geschichten, die die Flagge umranken, ist folgende: Vor langer Zeit heiratete ein *MacLeod* eine Fee. Nach einiger Zeit jedoch zog es ihn zurück zu seinen Leuten. Als die beiden sich an der Fairy Bridge gut 6 km nördlich des Castle trennten, gab die Fee ihm ein Banner, das ihm beim Entrollen in der Schlacht Hilfe bringen sollte. In zunächst aussichtslosen Schlachten hat die Flagge schon zweimal den Sieg gebracht. Die *MacLeods* sollen so von der Zauberkraft ihrer Fahne überzeugt sein, dass einige Clansmänner noch im Zweiten Weltkrieg angeblich Fotografien von ihr als Glücksbringer mit sich geführt haben.

Der das Castle umgebende **Garten** besteht aus einigen unterschiedlichen

☐ Dunvegan Castle ist der Hauptsitz des MacLeod-Clans

Bereichen. Neben einem Gemüsegarten ist auf dem Gelände ein Landschaftspark mit alten Bäumen und großen Rhododendren angelegt. Der ummauerte Garten im schottischen Stil schützt vor den Winden, die gerne mal schnell über die Insel pfeifen. Bei gutem Wetter versprüht der liebevoll gepflegte Garten mit seinem kleinen Springbrunnen eine Atmosphäre, die zum Verweilen einlädt. Zudem gibt es unterschiedliche Arten von **Moosen** zu entdecken. Moose sind sogenannte Bio-Indikatoren: Man kann durch sie erfahren, wie es der Umwelt geht.

Die Bänke entlang **Loch Dunvegan** sind zudem für ihre **Seehundkolonien** bekannt. Das Castle bietet daher innerhalb der Öffnungszeiten kleine Erkundungsfahrten auf dem Loch an, um die Tiere aus nächster Nähe zu betrachten (Tel. 01470 521206, £ 12).

■ **Dunvegan Castle,** IV55 8WF, www.dunvegancastle.com, April–Mitte Okt. tägl. 10–17.30 Uhr, Eintritt £ 16,50, nur Garten £ 14,50.

Von Dunvegan aus führt die A 850 nach Norden bis zur Fairy Bridge, dann westlich zurück zur Ostküste nach Portree. Wenn man vor Portree auf die A 87 abbiegt, fährt man auf die nördliche Halbinsel Trotternish.

Halbinsel Trotternish

Uig

Uig, ein **Fischer- und Fährhafen,** liegt in einer weiten Bucht des Loch Snizort an der Westküste der Halbinsel. Die Häuser schmiegen sich an die steilen Wände der verschlafenen Bucht, in die nur ab und an die Fähren von *Caledonian MacBrayne* einlaufen.

Ein gemütlicher **Pub** bringt abends Stimmung in eines der ersten Häuser auf der rechten Seite.

Die **Fähren** laufen von Uig aus die Häfen Tarbert auf Harris und Lochmaddy auf North Uist an (→ Kapitel 11: Die Äußeren Hebriden).

760sc bcg

In Uig münden zwei Flüsse ins Meer. Der nördlichere Rha fällt über die **Rha Falls,** einen zweistufigen Wasserfall, in die Bucht von Uig. Der kurze steile Aufstieg zum Wasserfall beginnt rechts der Brücke, die die Kilmuir Road über den Rha führt.

Der südlichere Fluss Conon fällt nicht beeindruckend in die Tiefe, sondern windet sich gemächlich durch das **Glen Conon.** Das Tal mit seinen leuchtend grünen Gräsern und Erhebungen ist sehr sehenswert. Folgt man dem Verlauf, erreicht der Weg schließlich die **Trotternish Ridge** südlich des Quiraing.

Entlang dieses Weges liegt das touristische **Fairy Glen.** Die unberührte, von Feen verzauberte Natur wird aufgrund der großen Besucherzahlen durch die „Feenhand" der örtlichen Landschaftsgärtner erhalten. Um weitere Schäden zu vermeiden, sind die Wege zu benutzen.

Unterkunft

- **Uig Hotel**②, IV51 9YE, Tel. 01470 542205, www.uig-hotel-skye.com. Großes Hotel auf einer Anhöhe über der Bucht von Uig.
- **Woodbine House**②, IV51 9XP, Tel. 01470 5422 43, www.woodbineskye.co.uk. Gemütliches Gästehaus mit schöner Aussicht.
- **Dun Flodigarry Hostel**②, IV51 9HZ, in Staffin an der A 855 an der Ostküste von Trotternish am Skye Trail Wanderweg, Tel. 01470 552212, www.flodigarry-hostel.scot. Beim Hostel kann man auch zelten.
- **The Cowshed Boutique Bunkhouse**②, IV51 9YD, Tel. 07917 536820, www.skyecowshed.co.uk. In idealer Lage über der Bucht von Uig, vermietet auch Camping Pods.
- **Uig Bay Campsite**①, IV51 9XU, Tel. 01470 54 2714, www.uig-camping-skye.co.uk. Ein einfacher Campingplatz direkt oberhalb des Fährterminals zu den Äußeren Hebriden.

Essen und Trinken

- **Isle of Skye Brewery,** The Pier, IV51 9XP, www.skyeale.com, Mo–Sa 10–17 Uhr. Im Hafen von Uig gibt es Biere verschiedener Geschmacksrichtungen.
- **The Ferry Inn,** IV51 9XP, Tel. 01470 542300, www.theferryinnskye.com, Di–Sa 17–22 Uhr. Bietet neben Essen eine Bar mit unregelmäßigen Live-Veranstaltungen.

An der Nordküste

Nördlich von Uig klettert die Straße hoch über das Meer. Bei schönem Wetter, zugegebenermaßen selten auf Skye, hat man einen wunderschönen Blick bis auf die Äußeren Hebriden. Rechts liegt nicht weit entfernt das **Skye Museum of Island Life,** ein sehenswert renoviertes Crofterdorf mit sieben Hütten, die mit landwirtschaftlichen Gerätschaften und Einrichtungsgegenständen aus vergangenen Tagen ausgestattet sind.

- **Skye Museum of Island Life,** Kilmuir, IV51 9UE, www.skyemuseum.co.uk, Ostern–Ende Sept. Mo–Sa 10–17 Uhr, Eintritt £ 6.

Der größere Teil der Insel Skye wurde von den *MacDonalds* bewohnt, deren Clan heute mit weltweit 5 Millionen Angehörigen so viele Mitglieder wie Schottland Einwohner hat. Neben dem Hauptsitz Armadale Castle war **Duntulm Castle,** dessen Reste noch auf der dem Meer zugewandten Seite der nördlichsten Stelle der A 855 zu erkennen sind, eine ihrer wichtigsten Festungen. Die *MacDonalds* lieferten sich mit den *MacLeods* von Dunvegan durch die Geschichte hindurch viele blutige Schlachten um die Vorherrschaft auf der Insel.

The Storr

- **Schwierigkeit:** schwer (zum Teil steiniger Pfad)
- **Dauer:** 4–5 Stunden
- **Distanz:** 8,7 km
- **Höhenunterschied:** 540 m
- **Ausgangspunkt:** *Old Man of Storr Car Park*

Auf der **Halbinsel Trotternish** erhebt sich der Storr mit seiner Abbruchkante gen Osten als Ziel- und Aussichtspunkt einer **Rundwanderung** mit weiten Rundumblicken über die Insellandschaft und das Meer. Beginnend von der **Bushaltestelle** an der A 855 am *Old Man of Storr Car Park* führt der steile Anstieg zum berühmten **Old Man of Storr,** einer Felsnadel mit einer Höhe von ca. 48 m. In den Haupturlaubszeiten ist hier im unteren Abschnitt der Wanderung mit vielen Besuchern zu rechnen. Nachdem der Old Man of Storr passiert ist und deutlich weniger Wanderer auf dem weiteren Weg zum Gipfel des Storr unterwegs sind, überquert der Weg nach ca. 2,7 km einen Zaun und einen Höhenrücken und gibt den Blick über die sanft gewellte Landschaft der westlichen Halbinsel Trotternish bis zum Meer frei.

Nach weiteren 2,5 km erreicht der Fußpfad über den sanften Westhang den **Gipfel** des Storr, mir seiner Höhe von 719 m und der steil abfallenden Ostwand mit Blick auf die Inseln Rona, Raasay und die dahinterliegenden Festland-Highlands.

Nach Genuss der Aussicht führt der **Abstieg** in süd-südwestlicher Richtung weiter, bevor er durch eine steile und schwierigere Passage durch die Abbruchkante hindurch an einem abfallenden Bachlauf entlang in südöstlicher Richtung weiterführt. Nach dem Durchstieg durch die Abbruchkante erreicht die Wanderung die grüne Landschaft zu Füßen des **Loch Leathan.** Schließlich trifft der Rundweg wieder auf die Straße A 855 und nach weiteren etwa 800 m ist der Ausgangspunkt erreicht.

Die relativ schwere Wanderung erfordert eine gute **Grundkondition,** gute **Trittsicherheit, festes Schuhwerk** sowie etwas **alpine Erfahrung.**

Der Old Man of Storr

761sc bcg

Quiraing

Man erreicht nun die Nordostküste von Skye, eine der überwältigendsten Landschaften der Insel und ganz Schottlands überhaupt. Der Quiraing ist eine **bizarre Felsformation aus Basaltgestein,** die durch Erosion die überraschendsten Formen angenommen hat. Man biegt in Staffin rechts auf die Straße nach Uig ab und parkt auf der Höhe an einem kleinen Rastplatz links des Weges. Von hier geht ein schmaler Wanderweg entlang des Steilhangs zu **The Needle,** einem 36 m hohen, natürlichen Obelisken, und weiter in die Schluchten und Hallen der Berge hinein zum **Table,** einem grasbewachsenen Felsplateau. Die fantastischen Formen der Felsen und der Blick über die Insel und auf das Festland sind ein Erlebnis.

Die Ostküste über Portree ist sehr steil mit Felsformationen wie Kilt Rock

Adobe Stock © Lukassek

Steilküste

Etwas weiter auf der A 855 empfiehlt es sich, links auf einem großen Rastplatz zu halten. Von hier, an einem schwindelerregend hohen Wasserfall, der vor den Füßen senkrecht ins Meer stürzt, blickt man auf den **Kilt Rock.** Die senkrechten Basaltsäulen dieser Steilküste ähneln mit etwas Fantasie den Falten eines Schottenrocks.

Auf dem Weg nach Süden fällt der Blick auf eine Felsnadel, die aus der Bergflanke ragt: den **Old Man of Storr.** Von einem Parkplatz an der Straße führen gut ausgetretene Wege um die Nadel. UNSER TIPP: Wer trittfest ist, sollte **The Storr** besteigen, den Berg über der Nadel. Von der knapp 200 m höheren Erhebung bietet sich nicht nur eine gute Aussicht auf den Old Man of Storr selbst, sondern auch auf das Umland (→ Wanderung „The Storr“, S. 395).

Portree

Der **malerische Hafen** von Portree, der tief unter der Straße in einer steilen Bucht liegt, ist durch seine geschützte Lage besonders bei Sportseglern beliebt. Portree besitzt alle wichtigen Vorteile der Zivilisation: Läden, einen Supermarkt an der Straße von Dunvegan, Post, Bank, Autowerkstatt, Hotels und Restaurants. Da das Städtchen geografisch relativ zentral auf der Insel liegt, eignet sich Portree ideal als Ausgangspunkt, um Skye zu erkunden.

In der Viewfield Road liegt die **Skye Candle Company.** Diese betreibt in dem ehemaligen Kulturzentrum auch ein kleines Kino (www.lasportrigh.co.uk).

Hier beginnen schöne Wanderwege durch den Wald **Portree Forest.** Ein weiterer **Wanderweg** führt durch das an Portree angrenzende Gebiet von Scorrybreac (→ Wanderung rechts).

Die **Skye Highland Games** finden Anfang August in Portree statt.

Praktische Tipps

Informationen

- **Tourist Information Centre,** Bayfield Road, Tel. 01478 612992, vom Marktplatz aus Richtung Kai, dann rechts.

Unterkunft

- **Cuillin Hills Hotel**②-③, Scorrybreac Road, IV51 9QU, Tel. 01478 612003, www.cuillinhills-hotel-skye.co.uk. Dank der großzügigen Glasfront versüßt die Aussicht das Abendessen auch für Besucher, die nicht Gäste dieses Hotels sind.
- **B & B**-Angebote gibt es in Portree eine ganze Reihe. Besonders entlang der Viewfield Road (A 87), der südlichen Ausfallstraße, gibt es einige Möglichkeiten. Die Preise beginnen bei £ 25.
- **Portree Independent Hostel**②, Old Post Office, The Green, IV51 9BT, Tel. 01478 613737, www.hostelskye.co.uk. Lebendiges Hostel im Ortskern.
- **Portree Campsite**②, IV51 9HU, vom Square an der Bucht nach Nordwesten, dann an der Staffin Road links (A 855) und ca. 1,5 km geradeaus, Tel. 01 478 611849, www.portreecampsite.co.uk. Camping auf einer grünen Wiese, guter Ausgangspunkt für Wanderungen (Old Man of Storr und Quiraing).

Essen und Trinken

- **Portree Hotel Bar,** Somerled Square, IV51 9EH, Tel. 01478 612511, www.theportreehotel.com. Bietet bis 21 Uhr warme Küche.
- **The Isles Inn,** Somerled Square, IV51 9EH, Tel. 01478 612129, www.accommodationskye.co.uk, tägl. 12–23 Uhr. Leckeres Essen, auch vegetarisch.
- **Cafe Arriba,** Quay Brae, IV51 9DB, Tel. 01478 611830, www.cafearriba.co.uk, tägl. 8–16 Uhr. Mit Blick auf den Hafen bietet das Café schmackhaftes Essen in quirliger Atmosphäre.

Die Rundtour von Scorrybreac

Auf den Spuren der MacNeacails

- **Schwierigkeit:** leicht
- **Dauer:** ¾–1¼ Stunden
- **Distanz:** 3,5 km
- **Ausgangspunkt:** Scorrybreac

Im Norden von Portree liegt Scorrybreac, der gesprenkelte Berg. Dieses Gebiet gehört dem *MacNeacail-* oder *Nicholson*-Clan. Lange Zeit residierte der Clan auf dem Gebiet, bis der damalige Clan-Chief keine Hoffnung mehr sah, das Land an die *MacDonalds* verkaufte und nach Tasmanien emigrierte. Viele seiner Clan-Mitglieder taten es ihm gleich. Die Familie lebte jedoch fort und 1987 entschied sich die Vereinigung der Clan-Mitglieder, das Land zurückzukaufen und den hier beschriebenen Pfad darauf einzurichten. Der Weg ist mit einigen Informationstafeln des Clans versehen.

Am südlichen Ende der Rundtour gibt es einen Parkplatz und der gesamte Weg ist gut ausgeschildert. Von Portree ist der Beginn gut fußläufig zu erreichen. Die Tour führt halb an der Küste entlang, halb über den Berg durch das Umland. Im Verlauf bieten sich so **wunderschöne Ausblicke** auf den Hafen von Portree, die jenseits der Meerenge liegende Insel Raasay und sogar die Silhouette des Old Man of Storr lässt sich von hier erkennen.

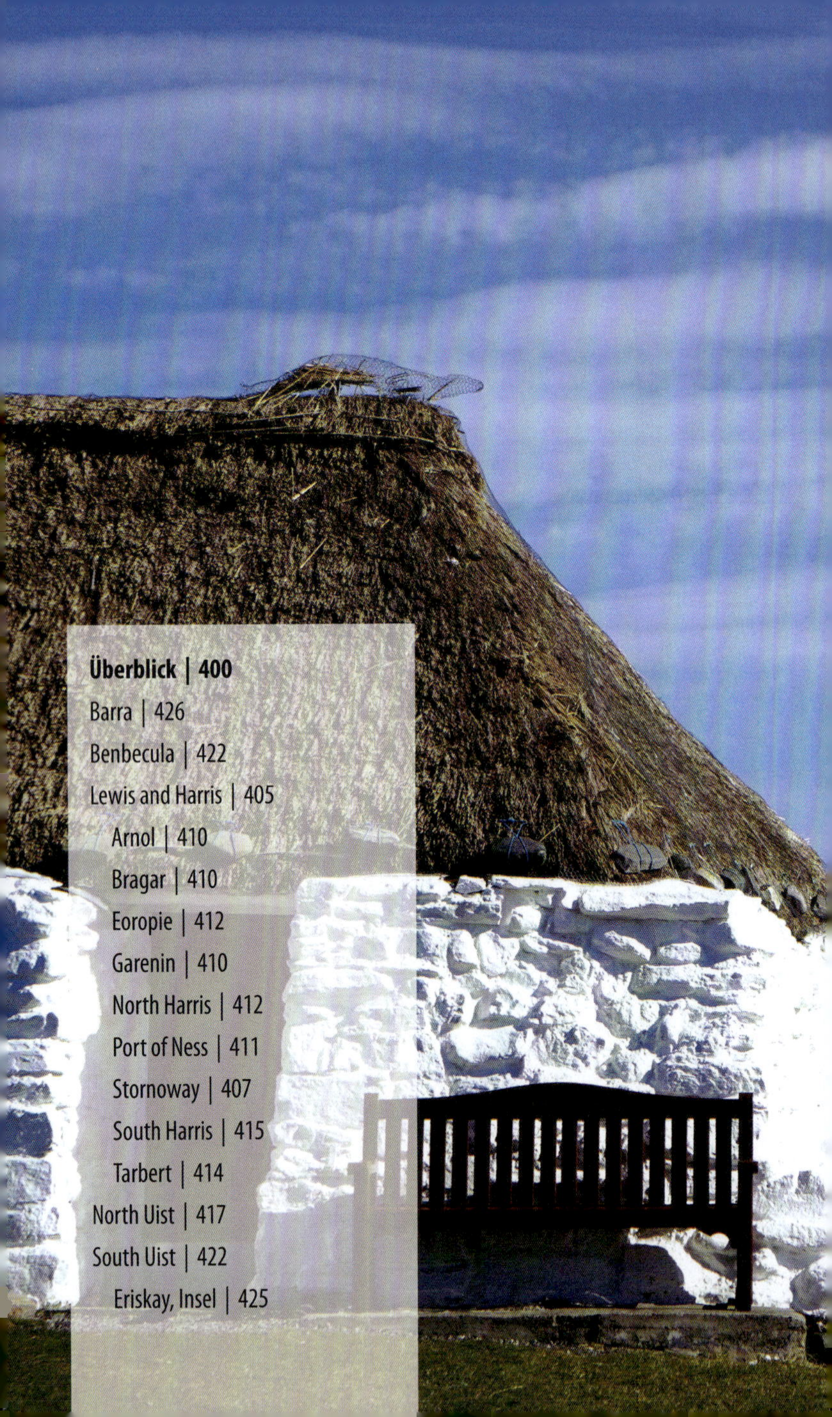

Überblick | 400

Barra | 426

Benbecula | 422

Lewis and Harris | 405

- Arnol | 410
- Bragar | 410
- Eoropie | 412
- Garenin | 410
- North Harris | 412
- Port of Ness | 411
- Stornoway | 407
- South Harris | 415
- Tarbert | 414

North Uist | 417

South Uist | 422

- Eriskay, Insel | 425

506sc ab

11 Die Äußeren Hebriden

»Wer hierher reist, braucht wetterfeste Kleidung. Dafür wird er mit einer abwechslungsreichen Tierwelt, wunderschönen Stränden, Bergen, Fels- und Moorlandschaften belohnt.

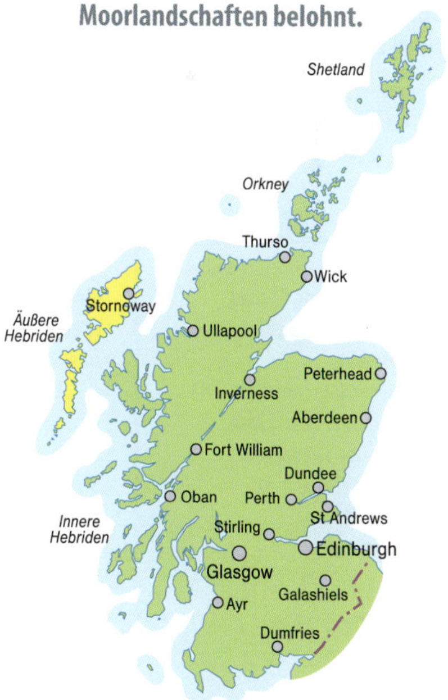

Als Hostel hergerichtetes Black House auf der kleinen Insel Berneray

DIE ÄUSSEREN HEBRIDEN

Im Atlantik behaupten sich vor der schottischen Westküste die Äußeren Hebriden als eine der ursprünglichsten Gegenden Schottlands. Die „Lange Insel" erstreckt sich auf einer Länge von ca. 210 km in einer Entfernung zwischen 50 und 100 km westlich vom schottischen Festland. Durch ihre Abgeschiedenheit hat sich die Inselkette der Äußeren Hebriden als eine Welt erhalten, in der das Leben einfach blieb, eng verbunden mit der Natur als einem ungebändigten, rauen, aber lebensnotwendigen Partner.

NICHT VERPASSEN!

- **Callanish Standing Stones,** Konkurrenz für Stonehenge | 409
- **Dun Carloway,** Broch über malerischer Bucht | 410
- Die **Strände der Westküste,** kilometerlange Strände und türkis-blaues Wasser | 415
- **Kisimul Castle,** Trutzburg im Hafen von Castlebay | 427

Diese Tipps erkennt man an der gelben Markierung.

Überblick

Die rund 27.500 Einwohner der Inselkette verteilen sich auf nur zehn der unzähligen kleinen Eilande. Die unbewohnten Inseln und Gebiete des Archipels sind für Millionen von **Vögeln, Robben** und anderen Grenzbewohnern des Meeres wegen ihrer Unberührtheit und landschaftlichen Einzigartigkeit zu einem Asyl für ihre überall auf der Welt bedrohte Existenz geworden. Durch das Zusammenspiel von Meer und Land, Watt und Marsch, Salzwasserfjorden und Süßwasserseen, das in dieser Form vielleicht einmalig ist, bieten die Äußeren Hebriden einen breiten Lebensraum für die andernorts bedrohte maritime Tierwelt. Einige besonders schützenswerte Regionen sind daher zu **Naturreservaten** *(National Nature Reserves)* erklärt worden.

Die Menschen auf den Hebriden leben zum größten Teil in den typischen kleinen, entlang der Küste verstreuten **Crofter-Dörfern.** Diese Ortschaften ziehen sich manchmal kilometerweit an einer Straße entlang. Bis in die 1970er-Jahre lebten noch viele der Bewohner in den alten **Black Houses.** Heute haben nur wenige dieser dunklen, torfgedeckten Steinhäuser überlebt. Viele wurden abgerissen, um das rare Baumaterial weiterzuverwenden, andere dienen als Ställe oder verwittern langsam. Die erhaltenen Häuser dienen meist als Ferienunterkünfte oder zu musealen Zwecken.

› Dun Carloway auf Lewis

361sc ab

Viel Energie verwenden die *Hebridians* auf ihren Glauben. Fast alle Insulaner sind tief religiös. Allerdings ist der **Katholizismus,** der sich auf den Inseln südlich von North Uist erhalten hat, nicht so kompromisslos sittenstreng wie der Calvinismus des Nordens. Dennoch wird die Sonntagsruhe streng eingehalten. Nur vereinzelte Einrichtungen widersetzen sich dem Primat des Sonntags. Auch die Einführung der Sonntagsfähre stieß 2009 auf heftigen Widerstand. Ein lokaler Pfarrer äußerte sich damals, die Fähre öffne die Türe für Kriminalität vom Mainland. Grundsätzlich fahren auch keine Busse und die meisten Leute bleiben zu Hause, wenn sie nicht gerade in die Kirche gehen. Von denen gibt es in vielen Dörfern aufgrund der Zersplitterung der Konfessionen gleich mehrere.

Der **beste Reisemonat** für die Hebriden ist der **Mai.** Zwar ist die Temperatur in diesem Monat noch nicht so hoch, der Durchschnitt liegt bei 9 °C, im Gegensatz zu 13 °C im Juli/August, doch ist er mit 60 mm durchschnittlichem Niederschlag an den „nur" 17 Regentagen der regenärmste Monat und – die Mücken sind noch nicht geschlüpft. Regenarm darf man aber auf diesen Inseln auf keinen Fall mit trocken verwechseln. Wasser- und windfeste Kleidung, besonders wasserdichte Schuhe, erweisen sich selbst im Sommer als unerlässlich.

Für Geologen sind die Hebriden eine Besonderheit. Die Gesteine der Äußeren Hebriden zählen zu den ältesten **Gesteinsarten** der Erde. Der sogenannte Lewis-Gneis, der den größten Teil der Inseln bildet, entstand während des Abkühlungsprozesses der Erde vor ca. 2,9 Milliarden Jahren. An einigen Stellen existieren sogar noch ältere Gesteinsarten, die, da ihre Entstehung nicht genau rekonstruiert werden kann, einfach Grauer Gneis genannt werden. In Harris geben einige Granitschichten (Laxford-Granit) darüber hinaus Zeugnis von vulkanischer Aktivität, die sich vor etwa 18 Millionen Jahren hier austobte.

762sc ab

Tier- und Pflanzenwelt

Die Tierwelt auf den Äußeren Hebriden trägt einen ausgesprochen maritimen Charakter. Nur wenige Tiere sind nicht abhängig vom Meer oder Wasser. Die **Seehundkolonie** auf den Monach Isles südwestlich von North Uist soll die größte Großbritanniens und sogar Europas sein. Mit ein wenig Glück ist es sogar möglich, **Walrosse, Delfine** und **Wale** zu sehen. Häufig sind in den Küstengegenden **Fischotter** beim Spielen und Fischen zu beobachten.

Noch beeindruckender erscheint die Vogelwelt der Inseln. Die ca. 310 verschiedenen Vogelarten machen die Inseln zu einem ornithologischen Paradies. Vor allem sind es natürlich Wasservögel, die die Inseln bevölkern. **Sturmvögel,** alle möglichen Arten von **Möwen, Seeschwalben, Tölpel, Regenpfeifer, Austernfischer** und andere Seevögel fühlen sich an den Küsten heimisch. Auf den Binnenseen leben Vögel wie **isländische Schwäne,** verschiedene Arten **Enten, Taucher** und weitere Spezies. Auf dem Land jagen **Bussarde, Fisch-** und auch **Steinadler.** Beim Beobachten der Vogelkolonien gilt: Die Vögel bitte nie bei ihrer Brut stören oder ihre Umwelt durch Herumtrampeln zerstören!

Die Flora gedeiht dagegen auf den Äußeren Hebriden eher spärlich. Außer in den Castle Grounds in Stornoway genießen Bäume auf den Inseln eher Seltenheitswert. Weite Flächen der Inseln sind von **Moor und Sumpf** bedeckt, wo die meisten Arten von **Moosen** und **Heidekräutern** gedeihen. Reich sind die Inseln nur an **Wildblumen.** Über 1000 verschiedene Arten erfreuen das Auge in einer sonst so kargen Landschaft.

Geschichte

Die Geschichte der Hebriden unterscheidet sich nicht sehr von der der übrigen Highlands. Die Jungsteinzeit tritt mit dem Steinkreis von Callanish überwältigender als anderswo in Schottland in Erscheinung. Nachdem die Wikinger sich im 12. Jh. aus Schottland zurückgezogen hatten, errichteten die *MacDonalds of Islay* die berühmte *Lordship of the Isles* über alle westlichen Inseln. Clearances und Emigration entvölkerten im 19. und frühen 20. Jh. die Inseln wie die übrigen Highlands.

Heute ist das Leben auf den Inseln zwar verschlafen, aber gemütlich, und im Gegensatz zum 19. Jh. haben die meisten Menschen ein bescheidenes Auskommen. Einen wichtigen Einschnitt im Leben der Insulaner in der jüngeren Geschichte der Hebriden stellte die verwaltungstechnische Zusammenlegung der äußeren Hebriden im Jahr 1974 dar. Vorher waren die Inseln verschiedenen Bezirken des Festlandes zugeteilt gewesen.

Seit dieser Maßnahme hat das **Gälische** wieder Eingang in die Amtssprache gefunden, heute sind alle öffentlichen Schilder zweisprachig, wenn nicht sogar ausschließlich in Gälisch.

Wirtschaft

Die Abgelegenheit der westlichen Inseln macht es schwierig, hier eine Industrie aufzubauen. Zwar nützt dies der Natur, doch gerade viele Junge wandern weiterhin für ihre Ausbildung auf das Mainland ab und einige kommen nicht zurück. Der Altersdurchschnitt steigt. Wider die Erwartungen liegt die **Arbeitslosigkeit** auf den Inseln unter dem Durchschnitt in Schottland. Die Lebenshaltungskosten dagegen liegen nur wenig über denen des Festlandes.

☒ Vogelparadies: Butt of Lewis, die Nordspitze der Hebriden

Staatliche Programme für den Bau moderner Häuser und europäische Fördergelder konnten den **Lebensstandard** seit den 1970er-Jahren bedeutend anheben. Viele der alten Crofter-Häuser wurden in dieser Zeit verlassen.

Geblieben aber ist der Torfstapel *(cruach)* vor den Häusern. Der **Torf** wird im Frühjahr gestochen. Die Arbeit macht meist die ganze Familie, manchmal ganze Dörfer gemeinsam. Eine gute Woche dauert die knochenharte Schinderei, doch spart sie ein Jahr die Kosten für Heizen und Kochen.

Da Arbeitsplätze rar sind, bewirtschaften viele Familien nebenher noch ein kleines *Croft,* um den Lohn aufzubessern. Besonders auf Harris sind es die *Crofter,* die in Heimarbeit den Tweed weben, der als Kleidungsstück auf der ganzen Welt getragen wird (→ Exkurs „Crofting“, S. 282).

Der wichtigste Arbeitgeber ist die **Fischerei.** Ihr Anteil am Arbeitsmarkt sank zwar, ist aber immer noch unersetzlich. Neben der Hochseefischerei wird auch verstärkt Fischzucht in den unzähligen Buchten und Seen betrieben. Von der Bedeutung als Arbeitgeber an zweiter Stelle steht das *Western Isles Island Council,* das über den Dienstleistungssektor (z. B. 500 Lehrer) und den Aufbau sowie den Erhalt der Infrastruktur gebietet.

Auch die **Tourismusbranche** erfährt in der jüngeren Vergangenheit einen Aufschwung. Mit der zunehmenden Popularität von Skye sind einige Reisende über den Minch gefahren und haben Gefallen an den Inseln gefunden. Einige Arbeitsplätze sichern die *Army* auf Benbecula und die Werft südlich von Stornoway.

Praktische Tipps

Informationen

- Das einzige **iCentre** der Inseln findet sich in Stornoway. Verstreut über die Inseln wurden aber in Geschäften und Cafés sogenannte **Welcome Points** eingerichtet, in denen auch Informationen verfügbar sind.
- **www.visitouterhebrides.co.uk**

Verbindungen

Flug

- Auf Barra, Benbecula und in Stornoway auf Lewis gibt es **Flugplätze,** die die Äußeren Hebriden mit der Welt verbinden. Der Flugplatz auf Barra ist eine Kuriosität. Da das Rollfeld auf einem Strand liegt – feuchter Sand ist bekanntlich steinhart– müssen die Flugpläne mit den Gezeiten koordiniert werden.
- *Loganair* verbindet Stornoway mit **Glasgow, Edinburgh** und **Inverness.**
- **Flüge zwischen den Inseln** werden ebenfalls von *Loganair* betrieben.

Fähre

- **Caledonian MacBrayne,** Tel. 08000 665000, www.calmac.co.uk, unterhält eine Flotte von Autofähren zwischen den Hebriden und dem Festland sowie zwischen den Inseln. Die Abfahrtszeiten der Schiffe korrespondieren mit den Fahrplänen der Züge und Überlandbusse. Dadurch ist es möglich, an einem Tag von Stornoway auf Lewis im Norden nach Castlebay auf Barra im Süden zu gelangen. Aufgrund alternden Schiffsmaterials hat die schottische Regierung zwei Schiffe bei einer Glasgower Werft beauftragt. Die Fahrpläne können sich daher noch ändern, sofern das neue Schiff in den Dienst gestellt wird, was voraussichtlich 2025 geschieht.
- **Ullapool – Stornoway,** ein- bis zweimal täglich, Fahrtzeit 2¾ Std., ab £ 10/Pers., £ 55/Pkw.
- **Tarbert – Uig,** ein- bis zweimal täglich, Fahrtzeit 1¾ Std., ab £ 7/Pers., £ 35/Pkw, Fahrräder werden umsonst mitgenommen, solange Kapazität vorhanden ist.
- **Lochmaddy – Uig,** ein- bis dreimal täglich, Fahrtzeit 1¾ Std., £ 6,50/Pers., £ 31,65/Pkw.
- **Mallaig/Oban – Lochboisdale,** im Sommer ein- bis zweimal täglich nach Mallaig, im Winter je nach Zeit nur nach Oban oder wechselnd nach Mallaig und Oban. Fahrtzeit nach Oban 5½ Std., nach Mallaig 3½ Std. Tickets nach Mallaig kosten £ 11/Pers., £ 65/Pkw, nach Oban £ 16/Pers., £ 75/Pkw.
- **Castlebay – Oban,** im Sommer täglich, im Winter vier- bis fünfmal pro Woche. Fahrtzeit ca. 4½ Std., ab £ 16/Pers., £ 75/Pkw.

Bus

- Die Hebriden haben einen einheitlichen Busverkehr, der von **Hebridean Transport** betrieben wird. Die **Postbusse** befahren im Sommer täglich die wichtigsten Routen, also nahezu alle hier beschriebenen Straßen (kein Sonntagsverkehr!). Sie nehmen Fahrgäste, wie überall in den Highlands, auf ein Zeichen von allen Stellen an den Straßen mit. Die Preise liegen je nach Strecke zwischen £ 1 und £ 4, bei sehr langen Distanzen auch bis zu £ 7. Auskunft beim Busbahnhof in Stornoway, Tel. 018 51 704327, oder bei *Hebridean Transport,* Tel. 01851 705050.
- Bei der Nutzung der Busse empfiehlt sich eine vorausschauende Planung, denn einige Verbindungen fahren nur nach **Anmeldung am Vorabend.** Die betreffenden Routen oder Halte sind meist mit einem „X" gekennzeichnet.
- Die Nutzung der **Buspläne** ist eine Kunst für sich. Die Pläne sind sehr fragmentiert und nach Wochentagen – zum Teil mit Ausnahmen – aufgeteilt. Eine doppelte Vergewisserung, dass der Bus fährt, ist zu empfehlen.

Trampen

- Trampen ist nur als Ergänzung zum Wandern und Busfahren möglich, da die **Verkehrsdichte** trotz hoher Mitnahmequote einfach **zu gering** ist. Wer dennoch plant, viel zu trampen, hat wasserdichte Kleidung, Unmengen von Zeit und Geduld und einen „goldenen Daumen" bitter nötig.

Unterkunft

- Auch auf den Äußeren Hebriden ist das Netz der **B & B-Unterkünfte** gut. Man halte Ausschau nach Hinweisschildern vor den Häusern entlang der Hauptstraßen. Für den Sonntag sollte man allerdings vorsorgen, da außerhalb von Stornoway nur wenige „Unfromme" Unterkunft gewähren, die Übrigen aber oft sogar die Schilder wegnehmen. Ist man aber bereits am Samstag angereist, so wird man für den Sonntag sicherlich nicht hinausgeworfen.
- **Hotels** gibt es nur wenige in den Zentren der größeren Ortschaften.
- Eine Besonderheit der Äußeren Hebriden sind die **Hostels** des *Gatliff Trust,* der alte *Black Houses* renoviert und als Herberge nutzt. Der *warden* (Herbergsvater) kommt einmal am Tag vorbei, um zu kassieren und Torf für den Ofen zu bringen. Der Preis liegt bei £ 20 für eine Nacht (www.gatliff.org.uk, keine Vorausbuchungen möglich).
- **Campingplätze** sind meist in den Buchten oder deren Nähe zu finden. Insbesondere auf der Westseite der Inseln bietet die Option, in den Dünen zu campen, häufig auch Schutz vor den Winden des Atlantiks. Für **Wohnmobile** gibt es nur begrenzt Stellplätze. Eine Karte mit Campingplätzen, Wohnmobilstellplätzen, Entsorgungsstellen und Toiletten findet sich unter www.visitouterhebrides.co.uk/accommodation/type/camping-and-caravan-sites.

Lewis and Harris

Lewis and Harris ist der Name der **größten der Hebrideninseln,** es ist zugleich die größte Insel Schottlands. Anders als zu erwarten, handelt es sich nicht um zwei Inseln, sondern um eine. **Lewis** (Leodhas) ist der größere, nördliche Teil, während **Harris** (Na Hearadh) aus der Halbinsel im Süden besteht und der angrenzenden bergigen Region nördlich davon. Die Landenge bei Tarbert teilt die Region Harris, oft auch *Isle of Harris* genannt, obwohl es faktisch keine Insel ist, in einen Nord- und einen Südteil. Bis zum Bau der A 859 waren die Berge im Norden von Harris so unwegsam, dass sich die Bewohner „beider" Inseln nur mit dem Boot erreichen konnten. Lewis und Harris wurden vor allem vom Clan *Leod* (sprich „Laud") bewohnt.

763sc ab

☒ In den Stein getrieben: die Golden Road auf Harris

Die meisten Sehenswürdigkeiten befinden sich an der West- und Nordküste von Lewis. Wer die Zeit hat, sollte sich aber auf keinen Fall die Fahrt von **Stornoway,** dem Hauptort von Lewis and Harris, durch das Zentrum und den Süden der Insel nach **Tarbert** entgehen lassen (auch mit dem Bus machbar, → unten). Die A 859 führt durch die öde, aber sehenswerte **Moorlandschaft** von Lewis. Vor den Häusern liegen Torfstapel, in der Luft hängt der Geruch von verbranntem Torf. Langsam steigt das Land an, bis die Berge am Übergang zu North

Harris erreicht sind. Die Westküste von South Harris, der Halbinsel Luskentyre, ist von zahlreichen **Stränden** gesäumt.

Stornoway

Mit ihren 4800 Einwohnern ist Stornoway (Steornabhagh) die **einzige Stadt der Äußeren Hebriden.** Deshalb ist sie mit ihren bunten Häusern, den vielen Läden und dem geschäftigen Treiben in den Straßen wesentlich lebhafter als vergleichbar große Städte des Festlandes. Der geschützte Naturhafen bot einst einer ansehnlichen Fischfangflotte Schutz, und heute noch ist er das lebendige Zentrum der Stadt. Dienstag- und Donnerstagabend finden hier ab 19 Uhr **Fischmärkte** statt.

Unter dem Fähranleger sind noch die Überreste des alten **Stornoway Castle,** der *MacLeod*-Festung, zu sehen, die *Oliver Cromwell* zerstören ließ.

In der Kenneth Street befindet sich das **An Lanntair Arts Centre.** In der Galerie finden regelmäßig wechselnde Kunstausstellungen statt, die sich vor allem mit der gälischen Kultur, einheimischen Künstlern und der Geschichte der Hebriden befassen. Zudem beherbergt es das ganze Jahr über verschiedene Veranstaltungen wie Konzerte, Festivals, Theateraufführungen und Kinofilme.

■ **An Lanntair Arts Centre,** HS1 2DS, Tel. 01851 708480, www.lanntair.com, sofern keine Veranstaltungen stattfinden: Mo–Mi 10–17 Uhr, Do–Sa 10–23 Uhr, jeden letzten So im Monat 13–16 Uhr.

Das viktorianische **Lews Castle** beherbergt heute ein Café und bietet die Möglichkeit zur Übernachtung. Das Schlösschen liegt auf der anderen Seite des Flüsschens inmitten eines alten Parks, der der Öffentlichkeit zugänglich ist. Direkt hinter dem Schloss befindet sich der Campus des Lews Castle College (www.lews-castle.co.uk).

UNSER TIPP: Das **Museum Nan Eilean,** in der Erweiterung von Lews Castle, zeigt eine Ausstellung zu Leben und Kultur der Inseln. Hier werden auch sechs der berühmten Lewis Chessmen ausgestellt (→ Nordwesten von Lewis/Lewis Chessmen, S. 409).

■ **Museum Nan Eilean,** HS2 0XS, Sommer Di–Sa 10–17 Uhr, Winter Di–Sa 13–16 Uhr, Eintritt frei.

Praktische Tipps

Informationen

■ **Tourist Information Centre,** 26 Cromwell Street, HS1 2DD, Tel. 01851 703088, stornoway@visitscotland.com. Dieses *Tourist Information Centre* ist das einzige auf den Äußeren Hebriden, das auch im Winter geöffnet ist.

Verbindungen

■ **Bus:** Vom Busbahnhof an der westlichen Seite der Hafenfront fahren Busse **in alle Winkel der Insel.** Fast alle Linien führen während ihrer Runde einmal über Stornoway, sodass man von dieser Stadt aus nahezu die ganze Insel erreichen kann.

Auf den meisten Strecken verkehren 4–5 Busse täglich, z. B. von Stornoway nach **Callanish** über **Barvas** und **Carloway** 4–6x täglich im Sommer. Trotzdem muss man eventuell ein paar Stunden Wartezeit in Kauf nehmen. Sonntags fahren keine Busse.

Von Stornoway über **Tarbert** bis zum **Leverburgh Pier** auf Harris (Fähre in Richtung North Uist) fährt Mo–Sa 3–4x täglich ein Bus, der die se-

508sc ab

henswerte Strecke durch die Berge von North Harris nimmt. Fahrtdauer ca. 2 Std., um £ 7.

■ **Autoverleih:** *Car Hire Hebrides,* Ferry Terminal, Shell Street, HS1 2AE, Tel. 01851 706500, www.car hire-hebrides.co.uk, Mo–Fr 8–17 Uhr.

■ **Fahrradverleih:** *Store 67,* 67 Kenneth Street, HS1 2DS, Tel. 01851 705881, www.store-67.com, im Sommer Mo–Sa 10–17 Uhr, im Winter Di/Mi 10–16 Uhr, Do–Sa 10–17 Uhr. Neben Fahrrädern werden hier auch Outdoorequipment und Wassersportgeräte vertrieben.

Unterkunft

■ **Lews Castle**③, Castle Grounds, HS2 0XP, Tel. 01625 416430, www.togethertravel.co.uk/destina tions/scotland/lews-castle. Hotel im Gebäude von Lews Castle mit modernem Interieur.

■ **Royal Hotel**②-③, 81 Cromwell Street, HS1 2DG, am Hafen, Tel. 01851 702109, www.royalstor noway.co.uk. Direkt im Zentrum Stornoways an der Hafenpromenade gelegen.

■ **Stornoway Bed and Breakfast**②, 29 & 32 Kenneth Street, HS1 2DR, Tel. 07742 098094, www. stornowaybedandbreakfast.co.uk. Schön gestaltetes B & B im Zentrum.

■ **Heb Hostel**②, 25 Kenneth Street, HS1 2DR, Tel. 01851 709889, www.hebhostel.com. In dem gemütlichen Hostel ergeben sich abends oft nette Gespräche bei einem Tässchen Tee.

■ **Laxdale Holiday Park**②, 6 Laxdale Lane, Laxdale, HS2 0DR, gleich nördlich von Stornoway, Tel. 01851 706966, www.laxdaleholidaypark.com, April–Ende Okt. Beschaulicher Campingplatz, etwas außerhalb gelegen.

Essen und Trinken

■ **The Boatshed Restaurant,** 81 Cromwell Street, HS1 2DG, Tel. 01851 702109, www.royalstor noway.co.uk/dine/the-boatshed.html, tägl. 12–16 und 17–21 Uhr. Bietet hervorragende Meeresfrüchte.

■ **The Blue Lobster,** Cromwell Street Quay, 3 Harbour View, HS1 2DF, Mo–Sa 9.30–16 Uhr. Hier kann der Kaffee bei der Beobachtung des regen Treibens im Hafen getrunken werden.

■ Am **Hafen** findet man einige Cafés und Bars wie die *Criterion Bar,* 32 Point Street, HS1 2XF, Tel. 01851 701990, Mo–Mi 11–23 Uhr, Do–Sa 11–1 Uhr, So 12.30–23 Uhr.

⌃ Der Hafen von Stornoway, Hauptort der Inseln

› Konkurrenz für Stonehenge: die Standing Stones von Callanish

Einkaufen

- **Islander Shellfish,** Cromwell Street Quay, HS1 2DF, Tel. 01851 706772, Di–Fr 8–16 Uhr, Sa 8–17 Uhr. Hier gibt es direkt im Hafen frischen Fisch.
- **Stornoway Smokehouse,** 10 Shell Street, HS1 2BS, beim Fährterminal, Tel. 01851 702723, www.stornowaysmokehouse.co.uk, Di–Fr 9–17 Uhr. Geräucherter Fisch.
- **Charles MacLeod,** Matheson Road, HS1 2LB, nördlich des Hafens, Tel. 01851 702445, www.charlesmacleod.co.uk, Mo–Sa 8–17 Uhr. Der berühmte *Stornoway Black Pudding* wird vom Metzger *Charles MacLeod* nach ganz Schottland und darüber hinaus verschifft.

Nordwesten von Lewis

Lewis Chessmen

Von Stornoway aus führt die A 858 an die Westküste der Insel. Biegt man bei Garynahine (Gearraidh Na H-Aibhne) auf die B 8011, gelangt man kurz hinter Miavaig (Miabhaig) nach **Ardroil** (Eadar Dha Fhadhail). Im Süden der Bucht liegt eine prähistorische Fundstätte. Hier wurden 1831 die berühmten *Lewis Chessmen* entdeckt, **Schachfiguren aus Walrossbein,** die ein norwegischer Händler vermutlich dort vergraben hatte. Die Originale werden in Stornoway, Edinburgh und London aufbewahrt (→ Stornoway, S. 407).

Callanish Standing Stones

Folgt man in Garynahine der A 858, gelangt man kurz darauf nach Callanish (Calanais). Auf einer Landzunge, die sich 33 m über das Meer erhebt, ragt ein **Steinkreis** auf, dessen archäologische Bedeutung nur von der Stonehenges übertroffen wird. Die *Tursachan Calanais* (stehende Steine von Callanish) wurden um 3000 v. Chr. vermutlich zu kultischen Zwecken errichtet. Etwa zweihundert Jahre später fügte man der Anlage eine kleine **Grabkammer** zu, die inmitten des Kreises am Fuße des 5 m hohen Zentralsteines liegt. Hier wurden die Urnen der Verstorbenen der umliegenden Dörfer und zugehörige Opfergaben beigesetzt.

Die Größe und Vollständigkeit der **jungsteinzeitlichen Kultanlage** strahlen noch heute auf den Betrachter eine Fas-

733sc bcg

zination aus wie kein anderer Steinkreis Schottlands. Alle 13 Steine des zentralen Kreises sind erhalten geblieben, und auch die meisten der in die vier Himmelsrichtungen vom Kreis abgehenden kleineren Reihen sind noch vollständig. Von Norden her führt eine Doppelreihe auf den Zentralkreis zu, von der man vermutet, dass sie Prozessionen als Rahmen dienen sollte. Um 1200 v. Chr. wurde die Anlage geplündert und profanisiert, indem wieder Getreide angebaut und Gebäude an sie angebaut wurden. Seit 800 v. Chr. bildete sich Torf über der Kultstätte, der sie 1857, im Jahre der Ausgrabung, 1,50 m hoch bedeckte.

Der Hügel bietet einen herrlichen Rundblick über die nähere Umgebung, die Bucht und die Berge von North Harris. Informationen über den Steinkreis, die beiden weiteren Steinkreise Callanish II und III und ein Café gibt es im nahen **Visitor Centre.**

■ **Visitor Centre,** HS2 9DY, www.calanais.org, Ende März–Okt. Mo–Sa 9–17 Uhr, im Winter variierende Öffnungszeiten, Eintritt £ 4.

Dun Carloway

Gut 6 km auf der A 858 weiter kommt man nach Carloway (Carlabhagh). Hier findet sich einen Kilometer links der Hauptstraße (ausgeschildert) eines der besterhaltenen *Brochs* Schottlands: Dun Carloway. Es erhebt sich über einer malerischen Bucht. Zur Straße hin steht die um die Zeitwende erbaute **Befestigungsanlage** noch ca. 9 m hoch. Steigt man den Hügel hinter dem Broch noch etwas höher, wird man mit einem herrlichen Blick über Lewis belohnt (→ Exkurs „Brochs und Duns – die Burgen der Vorzeit“, S. 346).

Garenin

Folgt man der Straße unterhalb des Broch bis zur Küste, gelangt man nach Garenin (Gearrannan), einer **Black-House-Siedlung,** die unter Denkmalschutz steht. In einer der Hütten wurde eine Herberge eingerichtet, in einigen anderen Häusern finden sich Ferienwohnungen.

Vom Hostel führt ein schöner Weg nordwärts an der Küste entlang zur **Dal Mor Bay** mit einem 200 m langen Sandstrand. Die Bucht ist beliebt bei Surfern, Baden ist aufgrund der starken Strömung nicht zu empfehlen.

Bragar

In Bragar (Bhragair) etwas weiter nördlich steht direkt links der Straße in einem Garten ein großer Bogen aus einer **Blauwalrippe,** unter dem die Harpune hängt, die den Wal erlegte.

Arnol

Ein paar Kilometer weiter, in Arnol, lohnt es sich, das **Black House Museum** zu besichtigen. Von der Hauptstraße folgt man dem Schild nach links und der Straße ca. 1 km bis ans Meer. Hier wurde

▷ Der Leuchtturm an der Steilküste des Butt of Lewis

ein altes *Black House* als Museum eingerichtet, dessen Name von der Abwesenheit jeglicher Schornsteine rührt. Das Feuer in der Mitte des Hauses sollte die Wärme im ganzen Haus verteilen und gleichzeitig das Dach trocken halten. Daneben erhöhte der sich im Torf festsetzende Ruß die Wasserdichte des Daches. Das Haus wurde erst 1964 verlassen. Um die Atmosphäre zu erhalten, wird hier stets ein Torffeuer am Glimmen gehalten.

■ **Black House Museum,** 42 Arnol, HS2 9DB, www.historicenvironment.scot/visit-a-place/places/the-blackhouse-arnol, April–Sept. Mo–Sa 10–16.30 Uhr, Okt.–März Mo/Di und Do–Sa 10–16 Uhr, Eintritt £ 7,50.

Trushel Stone

Kurz vor Barvas (Barabhas) trifft die A 858 auf die A 857, die von Stornoway zum Butt of Lewis führt. Dieser Straße folgend, führt im ersten größeren Ort nördlich von Barvas die erste Abzweigung links zum **Trushel Stone** (Clach an Trushal), dem mit über 5,70 m höchsten *standing stone* Schottlands (GPS N 58.393436, W 6.492929).

Port of Ness

UNSER TIPP: Die A 857 endet im kleinen Hafen Port of Ness (Port Nis). Hier kann man beobachten, wie sich Tölpel aus großen Höhen von den Felsen ins Meer stürzen, um Fische zu fangen. In der alten Schule wurde ein kleines **Heimatmuseum** eingerichtet (März–Nov. Mo–Sa 10–17.30 Uhr).

Butt of Lewis

Auf dem hohen Felsen des Butt of Lewis (Rubha Robhanais) markiert ein **Leuchtturm** die nördlichste Spitze der Äußeren Hebriden.

Die Felsen sind ein Paradies für **Vögel** wie Kormorane, Möwen, Alken und Seeschwalben. Gute Beobachtungsmöglichkeiten bietet der Pfad entlang der Küste, der Einblicke in die zahlreichen

362sc ab

Buchten gewährt, in denen sich die Küstenvögel tummeln.

Eoropie

In Eoropie (Eoropaidh) südlich des Butt of Lewis steht die im 12. Jh. erbaute **St Moluag's Church** (Teampull Mholuaidh). Es finden Gottesdienste statt.

In der Nähe befinden sich ein schöner **Strand** und ein **Dünenpark,** in dem Kinder spielen können.

Praktische Tipps

Unterkunft

Das Angebot an Unterkünften ist auf Lewis begrenzt, es empfiehlt sich, im Voraus zu buchen.

Callanish

■ **Gealabhat B & B**②, 9 Callanish, HS2 9DY, Tel. 01851 621200, www.9callanish.co.uk. B & B etwa 10 Gehminuten von den Steinen entfernt.

■ **Eshcol Guest House**②, 21 Breasclete, HS2 9ED, Tel. 01851 621357, www.eshcol.com. Klassisches ländliches B & B mit toller Aussicht.

Ardroil

■ **Suainaval**②, 3 Cradhlastadh, Uig, HS2 9JF, nahe Ardroil, Tel. 01851 672386, www.suainaval.com. Gemütliches B & B mit Harris-Tweed-Ausstattung und famosen Blicken über die Bucht von Uig.

An der Nordwestküste

■ **Gearrannan Hostel**②, 5a Gearrannan, HS2 9AL, Tel. 01851 643416, www.gearrannan.com. Eines der restaurierten torfgedeckten *Black Houses,* gelegen an einem idyllischen Strand westlich von Carloway. Vier weitere Häuser werden als Ferienhäuser vermietet.

■ **Galson Farm Guest House**②, South Galson (Gabhsann), HS2 0SH, Tel. 01851 850492, www.galsonfarm.co.uk. Schönes Gästehaus mit der Möglichkeit, abends mit regionalen Spezialitäten bekocht zu werden. Angeschlossen ist ein **Hostel**②.

An der Westküste

■ In **Borve** an der Westküste werden von **Bothag Bhuirgh**①, 38 Borve, HS2 0RX, Tel. 01851 850436, www.bothagbhuirgh.com, *Camping Pods* aber auch andere Möglichkeiten zum Campen angeboten.

Essen und Trinken

Auch wenn die große Konzentration der Essensmöglichkeiten sich in **Stornoway** bündelt, sind doch einige Perlen über Lewis verstreut.

■ **Calanais Standing Stones & Visitor Centre,** Callanish, HS2 9DY, Tel. 01851 621422, www.calanais.org, das Café im *Visitor Centre* war zum Zeitpunkt der Drucklegung wegen Umbaus geschlossen. Serviert einfache Speisen wie Suppen, Sandwiches und Kuchen.

■ **Uig Sands,** Timsgearraidh, HS2 9ET, Tel. 01851 672334, www.uigsands.co.uk, April Mi–Sa 16–23 Uhr, Mai–Sept. Di–Fr 16–23 Uhr, Okt. Do–Sa 16–23 Uhr. Das Restaurant thront über der Bucht von Uig und bietet neben den wunderschönen Aussichten fein zubereitete Speisen aus lokalen Zutaten.

■ **The Breakwater,** im Hafen von Ness, HS2 0XA, Tel. 01851 811001, www.fb.com/thebreakwater.ness, Mo 12–17 Uhr, Di/Mi 12–18 Uhr, Do–Sa 12–21 Uhr. Bietet einfache Speisen wie Pizza und Sandwiches oder auch Curries und Pakoras an.

North Harris

Die Region Harris unterscheidet sich vollständig von Lewis. Von der sanft gewellten Moorlandschaft ist nichts geblieben, nur Felsen, Berge, Fjorde und Buch-

Harris Tweed

Der Tweed ist ein grober, sehr robuster **Wollstoff,** der meist in Karomustern gesponnen ist und ausgesprochen wetterfeste Eigenschaften aufweist. Der beste Tweed kommt nicht vom schottischen Festland, sondern von Harris. Wann man auf Harris begann, Tweed zu weben, liegt im Dunkel der Geschichte. Sicher ist, dass der Tweed ursprünglich als Nebenprodukt der Heimarbeit entstand. Die Frauen der Fischer stellten ihn zum eigenen Gebrauch her.

Der Tweed ist aufgrund der dicht gewebten Fäden wasserabweisend und hält sehr gut die Wärme. Diese **Eigenschaften** machten ihn zu einer idealen Arbeits- und Alltagskleidung. Nach dem Waschen der Wolle färbte man die Vliese ein. Die Insulaner verwandten dabei **Farben,** die sie in der Natur fanden, vor allem von den einheimischen Pflanzen. Auch wenn die Farben heute synthetisch hergestellt werden, so sind die traditionellen Töne noch vorherrschend.

In den 40er-Jahren des 19. Jh. wurde der *clo Mor,* wie der Tweed im Gälischen heißt, für den Markt entdeckt. Die *Countess of Dunmore,* der weite Teile der Insel gehörten, entdeckte die guten Eigenschaften des Alltagsstoffes ihrer Untertanen. Sie schickte ihre Bewohner, um an den neuen mechanischen Webstühlen zu lernen, und führte den Stoff in der besseren Gesellschaft Großbritanniens ein. Schnell wurde der Stoff bekannt, und der Überschuss der hebridischen Heimproduktion kleidete bald die feinen Sportsmänner und Jäger auf den ganzen Britischen Inseln.

Bald begann man, die Herstellung über die Heimproduktion hinaus auszudehnen. Die Besonderheit liegt beim Harris Tweed dabei in der Beibehaltung der **unabhängigen Handweberei.** Zwar entstanden Manufakturen für Spinnerei und Färberei, doch blieb die Weberei Angelegenheit der selbstständig arbeitenden Crofter-Weber. Bis heute stehen die Webstühle meist in einem Schuppen beim Haus der Weber. Sie arbeiten, je nach individueller Situation, hauptberuflich oder als Nebenerwerb an den Stoffen.

1909 wurde die *Harris Tweed Association Ltd. (H.T.A.)* gegründet, die den Harris Tweed, welcher zum **geschützten Warenzeichen** wurde, zu dessen Erwerb strenge Auflagen erfüllt sein müssen, vor Konkurrenz schützen sollte. Die verwendete Wolle muss von schottischen Schafen stammen, auf den Hebriden gefärbt und gesponnen sein und ebendort von einem Weber von Hand gewebt sein. Nur Stoff, der diese Kriterien erfüllt, erhält von der Gesellschaft den Echtheitsstempel. Das **Zeichen des Harris Tweed** stellt einen Reichsapfel dar, der aus dem Wappen der *Countess of Dunmore* entlehnt ist.

Von den ursprünglich 750 Webern sind heute noch etwa 220 unabhängige Weber auf Harris und Lewis übrig, die die **Weltnachfrage** produzieren. Die erhöhte Nachfrage in der zweiten Hälfte des 20. Jh. und der darauffolgende Nachfragerückgang haben auch zu einer erhöhten Monopolbildung geführt, sodass heute drei große Webereien über 90 % des Marktes unter sich aufteilen.

775sc bcg © Carloway Mill

ten bestimmen das Bild. An manchen Stellen wird die **Steinwüste** kaum noch vom Grün unterbrochen und wirkt wie eine Mondlandschaft.

North Harris ist der bergigste Teil der Äußeren Hebriden. Mit dem **Clisham** (Cliseam) steigt das Land hier auf 792 m an. Die Berge sind ein Paradies für Kletterer und Wanderer.

North Harris Eagle Observatory

Nahe der B 887 in Richtung Huisinish liegt eine vom *North Harris Trust* betriebene **Adlerwarte.** Auf der Höhe von Meavaig ist ein Parkplatz. Von hier startet ein Weg, der durch Glen Meavaig bis zur Beobachtungsstation führt. Sie befindet sich in der Nähe des Adlerhorstes, sodass die Chancen gut stehen, tatsächlich einen der majestätischen Raubvögel zu sehen. Ferngläser gibt es vor Ort, an gut besuchten Tagen sind eigene empfehlenswert (www.north-harris.org).

Praktische Tipps

Unterkunft, Essen und Trinken

- **Ardhasaig House**③, Aird Asaig (Ardhasaig), HS3 3AJ, Tel. 01859 502500, www.ardhasaig.co.uk. Das Haus ist in einer malerischen kleinen Bucht gelegen, führt auch ein **Restaurant.**
- **Rhenigidale Hostel**②, HS3 3BD, eine abgelegene, einfache Herberge des *Gattliff Trust,* steht in North Harris am Südufer des Loch Seaforth und ist zu Fuß von Süden über die Berge (ca. 10 km), von Norden auf einer winzigen Nebenstraße der A 859 zu erreichen, zweimal täglich hält in Rhenigidale auch der Bus, www.gatliff.org.uk. Auch **Plätze für Zelte**①.

Tarbert

Tarbert (An Tairbeart), an der **Landenge** zwischen dem nördlichen und dem südlichen Teil von Harris gelegen, ist ein verschlafenes, kleines Küstenörtchen, dessen Bedeutung vom Fähranleger bestimmt wird. Man findet hier Geschäfte, eine Post, ein Hotel, eine Bank, ein Restaurant, ein paar Pubs und seit 2015 auch eine Destillerie (→ unten). Der Bus aus Stornoway hält vor dem *Tourist Information Centre* im Ortskern.

Praktische Tipps

Informationen

- **Essence of North Harris – Welcome Point,** The Pier, Tel. 01859 502011.
- **www.explore-western-isles.com**

Verbindungen

- **Bus:** Die Linie W13 verbindet über die Ostroute **Tarbert** mit **Leverburgh,** die Linie W10 fährt die besser ausgebaute Westroute fünf- bis sechsmal pro Tag. Die gleiche Linie fährt auch mehrmals täglich nach **Stornoway.** In den Osten fahren die Linien W11 nach **Rhenigadale** (meiste Verbindungen nach Anfrage) und W14 nach **Scalpay.** In den Westen fährt die Linie W12 nach **Hushinish.**

Unterkunft

- **Harris Hotel**③, HS3 3DL, aus dem Zentrum in Richtung Lewis, Tel. 01859 502154, www.harrishotel.com. Bietet neben klassisch eingerichteten Zimmern auch ein **Restaurant.**
- **Hotel Hebrides**③, Pier Road, HS3 3DG, Tel. 01859 502364, www.hotel-hebrides.com. Etwas moderner als das *Harris Hotel,* im Zentrum gelegen.
- **Backpackers Stop**②, Main Street, HS3 3DJ, Tel. 07708 746745, www.backpackers-stop.co.uk. Ein einfaches, kleines Hostel im Zentrum.

Essen und Trinken

UNSER TIPP: In der Kantine der **Isle of Harris Distillery** in Tarbert kann man gutes lokales Essen genießen, HS3 3DJ, Tel. 01859 502212, www.harris distillery.com, Mo–Sa 10–17 Uhr.

South Harris

Den südlichen Teil von Harris bildet die **Halbinsel Luskentyre.** Auf der Rundfahrt entlang der Küste (die Strecke ist ca. 70 km lang) wird der große Unterschied zwischen der West- und der Ostküste auffallen. Zum Festland hin fallen die Felsen steil ins Wasser ab, während der Westküste eine Marschlandschaft mit herrlichen **Sandstränden** vorgelagert ist. Bevor man hier allerdings schwimmen geht, sollte man sich vor Ort erkundigen, da manche Strände plötzlich tief werden und gefährliche Grundseen haben.

Die A 859 verläuft direkt entlang der romantischen Westküste über Northton nach **Leverburgh** (An-T-Oib). Es gibt dort ein Lebensmittelgeschäft, ein Teehaus, eine Post, ein Restaurant am Pier und ein Andenkengeschäft. Vom Pier legt die kleine Autofähre in Richtung Berneray ab.

In **Rodel** (Roghadal) endet die A 859. Eine winzige Straße, die einen fast seekrank macht, führt zurück nach Tarbert. UNSER TIPP: In Rodel steht die **St Clement's Church.** Sie wurde im 12. Jh. in Kreuzform erbaut, später von den *MacLeods* erneuert und zu ihrer Grabkirche ausgebaut. Im Inneren sind alte Grabsteine aufgestellt, deren schönster der in die Südseite des Chors eingelassene des *Alexander MacLeod of Dunvegan* ist (1547).

Praktische Tipps

Informationen

- In **Borrisdale Tweeds,** Obbe Road, Leverburgh, HS5 3TS, ist ein *Welcome Point* eingerichtet, Mo–Fr 12–18 Uhr. Der Laden selbst verkauft aber teure Tweedprodukte.

Unterkunft

- **Scarista House**③, Sgarasta Bheag, HS3 3HX, an der Südwestküste, Tel. 01859 550238, www.sca ristahouse.com. Mit ausgezeichnetem **Restaurant** mit eleganter Einrichtung und schöner Aussicht, aber auch Zimmer.
- **Am Bothan Bunkhouse**②, Ferry Road, Leverburgh, HS5 3UA, Tel. 01859 520251, www.ambot han.com. Schönes Hostel mit großem Aufenthaltsraum.
- **Minchview Touring Park**①, 10 Drinishader, HS3 3DX, einige Kilometer südlich von Tarbert, Tel. 01859 511207, www.minchview.wordpress.com, April–Okt. Sehr rustikal in schöner Umgebung.
- **Horgabost Campsite**①, HS3 3HR, Tel. 01859 550386, www.horgabostcampsite.co.uk. Kleiner, gemütlicher Campingplatz in den Dünen von Horgabost. Keine Stromanschlüsse.

Essen und Trinken

- **Talla na Mara,** HS3 3AE, südlich von Luskentyre, www.tallanamara.co.uk, im Sommer Mo–Sa 10–17 Uhr. Das Kulturzentrum des *West Harris Trust* betreibt neben einem Ausstellungsraum auch ein Restaurant.
- **Skoon Gallery,** 4 Geocrab, HS3 3HB, an der Ostküste, Tel. 01859 530268, www.skoon.com, Di–Sa 10–16.30 Uhr. Nicht nur Kunst sondern auch hervorragende *Scones* gibt es hier.

764sc lk

Auf der Coffin Road über Harris

- **Schwierigkeit:** mittel (teils etwas matschig, aber für schottische Wanderungen sehr gut ausgebaut)
- **Dauer:** 2–4 Stunden
- **Distanz:** 14,7 km
- **Höhenunterschied:** 260 m
- **Ausgangspunkt:** Bucht von Luskentyre

Die Küste von East Harris wurde ungleich der Westseite nicht durch den Atlantik weich geschliffen. In der Folge hat sich nie ein Boden ausgebildet, alles ist rauer Fels. Als die Inseln noch nicht weitläufig mit Straßen vernetzt waren, mussten die Bewohner der Ostküste daher ihre Verstorbenen über den Kamm der Insel tragen, um sie im Machair der Westküste zu bestatten. Als ob die Aufgabe einen Sarg über einige Kilometer Distanz zu tragen nicht beschwerlich genug gewesen wäre, führte der Weg in der Bucht von Luskentyre noch durch einen Fluss.

Heute sind die Inseln durch Straßen erschlossen und der letzte Sarg hat die Coffin Road vor langer Zeit gequert, den Fluss überspannt eine Brücke. Was bleibt ist eine einfache Querung der Berge von South Harris entlang einer szenischen Route.

Beginnend in der **Bucht von Luskentyre,** zweigt der Weg an der Brücke vor Seilebost von der A 859 ab. Parkplätze gibt es vor der Brücke an einer Recyclingstelle, oder man lässt sich vom Busfahrer an entsprechender Stelle absetzen. Von dort führt ein Fahrweg in eine Lücke zwischen den Bergen und bei genauerem Hinsehen kann man den Weg, der zwischen den beiden Bergflanken den **Pass** hinaufsteigt, bis zum Pass verfolgen. Oben angekommen öffnet sich der Blick und für einen Moment sind beide Meere, Atlantik im Westen und Minch im Osten, gut sichtbar. Dem Atlantik den Rücken kehrend wird der zuvor steinige Weg zusehends nasser und schlängelt sich nunmehr durch die Landschaft.

An der **Golden Road** auf der Ostseite angekommen, drängt sich eine schwierige Entscheidung auf: Entweder kann nun die Wanderung zu einem **Rundweg** fortgesetzt werden, indem man sich vor den Häusern nordwestlich hält und dann auf einem Fahrweg parallel zur Hauptstraße zurück nach Luskentyre läuft oder alternativ kann der nahegelegenen **Skoon Gallery** ein Besuch abgestattet werden, um bei vorzüglichen *Scones* etwas die Bilder des ansässigen Künstlers oder auch die Aussicht auf den Minch und Skye zu genießen.

Zum Schluss kann dann der Rundweg beendet werden oder man kehrt mit dem Bus von **Geocrab** aus über die szenische *Golden Road* nach Leverburgh oder Tarbert zurück.

⌃ Blick auf die Bucht von Luskentyre

North Uist

North Uist (Uibhist A Dheas) und South Uist sowie Benbecula sind keine drei einzelnen Inseln, sondern vielmehr ein **Gewirr von Inselchen.** Die einzelnen Inseln verlieren sich in einem Labyrinth aus Buchten, Fjorden, Seen, Bächen, Watt, Meerengen usw. Auf den Uists ist es nicht sicher, ob sie mehrheitlich aus Land oder Wasser bestehen. Flaches Moor- und Marschland, aus dem sich auf der Ostseite nur ein paar Hügel erheben, umgibt die vielen Gewässer.

Lochmaddy (Loch Nam Madadh) ist der größte Ort auf North Uist. Hier befinden sich der Fähranleger nach Uig auf Skye sowie einige Geschäfte, eine Bank, die Post und ein Pub.

Die Fähre von Harris legt auf der kleinen **Insel Berneray** an, die der Hauptinsel von North Uist im Norden vorgelagert ist. Die beiden Inseln sind durch einen Damm verbunden.

UNSER TIPP: Auf Berneray laden die idyllische Landschaft und der außerordentlich schöne, **fünf Kilometer lange Sandstrand** der Westküste an schönen Tagen zu Erkundungszügen über dieses kleine Eiland ein (→ Wanderung: Die kleine Insel Berneray, S. 418).

Praktische Tipps

Informationen

- Der *Welcome Point* von North Uist liegt im **Claddach Kirkibost Centre,** HS6 5EP, in der gleichnamigen Ortschaft, Tel. 01876 580390, www.claddach-kirkibost.org. Das Zentrum verkauft Eingemachtes und Gebackenes und betreibt ein Café.

☑ Berneray: Im milden Klima des Golfstroms gedeihen sogar Palmen

509sc ab

Die kleine Insel Berneray

Die Äußeren Hebriden im Kompaktformat

- **Schwierigkeit:** mittel
- **Dauer:** 4 Stunden
- **Distanz:** 12 km
- **Ausgangspunkt:** Ostküste

Die Insel Berneray fasst viele Elemente der restlichen Inselgruppe der Äußeren Hebriden in sich zusammen. Wenngleich die höheren Berge von Nord-Harris und die historischen Monumente von Lewis nicht vertreten sind, so gibt es doch weitläufige **Sandstrände, Moorlandschaften,** in Heide eingekleidete **Hügel** und das **Machair,** den schmalen Streifen Land an der Küste, auf dem Landwirtschaft betrieben werden kann. Der Unterschied zur restlichen Inselgruppe liegt in der Dichte, denn all das findet sich auf einer Insel von 20 km² Fläche.

Der Weg durchschreitet die **Hauptsiedlung an der Ostküste,** verlässt diese zum Hostel, das sich in zwei renovierten *Black Houses* befindet, und führt weiter zum angrenzenden kleinen Strand, der die Nordostküste säumt. Vom Ende dieses Strandes steigt der Weg vorbei am Friedhof auf den **Beinn Sleibhe,** der mit 93 Metern die höchste Erhebung der Insel ist. Vom Gipfel ist nun die ganze Insel sichtbar und der fantastische Strand, der die ganze **Westküste** säumt, breitet sich vor den eigenen Füßen aus. Nachdem zwei Drittel des Strandes durchschritten sind, schlägt sich der Weg durch die Dünen zurück ins Inland, wo im Café eine Suppe oder ein Stück Kuchen den Aufenthalt auf dieser netten kleinen Insel abrunden.

Die Wellen des Atlantiks brechen sich am Strand der Westküste

765sc ab

Verbindungen

Fähre

■ Mit Harris ist North Uist über die Fährverbindung zwischen **Berneray** und **Leverburgh** verbunden (2–5-mal täglich). Man sollte sich auf der Website von *Caledonian MacBrayne* die Gezeiten-Fahrpläne anschauen, da die Abfahrtzeiten gelegentlich abweichen: www.calmac.co.uk. Die einfache Überfahrt kostet £ 4/Pers. und £ 15/Pkw.

Bus

■ Die Buslinie W16 verbindet **Berneray** bis zu viermal täglich über **Lochmaddy** mit **Benbecula.** Die Linie W18 verbindet ebenfalls Berneray und Lochmaddy, bindet aber auch die Nordwestregion der Insel an.

Unterkunft

■ **Hamersay House**③, Lochmaddy, HS6 5AE, Tel. 01876 500700, www.hamersayhouse.co.uk. Maritime Einrichtung und ein großzügiger Speisesaal mit Ausblick auf Lochmaddy.

■ **Lochmaddy Hotel**②, Lochmaddy, HS6 5AA, Tel. 01876 500331, www.lochmaddyhotel.co.uk. Im Hafen von Lochmaddy, mit **Bar,** die auch einfaches Bar-Food bietet.

■ **Langass Lodge**②, Loch Eport, HS6 5HA, südlich von Lochmaddy, Tel. 01876 580285, www.langasslodge.co.uk. Liegt direkt am Kammergrab Barpa Langass und den Steinen Pobull Fhinn, guter Ausgangspunkt für Wanderungen, mit **Restaurant.**

■ **The Old Shop House**②, Bayhead, HS6 5DS, an der Westküste, Tel. 01876 510395, www.theoldshophouse.com. Einfaches B & B mit liebenswerten Gastgebern.

■ **Berneray Hostel**②, HS6 5BQ, ein *Black House* des *Gatliff Trust* an der Ostküste der kleinen Insel Berneray, ganzjährig geöffnet, www.gatliff.org.uk, in zwei alten Häusern untergebracht, eher rustikal, aber direkt am Strand.

Essen und Trinken

■ **Westford Inn,** Cladach, HS6 5EP, Tel. 01876 580653, www.westfordinn.com, Mo/Di 16–22 Uhr, Mi/Do 12–22 Uhr, Fr/Sa 12–0 Uhr, So 12.30–22 Uhr, Küche Mi–Sa 12–14 und 17–20 Uhr, So 12.30–14.30 und 17–20 Uhr. Im rustikalen Inn an der Westküste werden heimische Meeresfrüchte gekocht und gutes Bier ausgeschenkt.

Sehenswertes

An der A 865 nördlich von Lochmaddy erhebt sich eine Gruppe von *standing stones,* die man **Na Fir Breige,** „die falschen Männer“, nennt. Angeblich waren das einmal drei Männer von der Insel Skye, die eine Hexe zur Strafe dafür, dass sie ihre Frauen verlassen hatten, in Steine verwandelte.

In **Lochmaddy** gibt es das nette, kleine Kulturzentrum **Taigh Chearsabhagh** mit einem Buchladen, Museum, regelmäßigen Veranstaltungen und zwei Galerien für wechselnde Kunstausstellungen. Hier gibt es auch eine Broschüre zum **Uist Sculpture Trail.** Zwei der Skulpturen sind in unmittelbarer Nachbarschaft an der Küste in Richtung des Fähranlegers installiert, eine dritte liegt etwas außerhalb.

Östlich der A 867, die von Lochmaddy nach Süden verläuft, steht nach einigen Kilometern am Hang eines flachen Hügels das **Kammergrab Barpa Langass.** Es ist relativ gut erhalten und die innere Kammer noch nicht eingestürzt. Gleich hinter dem Grab zweigt nach links ein Weg von der Straße ab, der Richtung *Langass Lodge* ausgeschildert ist (→ oben). Dahinter führt ein Fußweg nach zehn Minuten zu dem ovalen

©Reise Know-How
ScotK11b 14/24
0 10 km
SOUTH HARRIS
Seilebost
Toe Head
Geocrab
Greosabhagh
Shillay
Northon
Loch Langavat
LUSKENTYRE
Pabbay
Sound of Harris
Leverburgh
Rodel
Renish Point
Berneray
Boreray
Newtonferry
Vallay
Griminis Point
Sollas
Balmartin
Hosta
Na Fir Breige
Tigharry
NORTH UIST
Lochmaddy
Balranald Nature Reserve
Barpa Langass
Langass Woodlands
Weaver's Point
Bayhead
Cladach
Pobull Fhinn
Loch Euport
Sidinish
Sound of Monach
Monach Islands
Baleshare
Trinity Temple
Carinish
Little Minch
Uig (Skye)
Dunvegan Head
Grimsay
Ronay
Balivanich
Uachdar
Borreraig
Nunton
BENBECULA
Milovaig
Colbost
Rueval 124
Neist Point Lighthouse
Creagorry
SKYE
Ardivachar Point
Wiay
DUIRINISH
Bagh nam Faoilean
Loch Bee
WESTERN ISLES
Lochcarnan
Stilligary
Lochskipport
Loch Druidibeg
Howmore
Loch Druidibeg Nature Reserve
SOUTH UIST
Beinn Mhór 620
Rubha Ardvule
Kildonan Museum
SEA OF THE HEBRIDES
Loch Eymort
Mingary
Milton
Askernish
Daliburgh
Lochboisdale
Loch Baghasdail
Pollochar
Cille Bhrighde
Ludag
Sound of Barra
Mallaig (Morar)
ERISKAY
Scurrival Point
Cille Barra
Fuday
Eoligarry
Greian Head
Dun Bharpa
Borve
Heaval
BARRA
Craigston
Earsary
Castlebay
Kisimul Castle
Vatersay
Sandray
Pabbay
Mingulay
Barra Head
Oban (Lorn)
415
417
419
421
422
424
425
426
427
384
389

Steinkreis Pobull Fhinn was soviel wie „Finns Leute" bedeutet.

Etwas nordöstlich des Pobull Fhinn liegt in dem kleinen Waldgebiet **Langass Woodlands** ein kleiner **Rundpfad.** Dieser informiert über *Hercules*, den Bären, der 1980 bei Dreharbeiten zu einem Werbespot auf Benbecula ausbüchste. Als er nach dreiwöchiger Suche wiedergefunden wurde, hatte der Bär, der es gewohnt war mit seinen Besitzern am Tisch zu Abend zu essen, rund die Hälfte seines Gewichts verloren. Nach der Flucht lebte er wieder mit seinem Besitzer zusammen und wurde anschließend auf dem Grundstück begraben.

Bei **Cladach** stößt die A 867 auf die A 865, die in Richtung Benbecula führt. Ein wenig rechts dieser Straße liegt bei Carinish der **Trinity Temple** (Teampull na Trionaid), die Ruine eines alten Klosters. Es wurde um 1200 auf vielleicht noch älteren Fundamenten erbaut und im 16. Jh. erweitert, bevor es nach der Reformation zerfiel.

Folgt man in Cladach der A 865 nach rechts (Norden), fährt man am **Balranald Nature Reserve** vorbei, in dem man – mit Fernglas ausgestattet – hervorragend Vögel und manchmal auch Otter und Robben beobachten kann (→ Wanderung rechts).

In **Tigharry** (Tigh A Ghearraidh), das am westlichsten Punkt der A 865 liegt, wölbt sich an der Felsküste ein natürlicher Felsbogen ins Meer. Daneben hat das Meer eine Höhle geformt, durch die die Weststürme mächtige Wasserfontänen bis in 60 m Höhe jagen können.

Eine Tour über die Halbinsel Balranald

Wenn die Wellen zu Nebel werden

- **Schwierigkeit:** leicht
- **Dauer:** 2 Stunden
- **Distanz:** 6 km
- **Ausgangspunkt:** Balranald

Balranald an der Westküste von **North Uist** ist eines der wichtigsten **Vogelschutzgebiete** im Bemühen des britischen Vogelschutzbundes *RSPB*, die Populationen des Wachtelkönigs zu stabilisieren. Der Wachtelkönig *(corncrake)* ist ein kleiner brauner Vogel, dessen lauter, knarrender Ruf in der Brunftzeit bis zu einem Kilometer weit durch die flache Landschaft schallt.

Neben diesen noblen Bestrebungen ist das Schutzgebiet aber auch sehr schön. Es zerfällt in unterschiedliche Landschaften: **Sandstrände, Wiesen** und **flache Steinküsten,** an denen sich die Wellen brechen. Auf einem kleinen Rundgang über die vorgelagerte Halbinsel, die dem Gebiet den Namen verleiht, lassen sich viele **Vögel** und an den Buchten mit etwas Glück auch **Otter** beobachten. Ein Fernglas hilft bei der Beobachtung. Die Wellen, die auf die Steine auflaufen, halten noch ein besonderes Schauspiel bereit: Innerhalb kürzester Zeit können sich hier aus aufspritzendem Wasser und Gischt neue Wolken bilden, die die ganze Insel in Nebel hüllen. Der gesamte Weg ist mit Steinmännchen gekennzeichnet.

Benbecula

Der Hauptort der Insel Benbecula (Beinn Na Faoghla) ist **Balivanich,** wo sich einer der drei Flughäfen der Äußeren Hebriden befindet. Um den Ort herum liegen Kasernen der britischen Armee. Im Ort selbst gibt es Geschäfte und ein Postamt.

Die B 892 führt weiter nach **Nunton,** wo von der Straße aus die Ruinen von Borve Castle zu sehen sind. Es stammt wahrscheinlich aus dem 14. Jh. und war der Sitz des *Clanrald of Benbecula.*

Auch wenn Benbecula aus archäologischer Sicht nicht so viel zu bieten hat wie seine nördlichen und südlichen Nachbarn, eignet sich die Insel gut für **Wanderungen.** Vom 124 m hohen **Rueval,** der höchsten Erhebung der Insel, breitet sich eine Landschaft aus Seen und Moor unter dem Betrachter aus.

Praktische Tipps

Unterkunft

- **Isle of Benbecula House Hotel**③, Creagorry, HS7 5PG, im Süden der Insel an der A 865, Tel. 018 70 603046, www.isleshotelgroup.co.uk. Einfaches Hotel.
- **Borve Guest House**②, 5A Torlum, HS7 5PP, Tel. 01870 602685, www.borve.scot. Klassisches B & B in Laufweite der Küste für schöne Sonnenuntergänge.
- **Nunton House Hostel**②, Nunton, HS7 5LU, Tel. 01870 602017, www.nuntonhousehostel.com. Hostel im ehemaligen Haus des Clanchiefs der *MacDonalds* von Clan *Ranald,* des Clans von *Flora MacDonald.*
- **Otter's Edge Campground**①, Liniclate, HS7 5PJ, Tel. 01870 602852, www.ottersedge-holidays.co.uk. An der Südwestküste von Benbecula auf einer Wiese gelegen.

Essen und Trinken

- **The Stepping Stone Restaurant,** Balivanich, HS7 5LA, Tel. 01870 603377, www.fb.com/TheSteppingStoneRestaurant, Mi–Sa 11–20 Uhr, So 12–18 Uhr. Gutes lokales Essen.
- **MacLeans Bakery,** Uachdar, HS7 5LY, www.fb.com/MacLeansBakery, Mo und Sa 9.30–13 Uhr, Di–Fr 9.30–17.30 Uhr. Neben guten *Oatcakes* und *Pies* auch eigene Schlachtwaren. Hat auch einen kleinen Laden in 46 Winfield Way, Balivanich.

South Uist

Die Westküste von South Uist (Uibhist A Tuath), der zweitgrößten Hebrideninsel, ist nahezu ein einziger **langer Sandstrand** mit einem breiten Dünenstreifen dahinter. Die Hügel im Osten der Insel steigen bis zu einer Höhe von 620 m (Beinn Mhor) an.

Hauptort der Insel ist **Lochboisdale** (Loch Baghasdail), das erst im 19. Jh. während der *Clearances* entstand. Im Ort finden sich Polizei, Post und ein paar Geschäfte sowie der Fähranleger nach Mallaig und Oban.

Lochboisdale war Schauplatz eines der dunkelsten Kapitel der *Clearances,* der „Landreinigungen" im 19. Jh. *Colonel Gordon of Cluny,* Besitzer der Insel, ver-

▷ Der Hafen von Lochboisdale auf South Uist

sammelte einige seiner Pächter in Lochboisdale und zwang sie, ein Schiff zu besteigen. Dieses brachte sie nach Kanada, um sie dem Hungertod auszuliefern.

Praktische Tipps

Informationen

- Neben dem Angebot an Informationen verkauft der *Welcome Point* **Uist Gifts and Information,** Pier Road, Lochboisdale, HS8 5TH, www.uistgifts.com, auch lokale Produkte und Geschenke.

Verbindungen

Fähre

- Ein Damm verbindet South Uist mit der im Süden vorgelagerten Insel **Eriskay.** Die Fähre zwischen Eriskay und **Barra** fährt 4–5-mal täglich, £ 3,50/Person, £ 12/Pkw.

Bus

- Die Linie W17 durchquert South Uist der Länge nach. Beginnend von **Balivanich** oder **Lionacleit** auf Benbecula fährt der Bus zum Teil über **Lochboisdale** bis an den Fähranleger in **Eriskay** (5–6-mal pro Tag, £ 5,20).

Auto-/Fahrradverleih

- **Autoverleih:** *Laing Motors Car Hire,* HS8 5TH, in Lochboisdale nahe dem Fähranleger, Tel. 01878 700267, www.laingmotors.co.uk, Mo–Sa 9–17 Uhr.
- **Fahrradverleih:** *Rothan Cycles,* 9 Howmore, HS8 5SH, Tel. 01870 620283, Mo–Sa 9–17 Uhr.

Unterkunft

- **Brae Lea House**②, Lochboisdale, HS8 5TW, Tel. 01878 700497, www.braelea.co.uk. Schickes B & B in Lochboisdale, dem Zentrum von South Uist.
- **Borrodale Hotel**②, Daliburgh, HS8 5SS, Tel. 01 878 700444, www.isleshotelgroup.co.uk. Landhotel im Süden South Uists.

■ **Howmore Hostel**②, Howmore, HS8 5SH, 1 km westlich der A 865, www.gatliff.org.uk. Hostel von *Gatliff Trust* in einem *Black House.*

■ **Orasay Inn**②, Loch A Charnain (Lochcarnan), HS8 5PD, im äußersten Norden von South Uist, Tel. 01870 610298, www.orasayinn.co.uk. Besitzt auch ein gutes **Restaurant.**

Essen und Trinken

■ **Croft and Cuan,** am Fährterminal von Lochboisdale, HS8 5TP, Tel. 01878 700117, www.fb.com/CroftandCuan, Do–Sa 10–15 Uhr, Fr auch 17–19.30 Uhr. Bietet *Take-Away-Food* mit lokalen Zutaten, liefert auch per Truck über die Inseln.

■ **Kilbride Café,** 9 West Kilbride, HS8 5TT, an der Südküste der Insel entlang der Straße nach Eriskay, Tel. 01878 700008, Sa–Do 11–15 Uhr, Fr 11–19 Uhr. Eröffnet dank der hohen Fenster schöne Aussichten auf Barra.

Sehenswertes

Von Lochboisdale nach Norden

Der A 865 von Lochboisdale nach Nordwesten folgend, gelangt man nach **Daliburgh** (Dalabrog), das ein Hotel und ein paar Geschäfte besitzt. Der Golfplatz von **Askernish** (Aisgernis), westlich der A 865 gut 10 km nördlich von Lochboisdale, ist alljährlich im Juli der Veranstaltungsort der **South Uist Games,** bei denen sich die gesamte Inselbevölkerung trifft.

Nördlich von Mingary (Minngearraidh) geht eine Abzweigung von der Hauptstraße Richtung Westen nach **Milton** (Gearraidh Bhailteas), wo an einem Grab (nicht ihrem) und einer Tafel die Stelle zu erkennen ist, an der *Flora MacDonald* geboren wurde. Sie war es, die den Prinzen *Charles Edward Stuart,* als ihre Zofe verkleidet, nach seiner Niederlage bei Culloden von Uist nach Skye ruderte, von wo er auf einem Schiff nach Frankreich entkam. Die Geschichte gehört zu den schönsten Romanzen Schottlands (→ Exkurs „Bonnie Prince Charlie – Held oder Abenteurer?“, S. 302).

Das kleine **Kildonan Museum** veranschaulicht anhand archäologischer und alltagsgegenständlicher Exponate das Leben der Inselbewohner in den vergangenen Jahrhunderten. Die Sammlung wurde in den 1950er- und 1960er-Jahren von einem lokalen Pfarrer begonnen und wird nun durch das Museum fortgesetzt.

■ **Kildonan Museum,** HS8 5RZ, www.kildonanmuseum.co.uk, April–Okt. tägl. 10–17 Uhr, Eintritt £ 5.

In **Howmore** (Tobha Mor) sind einige der alten torfgedeckten **Black Houses** *(tigh dubh)* bewohnt. Sie stehen unter Denkmalschutz. Eines der Häuser unterhält der *Gatliff Trust* als Jugendherberge (→ S. 405), genau gegenüber den verfallenen Ruinen von fünf Kirchen und Kapellen, von denen die älteste zwischen 900 und 1200 Jahre alt sein dürfte.

Nördlich von Howmore liegt das **Loch Druidibeg Nature Reserve,** das größte Graugansbrutgebiet der britischen Inseln. Eine Erlaubnis zur Begehung kann man bei einem Ranger von *Scottish National Heritage* in Stilligarry (Tel. 01870 620238) erhalten.

Die **Nordwestküste** ist nicht öffentlich zugänglich, sie wird leider von der

Adobe Stock © RamblingTog

britischen Armee zur Übung mit Raketen zerschossen.

Im Inselsüden

Folgt man von Daliburgh der B 888 nach Süden, erreicht man **Pollochar** (Pol A Charra) mit seinem hübschen Gasthaus *Pollochar Inn* aus dem 19. Jh. An der Küste entlang führt die Straße weiter nach **Ludag,** wo sich der 2001 eröffnete **Damm nach Eriskay** befindet.

Die Ruinen der Kirchen und Kapellen in Howmore

Insel Eriskay

Zwischen South Uist und Barra liegt die kleine Insel Eriskay (Eiriosgaigh). Mit der Fertigstellung des Damms im Jahr 2001 wurde der Fähranleger für Barra auf die Insel verlegt. Die Bewohner leben von Fischerei und Crofting.

Im Schlick zwischen Eriskay und South Uist ruht das wohl **berühmteste Wrack** Schottlands. Der 12.000-Tonnen-Frachter *SS Politician* lief hier während eines schlimmen Sturms im Jahre 1941 auf Grund. Zu der Ladung gehörten neben aller möglichen Fracht auch 20.000 Kisten Whisky. Dieser Schatz, den die Insulaner natürlich schnell vor den Zollbehörden in Sicherheit brachten, reichte bei einigen mehrere Jahre, den meisten anderen bescherte er ein wochenlanges Delirium.

Noch heute sollen Flaschen angespült werden. In dem Streifen „Whisky Galore" wurde das Spektakel verfilmt und brachte Kinobesucher weltweit zum Lachen.

Barra

Barra (Eilean Bharraigh) gehört zu den schönsten Inseln der Äußeren Hebriden. Ihr Reichtum liegt in der Farbenpracht der über 1000 verschiedenen wilden Blumenarten.

Der wichtigste Ort der Insel ist **Castlebay** (Bagh A Chaisteil) wegen seines natürlichen Hafens, in welchem die Fähren von Oban anlegen. Ein paar Geschäfte, ein Post Office, eine Bank und ein Arzt geben Gelegenheit für Erledigungen.

Praktische Tipps

Informationen

- **Bùth Bharraigh – Welcome Point,** Main Street, Castlebay, HS9 5XD, Tel. 01871 817948, betreibt einen Gemeinschaftsladen.
- **www.isleofbarra.com**

Verbindungen

Bus

- Sechsmal am Tag fährt ein Bus von **Castlebay** zum Fähranleger für Eriskay (→ South Uist).
- Dreimal täglich fährt ein Bus von Castlebay zur südlichen Nachbarinsel **Vatersay.** Im Winter muss man diesen Bus zu bestimmten Zeiten am Tag vorher telefonisch bestellen (Tel. 07783 453862).

Fahrradverleih

- **Barra Bike Hire,** Castlebay, Tel. 07985 637957, www.barrabikehire.co.uk, ab £ 14. Bietet auch einen kostenlosen Fahrradlieferservice an.

Unterkunft

- **Castlebay Hotel**②, Castlebay, HS9 5XD, Tel. 01 871 810223, www.castlebayhotel.com. Klassisches Hotel im Zentrum von Castlebay.
- **Dunard Hostel**②, Castlebay, HS9 5XD, Tel. 07 960 217168, www.dunardhostel.co.uk. Einfaches Hostel mit großzügiger Lounge, sehr nett.
- Neben Castlebay finden sich auch in **Borve** an der Westküste noch einige Hotels und *Guest Houses.*
- **Gearradhmor Guest House**②, 123 Craigston, Borve, HS9 5XS, Tel. 01871 810688. Mit schöner Ausstattung und super Ausblick in die Bucht vor dem Haus.
- **Heathbank Hotel**③, Bayherivagh, Northbay, HS9 5YQ, Tel. 01871 890266, www.barrahotel.co.uk. Schlichtes Hotel mit **Restaurant,** nördlich von Castlebay.

Essen und Trinken

- **Café Kisimul,** Main Street, Castlebay, HS9 5XD, Tel. 01871 810645, www.cafekisimul.co.uk, Mi–Mo 18–22.30 Uhr. Bietet bei Aussicht auf die Bucht von Castlebay einen Ausflug nach Indien an. Die frischen Produkte der Äußeren Hebriden werden gekonnt mit den Gewürzen Indiens kombiniert.
- **Vatersay Hall Cafe,** in der *Community Hall* von Vatersay, HS9 5YW, Mo–Sa 11–16 Uhr, So 12–15 Uhr. Hier gibt es Suppen, Sandwiches und Kuchen zu schöner Aussicht. Bietet im Rahmen eines *Welcome Point* auch Informationen an.

▷ Kisimul Castle beherrscht den Hafen von Castlebay

Sehenswertes

Beherrscht wird der Hafen von Castlebay von **Kisimul Castle,** dem Stammschloss der *MacNeils of Barra,* das auf einer kleinen, vorgelagerten Insel im Hafenbecken liegt. Die heutige Burg geht auf das 15. Jh. zurück. Seit 1795 ist die Burg verlassen, da die *MacNeils* in Eoligarry House eine neue Bleibe fanden. Der 45. Chief, ein amerikanischer Architekt, ließ die Burg restaurieren. Die *MacNeils of Barra* gehörten zu den stolzesten und verwegensten schottischen Clans. Von den Mauern des Kisimul Castle herab ließen sie allabendlich verkünden: „Hört her, Ihr Leut' und Ihr Nationen! Der große MacNeil of Barra hat sein Mahl beendet, die Prinzen der Erde mögen speisen!" Außerdem, so erzählten sie es allen, die es hören wollten, war nur deswegen kein *MacNeil* an Bord der *Arche Noah* gegangen, weil er ein eigenes Schiff besaß, was insofern glaubwürdig ist, als die *MacNeils* lange Zeit hindurch gefürchtete Piraten waren.

■ **Kisimul Castle,** HS9 5UZ, www.historicenvironment.scot/kisimul-castle, zum Zeitpunkt der Drucklegung war das Castle wegen Restaurationsarbeiten geschlossen, Bootsfahrten finden weiterhin statt, Mai–Mitte Sept. Do–Sa um 10.30, 11.15, 12, 13.45, 14.30, 15.15 und 16 Uhr, das kostenlose Ticket muss über die Website vorgebucht werden.

Von Castlebay aus führt die A 888 rund um die Insel. Folgt man der Straße nach Westen, fährt man unterhalb des höchsten Berges der Insel entlang, des 384 m hohen **Heaval.** An seiner Flanke steht die **Skulptur** *Our Lady of the Seas,* die mit *Christus* im Arm über die Bucht wacht.

Adobe Stock © spumador

Am Ende der Straße nach Craigston (Baile na Créige) kann man zu Fuß weitergehen bis zu **Dun Bharpa,** einem eingestürzten neolithischen Kammergrab, das von einem Steinkreis umgeben ist (GPS N 56.987979, W 7.48163).

Bei Eoligarry im Norden von Barra befindet sich **Cille Barra,** die Ruine einer Klosteranlage aus dem 12. Jh. Eine der Kapellen der Kirche beherbergt einige alte Grabplatten vom Friedhof des Klosters. In der Nähe liegt **Eoligarry House** (GPS N 57.04136, W 7.437379), das ehemalige Herrenhaus der *MacNeils,* heute ebenfalls eine Ruine. Von der Halbinsel bieten sich schöne Ausblicke auf den Sound of Barra und die gegenüberliegenden Küsten von Eriskay und South Uist.

Orkney | 430

Hoy | 440

Kirkwall | 436

Mainland | 435

North Ronaldsay | 444

Papa Westray | 443

Rousay | 442

Sanday | 444

Stromness | 440

Westray | 442

Shetland | 446

Bressay | 457

Isle of Noss | 457

Lerwick | 449

Mainland | 452

Unst | 458

365sc ab

12 Orkney und Shetland

» Die Wikingergraffitis im Steinzeitgrab Maeshowe ist die größte Runensammlung der Welt, und in Lerwick wird einmal im Jahr ein Wikingerschiff verbrannt.

‹ Mehr als 4000 Jahre kontinuierliche Besiedlung auf dem Jarlshof auf Shetland

ORKNEY UND SHETLAND

Hoch im Norden Schottlands liegen die Inselgruppen Orkney und Shetland. Beide zeichnen sich durch die wilde Schönheit der Landschaft und die reiche Vogelwelt aus. Außerdem können sie auf eine lange Geschichte zurückgreifen, finden sich hier doch einige der bedeutendsten britischen prähistorischen Ausgrabungsstätten. Die Wikinger haben deutliche Spuren hinterlassen.

NICHT VERPASSEN!

- **Skara Brae,** Steinzeitdorf | 438
- **Maeshowe,** neolithisches Kammergrab mit Wikingergraffitis | 439
- **St John's Head,** Schottlands höchste Steilküste | 441
- **Mousa Broch,** besterhaltenes Broch | 453
- **Jarlshof,** Wohnkultur über 4000 Jahre | 453
- **Hermaness,** Vogelschutzgebiet an der Steilküste | 459

Diese Tipps erkennt man an der gelben Markierung.

Orkney

Wie ein Grenzpfosten zwischen Atlantik und Nordsee liegt Orkney (fälschlich oft als „die Orkneys" bezeichnet) nur neuneinhalb Kilometer nördlich des schottischen Festlandes. 17 der knapp 70 Inseln des Archipels werden von rund 22.000 Menschen bewohnt.

Auf den Inseln herrscht eine wellige Hügellandschaft vor, die zum Meer hin oft als grandiose Steilküste abbricht. Das fast völlige Fehlen von Bäumen gibt dem Landschaftsbild auf den ersten Blick etwas Karges. Auf dem Land wachsen nur hier und da ein paar verwilderte Sträucher, vom stetigen Wind in Schräglage gebracht. Ansonsten bedeckt die Hauptinsel Mainland **Acker-,** vor allem aber **Weideland,** die kleineren Inseln meist **Moor und Heide.**

Die senkrechten Felsenküsten, besonders auf der Atlantikseite von Orkney, sind ideale Nist- und Brutplätze für Tausende von **Seevögeln.** Hier leben vor allem die Dreizehenmöwe, aber auch der niedliche Papageitaucher *(puffin),* Tölpel, Lummen, Kormorane, Alken, Seeschwalben, Raubmöwen u. a. Im Sommer sind die Steilküsten so mit Vögeln bevölkert, dass sie von weitem weiß aussehen und den beißenden Gestank von Vogelmist ausströmen. Aber auch die vielen Seen und Feuchtgebiete bieten Lebensraum sogar für seltenste Vögel. Die meisten dieser Gebiete sind leicht zugänglich, da sie oft nahe an Straßen liegen und es auf Orkney keine Nationalparks gibt, die man nur mit Erlaubnis betreten darf. Es ist dennoch ratsam, sich vor Ort zu erkundigen. In einigen

Schutzgebieten der *Royal Society for the Protection of Birds (RSPB)* werden z. B. Führungen angeboten. In jedem Fall gilt es, rücksichtsvoll zu sein, keine brütenden Vögel aufzuscheuchen oder durch unachtsames Herumtrampeln Nester oder Pflanzen zu zerstören.

Größere Wildtiere gibt es auf Orkney nicht, doch kann man an den Küsten unzählige **Seehunde** und manchmal sogar **Otter** sehen. Für Angler ist Orkney ein idealer Ort, sowohl zum Süßwasser- als auch Seewasserangeln. Genaue Auskünfte über Angelplätze oder

Seevögel an Schottlands Küsten

Der **Tordalk** *(Alca torda)* ist leicht an seinem schwarz-weißen Gefieder erkennbar. Kopf, Hals und Oberseite sind bräunlich-schwarz mit einer weißen Flügelbinde. Die Unterseite ist weiß. Charakteristisch gezeichnet ist auch der Schnabel. Im vorderen Drittel ist er schwarz-weiß quergestreift. Außerhalb der Brutzeit halten sich die Tordalken auf dem Meer auf, wo sie nach Fischen, Krebsen, Meereswürmern und -schnecken tauchen. Sie brüten an felsigen Steilwänden mit Gesimsen und Nischen in kleineren Gruppen. Die Eier werden ohne Unterlage auf dem Fels abgelegt und von beiden Partnern bebrütet. Die kreiselförmige Gestalt der Eier bewahrt sie einigermaßen vor dem Absturz. Brutzeit ist von Anfang Mai bis Juni. Die Jungen verlassen rund 25 Tage nach dem Schlüpfen den Brutfelsen und schwimmen im Meer.

Die **Dreizehenmöwe** *(Rissa tridactyla)*, sogenannt nach den drei Zehen an jedem Bein, ist überwiegend weiß. Rücken und Schwingen sind grau gefärbt. Davon setzen sich die schwarzen Spitzen der Schwingen deutlich ab. Der Ruf klingt „gägägä" oder „kitti-weck". Besonders in der Brutzeit ist dieser Vogel sehr ruffreudig. Daher rührt auch die englische Bezeichnung *Kittiwake* für die Dreizehenmöwe. Dieser Hochseevogel hält sich fast ausschließlich am oder auf dem Meer auf, da er sich fast ausschließlich von Seetieren wie Fischen, Krebsen, Meeresschnecken und Plankton ernährt. Die Brut erfolgt immer in großen, teilweise riesigen Kolonien an felsigen Küsten und auch an Gebäuden. Spezielle Verhaltensnormen erlauben das Brüten selbst an kleinsten Vorsprüngen. Die Brutzeit dauert von Ende Mai bis Juni. Die Dreizehenmöwe überwintert auf dem Atlantik, am Mittelmeer und recht vereinzelt im Inland.

Die **Krähenscharben** *(Phalacrocorax aristotelis)* gehören zu den Kormoranen. Sie haben ein schwarzes Kleid mit starkem grünlichen Metallglanz. Die Vögel sind meist stumm, am Brutplatz sind sie mit „arrck, arrck" oder „kroack, kraick, kroack" zu hören. Diese Vögel halten sich das ganze Jahr an felsigen Meeresküsten mit steilen Klippen und Wänden auf und brüten dort von Anfang April bis in den Juni in Nischen und Bändern. Die Brutpaare finden sich jeweils für eine Saison. Nestbau und Brüten obliegt vorwiegend den Weibchen. Die Jungen verlassen nach rund 50 Tagen das Nest und werden noch rund 30 Tage geführt. Krähenscharben fischen zwar wie die Kormorane, d. h. schwimmend oder tauchend, jedoch ausschließlich im Meer.

Die **Papageitaucher** *(Fratercula arctica)* erkennt man vor allem am sehr hohen, rot- gelbschwarz gestreiften Schnabel sowie an den rot leuchtenden Beinen (in der Brutzeit gelb). Die Oberseite ist schwarz, die Unterseite weiß. Die Vögel geben raue, knarrende Laute wie „arr" oder „orr" von sich. Während der Fortpflanzungszeit trifft man den Papageitaucher an steilen, höhlenreichen Felsklippen und grasbewachsenen Hängen, wo er sich mit Schnabel und Krallen meterlange Röhren gräbt. Am erweiterten Röhrenende wird Anfang bis Mitte Mai das einzige Ei abgelegt. Nachdem die Jungen flügge sind, ziehen sich die Vögel auf die offene See zurück. Papageitaucher erjagen Fische und andere kleine Meerestiere tauchend. Selbst mit einigen Fischen im Schnabel können sie noch weiterjagen.

[>] Papageitaucher

Leider könnte es sein, dass auch in Schottland die vielen Vogelfelsen mit ihren Hunderttausenden von Bewohnern bald der Vergangenheit angehören. Dabei spielt nicht etwa die fortschreitende Verschmutzung der Nordsee die entscheidende Rolle, das Gift bedeutet unmerkliches Sterben. Viel schlimmer noch macht sich die maßlose **Überfischung** der Gewässer um Schottland bemerkbar. Zehntausende von verendeten Seevögeln sind schon an die Küsten angeschwemmt worden: verhungert. Die Fischer der Anrainerstaaten lassen ihren Vögeln kein Auskommen mehr. Das könnte leicht wieder rückgängig gemacht werden, wie Vertreter des Königlichen Vogelschutzbundes erklären, doch, so fügen sie an, scheint dazu in keinem der beteiligten Fischereiministerien der Wille zu bestehen. Zu viele Arbeitsplätze in ohnehin strukturschwachen Regionen konkurrieren mit den Vögeln um den Fisch.

Adobe Stock © The Photos

-touren erhält man im *Tourist Information Centre.*

„Der Orkadier ist ein Crofter (schottischer Kleinpächter) mit einem Fischerboot, der Shetlander ist ein Fischer mit einem Croft". Diese Weisheit sagt bereits fast alles über die Wirtschaft von Orkney. Bei Fahrten über die Inseln erkennt man sehr bald, dass die Lebensmittelproduktion der wichtigste Sektor der Wirtschaft ist. Über 70.000 **Rinder** bevölkern die unzähligen Weiden. Die Farmen produzieren vor allem Fleisch und Milcherzeugnisse, die auch auf das schottische Festland exportiert werden. Neben der Landwirtschaft tragen noch zwei große **Destillerien,** die Ölverladestation auf Flotta und nicht zuletzt der **Tourismus** zur ökonomischen Gesundheit der Inseln bei.

Bemerkenswert sind auf Orkney aber auch die vielen Kunsthandwerkstätten. Die Erzeugnisse, in erster Linie **Silberschmuck** mit nordischen Motiven und **Strickwaren,** sind in den *Craftshops* überall auf den Inseln zu erhalten.

Als **beste Reisezeit** eignen sich die Monate Juni bis August, da dann der geringste Niederschlag fällt. Außerdem bleibt die Sonne im Mittsommer bis zu 18½ Stunden über dem Horizont, ganz dunkel wird es in dieser Jahreszeit nie.

Geschichte

Um 3000–4000 v. Chr. wurde Orkney von einem **rätselhaften mediterranen Volk** besiedelt. In den Steinkreisen, Kammergräbern und sogar Siedlungen auf Orkney sind die Hinterlassenschaften dieses Volkes der Jungsteinzeit besser erhalten als irgendwo anders in Schottland. Diese Kultur endete, als sich um 1000 v. Chr. das Klima auf den Inseln verschlechterte. Das nun kühlere und feuchtere Wetter führte zur Bildung der Torfschichten und zu schlechteren Erträgen. Mangel an Nahrung mag, wie Wissenschaftler mutmaßen, zu sozialen Unruhen geführt haben, die den Bau der vielen *Brochs* (200 v. Chr. bis 200 n. Chr.) als Wehranlagen gegen die eigene Bevölkerung veranlassten (→ Exkurs „Brochs und Duns – die Burgen der Vorzeit", S. 346).

Die Eroberung der Inseln durch die **Wikinger** im 9. Jh. ist in der „Orkneyinga Saga" ausführlich festgehalten. Orkney blieb norwegisch, bis 1468 der schottische König *Jacob III. Margeret,* die Tochter *Christians I. von Dänemark und Norwegen,* heiratete. Der Däne konnte die Mitgift nicht zahlen und verpfändete daher Orkney und Shetland an Schottland, um sie später wieder auszulösen. Da die dänische Finanznot allerdings sehr dauerhaft war, blieben die Inseln bei Schottland und wurden bald einverleibt.

1564 bedachte *Maria Stuart* ihren Halbbruder *Robert Stewart* mit den beiden Archipelen. **Earl Stewart** beutete die Inseln wirtschaftlich aus, bis er gestürzt wurde.

Nach dem Ersten Weltkrieg lag die riesige, **kaiserliche deutsche Kriegsmarine** als Pfand der Alliierten in der Bucht von Scapa Flow. Als sich die Unterzeichnung des Versailler Friedensvertrages um einen Tag verzögerte, die Nachricht davon das entlegene Orkney aber erst verspätet erreichte, glaubte der deutsche Admiral, es herrsche wieder Kriegszustand. Um die Flotte nicht dem Feind zu überlassen, versenkte er seine Armada selbst. Die meisten der Schiffe wurden zwar geborgen und an Sammler verkauft, die verbliebenen aber sind bis heute ein Magnet für Taucher aus aller Welt.

Gute Infos über Vorgeschichte und Geschichte Orkneys liefert das Bändchen „Monuments of Orkney" von *Caroline Wickham-Jones,* das *Historic Scotland* herausgibt; erhältlich bei allen Sehenswürdigkeiten, die im Besitz des *Historic Scotland* sind (ca. £ 9).

Praktische Tipps

Verbindungen

Flug

- Auf der Hauptinsel an der A 960, ein paar Kilometer südöstlich von **Kirkwall,** liegt der größte Flughafen Orkneys. *Loganair* fliegt das Archipel von Aberdeen, Sumburgh, Inverness, Glasgow und Edinburgh an, www.loganair.co.uk.
- Außerdem fliegt *Loganair* im **Orkney Inter Island Services** viele bewohnte Inseln an, Tel. 018 56 872494 (Kirkwall Airport), www.loganair.co.uk.

Fähre

- *NorthLink Ferries,* Tel. 0845 600449, www.northlinkferries.co.uk, unterhält eine Fährverbindung zwischen **Scrabster** und **Stromness.** Die Fähre legt in Scrabster Mo–Fr um 8.45 und 19 Uhr, Sa und So um 12 und 19 Uhr ab. Ab Mai bis September fahren die Fähren Mo–Sa noch einmal zusätzlich um 13.15 Uhr. Die Abfahrtszeiten in Stromness sind Mo–Fr 6.30 und 16.45 Uhr, Sa und So 9 und 16.45 Uhr, auch hier gibt es von Mai bis September eine zusätzliche Fahrt um 11 Uhr. Es besteht zudem die Möglichkeit, auf der Fähre zu **übernachten,** falls man auf der ersten Fähre von Stromness nach Scrabster eine Kabine bucht. Der Preis für die Fähre liegt zwischen £ 19,45 und £ 22,65 pro Person und £ 63 und £ 70 pro Auto.

■ Zwischen **Aberdeen** und **Kirkwall** verkehren ebenfalls die Fähren von *NorthLink*. Von April bis Oktober legt Mo, Mi und Fr um 19 Uhr, Di, Do, Sa und So um 17 Uhr in Aberdeen eine Fähre Richtung Orkney ab (von November bis März Mo, Di, Mi und Fr um 19 Uhr, Do, Sa und So um 17 Uhr). Rückfahrt ist Mo, Mi und Fr jeweils um 23.45 Uhr (im Winter nur Mi und Fr). Diese Fähre fährt von Kirkwall aus weiter nach Lerwick (Shetland). Die Einzelfahrt kostet zwischen £ 23,95 und £ 37 pro Person und £ 95 und £ 131 pro Auto.

■ Günstiger und kürzer ist die Verbindung zwischen **Gills Bay** (westlich von John O'Groats) und **St Margaret's Hope,** die von *Pentland Ferries,* Tel. 01856 831226, www.pentlandferries.co.uk, unterhalten wird. Die Abfahrtszeiten von Gills Bay sind: 9.30, 13.30 und 18.45 Uhr. In St Margaret's Hope legen die Schiffe um 7.45, 11.30 und 17 Uhr ab, im Sommer verkehrt teilweise eine Fähre mehr. Ab £ 20/Pers., ab £ 45/Pkw. Die Verbindung ist im Sommer schnell ausgebucht, deshalb möglichst vorab reservieren.

■ Die Passagierfähren von *John O'Groats Ferries,* Tel. 01955 611353, www.jogferry.co.uk, verkehren zwischen **John O'Groats** und **Burwick.** Abfahrtszeiten: Mai–Sept. 8.45 und 16.30 Uhr, ab £ 18/Pers., Fahrrad.

■ Die verschiedenen **Inseln** von Orkney werden von *Orkney Ferries,* Tel. 01856 872044, www.orkneyferries.co.uk, täglich miteinander verbunden. Die Fähren kosten £ 3,05/Pers. und £ 9,70/Pkw auf Hoy, Flotta, Shapinsay, Rousay und Egilsay. Nach Stronsay, Eday, Sanday, Westray, Papa Westray und North Ronaldsay kostet die Fahrt £ 5,95/Pers. und £ 14,05/Pkw.

Bus

■ Auf **Mainland** fährt meist nur ein paarmal täglich ein Bus alle Ortschaften an den A-Straßen an. Am besten verbunden sind über verschiedene Routen Kirkwall und Stromness. Einige Busse von *Orkney Coaches* fahren von den beiden Städten zu den Fähranlegern zu den kleineren Inseln.

■ Auf den kleineren Inseln fahren vereinzelt Busse.

■ **Stagecoach Orkney,** Fahrplanauskunft: Tel. 01856 870555, www.stagecoachbus.com, betreibt das Busnetz auf Mainland. Tageskarten für Mainland kosten ca. £ 9.

Autoverleih

■ **Orkney Car Hire,** Junction Road, Kirkwall, KW15 1JY, Tel. 01856 872866, www.orkneycarhire.co.uk, Mo–Fr 8–17 Uhr, Sa 9–13 Uhr.

■ **W R Tullock,** Kirkwall Airport, KW15 1TH, Tel. 01856 875500, www.wrtullock.com/car-rental, Mo–Fr 7.30–19.30 Uhr, Sa 7.30–15 Uhr, So 12–19.30 Uhr.

Fahrradverleih

■ **Orkney Cycle Hire,** 54 Dundas Street, Stromness, KW16 3DA, Tel. 01856 850255, www.orkneycyclehire.co.uk, tägl. 8–17 Uhr.

■ **Cycle Orkney,** Tankerness Lane, Kirkwall, KW15 1AQ, Tel. 01856 875777, www.cycleorkney.com, Mo–Sa 9–17 Uhr.

Touren

■ *John O'Groats Ferries,* www.jogferry.co.uk, hat auch diverse **Rundreisen** auf Orkney im Angebot.

Mainland

Die größte der Orkney-Inseln besitzt mit **Stromness** und **Kirkwall** die beiden „städtischen" Zentren, von hier bestehen auch die Fährverbindungen mit dem Festland. Eine sanft gewellte Landschaft, deren Flächen überwiegend landwirtschaftlich genutzt werden, würde die Insel zu einem Fahrradparadies machen, wenn nicht ein stetiger Wind oft genau von vorn entgegenblasen würde.

Kirkwall

Das wirtschaftliche und kulturelle Zentrum Orkneys ist Kirkwall (rund 7500 Einwohner). Die Stadt war eine wikingische Gründung. Schon 1137 legte der Wikingerherzog *Rognvald* zu Ehren seines Onkels, des Märtyrers *St Magnus*, den Grundstein zur Kathedrale. 1486 erhielt Kirkwall, nun schottisch, die Rechte einer *royal burgh* (Stadt). Die alte Küste der Stadt verlief ungefähr auf Höhe der Kathedrale und setzte sich in der Victoria Street fort. Die viktorianische Zeit ließ die Forderung nach mehr Raum und einem tieferen Hafenbecken aufkommen und so wurde der Hafen an seiner heutigen Stelle angelegt.

Die **St Magnus Cathedral** erhebt sich beherrschend im Zentrum Kirkwalls. Der hübsche, überwiegend rote Sandstein der dreischiffigen hochromanischen Kathedrale verleiht ihr etwas Lebendiges, das vielen anderen Sakralbauten fehlt. Im Inneren sind vor allem die vielen alten Grabplatten an den Wänden beachtenswert.

■ **St Magnus Cathedral,** Broad Street, KW15 1DH, April–Sept. Mo–Sa 9–17 Uhr, So 13–17 Uhr, Okt.–März Mo–Sa 9–17 Uhr, Eintritt frei.

Der Südseite der Kathedrale gegenüber stehen die Ruinen des **Bishop's** und des **Earl's Palace.** Der ältere Bishop's Palace, der rechte von der Kirche aus gesehen, wurde angelegt, als mit dem Bau der Kathedrale Bischof *William the Old* seinen Sitz von Birsay nach Kirkwall verlegte. Er bestand ursprünglich nur aus einer großen Halle im norwegischen Stil, wurde aber von Bischof *Robert Reid* ab 1541 stark erweitert und befestigt, um sich des rücksichtslosen *Earl Stewart* zu erwehren. 1568 gelangte der Palast dennoch in den Besitz des Grafen. Sein Sohn *Patrick Stewart* errichtete 1600 den Earl's Palace und gliederte ihm später den Bischofssitz an. Der Earl's Palace ist in ausgeprägtem Renaissancestil gebaut, ersichtlich besonders an den Reliefs über dem Eingang.

■ **Bishop's and Earl's Palaces,** Watergate, KW15 1PD, www.historicenvironment.scot/visit-a-place/places/bishops-and-earls-palaces-kirkwall, April–Sept. tägl. 10–12.30 und 13–16.30 Uhr, Eintritt £ 7,50.

Gegenüber dem Hauptportal der Kathedrale steht an der Broadstreet das Rathaus von 1884. Zwei Häuser links davon liegt das **Orkney Museum.** Es beherbergt eine Ausstellung über die Siedlungsformen auf Orkney in der Vorgeschichte.

■ **Orkney Museum,** Broad Street, KW15 1DH, Mo–Sa 10.30–17 Uhr, Eintritt frei.

Am Südende der Stadt steht an der A 961 die **Highland Park Distillery,** die einen der bekanntesten Maltwhiskys brennt. Dort führt man auch Besichtigungstouren durch.

■ **Highland Park Distillery,** Holm Road, KW15 1SU, www.highlandparkwhisky.com, tägl. 10–17 Uhr, letzte Führung 16 Uhr, Touren ab £ 25.

[>] Die St Magnus Cathedral

☐ Übersichtskarte S. 431

Informationen

- **Kirkwall iCentre,** West Castle Street, KW15 1GU, Tel. 01856 872856, tägl. 9–17 Uhr.
- **www.orkney.com**

Verbindungen

- **Bus:** Von der St Magnus Cathedral geradeaus runter liegt der Busbahnhof in der zweiten Straße links, der Great Western Road, auf der rechten Seite. Von hier fahren Busse über **ganz Mainland.** Zielpunkte sind der Flughafen, Skara Brae, Birsay, St Margarets Hope, Deerness, Houton und Stromness.

Unterkunft

- **The Orkney Hotel**②, 40 Victoria Street, KW15 1DN, im Zentrum von Kirkwall, Tel. 01856 873477, www.orkneyhotel.co.uk. Das **Restaurant** im Hotel bietet auch vegetarische Küche an.
- **St Ola Hotel**②, Harbour Street, KW15 1LE, Tel. 01856 875090, www.stolahotel.co.uk. Hotel an der Hafenfront mit **Restaurant** und Pub.
- **B & B** finden sich überall verteilt. In Kirkwall muss man dabei mit £ 35 aufwärts rechnen.
- **Kirkwall Youth Hostel**②, Old Scapa Road, KW15 1BB, Tel. 01856 872243, www.hostellingscotland.org.uk/hostels/kirkwall/, April–Aug. In einer Funkbaracke aus dem Zweiten Weltkrieg, an der A 964 Richtung Orphir im Südwesten der Stadt.
- **Orcades Hostel**②, Muddisdale Road, KW15 1RS, Tel. 01856 873745, www.orcadeshostel.com. Liegt ein wenig außerhalb in der Nähe des *Pickaquoy Leisure Centres,* bietet eine gut eingerichtete Küche und gemütliche Räumlichkeiten.
- **Orkney Caravan Park**①, Peerie Sea Loan, KW15 1UH, der Campingplatz liegt in den westlichen Außenbezirken von Kirkwall an der A 965, Tel. 01856 879900, www.orkneycaravanpark.co.uk. In der Umgebung finden sich ein Kino, ein Schwimmbad und verschiedene Sportmöglichkeiten.

Essen und Trinken

- **Pubs** hört man in der Innenstadt und vor allem am Hafen oft schon von weitem. Besonders gute

366sc ab

Stimmung herrscht allabendlich im *Torvhaug Pub,* am nördlichen Hafenende rechts, eines der ersten Häuser der Bridge Street (Nr. 4), KW15 1HR, Tel. 018 56 872083, Mo–Mi 16–0 Uhr, Do/Fr 16–1 Uhr, Sa 15–1 Uhr, So 15–0 Uhr.

Einkaufen

- **The Longship,** 7–15 Broad Street, KW15 1DH, www.thelongship.co.uk, Mo–Sa 10–17 Uhr. Stellt Gold- und Silberschmuck in der nordischen Ornamentik her.
- **Judith Glue,** 25 Broad Street, KW15 1DH, www.judithglue.com, Jan./Feb. Mo–Sa 10–17 Uhr, März Mo–Sa 9.30–17.30 Uhr, April 9.30–17.30 Uhr, So 11–17 Uhr, Mai 9–18 Uhr, So 11–16 Uhr, Juni–Sept. 9–18 Uhr, So 10–17.30 Uhr, Okt.–Dez. 10–17.30 Uhr. Gestaltet und strickt die berühmte *Orkney Knitware,* verarbeitet in ihrem **Café** auch lokal produziertes Gemüse, Fleisch und Fisch.

Rundfahrt auf Mainland

Mainland ist für den archäologisch Interessierten ein wahres Paradies. Im Folgenden werden die wichtigsten Ausgrabungsstätten vorgestellt, die alle auf der Strecke einer Inselrundfahrt von Kirkwall nach Stromness liegen.

Von Kirkwall auf der A 965 und ab Finstown auf der A 966 gelangt man in den Norden der Insel. Hier fährt man rechts und parkt in Evie Pier, von wo man nach ca. 1 km ausgeschildertem Fußweg das **Broch of Gurness** erreicht. Die eisenzeitliche Burg, die um die Zeitwende errichtet wurde, steht zwar nur noch 3 m hoch, doch ist die Gesamtanlage bis heute gut zu erkennen.

■ **Broch of Gurness,** KW17 2NH, www.historicenvironment.scot/broch-of-gurness, April–Sept. tägl. 10–12.30 und 13–16.30 Uhr, Eintritt £ 7,50.

Wenn man weiter der A 966 folgt, gelangt man nach Birsay. Hier ist der Küste die Gezeiteninsel **Brough of Birsay** vorgelagert, auf der die Reste einer norwegischen Kirche des 12. Jh. und eines Wikingerdorfes erhalten sind. Auch der Abguss eines piktischen Bildsteines, der hier gefunden wurde, steht vor der Kirche. Man achte darauf, ob ab- oder auflaufendes Wasser ist, sonst muss man eventuell in hüfthohem Wasser zurückwaten.

■ **Brough of Birsay,** KW17 2LX, www.historicenvironment.scot/brough-of-birsay, nur bei Ebbe Mitte Juni–Sept. tägl. 9.30–17.30 Uhr, Eintritt £ 7,50.

Südlich von Birsay biegt die Tour nach rechts auf die B 9056 ab. Nach einigen Kilometern liegt rechts der Straße das **Steinzeitdorf Skara Brae** an der Bay of

367sc ab

Skaill. Auch dorthin muss ein kurzer Fußweg zurückgelegt werden, der zu einer der faszinierendsten Fundstätten der Inseln führt. Vor ca. 5000 Jahren bauten Menschen der Steinzeit dieses Dorf, um es nach etwa 500 Jahren aus uns unbekannten Gründen wieder zu verlassen. Heute ist es das besterhaltene Steinzeitdorf der Welt. Dabei war seine Entdeckung ein reiner Zufall: 1850 riss ein Sturm einen Teil des Strandes ins Meer und legte die Mauern frei. Skara Brae besteht aus 10 Hütten, deren Wände noch 3 m hoch und die voll ausgestattet sind. Anrichten, Herde, Regale, Betten und Stühle, alle aus Stein, geben einen sehr erstaunlichen Einblick in das Leben einer Steinzeitfamilie.

■ **Skara Brae,** KW16 3LR, www.historicenvironment.scot/skara-brae, April–Sept. tägl. 9.30–17.30 Uhr, Okt.–März. tägl. 10–16 Uhr, Eintritt ab £ 9.

Fährt man von Skara Brae auf der B 9056 und an der nächsten Abzweigung auf der B 9055 weiter, überquert dabei die A 967, kann man sich dem Zauber zweier vorzeitlicher Kultstätten überlassen. Auf einer Landzunge zwischen zwei Seen liegen bald rechts der Straße der **Ring of Brodgar** und etwas weiter auf der linken Seite die **Stenness Standing Stones.** Der Ring of Brodgar entstand etwa zur Zeit von Skara Brae und ist mit ehemals 60 Steinen, es stehen noch 34, einer der größten Steinkreise Europas. Zusammen mit Maeshowe (→ unten) und Skara Brae bilden die beiden Steinkreise das **UNESCO-Weltkulturerbe** *Heart of Neolithic Orkney.* Im Sommer finden täglich um 13 Uhr Führungen am Ring of Brodgar statt.

Im Zusammenhang mit Untersuchungen der Umgebung der Monumente wurde zwischen den Stones of Stenness und dem Ring of Brodgar eine Ansammlung von rund 100 Gebäuden gefunden. Diese Siedlung, **Ness of Brodgar,** wird derzeit ausgegraben. Im Sommer sind Führungen durch die Ausgrabungen möglich. Informationen zu den Führungszeiten sind unter www.nessofbrodgar.co.uk zu finden.

Fährt man weiter zur A 965 und auf ihr ein paar Meter nach rechts, so erreicht man Stennes. In der alten Schule ist das *Maeshowe Visitor Centre* untergebracht. Von hier aus kann man an Führungen in eines der besterhaltenen neolithischen Kammergräber Nordeuropas teilnehmen. **Maeshowe** wurde vor ca. 5000 Jahren aufgeschichtet, um als Grab und Kultstätte einer Gemeinde zu dienen. Um 1150 suchten Wikinger, die über Land marschierten, um Kirkwall zu überfallen, in dem Grab vor einem Schneesturm Schutz. Sie saßen eine Woche fest und die Graffitis, die sie in den Stein ritzten, machen das Steinzeitgrab Maeshowe kurioserweise zur größten Runensammlung der Welt.

■ **Maeshowe Visitor Centre,** Ireland Road, Stenness, KW16 3LB, Besichtigungen sollten gerade im Sommer online unter www.historicenvironment.scot/visit-a-place/places/maeshowe-chambered-cairn oder Tel. 01856 851266 vorangemeldet werden, die Tickets liegen dann im *Visitor Centre* bereit, eine Besichtigung ohne Führung ist nicht möglich, April–Sept. tägl. 9.30–17.30 Uhr, Führungen um 10, 12, 14 und 16 Uhr, Okt.–März tägl. 10–16 Uhr, Führungen um 10, 11, 13 und 14 Uhr, Eintritt £ 10.

☒ Der Ring of Brodgar auf Mainland

Stromness und der Blick nach Hoy

Immer dahin schauen, wo man gerade noch nicht ist

- **Schwierigkeit:** leicht
- **Dauer:** 1–1½ Stunden
- **Distanz:** 4 km
- **Ausgangspunkt:** Stromness

Stromness ist die zweitgrößte Stadt auf **Orkney.** Trotz ihres jungen Alters zeigt sie einen hübschen Stadtkern. In der Nähe gibt es einen Golfclub, Ruinen von *Ness Battery,* einer Verteidigungsanlage aus dem Zweiten Weltkrieg, und wunderbare Blicke auf Hoy und Graemsay. Die Wanderung vereint all das zu einer schönen kleinen Runde, an deren Ende sich eines der Cafés in der beschaulichen Altstadt oder ein Bummel durch die netten, kleinen Läden dort geradezu aufdrängen.

Die Route glänzt mit den **fantastischen Aussichten** nach Hoy und brilliert bei Dämmerung, wenn die Sonne neben Hoy ins Meer sinkt oder ihre frühen Strahlen die Berge wachkitzeln.

Der Spaziergang beginnt am **Museum von Stromness** und folgt der Hauptstraße zum Campingplatz neben dem Golfplatz. Hier biegt der Weg nach rechts ab und kommt nach einiger Zeit an der **Lifeboat Station,** einer Ruine aus dem Zweiten Weltkrieg, an. Nach Passieren des ersten Weges nach rechts, der zu einer alten Bunkeranlage führt, ist der zweite Weg nach rechts der richtige. Er schlängelt sich durch die Gässchen wieder zurück in die Innenstadt von Stromness und zum Museum.

Stromness

Fährt man die A 965 wieder zurück, so erreicht man nach rund 8 km Stromness (1800 Einwohner), die zweite Stadt von Orkney. Der hervorragende natürliche Hafen verband Stromness schon von jeher mit dem Meer und dem Festland. Es gewann enorm an Bedeutung, als im Zuge der Erschließung Kanadas und der wachsenden Walfangflotten immer mehr Schiffe hier ihre Vorräte ergänzten. Während des Heringbooms im 20. Jh. war Stromness sogar kurze Zeit größer als Kirkwall. Heutzutage lebt die Gemeinde des malerischen Ortes vor allem von Tourismus und Fischerei (→ Wanderung links).

Unterkunft, Essen und Trinken

- **The Stromness Hotel**②, 15 Victoria Street, KW16 3AA, Tel. 03334 444324, www.thestromnesshotel.com. Klassisches Hotel mit **Restaurant** direkt am Hafen.
- **Ferry Inn**②-③, 10 John Street, KW16 3AD, in der Nähe des Fähranlegers, Tel. 01856 850280, www.ferryinn.com. Hotel, Bar und **Restaurant.**
- **Brown's Independent Hostel**②, 45/47 Victoria Street, KW16 3BS, Tel. 01856 850661, www.brownsorkney.co.uk. Auf der Landseite der Hauptstraße gelegenes gemütliches Jugendhostel direkt in der Altstadt.
- **Point of Ness Caravan & Camping Site**②, KW16 3DW, Tel. 01856 850907. Campingplatz südlich von Stromness mit direkter Aussicht auf Hoy und die Bucht von Stromness.

Hoy

Auf der **zweitgrößten Insel Orkneys** leben nur entlang der Ostküste einige Menschen. Fischerei und Fischzucht sind der Haupterwerb, während Landwirtschaft kaum betrieben wird, sodass das Innere der Insel fast unberührt ist.

Lohnend ist die Fahrt quer durch die Insel von Moaness nach Rackwick an der Westküste. Auf halbem Weg liegt ungefähr 500 m links der Straße im Moor der **Dwarfie Stane.** Steinzeitmenschen und nicht der Zwerg der Sage (engl. *dwarf*) haben in diesen monumentalen Findling eine Grabkammer hineingemeißelt.

Steilküste

UNSER TIPP: In Rackwick befindet sich gleich am Ortsbeginn rechts einen Hang hinauf eine Wanderhütte, von der aus man zu einer sehr lohnenden Wanderung zum **Old Man of Hoy** aufbrechen kann. Hinter der Hütte geht es steil den Berg hoch, dann wandert man an den Klippen entlang um die Kuppe herum und muss bis zum alten Mann einen Sumpf durchqueren. Der *Old Man* ist eine faszinierende, 137 m hohe Felsensäule, die dicht vor der Klippe im Meer steht. In der Nähe ragt **St John's Head,** der mit 347 m höchste senkrechte Felsen Schottlands, aus dem Wasser auf.

Praktische Tipps

Verbindungen

- **Fähre:** Von **Houton** bei Orphir (Mainland) fährt eine Autofähre die Insel mehrmals täglich an, von **Stromness** aus verkehrt eine Personenfähre. Die Fähren verkehren fünf- bis sechsmal am Tag zwischen 7.30 und 18.30 Uhr (£ 3/Pers. und £ 10/Pkw).

Unterkunft

- **Hoy Centre②**, KW16 3NJ, Tel. 01856 873535. Vom Pier in Moaness aus liegt das vom *Orkney Islands Council* betriebene Hostel in der zweiten Straße links auf der rechten Seite. Das *Centre* ist eher einfach gehalten, eignet sich aber aufgrund der Lage hervorragend als Ausgangspunkt für Ausflüge auf Hoy.
- **Rackwick Hostel①**, KW16 3NJ, Tel. 01856 873 535. Szenisch in einem alten Schulhaus in den Bergen von Hoy gelegen, etwa 9 km vom Hafen Moaness in Linksness entfernt.
- **Stromabank Hotel②-③**, KW16 3PA, Tel. 018 56 701494, www.stromabank.co.uk. Auf der kleinen Insel South Walls gelegen, von Lyness über eine Brücke erreichbar. Das Hotel auf der Insel South Walls mag von außen kein Schmuckstück sein, liefert aber wegen seiner abgelegenen Lage und den tollen Ausblicken eine Einladung zur Entspannung.

☐ Blick über die Küste von Mainland nach Hoy

Rousay

Von Tingwall im Nordosten der Insel Mainland geht mehrmals täglich eine Fähre zu der Insel, die für eine Orkney-Insel ungewöhnlich **bergig** ist. Die Menschen hier leben zum größten Teil von der Landwirtschaft. Auch hier ist Natur pur zu erleben.

Die über 200 registrierten prähistorischen Stätten haben Rousay den Titel „Ägypten des Nordens" eingebracht. **Midhowe** im Westen der Insel gehört zu den wichtigsten dieser Grabungsorte. Das 1930 ausgegrabene **Midhowe Cairn** ist 23 m lang und hat zwölf Nebenkammern. Gleich in der Nähe des Grabes finden sich auch die Grundmauern eines Brochs mit den gut erkennbaren Resten der umgebenden Gebäude. Der Weg von hier bis zu dem weiter südlich gelegenen **Westness House,** der Residenz der *Lairds of Rousay* aus dem 18. Jh., ist in einen archäologischen Pfad mit Tafeln verwandelt worden.

Praktische Tipps

Unterkunft, Essen und Trinken

■ **Rousay Hostel and Campsite**①, Trumland Farm, KW17 2PU, Tel. 01856 821252. Einfache Unterkunft direkt neben *Trumland House.*

■ **The Taversoe**②, KW17 2PT, Tel. 01856 821325, www.taversoehotel.co.uk. Bietet Unterkunft und **Restaurant.**

■ **The Crafthub,** The Pier, KW17 2PU, Tel. 01856 821359, www.crafthuborkney.com, April–Okt. tägl. 11–17.30 Uhr. Am Hafen gibt es neben Erfrischungen auch Handgemachtes.

Westray

Am **Noup Head,** einer Felsenküste im Nordwesten der Insel, besitzt Westray nach St Kilda in den Äußeren Hebriden die größte **Seevogelkolonie** Großbritanniens. Man kann hier nahezu alle in Nordeuropa vorkommenden Arten beobachten. Falls eine große Raubmöwe sich verhält, als habe sie schon in *Hitch-*

Adobe Stock © psquiddy

cocks „Vögel" mitgewirkt, sollte man allerdings den Platz verlassen, an dem man gerade steht, er könnte zu nahe an ihrem Nest liegen.

Auf der Insel sind noch ein paar Überbleibsel mittelalterlicher Klöster sichtbar, ebenso die Ruine von **Noltland Castle** (16. Jh.) in Pierowall.

Praktische Tipps

Verbindungen

■ **Fähre:** Die Insel wird von den *Orkney Ferries* täglich ein- bis dreimal angefahren. Die Fähre landet in **Rapness** im Süden der Insel an. Von **Pierowall** im Nordosten der Insel verkehren täglich bis zu vier Fähren nach **Papa Westray** (Kirkwall – Westray £ 6/Pers., £ 14/Pkw; Westray – Papa Westray £ 3/Pers., £ 7/Pkw).

Unterkunft

■ **Pierowall Hotel**②, Pierowall, KW17 2BZ, Tel. 01857 677472, www.pierowallhotel.co.uk. Kleines Hotel mit umliegenden Shops und Museen.

■ **Chalmersquoy**②, Chalmersquoy, KW17 2BZ, Tel. 01857 677214, www.chalmersquoywestray.co.uk. Familiäres B & B in guter Lage, betreibt auch ein **Hostel**② und einen **Campingplatz**①.

Essen und Trinken

■ **Jacks Chippy,** KW17 2DA, im Gebäude von *Pierowall Fish,* www.pierowall-fish.co.uk, Mi und Sa 16.30–19.30 Uhr. Verkauft Fisch in vielen Variationen. Unter Tel. 01857 677471 kann man den Einkauf von frischem Fisch vereinbaren.

☒ Die Grabungsstätte Midhowe auf Rousay

Papa Westray

Die kleine Insel Papa Westray wurde von den Wikingern nach den damals auf ihr lebenden Mönchen benannt (*Papay* = Priesterinsel). Sie ist wegen ihrer unberührten Natur eine Reise wert. Im Norden liegt das **Vogelschutzgebiet North Hill,** das größte Seeschwalbenbrutgebiet Europas. Auch Raubmöwen, Sturmvögel und Watvögel wie z. B. die Austernfänger brüten hier. Die unzähligen **Seehunde** an den Stränden soll man angeblich durch leises Singen anlocken können.

Unter den vielen prähistorischen Ausgrabungen ist das **Knap of Howar** die älteste noch erhaltene menschliche **Steinsiedlung** in Nordwesteuropa.

Praktische Tipps

Verbindungen

■ **Flug:** *Loganair* fliegt die Insel von **Kirkwall** täglich an.

■ **Fähre:** Man erreicht diese etwas abgelegene Insel dienstags und freitags über eine kleine Fähre aus **Kirkwall.** Autos müssen mindestens einen Werktag im Voraus angemeldet werden, Tel. 0800 0113648, www.orkneyferries.co.uk, £ 5,95/Pers., £ 14,05/Pkw.

Im Sommer verkehrt außerdem zwei- bis sechsmal pro Tag eine Personenfähre zwischen **Westray** und Papa Westray, £ 2,95/Pers. Zwischen den Fähranlegern verkehrt dann ein Shuttle-Service.

Unterkunft, Einkaufen

■ **Papa Westray Hostel**①, KW17 2BU, Tel. 01857 644321, www.papawestray.co.uk/beltane-house.html. Wird von der Inselkooperative betrieben und bietet B & B, Hostel und Waren in einem kleinen **Shop.**

Sanday

Im Nordosten des Archipels liegt die Insel Sanday. Sie wird täglich von Kirkwall aus angefahren. Sanday ist besonders bekannt für seine herrlichen **Sandstrände,** die es den Wikingern im 9. Jh. leicht machten, hier zu landen.

Wer unberührte Natur liebt, kommt besonders im Nordosten bei **Northwall** auf seine Kosten. In dem Feuchtgebiet wachsen seltene Pflanzen wie Farne, stellenweise sogar Orchideen, und im Juni können Seehunde bei der Aufzucht ihrer Jungen beobachtet werden.

Auf der Gezeiteninsel **Sty Wick** auf der Südseite von Sanday liegt das 4000 Jahre alte **Kammergrab von Quoyness,** eines der größten seiner Art. Von der Hauptkammer zweigen noch sechs Nebenkammern ab, die einem ganzen Dorf für Bestattungen dienten.

Praktische Tipps

Unterkunft, Essen und Trinken

- **Kettletoft Hotel**②, KW17 2BJ, im Hafen, Tel. 01857 600217, www.fb.com/KettletoftHotelSanday. Größtes Hotel auf Sanday mit einfachem **Restaurant.**
- **Braeswick B & B**②, KW17 2BA, Tel. 01857 600708, www.braeswick.co.uk. Großzügiges B & B mit tollem Ausblick auf Meer und Küste.
- **Ayre's Rock Hostel**②, Ayres Rock, KW17 2AY, Tel. 01857 600410, www.ayres-rock-hostel-orkney.com. Kleines Hostel mit der Möglichkeit, B & B zu buchen, hier kann man auch campen.

Einkaufen

- Einkaufsmöglichkeiten bieten der **Sanday Community Shop** in Lady, KW17 2BW, Mo–Fr 9–20 Uhr, Sa 9–17.30 Uhr, So 13–16 Uhr, und der **Sinclair General Stores** an der Straße zwischen Hafen und Norden, KW17 2AY, Mo–Sa 9–20 Uhr, So 12–16 Uhr.

North Ronaldsay

Die nördlichste Insel des Archipels bietet im Maßstab der Orkney Inseln historisch nichts Atemberaubendes, nichts desto trotz ist sie sehr sehenswert.

Ein **Eisenzeitbroch** mit umliegenden Wohngebäuden verweist auf Besiedlungen bis zur Zeit der Pikten. Auf einem Feld südlich des Flughafens steht ein Stein mit einem Loch. Vom großen **Leuchtturm** mit hervorragend erhaltenem viktorianischen Interieur schweift der Blick bei klarer Sicht bis nach Fair Isle und Sumburgh Head, Shetland.

Die eigentlichen Stars der Insel sind aber andere. Ein **Bird Observatory** wurde eingerichtet, um die vielen Zugvögel, die in Frühjahr und Herbst auf ihrer Reise hier Rast einlegen, zu zählen. Zudem gibt es neben den **Robben** noch sehr kuriose Strandbewohner:

Aufgrund des geringen Platzes durften die **Schafe** auf der Insel nicht auf dem Gras weiden und wurden von den Bewohnern der Insel durch den *sheepdyke* (Schafdeich) an den Strand ausgesperrt. Durch das begrenzte Nahrungsangebot begannen die Schafe, Seegras zu fressen. Mit der starken Isolation ohne Kreuzungen wurde aus den Schafen eine eigene biologische Rasse. Diese relativ alte Rasse hat keine auf **Wolle** optimierten Felle und so haben die Bewohner das Spinnen des recht komplexen Vlieses zu Garn selbst in die Hand genommen und eine eigene Spinnerei gegründet.

Rund um die Insel North Ronaldsay

Schmeckt das Seegras?

- **Schwierigkeit:** mittel
- **Dauer:** 1 Tag
- **Distanz:** 20 km
- **Ausgangspunkt:** North Ronaldsay

Die Zahl der **Sehenswürdigkeiten** auf North Ronaldsay ist nicht riesig: zwei Leuchttürme, ein Stein mit einem Loch, ein verfallenes Broch und ein relativ junges Herrenhaus. Die spannenden Dinge auf der Insel sind allesamt wesentlich jünger. Es sind die Vögel und Schafe, die North Ronaldsay zu einem **lohnenswerten Reiseziel** machen.

Auf halbem Wege zwischen der Arktis und dem britischen Festland ist diese Insel mit gemächlicher Landwirtschaft und vielen kleinen Seen ein idealer Ort für viele **Zugvögel,** um eine kleine Verschnaufpause einzulegen – ein Paradies für Ornithologen. Deswegen bietet ein **Bird Observatory** Vogelbeobachtern und anderen Inselbesuchern gleichermaßen Unterkunft.

Die **Schafe** sind halb wild und werden von den anderen Inselbewohnern gezwungen, am kargen Strand nach Futter zu suchen. Irgendwann waren die Schafe wohl das Hungern satt und sind auf **Seegras** umgestiegen. Aufgrund dieser Ernährung soll ihre Wolle weicher und das Fleisch leicht vorgesalzen sein.

Auf der Wanderung erkundet man die Insel an einem Tag. Die Route ist nur ein grober Vorschlag und kann variiert werden. Einige Teile führen am Strand entlang, der durch den *Dyke* eingefasst ist. Achten Sie darauf, die recht fragile Mauer nicht zu beschädigen. Die **einzige Unterkunft** der Insel ist das *Bird Observatory.* Bei Übernachtungswunsch ist eine vorherige Anfrage zwingend notwendig.

Schafe mit einer Vorliebe für Seegras auf North Ronaldsay

368sc ab

Praktische Tipps

Unterkunft, Einkaufen

- **North Ronaldsay Bird Observatory**②, Twingness, KW17 2BE, Tel 01857 633200, www.nrbo.org.uk. Das *Bird Observatory* ist die Hauptunterkunft auf North Ronaldsay, mit Hotel, Hostel und dem einzigen **Laden** der Insel.
- In den gemütlichen Leuchtturmwärterstuben wurden **Selbstversorgerunterkünfte** eingerichtet. Mehr dazu unter www.northronaldsay.co.uk/accomodation.html. Auf der Website sind auch alle weiteren Unterkünfte aufgelistet.

Aktivitäten

- Der neue **Leuchtturm** und die **Spinnerei** können besichtigt werden. Der Wärter hat dazu einige spannende Geschichten parat. Leuchtturm: KW17 2BG, Tel. 07703 112224; Spinnerei: Tel. 07951 449136, mehr Infos unter www.northronaldsay.co.uk, Eintritt Einzelticket £ 7, Kombiticket £ 9.

Shetland

Ähnlich wie Orkney hat auch Shetland bis heute seine eigene Identität bewahrt. Die nie ganz verschwundenen wikingischen Einflüsse unterscheiden die Inselgruppe immer noch von der angelsächsischen Mutterinsel. Diese **wikingische Tradition** wird in Shetland auch heute noch gepflegt. Das kommt vielleicht daher, dass die Sprache der Einheimischen eine Abwandlung des **Altnorwegischen** ist und mit dem Englischen wenig zu tun hat, zum anderen mag es auch an der Ähnlichkeit der Landschaften von Shetland und Norwegen liegen.

Die Eiszeit hat das vulkanische Gestein der Inseln tief eingeschnitten, und viele der *Voes* (Fjorde) erinnern an die berühmten norwegischen **Meeresarme.** Die tiefen Einschnitte der See machen es auch unmöglich, irgendwo auf den Inseln weiter als 5 km vom Meer entfernt zu sein. Das bergige Land, in Nordmainland erhebt es sich in dem Ronas Hill bis auf 450 m, ist überwiegend mit Moor und Heide bedeckt. Da nur wenig Landwirtschaft betrieben wird, haben Schafe und Shetland-Ponys genügend Raum, frei durch die Hügel zu streunen.

Die grandiosen Klippen und Felsen an den Küsten sind ideale Brutgebiete für tausende **Seevögel.** 22 Arten brüten auf Shetland, darunter Silber- und Raubmöwen, Seeschwalben, Tölpel, Alke und Papageitaucher. Neben **Robben** kann man mit etwas Glück an den Küsten sogar scheue **Fischotter** beobachten.

Wenn man ein passionierter **Angler** ist, wird es nicht schwerfallen, diesen beiden Fischern Konkurrenz zu machen, da die unzähligen kleinen Seen des Binnenlandes voller Forellen sind. Die rund 23.000 Einwohner des nördlichsten Teils der Britischen Inseln leben überwiegend von der traditionsreichen Fischereiindustrie sowie von der Wollerzeugung und -verarbeitung, seit den 1970er-Jahren natürlich auch von der Ölförderung.

Als **beste Reisezeit** empfehlen sich die Monate Juni bis August, wenn die Temperaturen am höchsten und die Regenfälle am geringsten sind. Außerdem bleibt die Sonne im Mittsommer auf den Shetlands mehr als 19 Stunden über dem Horizont.

Wer die Shetlands nicht mit dem Auto oder öffentlichen Verkehrsmitteln bereisen möchte, sei auf die vielen sehr schönen **Wander- und Fahrradrouten** verwiesen. Infobroschüren dazu erhält man im *Tourist Information Centre.* Es gibt in Lerwick mehrere Fahrradverleihe.

Geschichte

Die Geschichte Shetlands unterscheidet sich nur wenig von der Orkneys. Die Inseln waren bereits zur Steinzeit besiedelt, wurden um die Zeitwende von den Pikten entdeckt und ab dem frühen 9. Jh. von den **Wikingern** erobert, die Shetland von Kirkwall aus regierten. 1468 kam Shetland als Mitgift an Schottland (→ Orkney/Geschichte, S. 433).

Unter den **Stewart-Herzögen,** die aus Orkney und Shetland so viel Geld herauspressten wie nur irgend möglich, hatten die Inseln im 16. und 17. Jh. schwer zu leiden. Um den Forderungen ihrer Landlords genügen zu können, mussten die Shetlander neben der Landwirtschaft auch noch Fischfang betreiben. Heute ist der Fischfang die Haupterwerbsquelle, und die Shetlander sind seit Jahrhunderten als hervorragende Seefahrer bekannt. Inzwischen ist aufgrund der hohen Wasserqualität in den Fjorden die **Fischzucht** zu einem lukrativen Gewerbe geworden und in vielen Buchten sind die Felder mit den runden Kreisen der Fischfarmen und Bojenreihen der **Muschelzuchten** zu sehen.

Im 19. Jh. bluteten die **Clearances** auch Shetland aus, doch brachte der **Heringsboom** im frühen 20. Jh. wieder etwas Wohlstand auf die Inseln.

Seit 1970 werden die **Ölfelder** in den shetlandischen Gewässern ausgebeutet. Doch die Shetlander ließen sich von dem schwarzen Gold nicht ihre Heimat abkaufen. Sie erlaubten die Ausbeutung erst, als ihnen weitgehende Gelder für einen Umweltschutzfonds zur Sanierung von zu erwartenden Ölschäden und einen Fonds zum Aufbau der heimischen Industrie für die Zeit nach dem Öl von den Konzernen gezahlt wurden. Der Ölterminal am **Sullom Voe** ist der größte Europas. Die Ölfelder der Nordsee haben jedoch das Maximum ihrer Förderleistung überschritten, sodass der Terminal inzwischen an eine Firma verkauft wurde, die auf Management und Abwicklung von Anlagen an deren „Lebensende" spezialisiert ist.

Seit 2024 erzeugen **rund 100 Windräder** genug Strom, um nicht nur die Insel sondern noch eine halbe Million Bewohner des Festlands in Großbritannien versorgen zu können. Für diese Versorgung wurde Shetland erstmals an das Stromnetz des Vereinigten Königreichs angeschlossen.

Praktische Tipps

Verbindungen

Flug

- *Loganair* fliegt den Flughafen Sumburgh, den Hauptflughafen von Shetland an der Südspitze von Mainland, mehrmals täglich von **Aberdeen** aus an. Weniger häufig gibt es Flüge von **Glasgow, Kirkwall, Inverness, Manchester** und **Edinburgh.** Im Sommer sogar zweimal wöchentlich nach **Bergen,** Norwegen.
- Die **Inseln untereinander** werden von *Directflight* in Kooperation mit dem *Shetland Island Council* angeflogen, Buchungen: Tel. 01595 840246 oder www.airtask.com/shetland-islands-inter-island-service. So erreicht man von Tingwall aus u. a. die südlich gelegene Insel Fair Isle, die für die bemerkenswerten, typischen Fair-Isle-Strickmuster bekannt ist.

0 10 km
©Reise Know-How
ScotK12b 14/24
UNST
YELL
MAINLAND
Ausschnitt
FOULA
Ausschnitt
FAIR ISLE
Muckle Flugga
459 Hermaness
459 Saxa Vord
Norwick
458
458 Burrafirth
Haroldswick
UNST
Keen of Hamar Naturreservat 458
Baltasound
Balta
Westing
Cullivoe
Belmont
Uyeasound
Sellafirth
Gutcher
Uyea
457 Point of Fethaland
Oddsta
FETLAR
YELL
Yell Sound
Ibister
North Roe
Hascosay
Mid Yell
Houbie
Funzie
Colgrave Sound
The Faither
Collafirth
Ronas Hill 450
West Yell
Otterswick
Hamnavoe
Ulsta
Burravoe
456 Eshaness
Ollaberry
Stenness
Hillswick
Urafirth
Toft
Lunna Ness
Firth
Hamnavoe
Out Skerries
St Magnus Bay
Brae
Skaw
Brough
Hillside
Vidlin
Muckle Roe
Ibister
WHALSAY
456 Voe
Laxo
456 Papa Stour
Symbister
Clousta
Melby
456
Aith
Sandness
West Burrafirth
South Nesting Bay
452 MAINLAND
Setter
Bixter
456
Weisdale
Bridge of Walls
Stanydale Temple
Gletness
SHETLAND ISLANDS
Walls
Girlsta
Garderhouse
457 BRESSAY
Vaila
449 Tingwall
Culswick
Lerwick
Maryfield
Skeld
455
451
Isle of Noss 457
Scalloway
Clickimin Broch
Skelda Ness
Easter Quarff
Ward of Bressay 226
Hamnavoe
Fladdabister
BURRA
Cunningsburgh
FOULA
Ham
The Sneug 418
453 Mousa Broch
Sandwick
Mousa
St Ninian's Isle
Levenwick
Dunrossness
Scousburgh
Boddam
FAIR ISLE 453
453 Fitful Head
Scatness Broch
Grutness
Stonybreck
Sumburgh
453
Jarlshof
455 Sumburgh Head
Fair Isle
Kirkwall (Orkney Islands), Aberdeen

Fähre

■ Lerwick wird von *NorthLink Ferries,* www.northlinkferries.co.uk, von **Aberdeen** aus angefahren. Ein Fähre fährt von April bis Okt. Mo, Mi, Fr um 19 Uhr, Di, Do, Sa und So um 17 Uhr los, um am nächsten Morgen um 7.30 Uhr in Lerwick anzulegen. Rückfahrt ist Mo, Mi und Fr um 17.30 Uhr, Di, Do, Sa und So um 19 Uhr. Von Nov. bis März fährt die Fähre von Aberdeen Mo, Di, Mi und Fr um 19 Uhr (Rückfahrt Mo, Di, Do, Sa und So um 19 Uhr), Do, Sa und So um 17 Uhr (Rückfahrt Mi und Fr um 17.30 Uhr). Die letzte Möglichkeit die Fähre zu boarden ist, wie bei allen *NorthLink*-Verbindungen, jeweils eine halbe Stunde vor Abfahrt. Die Fahrt kostet ab £ 25,50/ Pers. und ab £ 103/Pkw.

■ Von **Kirkwall** auf Orkney dauert die Fahrt 8 Stunden. *NorthLink Ferries,* Tel. 08456 000449, www.northlinkferries.co.uk, halten hier von April bis Okt. Di, Do, Sa und So, von Nov. bis März Do, Sa und So auf der Fahrt von Aberdeen nach Lerwick. Abfahrt in Kirkwall ist um 23.45 Uhr. Von Lerwick nach Kirkwall verkehrt die Fähre Mi und Fr, im Sommer auch Mo, Abfahrt in Lerwick jeweils 17.30 Uhr. Auch hier gilt: Boarding eine halbe Stunde vor Abfahrt. Eine Fahrt kostet ab £ 16,30/Pers. und ab £ 61/Pkw.

■ Der *Shetland Island Council* betreibt regelmäßige Fährverbindungen **zwischen den einzelnen Inseln.** Passagiere und Fahrzeuge sollten nach Möglichkeit vorbuchen, Tel. 01595 693535, www.shetland.gov.uk/ferries. Die Fähren kosten £ 2,80/Pers. und £ 16,50/Pkw.

Bus

■ Shetland besitzt ein gut ausgebautes **Busnetz,** das in Kombination mit den Fähren oder Kleinflugzeugen das Zentrum Lerwick mit fast allen äußeren Punkten der Inselgruppe verbindet. Die meisten Busse fahren mehrmals täglich zur Endstation und zurück.

■ Der **Busbahnhof** liegt in Lerwick vom Victoria Pier die Esplanade nordwärts auf der linken Seite am Anfang der Commercial Road. Hier fahren Busse in alle Ecken und zu allen Fähranlegern ab. Tickets kosten zwischen £ 1,80 (Scalloway) und £ 4,40 (Cullivoe/Yell).

Autoverleih

■ **Bolts Car Hire Lerwick,** 34 North Road, Lerwick, ZE1 0NT, Mo–Fr 8.30–17.30 Uhr, Sa 9–16 Uhr (im Winter bis 13 Uhr), und am Flughafen von Sumburgh, ZE3 9JP, Mo–Fr 8.30–17 Uhr, Sa 8.30–15.30 Uhr, Tel. 01595 693636, www.boltscarhire.co.uk.

■ **Star Rent-A-Car,** 22 Commercial Road, Lerwick, ZE1 0LX, ebenfalls am Flughafen vertreten, ZE3 9JP, Tel. 01595 692075, www.starrentacar.co.uk, Mo–Fr 8–18 Uhr, Sa 9–15 Uhr, So 14–17 Uhr.

Fahrradverleih

■ **Shetland Community Bike Project,** 16–18 Commercial Road, Lerwick, ZE1 0LX, Tel. 01595 690 077, Mo–Fr 9–16 Uhr, Sa 9–12.30 Uhr. Soziales Projekt, das auch Räder zum Verleih anbietet.

■ **Grantfield Garage,** Esplanade, Lerwick, ZE1 0LL, Tel. 01595 692709, www.grantfieldgarage.co.uk, Mo/Di und Do/Fr 9–17 Uhr, Mi 9–13 Uhr, Sa 10–13 Uhr. Bietet auch Autos an.

Lerwick

Der größte Hafen und das Verwaltungszentrum von Shetland ist Lerwick (wiking. schlammige Bucht). Es wird mit seinen rund 6800 Einwohnern dem Titel der Hauptstadt dieser Inseln vollkommen gerecht. An der geschäftigen Hauptverkehrsstraßen im nördlicheren Teil der Stadt kann einige Zeit vergehen, bis sich der passende Moment zum Kreuzen der Straße bietet. In der **Haupteinkaufsstraße,** der Commercial Street, reiht sich Geschäft an Geschäft und es herrscht reges Treiben.

Lerwick entstand im 17. Jh. als Anlaufpunkt niederländischer Fischer. Als

709sc ab

inoffizieller und damit auch teils gesetzloser Hafen war Lerwick den Herrschern der damaligen Hauptstadt Scalloway ein Dorn im Auge, sodass Lerwick im Laufe seiner Geschichte mehrmals niedergebrannt wurde. Am Wasser sind einige sogenannte **Lodberries** (norw. Landefelsen) aus dem 18. Jh. verblieben. Dabei handelt es sich um Warenhäuser, die vor der Zeit öffentlicher Piers sowohl See- als auch Wasseranbindung besaßen, sodass Waren direkt vom Karren verschifft werden konnten.

Ende des 19. Jh. gestalteten viktorianische Architekten den neuen Teil von Lerwick. In diese Zeit fallen zum Beispiel die *Town Hall*, die mit ihren bunten Fenstern über Lerwick thront und auch das *Islesburgh House Hostel* (→ unten). Diesen Stadtteil kennzeichnen die geraden Straßenverläufe wie die der Hillhead oder auch der King Harald Street .

Das **Shetland Museum and Archive** wird geziert von einem Turm, dessen Seiten die Form eines Segels haben. In dem Museum ist ein Rundgang durch die Geschichte und Natur Shetlands gestaltet. In einem angrenzendem Raum zeigen wechselnde Ausstellungen Werke lokaler Künstler.

■ **Shetland Museum and Archive,** Hay's Dock, ZE1 0WP, www.shetlandmuseumandarchives.org.uk, Mai–Okt. Di–Sa 10–17 Uhr, So/Mo ab 12 Uhr, Nov.–April Di–Sa 10–16 Uhr, Eintritt frei. Informationen zu aktuellen Ausstellungen auf der Website.

Direkt neben dem Museum befindet sich das *Mareel,* ein **Kultur- und Freizeitzentrum** mit Kino, Musikveranstaltungen, Aufnahmestudio, Café und Buchladen. Das Café bietet einen fantastischen Ausblick über den angrenzenden Hafen.

Das **Fort Charlotte,** von dem man einen schönen Ausblick auf Lerwick und die Insel Bressay hat, wurde 1655 zur Verteidigung während der Englisch-Niederländischen Kriege errichtet, aber nur in geringem Umfang als Stützpunkt genutzt. Im Laufe der amerikanischen Unabhängigkeitskriege wurde das Fort in seinem heutigen Zustand aufgebaut und dient nach diversen Nutzungen heute der Stationierung der Armee von Shetland. Gegenüber des Forts findet sich der Fähranleger nach Bressay und Out Skerries.

Die Commercial Street wird hinter Fort Charlotte Richtung Süden zur Haupteinkaufsstraße von Lerwick, in der sich die **Tourist Information** und am Ende das *Queens Hotel* finden. In der Umgebung des Hotels finden sich einige sehr schöne Beispiele der *Lodberries.* Das Hotel besteht selbst aus drei dieser meist etwas länger gezogenen Häuser mit einer Tür oder einem Tor zum Wasser hin.

1,5 km entlang der A 969 liegt am Clickimin Loch das **Clickimin Broch.** Von ca. 1000 v. Chr. bis 500 n. Chr. bewohnt, wurden an dieser Stelle ein bronzezeitliches Haus, ein eisenzeitlicher Wall, das Broch und ein späteres, in das Broch eingefügtes Rundhaus gefunden. Das Broch ist in Teilen eine Rekonstruktion, vermittelt jedoch einen sehr guten Eindruck über die Ausgestaltung und Mächtigkeit der Anlage (→ Exkurs „Brochs und Duns – die Burgen der Vorzeit“, S. 346).

Im neuen Hafen befindet sich in einer ehemaligen Fischerunterkunft, dem *Böd of Gremista,* das **Shetland Textile Museum.** Das Museum widmet sich in seiner Ausstellung der textilen Kunst auf den Inseln. Ausstellungsstücke umfassen die Fair-Isle-Muster, Spitze und andere Wollerzeugnisse.

■ **Shetland Textile Museum,** ZE1 0PX, www.shetlandtextilemuseum.com, Ende April–Mitte Okt. Di–Sa 11–16 Uhr, Eintritt £ 3.

☐ Lerwick, der Hauptort von Shetland

Über das Jahr verteilt finden einige über Shetland hinaus bekannte Festivals und Feierlichkeiten statt. Die bekannteste ist wohl das wikingisch inspirierte **Up Helly Aa,** das jedes Jahr am letzten Dienstag im Januar an mehreren Orten der Inseln gefeiert wird. Dabei ziehen als Wikinger verkleidete Fackelträger durch die Straßen und werfen am Ende ihre Fackeln in die Rekonstruktion eines Wikingerschiffs, das dann in Flammen aufgeht. Im Anschluss verteilen sich die Besucher zum Feiern auf verschiedenste Gasthäuser und, für die Feiern in Schulen und Sporthallen eingerichtete, *Halls.* Diese Orte werden dann im Verlauf der Nacht von den Wikingersquads besucht und mit musikalischen, künstlerischen, akrobatischen oder komödiantischen Darbietungen bereichert. In Lerwick präsentiert die **Up Helly Aa Exhibition** Informationen zum Festival und den Nachbau eines Wikingerschiffs.

■ **Up Helly Aa Exhibition,** ZE1 0HL, www.uphellyaa.org, Mai–Sept. Di und Do 18.30–20.30 Uhr, Sa 14–16 Uhr, Eintritt £ 3.

Musik ist ein integraler Bestandteil des Insellebens und manifestiert sich auch in zahlreichen shetländischen Musikstücken, hierbei ist die *Fiddle,* die Geige, meist das Hauptinstrument. Jährlich findet Ende April, Anfang Mai das **Shetland Folk Festival** statt, bei dem zahlreiche lokale, britische und internationale Musiker ihr Können zum Besten geben.

Ein spezielles Festival ist die **Shetland Wool Week,** die jeweils über eine Woche und zwei Wochenenden Ende September bis Anfang Oktober stattfindet. In dieser Zeit werden auf den Inseln zahlreiche Kurse, Führungen und Ausstellungen rund um die Wolle angeboten. Ein begeisterter *Wooligan* hat uns verraten, dass dieses Festival zu den beiden Wollfestivals gehört, die jeder Strickbegeisterte einmal in seinem Leben besucht haben muss, das andere der beiden Wollfestivals findet in New York statt.

Praktische Tipps

Informationen

■ **Tourist Information Centre,** Market Cross, ZE1 0LU, vom Fähranleger links, auf der Esplanade fünfte Straße rechts, an der Ecke Mountholy, Commercial Street, Tel. 01595 693434.

■ **www.shetland.org**

Unterkunft

■ **Grand Hotel**③, 149 Commercial Street, ZE1 0EX, Tel. 01595 697425, www.grandhotelshetland.co.uk. Das älteste Hotel von Shetland.

■ **Fort Charlotte Guest House**②, 1 Charlotte Street, ZE1 0JL, Tel. 01595 692140, www.fortcharlotte.co.uk. Schönes Gästehaus direkt an der Commercial Street mit sehr gutem Frühstück.

■ **B & B** gibt es vor allem in der St Olaf Street und der King Harald Street. Für die Übernachtung muss man mit mindestens £ 30 rechnen.

■ **Islesburgh House Hostel**②, Islesburgh Complex, King Harald Street, ZE1 0EQ, Tel. 01595 745100. In einem hübschen viktorianischen Gebäude, von Hillhead die Union Street aufwärts, dann zweite Straße rechts, in der King Harald Street in einem der ersten Häuser links, Voranmeldung sinnvoll.

Essen und Trinken

■ **No 88 Kitchen and Bar,** 88 Commercial Street, ZE1 0EX, Tel. 01595 692139, www.no88shetland.com, Mi–Sa 10–22 Uhr, So 12–16 Uhr. Bietet innovative Gerichte mit Zutaten aus Shetland und den umliegenden Gewässern an.

■ **Fort Cafe & Take Away,** 2 Commercial Road, ZE1 0HY, Tel. 01595 693125, Mo–Fr 12–21 Uhr, Sa 12–19 Uhr, So 16–21 Uhr. Hier gibt es eine schnelle Portion *Fish and Chips* auf die Hand.

Einkaufen

■ **Shetland Times Bookshop,** 71–79 Commercial Street, ZE1 0AJ, https://shop.shetlandtimes.co.uk, Mo–Sa 9–17 Uhr. Der Buchladen wird von der lokalen Zeitung betrieben und bietet eine gute Auswahl an lokalen Büchern an.

■ **Jamieson's,** 93–95 Commercial Street, ZE1 0BD, www.jamiesonsofshetland.co.uk, Mo–Sa 9–17 Uhr. Verkauft die klassische Schafswolle aus Shetland. Neben Wolle in verschiedenen Farben und Stärken, gibt es hier auch die bunten Wollpullover.

■ **Ninian,** 80 Commercial Street, ZE1 0DL, www.ninianshetland.co.uk, Mo–Sa 9–17.30 Uhr. Bietet Kunsthandwerkliches und Handgemachtes, wie Schals, Oberteile, Decken oder Schmuck aus der Hand von fähigen Inselbewohnern.

Mainland

Süden

Verteilt über die ganzen Inseln finden sich Galerien und *Crofts*, in welchen traditionelle Strickwaren und andere Handwerksprodukte angeboten oder gezeigt werden. Der **Shetland Craft's Trail** führt mit einer in allen Informationsstellen erhältlichen Karte durch die verschiedenen Kunstgewerbe auf den Inseln (www.shetlandartsandcrafts.co.uk).

Die meisten Menschen auf dem Mainland wohnen entlang der A 970 zwischen Sumburgh und Brae, in einem 10-Meilen-Radius um Lerwick wohnt die Hälfte aller Shetländer. Gerade südlich von Lerwick ist die Gegend recht fruchtbar und mit vielen Bauernhöfen gespickt. Von

Grutness ganz im Süden fährt eine kleine **Fähre,** die *Good Shepherd IV,* zur abgelegensten aller bewohnten britischen Insel, **Fair Isle.** Bekannt sind die farbenfrohen **Fair-Isle-Strickpullover,** die auf ganz Shetland und darüber hinaus erhältlich sind.

Auf zwei Dritteln der Strecke zwischen Lerwick und Sumburgh liegen in einer sanft zum Meer abfallenden Bucht Sandwick, Hoswick und einige weitere Orte. In Leebitten etwa 3 km östlich von Hoswick setzt im Sommer eine Fähre auf die kleine **Insel Mousa** über. Auf der Insel steht das fast vollständig intakte **Mousa Broch.** Teile des oberen Endes, die Treppen im Inneren, welche auf die oberen Mauern führen und drei einzelne Kammern sind gut erhalten.

Auf Mousa findet sich zudem ein **Vogelschutzgebiet.** Im Broch nisten Sturmschwalben, die zum Schutz vor Angreifern ihr Nest bereits in der Morgendämmerung verlassen, um jagen zu gehen. Abends können die rückkehrenden Sturmschwalben dann beobachtet werden, wie sie um die Mauern des alten Brochs huschen.

Der A 970 folgend findet sich direkt nach dem Überqueren der Landebahn des Sumburgh Airport auf der linken Seite das **Scatness Broch.** Eine Siedlung aus mehreren piktischen Rundhäusern, die sich um ein eisenzeitliches Broch und zwei eisenzeitliche Häuser schmiegen. Neben der Ausgrabung sind einige piktische Rundhäuser nachgebaut.

■ **Scatness Broch,** ZE3 9JW, kündigt die Öffnungszeiten erst kurz vor Saisonbeginn an, Infos unter www.shetlandamenity.org/old-scatness, Eintritt £ 6.

Eine der bemerkenswertesten archäologischen Fundstätten Schottlands findet sich zwei Kilometer entlang der Straße. Auf dem **Jarlshof** wurden rund 4000 Jahre kontinuierliche menschliche Be-

☐ Der Jarlshof auf Mainland

369sc ab

Vom Jarlshof auf Sumburgh Head

Jahrtausende Geschichte und Tausende Vögel

- **Schwierigkeit:** mittel
- **Dauer:** 1½–2 Stunden
- **Distanz:** 6 km
- **Höhenunterschied:** 80 m
- **Ausgangspunkt:** Jarlshof

Auf **Shetland** liegen zwei Sehenswürdigkeiten in unmittelbarer Nachbarschaft: Der **Jarlshof** und Sumburgh Head. Auf ersterem sind Spuren von mehr als 4000 Jahren fortwährenden Wohnens erkennbar und wenn man das nahegelegene Hotel berücksichtigt, wird diese Geschichte auch heute noch fortgeschrieben. Vom höchsten Punkt des Jarlshofs bietet sich ein wunderbarer Blick auf **Sumburgh Head,** die Steilklippen, die das südlichste Ende von Shetlands Hauptinsel beschreiben. Auf dem Weg zu den Klippen steigt das Gelände langsam an, umgeben von vielen **Vögeln** und vielleicht sogar einigen **Papageitauchern,** wächst der **Leuchtturm** vor dem Auge des Betrachters.

Nach erfolgreichem Aufstieg ermöglicht das angeschlossene **Café** eine leckere Stärkung und fantastische Blicke. Vom Leuchtturm führt der Weg an den östlichen Klippen und an einem weißen Radar-Ball vorbei wieder zum *Sumburgh Hotel* zurück.

Blick vom Jarlshof nach Sumburgh Head

766sc ab

hausung nachgewiesen. Zur Freude nicht nur für jeden Archäologen wurden die alten Häuser häufig belassen und die neuen Gebäude daneben errichtet. So schlängeln sich in einer Spirale bronzezeitliche Rundhäuser, ein eisenzeitliches Broch, piktische Rundhäuser, wikingische Langhäuser und ein mittelalterliches Bauernhaus um die Ruinen des Hauses des Landlords, das die Fläche überragt. Empfehlenswert ist es, einen Audioguide zu nehmen oder einer Führung über das Gelände zu folgen, um einen tieferen Einblick in die Geschichte dieses wahrlich bemerkenswerten Ortes zu bekommen.

767sc ab

Jarlshof, ZE3 9JN, www.historicenvironment.scot/visit-a-place/places/jarlshof-prehistoric-and-norse-settlement, April Mo–Sa 9.30–17.30 Uhr, Mai–Sept. tägl. 9.30–17.30 Uhr, Okt.–März Di–Sa 10–16 Uhr, Mittagspause 12.30–13.30 Uhr, Eintritt £ 7,50.

Vom Jarlshof aus ist es nicht mehr weit bis zum **Sumburgh Head,** der südlichsten Spitze Mainlands. An den steil abfallenden Klippen segeln Möwen kunstfertig in ihre Nester. Tordalke und Trottellummen räkeln sich auf den Klippen, während die kleinen Papageitaucher das Grasland über den Steilküsten zu ihrem Nistplatz auserkoren haben. Im Herbst können viele Zugvögel gesichtet werden.

In dem **Stevenson-Leuchtturm** wurde ein Museum über Funktionsweise von Leuchtturm und umliegender Natur eingerichtet. Im Café mit phänomenalem Ausblick werden Kuchen, Suppen und Getränke angeboten. Der Leuchtturm bietet so wie die Leuchttürme bei Eshaness und auf Bressay eine Selbstversorgerunterkunft (→ Wanderung links).

Sumburgh Head, ZE1 0NY, www.sumburghhead.com, Museum und *Visitor Centre* haben im Sommer Do–Mo 10–17 Uhr geöffnet, Eintritt £ 6.

Westen

Westlich von Lerwick liegt in einer Bucht **Scalloway,** die zweitgrößte Stadt der Shetlandinseln. Nördlich des Hafens steht **Scalloway Castle,** eine Burg, die *Earl Patrick,* der Sohn von *Robert Stewart,* 1600 unter ausbeuterischer Arbeit und ohne Lohnauszahlung von seinen Pächtern bauen ließ. *Earl Patrick* fiel aufgrund seines prunkreichen Lebensstils und der Ausbeutung der Inselbewohner jedoch kurz nach dem Bau erst bei den Inselbewohnern und zuletzt beim König

Die Klippen von Sumburgh Head mit Leuchtturm

in Ungnade und wurde seines Kopfes entledigt, die Burg verfiel. Einen guten Eindruck des Protzes, den sich der *Earl* geleistet hat, vermag die Ruine jedoch auch heute noch zu geben. Der Schlüssel ist im angrenzenden *Scalloway Museum* verfügbar.

■ **Scalloway Castle,** ZE1 0TQ, www.historicenvironment.scot/visit-a-place/places/scalloway-castle, der Schlüssel zur Burg kann während der Öffnungszeiten im *Scalloway Museum* ausgeliehen werden, zum Zeitpunkt der Drucklegung war das Castle wegen Restaurationsarbeiten geschlossen, Eintritt frei.

Im **Scalloway Museum** wird die Geschichte des *Shetland Bus* gezeigt. Dabei handelt es sich um eine Seeverbindung, die im Zweiten Weltkrieg zunächst über kleine Fischerboote, später auch über professionellere Marineboote hergestellt wurde, um Waffen für den norwegischen Widerstand und Spione nach Norwegen zu bringen und Flüchtlinge mitzunehmen. Daneben zeigt das Museum Exponate aus Fischerei und Wollproduktion, wie alte Harpunen oder auch die Flechten, mit denen klassischerweise die Wolle für bunte Strickwaren gefärbt wurde.

■ **Scalloway Museum,** Castle Street, ZE1 0TP, www.scallowaymuseum.org, Mai–Anf. Okt. Mo–Fr 11–16 Uhr, So 14–16 Uhr, Eintritt £ 5.

Der westliche Part von Mainland ist dünn besiedelt, die treuesten Begleiter sind Schafe, die in der Heide grasen. In der Nähe von Stanydale befindet sich **Stanydale Temple.** Die Grundmauern eines steinzeitlichen Baus, dessen Alter sich zwischen 4000 und 5000 Jahren bewegt und mehrere prähistorische Häuser, Mauern und Cairns machen diese Fundstätte aus. Auch wenn der Name es nahelegt, ist die genaue Funktion des sogenannten Tempels nicht geklärt. Vermutlich handelt es sich um eine Versammlungshalle oder Wohnung einer angesehenen Person.

In **West Burrafirth** nördlich des Tempels an der Küste legt an manchen Wochentagen zweimal eine **Fähre nach Papa Stour** ab, sodass Tagesausflüge auf diese noch von sechs Menschen bewohnte Insel möglich sind. Die Küsten von Papa Stour sind zu bizarren Steilküsten und Formationen geformt.

Norden

Die A 970 ist die Hauptverkehrsader zwischen Lerwick und Brae. Die nördliche Heidelandschaft und **Voe** sind schnell erreicht. Kurz vor Voe verweist rechter Hand ein Schild in Richtung des **Fähranlegers** nach Whalsay und Out Skerries.

An der Nordwestküste von Mainland finden sich einige der beeindruckendsten Küstenlandschaften und Felsformationenen der Inselgruppe. An manchen Stellen hat der Atlantik die Küste regelrecht aus- und unterhölt. Ein besonders schönes Beispiel ist die **Halbinsel vor Eshaness** mit ihren zerklüfteten Küsten. Geologisch Interessierte können im Norden der Shetlandinseln die unterschiedlichsten Gesteinsformationen und -arten finden – auch den Lewis Gneiss mit einem Alter von über 2 Milliarden Jahren oder die Überreste eines Vulkans, der bei Eshaness vom Meer abgetragen wird, sodass die unterschiedlichen Schichten gut sichtbar sind. Seit 2009 ist auf Shetland ein **UNESCO Geopark** eingerichtet.

In **Fethaland,** dem nördlichsten Punkt von Mainland sind noch die Ruinen einiger Fischerunterkünfte des ehemaligen Hafens erhalten. In seiner Glanzzeit legten in diesem Hafen bis zu 60 Hochseefischerboote an. Diese waren jedoch offene 6-Mann-Ruderboote, sodass immer wieder Fischer ihr Leben auf der See ließen.

Praktische Tipps

Unterkunft

- Über die Inseln sind die sogenannten **Böds**① verteilt. Alte Fischerunterkünfte, die heute rustikale Unterkünfte darstellen. Auf den meisten der bewohnten Inseln findet sich ein Böd. Weitere Informationen zu den Standorten finden sich unter www.camping-bods.com.
- **Sumburgh Hotel**②, ZE3 9JN, in der Nähe von Flughafen und Sumburgh Head, Tel. 01950 460201, www.sumburghhotel.com. Bietet eine etwas abgelegenere Unterkunft, hat auch ein **Restaurant** mit nettem Pub.
- In der Umgebung von Brae liegen einige **Hotels** und **B & B's,** die auch Arbeitern des Ölterminals Unterkunft bieten.

Essen und Trinken

- **Unken Cafe,** ZE3 9JN, im Leuchtturm von Sumburgh Head, Tel. 01595 694688, www.sumburghhead.com, nur im Sommer geöffnet. Bietet mit einem fantastischen Panorama leckere Kuchen und warme Getränke gegen den kalten Wind.
- **Frankie's Fish & Chips,** ZE2 9QJ, in Brae an der A 970, Tel. 01806 522700, www.frankiesfishandchips.com, So–Do 12–19 Uhr, Fr/Sa 9.30–19 Uhr. Der nördlichste *Fish-and-Chips*-Shop Großbritanniens bietet hervorragenden Fisch und Krustentiere an.

Bressay und Isle of Noss

Bressay ist dem Hafen von Lerwick vorgelagert und bietet einige ausgezeichnete Wandermöglichkeiten. Die Hauptattraktion von Bressay liegt jedoch nicht auf Bressay selbst, sondern auf der vorgelagerten Insel Noss.

Die Insel Noss vor Bressay

372sc ab

Noss bietet als ausgezeichnetes **Vogelschutzgebiet** die Heimat für Tausende Seevögel wie Basstölpel, Möwen und Trottellummen. Im Sound of Noss zwischen Bressay und Noss stürzen sich die Basstölpel in atemberaubenden Geschwindigkeiten ins Wasser. Die kleine Fähre nach Noss legt nur von Mai bis August bei guter Witterung ab.

Praktische Tipps

Verbindungen

- **Fähre:** Von **Lerwick** legt täglich um 9.45, 12.45 und 15.45 Uhr eine Bootstour nach Noss und Bressay ab. Die Fahrten sind ein Erlebnis, aber teuer (£ 60). Vorausbuchungen sind notwendig, beim *Tourist Information Centre* in Lerwick (→ oben), oder unter Tel. 07767 872260, oder www.shetlandseabirdtours.com.

Die Fähre zwischen **Lerwick** und **Bressay** verkehrt täglich zwischen 7 und 1 Uhr alle halbe Stunde bis Stunde. Preis für Hin- und Rückfahrt £ 5,60.

Unst

Unst ist die nördlichste Insel des Shetland-Archipels und lohnt einen Ausflug. Nach Yell, das in weiten Teilen von Moor bedeckt ist, scheint die Landschaft auf Unst abwechslungsreicher. Kurz vor Haroldswick ist auf der rechten Seite der Nachbau eines Wikingerlanghauses und -bootes ausgestellt. Das Boot ist eine **Rekonstruktion eines Wikingerschiffs** aus der Zeit von *Harald I.* und kann wie das Langhaus auch kostenlos besucht werden. In Hamar wurden zwei Langhäuser ausgegraben, deren Umrisse im **Keen of Hamar Naturreservat** an der Ostküste der Insel zu betrachten sind.

Haroldswick ist der größte Ort auf Unst, hier gibt es ein Café, das **Unst Heritage Centre** und **Unst Boat Haven,** eine Ausstellung über den Fischfang, seine Geräte und Boote in vergangenen Jahrhunderten.

- **Unst Heritage Centre,** Haroldswick, ZE2 9ED, www.unstheritage.com, Mai–Sept. tägl. 11–16 Uhr, Eintritt £ 4.

768sc ab

Die Klippen von Hermaness

■ **Unst Boat Haven,** Haroldswick, ZE2 9EE, www.unstheritage.com, Mai–Sept. tägl. 11–16 Uhr, Eintritt £ 4.

In **Saxa Vord,** einem ehemaligen Luftstützpunkt nördlich von Haroldswick, wird der *Shetland Reel Gin* gebrannt. Auf dem Gelände ist auch ein Weltraumflughafen, von dem seit 2023 Raketen ins All starten.

Im Norden der Insel liegt das **Schutzgebiet Hermaness.** In der Brutzeit nisten hier bis zu 100.000 Seevögel. An den hohen Felskanten haben sich eine größere Zahl von Basstölpeln, aber auch Papageitaucher eingenistet. Im Moor, im Inneren von Hermaness leben Raubmöwen *(bonxies).* Die Möwen sind dafür bekannt ihr Brutgebiet gewissenhaft zu verteidigen. Ein Blick nach oben, um zu überprüfen, ob man nicht gerade von einem braunen Vogel attackiert wird, schützt vor schmerzvollen Urlaubsgeschichten (→ Wanderung rechts).

Praktische Tipps

Unterkunft

■ **Gardiesfauld Youth Hostel**①-②, 2 Belmont, Uyeasound, ZE2 9DW, Tel. 01957 755279. Das Hostel hat einen Aufenthaltsraum in einem Wintergarten mit Aussicht auf die Bucht.

■ **Mailersta B & B**②, in der Nähe von Uyeasound, ZE2 9DL, Tel. 01957 755344. Der Aufenthaltsraum erlaubt einen tollen Blick auf Uyeasound.

Essen und Trinken

■ **Victoria's Vintage Tea Rooms,** Old Haroldswick Shop, Haroldswick, ZE2 9ED, Tel. 01957 7118 85, www.victoriasvintagetearooms.co.uk, Di–Sa 10–17 Uhr, So 12–16 Uhr. Bieten Tee und kleine Erfrischungen an.

Die Basstölpel von Hermaness

Ist es ein Vogel? Ist es ein Flugzeug?

■ **Schwierigkeit:** leicht
■ **Dauer:** 3 Stunden
■ **Distanz:** 10 km
■ **Ausgangspunkt:** Hermaness

In Hermaness im **absoluten Norden** Schottlands und Shetlands liegt ein **nationales Naturschutzgebiet,** durch das ein sehr schöner Weg führt.

Zunächst führt der Weg aus einer hübschen **Bucht** mit **Informationsstelle** hinaus auf einen flachen, moorüberzogenen Hügel. Um die Landschaft zu schonen, wurde ein **Steg** über das **Moor** gebaut. So wird der bunte Teppich nicht zerstört und die **Raubmöwen** nisten hoffentlich weit genug entfernt, um sich nicht bedroht zu fühlen. Der Steg endet kurz vor den hohen **Steilklippen** der Westseite. An deren Fuß brechen sich die Wellen malerisch und in den Felsen nisten hunderte **Basstölpel.**

Folgt man dem Weg in sicherem Abstand zu der Abbruchkante an den Klippen entlang nach Norden, eröffnet sich der Ausblick auf den **Leuchtturm von Muckle Flugga.** Beim Anblick der Gebäude, die sich auf den schroffen Felsen kauern, bleibt die Frage, wie hier jemals ein Leuchtturm entstehen konnte.

Der Weg windet sich noch etwas auf den **Hermaness Hill,** endet aber bald, denn der Hügel ist Teil des Kernschutzgebietes und darf nicht betreten werden. Vom Steg nach Süden laufend fällt der Blick auf einige weitere Basstölpelkolonien. Es versteht sich, dass brütende Vögel nicht gestört werden und auch der nötige Abstand zu den Erdnestern der Papageitaucher eingehalten wird.

Anreise | 462
Autofahren | 469
Barrierefreies Reisen | 472
Camping | 473
Einkaufen | 474
Ein- und Ausreisebestimmungen | 474
Elektrizität | 475
Essen und Trinken | 475
Feiertage, Feste und Events | 477
Fotografieren | 480
Geld | 480
Gesundheit | 482
Mit Haustier unterwegs | 484
Information | 485
Mit Kindern unterwegs | 488
Klima und Reisezeit | 489
Kommunikation unterwegs | 490
LGBT+ | 491
Maße und Gewichte | 492
Notfälle | 492
Öffnungszeiten | 493
Orientierung und Landkarten | 495
Post | 495
Rauchen | 495
Reisegepäck und Ausrüstung | 496
Sicherheit | 496
Sport und Aktivitäten | 497
Sprache | 511
Unterkunft | 514
Verhaltenstipps | 517
Verkehrsmittel | 517
Zeit | 521

373sc bcg

13 Praktische Reisetipps A–Z

Britische Taxis bleiben sich treu – nur die Farbe ist kein Muss mehr

Anreise

→ Autofahren
→ Verkehrsmittel

Flug

Für die Anreise nach Schottland bieten sich als Ziele **Edinburgh** und **Glasgow** an, die aus dem deutschsprachigen Raum von *Lufthansa, Ryanair, Eurowings* und *Easyjet* direkt angeflogen werden. Die Flugzeit beträgt ca. zwei Stunden. Wie man von den Flughäfen in die Stadt kommt, ist in den jeweiligen Ortsbeschreibungen unter „Verbindungen/Flug" nachzulesen.

Flugpreise

Ein Economy-Ticket von Deutschland, Österreich und der Schweiz hin und zurück nach Edinburgh bekommt man je nach Jahreszeit und Aufenthaltsdauer **ab knapp über 150 €** (einschl. aller Steuern, Gebühren und Entgelte). Am teuersten ist es in der Hauptsaison von Mai bis September, in der die Preise für Flüge in den Sommerferien besonders hoch sind und über 300 € betragen können. Generell gilt, je früher man bucht, umso günstiger das Ticket. In vielen Tickets ist kein **Gepäck** enthalten, es muss dazugebucht werden (auch bei Flügen der *Lufthansa*).

Von London nach Schottland gibt es relativ günstige **Bustickets,** sodass es sich lohnen kann, in London auf Busse von *National Express* umzusteigen (ca. 9 Std.). Gleiches gilt für die *British Rail* (ca. 4 Std.).

Fluggesellschaften

Im Folgenden sind die Fluggesellschaften aufgelistet, die Schottland direkt anfliegen. Bei der Onlinebuchung (Ausnahme: *Lufthansa*) wird kein Ticket ausgestellt, sondern man erhält eine Buchungsnummer per E-Mail, viele Airlines erlauben mit dieser Nummer dann einen Online-Check-In. Die Bezahlung erfolgt über die Kreditkarte, *PayPal* oder auch SEPA-Lastschrift.

- **Lufthansa,** www.lufthansa.com. Von Frankfurt/M. und München nach Edinburgh und Glasgow.
- **Ryanair,** www.ryanair.com. Von Weeze am Niederrhein, Berlin-Brandenburg und Hamburg nach Edinburgh.
- **Easy Jet,** www.easyjet.com. Von München, Berlin-Schönefeld, Hamburg, Amsterdam, Basel und Genf nach Edinburgh sowie von Berlin-Brandenburg, Amsterdam und Genf nach Glasgow und Genf nach Aberdeen.
- **Eurowings,** www.eurowings.com. Von Köln/Bonn, München und Düsseldorf nonstop nach Edinburgh.
- **SWISS,** www.swiss.com. Von Zürich nach Edinburgh.
- **Edelweiss,** www.flyedelweiss.com. Von Zürich nach Edinburgh.

Inlandsflüge

Innerhalb Schottlands bzw. von dort nach England verkehren die folgenden Fluggesellschaften:

- **Eastern Airways,** www.easternairways.com
- **British Airways,** www.britishairways.com
- **Loch Lomond Seaplanes,** www.lochlomondseaplanes.com (Charterflüge)
- **Loganair,** www.loganair.co.uk (sehr ausgedehntes Netzwerk zu 20 großen und kleinen schottischen Flughäfen)

- **Hebridean Air,** www.hebrideanair.co.uk (fliegt von Oban aus die Inneren Hebriden an)

Buchung

Der Vergleich der Linienfluggesellschaften bietet sich meist über Internetportale an. Diese bieten auch oft die Möglichkeit, eine Region als Ausgangspunkt festzulegen.

- **www.skyscanner.de**
- **www.kayak.com**
- **www.omio.com** (vergleicht Bahn, Bus und Flug)

Mini-„Flug-Know-how"

Check-in

Nicht vergessen: Ohne einen gültigen **Reisepass oder Personalausweis** für EU-Staatsbürger und Schweizer kommt man nicht an Bord. **Kinder** benötigen einen eigenen Reisepass.

Das (Hand-)Gepäck

Man darf pro Person in der Regel **ein Handgepäck- und zusätzlich ein Gepäckstück** einchecken. Aufgepasst: Informieren Sie sich vor Ihrem Flug bei Ihrer Airline über die konkreten Bestimmungen, da diese mitunter stark voneinander abweichen. Beim Packen des Handgepäcks sollte man darauf achten, dass **Flüssigkeiten** jeder Art nur in geringen Mengen bis zu **jeweils 100 ml** mit ins Flugzeug dürfen. Diese Substanzen muss man separat in einem durchsichtigen Plastikbeutel (z. B. Gefrierbeutel) transportieren, den man beim Durchleuchten in eine der bereitstehenden Schalen auf das Fließband legen sollte. Auch **elektronische Geräte** müssen in diese Schale gelegt werden, ebenso Gürtel mit einer Schnalle aus **Metall.**

Aus Sicherheitsgründen dürfen **scharfe Gegenstände** wie Messer, Nagelfeilen oder Scheren nicht im Handgepäck untergebracht werden. Diese Gegenstände sollte man unbedingt zu Hause lassen oder im aufzugebenden Gepäck verstauen, sonst werden sie bei der Sicherheitskontrolle einfach weggeworfen. Darüber hinaus gilt, dass **leicht entzündliche Gase** in Sprühdosen (Schuhspray, Campinggas, Feuerzeugfüllung) und **Feuerwerkskörper etc.** nicht im Koffer oder dem Handgepäck transportiert werden dürfen. Für die **Raucher** unter uns: Ins Handgepäck und auch in den Koffer dürfen bei innereuropäischen Flügen weder Feuerzeug noch Streichhölzer, man darf aber ein Feuerzeug oder eine Streichholzpackung pro Person am Körper mitführen.

Ein kleiner Tipp: Um Stress und Ärger zu vermeiden, packen Sie neben den wichtigsten Dingen auch Utensilien ins Handgepäck, die Sie am ersten Tag in Ihrem Urlaub gebrauchen könnten. Wenn es an den Strand geht, packen Sie zum Beispiel direkt die Badekleidung ein. Falls das Gepäck Verspätung hat oder verloren geht, können sie trotzdem schon den ersten Tag genießen und müssen nicht direkt einkaufen gehen.

CO_2-Fußabdruck

Grundsätzlich gilt beim Thema **Umweltschutz:** Vermeiden ist besser als kompensieren. Auch längere Strecken lassen sich oft per Bahn, Bus oder Schiff zurücklegen, die allesamt eine bessere Klimabilanz haben als das Flugzeug. Wer nicht aufs Reisen mit dem Flugzeug verzichten will oder kann, hat die Möglichkeit, zusätzlich Geld für **Klimaschutzprojekte** auszugeben. Dabei ist jedoch darauf zu achten, in welche Projekte genau das Geld geht oder auch wie viel bei der jeweiligen Organisation für die Verwaltung stecken bleibt. Bisher als gut bewertete **Organisationen** sind u. a. *atmosfair.de, myclimate.org* sowie *goclimate.com.*

- **www.rome2rio.com** (zeigt generelle Verbindungsoptionen, eignet sich eher weniger für Bestpreise)

Anreise mit dem eigenen Fahrzeug

Alle Wege zur Insel führen über „den Kanal" und auch darunter durch. Von fast allen Orten in Deutschland aus bietet sich für die Fahrt bis zum Ärmelkanal der **Weg durch Belgien** an. Dafür sprechen die direkten und, im Gegensatz zu Frankreich, kostenlosen Autobahnverbindungen. Bei **Calais** beginnt der **Eurotunnel** nach Folkestone (in der Nähe von Dover), hier ist auch die kürzeste Fährstrecke.

Auf der Insel angekommen, bildet das Ballungszentrum London das erste Hindernis. Hat man sich durch den dichten Verkehr auf dem Autobahnring gekämpft, bieten sich **zwei Alternativen** für den Weg nach Norden:

Die eine Route führt weitgehend auf Autobahnen über **Birmingham, Manchester** und **Carlisle** nach **Glasgow.** Da diese Route an den Ballungsräumen Birmingham, Manchester und Liverpool vorbeiführt, drängt sich hier der Verkehr, und es besteht oft Staugefahr.

Wir empfehlen daher die andere Alternative auf der M 1/A 1 über **Sheffield, Leeds** und **Newcastle** nach **Edinburgh.** Ab Leeds führt die Strecke größtenteils über Bundesstraßen, doch sind diese gut ausgebaut und nicht so überlastet wie die westlichere Alternative. Auf beiden Strecken kann man sich nicht mehr verfahren. Man braucht sich keine Namen zu merken, sondern nur auf den Schildern der markanten Verheißung **„The North"** zu folgen. Auf der Rückfahrt gilt das Gleiche, aber nun geht es in Richtung „The South".

[>] Die meisten Reisenden mit eigenem Fahrzeug benutzen den Eurotunnel

Eurotunnel

Durch den 50 km langen Eisenbahntunnel unter dem Ärmelkanal verkehren sowohl Personenzüge im Fernverkehr als auch **Shuttle-Züge, die Fahrzeuge transportieren.** Um zum Bahnhof auf französischer Seite zu gelangen, nimmt man in **Calais** die Ausfahrt 42 der A 16, auf dem Rückweg in England die Ausfahrt 11a der M 20 bei **Folkestone.** Das Fahrzeug wird bequem auf einem der Waggons geparkt, Passagiere können im Auto bleiben oder aussteigen. Die gesamte Überfahrt dauert gut 90 Minuten.

Für wen die Romantik einer Fährüberfahrt nicht schon zum Urlaub gehört, dem sei der Eurotunnel ans Herz gelegt. Die Überfahrt ist ungleich schneller, auch Be- und Entladen erfolgt ruckzuck, man muss nur eine halbe Stunde vor Fahrtantritt vor Ort sein und wird problemlos umgebucht, insofern man in einem Korridor von zwei Stunden vor und nach der gebuchten Zeit im Bahnhof eintrifft (das Umbuchen auf eine frühere oder spätere Zeit ist auch bei den Fähren möglich). Auskunft über Zeiten und Preise sowie Buchungen findet man auf www.eurotunnel.com bzw. unter Tel. 01805 000248 (Deutschland) oder 0033 321002061 (aus der Schweiz

Adobe Stock © Elles Rijsdijk

und Österreich). Die Überfahrt pro Pkw gibt es für Frühbucher bereits ab £ 59, zum regulären Tarif für £ 79 pro Fahrt.

Fähren nach England

Eine Übersicht über die möglichen Fährverbindungen nach England zeigt die Karte auf der nächsten Seite. Genauere Informationen erhält man u. a. bei **www.ferrysavers.co.uk,** wo man die besonders für die Hochsaison äußerst ratsamen Vorausbuchungen vornehmen kann, die direkte Buchung über die jeweiligen Reedereien kann aber auch günstiger sein.

Unten findet sich eine Auswahl der für die Durchreise günstigsten Möglichkeiten. Die angegebenen Preise gelten für die **Hin- und Rückfahrt eines Pkw mit zwei Personen in der Hochsaison** tagsüber (nachts ist es in der Regel günstiger). Wer mit einem **Wohnmobil** unterwegs ist, muss damit rechnen, wegen der größeren Höhe als Lkw zahlen zu müssen. Die Maximal-Höhe ohne Aufpreis liegt meist bei 1,85 m, die Grenzen variieren aber je nach Route und Fährgesellschaft. Wichtig für Vorausplaner: Alle Fährgesellschaften bieten, nach Zeitpunkt gestaffelt, enorme Frühbucherrabatte von zum Teil bis über 50 %.

- Die gängigste und schnellste Verbindung ist die Überfahrt von **Calais** nach **Dover.** Hier verkehren rund um die Uhr Fähren von *P & O, DFDS Seaways* und *Irish Ferries.* Die normale Überfahrt dauert hier, wo man das andere Ufer bei gutem Wetter bereits mit bloßem Auge erkennt, ca. 1½ Std. Der Preis beträgt um 200 €.
- Als Alternative zur Verbindung zwischen Calais und Dover bietet sich auch die mit 2 Std. Fahrtzeit etwas langsamere Route zwischen **Dünkirchen** und **Dover** an, die von *DFDS Seaways* betrieben wird und zumeist rund 190 € kostet.
- Bequem ist für Schottlandreisende die Verbindung von *DFDS Seaways* zwischen **Amsterdam** und **Newcastle,** da man sich hier den Weg (inkl. Spritkosten und eventueller Zwischenübernachtung) durch England spart. Die Überfahrt kostet ab 800 € und dauert ca. 16 Std.
- *P & O* verkehrt auch zwischen **Rotterdam** und **Hull** in Mittelengland, Preise beginnen hier bei rund 600 €.
- Zwischen **Hoek van Holland** und **Harwich** verkehrt *StenaLine.* Die Überfahrt dauert zwischen 6 und 10 Std., die Überfahrt beginnt bei etwa 200 €.

©Reise Know-How Scott51 14/24
Aberdeen
Schottland
Glasgow
Edinburgh
Newcastle
Nord-
Belfast
irland
Hull
Liverpool
GB
NL
Ijmuiden
(Amsterdam)
Wales
England
Hoek van Holland
Harwich
Rotterdam
Cardiff
Swansea
London
Dover
Dünkirchen
Eurotunnel
Calais
B
Portsmouth
Newhaven
Poole
Plymouth
Dieppe
Le Havre
Cherbourg
Caen
F
Paris
Roscoff
St. Malo

Infos und Reservierungen

- **DFDS Seaways,** www.dfds.com, Tel. 0049 (0)403 890371
- **P & O,** www.poferries.com, Tel. 0049 (0)621 37909035
- **StenaLine,** www.stenaline.de, Tel. 0049 (0)180 6020100
- **Irish Ferries,** www.irishferries.com, Tel. 0049 (0)421 1760218

Anreise mit der Bahn

Alle Zugverbindungen nach Schottland führen **über London.** Die *Eurostar*-Hochgeschwindigkeitszüge verbinden Brüssel und Paris via **Eurotunnel** mit London. Die Gleise der *Eurostar*-Züge sind von den restlichen Gleisen von Brüssel Midi und dem Gare du Nord in Paris räumlich getrennt. Vor dem Einstieg werden eine **Sicherheits-** und eine **Passkontrolle** durchgeführt. Es sollten 1–2 Std. Zeit für den Check-in eingeplant werden. Die 20-minütige Querung des 34 km langen Tunnels hat an sich nichts Spektakuläres.

Wer über **Paris** fährt, hat dort einen **Bahnhofswechsel** zu bewältigen: Die Züge über Lausanne und Basel kommen im Gare de Lyon an, von wo ein *RER* (S-Bahn) in einer Viertelstunde zum Gare du Nord fährt. Die Züge über Frankfurt und Straßburg fahren zum Gare de l'Est und von dort mit einem Spaziergang zum Gare du Nord. Auch hierfür sollte etwas Zeit eingeplant werden.

Die *Eurostar*-Züge kommen in **London St. Pancras** an, in Fußentfernung vom Bahnhof **King's Cross** gelegen, wo stündliche Intercity-Verbindungen es in 4½ Std. bis Edinburgh schaffen. Nach Glasgow geht es alle 2 Std. in 5½ Std.

Tickets

Preislich ist die Zugfahrt den Flugpreisen oft unterlegen – aber nicht immer. Wer früh bucht und die Hauptreisetage meidet, kann mit etwas Glück für weniger als 100 € von überall in Deutschland bis London fahren. Der Verkauf der Tickets für den *Eurostar* startet jeweils vier Monate im Voraus und die Preise beginnen bei rund 60 €. Wer spät bucht, zahlt etwa 100 €.

Für eine Reise vom Kontinent nach Schottland bieten sich sehr viele **Ticket-Varianten** an, von *Interrail*-Tickets bis zu Europa-Spezial und vielem mehr. Wichtig, um nicht zu viel zu bezahlen, ist auf jeden Fall eine einigermaßen frühzeitige Planung. Für Kinder, junge Menschen und Senioren sind die Preise mitunter niedriger.

Wer sich gegen eine frühzeitige Planung sträubt, kann meist kurzfristig mit einem **Interrail-Pass** reisen. Der günstigste Pass deckt vier Tage innerhalb eines Monats ab und kostet regulär rund 260 €. Die zwei Reservierungen des *Eurostars* kosten jeweils rund 30 €, sodass die gesamten Reisekosten sich auf 320 € belaufen. Diese Variante erlaubt einen Aufenthalt in London oder zwei Bahnreisen in Schottland.

Eine Freundin hat uns die Anreise mit dem **Caledonian Sleeper** empfohlen (www.sleeper.scot). Von London fährt der Luxus-Nachtzug an allen Tagen außer Samstag zu den größeren schottischen Bahnhöfen und zurück. So kann man über den Tag bis London reisen und wacht dann am nächsten Morgen zum Beispiel in Fort William auf. Die Fahrt kostet zu zweit rund £ 300 für ein einfaches Abteil mit Doppelbett.

Buchung und Infos

Eine solche Reise kann bis London bedenkenlos über das **Buchungsportal der Deutschen Bahn** gebucht werden. Auch wenn das Puzzlespiel zwischen den Verbindungen wegfällt, bleibt dennoch eine Unsicherheit: Da auch die *Deutsche Bahn* keine durchgehende Fahrkarte verkauft, besteht in Paris oder Brüssel keine Garantie für einen neuen Zug, sollte der vorige aufgrund eines verpassten Anschlusses nicht erreicht worden sein.

Weitere Möglichkeiten des schnellen Vergleichs von Verbindungen bieten **Reiseportale** wie **www.raileurope.com.** Die Kombination verschiedener Verkehrsmittel kann sich lohnen. So kann es günstig sein, einen Flug bis London und dann den Zug nach Edinburgh oder Glasgow zu nehmen oder die verhältnismäßig teuren Zugverbindungen über die britische Insel durch eine Tagesreise mit dem Bus zu ersetzen. Eine Möglichkeit für den Vergleich zwischen den Verkehrsmitteln bietet **www.omio.com.**

Anreise mit dem Bus

Für Preisbewusste, die sich nicht lange im Voraus festlegen wollen, ist der Bus eine gute Wahl. Während bei der Bahn alle bezahlbaren Kontingente meist nur bei langer Vorbuchung zu haben sind, lässt sich so ein Busticket auch kurzfristig erhaschen.

Der Fernbusmarkt von Deutschland bis London wird hauptsächlich von **Flix Bus** (www.flixbus.de) bedient. Das Busunternehmen hat ein dichtes Busnetzwerk in ganz Europa aufgebaut, das sich bis Schottland erstreckt. Aus den meisten größeren deutschen Städten fährt ein *FlixBus* ab. Nach der Übernahme des *Eurolines*-Netzwerk 2019 ist die einzige Konkurrenz der **BlaBlaCar Bus** (www.blablacar.de/bus). Dieser bedient allerdings nur wenige Verbindungen.

Von London, Victoria Coach Station, verkehren täglich vier Busse der Gesellschaft *National Express* (Infotel. 08717 818181, www.nationalexpress.com) direkt nach **Glasgow** und nach **Edinburgh,** ebenso viele in der Gegenrichtung. Die Fahrt dauert 9–10 Std. und kostet hin und zurück ab £ 30. Die Gesellschaft ermäßigt die Preise für Studenten, Senioren und Kinder. Neben *National Express* wird die Route auch von *Megabus* (www.megabus.com) bedient.

Fahrradmitnahme

Das Fahrrad nach Schottland mitzunehmen, stellt in der Regel kein großes Problem dar. **In Flugzeugen** müssen Fahrräder als Sportgepäck angemeldet werden. Die Preise variieren zwischen 60 und 80 € pro Flug. Keine Airline lässt den Transport von E-Bikes zu.

Bei den **FlixBus-Verbindungen** können bei rechtzeitiger Buchung einige Reisen mit Mitnahmeoption für Fahrräder gefunden werden. Zusammengefaltet und eingepackt kann ein Fahrrad, sofern es klein genug ist, auch als Gepäck mitgenommen werden. Der Transport mit der Bahn ist so meist kostenlos. Auch **BlaBlaCar Bus** lässt Fahrräder zu, deren Summe aus Höhe, Breite und Tiefe 200 cm nicht überschreitet.

Sofern einer der seltenen Fahrradplätze frei ist kostet der Transport mit der **Bahn** bis zur Kanalküste 10 € (internationale Fahrradkarte). In Großbritannien kann das Fahrrad kostenlos im Zug mitgenommen werden. Eine Reservierung vor der Reise ist allerdings aus Platzgründen obligatorisch.

Wer sein Fahrrad auf dem Dach oder Heck des **Autos** mitnehmen will, sollte daran denken, dass Schottland eine recht feuchte Region ist. Alle rostenden Teile (v. a. die Kette, aber auch Schrauben) sollten daher durch gutes Einfetten vor Wasser geschützt werden.

Wer mit dem Fahrrad per Fähre über **Newcastle** auf die Insel reist, sollte, wenn er die Fähre verlässt, erst Richtung Tynemouth und dann Richtung Whitley Bay fahren. Danach kommt man automatisch auf die A 192 oder auf die A 193 (ausgeschildert), die beide im Gegensatz zur A 19 oder A 1 nur mäßig befahrene Landstraßen sind.

Nähere Infos gibt es beim **Allgemeinen Deutschen Fahrradclub** in Bremen, www.adfc.de, Tel. 0421 346290, oder beim **Cyclists' Touring Club,** Tel. 01483 238301, www.cyclinguk.org.

Trampen

Nach und in Schottland lässt es sich gut trampen. Gerade in entlegeneren Gebieten sind viele Fahrer bereit, Tramper mitzunehmen, da die Kriminalitätsrate gering und das generelle Zusammengehörigkeitsgefühl hoch ist.

Die Anreise sollte man durch Frankreich nach Calais planen. Von Dover aus muss man leider an London vorbei, wo man trotz des starken Verkehrs eher selten mitgenommen wird. Ist man an London vorbei, sollte man auf der M 1, später A 1 bleiben, die auf geradem Weg nach Edinburgh verläuft. Im Südwesten, Norden und Nordwesten Schottlands sowie auf den Inseln kann Trampen nur als Ergänzung zum Busfahren oder Wandern dienen, da hier nur sehr selten Autos verkehren.

Ideal zum Trampen sind in Großbritannien die *roundabouts,* die **Kreisverkehre,** da die Autos dahinter meist gut halten können und noch nicht so schnell sind. Auch deshalb empfehlen wir die A 1, weil sie, im Gegensatz zu den Autobahnen, häufig *roundabouts* passiert, aber gleichzeitig von viel Fernverkehr befahren wird.

Heute bieten auch **Mitfahrservices** wie **BlaBlaCar** die Möglichkeit, sich an den Spritkosten der anderen Person zu beteiligen und dafür eine planbare Mitfahroption zu haben (www.blablacar.com).

Autofahren

→ Anreise
→ Camping
→ Orientierung und Landkarten
→ Verkehrsmittel

An Dokumenten sollte man neben dem **Fahrzeugschein** und dem **Führerschein** einen **Versicherungsnachweis** („Grüne Karte") bei sich führen. Empfehlenswert ist auch ein **Europaschutzbrief.**

Straßennetz

In Schottland haben alle ortsübergreifenden Straßen eine **Nummer.** Straßen mit einem „M" und einer Zahl sind **Au-**

tobahnen, *motorways.* Die Ausfahrten der Autobahnen sind ebenfalls nummeriert. Die normalen **Landstraßen,** die deutschen Bundesstraßen entsprechen, besitzen ein „A“ vor der Zahl, die anderen Straßen ein „B“. Straßen ohne Nummern muss man nicht unbedingt misstrauen, sie sind aber in der Regel schlecht ausgebaut, meistens sind es *single track roads* und nicht selten Sackgassen.

In erster Linie sind die Nummern ausgeschildert. Wenn das Reiseziel und die Route feststeht, sucht man sich auf der Karte also nicht Ortschaften als Etappenziele heraus, sondern man merkt sich lediglich die Nummern der Straßen, die man benutzen will. An manchen Kreuzungen sind nicht einmal die Richtungen ausgeschildert, sondern lediglich die Straßennummern.

Auch **Vorwegweiser** zu größeren Straßen existieren, die man daran erkennt, dass auf einem Schild die Nummer der befahrenen Straße in einem Rechteck steht und dahinter in einem gestrichelten Rechteck die Nummer der Straße oder der Straßen, die man auf dieser Strecke erreicht.

In den entlegeneren Gegenden, vor allem im Hochland und auf den Inseln, wird man auch heute noch mit **single track roads** konfrontiert werden. Das sind Straßen mit nur einer Fahrspur und **Ausweichbuchten** *(passing places).* Diese sind durch weiße, rautenförmige Schilder gekennzeichnet und werden zum Vorbeilassen von Gegenverkehr oder zum Überholen benutzt. Anhalten muss derjenige, der sich bei In-Sicht-Kommen am nächsten an einem *passing place* befindet. *Passing places* dürfen natürlich nicht als Parkplatz verwendet werden.

Wer gut genug Englisch versteht, der kann über *Radio Scotland* (UKW 92,4 und 94,7 Mhz) den **Verkehrsfunk** hören, ein Service, der allerdings nur in Zentralschottland von praktischer Bedeutung ist.

Verkehrsregeln

Die Verkehrsregeln in Schottland unterscheiden sich, außer mit dem **Linksverkehr,** nur wenig von denen des Konti-

377sc sv

nents. Das Linksfahren führt besonders beim Überholen zu Schwierigkeiten, da der links sitzende Fahrer nicht den gewohnten Überblick hat. Man halte daher genügend Abstand, um den Blickwinkel zu vergrößern.

Auf den **Autobahnen** in Schottland ist das **Linksüberholen verboten.** In regelmäßigen Abständen finden sich am Fahrbahnrand sogenannte *hard shoulders,* Standstreifen, die nur im Notfall angefahren werden dürfen. Dort steht meistens auch eine Notrufsäule.

In Großbritannien ersetzen **Kreisverkehre** (engl. *roundabout*) oft in sinnvoller Weise große Ampelsysteme. Der Verkehr im *roundabout* hat immer Vorfahrt und fließt im Uhrzeigersinn.

Auch sollte man im Hochland immer darauf gefasst sein, dass **Vieh,** meist Schafe, seltener auch Kühe, auf der Straße stehen oder liegen und sich nur schwer vertreiben lassen. Besonders im Frühling und Frühsommer sollte man auf Lämmer achtgeben. Meist machen improvisierte Schilder auch darauf aufmerksam, dass Lämmer *(lambs)* auf der Straße sein können. Gerade **Motorradfahrer** sollten die *single track roads* mit den allgegenwärtigen Schafen, gelegentlichen „Flitzern", Schlammpfützen und kleinen Wasserfällen, die sich auf die Straße ergießen, nicht unterschätzen.

Höchstgeschwindigkeiten (Pkw)

- **im Ort:** 30 mph (48 km/h)
- **zweispurige Straßen:** 60 mph (96 km/h)
- **vierspurige Straßen:** 70 mph (112 km/h)

◁ Erinnerung an den Linksverkehr für Touristen

Tanken

Das **Tankstellennetz** ist in Schottland gut, sodass man nur auf den Nebenstrecken der Highlands und im Nordwesten auf einen vollen Tank achten muss. Die **Preise für Benzin** wechseln natürlich wie anderswo auch, sind aber seit Einbruch des Pfunds gegenüber dem Euro tendenziell niedriger als in Deutschland. Im Hochland kann es durch die hohen Transportkosten und den geringen Absatz passieren, dass ein Liter bis zu 10 p mehr kostet als in den Städten. Teurer sind die **Preise für Dieselkraftstoffe,** da diese in Deutschland subventioniert werden.

Autos laden

Das Netz an **Elektroladesäulen** hat einen Ausbau erfahren. An vielen Orten, auch in den Highlands und auf den Inseln, finden sich öffentlich nutzbare Ladestationen. Eine Karte mit einem Netz der Tankstellen findet sich unter **www.traffic.gov.scot**. Bei den Filtern kann unter „Road facilities" die Kategorie „EV Charging" ausgewählt werden. Eine sehr gute Übersicht inklusive Preise und Funktionalität bietet auch **www.chargeplacescotland.org.**

Panne und Unfall

Die **Automobile Association** (AA) hilft auch den Inhabern eines Europaschutzbriefes vom ADAC, ÖAMTC, TCS etc. Der britische Automobilclub hat an den Autobahnen und den Fernstraßen wie etwa der A 9 **Notrufsäulen** aufgestellt. Dort lässt sich eine **Pannenhilfe** sowie der Rettungsdienst herbeirufen. Die

Pannenhilfe ist auch unter Tel. 0800 887 766 (AA) zu erreichen.

Bei schwerwiegenden Problemen können Inhaber der entsprechenden Versicherung auch die 24-Stunden-Notrufnummern ihres eigenen Automobilclubs anrufen (→ Notfälle).

Passiert auf den einsamen Landstraßen oder gar *single track roads* ein *motor breakdown,* so sollte man am nächsten Haus nachfragen, ob es in der Nähe eine **Werkstatt** gibt. Mit etwas Glück findet sich eine der kleinen chaotischen Landwerkstätten, die meist Landmaschinen reparieren, aber auch Autos wieder flott bekommen.

Barrierefreies Reisen

In Schottland gibt es viele Sehenswürdigkeiten, Unterkünfte, Geschäfte und Banken, die speziell für Reisende mit Handicap zugänglich gemacht wurden.

- **VisitScotland** stellt unter www.visitscotland.com/de-de/inspiration/accessible zahlreiche Informationen zu barrierefreiem Reisen in Schottland zur Verfügung. In der Suche nach Unterkünften oder auch Unternehmungen können auf der Website spezifische Anforderungen gefiltert werden.
- Auf der Homepage des **National Trust for Scotland** (www.nts.org.uk) ist bei jeder Sehenswürdigkeit unter dem Punkt „Visitor Information" und dann „Accessibility" zu erfahren, ob ein barrierefreier Zugang vorhanden ist.
- **Historic Environment Scotland** (www.historicenvironment.scot) hat für 80 Orte einen *Access Guide* veröffentlicht.
- DIe zentrale Stelle für Menschen mit Handicap in Schottland ist **disability information scotland.** Sie sind Mo–Fr 10–16 Uhr unter Tel. 0300 3239961 erreichbar und bieten unter www.disabilityscot.org.uk einige Informationen an.
- **Tourism for All** erteilt Informationen für Ältere oder Reisende mit Handicap und vertreibt zwei Reiseführer mit Infos zu Transport, Unterkünften sowie Sehenswürdigkeiten: *Tourism for All,* c/o *Vitalise,* Shap Road Industrial Estate, Shap Raod, Fendal, Cumbria, LA9 6NZ, Tel. 0845 1249971, bzw. Tel. 00 44 1539 726111, www.tourismforall.org.uk.
- Auf der Website **www.euansguide.com** können Reisende mit einer Behinderung über die Zugänglichkeit von Orten berichten. Dort finden sich z. B. Bewertungen von Busbahnhöfen, Buslinien und Museen.

Informationsstellen außerhalb Schottlands

- **Procap Reisen,** Frohburgstrasse 4, 4600 Olten, Tel. 062 2068830, www.procap-reisen.ch hat eine Internetseite gespickt mit Informationen rund um's Thema Reisen.
- **Bundesarbeitsgemeinschaft „Selbsthilfe e.V.",** Kirchfeldstr. 149, 40215 Düsseldorf, Tel. 0211 310060, www.bag-selbsthilfe.de.
- **Schottland-für-Alle – Barrierefreie Reisen,** www.schottland-fuer-alle.com, Tel. 01863 766010 oder 0211 43691328 ist ein privater Reiseanbieter, der Individual- und Gruppenreisen für Reisende mit Behinderungen organisiert.

⊡ Campingplatz bei Glenbrittle auf der Isle of Skye

Camping

→ Unterkunft

Überall in Schottland sind **Campingplätze** angelegt. Eine Übernachtung mit Zelt kostet um £ 15, auf einigen Campingplätzen kann man schon für £ 8 sein Zelt aufschlagen. Auch die Versorgung mit Gasflaschen stellt kein Problem dar, da die größeren Campingplätze meist einen Shop haben, der die blauen Behälter verkauft.

Wild Zelten ist in Schottland nicht verboten. Doch sollte man sich vergewissern, dass man nicht auf Privatgrund zeltet, bzw. vorher fragen. Keine Angst, schottische Bauern sind meist freundlich und werden auf eine höfliche Frage entsprechend antworten. Weitere Informationen finden sich auch auf www.outdooraccess-scotland.scot.

Schottland lässt sich gut mit dem **Wohnmobil** bereisen. Dies benötigt jedoch gute Planung, denn nahezu an allen Straßen und Parkplätzen stehen Schilder mit dem Hinweis „No Overnight Parking", und die schottische Polizei erscheint zur Einhaltung dieser Regelung auf einmal allgegenwärtig. Dafür gibt es aber flächendeckend viele große und kleine Campingplätze, die in der Regel **Wasser- und Stromversorgung** anbieten. Es gibt auch verschiedene Websites, die über einfache Stellplätze informieren, diese sind oft kostengünstiger (www.stellplatz.info/reisemobilstellplatz/schottland). Für die Reise stehen verschiedene Optionen zur Verfügung: Entweder kann das eigene Wohnmobil per Fähre mitreisen, dabei sollte jedoch an eine frühzeitige Buchung gedacht werden, oder aber vor Ort wird eines gemietet. In der Sommerzeit empfehlen wir eine frühzeitige Buchung.

Zudem kann nicht ganz Schottland auf diese Weise erkundet werden, denn die meisten schottischen Nebenstraßen sind mit einem Wohnmobil oder -wagen nur schwer zu bewältigen. In den Highlands sind die entlegenen *Single Track Roads* nicht auf die Breite von Wohnmobilen oder Campervans ausgelegt. Um keine Staus zu verursachen, sind diese Straßen zu meiden.

In Schottland werden auf vielen Campingplätzen auch **fest installierte Wohnwagen** *(caravans)* als Übernachtungsmöglichkeit angeboten. Sie sind mit einer Küche ausgestattet und bieten Platz für 6–8 Personen. Meist werden sie ab einer Übernachtungsdauer von drei Tagen vermietet. Der Mietpreis für einen Wohnwagen beträgt um £ 180–250/Woche, manche sind auch schon ab £ 130 zu

mieten. Ist man in einer etwas größeren Gruppe unterwegs und möchte mehrere Tage an einem Ort bleiben, bietet sich in Wohnwagen eine der günstigsten Übernachtungsmöglichkeiten, denn selbst Jugendherbergen sind oft teurer.

Einkaufen

Waren aller Art sind in Schottland meistens teurer als in Deutschland. Dies trifft auch auf das urschottische Produkt, den **Whisky,** zu. Der *Blend* ist generell in Deutschland günstiger und auch den *Maltwhisky* (ab £ 30), den man in deutschen Supermärkten erhält, kauft man lieber zu Hause. Dafür ist die Auswahl in Schottland größer und viele Sorten, die in der Heimat nur in Spezialitätenläden stehen, kann man genauso teuer oder sogar billiger in Schottland erstehen. Die Preise für Whisky in den Brennereien *(distilleries)* sind gegebenenfalls etwas höher als im Supermarkt. Oft bekommt man jedoch bei der Teilnahme an einer Führung im Anschluss Rabatt.

Wolle und Strickwaren, insbesondere handgestrickte, dicke Pullover, sind oft relativ preisgünstig. Das Land ist nicht zuletzt für gute Textilwaren bekannt. Viele Besucher nehmen sich gern ein Stück Tartan oder Tweed mit nach Hause. Der handgewebte Harris-Tweed ist sogar wasserdicht, kostet aber viel.

Der Tourismus belebt auch das schottische **Kunsthandwerk.** Viele Töpfereien stellen schöne Gebrauchskunst her. Gold- und Silberschmiede lassen sich gern von keltischen Mustern zu traditionell angehauchtem Schmuck inspirieren.

Ein- und Ausreisebestimmungen

→ Autofahren
→ Mit Haustier unterwegs

Einreisedokumente

Da Großbritannien aus der EU ausgetreten ist, benötigen Reisende aus Deutschland oder anderen EU-Staaten sowie Schweizer zur Einreise einen über das Rückreisedatum hinaus gültigen **Reisepass.** Auch jedes **Kind** benötigt seinen **eigenen Reisepass.** Ab Ende 2024 wird zur Einreise ins Vereinigte Königreich zudem eine **Electronic Travel Authorisation (ETA)** benötigt. Die Ausstellung soll maximal drei Tage dauern und £ 10 kosten. Weitere Informationen sind zum Zeitpunkt des Drucks nicht bekannt (Infos unter www.gov.uk/guidance/electronic-travel-authorisation-eta). Die Dauer des Aufenthalts darf eine Zeit von sechs Monaten nicht überschreiten. Für längere Aufenthalte wird ein Visum benötigt.

Schweizer erhalten bei Vorlage ihres Ausweises eine *Visitor's Card* oder bei Vorlage des Reisepasses einen Stempel.

In Deutschland, Österreich oder der Schweiz lebende Staatsbürger von Nicht-EU-Staaten müssen eventuell ein **Visum** bei der entsprechenden **Botschaft des Vereinigten Königreichs** beantragen:

- **Deutschland:** Wilhelmstr. 70, 10117 Berlin, Tel. 030 204570, www.gov.uk/world/germany.
- **Österreich:** Jauresgasse 12, 1030 Wien, Tel. 01 716130, www.gov.uk/world/austria.
- **Schweiz:** Thunstr. 50, Postfach 134, 3000 Bern, Tel. 031 3597700, www.gov.uk/world/switzerland.

Zoll

Die Einfuhrbeschränkungen für den privaten Gebrauch sind durch die folgenden Mengenbegrenzungen definiert:

- **Tabakwaren:** 200 St. Zigaretten oder 100 St. Zigarillos oder 50 St. Zigarren oder 250 g Rauchtabak oder 200 St. Tabak für elektronische Zigaretten.
- **Alkohol:** 4 Liter nicht schäumender Wein (Stillwein) und 16 Liter Bier, zudem 1 Liter Spirituosen mit mehr als 22 Vol.-% oder 1 Liter Ethylalkohol mit mehr als 80 Vol.-% oder 2 Liter mit Alkohol angereicherten Wein oder Schaumwein.
- **Anderes:** Waren im Wert von bis zu 300 € (430 € für Reisende im Luft- oder Seeverkehr), die nicht unter die vorigen Kategorien fallen, sind zollfrei. Wird dieser Wert überschritten, so fällt auf alle Waren Zoll an.
- **Reisegebrauchsgegenstände,** zum Beispiel Kameras, Sportgeräte oder Kleidung, Verbrauchsgegenstände und Geschenke sind von diesen Regelungen ausgenommen. Für wertvolle Gegenstände empfiehlt es sich, bei der jeweiligen Zollstelle eine Voranmeldung vorzunehmen, um eventuelle Komplikationen zu vermeiden. Diese kann in der nächsten Zollstelle unter Vorführung der Waren erfolgen.

Darüber hinaus gelten in EU-Mitgliedstaaten weiterhin nationale **Ein-, Aus- oder Durchfuhrbeschränkungen,** z. B. für Tiere, Waffen, starke Medikamente. **Nähere Informationen:**

- **Deutschland:** www.zoll.de
- **Österreich:** www.bmf.gv.at
- **Schweiz:** www.ezv.admin.ch

Schweizer können bei Rückeinreise in die Schweiz pro Tag und Person folgende Mengen zollfrei einführen:

- **Tabakwaren:** 250 Zigaretten/Zigarren oder 250 g Tabak (jeweils für Pers. ab 17 Jahren).
- **Alkohol:** 5 Liter Alkohol bis 18 Vol.-% und 1 Liter über 18 Vol.-%.
- **Anderes:** 1 kg Fleisch/Fisch, 1 kg Butter/Rahm (ab 15 % Fettgehalt), 5 kg Speisefette/-öle. Übersteigt der Gesamtwert der mitgeführten Waren (inkl. der Wert aller Lebensmittel) 300 SFr, ist in jedem Fall die Mehrwertsteuer zu bezahlen.

Elektrizität

In Schottland beträgt die Netzspannung 230 Volt. Da Schukostecker nicht in die schottischen Steckdosen passen, ist ein **Adapter** erforderlich, der bereits im Heimatland erworben werden kann.

Essen und Trinken

→ Kleine Sprachhilfe Englisch im Anhang

Die schottische Küche

Die schottische Küche ist nicht so schlecht wie ihr Ruf, denn die Rohprodukte für die Speisen sind von guter Qualität. Das **Fleisch** etwa der Angus- und Galloway-Rinder zählt zum besten der Welt. Ebenso gut schmeckt der **Fisch,** der immer frisch ist und in jeder Zubereitung köstlich mundet.

Vegetarisch essen ist auf den Britischen Inseln weit verbreitet. Wer auf Fleisch verzichtet, wird daher weder in Restaurants noch als Selbstversorger Probleme bekommen.

Das bekannteste schottische Gericht ist wahrscheinlich **Haggis,** mit fetten Schafsinnereien gefüllter Magen. Der *great Chieftain of the Puddingrace* ist in Metzgereien erhältlich und wird oft in Pubs als Mahlzeit angeboten. Die **Scottish Broth,** ein Eintopf mit Hammelfleisch und Graupen, steht im Ruf, die einzige gute britische Suppe zu sein.

Anders als früher wird man in Schottland als Mitteleuropäer nicht mehr so große Probleme mit **Brot** bekommen. Die Zeiten, in denen es unmöglich war, etwas anderes als Toastbrot zu finden, sind vorbei. Die Suche nach dem geeigneten Belag ist von unterschiedlichem Erfolg gekrönt. Die Wurst ist nahezu ungenießbar, der Käse gut und die etwas teuren Gelees und Marmeladen sind ausgezeichnet.

Der **Essrhythmus** der Schotten unterscheidet sich etwas von dem der Deutschen. Das berühmte Frühstück ist ausschweifend, das Mittagessen *(lunch)* dafür weniger reichhaltig und abends wird mit dem *dinner* die Hauptmahlzeit eingenommen.

769sc sv

Fastfood

Fish and Chips ist in Schottland sehr beliebt und schmeckt auch Fastfood-Gegnern. Der Fisch, zumeist Schellfisch oder Wittling, ist frittiert und in den Fischereihäfen die billigste Möglichkeit, frischen Fisch zu kosten. Viele Imbissstubenbesitzer können sich nicht entscheiden, ob sie Pommes *(fries)* oder Bratkartoffeln zum Fisch reichen, die Chips bilden oft den Mittelweg. Über Fisch und Chips spritzen viele Schotten Essig *(vinegar)* – reine Geschmackssache.

Gebäck

Schottisches Gebäck, insbesondere Kekse und Plätzchen, sind ausgezeichnet. **Scones** sind kleine, weiche Brötchen aus Gersten- oder Weizenmehl, oft mit viel Butter und Rosinen angereichert. **Shortbread** sind nahrhafte Butterplätzchen, die früher nur zu Weihnachten gebacken wurden. Shortbread gibt es in den verschiedensten Ausführungen. Das Gebäck wird zum **Tee** gereicht, den man in Schottland mit Milch trinkt.

Rezepte

■ Um **Highlander-Shortbread** zu backen, braucht man: 50 g Zucker, 100 g Butter, 125 g Mehl, 50 g Stärke, Milch und *Demerara Sugar* (brauner, grober Zucker). Man rühre Zucker und Butter cremig und gebe dann Mehl und Stärke hinzu. Man forme anschließend den Teig zu einer Wurst, bestreiche diese mit Milch und rolle sie im *Demerara Sugar.* Danach wird die Rolle in ungefähr 18–20 Teile geschnitten, auf ein mit Backpapier ausgelegtes Blech gelegt und im vorgeheizten Ofen bei 200 °C ca. 15 Min. gebacken.

- **Scones** bestehen aus 200 g Mehl, 50 g Butter, einem gestr. Tl. Natron, einem gestr. Tl. Backpulver, Zucker und Rosinen nach Geschmack. Dazu wird so viel Milch gegeben, bis der Teig knetbar ist. Daraus formt man mehrere kleine Brötchen und bäckt diese 15 Min. bei 220 °C.

Selbstversorger

Die Nahrungsmittelbeschaffung stellt den Schottlandreisenden **im Süden** des Landes bis hoch nach Inverness vor keine Probleme, da jeder Ort ein Lebensmittelgeschäft besitzt, das alles führt, was das Herz begehrt. Etwas schwieriger, wenn auch nicht direkt problematisch, wird es dagegen in den einsamen Gebieten des **Hochlandes.** Lebensmittelhändler sind nicht in jeder der weit gestreuten Ortschaften zu finden. Wenn die eigenen Vorräte zur Neige gehen, ist es daher ratsam, sich beim nächsten Händler einzudecken, denn nicht immer erreicht man einen zweiten vor Ladenschluss.

Adobe Stock © donford1

Scones mit Marmelade zum Tee

Fish & Chips findet man an jeder Ecke

Feiertage, Feste und Events

→ **Zu jeder Zeit**

Offizielle Feiertage

Die Schotten sind zwar ein Volk, das gern und bei jeder Gelegenheit feiert, doch wann und wie, das lassen sie sich nicht gern vorschreiben. So kommt es auch, dass in Schottland nur **zwei gesetzliche Feiertage** existieren. Der eine fällt auf Neujahr, also den ersten Januar, der andere auf den ersten Weihnachtsfeiertag, d. h. den 25. Dezember.

Neben diese beiden freien Tage gesellen sich noch die sogenannten **Bankferien** *(Bank Holidays)*. Während der Bankferien sind im ganzen Land die Banken und gleichzeitig auch die Ämter geschlossen. Diese Feiertage sind der 2.1., Karfreitag, der erste und letzte Montag im Mai sowie der erste Montag im August, zudem *St. Andrew's Day* am 30.11. und *Boxing Day* am 26.12. *Bank Holidays* und Feiertage, die auf ein Wochenende fallen, werden nachgeholt.

Kirchliche und sonstige Feiertage können in Schottland, anders als in England, von den einzelnen Städten selbstständig festgelegt werden. Daraus resultiert, dass sie eben auch auf unterschiedliche Tage fallen. Die regionalen *Tourist Information Centres* geben gern Auskunft über Feiertage.

Feste und Veranstaltungen

Über das ganze Jahr verteilt, mit Schwerpunkt auf den Sommermonaten, finden in Schottland Festivitäten aller Art statt. Das Angebot reicht von kleinen Märkten über Folkfestivals und Highland Games bis zu internationalen Kunst- und Theaterfestivals. Sämtliche Veranstaltungen mit den aktuellen Terminen sind unter **www.visitscotland.com** aufgelistet. Die örtlichen *Tourist Information Centres* geben zusätzlich Auskunft über kleinere Veranstaltungen.

In der **Burns' Night,** am 25. Januar jeden Jahres, wird der Geburtstag des beliebtesten schottischen Dichters, *Robert Burns,* begangen. Begleitet von Dudelsackmusik wird ein *Haggis* feierlich in den Speisesaal getragen und dann das Gedicht *Burns',* das dieser der schottischen Spezialität gewidmet hat, rezitiert. Hinterher wird noch ein Toast auf den Dichter ausgesprochen, der den Rest des Abends mit Unmengen von Whisky begossen wird.

Zwischen Mai und September finden im schottischen Hochland die **Highland Games** statt. Nahezu jede Gemeinde veranstaltet ihre eigenen Spiele, bei denen sich starke Mannen u. a. im Baumstammwerfen, Tauziehen und Dudel-

376sc sv

sackspielen messen und tartanberockte Tänzerinnen beim *Scottish Highland Dance* zum Teil enorm schnelle Schrittfolgen und -figuren synchron vollführen. Fester Bestandteil der Spiele ist der abendliche „Umtrunk" aller Teilnehmer und Zuschauer (→ Exkurs „Der olympische Geist im Kilt", S. 288).

Die **Borders Heritage Festivals** sind Grenzlandfeste im Süden Schottlands, die im September, über viele Orte verteilt, stattfinden. Sie beinhalten Ausstellungen zu Textilien oder Architektur und verschiedenste lokal geprägte Veranstaltungen von Walks bis zur Kunst des Fliegenfischens.

Jedes Jahr im Frühjahr gibt es in **Speyside** das gleichnamige **Whisky Festival.** Destillerien wie Tamdhu, Knockando, Longmore, Tormore, Speyside, Speyburn, Knockdhu, Balmenach and Dalmunach öffnen in diesen Tagen für Whiskypilger ihre Pforten. Das Pendant für den rauchigen Whisky findet im Mai auf **Islay** statt.

Festivals

Darüber hinaus laden, über das Jahr verteilt, diverse **Folk-Festivals** zu einem Besuch ein. Diese Festivals bieten ein Forum für die traditionelle Volksmusik, Tanzgruppen, Theater, und alles, was nur entfernt mit Folklore zu tun hat.

An 18 Tagen im Januar wird bei den **Celtic Connections** in Glasgow jährlich die Folk-Musik zelebriert. Mit über 300 Veranstaltungen zählt das Festival zu den größten im Land. In kostenlosen Morgenkonzerten wird auch vielen Schulkindern die Musik nähergebracht.

Das größte und bedeutendste schottische Festival ist das **Edinburgh International Festival of Music and Drama,** das im Spätsommer stattfindet. Mit einer Vielzahl an hochklassigen Veranstaltungen ist das Festival sogar eines der großen Kulturereignisse weltweit. Dargeboten werden Theater, Musik aller Art, d. h. sowohl klassische Musik als auch Jazz oder Folk. Das zur gleichen Zeit stattfindende **Edinburgh Fringe Festival** beinhaltet ein riesiges Alternativprogramm mit Darbietungen von Künstlern, Straßenmusikern, freien Theaterschauspielern und Comedians.

Spezielle Festivals feiern die Schotten auch auf den Inseln, wie das **Arran Folk Festival** im Juni oder die **Shetland Wool Week** Ende September/Anfang Oktober.

Halloween am 31. Oktober bevölkert die Straßen mit Hexen, Geistern und Dämonen, wenn die schottischen Kinder in ihrer Verkleidung auf Halloween-Parties gehen.

Der **Guy Fawkes Day** am 5. November ehrt alljährlich den Mann, der im Jahre 1607 versuchte, das englische Parlament in die Luft zu sprengen, um gegen die antikatholischen Gesetze *James VI./I.* zu protestieren. Der Plan wurde jedoch vor der Ausführung aufgedeckt und *Guy Fawkes* verbrannt. Das Fest erfreut heutzutage die schottischen Kinder, da an diesem Tag allerlei Feuerwerkskörper in die Luft gesprengt werden.

St Andrew's Day am 30. November wird ähnlich wie die *Burns' Night* mit *Haggis* und viel Whisky begangen, nur wird diesmal der schottische Nationalheilige geehrt.

◁ Lebendige Tradition: eine Marching Band in Fort William

Up Helly Aa ist das größte und bekannteste Festival Shetlands. Es findet alljährlich in Lerwick am letzten Dienstag im Januar statt und erinnert an die nordische Vergangenheit der Shetland-Inseln, denn die Wikinger begingen das Ende des Winters mit einem großen Fest und rituellem Feuer. *Up Helly Aa* ist auch heutzutage ein Feuerfest, bei dem die Bewohner der Shetlands in nordischer Tracht auftreten und auch ein wikingisches Langschiff vorfährt.

Das größte gälische Festival wird jährlich Mitte Oktober mit der **Royal National Mòd** gefeiert. Bei diesem Festival werden viele gälische Konzerte, Highland-Tänze, Theaterstücke und Lesungen aufgeführt. Der Ort der *Mòd* wechselt jährlich, so fand die *Mòd* 2023 in Paisley statt, 2024 findet sie in Oban statt und 2025 in Fort William. Neben der *National Mòd* werden in einzelnen Orten insgesamt 18 offizielle **regionale Mòds** veranstaltet. *An Comunn Gàidhealach* organisiert die *Mòds* und bietet weitere Informationen unter www.ancomunn.co.uk.

Fotografieren

An **öffentlichen Orten** ist das Fotografieren und Filmen grundsätzlich erlaubt. Personen, die an solchen Orten fotografiert wurden, müssen für einen Schnappschuss nicht um deren Einverständnis gefragt werden.

Auf **privaten Grundstücken** wie Bahnhöfen, Burgen und Restaurants gilt das Recht des Besitzers, der das Recht zu fotografieren einschränken oder ganz verbieten darf.

Geld

→ Notfälle

Währung

In Schottland wird mit dem schottischen Pfund, dem **Pfund Sterling (£)** bezahlt. 1 £ sind 100 Pence (p). Vom englischen Pfund unterscheidet das schottische nur der Name, der Wert ist gleich, und man kann überall in Schottland mit englischen Pfundnoten bezahlen. Will man umgekehrt mit schottischen Banknoten in England bezahlen, wird man manchmal schief angeschaut.

Die **Ein- und Ausfuhr** von Pfund Sterling und anderen Währungen ist unbeschränkt möglich.

Wechselkurs

- **1 €** = 0,85 £, 1 £ = 1,18 €
- **1 SFr** = 0,88 £, 1 £ = 1,14 SFr

(Stand: Juli 2024)

Bargeld und Geldkarten

Die preiswerteste Art der Bargeldbeschaffung ist die Barabhebung vom **Geldautomaten** unter Angabe der PIN mit **Bankkarte** (Debitkarte) wie z. B. mit der Debit-Variante der *Visa Card* oder *Mastercard*. Ob und wie hoch die Kosten für die Barabhebung sind, variiert jedoch sehr je nach kartenaustellender Bank und je nach Bank, bei der die Abhebung erfolgt. Man sollte sich daher vor der Reise bei seiner Hausbank informieren, mit welcher Bank sie vor Ort zusammenarbeitet. Außerdem kann man unter www.geld-abheben-im-ausland.de die Konditionen für die **Kreditkarten** vergleichen, mit denen man im Ausland gebührenfrei Bargeld abheben kann. Kredit- und Debitkarten lassen sich gut für die Bezahlung in Geschäften nutzen. Für Barabhebungen am Automaten ist es jedoch meist vorteilhafter, eine Reisekreditkarte einer Direktbank zu verwenden. Eine gute Möglichkeit ist es auch, beim Zahlen an der Supermarktkasse, sofern das Geschäft das anbietet, Geld abzuheben.

In Großbritannien wird inzwischen ein **Großteil der Transaktionen mit Karte** abgewickelt. Da aber einige Kartenlesegeräte möglicherweise die Debitkarte nicht annehmen, kann es nicht schaden, auch etwas Bargeld bei sich zu tragen und gerade in den ländlicheren Regionen kann das Kartenlesegerät des Busses auch mal nicht funktionieren.

Hat man bei Barabhebungen am Geldautomaten die Wahl, sollte man den Betrag immer in der **Landeswährung** vom Konto abbuchen lassen und nicht in Euro. Bei einer Abbuchung in Euro wird die *Dynamic Currency Conversion* zugrunde gelegt, die erhebliche Kosten verursachen kann. Bei Abbuchung in der Landeswährung wird hingegen der offizielle Devisenkurs der eigenen Bank zugrunde gelegt, dies ist am sichersten.

Reisekosten

Die **Lebenshaltungskosten** sind in Schottland etwas höher als in Deutschland. Trotzdem sind insbesondere die Grundnahrungsmittel keineswegs unerschwinglich; etwas teurer wird es dagegen bei Fleisch und Obstwaren.

Ein **sparsamer Reisender** kann bei Anreise mit dem Flugzeug, Übernachtungen in Jugendherbergen und Selbstversorgung mit Reisekosten von ca. 1200 € für drei Wochen hinkommen. Sparsam bedeutet in diesem Fall, dass Souvenirs oder Essen in einem Restaurant nicht mitgerechnet sind. Wer sich nicht mit dem ganz einfachen Lebensstil zufrieden gibt, sollte als Minimum 1600 € für drei Wochen einplanen, die Übernachtung in B & B kostet, sofern man nicht alleine reist, durchschnittlich 40 € pro Nacht und Person, Einzelreisende zahlen meist 70 €.

Ermäßigungen

In Großbritannien allgemein und in Schottland im Besonderen werden die verschiedensten Ermäßigungskarten angeboten, die Reisenden das Fortkommen erleichtern oder **Eintrittspreise** (die im Buch angegebenen Preise gelten immer für einen Erwachsenen) verbilligen. Im Allgemeinen erhalten Senioren und Kinder bei Eintrittsgeldern Ermäßigung (ebenso gibt es oft Familientickets), wogegen Schüler und Studenten auch gegen Vorlage des internationalen Studentenausweises *(ISIC)* oder internationalen Schülerausweises *(IYTC)* nur selten verbilligt Einlass bekommen.

Die Mitgliedschaft bei **Historic Environment Scotland** (Jahresbeitrag Jugendliche 16–24 Jahre £ 33, Erwachsene £ 55, Studenten und Senioren ab 65 Jahre £ 44, Familien £ 101) oder im **National Trust for Scotland** (Jahresbeitrag Jugendliche bis 24 Jahre £ 40,20, Erwachsene £ 69,60, Senioren ab 60 Jahre £ 62,40, Familien £ 135) öffnet die Türen zu allen von diesen Organisationen verwalteten Sehenswürdigkeiten. Dazu gehört der überwiegende Teil aller historischen Gebäude oder Baulichkeiten in Schottland. Die Mitgliedschaft kann man in allen entsprechenden Besitztümern oder auf den entsprechenden Websites erwerben. Gerade beim *National Trust* macht sich eine Mitgliedschaft schnell bezahlt. Da die meisten der Sehenswürdigkeiten rund £ 15 Eintritt kosten, hat sich die Mitgliedschaft spätestens nach dem fünften Besuch gelohnt.

Der **Scottish Explorer Pass** von *Historic Environment Scotland* gestattet für sieben aufeinanderfolgende Tage den Eintritt in über 60 Sehenswürdigkeiten (darunter Edinburgh Castle) und kostet £ 26 für Kinder (7–15 Jahre), £ 44 für Erwachsene, £ 35 für Studenten und Senioren ab 65 Jahre und £ 88 für Familien.

In Schottland werden viele Ermäßigungskarten für das Reisen innerhalb des Landes, sei es mit Zug, Bus oder Fähre, vertrieben (→ Verkehrsmittel).

Trinkgeld

In manchen Restaurants ist in der Rechnung keine Pauschale für die Bedienung enthalten. In diesem Falle ist ein Trinkgeld von etwa 10 % des Rechnungsbetrages üblich. Falls das Trinkgeld schon im Preis enthalten ist, steht auf der Rechnung ein Vermerk: *„service charge included“*. Sollte dies der Fall sein, liegt das Trinkgeld im eigenen Ermessen.

Unüblich ist es, in Bars ein Trinkgeld zu geben. Besser: den „Wirt“ einladen zu einem Drink (den dieser wahrscheinlich erst nach Dienstende zu sich nimmt). Taxifahrer erhalten in der Regel ein Trinkgeld zwischen 10 und 15 % des Fahrpreises. Ebenso wird der Friseur ein freundliches Lächeln zeigen, wenn man ein kleines Extra(geld) hinterlässt.

Gesundheit

Medizinische Versorgung

Krankenhäuser finden sich in den größeren Städten, Adressen von **Ärzten** sind auch in kleineren Ortschaften bei den *Tourist Information Centres* zu erfahren. Generell ist das ärztliche Versorgungsnetz nicht so dicht gespannt wie in Deutschland, trotzdem wird man nur in völlig abgelegenen Gebieten Schwierigkeiten bei der Arztsuche haben.

In Großbritannien ist das Gesundheitswesen **verstaatlicht,** die Behandlung für Einheimische kostenlos. Die **gesetzlichen Krankenkassen** Deutschlands, Österreichs und der Schweiz garantieren eine Behandlung **im akuten Krankheitsfall** in Großbritannien, wenn die medizinische Versorgung nicht bis nach der Rückkehr warten kann. Da jedoch die Leistungen nach den gesetzlichen Regelungen in Großbritannien abgerechnet werden, muss man unter Umständen zunächst die Kosten der Behandlung selbst tragen, die wiederum nicht immer komplett erstattet werden. Ein Teil der finanziellen Belastung bleibt

[>] Flaches Marschland auf der Hebrideninsel Berneray: ein Paradies für Midges (Mücken)

beim Patienten und führt möglicherweise zu Kosten in kaum vorhersagbarem Umfang.

Krankenversicherung

Deshalb ist der Abschluss einer **privaten Auslandskrankenversicherung** dringend empfohlen. Privatversicherte (u. a. Schweizer) sollten prüfen, ob ihre Krankenversicherungsgesellschaft die vollständige Auslandsdeckung auch in Großbritannien garantiert. Bei Abschluss einer privaten Auslandskrankenversicherung – die es mit bis zu einem Jahr Gültigkeit gibt – sollte man auf einige Punkte achten:

- Vergütung der Arzt-, Zahnarzt- und Krankenhauskosten ohne Summenbeschränkung
- Deckung bei Krankheit und Unfall
- Vergütung von Krankentransporten, Rettungskosten und Krankenrücktransport ohne Einschränkungen und nicht nur, wenn es medizinisch notwendig ist oder der Krankenhausaufenthalt länger als 14 Tage dauert (dies wird nie von den gesetzlichen Krankenkassen übernommen, es gibt viel „Kleingedrucktes")
- Abdeckung der gesamten Aufenthaltsdauer mit automatischer Verlängerung über die festgelegte Zeit hinaus, wenn die Rückreise nicht möglich ist (durch Krankheit oder Unfall)
- Eventuell auch Abdeckung der Reise- und Unterkunftskosten von Familienangehörigen, wenn diese zur Betreuung anreisen
- Bei Jahresverträgen sollte man darauf achten, dass der Versicherungsschutz meist nur für eine bestimmte Anzahl von Tagen pro Reise gilt
- Die Versicherung als Familie ist i.d.R. günstiger als sich als Einzelpersonen zu versichern, aber man sollte die Definition von „Familie" genau prüfen

Zur Erstattung der Kosten benötigt man ausführliche **Quittungen** (mit Datum, Namen, Bericht über Art und Umfang der Behandlung, Kosten der Behandlung und Medikamente).

513sc ab

Mücken

Die schottischen Mücken *(midges)*, wissenschaftlich *Culicoides impunctatus*, und verwandte Arten sind äußerst lästige Zeitgenossen. Sie sind winzig (Flügelspannweite 1,4 mm), treten zumeist in großen Schwärmen auf und – beißen!

Midges bevölkern Schottland in den Sommermonaten (Mai–August) und brüten in feuchten Moor- und Sumpfgebieten. Bevorzugte Aufenthaltsorte sind die Umgebung von **Seen, Bächen und Wäldern** im Hochland. Besonders an windstillen Tagen und in der Dämmerung kann niemand den aufdringlichen *Midges* entkommen. Dunkle Kleidung soll sie in ihren Annäherungsversuchen noch ermutigen.

Gegen die hierzulande üblichen **Insektenabwehrmittel** scheinen die kleinen Biester immun zu sein. Man lässt sich besser in einer schottischen Apotheke beraten. Nach einem Biss schwören manche auf die Behandlung mit Zaubernuss, bei den meisten Menschen bleibt ein Biss jedoch ohne Wirkung, sodass sich die Behandlung erübrigt.

Trinkwasser

Schottisches Wasser ist kalkarm, also weich, und schmeckt gut. Der Tee, den man damit kocht, wird in heimischen Gefilden selten so köstlich munden. Im Hochland hat das **Leitungswasser** oft eine bräunliche Färbung. Dies bedeutet nicht, dass es schmutzig ist, die Farbe zeigt lediglich die Herkunft, das Moor, an. Im Norden Schottlands kann man oft auch aus den kleinen Bächen trinken, der Genuss von stehendem Wasser oder solchem aus größeren Bächen ist nicht empfehlenswert.

Mit Haustier unterwegs

→ Ein- und Ausreisebestimmungen

Als Land mit wunderschöner Natur eignet sich Schottland gut für den Urlaub mit Haustieren. Viele **Unterkünfte** weisen deswegen ihre **Haustierfreundlichkeit** aus. Ein entsprechender Filter für die Suche nach Unterkünften findet sich zum Beispiel auf www.visitscotland.com.

Bei Spaziergängen in der Natur sind im Allgemeinen die Regeln des *Scottish Outdoor Access Code* zu beachten. Hier sei angemerkt, dass Hunde **nicht in Jungtierherden** geführt werden sollten. In allen anderen Herden sind die Tiere an **kurzer Leine** zu führen. Sollte eine Kuh aggressiv reagieren, so gilt es den Hund seinen eigenen Instinkten zu überlassen und zur eigenen Sicherheit das Feld auf dem kürzesten Wege zu verlassen. In den Mooren, Wäldern, Küstengebieten und Grasgebieten nisten zwischen April und Juli zahlreiche **Vögel.** Hier sind Hunde ebenfalls an kurzer Leine zu führen.

- Im **Outdoor Access Code** sind alle allgemeinen Regeln und unter dem Punkt „Dog Walking" explizit Information für Hunde aufgeführt, www.outdooraccess-scotland.scot/practical-guide-all.
- *VisitScotland* führt unter www.visitscotland.com/de-de/holidays-breaks/pet-friendly zahlreiche **Unterkünfte,** die sich für einen Besuch mit Haustieren eignen.

Einreise

Es gilt die **Europäische Heimtierverordnung,** eine Quarantänepflicht existiert nicht. Hunde und Katzen müssen einen Mikrochip haben, gegen Tollwut geimpft sein und einen **EU-Heimtierausweis** besitzen. Dieser gilt in allen EU-Staaten, Großbritannien sowie in der Schweiz und kostet ca. 15–25 €. Da Hundewelpen unter 12 Wochen nicht gegen Tollwut geimpft werden und ab der Impfung drei Wochen vergehen müssen, können keine Hunde, die unter 15 Wochen alt sind, einreisen. 24–120 Stunden vor der Einreise müssen die Tiere gegen Bandwürmer behandelt werden (eingetragen im EU-Heimtierausweis).

Information

Fremdenverkehrsämter

- **VisitBritain (Britische Fremdenverkehrszentrale),** www.visitbritain.com (hier kann man auch Online-Broschüren bekommen).

  Visit Britain Shop ist der offizielle Shop von *VisitBritain,* über welchen die Veröffentlichungen des Fremdenverkehrsamtes sowie auch Fahr- und Eintrittskarten online bestellt werden können, www.visitbritainshop.com.
- **VisitScotland** (Schottlands nationale Fremdenverkehrsorganisation), Ocean Point One, 94 Ocean Drive, Edinburgh, EH6 6JH, www.visitscotland.com. Die Agentur veröffentlicht online zahlreiche Informationen, aber listet auch viele Sehenswürdigkeiten und Unterkünfte.

Die Regionen im Internet

- **Aberdeen:** www.visitabdn.com
- **Äußere Hebriden:** www.visitouterhebrides.com
- **Borders:** www.liveborders.org.uk
- **Dumfries and Galloway:** www.dumfries-and-galloway.co.uk
- **Edinburgh und Lothian:** www.edinburgh.org, www.visiteastlothian.org
- **Fife und Central:** www.welcometofife.com, www.discoverclackmannanshire.com
- **Glasgow und Argyll:** www.glasgowlife.org.uk, www.wildaboutargyll.co.uk
- **Highlands und Inseln:** www.discoverhighlandsandislands.scot
- **Orkney Islands:** www.orkney.com
- **Shetland:** www.shetland.org
- **Tayside:** www.visitangus.com, www.perthcityandtowns.co.uk

Touristinformationen

In ganz Schottland gibt es rund 25 **lokale Informationszentren** (*iCentre* oder *Tourist Information Centre*), die meist ganzjährig geöffnet sind. Die Touristinformationen vermitteln Infos über die entsprechenden Regionen und können oft auch über andere Gebiete Auskunft geben. In den Büros sind sowohl eine Vielzahl von kostenlosen **Broschüren** mit Angaben über Sehenswürdigkeiten und Unterkunftsmöglichkeiten als auch die Buchveröffentlichungen von *VisitScotland* erhältlich.

Zudem betreiben die Zentren eine **Zimmervermittlung** für örtliche Unterkünfte und ein *Book-A-Bed-Ahead*-System für Hotels, Gasthöfe und B & B in ganz Schottland. Dieser Service kostet £ 3 plus eine Anzahlung von 10 % des

Übernachtungspreises, die mit der Hotelrechnung verrechnet wird.

Schließlich sind hier **Fahrpläne** für die örtlichen Bahn- und Busverbindungen und ggf. die Fähr- und Flugfahrpläne erhältlich.

In jüngerer Zeit hat das *Tourist Board* mit einem wachsenden Angebot im Internet und stagnierenden Besucherzahlen in den *iCentres* die Zahl der *Visitor Centres* drastisch reduziert. Einige Regionen haben sich selbst geholfen, indem zum Beispiel auf den Äußeren Hebriden oder Shetland **Welcome** oder **Information Points** eingerichtet wurden. In anderen Gebieten, wie Borders oder Dumfries und Galloway, gibt es im gesamten Gebiet jeweils ein *Visitor Centre.* Achtung: **Die Zentren schließen allesamt bis voraussichtlich 2026.**

British Council

Der *British Council* hat sich die Verbreitung **britischer Kultur** zur Aufgabe gemacht (entsprechend etwa dem deutschen Goethe-Institut) und kann unter anderem wegen Sprachkursen kontaktiert werden.

- **Deutschland:** Tel. 030 22026990 (Mo–Fr 9–18 Uhr), www.britishcouncil.de.
- **Österreich:** Tel. 01 4240203 (Mo–Fr 9–18 Uhr), www.britishcouncil.at.
- **Schweiz:** www.britishcouncil.ch.

National Trust for Scotland

In Schottland gibt es zwei Organisationen, die es sich zur Aufgabe gemacht haben, das **kulturelle Erbe des Landes zu erhalten.** Der *National Trust for Scotland (NTS)* ist eine private Organisation, die sich über Stiftungen und Mitgliedsbeiträge finanziert. Sie kümmert sich um den Erhalt sowohl von Schlössern als auch von kleineren, bürgerlichen Häusern. Zudem befinden sich landschaftliche Monumente wie Glen Coe oder die Insel St Kilda in der schützenden Hand des *National Trust for Scotland.* 1931 gegründet, hat die Organisation seitdem Großes für die Kultur Schottlands getan.

Von den meisten Sehenswürdigkeiten nicht erwähnt, gibt es häufig eine kleine **Schatzsuche** für Kinder. Einfach an der Kasse nachfragen und vielleicht gibt es am Schluss eine kleine Überraschung.

Auf der Homepage www.nts.org.uk ist die kostenlose **Trust Trails App** für IOS und Android erhältich, die u. a. über die aktuellen Öffnungszeiten, Preise und Veranstaltungen informiert (→ Geld/Reisekosten/Ermäßigungen).

Historic Environment Scotland

Historic Environment Scotland (HES) kümmert sich ebenso wie der *National Trust for Scotland* um Gebäude oder Einrichtungen von historischer Bedeutung, ist aber in öffentlicher Hand und untersteht dem *Scottish Development Department.* Während der *NTS* vor allem Sehenswürdigkeiten betreut, liegen im Zuständigkeitsbereich des *Historic Environment Scotland* in erster Linie **Ruinen und prähistorische Stätten.** Eine Mitgliedschaft für ein Jahr, die freien Eintritt zu den Stätten beinhaltet, ist möglich. Zwei der bekanntesten durch den *Trust* verwalteten Burgen sind die Castles von Edinburgh und Stirling.

Unter www.historicenvironment.scot kann man eine **kostenlose App** für *IOS* und *Android* herunterladen (→ Geld/Reisekosten/Ermäßigungen).

Medien

Schottland hatte ehemals eine blühende Zeitungsindustrie, die einen wichtigen Zweig der nationalen Wirtschaft bildete. Doch das 20. Jh. war gekennzeichnet vom Niedergang der großen schottischen Zeitungsimperien, sodass sich die **Auswahl schottischer Zeitungen** deutlich verkleinert hat.

Der *Daily Record* ist ein Sensationsblatt ähnlich der deutschen *Bild-Zeitung* und findet eine breite Leserschaft (www.dailyrecord.co.uk). Das sonntägliche Äquivalent zum *Daily Record* ist die *Sunday Mail.*

The Herald ist eine seriöse, landesweit gelesene Zeitung mit einer politischen Ausrichtung, die als konservativ bezeichnet werden könnte (www.heraldscotland.com).

Das semiseriöse *The Press and Journal* ist in Aberdeen beheimatet und wird ebenfalls in ganz Schottland gelesen (www.pressandjournal.co.uk).

The Scotsman vertritt zwar den Anspruch, eine überregionale Zeitung zu sein, die auch über die national relevanten Ereignisse berichtet, nichtsdestotrotz liegt der Schwerpunkt dieser Zeitung allerdings in Edinburgh und bei der offiziellen Politik (www.scotsman.com).

Pünktlich zum Unabhängigkeitsreferendum hat sich 2014 *The National* gegründet, als Zeitung, die klar für eine schottische Unabhängigkeit Stellung bezieht.

Die *Sunday Post* ist ein beliebtes Sonntagsblatt, das allerdings mehr für seine Comics als für gute Berichterstattung bekannt ist. Wendet man sich von den Comics den Artikeln zu, sind diese zumeist konservativ und leicht moralisierend (www.sundaypost.com).

Neben den Tageszeitungen werden in Schottland noch einige **Magazine** publiziert, die regelmäßig erscheinen. Das *Scots Magazine* erscheint einmal im Monat und veröffentlicht Artikel zu den Themen schottische Geschichte, Landschaft, Lebensart, Sprache, etc. (www.scotsmagazine.com).

Ebenfalls einmal im Monat berichtet *Scottish Field* über all das, was Grundbesitzer, Feldsportler oder Jäger interessiert (www.scottishfield.co.uk).

Vierteljährlich erscheint *Tocher.* Das Magazin publiziert jeweils eine Auswahl an traditionellen Erzählungen, Liedern, Folklore und mündlich überlieferter Geschichte, die sich im Archiv der *School of Scottish Studies* in Edinburgh findet, das über die größte schottische Sammlung dieser Thematik verfügt (www.pearl.celtscot.ed.ac.uk). Einmal im Jahr gewährt die *School of Scottish Studies* der *University of Edinburgh* Einblick in ihre Forschungsarbeit über traditionelles Leben und veröffentlicht neueste Erkenntnisse in den *Scottish Studies* (www.ed.ac.uk/literatures-languages-cultures/celtic-scottish-studies).

Alle zwei bis drei Jahre erscheint das Buch „Transactions of the Gaelic Society of Inverness", das in Schwerpunktthemen über die gälische Kultur und Geschichte Schottlands informiert (www.gsi.org.uk).

Mit Kindern unterwegs

→ Hinweise zur Benutzung:

Schottland ist mit vielen Möglichkeiten die **Natur** zu erkunden, ob am See, am Meer oder im Wald, ein ideales Ziel für die Reise mit Kindern.

Bei Unterkünften können sich gerade im Sommer Engpässe ergeben. In klassischen **B & Bs** werden meist Zwei-Bett-Zimmer angeboten, sodass hier auf kinderfreundliche Einrichtungen zu achten ist. Da diese erfahrungsgemäß eher rar sind, kann eine **Buchung im Voraus** sehr hilfreich sein. Eine durchaus sinnvolle Alternative sind die **Jugendherbergen,** die meist eine Möglichkeit zur Selbstversorgung bieten und so auch die Reisekosten senken können. Mit einer sehr freien Wahl an Aufenthaltsorten, einer gegenüber dem Zelt sehr trockenen Unterkunft und Schlafplatz für alle Familienmitglieder ist die Reise mit einem **Wohnmobil** durchaus komfortabel. Eine andere Möglichkeit ist die Buchung von **Ferienwohnungen** oder die Nutzung von *Airbnb*-Unterkünften (→ Infokasten S. 515).

Aktivitäten

In **Glasgow** ist an verregneten Tagen das *Museum of Transport* oder auch das *Glasgow Science Centre* zu empfehlen, bei Sonnenschein lohnt eine Erkundung des Kelvingrove Park oder auch des Glasgow Greens. Etwas außerhalb der Stadt weist der Kelvin, der dem Park den Namen gab, ein sehr schönes Flussufer mit gutem Weg auf.

In **Edinburgh** kann Calton Hill oder auch King Arthurs Seat eine gute Möglichkeit bieten, ein wenig überflüssige Energie zu verbrennen. An nassen Tagen zeigen das *Museum of Childhood* oder auch das *National Museum of Scotland* viele spannende Ausstellungsstücke. Wer dafür noch zu jung ist, dem ist vielleicht mit dem Zoo oder einer Erkundung des Castle besser gedient.

In **Aberdeen** erklärt das *Aberdeen Science Centre* die Welt. Für Outdoor-Aktivitäten eignen sich die vielen umliegenden Strände oder alternativ eine Schatzsuche durch Old Aberdeen.

Für Tierliebhaber bieten sich über das ganze Land verteilt viele Möglichkeiten. An der Küste lassen sich viele **Vögel,** an einigen Stellen auch **Robben** oder **Otter** und mit einem Fernglas sogar **Delfine** und **Wale** beobachten. Bessere Chancen für die letzteren bieten sich auf einer **Erkundungsbootsfahrt,** die in vielen Küstenorten angeboten wird. Der *Edinburgh Zoo* oder der *Highland Wildlife Park* südlich von Aviemore zeigen viele größere Tiere, während die *Monreith Animal World* im Süden von Dumfries und Galloway mit Alpakas, Eseln oder auch Truthähnen mit etwas profaneren Tieren aufwartet. Im Inland bietet sich an Loch Garten die Möglichkeit, **Fischadler** zu beobachten, auf Harris in den Äußeren Hebriden wurde ein Observatorium für **Steinadler** aufgebaut.

Für **Outdoor-Aktivitäten** ist der ganze Rest des Landes wie gemacht. An jeder Ecke wartet ein einsamer Strand darauf gefunden oder ein manchmal gar nicht so kleiner Hügel darauf bestiegen zu werden. Bei schönem Wetter und we-

514sc ab

nig *Midges* macht das bei korrekter Streckenlänge und Kleidung sehr viel Spaß.

In vielen **Burgen** und **Klöstern** sind auf Nachfrage kleine Beschäftigungen für die jüngsten Gäste gegeben. Von kleinen Schnitzeljagden bis Verkleidungsmöglichkeiten sind viele Angebote vorhanden (meist erst auf Nachfrage).

Klima und Reisezeit

→ Reisegepäck und Ausrüstung
→ Land und Leute/Klima

Wann ist die beste Reisezeit? Die Frage kann nur mit: „Geschmackssache!" beantwortet werden. Jede Jahreszeit hat in Schottland ihre Schokoladenseite. Das Frühjahr bringt viele Blumen zum Blühen und junges Laub an die Bäume, wenige Touristen sind im Land. Die Frühsommermonate **Mai und Juni** sind statistisch gesehen die Monate mit dem wenigsten Niederschlag. In diesen Zeitraum fällt auch die Hauptbrutzeit der meisten Seevögel, die dann in Küstennähe besser beobachtet werden können.

Mehr Regen fällt dagegen im **Juli und** im **August,** obwohl die beiden Sommermonate für die höchsten Temperaturen sorgen und für Wassersportfreunde am geeignetsten sind. Während der Sommermonate befinden sich die meisten Touristen in Schottland, bedingt durch die Sommerferienzeit. Auf den Inseln Skye, Arran oder Mull trifft man auf viele Besucher aus aller Herren Länder, den USA, Australien, Frankreich, Holland etc. Manchmal trifft man Leute aus Übersee mit Namen *MacDonald* oder *Campbell,* die in den Fußstapfen ihrer Vorfahren wandeln und *back to the roots* entfernte Verwandte in Schottland aufspüren. Wer dem Rummel der sommer-

Regenbogen über Lewis – die Äußeren Hebriden sind auch im Winter eine Reise wert lichen Hochsaison aus dem Weg gehen möchte, sollte eher auf die Äußeren Hebriden oder in abgelegene Gebiete im Hochland ausweichen.

Hinweisen möchten wir an dieser Stelle auf die **Stechmücken,** die in den Sommermonaten ihr Unwesen treiben. Ähnlich wie in den skandinavischen Ländern treten sie oft in Schwärmen auf und schlagen sogar Kühe in die Flucht. Wer allergisch gegen die kleinen Stecher ist, sollte vorsorgen und sich entsprechend ausrüsten.

Für Naturfreunde sind der **September** und der **Oktober** die besten Reisemonate. Das Heidekraut leuchtet herbstlich, Anfang September kann man von den wilden Brombeeren naschen, die an jeder Ecke reifen. Zudem sind die Touristenströme verebbt. Selbst auf überlaufenen Inseln wie Arran oder Skye kehrt wieder ein alltägliches Leben ein. Im Herbst beginnt das Spektakel der Wildgänse. Aus dem Norden, aus Grönland, kommen die **Zugvögel,** um der arktischen Kälte zu entfliehen. Auf den Hebriden-Inseln und im Süden der Dumfries-and-Galloway-Region brüten sie zu Abertausenden. Der wärmende Golfstrom verhindert einen strengen Winter, Frost ist die Ausnahme.

Nur in den Highlands und den höheren Regionen der Southern Uplands kehrt der **Winter** mit Schnee und Frost ein. Viele englische Touristen verbringen dort ihren Winterurlaub. Die meisten Sehenswürdigkeiten in Schottland bleiben während der Wintermonate geschlossen (→ Sport und Aktivitäten/Skisport).

Nützliche Telefonnummern

Notruf

- **Polizei, Feuerwehr** und **Rettungswagen: 999**

Ländervorwahlen

- **Großbritannien:** 0044
- **Deutschland:** 0049
- **Österreich:** 0043
- **Schweiz:** 0041

Kommunikation unterwegs

Die **Netzabdeckung** ist in den Metropolen sowie im Süden und Osten sehr gut. Einzelne Lücken bestehen im westlichen Hochland, in den Cairngorms, am Mull of Kintyre und in den Southern Uplands. Die meisten Unterkünfte bieten jedoch inzwischen einen **WiFi-Zugang** an, sodass es auch in entlegeneren Gebieten trotz schwacher Abdeckung in der Herberge Internet gibt.

Telefonieren

Das eigene Handy lässt sich in Großbritannien problemlos nutzen. Wer im EU-Ausland telefoniert (für Schweizer gelten diese Regeln einstweilen noch nicht), zahlt seit dem 15. Juni 2017 **keine zusätzlichen Roaminggebühren** mehr, sondern es gelten die gleichen Tarife wie im eigenen Land, sofern es sich um eine zeitweilige Nutzung der SIM-Karte im

Ausland handelt. Der Empfang von SMS ist in der Regel grundsätzlich kostenfrei. Diese Regelung wurde im Rahmen der Europäischen Union eingeführt. Einige Telefonbetreiber haben noch keine Abkehr von dieser Regelung verkündet (Stand Mai 2024), im Zweifel sollten die Informationen auf der Website des Telefonanbieters verfügbar sein.

Für **Auslandsgespräche** wählt man nach der Ländervorwahl (siehe Kasten) die Vorwahl der entsprechenden Stadt ohne die erste Null, dann die Teilnehmernummer. Will man vom Ausland nach **Schottland** telefonieren, ist die **Vorwahl 0044.**

Internet

Insbesondere bei Internetnutzung fährt man mit **kostenlosen WiFi-Verbindungen** sicherlich am günstigsten. Für Datenroaming fallen für EU-Bürger derzeit zwar auch in Großbritannien keine Zusatzkosten an, aber die Abdeckung durch Hotspots ist gerade in Städten nahezu flächendeckend. Darüber hinaus kann man über Messengerdienste kostenlos chatten oder telefonieren.

LGBT+

Seit 2014 können gleichgeschlechtliche Paare in Schottland die Ehe eingehen und seit 2009 können sie Kinder adoptieren. Befragungen von Personen der LGBT-Community ergaben jedoch, dass in den ländlichen Regionen wesentlich stärkere **Vorbehalte** wahrgenommen wurden als in den Städten. Im Allgemeinen wächst die Akzeptanz, es verbleiben jedoch noch Vorbehalte, die sich bisweilen in Diskriminierung und Hasskriminalität äußern.

Die größten LGBT-Communities finden sich in **Edinburgh** und **Glasgow.** In Glasgow liegen einige Bars, Cafés und Clubs in Laufreichweite der Virgina Street und John Street. Die **Pride Glasgow** bezeichnet sich als das größte Festival ihrer Art in Schottland. Zudem findet in Glasgow jährlich im Oktober das **Scottish Queer International Film Festival** statt, das über das ganze Jahr Events an verschiedenen Orten anbietet. Empfehlenswert ist außerdem der queere, unabhängige Buchladen *Category is Books* in der 34 Allison Street, Glasgow, G42 8NN (www.categoryisbooks.com).

Edinburgh hat eine bunte Szene, die sich in einigen Bars und Cafés entlang des Picardy Place manifestiert. Die **Edinburgh Pride** findet jährlich im Juni statt.

In anderen Städten wie Dundee, Aberdeen oder St Andrews ist die Szene wesentlich kleiner und es gibt meist einen einzigen Treffpunkt.

Informationen

- **www.equality-network.org** bietet Informationen zu den Rechten und Hilfe.

Maße und Gewichte

Im Zuge der europäischen Einigung hat Großbritanninien 1995 seine Maß- und Gewichtseinheiten auf das **metrische System** umstellen müssen. Traditionsreiche Produkte wie beispielsweise Bier bilden jedoch eine Ausnahme und werden heutzutage noch in den alten Maßen ausgeschenkt. Längen werden auch weiterhin noch in **Meilen** angegeben.

Umrechnungstabelle

1 inch	2,52 cm
1 foot	30,48 cm
1 yard	91,44 cm
1 mile (1760 yards)	1,609 km
1 fluid ounce	28,47 ml
1 pint	569,4 ml
1 quart	1,136 l
1 gallon	4,5459 l
1 ounce	28,35 g
1 pound (16 ounces)	453,6 g
1 stone (14 pounds)	6,35 kg
1 hundredweight	50,8 kg
1 ton (2240 pounds)	1016,064 kg
1 square foot	9,29 dm²
1 square yard	0,836 m²
1 square mile	2,59 km² (= 259 Hektar)
1 acre	4046,86 m² (= 0,40486 Hektar)

Notfälle

→ Sicherheit

Notruf

- **Polizei, Feuerwehr** und **Rettungswagen: 999**

Diplomatische Vertretungen

Wird der **Reisepass oder Personalausweis gestohlen,** muss man dies bei der örtlichen Polizei melden. Darüber hinaus sollte man sich an die nächste diplomatische Auslandsvertretung seines Landes wenden, damit man einen Ersatz-Reiseausweis zur Rückkehr ausgestellt bekommt.

Auch in **dringenden Notfällen,** z. B. medizinischer oder rechtlicher Art, sind die **Konsulate** bemüht, vermittelnd zu helfen:

Deutsche Vertretungen in Schottland

- *German Honorary Consulate* **in Aberdeen,** *Ledingham Chalmers LLP, Johnstone House,* 52–54 Rose Street, AB10 1HA, Tel. 01224 408608, aberdeen@hk-diplo.de.
- *German Consulate General* **in Edinburgh,** 16 Eglinton Crescent, EH12 5DG, Tel. 0131 3372323, www.edinburgh.diplo.de.
- *German Honorary Consulate* **in Glasgow,** *c/o Dentons UK & Middle East LLP,* 1 George Square, G2 1AL, Tel. 0141 2715730, glasgow@hk-diplo.de.
- *German Honorary Consulate* **auf Shetland,** Alsace, Lower Sound, Lerwick, ZE1 0RL, Tel. 01595 693268, lerwick@hk-diplo.de.

Österreichische Vertretung in Schottland

■ *Austrian Honorary Consulate* **in Edinburgh,** 15 Old Fishmarket Close, EH1 1AE, Tel. 0131 6182819, scotland@austrianconsulate.eu.

Schweizer Vertretung in Schottland

■ *Swiss Consulate General* **in Edinburgh,** 11/2 Regent Terrace, EH7 5BN, Tel. 0131 5589402, edinburgh@honrep.ch.

Verlust von Geldkarten

Bei Verlust oder Diebstahl der Kredit- oder Debitkarte sollte man diese umgehend **sperren lassen.** Tipp: Die Notrufnummer mit IBAN bzw. Kreditkartennummer im Handy speichern. Für österreichische und schweizerische *MasterCard, VISA, American Express* und *Diners Club* gilt, dass man sich vor der Reise die Rufnummer der kartenausstellenden Bank notiert haben sollte.

■ **Deutscher Sperr-Notruf** für alle Debit- und Kreditkarten: Tel. 0049 116116, aus dem Ausland Tel. 0049 30 40504050 (kostenlose „SperrApp" für iOS und Android).
■ **Österreichischer Sperr-Notruf** für Bankomat-Karten: Tel. 0043 1 2048800.
■ **Schweizerischer Kartensperrservice** des TCS: Tel. 0041 844 888111.

Geldnot

Wer dringend eine größere Summe Bargeld in Großbritannien benötigt, kann dies über www.westernunion.de regeln und sich das Geld bei der entsprechenden Vertretung von **Western Union** am Urlaubsort in Großbritannien auszahlen lassen. Wenn man das Geld per Kreditkarte anweisen lässt, zahlt man einen 5 % schlechteren Umrechnungskurs. Die Überweisung kann man per App von *Western Union* erledigen, über Online-Banking von seiner eigenen Bank oder durch eine Vertrauensperson von zuhause aus.

Autopanne/-unfall

Hilfe ist z. B. für ADACPlus-Mitglieder oder ÖAMTC-Mitglieder oft kostenlos. Man kann sich u. a. direkt an den Automobilclub wenden. Die drei größten Clubs für Deutschland, Österreich und die Schweiz:

■ **ADAC,** Tel. 0049 89 222222 bei Fahrzeugschaden (man wird mit einer eventuell deutschsprachigen Notrufstation vor Ort verbunden), Tel. 0049 89 7676 76 für medizinische Notfälle.
■ **ÖAMTC,** (A-)Tel. 01 2512000
■ **TCS,** (CH-)Tel. 058 872220

Öffnungszeiten

Geschäfte

Schottland besitzt kein Ladenschlussgesetz, trotzdem sind die Öffnungszeiten der Geschäfte ähnlich wie in Deutschland. In der Regel sind die Geschäfte Mo–Sa von 9 bis 17.30 oder 18 Uhr geöffnet, einige Läden haben allerdings samstags am Nachmittag geschlossen. In touristisch stark erschlossenen Gebieten sind die Geschäfte oft bis spät in den Abend geöffnet, und in den Städten hat der **lange Donnerstag** Einzug gehalten;

an diesem Tag werden erst zwischen 19.30 und 20 Uhr die Türen dicht gemacht.

In ländlichen Gebieten gibt es vereinzelt noch den **Early-closing-day,** an dem die Geschäfte nachmittags geschlossen sind. An welchem Wochentag man sich nur morgens dem Konsumrausch hingeben kann, ist von Ort zu Ort verschieden, meistens fällt dieser Tag auf einen Mittwoch.

In Städten und größeren Ortschaften findet man oft auch einen Supermarkt, der bis spät abends und auch **sonntags** geöffnet ist.

Banken

Banken öffnen in der Regel Mo–Fr zwischen 9 und 10 Uhr und schließen zwischen 16 und 17 Uhr. Mittwochs weichen die Öffnungszeiten einiger Banken von der normalen Öffnungszeit ab und stehen ihren Kunden nur kürzer zur Verfügung. Samstags haben einige Banken vormittags geöffnet.

Burgen, Schlösser und Museen

Die Öffnungszeiten variieren stark und sind in diesem Buch bei den jeweiligen Sehenswürdigkeiten angegeben. Häufig haben sich jedoch folgende **Standardöffnungszeiten** durchgesetzt: April–Sept. Mo–Sa 10–17.30 Uhr, So 14–18 Uhr, Okt.–März tägl. 10.30–16 Uhr. Bei den Angaben in diesem Buch wird die Zeit von April bis September als „Sommer" und die Zeit von Oktober bis März als „Winter" bezeichnet. Weiterhin ist zu beachten, dass häufig zwischen 12.30 und 13.30 Uhr eine Mittagspause eingelegt und der letzte Einlass etwa 45 Minuten vor Schließung gewährt wird.

Restaurants und Pubs

Sowohl unabhängige als auch in Hotels angesiedelte **Restaurants** haben meist von 12 bis 14.30 Uhr und 18 bis 24 Uhr geöffnet. Diese Zeiten können jedoch variieren, besonders in ländlichen Gegenden schließen die Restaurants früher. Manche Restaurants, Bistros und Cafés öffnen zum Frühstück und nachmittags zum Tee. In ländlichen Gebieten trifft man oft auf die Institution des **High Tea,** eine einfache Mahlzeit mit Tee, die zwischen 16.30 und 18 Uhr gereicht wird.

Pubs haben in der Regel Mo–Sa 11–14.30 und 17–23 Uhr sowie sonntags 12.30–14.30 und 18.30–23 Uhr geöffnet. An dieser Stelle ein Hinweis an Familien mit Kindern: Kindern unter 14 Jahren ist das Betreten eines Pubs mit Alkoholausschanklizenz selbst in Begleitung der Eltern verboten. Pubs, die über eine räumliche Trennung zwischen Bar und Lounge verfügen, empfangen Familien bis 20 Uhr in ihrer Lounge.

Orientierung und Landkarten

Adressen in Schottland gliedern sich in Anschrift, die Nummer des Hauses in der jeweiligen Straße, die Ortschaft und manchmal noch den nächstgrößeren Ort. In kleineren Orten gibt es manchmal keine Straßennamen und dementsprechend nur einen Ort.

Das Äquivalent zur **Postleitzahl** ist sechs- oder siebenstellig, besteht aus Ziffern und Buchstaben und ist wesentlich feiner gegliedert als die deutsche Postleitzahl.

Karten

- Das *Scottish Tourist Board* veröffentlicht auf www.visitscotland.com/see-do/tours/driving-road-trips/routes/planner verschiedene Touren durch Schottland, darunter auch bekanntere Rundtouren wie die **North Coast 500,** die sich ab Inverness einmal um die nördliche Küste Schottlands windet.
- Beim *Scottish Tourist Board* sind **Wanderbroschüren** kostenlos oder gegen Gebühr erhältlich (http://walking.visitscotland.com).
- In der **Tour-Map-Serie,** herausgegeben von *Ordnance Survey* (Britisches Landesvermessungsamt) ist Schottland mit drei Blättern im Maßstab 1:500.000 abgedeckt.
- Zum Wandern oder andere **Outdooraktivitäten** bieten sich die *Landranger* (1:50.000) und *Explorer* (1:25.000) Landkarten an. Gerade die *Explorer*-Karten verzeichnen in den unbesiedelten Highlands viele orientierungswichtige Details.
- Die empfehlenswerte **Landkarte „Schottland"** im Maßstab 1:400.000 erscheint in der Reihe *world mapping project*™ des Reise Know-How Verlags. Die Karten dieser Reihe sind GPS-tauglich, wasserfest, beschreibbar und praktisch unzerreißbar, sie zeigen Sehenswürdigkeiten und haben farbige Höhenschichten.

Post

Da im schottischen Hochland und in kleineren Ortschaften die **Postämter** in der Regel in ein Lebensmittelgeschäft integriert sind, beschränkt sich hier ihr Aufgabenbereich auf den Briefmarkenverkauf und die Brief- und Päckchenannahme. In größeren Städten unterscheidet sich die Post in nichts von den hiesigen Einrichtungen, außer in ihrer Farbe: die Post ist in Großbritannien **rot.**

Postkarten und Briefe zum Kontinent sind etwa 3–6 Tage unterwegs und kosten £ 2,20. **Päckchen** fangen bei £ 7,55 an. Wer Post erwartet und keine Kontaktadresse in Schottland hat, kann sich die Briefe in größeren Ortschaften auch postlagernd zusenden lassen.

Rauchen

Die schottische Regierung hat sich bis 2034 das Ziel gesetzt, eine tabakfreie Generation zu erziehen und dementsprechende Maßnahmen getroffen. Tabakverkauf an unter 18-Jährige ist verboten, ebenso die Bewerbung von Tabakprodukten. In öffentlichen geschlossenen Räumen – also Bars, Hotels, öffentlichen Verkehrsmitteln etc. – ist das **Rauchen verboten,** seit 2018 sogar in der Umge-

770sc bcg

bung von Krankenhäusern. Tabakwaren sind nur in lizenzierten Stellen erhältlich, Automaten wurden abgeschafft.

Reisegepäck und Ausrüstung

→ Elektrizität
→ Gesundheit
→ Klima und Reisezeit
→ Orientierung und Landkarten
→ Sport und Aktivitäten

Kleidung

Da das Wetter in Schottland zwar nur selten extrem, aber häufig extrem wechselhaft ist, müssen bei der Auswahl der Kleidung vor allem zwei Kriterien im Vordergrund stehen: Windfestigkeit und Wasserdichtheit. Am besten eignen sich dabei *Goretex-*, *Sympatex-* oder andere Membranen.

Schottland möchte rauchfrei werden

Das gute alte **Regencape** kann aber genauso brauchbar sein, wenn auch der Nachteil darin besteht, dass der Regen oft schon wieder vorbei ist, bis man das Ding endlich angezogen hat. Windfestigkeit scheint auf den ersten Blick nicht so wichtig zu sein wie Wasserdichtheit, doch obwohl es in Schottland nie wirklich kalt wird, kann man durch den stetigen Wind doch leicht auskühlen. Bei stärkerem Wind wärmen Wollsachen nicht mehr. Dennoch wird man es vor allem abends im Zelt nicht bereuen, auch einen **warmen Pullover** eingepackt zu haben.

Wer in Jugendherbergen übernachten will, sollte sich neben der allgemeinen Kleidung auch ein paar **Hausschuhe** oder dicke Socken einpacken. In vielen Herbergen darf man keine Wanderschuhe, manchmal nicht einmal Straßenschuhe tragen.

Sicherheit

Gefahren unterwegs

Ein paar Regeln gilt es **beim Erkunden der freien Natur** zu befolgen: Beim Kreuzen von **Weiden** mit Schafen oder Kühen ist stets auf deren und die eigene Sicherheit im Blick zu behalten. Bei Wanderungen in den **Mooren** ist auf Trittsicherheit zu achten, um Gefahren zu vermeiden. An **Küsten** können starke Windböen auftreten, ein gesunder Abstand von Klippen sollte eingehalten werden. An einladend ruhig aussehenden **Stränden** können Strömungen auftreten, es ist besser sich vor dem

Schwimmen zu vergewissern, dass diese nicht existieren und sich vor dem Schwimmen ausreichend an die oft kalten Wasser zu akklimatisieren.

Sicherheitslage

Abgesehen von Kleinkriminalität und Taschendiebstahl in Ballungsräumen, kann Schottland als sehr sicheres Land gelten. Weitere Hinweise zur allgemeinen Sicherheitslage erteilen:

- **Deutsches Auswärtiges Amt,** www.auswaertiges-amt.de, Tel. 030 18170 (App „Sicher Reisen" für iOS und Android).
- **Außenministerium Österreich,** www.bmeia.gv.at, für generelle Anfragen Tel. 01 901153775, in dringenden Fällen Tel. 01 901154411 („Auslandsservice-App" für iOS, Android und BlackBerry).
- **Eidgenössisches Departement für auswärtige Angelegenheiten (Schweiz),** www.eda.admin.ch, Tel. 0800 247365 oder 058 4653333 („itinerisApp" für iOS und Android).

Sport und Aktivitäten

In Schottland werden fast alle Urlaubssportmöglichkeiten angeboten. In vielen Orten sind Tennisplätze zu mieten, oft gibt es Schwimmbäder, da das Baden im kalten Meer nicht jedermanns Sache ist und auch die Wassertemperatur der schottischen Seen selten mehr als 15 °C erreicht. Zudem wird in Schottland auf bestimmte Aktivitäten besonderer Wert gelegt, wie etwa auf **Golf, Angeln, Wassersport** und **Rugby.**

In vielen schottischen Ortschaften sind **Leisure Centres** eröffnet worden, in denen man Schwimmen, Fitnesstraining machen und Tennis spielen kann. Einige *Leisure Centres* haben sogar eine Kletterwand.

Angeln

Schottland ist bekannt für seinen Fischreichtum und das Angebot für den Angler reicht von Flussangeln über Angeln in den Seen bis hin zur Hochseefischerei. Für das Angeln im Binnenland müssen Angellizenzen erstanden werden.

Begehrtester Fisch ist der **Lachs,** der von Februar bis Oktober durch die Bäche und Flüsse Schottlands zu seinen Laichplätzen wandert, doch ist die Lizenz für die Lachsfischerei recht teuer. Billiger sind die Lizenzen für das **Forellenangeln** (zwischen März und Oktober), oder für den Fang anderer Fische wie Brasse, Barsch, Karpfen, Schleie, etc.

Die **Angelsaison** ist von Fisch zu Fisch und Ort zu Ort verschieden, **Angellizenzen** verkaufen in der Regel die örtlich ansässigen Postämter, Hotels, Geschäfte oder die *Tourist Information Centres.* Der Preis für eine Lizenz variiert denn auch je nach Gebiet. Forellenangeln im Tweed kostet z. B. zwischen £ 5 und £ 10 pro Tag, Lachsfischerei in Angus, Dumfries und Galloway zwischen £ 10 und £ 20, während das Angeln auf dem Tay und dem Spey bis zu £ 2000 pro Woche kosten kann.

Anders als die Binnenfischer haben die **Hochseeangler** das ganze Jahr über Saison. Vor allem Flundern, Makrelen,

Kabeljau, Schellfisch, Schollen, Rochen und Seezunge können vor der schottischen Küste gefangen werden; im Norden, auf den Hebriden und vor Orkney und Shetland kann man sogar Heilbutt, Glattrochen oder Langfisch an den Haken bekommen. Von den meisten größeren Häfen starten des Öfteren spezielle Hochseetouren für Angler, oder man kann sich ein eigenes Boot chartern.

Umfassende **Informationen** über Angelmöglichkeiten in Schottland finden sich unter www.visitscotland.com/things-to-do/outdoor-activities/fishing.

Golf

Golf ist in Schottland **Nationalsportart.** Im Gegensatz zu anderen Ländern ist die Ausübung dieses Sports nicht erst ab einem bestimmten Jahreseinkommen möglich, in Schottland spielt praktisch jeder Golf. Daher gibt es über das ganze Land verteilt **über 550 Golfplätze** und somit mehr Plätze pro Kopf als irgendwo sonst in der Welt. Der **berühmteste Platz** ist der *Old Course* von St Andrews, auf dem jeder Golfenthusiast einmal in seinem Leben gespielt haben möchte.

Nichtmitglieder können bei den meisten Golfplätzen gegen eine **Gebühr** von £ 10–40 eine Runde spielen. Schläger und Bälle werden meist mit vermietet, Tages- und manchmal auch Wochentickets sind ebenfalls erhältlich. Manche Golfclubs verlangen ein Handicap-Zertifikat, das Auskunft über das Können eines Spielers gibt, oder eine Bescheinigung des Heimatclubs, bevor sie die Genehmigung zu einem Spiel erteilen.

Ausführliche Infos zum Golfspielen in Schottland finden sich auf der Website der Tourismuszentrale: www.visitscotland.com/things-to-do/outdoor-activities/golf (→ Exkurs „Scotland – Home of Golf", S. 192).

Radfahren

In puncto Fahrrad ist Schottland differenziert zu werten. Einerseits eignen sich die einsamen Straßen des Hochlandes hervorragend zum Radfahren – gerade vom Fahrrad aus ist die Landschaft richtig zu genießen –, andererseits sind die **Bedingungen** aber auch sehr ungünstig. Das zeigt sich in der Unerfahrenheit der Autofahrer im Umgang mit den schwächeren Verkehrspartnern, an den fehlenden Fahrradwegen an stark befahrenen Straßen – die A 9 ist ein Schrecken für Radfahrer – und daran, dass in den Städten gerade die Fahrbahnränder ungeheuer beschädigt sind und Kanaldeckel oft genug 10–15 cm tief im Asphalt liegen. Die meisten dieser Nachteile liegen darin begründet, dass die Schotten selbst nur wenig Fahrrad fahren. Man lasse sich davon aber nicht abschrecken, auf dem Land ist Radfahren ein Vergnügen, man gewöhnt sich mit der Zeit sogar an den Regen.

Man sollte für die wichtigsten **Reparaturen** Werkzeug und Kleinteile mitnehmen. Nicht nur die Entfernungen meiden in Schottland metrische Maße, auch Schrauben und Muttern messen sich in Zoll.

Bei der Fahrradmitnahme auf den **Inlandfähren** wird in der Regel kein Zusatzpreis für Fahrräder verlangt. Die schottische **Bahn** transportiert Fahrräder kostenlos, allerdings nehmen nicht alle Züge Fahrräder mit. Vor Antritt der

Fahrt muss eine Reservierung für das Fahrrad vorgenommen werden, entweder online, direkt am Bahnhof oder unter Tel. 0344 8110141. Bei den **Fluglinien** hat man nur bei der Anreise keine Probleme; die Flugzeuge innerhalb Schottlands befördern in der Regel keine Fahrräder, sie sind meist einfach zu klein (→ Anreise).

Die Alternative zur Mitnahme eines Fahrrades besteht im **Ausleihen** vor Ort. Für alle wichtigeren Orte sind in den jeweiligen Ortsbeschreibungen Verleihstellen angegeben. Die Leihgebühren liegen in der Regel um £ 25/Tag. Manchmal können auch billigere Wochentarife in Anspruch genommen werden. Oftmals verleihen auch die Jugendherbergen Fahrräder.

Über den **Cyclists' Touring Club** sind alle wichtigen, das Radfahren in Schottland betreffenden Infos, wie etwa Listen von Fahrradverleihen oder -werkstätten, zu erhalten (www.cyclinguk.org, Tel. 014 83 238301). **VisitScotland** hat ebenfalls eine Website für Radfahrer mit vielen nützlichen Hinweisen: www.visitscotland.com/things-to-do/outdoor-activities/cycling.

Rugby

Während in Deutschland nur eine kleine hartgesottene Minderheit auf den Rugbysport schwört, ist der „Bruder des Fußballspiels" in Schottland äußerst beliebt und ist sogar regulärer **Schulsport.** Geboren in der kleinen englischen Stadt Rugby, war das **mittelalterliche „Rugbyspielen"** wahrlich kein Friedensgottesdienst. Im Mittelalter bestand es aus dem erbitterten Kampf zwischen der männlichen Bevölkerung zweier Dörfer. Als Sieger galt dasjenige Dorf, das den Ball als Erstes durch das Tor des anderen Ortes beförderte. Mord und Totschlag waren keine Seltenheit. Später entschärfte man das Spiel, indem man das frühere Massenschlachten auf 30–40 Mann je Dorf beschränkte. Bis in die Mitte des 19. Jh. waren Tritte gegen das Schienbein des Gegenspielers oder auch das Beinstellen noch legale Mittel, um seinen Gegner zu bremsen.

Mit der Gründung der **Rugby Football Union** in den 70er-Jahren des 19. Jh. erhielt das Spiel ein festes Regelwerk mit der Absicht, einen fairen Sport frei von Rohheiten zu schaffen. Es möge sich jeder seine eigene Meinung bilden, inwiefern Rugby ein friedvolles Gegeneinander ist, ein Spektakel stellt es allemal dar.

Wer sich ein Spiel ansehen möchte: Fast jedes größere Dorf im schottischen Südosten wie Peebles, Galashiels oder Kelso besitzt eine eigene Rugby-Truppe, die regelmäßig Spiele austrägt.

Eine **Rugbymannschaft** besteht aus 15 Personen: 8 Stürmern, 2 Halbspielern, 4 Dreiviertelspielern und einem Schlussmann. Während der Spielzeit von 2 x 40 Minuten streiten sich die Rugby-Recken um das Leder-Ei mit dem Willen, es in das sogenannte gegnerische **Malfeld** zu treten, tragen, werfen oder rollen. Wem ein solcher Versuch gelingt, bekommt dafür 3 Punkte und die Möglichkeit, den Ball durch die beiden aufgestellten Stangen zu treten und zwar von jenem Ort, wo der Versuch gestartet wurde. Glückt dies, gibt es zwei Punkte extra. Spielern, denen es gelingt, den Ball aus dem Lauf durch die obere Hälfte des Mals zu treten, erobern 4 Punkte für ihre Mannschaft.

Ein **Straftritt,** der Elfmeter des Rugbyspiels, wird bei grobem Foulspiel verhängt; aus einer Entfernung von etwa 20 Metern hat man die Gelegenheit, drei Punkte zu erringen, indem man den Ball durch die beiden Malstangen tritt.

Eine kleine technische Einschränkung des Rugbyspiels ist die **Abseitsregel,** welche bestimmt, dass jeder Mitspieler vor dem Ball grundsätzlich abseits steht. Ausnahme: Der Spieler greift nicht ins Spielgeschehen ein. Weiterhin darf das Leder-Ei nur mit dem Fuß nach vorn gespielt werden.

Skisport

Fünf größere Skigebiete zählt das schottische Hochland. Zwei finden sich bei Fort William im Westen, das von Glencoe und die Nevis Range, eines, das Cairngorm-Skigebiet, ist bei Aviemore und zwei weitere liegen im Osten der Highlands, The Lecht and Glenshee.

Wer sich im Winter auf den Weg nach Schottland begibt, sollte sich im Voraus um eine **Unterkunft** bemühen, weil speziell um Neujahr fast alles ausgebucht ist (Adressen von Unterkünften finden sich in den jeweiligen Ortsbeschreibungen). Allgemeine Informationen zum Skisport gibt die schottische Tourismuszentrale: www.visitscotland.com/things-to-do/outdoor-activities/skiing-snowsports.

Nevis Range

Der Berg Aonach Mor (1219 m) beherbergt die 13 Lifte der Nevis Range, zusammen mit dem Skigebiet von Glencoe das landschaftlich reizvollste in Schottland. Als großartige Kulisse genießt der Skifahrer – nur, falls der schottische Nebel nicht dazwischenfunkt – den höchsten Berg des Vereinigten Königreiches, den **Ben Nevis** (→ Fort William).

Zu erreichen sind die Hänge des Aonach Mor östlich von Fort William entlang der Straße nach Spean Bridge.

- **Nevis Range Mountain Experience,** Infos zu Gondelbahn und Skisport: Tel. 01397 705825, www.nevisrange.co.uk, Skizentrum und Ski-Schule, eine Tageskarte kostet Mo–Fr £ 30, Sa/So £39,95, 5 Tage £ 160, 10 Tage £ 300 und 15 Tage £ 420, Skier werden verliehen für rund £ 25 pro Tag.
- **Fort William iCentre** (*Ben Nevis Office,* Tomacharich, Fort William, PH33 6SW, Tel. 01397 701801, www.visitfortwilliam.co.uk), vermittelt Zimmer und gibt Auskunft über die Verhältnisse auf der Piste.

Glencoe

In Glencoe, im Westen des Hochlands, liegt der Anfang des schottischen Skifahrens. Bereits 1956 schleppten erste Lifte Skihungrige den Meall a'Bhuirdh (1061 m) hinauf. Die Pisten sind geeignet für Anfänger und Fortgeschrittene. Acht Lifte, davon drei Sessellifte, rotieren auf dem Berg, 20 Abfahrten sind ausgewiesen, davon zwei schwere (schwarze), fünf mittelschwere (rote), fünf leichte (blaue) und acht Anfängerstrecken (grün). Auf halber Höhe des Meall a'Bhuirdh serviert ein Café Mahlzeiten und Getränke.

[>] Im Skigebiet von Aviemore in den Cairngorm Mountains

Das Skigebiet verfügt über einen großen Höhenunterschied, liegt aber relativ abgeschieden.

■ **Glencoe Mountain,** Skizentrum und -schule, Kingshouse, Glencoe, PH49 4HZ, Tel. 01855 851226, www.glencoemountain.co.uk, bietet Kurse für Anfänger und Fortgeschrittene. Es besteht die Möglichkeit, Snowboards oder Skier zu leihen, ab £ 20. Das Ticket für den Lift kostet zwischen £ 30 und £ 37 für einen Tag, Jugendliche unter 16 Jahren zahlen £ 22 bis £ 27.

Das *Glencoe Mountain Resort* betreibt auch einen **Campingplatz** und vermietet für £ 60 pro Nacht sogenannte **Microlodges,** in denen bis zu vier Personen im eigenen Schlafsack übernachten können.

Cairngorm

Der professionellste und **größte Wintersportort** Schottlands liegt ca. 50 km südlich von Inverness bei Aviemore in den Bergen des **Cairngorm National Park**. 11 Sessel- oder Schlepplifte ziehen die Skifahrer die Hänge des Cairn Gorm (1245 m) hinauf. Für Langläufer sind bei gutem Schnee die Loipen gespurt. Ein **Skibus** verkehrt zwischen Aviemore und Cairngorm (→ Aviemore).

■ **Cairn Gorm Ski Area,** Aviemore, PH22 1RB, Tel. 01479 861261, www.cairngormmountain.org, Skischule und Verleih, Tel. 01479 861322, der Tagespass für das Skigebiet liegt bei £ 28, für Studenten £ 22.

■ **Tourist Information Centre,** 7 The Parade, Aviemore, PH22 1RH, Tel. 01479 810930.

The Lecht und Glenshee

Im Osten Schottlands finden sich zwei weitere Skigebiete. The Lecht bei **Tomintoul** (ca. 40 km westlich von Aberdeen) ist ein relativ kleines Skigebiet mit 13 Liften, gut geeignet für Anfänger, aber wenig schneesicher.

Lohnend für Abfahrer wie für Langläufer ist die Gegend um Glenshee, ca. 60 km nördlich von Perth. An den Hängen des Glas Maol (1068 m) kann man sich an 22 Liften austoben. Spielt der Wettergott im Winter nicht mit, schneit es künstlich aus „Schneebomben“. Wer beide Skigebiete testen möchte, richtet

Adobe Stock © billblenman

sich seinen Stützpunkt am besten im zentral gelegenen **Braemar** ein. 60 km gespurte Loipen finden sich, vorausgesetzt es liegt ausreichend Schnee, in Glenisla, südöstlich von Glenshee (→ Braemar, S. 287).

- **The Lecht 2090,** Strathdon, Tel. 01975 651440, www.lecht.co.uk, Skischule, Verleih etc.
- **Glenshee Ski Centre,** Cairnwell, Braemar, Tel. 01339 741320, www.ski-glenshee.co.uk, Tagespass £ 35, Skiverleih.

Wandern

→ Reisegepäck und Ausrüstung
→ Verzeichnis der Wanderungen, S. 9

Schottland ist ein **Paradies für Wanderer,** das Laufen gehört zu den schönsten Arten, das Land zu erkunden. In schnellen Abfolgen drückt der Atlantik die Wolken über das Land. Die herabfallenden, regenfädrigen Vorhänge verleihen der Landschaft eine ungeahnte Tiefe. Wenn dann die Sonne aus einem Loch über die benetzte Heide blitzt und die vollgrüne Kulisse beleuchtet, verkommt die nasse Regenjacke über das Schauspiel schnell zur Nebensache.

Die **Auswahl** der möglichen Wanderungen ist **groß.** Zwischen Küstenwegen, Moorpfaden und Bergsteigen existiert ein reichhaltiges Angebot, sich darin nicht zu verlieren ist mitunter schwer. In diesem Reiseführer finden sich ein paar Wanderungen als Beispiele, doch meist gilt: Die besten Wanderungen finden sich da, wo man gerade ist.

Viele Wanderungen beginnen an Straßen. Die einfachste **Anreise** ist bei vorhandenen Parkplätzen das Auto. In den Highlands lassen sich viele Busfahrer aber auch bei präziser Beschreibung des Ausstiegsortes zu einem Sonderhalt überreden. Wer Bus fährt, sollte aber immer die **Rückreise** mitbedacht haben. Gerade auf unbefahrenen Strecken funktioniert das Reisen per Anhalter nur bedingt gut.

Von der Unterkunft aus loszulaufen, ist durchaus auch eine schöne Option, um die Umgebung zu erkunden. Häufig haben Mitreisende oder Gastgeber gute **Empfehlungen** zu Wanderungen in der Umgebung, besonders in Hostels wird man häufig fündig.

Orientierung im Gelände

Ist die Region für die Wanderung entschieden, gilt es **Kartenmaterial** und vielleicht auch Beschreibungen zu besorgen. Da Schottland schon lange kein Geheimtipp mehr ist, gibt es für viele schottische Regionen auch im deutschen Buchhandel **Wanderführer,** die englische Literatur ist etwas ausführlicher.

Für Papierkarten bietet die **Explorer-Serie** von *Ordnance Survey* deskriptive, scharf aufgelöste Karten. Inzwischen bietet der britische Kartenverlag auch einen digitalen Kartenservice. Weitere erwähnenenswerte Kartenservices sind **Online-Plattformen** wie *Komoot,* auf der auch viele Nutzer ihre Wanderungen teilen und *OSMAnd,* die App des freien Kartendienstes *OpenStreetMaps.* Nicht zu empfehlen sind hingegen die Karten von *Google Maps,* die keinen ausreichenden Detailgrad für Wanderungen aufweisen.

Bei digitalen Kartenservices sollten vor der Wanderung immer **Offlinekar-**

ten heruntergeladen werden. Auch eine **ausreichende Stromversorgung** des Kartengeräts sollte sichergestellt werden, entweder durch entsprechende Aufladung und sparsame Nutzung oder eine *Powerbank*.

- **OSMAnd** steht in den einschlägigen *App Stores* zur Verfügung. Die Vollversion kostet rund 30 €.
- **Komoot** ist sowohl als App als auch im Internet verfügbar. Einzelne Offlinekarten sind zum Teil ab 3 € erhältlich, die Vollversion kostet 60 € im Jahr.
- Die Karten von **Ordnance Survey** finden sich vor Ort in den meisten Buchhandlungen, Supermärkten und Tankstellen. Die *Explorer*-Serie löst mit 1:25.000 auf und ist für Wanderungen in unwegsamem und wenig begangenem Gelände ideal. Die weniger stark aufgelöste *Landranger*-Serie eignet sich mit einem Maßstab von 1:50.000 eher für Fahrradtouren oder gut ausgebaute Wege.
- Der Kartendienst **OSMaps** kostet £ 7 im Monat.

Wege sind gerade in den Highlands **nicht immer leicht zu erkennen,** denn die Heide- und Moorlandschaften vertragen den regen Wanderverkehr oft nicht gut. Jeder unbefestigte Pfad, der von mehr als zehn Menschen gelaufen wurde, gleicht bald einem Sumpfloch. Einige Wanderungen folgen daher keinen Wegen, sondern führen auf verstreuten Pfaden durch die Erikabüsche oder es ist gar keine Route zu erkennen. Entlang der vielbegangenen Strecken oder in trockeneren Gebieten wurden viele Strecken befestigt.

Gerade abseits von Wegen, aber auch auf den häufig kahlen Kuppen der Highlands kommt ein **schneller Wetterumschwung** oft ungelegen. Aufgrund der Meeresnähe und der häufig starken Winde kann in kürzester Zeit **Nebel** aufziehen oder Sonnenschein verwandelt sich binnen 30 Minuten in strömenden Regen. Teilweise kann ein kurzer Besuch bei einem Wetterdienst helfen, um nicht überrascht zu werden.

Ausrüstung

Im wechselhaften, maritimen Klima Schottlands sollte die Wanderkleidung **regen- und windfest** sein. Bei längeren Wanderungen und widrigem Wetter sind **Regenhosen** sinnvoll. Der schottische Regen fällt bei starkem Wind auch mal horizontal. Ungeschützte Kleidung ist so binnen Minuten durchnässt.

Die Kleidung sollte **warm** sein. Noch Anfang Juni kann eine **Steppjacke** nötig

Verhaltensregeln

- Kein **offenes Feuer** anzünden und auch sonst jegliche Brandgefahr vermeiden!
- **Gatter** hinter sich wieder schließen, da ansonsten das Vieh ausbricht!
- **Zäune, Mauern** oder **Hecken** nicht beschädigen!
- **Felder** und **Weiden** nur am Rand queren!
- Vor dem Betreten einer Weider nach **alternativen Wegen** suchen!
- **Tiere** nicht füttern und Abstand halten!
- Wenn man sich auf **Privatgrund** befindet, die Wege nicht verlassen!
- Keinen **Abfall** liegen lassen!
- **Wilde Tiere, Pflanzen** und **Bäume** nicht schädigen bzw. beschädigen, und ganz allgemein auf die Natur Rücksicht nehmen!
- In Küstengegenden und vor allem auf vielen Inseln brüten einige **Vögel** im Gras und der Heide. Solche Wiesen sollte man möglichst meiden oder nur sehr vorsichtig betreten.

sein. Selbst im August sind nachts noch Außentemperaturen um 0 °C zu beobachten. Die meisten Schneefelder in den Highlands tauen zwischen April und Mai, aber an schattigen Flanken gibt es auch Mitte Juni noch Schneereste.

Schuhe mit einer stabilen und griffigen Sohle sind unerlässlich, manchmal sogar lebenswichtig. Wir empfehlen geschlossene, knöchelhohe Schuhe, um den Fußgelenken mehr Sicherheit zu geben und das Verletzungsrisiko durch Umknicken zu reduzieren.

Auf einer Wanderung muss die Versorgung gesichert sein. Wenn nicht genügend **Trinken** eingepackt werden kann, so sollten entlang des Weges Nachfüllstellen gesucht werden. Eine Empfehlung ist, einen Liter Wasser je zwei Stunden Wanderung einzupacken. Auch **Nahrung** darf nicht fehlen. Einmal vom Weg abgekommen, bleibt damit genügend Energie, um den Umweg zu verkraften und nicht unaufmerksam zu werden. Einkehrmöglichkeiten sind besonders in den einsamen Regionen eher selten.

Bergwandern

Es gibt in Schottland **282 Berge** *(Munros)*, die über 3000 ft (914 m) hoch sind. Über 4000 ft (1290 m) ragen jedoch nur die Spitzen von sieben Bergen hinaus. Der höchste Berg Schottlands, der Ben Nevis, kann mit einer Höhe von 1345 m aufwarten. Ein regelrechter Volkssport besteht im sogenannten **Munro-Bagging,** bei dem möglichst viele dieser *Munros* bestiegen werden (*bagging* = „in die Tasche stecken"). Das Ziel ist im Lauf eines Lebens alle Berge mindestens einmal zu erklimmen. In diesem Sport gibt es unterschiedliche Spielarten, ob am schnellsten, am meisten oder alle im Winter, die Extreme zählen. Für einen Einstieg in den Sport bietet *VisitScotland* eine Liste von 10 *Munros* an, die für Anfänger gut zu besteigen sind (www.visitscotland.com/things-to-do/outdoor-activities/walking/mountains-hills/munro-bagging/beginners).

☒ Rund um Glen Coe erreichen die Berge Höhen von über 1000 Meter

Die meisten Berge können von geübten Wanderern in einem Tag erklommen werden, Vorraussetzung ist dabei natürlich die richtige Ausrüstung. Auch wenn die Berge recht einfach zu besteigen sind, kommen trotzdem jedes Jahr Urlauber in den schottischen „Gebirgen" um. Zurückzuführen ist dies einerseits auf den Leichtsinn vieler Wanderer, andererseits auf das schottische Wetter. Beginnt man die Tour bei Sonnenschein, steht man vielleicht eine halbe Stunde später im dicksten Nebel und kann keine Hand mehr vor den Augen, geschweige denn einen Wanderweg, erkennen.

Die Highlands sind einsam. Auf Wanderungen – gerade außerhalb der Saison oder abseits der Hauptpfade – begegnet man daher manchmal über weite Strecken niemandem. Auch wenn diese Einsamkeit ihren Reiz hat, so fordert sie auch zur Vorsicht auf. In den unzugänglichen dünn besiedelten Regionen kann es dauern, bis Hilfe kommt. Um sich keiner unnötigen Gefahr auszusetzen, gilt es, ein paar grundlegende **Vorsichtsmaßnahmen** zu treffen, die einfach und ohne großen Aufwand erfüllt werden können:

Erste Hilfe: Nicht fehlen sollten ein Erste-Hilfe-Set sowie eine Silberdecke und ein paar Tabletten Schmerzmittel.

Zudem sollte entweder am Ort des Aufenthalts oder zur Not auch zu Hause jemand über die Wanderabsichten und die erwartete Rückkehrzeit informiert werden. So sind bei ausbleibender Rückkehr **Suchteams** in der Lage, schnell zu den Wandernden zu finden. Bei erfolgreicher Rückkehr muss dann natürlich Entwarnung gegeben werden.

Ausreichend **Nahrung:** Lebensmittelrationen nicht zu knapp bemessen, da man sich aufgrund widriger Witterungsverhältnisse eventuell auf einen längeren Aufenthalt bei Mutter Natur einrichten muss. Getränke sollten ebenfalls mitgeführt werden.

Orientierungsmittel: Bei Navigation mit dem Smartphone sind Offline-Karten zwingend notwendig, denn gerade unterhalb von Bergflanken kommt es schnell zu Funklöchern. Im Falle eines leeren Smartphones können eine topografische Karte der Umgebung (Maßstab 1:50.000 oder 1:25.000) und ein Kompass bei ausreichend Anhaltspunkten auch im Nebel Orientierung geben.

Gefährlich ist es dagegen, sich bei Nebel von Zäunen oder Ähnlichem führen zu lassen, wenn man nicht weiß, wo diese hinführen. Nicht selten enden sie abrupt an einem steilen Abgrund.

Für Wandergruppen kann es hilfreich sein, eine **Trillerpfeife** mitzuführen. Falls man sich dann im Nebel verliert, kann man sich mit ihrer Hilfe leichter wiederfinden. Darauf vertrauen, sich gegenseitig oder auch die Außenwelt im Zweifel telefonisch zu erreichen, sollte man nicht unbedingt, denn gerade in abgelegeneren Gegenden oder im Funkschatten von Bergflanken besteht nicht immer Netzempfang.

Fernwanderwege

In Schottland gibt es die unterschiedlichsten Fernwanderwege, ob nun zwischen den Border Abbeys, an der Küste von Fife oder bis hoch in den Norden zum Cape Wrath. Manche sind in zwei Tagen zu bewältigen, andere erfordern bis zu 20 Tage. Doch auch wer nur einen Tag wandern möchte, findet schöne Wege, z. B. über die Grampians oder durch das Glen Coe sowie durch viele Täler der Highlands. Einige Wege sind als **Scotland's Great Trails (SGTs)** angelegt, sie sind zum Teil nur in mehreren Tagesetappen zu bewältigen.

Alle Wege der *SGTs* sind gut **ausgeschildert** und sowohl in Begleitheften als auch online beschrieben, mitsamt Kartenmaterial und Zusatzinformatio-

0
50 km
©Reise Know-How
Scot54
14/24
West Highland Way
Speyside Way
Southern Upland Way
Skye Trail
John Muir Way
Great Glen Way
Fife Coastal Path
Cape Wrath Trail
Cape Wrath
Lewis
Kilmaluag
Skye
Broadford
Rum
Buckie
Inverness
Newtonmore
Fort William
SCHOTTLAND
Mull
Dundee
Perth
Newburgh
Stirling
Kincardine
Helensburgh
Dumbarton
Milngavie
Edinburgh
Cockburnspath
Glasgow
Jura
Islay
Kintyre
Arran
Ayr
Dumfries
NORD-IRLAND
Portpatrick
ENGLAND

nen wie Unterkünften entlang des Weges. Bei *VisitScotland* finden sich umfangreiche Infos zum Wandern in Schottland und Links zu ausführlichen **Routenbeschreibungen** zahlreicher Wanderwege.

Je nach Lage und Beliebtheit haben diese Wege völlig unterschiedliche **Anforderungen** an die Wanderer. Während die einen durch dicht besiedelte Landschaften führen und viele Möglichkeiten zur Unterkunft und Einkehr bieten, verlaufen andere durch weitgehend leere Landschaften, die logistische Anforderungen an Unterkunft und Nahrung beträchtlich erhöhen.

Die Weitwanderwege benötigen daher einen hohen Grad an **Detailplanung** für die einzelnen Etappen. Auch die Art der Unterkunft bestimmt Gepäck und Schwierigkeit. Eine Mehrtageswanderung mit abendlicher Einkehr in B & Bs erfordert andere Ausrüstung und Kondition als den Weg mit eigenem Zelt und Nahrung auf dem Rücken zu bestreiten. Beides hat seine Vor- und Nachteile.

Zelten in der Landschaft ist in Schottland offiziell nicht verboten, es sei denn, es handelt sich um Privatgrund. In diesem Falle bitte erst die Erlaubnis des Besitzers einholen – wir sind noch nirgends abgewiesen worden.

Verboten ist jedoch das Anzünden von **offenem Feuer.** Auch mit Gas- oder Spirituskochern muss man gut aufpassen. Auf einen **Kocher** sollte aber kein Wanderer verzichten. Gaskocher überzeugen durch die einfache Handhabung, den günstigen Anschaffungspreis und die saubere, geruchlose Flamme. Auch das Besorgen von Kartuschen ist in Schottland kein Problem, an jedem größeren Campingplatz, an Tankstellen oder in Outdoor-Läden sind die Kartuschen zu haben. Nachteile sind die hohe Windempfindlichkeit, die vergleichsweise geringe Heizleistung, die kurze Lebensdauer und das Volumen der Kartuschen. Eine andere Möglichkeit ist ein **Esbit-Trockenbrennstoff-Kochset,** das aus Topf und Stövchen in leichter Aluminiumausführung besteht. Diese können ineinander gefaltet werden und der Trockenbrennstoff verbraucht wesentlich weniger Platz als Gas oder Spiritus, sodass dieses Set als leichte kompakte Alternative zu den beiden vorherigen gelten kann. Aufgrund des starken Geruchs sollte der Brenner jedoch nur im Freien verwendet werden.

- **www.visitscotland.com/things-to-do/outdoor-activities/walking**
- **www.scotlandsgreattrails.com** listet alle Great Trails

Der **West Highland Way** ist wohl der beliebteste Wanderweg Schottlands. Schon lange kein Geheimtipp mehr und auch nicht mehr einsam, führt der Weg durch ein Schottland wie aus dem Bilderbuch, vorbei an Loch Lomond und Glen Coe (→ Wanderung S. 508).

Lange Distanz und wenig Menschen verspricht der **Southern Upland Way.** Der über 300 km lange Fernwanderweg gilt als der schwerste der *Great Trails* und wird aufgrund seiner Lage im weniger besuchten Süden schwächer frequentiert als andere Wege (→ Wanderung S. 54).

The Speyside Way führt von Buckie an der Nordküste Grampians durch den Cairngorm National Park und endet nach 107 km in Aviemore.

Der West Highland Way

Über Glens und Bens

- **Schwierigkeit:** schwer
- **Dauer:** 8 Tage
- **Distanz:** 152 km

Bekannter als der *Southern Upland Way* ist *der* Fernwanderweg Schottlands: der *West Highland Way.* Von Milngavie, einem nördlichen Vorort Glasgows, bis nach Fort William am Beginn des Great Glen hat die *Scottish Countryside Commission* einen 152 km langen Wanderweg durch eine der landschaftlich reizvollsten Gegenden Schottlands angelegt. Von der größten Stadt Schottlands führt der Weg zunächst durch die weiche Lowland-Landschaft bis zum größten See des Landes. Am Ostufer des Loch Lomond entlang führt der Weg dann allmählich in rauere Gebiete. Spätestens ab Crianlarich befindet man sich im tiefsten Hochland. Die Gegend wird einsamer und auch die Quartiersuche kann sich vor allem während der Hauptreisezeiten schwieriger gestalten, eine frühe Buchung ist dann empfehlenswert. Weiter nördlich streift der Weg das Rannoch-Moor, die Einöde, in der sich früher Verbrecher versteckten. Quer durch das grandiose Glen Coe nähert man sich dann Fort William, der kleinen Stadt am Fuße des größten Berges im Königreich.

Der Weg folgt zu einem großen Teil **historischen Pfaden.** Von alten Viehtrieben, Militärstraßen zur „Befriedung" des Hochlandes, früheren Postkutschenrouten bis hin zu ausgedienten Eisenbahnlinien werden alle möglichen Arten von früheren Verkehrsverbindungen genutzt. Die *Countryside Commission* hat die Strecke ausgiebig **mit Zeichen markiert,** dennoch sollte man auf Karte und Kompass nicht verzichten. Wie auf allen Fernwanderwegen in Schottland weist die von einem Sechseck gerahmte, dunkelbraune Distel den Weg.

Die meisten Wanderer beginnen den Weg in Balmaha am **Ufer von Loch Lomond.** Hier findet sich eine Infotafel, die den weiteren Weg erklärt. Der Weg steigt hier steil an, bietet auf der Höhe aber einen grandiosen Blick über den See.

Die südlichen Teilstücke des Weges bis Loch Lomond sind relativ eben und leicht begehbar, sodass auch unerfahrene und nicht so ausdauernde Wanderer sie beschreiten können. Vor allem der nördliche Teil, ab dem Loch Lomond, ist aber nur noch von erfahrenen und **trainierten**

Adobe Stock © e55evu

Wanderern zu bewältigen. Da der Untergrund an einigen Stellen auch mal schwerer begehbar wird, ganz abgesehen von den Möglichkeiten, die umliegenden Bergspitzen, wie die Five Sisters oder den Ben Nevis, zu erklimmen, sind feste Wanderschuhe unerlässlich für die Tour. Auch wasser- und winddichte Kleidung sowie warme Sachen dürfen nicht fehlen, da in dieser Gegend auch im Sommer mit allen Witterungen zu rechnen ist – und das in erstaunlich schnellem Wechsel. **Wettervorhersagen** findet man unter www.metoffice.gov.uk. Die Tagesetappen sollten nicht zu groß gewählt werden, da das Wandern im oft morastigen Hochland anstrengend ist. Besonders wenn Zelten geplant ist, sollte der Rucksack nie schwerer bepackt werden als ca. ein Fünftel des Körpergewichts. Vor Beginn der Wanderung sollten Alleinreisende jemanden über das geplante Vorhaben unterrichten (nicht vergessen, nach der Ankunft Entwarnung zu geben).

Entlang des Weges haben sich einige **B & Bs und Hotels** besonders auf Wanderer eingerichtet. Auf verschlammte Schuhe wird gelassen reagiert und es bestehen Trockenmöglichkeiten für nasse Wanderkleidung. Diese Unterkünfte erkennt man an der Wegweiserdistel, die mit einem *„Walkers Welcome"* umrandet ist. Ratsam ist es, besonders im Sommer zur Hauptsaison die Unterkünfte schon lange vor Beginn der Wanderung zu buchen.

Zu dem Weg gibt es etliche Führer und Karten. Eine gute Übersicht liefert die Website von **Scottish Natural Heritage:** www.scotlandsgreattrails.com/trail/west-highland-way.

◁ Der West Highland Way nahe Balmaha mit Panoramablick über Loch Lomond

Der **Great Glen Way** führt von Fort William durch das Great Glen an Loch Ness vorbei nach Inverness. Der Weg führt gegenüber der Hauptverkehrsstraße an Loch Ness vorbei, sodass einige neue Ansichten des berühmten Sees ermöglicht werden.

Der **Fife Coastal Path** führt einmal um die Halbinsel Fife herum, vorbei an den Fischerdörfern von East Neuk und durch St Andrews. Der Weg beginnt in Kincardine on Forth und endet nach 187 km in Newburgh.

Einmal quer durch den Central Belt und in die Highlands hinein verläuft der **John Muir Way.** In Helensburgh beginnend endet der Weg nach 215 km in Dunbar an einem Ausläufer der Nordsee. Unterwegs werden neben Edinburgh auch das *Falkirk Wheel* und der Loch Lomond Nationalpark passiert.

Über die wohl beliebteste der Hebrideninseln, Skye, führt in 128 km von Norden nach Süden der **Skye Trail.** Der inoffizielle Fernwanderweg führt durch die malerischen Vulkanverwerfungen des Quiraing und die raue, steinige Landschaft der Cuillin Hills bis an die Südspitze der Insel.

Einer der anspruchsvollsten und einsamsten Fernwanderwege ist der 370 km lange **Cape Wrath Trail.** Dieser durchquert beginnend ab Fort William, ohne Wegmarkierungen und auf weiten Strecken ohne Wegen zu folgen, einmal die schottische Westküste bis zum namensgebenden Cape Wrath an der Nordküste.

Wanderungen in den Regionen

Die Wanderungen in den jeweiligen Ortskapiteln sind für alle geeignet, die

Adobe Stock © fschuetz

die Landschaft Schottlands entdecken wollen. Sie sind in drei **Schwierigkeitsgrade** aufgeteilt: leicht, mittel und schwer. Der Schwierigkeitsgrad bezieht sich dabei sowohl auf die benötigte Ausdauer aufgrund von Distanz und Steigung als auch auf die eher technischen Aspekte von Untergrundbeschaffenheit und Trittfestigkeit:

- **Leicht:** Keine Vorerfahrung notwendig, alle Wege sind gut befestigt, wenig Steigung und die Dauer beträgt 2–3 Stunden.
- **Mittel:** Wanderungen mit etwas Steigung oder über größere Strecken. Die Wege sind weiterhin gut begehbar und eher wenig technisch.
- **Schwer:** Wanderungen über starke Höhendifferenzen oder große Distanzen, zum Teil auch Wanderungen über unbefestigte Berganstiege.

Die Wanderungen sollen eher als Inspiration dienen, eine bestimmte Region zu erkunden oder einen ersten Einstieg bieten. Wer sich bereits in einer Region aufhält, dem seien **lokale Wanderführer** empfohlen. Zu den geläufigsten Wanderführern gehören die bunt-fröhlichen Büchlein von *40 Walks,* sowie die sehr rucksackfreundlichen *pocket walks* oder die ausführlicheren Wanderführer von *Cicerone.* Viele örtliche Buchläden verkaufen diese Wanderführer. Auf Shetland wurde zum Beispiel eine siebenteilige Serie an Wanderführern nur für die Inseln geschrieben, während das *Mountain Rescue Team* auf Skye ein dünnes Heft mit Touren veröffentlicht hat. Dementsprechend unterschiedlich ist die **Qualität** lokaler Wanderrouten und -führer, sodass die Empfehlung lautet, dass man auf eine Buchhandlung oder *Tourist Information* in der gewünschten Umgebung zurückgreifen muss.

Daneben wurden in vielen Regionen Schottlands **Geologiepfade** angelegt, auf denen man etwas über die Beschaffenheit der jeweiligen Region lernen kann.

- **Infos zu Fernwanderwegen, lokalen Pfaden und Geologiepfaden:** www.nature.scot/enjoying-outdoors/routes-explore.
- Sehr viele gute **Wanderungen in Schottland** mit präzisen Schwierigkeitsangaben führt www.walkhighlands.co.uk.

Wassersport

Der *Caledonian Canal* und die Westküste sind nur zwei von vielen Gegenden, wo Boote und Yachten gechartert werden können, und zwar sowohl zum eigenhändigen **Segeln** als auch mit Bootsführer. Die große Beliebtheit dieses Sports erfordert eine rechtzeitige Buchung im Voraus. Infos erhält man bei der *Royal Yachting Association Scotland* (Tel. 0131 3177388, www.ryascotland.org.uk).

Wind- und **Kitesurfing** finden ebenfalls viele Anhänger, und Seen wie Loch Earn, Loch Morlich oder im Strathclyde Park, aber auch die Ufer der Hebrideninseln, sind hierfür gut geeignet. **Surfer** suchen die ungebremsten Atlantikwellen an der Nord- und Nordwestküste. Auch andere Sportarten wie **Stand-Up-Paddeln** oder **Kanufahren** werden praktiziert, vor allem auf den Binnenseen. **Rafting** ist u. a. im Cairngorms-Nationalpark und auf diversen Flüssen des Hochlands möglich. Infos zu Wassersportaktivitäten: www.visitscotland.com/things-to-do/outdoor-activities/water sports.

Tauchen erfreut sich besonders auf den Orkneys großer Beliebtheit, da hier viele untergegangene Schiffe ein lohnendes Ziel für neugierige Taucher bieten. Das klare Wasser und der Artenreichtum locken dagegen viele Taucher nach St Abbs in Berwickshire, und dies sind nur zwei der interessanten Plätze in Schottland. Nichtsdestotrotz sei darauf hingewiesen, dass das Wasser teilweise sehr kalt ist, speziell an der Ostküste.

[<] Wanderweg in den Highlands

Sprache

→ Kleine Sprachhilfe Englisch im Anhang

Gälisch

Im Schottland des 10. Jh. war Gälisch die Sprache der Einheimischen. Sie wurde von allen gesprochen und verstanden. Seitdem verlor diese Sprache immer mehr an Boden zugunsten des Englischen, und bald verständigten sich nur noch die Bewohner der Highlands und Hebriden auf Gälisch. Nachdem für einige Zeit die Hebriden letzter Ort einer aktiven gälischen Sprache waren, kehrt das Gälische wieder stärker in die schottische Identität zurück, die Zahl der gä-

Ausspracheregeln Gälisch

ao (i)	meist ähnlich wie ö
ai	a
bh	v; u nach a/o
chd	chk
d	d; dsch bei i/e
dh	g; j bei i/e
fh	h oder stumm
gh	stimmhaftes ch; j bei i/e
mh	v; u nach a/o
ph	f
s	s; sch bei i/e
sh	h
t	t; tsch bei i/e
th	h oder stumm

Akzente bezeichnen Langvokale, und die Betonung liegt auf der ersten Silbe. Sonst ähnelt die Aussprache dem Deutschen.

Ortsnamen und andere Ausdrücke

Die folgende Wörterliste enthält Ausdrücke, die häufig in Ortsnamen auftauchen oder in anderer Weise öfter benutzt werden. In Klammern ist jeweils die **sprachliche Herkunft** angegeben: **S** bedeutet Scots, **G** steht für Gälisch und **N** für Nordisch.

achadh (G)	Feld
adhar (G)	Himmel
aiseag (G)	Fähre
Alba (G)	Schottland
ard (G)	Hügel
ay/ey (N)	Insel
baile (G)	Ort
beag (G)	klein
beck (N)	Bach
beinn/ben (G)	Berg
blar/blair (G)	Moor, Ebene
bray/brei (N)	breit
brig (S)	Brücke
burach (G)	Ufer
burn (S)	Bach
caol (G)	Meerenge
carn/cairn (G)	Steinhaufen
ceilidh (G)	Treffen bei gälischer Musik, Balladen
cill (G)	Grab
cnoc/knock (G)	Hügel
croft (S)	Kleinbauernhof
eas (G)	Wasserfall
eilean/ayle (G)	Insel
fell (N)	rauer Hügel
fraoch (G)	Heide
gleann/glen (G)	Tal
heugh (S)	niedriger Hügel
holm (N)	kleine Insel
hope (N)	Bucht
inbhir/inver (G)	Mündung, Zusammenfluss
kirk (N)	Kirche
knowe (S)	Erdhügel
lag (G)	Höhle, Senke
land (S)	Mietshaus
law (S)	konischer Hügel
learg/larg (G)	Küste, Ebene
links (S)	Sanddünen
lochan (G)	kleiner See
loch (G)	See
meal/mull (G)	karges Vorgebirge, Hügel
monadh (G)	Moor
muckle (S)	breit, groß
muir (G)	Meer
mullach (G)	Gipfel
mull/mool (N)	Vorgebirge
ness (N)	Vorland
ob, plur. oban (G)	Bucht
poll/pool (G)	Teich
ros (G)	Wald
scall (N)	Hütte
sean (G)	alt
shieling (S)	Hirtenhütte
sleat/slat (N)	Ebene
soa/soay (N)	Schafe
stain/sten (N)	Stein
tigh/tay (G)	Haus
tir (G)	Land
tobar (G)	Quelle
traigh (G)	Watt, Strand
tuath (G)	Norden
uig (G)	Ecke
uisge (G)	Regen, Wasser
usquebaugh (S)	Whisky
vennel (S)	Allee
weem (S)	Höhle
wick (N)	Bach, Bucht
wight (S)	kräftig, stark
wynd (S)	enge Straße

lischsprachigen Personen ist jedoch weiter rückläufig.

Gälisch gehört zur **keltischen Sprachfamilie.** Das schottische Gälisch ist eng verwandt mit dem in Irland gesprochenen, unterscheidet sich aber von Walisisch oder Bretonisch. Gälisch sprechende Iren und Schotten können sich mit einiger Mühe verstehen. Im Gegensatz zu Irland gibt es in Schottland keine Dialekte, sondern nur leichte regionale Abweichungen. Heute sprechen noch ca. **57.000 Personen** Gälisch in höchstem Sprachniveau, vornehmlich im schottischen Westen und Nordwesten. Interessanterweise ist die Zahl der Gälisch Sprechenden unter 20 Jahren gestiegen.

Seit dem *Gaelic Language Act* 2005 werden Versuche unternommen, die Sprache langfristig zu retten. In den Schulen wird wieder Gälisch unterrichtet und die *BBC* betreibt den **gälischen Radiosender BBC Alba,** doch können sich diese Versuche nicht mit den Anstrengungen messen, die in dieser Beziehung in Irland unternommen werden.

Auf der Halbinsel Sleat, im Süden von Skye, gibt es ein **Business-College,** das in gälischer Sprache unterrichtet. Hier können im Sommer Interessierte in 1–2-wöchigen Kursen die Sprache und Musik Schottlands kennenlernen.

- **Sabhal Mòr Ostaig,** Sleat, Isle of Skye, IV44 8RQ, Tel. 01471 888000, www.smo.uhi.ac.uk.
- Weitere Informationen über die gälische Sprache gibt es bei **An Comunn Gaidhealach,** 40 Huntly Street, Inverness, IV3 5HR, Tel. 01463 7097 05, www.ancomunn.co.uk.

Scots

Die andere Sprache Schottlands nennt sich *Scots* und ist aus einem nordenglischen Dialekt entstanden. Französische, germanische sowie nordische Einflüsse wurden in dieser Sprache verarbeitet, die sich vom Englischen vor allem im Vokabular unterscheidet. Satzkonstruktionen differieren nur selten, die schottische Grammatik ist der englischen gleich.

Scots war die **Sprache des schottischen Hofes,** bis *James VI.* 1603 zum englischen König gekrönt wurde und Schottland verließ. Von da an begann auch Scots, ähnlich wie das Gälische, an Einfluss zu verlieren und erhielt niemals eine Schreibform.

In den 1990er-Jahren erlebte es eine kleine Renaissance, das schottische Wörterbuch „Concise Scots Dictionary“ landete in den schottischen Bestsellerlisten.

Um den Erhalt des Scots bemühen sich:

- **Scots Language Society,** c/o 61 Cliffburn Road, Arbroath, DD11 5BA, https://scotsleidassocie.org.
- **Scottish Language Dictionaries,** 25 Buccleuch Place, Edinburgh, EH8 9LN, Tel. 0131 65041 49, www.scotsdictionaries.org.uk.
- **Dictionary of the Scots Language** im Internet: www.dsl.ac.uk.
- **Buchtipps:** Hilfreich sind die in der Reihe Kauderwelsch im Reise Know-How Verlag erschienenen Sprachführer **„Englisch – Wort für Wort“, „Schottisch-Gälisch – Wort für Wort“** sowie **„Scots – die Sprache der Schotten“.** Zu allen drei Titeln gibt es AusspracheTrainer in Form einer Audio-CD oder als mp3-Download.

Unterkunft

→ Camping

In Schottland finden sich alle Arten von Übernachtungsmöglichkeiten, von Hotels, Campingplätzen und Selbstversorgerunterkünften bis zu Jugendherbergen und Hostels, zudem gibt es die typischen B & B-Unterkünfte.

Die in diesem Buch genannten Übernachtungskosten gelten jeweils **pro Person und Nacht,** wenn nicht angegeben ist, dass es sich um den Preis für ein Doppelzimmer (DZ) handelt. Alle Angaben sind als Richtwerte zu verstehen.

VisitScotland bietet in ihrem **Suchportal** einen Überblick über die Unterkünfte Schottlands. Auf der schönen Website kann nach Regionen, Art der Unterkunft, aber auch Kinder- und Tierfreundlichkeit gefiltert werden: www.visitscotland.com/accommodation.

Preiskategorien Unterkünfte

Die Preiskategorien in diesem Reiseführer gelten jeweils **pro Person und Nacht,** wenn nicht anders angegeben und staffeln sich wie folgt:

Hotels, B & Bs, Guesthouses und andere **Unterkünfte mit Doppelzimmer,** inkl. Frühstück:
① bis £ 35 ② £ 35–60 ③ ab £ 60

Hostels, Bunkhouses und andere **Unterkünfte mit Mehrbettzimmer,** ohne Frühstück:
① bis £ 20 ② £ 20–30 ③ ab £ 30

Zeltplätze und **Caravaning:**
① bis £ 10 ② £ 10–20 ③ ab £ 20

Hotels und Gasthöfe

Das Hotelangebot ist in Schottland sehr groß, das Angebot reicht von vornehmen Luxushotels bis zu Gasthöfen mit moderaten Preisen. Normalerweise schließen die Zimmerpreise das Frühstück ein, doch ist auch Voll- oder Halbpension möglich. Die meisten Hotels führen gleichzeitig ein **Restaurant,** und in kleineren Ortschaften ist oft die Dorfkneipe ebenfalls im Hotel untergebracht. In kleineren Dörfern finden sich weniger Hotels als Gasthöfe, hier beginnen die Preise für eine Übernachtung mit Frühstück oft schon bei £ 40.

Bed & Breakfast

B & B bzw. *Bed and Breakfast* ist eine **typisch britische Art** der Unterkunft. Sie beinhaltet Übernachtung mit Frühstück und wird zumeist von privaten Gastgebern angeboten, die sich auf diesem Wege ein Nebeneinkommen verdienen. Morgens wird ein britisches Frühstück serviert, das oft so reichhaltig ist, dass sich jegliches Mittagessen erübrigt.

In diesem Buch werden an einigen Stellen Informationen zu B & B angegeben, die Suche nach weiteren Übernachtungsmöglichkeiten gestaltet sich aber selbst in abgelegeneren Gegenden einfach. Schilder vor den Haustüren zeigen eine B & B-Unterkunft an. Der Preis für eine Übernachtung mit Frühstück liegt

Überblick Buchungsportale

Als Ergänzung zu den sorgfältig zusammengetragenen Unterkunftsempfehlungen in diesem Buch können Buchungsportale wie Booking.com, hrs.de, Agoda.com oder Airbnb.de dazu genutzt werden, aktuelle Preise und die Bewertungen anderer Reisender einzusehen sowie Unterkünfte **direkt zu buchen.**

Die Plattformen arbeiten mit Unterkünften aller Art zusammen und machen diese für Reisende leicht auffindbar. **Bewertungen,** Fotos und Filtermöglichkeiten nach zahlreichen Details helfen bei der Auswahl. Auch der **Kontakt** zwischen Vermietenden und Unterkunftssuchenden sowie die **Bezahlung** können über die Plattformen abgewickelt werden.

Eine gewisse **Vorsicht** ist bei der Benutzung dennoch geboten. Wann immer möglich, sollten die Angaben mit zusätzlichen Quellen überprüft werden. Sind die Bewertungen wirklich auf allen Plattformen und Suchmaschinen so gut? Sind sie so zahlreich, dass ein Missbrauch unwahrscheinlich ist? Weshalb genau fanden die Bewertenden die Unterkunft gut und stimmt das mit meinen Interessen überein? Häufig hilft die jeweils eigene Internetseite der Unterkunft, *Google Street View* oder ein Anruf, um genauere Informationen zu bekommen.

Wem einzelne Aspekte besonders wichtig sind, der sollte auf jeden Fall **genau prüfen** – z. B. ob der versprochene „geschlossene Parkplatz" wirklich so beschaffen ist, dass man das vollgepackte Auto dort stehenlassen möchte. Auch der angepriesene „Bestpreis" und die durch die Plattformen suggerierte knappe Verfügbarkeit lösen sich bei einem Anruf vielleicht in Luft auf, weil die Vermietenden einen eigenen günstigen Preis bieten, um sich die teure Vermittlungsprovision an die Plattform zu sparen.

Während die Plattformen also eine praktische Hilfe bei der Reiseplanung sein können, empfiehlt sich doch häufig ein kritischer zweiter Blick!

etwa zwischen £ 35 und £ 60 pro Person im Doppelzimmer, im Einzelzimmer liegt der durchschnittliche Preis zwischen £ 60 und £ 90. Generell ist die Übernachtung in abgelegeneren Gebieten billiger als in Städten oder viel besuchten Gegenden.

Jugendherbergen und Hostels

In Schottland gibt es etwa 60 Jugendherbergen, die über das ganze Land verteilt sind. Geschlafen wird in Mehrbettzimmern, die nach Geschlechtern aufgeteilt sind, es sei denn, man hat das Glück, ein Familienzimmer zu ergattern. Die Herbergen sind generell von 7.30 bis 10 Uhr und von 17 bis 22.30 Uhr, in den Städten allerdings rund um die Uhr geöffnet. Generell lohnt es sich, die Öffnungszeiten individuell bei der Herberge zu erfragen. Die Jugendherbergen sind mit einer Selbstversorgerküche ausgestattet. Immer mehr Herbergen, insbesondere in den Städten, bieten aber auch Mahlzeiten an oder verfügen über ein Café. Bettzeug wird gestellt und das Zimmer muss bis 9 Uhr am nächsten Morgen geräumt werden. Im Sommer sollte man im Voraus buchen, da die Betten schnell belegt sind. Die Preise liegen zwischen £ 15 und £ 25. Schottische Jugendherbergen unterteilen sich je nach Standard und Lage in folgende Kategorien:

- **City Hostels** liegen, wie der Name schon sagt, in Städten, verfügen über einen höheren Standard und sind 24 Stunden geöffnet.
- **Family Hostels** finden sich in Gegenden, die besonders für Familien geeignet sind, haben Familienzimmer und verfügen über ein Spielzimmer.
- **Rustic and Island Hostels** sind in entlegenen Gebieten angesiedelt und nur einfach ausgestattet.
- **Active and Adventure Hostels** richten sich insbesondere an Wanderer, Bergsteiger, Mountainbiker oder Skifahrer und verfügen dementsprechend über einen Fahrradschuppen o. Ä. Zudem findet sich hier immer entweder in der Herberge selbst oder in der Nähe ein kleines Geschäft, in dem der Grundbedarf gedeckt werden kann.
- **Marine and Wildlife Hostels** sind besonders für jene gedacht, die gerne die Natur beobachten.
- **Bunkhouses** sind Hostels mit meist einfacher Ausstattung, die häufig nur einmal täglich von einem *warden* zum Kassieren und Aufräumen besucht werden. Ansonsten sind diese Hütten ohne Aufsicht.

Adobe Stock © rosn123

In Jugendherbergen kann man **unabhängig vom Alter** übernachten. Hat man einen **internationalen Jugendherbergsausweis,** schläft man auch bei den offiziellen schottischen Jugendherbergen zum günstigeren Tarif, sonst muss man eine Tagesmitgliedschaft erwerben. Eine Jahresmitgliedschaft bei den Verbänden zuhause kostet jährlich 7 € (bis 26 Jahre) bzw. 22,50 € (ab 27 Jahre oder Familie) in Deutschland (www.jugendherberge.de), 15 € (16–26 Jahre) bzw. 25 € (ab 27 Jahre oder Familie) in Österreich (www.oejhv.at), 15 SFr (bis 26 Jahre und ab 65 Jahre) bzw. 30 SFr (ab 27 Jahre oder Familie) in der Schweiz (www.youthhostel.ch). Lebenspartner und eigene Kinder sind im Preis für eine Familienkarte inbegriffen (in Deutschland Kinder bis 26 Jahre, in Österreich bis 15 Jahre, in der Schweiz bis 18 Jahre).

Neben den offiziellen Jugendherbergen, die dem internationalen Jugendherbergsverband (www.hihostels.com) angeschlossen sind, gibt es noch eine Reihe von **Independent Hostels,** die häufig die Lücken des Jugendherbergsnetzes ausfüllen. Der Verband der *Scottish Independent Hostels* vereinigt 130 Hostels unter sich und ist damit weltweit einer der größten Verbände unabhängiger Hostels.

- **Scottish Youth Hostels Association (SYHA),** www.syha.org.uk.
- **Scottish Independent Hostels (SIH),** www.independenthostels.co.uk/scotland-scottish-bunkhouses-hostels-bothies. Hier kann man den sogenannten „SIH Hostel Guide" herunterladen, in dem sämtliche *Independent Hostels* von Schottland aufgeführt sind.

Unterkünfte sind oft ausgeschildert

Verhaltenstipps

→ Autofahren
→ Fotografieren
→ Geld
→ Sport und Aktivitäten/Wandern

So wie überall in der Welt sind auch Menschen in Schottland mit Respekt und Achtung zu behandeln. Örtliche Regeln sind zu befolgen.

Als Reisender ist man immer nur kurzfristig im Genuss eines sonst fremden Ortes. Damit allen nachfolgenden Besuchern und Generationen das gleiche Vergnügen bleibt, gibt es hier vier Gedanken zum nachhaltigen und verantwortungsvollen Reisen:

- **Lokal essen:** Lokale Produkte überzeugen neben kurzen Transportwegen meist in Frische und Qualität. Daneben sichert der Besuch lokaler Restaurants, Hotels und Reiseveranstaltungsangebote Jobs vor Ort und hilft Gemeinschaften in sonst oft entlegenen Orten dabei, ihren Lebensunterhalt zu bestreiten. In Restaurants und Taxis sind 10 % Trinkgeld eine gute Daumenregel.
- **Bewusst reisen:** Eine Kurzreise ist zwar häufig ein netter Ausbruch aus dem sonst stressigen Alltag, kann aber auch Stress verursachen. Ein umfangreicher Urlaub verspricht bei entsprechender Planung mehr Entspannung und Ruhe. Eine Anreise mit dem Zug oder Bus dauert dabei zwar länger, kann aber auch eine andere Wertschätzung für die Zeit vor Ort bedeuten. Gerade bei ausführlicheren Reisen bleibt dann mehr Zeit, Land und Bewohner wirklich kennenzulernen.
- **Keine Spuren:** In Schottland gibt es einige Sehenswürdigkeiten mit vielen Besuchern, wenn ein Pfad zu einer noch schöneren Aussicht nicht ausgetreten ist, kann es dafür gute Gründe geben. Die gegebenen Wege sollten – wo vorhanden – genutzt werden, um nicht mehr Schaden anzurichten als nötig. Es sollte zudem selbstverständlich sein, keinen Müll zu hinterlassen und anderen Menschen das gleiche Erlebnis zu ermöglichen.
- **Kultur schätzen:** Wenn der schöne Wollpulli oder das keltische Amulett gefällt, ist es keine Straftat einmal einzukaufen, das unterstützt die lokale Kultur. Nicht nachhaltig wäre es jedoch, ein billiges Andenken zu kaufen, das sich nach kurzem Benutzen verbraucht oder eines, das dann doch nie benutzt wird.

Verkehrsmittel

→ Anreise
→ Autofahren
→ Orientierung und Landkarten
→ Sport und Aktivitäten/Radfahren

Mietwagen

Das Leihen von Autos stellt in der Regel kein Problem dar. Zumeist wird ein **Mindestalter** von 23 Jahren verlangt. Beim Autoverleih empfiehlt es sich, mit Kreditkarte zu bezahlen, da in einem solchen Fall die meisten Verleihfirmen auf die ansonsten fällige Kaution verzichten. An den **Flughäfen** finden sich nationale und internationale Gesellschaften, auch einige Hotels verleihen Autos. Je weiter man sich von den städtischen Zentren entfernt, desto teurer wird auch das Leihen von Wagen. In den einzelnen Ortskapiteln sind unter der Rubrik „Verbindungen" oft Verleihfirmen angegeben.

Der mit Abstand größte Verleihservice **Arnold Clark** hat in jeder größeren Stadt Schottlands Verleihzentren und bietet damit auch die Möglichkeit, einen Mietwagen von einer Stadt in die andere zu fahren.

Öffentliche Verkehrsmittel

Allgemeine Fahrplan- und Ticket-Info

Traveline ist die „public transport info“ für alle **öffentlichen Verkehrsmittel** in England, Wales und Schottland, egal ob es sich um Überlandbusse, Stadtbusse, Züge, Straßenbahnen, U-Bahnen oder Fähren (ausgenommen Flüge) handelt. Unter **www.travelinescotland.com** bzw. Tel. 0871 2002233 kann man sich über alle öffentlichen Verkehrsverbindungen informieren. *Traveline Scotland* gibt es auch als kostenlose **App** für iPhones und Android-Handys.

Fernbusse

Innerhalb Schottlands sind Busse oft die einzigen regelmäßig verkehrenden öffentlichen Verkehrsmittel. Einige große Busunternehmen verbinden in einem sehr guten Netz alle wichtigen Orte in Schottland, im Norden und Westen auch die kleineren Fährhäfen miteinander.

- **Scottish Citylink,** www.citylink.co.uk, Tel. 01 41 3524444, vor allem Langstreckenverbindungen auf einigen ausgewählten Routen.
- **Stagecoach,** www.stagecoachbus.com, eine der größten Verkehrsgesellschaften Großbritanniens, betreibt zahlreiche regionale Netzwerke.
- **megabus.com,** bietet Langstreckenfahrten zu teils erschwinglichen Preisen an.
- **First,** www.firstgroup.com, betreibt die lokalen Busnetze von Aberdeen, Edinburgh und Glasgow.
- **Lothian Busses,** www.lothianbuses.com, Tel. 0131 5544494, die Busgesellschaft für Edinburgh und Lothian.

Fahrplanauskunft

- Busfahrpläne für alle schottischen Stationen finden sich unter **www.bustimes.org.** Gerade in Regionen mit unübersichtlichen Fahrplänen ist die Website eine große Hilfe.

Ermäßigte Bustickets

Scottish Citylink vertreibt den **Explorer Pass,** der für £ 60/3Tage, £ 89/5 Tage bzw. £ 120/8 Tage freie Fahrt auf allen *Citylink*-Strecken sowie eine Ermäßigung von 20 % auf alle *Northlink*-Fährverbindungen erlaubt. Außerdem bietet *Scottish Citylink* allen Inhabern einer *SYHA*-Mitgliedskarte *(Scottish Youth Hostel Association)* und Studenten, die sich online registrieren bis zu 20 % Ermäßigung.

One-Tickets (1 Tag ab £ 6) gelten für fast alle Busse im Südosten Schottlands (www.one-ticket.co.uk, Tel. 0845 0551 770).

Lokale Busverbindungen

Mit den lokalen Busverbindungen, den **Schulbussen** und örtlichen Unternehmen, ist es möglich, selbst in entlegenste Gegenden vorzustoßen, wobei sich die Weiterreise schwierig gestalten kann. In den einsameren Gebieten fahren Busse meist morgens hin und am späten Nachmittag zurück.

Busse können besonders in den unbewohnteren Gegenden überall auf der Strecke per **Handzeichen** gestoppt werden. In den abgelegenen Gegenden des Nordwestens und auf den meisten Inseln ist der Busverkehr während der Schulzeit am besten, da dann zusätzlich zu den öffentlichen Bussen auch die Schulbusse fahren, die einen mitnehmen.

Die Bezahlung in den lokalen Busverbindungen wurde vielerorts auf **Kartenzahlung** umgestellt. Da aber gerade auch mit ausländischen Karten durchaus Probleme auftreten können, ist es empfehlenswert, den notwendigen Betrag in **Bargeld** dabeizuhaben, da sonst die Mitnahme verweigert werden kann.

Bustouren

Da Schottland ein vielbereistes Land ist, bieten zahlreiche Anbieter Bustouren an, um aus den großen Städten die Highlands zu erkunden. Die Touren unterscheiden sich in ihrem Profil. Bei Reisen durch die Highlands begegnet man häufig **Rabbie's Tours** oder **Haggis Adventures.**

- **VisitScotland** listet zahlreiche Informationen zu Busreisen und Bustouren, www.visitscotland.com/travel-planning/getting-around/bus-coach.
- **Rabbie's Tours,** Tel. 0131 2263133, www.rabbies.com.
- **Haggis Adventures,** 60 High Street, Edinburgh, EH1 1TB, Tel. 0131 5579393, www.haggisadventures.com.

Bahn

In Schottland ist das Bahnfahren nicht die ideale Fortbewegungsart. Zwar ist das Schienennetz in der **Region um Glasgow** recht gut ausgebaut und es verkehren genügend Züge zwischen den größeren Städten wie Glasgow, Edinburgh, Inverness und Aberdeen, doch außerhalb dieser Regionen kann die Bahn nur bedingt benutzt werden. Der Norden ist entweder ohne Schienenverbindung oder die Züge fahren so selten, dass Anschlüsse nur mit langen Wartezeiten zu erhalten sind. Außerdem kommen die Züge wegen der teils großen Steigungen nur sehr langsam vorwärts.

Von Glasgow nach Norden führt nur eine Route nach Oban und eine über Crianlarich und Fort William nach Mallaig, die berühmte **West Highland Line,** auf der im Sommer eine alte Dampflok, der *Jacobite Steam Train,* schnauft (→ Das westliche Hochland).

Von Inverness führt eine Linie nach Kyle of Lochalsh und eine nach Norden bis Thurso, die **North Highland Line.** Beide Linien, besonders aber die *West Highland Line,* können wir wegen der herrlichen Landschaft, die die Bahn hier gemütlich durchrollt, nur empfehlen. Der gesamte Nordwesten ist mit dem Zug nicht zu erreichen.

Fahrplanauskunft (jeweils auch als App)

- **www.travelinescotland.com**
- **www.thetrainline.com**
- **www.scotrail.co.uk**

Ermäßigte Bahntickets

Mit dem **Highland Rover** kann man an 4 von 8 aufeinanderfolgenden Tagen die Bahnverbindungen des *ScotRail*-Netzes zwischen Glasgow und dem Norden Schottlands für £ 95 nutzen. Das Pendant für den Süden, also das Ticket für die Bahnstrecken zwischen Glasgow und Edinburgh, in Central und in Fife, heißt **Central Scotland Rover.** Es kostet für 3 Tage £ 55 (www.scotrail.co.uk).

Der **Spirit of Scotland Travelpass** berechtigt zur Nutzung aller Routen von *ScotRail* sowie einiger Busrouten von *Citylink* und *Stagecoach.* Außerdem erhält man Gutscheine für die *Sightseeing Bustours* in Edinburgh, Glasgow und Inverness sowie Rabatte auf Fährfahrten nach Orkney und Shetland oder Schifffahrten auf Loch Ness und Loch Lomond. Das Ticket für 4 innerhalb von 8 Tagen kostet £ 149, für 8 innerhalb von 15 Tagen £ 189.

Das britische Pendant zu diesen schottischen *Rover*-Tickets ist der **BritRail Flexi Pass.** Er erlaubt die freie Fahrt 2. Klasse auf dem gesamten Streckennetz der britischen Bahn in England, Schottland und Wales an 2, 3, 4 oder 8 beliebigen Tagen innerhalb eines Monats, sowie 15 Tagen innerhalb zweier Monate. Er kostet für 2 Tage 136 €, für 3 Tage 204 €, für 4 Tage 255 €, für 8 Tage 365 € und für 15 Tage 429 €. Der normale **BritRail Pass** kostet z. B. für 16 aufeinanderfolgende Tage 409 €. Die Pässe werden von *ACPRail* verkauft (www.britrail.net).

Für Gruppen von drei und vier Personen bietet sich der **Friends Fare** von *ScotRail* an. Hier werden günstige Tickets für die gesamte Gruppe auf Verbindungen von und nach Aberdeen verkauft. Für größere Gruppen bieten sich auch die Angebote **GroupSave** (3–5 Personen) und **Group travel** (ab 10 Personen) an. Informationen und Verkauf unter www.scotrail.co.uk oder Tel. 0344 81 10141.

Ohnehin ist eine Buchung bis spätestens zwei Tage vor Fahrtantritt bei der schottischen Bahn stets lohnend, da man so die günstigen **Advance-Tickets** erwerben kann.

Fähren

Schottland ist auf drei Seiten von Wasser umgeben und zählt ca. 790 Inseln, davon 130 bewohnte, zu seinem Territorium. Die Fähre gehört daher in Schottland zu den alltäglichen Verkehrsmitteln. Nahezu alle größeren Inseln werden heute von **Autofähren,** bei kurzen Überfahrten von den praktischen Pendelfähren *(roll-on-roll-off),* angefahren. Nur noch einige winzige Inseln der Hebriden und Orkneys sind auch heute noch nur mit Frachtschiffen zu erreichen, auf die das Auto mit einem Kran verladen werden muss. Kleinere Inseln werden oft nur von Personenfähren angefahren.

Die Verbindungen werden hauptsächlich von zwei **Fährgesellschaften** unterhalten. Für den gesamten Westen, die Inneren und Äußeren Hebriden ist die staatliche Fährgesellschaft *Caledonian MacBrayne* und für Orkney und Shetland *NorthLink Ferries* zuständig. Preise und Fahrzeiten sind in den Ortsbeschreibungen unter der Rubrik „Verbindungen“ aufgelistet.

Die meisten Linien nehmen **Vorausreservierungen** an, die in den Sommermonaten für Fahrzeuge ratsam sind. Im Winter wird der Verkehr auf einigen Linien eingeschränkt oder ganz eingestellt.

[>] Fähre zur kleinen Insel Kerrera

Adobe Stock © ScottishJack

Zu verkehrsmittelübergreifenden **Ermäßigungstickets,** die auch Fahrten mit Fähren umfassen, → oben unter Bus und Bahn.

Fährverbindungen innerhalb Schottlands

- **Caledonian MacBrayne Ltd.,** www.calmac.co.uk, Auskunft und Reservierung auch unter Tel. 08000 665000.
- **NorthLink Orkney and Shetland Ferries,** www.northlinkferries.co.uk, Tel. 01856 885500.
- **John O'Groats Ferries Ltd.,** www.jogferry.co.uk, Tel. 01955 611353.
- **Pentland Ferries Ltd.,** www.pentlandferries.co.uk, Tel. 01856 831226.
- **Orkney Ferries Ltd.,** www.orkneyferries.co.uk, Tel. 01856 872044, für Orkney.

Fährverbindungen mit Nordirland

- **Stena Line Ltd.,** www.stenaline.de, verkehrt zwischen Cairnryan und Belfast, in Deutschland buchbar unter Tel. 0180 6020100 bzw. 0049 431 90 99 von außerhalb Deutschlands.
- **P & O Ferries,** www.poferries.com, Verbindungen zwischen Cairnryan und Larne, Tel. 0049 (0)621 37909035.

Zeit

In Großbritannien gilt die **westeuropäische Zeit (WEZ),** d. h. die Uhren gehen im Vergleich zu unserer Zeit (MEZ) eine Stunde nach. Bei der Einreise muss man folglich die **Uhren um eine Stunde zurückstellen.** Dies gilt ebenso für den Sommer, da auch in Großbritannien im Frühjahr die Uhren umgestellt werden.

Architektur | 566
Bevölkerung | 559
Flora und Fauna | 528
Geografie | 524
Geologie | 524
Geschichte | 534
Klima | 526
Literatur | 571
Malerei | 577
Musik | 578
Politik | 534
Religion | 565
Staat und Verwaltung | 549
Traditionen und Bräuche | 566
Umwelt- und Naturschutz | 532
Wirtschaft | 551

378sc jf

14 Land und Leute

< Der Fluss Coe schlängelt sich idyllisch durch Glen Coe

Geografie

Zwischen dem 55. und 66. **Breitengrad** liegt Schottland auf gleicher Höhe mit der russischen Hauptstadt Moskau. Dank des wärmenden **Golfstromes** müssen sich die Schotten jedoch nicht mit den vergleichbaren russischen Wintertemperaturen plagen.

Zu Schottland, das den Norden der Britischen Inseln umfasst, gehören neben dem schottischen *mainland* die Inselgruppen der westlich gelegenen Äußeren und Inneren Hebriden sowie nördlich Orkney und Shetland. Insgesamt sind von den **790 schottischen Inseln** ungefähr 130 bewohnt.

Mit einer **Fläche** von ca. 78.000 km² hat Schottland in etwa die gleiche Größe wie Österreich oder Bayern. Damit umfasst das Land ungefähr ein Drittel von Großbritannien. Das schottische *mainland,* das Hauptland ohne die Inseln, hat eine Nord-Süd-Ausdehnung von 440 km, von Osten nach Westen sind es 248 km. Die Länge der Küstenlinie, inklusive die der Inseln, beträgt sogar 10.140 km, ein Ergebnis der unzähligen Buchten und Fjorde.

Die Nachbarn der Schotten sind die Engländer und das Meer. Geografisch trennen Schottland von England die Hügelkette der Cheviots und der Fluss Tweed, entlang deren die ca. 100 km lange Grenze verläuft.

Das Land im Norden Großbritanniens gliedert sich in drei große geografische Regionen: das Gebiet der **Southern Uplands,** dessen sanfte Bergzüge sich über das Grenzgebiet zu England, der Borders Region, und der westlich davon gelegenen Region Dumfries und Galloway ziehen, das **mittelschottische Flachland,** das sich zwischen dem Firth of Clyde am Atlantik und dem Firth of Forth an der Nordsee erstreckt, das schottische **Hochland,** zu welchem die Highlands und die Grampians zählen, sowie die Hebriden-, Orkney- und Shetlandinseln.

In Schottland finden sich einzig im Hochland jene **Berge,** die die Einheimischen *Munro* nennen. Das Kennzeichen eines *Munro* ist seine Höhe, welche über 3000 englischen Fuß (914 m) liegen muss. Insgesamt 279 *Munros* verteilen sich über die Highlands und die Grampians. Der König der *Munros* ist der **Ben Nevis** (1345 m), gleichzeitig der höchste Berg der Britischen Inseln.

Geologie

Der überwiegende Teil Schottlands ist bergiges Hochland. Die **Böden** des Hochlandes bestehen aus kieselsauren Gesteinen und liegen meist über einer Höhe, die eine landwirtschaftliche Bestellung erlaubt. Das **nordwestliche Hochland,** das sich jenseits des 96 km langen **Kaledonischen Grabens** erhebt, setzt sich aus Gneisen zusammen, wobei sich zur Westküste hin Sandstein, zum kaledonischen Graben hin Glimmerschiefer anlagert. Die starken Winde, die meist von Westen her über Schottland

☒ Am Ufer des Loch Voil

hinwegfegen, haben dem Hochland ihren Stempel aufgedrückt und zu einer enormen Erosion geführt. Viele Täler der Westküste verlaufen deshalb in Ost-West-Richtung, bevor sie in den *firths*, den langgestreckten Meeresbuchten, im Atlantik auslaufen.

Östlich des kaledonischen Grabens liegen die **Grampians** auf einem geschlossenen Untergrund aus Glimmerschiefer und Granit (wie der Harz oder der Schwarzwald). Die östliche Küste von Caithness, des Moray Firth und Orkney liegt auf einer dünnen Schicht aus Sandstein.

Zwischen dem nördlichen Hochland und der mittelschottischen Senke bildet die sogenannte **Highland Boundary Fault** die natürliche Grenze. Diese Verwerfung erstreckt sich von der Ostküste bei Stonehaven (südlich von Aberdeen) bis hin zum Firth of Clyde.

Das flachere **Mittelschottland** selbst weist eine große Bandbreite von Gesteinen, u. a. Sandstein, auf. Ferner befinden sich in Mittelschottland Steinkohlelager. Fruchtbare Böden aus Lehmen und Braunerden ermöglichen außerdem ertragreichen Ackerbau.

Das **südschottische Bergland** besteht aus einem Sockel von Tonschiefer, Sandstein und Grauwacken, welcher von verschiedenen anderen Gesteinen überlagert wird.

Die **Niederungen des Südens** eignen sich im Gegensatz zum weidewirtschaftlich genutzten Hochland gut für den Anbau von Getreide. Vor allem Raps, Weizen und Hafer, aber auch Kartoffeln wachsen auf den fruchtbaren Böden im südlichen Teil Schottlands. Hier wird auch die Gerste angebaut, welche als Malz die Grundlage für die schottischen Whiskys bildet.

379sc jf

Klima

→ Kapitel Praktische Reisetipps A–Z/Klima und Reisezeit

In Schottland herrscht ein **ozeanisches Klima,** das sich durch mäßig warme Sommer und milde Winter auszeichnet sowie eine allgemeine Unberechenbarkeit des Wetters. Jede noch so kleine Wolke überrascht mit einem Regenguss. Die Verantwortung für das relativ milde Klima trägt der **Golfstrom,** der seinen Ursprung im Golf von Mexiko hat. Von dort versorgt er Schottland das ganze Jahr über mit erwärmtem Wasser (bis zu 27 °C) und warmen Winden.

Vor allem an der schottischen **Nordwestküste,** die ohne schützende Berge den Winden und Wettern des Golfstromes ausgeliefert ist, macht sich das ozeanische Klima bemerkbar. An zwei von drei Tagen fällt Niederschlag, die Sonne versteckt sich dann hinter jenen Wolken, die der Golfstrom unaufhörlich herbeischaufelt. Die Temperaturschwankung, über ein Jahr betrachtet, ist relativ gering. In Stornoway, auf der äußeren Hebrideninsel Lewis, beträgt die durchschnittliche Temperatur im Juli 13 °C, im Wintermonat Januar 4,7 °C.

Die **Berge des Hochlandes** sind der Hauptregenfänger für die Wolken der ozeanischen Tiefausläufer. In den Lagen oberhalb 300 m regnet es über 2000 mm im Jahr. Auf dem Ben Nevis bei Fort William erreichen die Niederschläge über 4000 mm. Der 1345 m hohe Gipfel wird bei Durchschnittstemperaturen von -3 °C im Januar und 7 °C im Juli nahezu das ganze Jahr über von Frost heimgesucht.

Da der Wind in Schottland meist aus SW/NW weht und unweigerlich die atlantischen Tiefdruckgebiete über die Hochlande treibt, bleiben die Wolken in den Bergen der Grampians und Highlands hängen und regnen sich dort aus. Die Folge: Das **mittelschottische Tiefland** sowie die **Ostküste** weisen vergleichsweise geringere Niederschläge auf. Das Klima im östlichen Schottland ist im Allgemeinen beständiger. An der Ostküste bei Aberdeen werden im Jahresmittel Niederschläge zwischen 600 und 900 mm verzeichnet. Die Winter sind kälter als an der Westküste, da sich der Einfluss des wärmenden Golfstromes hier weniger auswirkt.

Die Abnahme der Schauerneigung von West nach Ost trifft, mit Abstrichen, auch auf das **südschottische Bergland** zu. In den Tälern sind die Sommer kühl, die Winter mild. Je nach Höhenlage fallen zwischen 600 und 2000 mm Regen im Jahr.

Die **Westküste des schottischen Südens** liegt im Regenschatten von Irland, der Halbinsel von Kintyre und der vorgelagerten Hebriden-Inseln. Daher regnet es an der Küste von Ayrshire im Süden Schottlands nicht so häufig wie an der nördlichen Westküste.

Klima

Stornoway (Hebriden) Edinburgh Tynemouth (Ostküste)

Mittlere Anzahl der Tage mit Niederschlag pro Monat

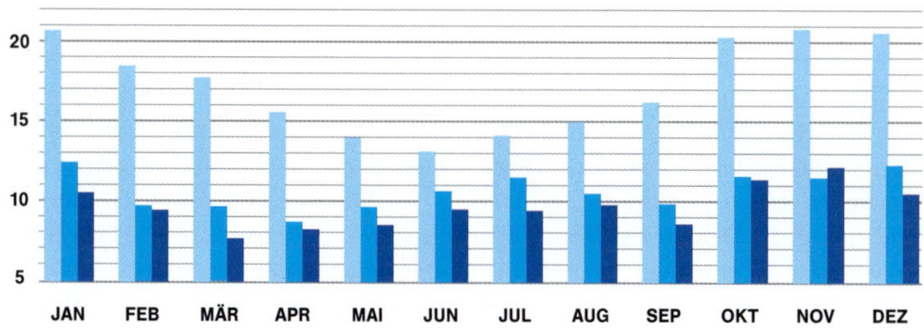

Mittlere Niederschlagsmenge pro Monat in mm

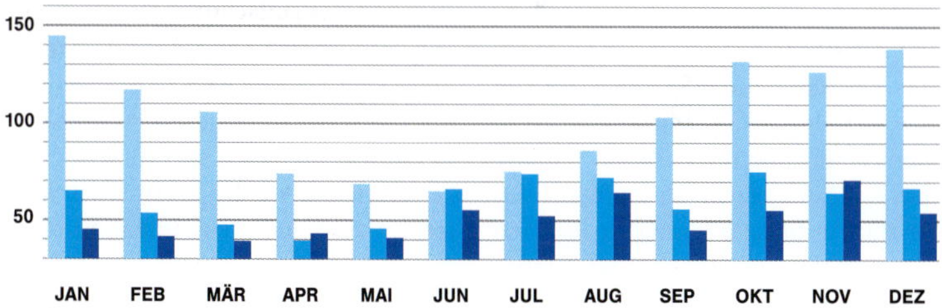

Mittlere tägliche Maximum- und Minimumtemperaturen in °C

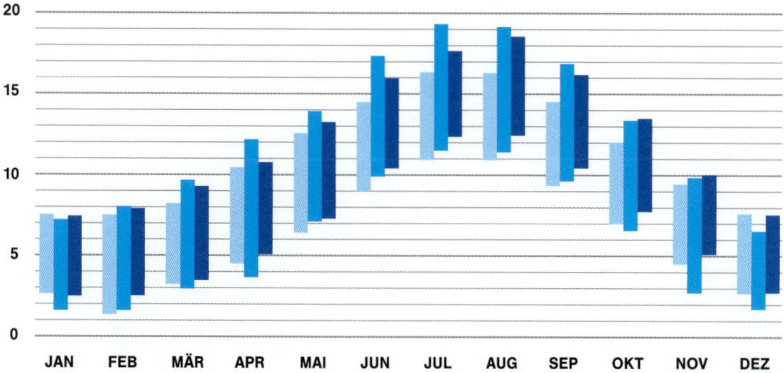

Flora und Fauna

Tierwelt

Die artenreiche schottische Tierwelt hat in den letzten Jahrhunderten **Verluste** hinnehmen müssen: Im 18. Jh. wurde der letzte Wolf geschossen. Auch der Elch ist ausgerottet. Eine andere Tierart hat sich dafür ausgebreitet: der **Rothirsch,** *red deer,* der uns in ganz Schottland begegnet. Der einzige Feind des Hirsches ist der menschliche Jäger, der Ende August, Anfang September auf die Pirsch geht, um die Hirschbestände in Grenzen zu halten.

Während der Kriegsjahre im 20. Jh. vermehrten sich die **Wildkatze,** *wild cat,* und der **Rotfuchs,** *red fox.* Die schottische Wildkatze, der sogenannte *highland tiger,* ist der gefährlichste Räuber in Schottland, allerdings ist ihr Bestand zum Ende des letzten Jahrhunderts wieder stark zurückgegangen. Die *highland tigers* gelten als bedrohte Tierart in Großbritannien, da sich eine Kreuzung mit Hauskatzen oft ereignet und den Bestand so gefährdet.

Ein anderer Räuber, eine Nummer kleiner als die Wildkatze, ist das **Hermelin,** *stoat,* eine Wieselart, dessen wertvoller weißer Winterpelz früher von Fürsten und hohen Geistlichen getragen wurde. Die weiße Farbe hat das Hermelin, das nachts auf Jagd geht, in schneelosen Wintern oft das Leben gekostet.

Der **Dachs,** *badger,* ist wie das Hermelin ein nächtlicher Räuber. Doch ist er gern gesehen, denn er fängt in den Schonungen **Kaninchen,** *rabbit,* und **Hasen,** *hare,* die zum Teil verheerende Schäden an jungem Baumbestand anrichten.

An Flüssen und felsiger Küste findet man den **Fischotter,** *otter,* der sowohl im Süß- als auch im Salzwasser zu Hause ist. Otter sind Feinschmecker: Sie verspeisen gern Lachs und ziehen im Frühjahr weite Wege, um den Laich von Fröschen zu verzehren. Auf der schottischen Kiefer lebt der seltene, kastanien- bis dun-

300sc ab

kelbraun gefärbte *pine marten,* ein **Baummarder,** der leicht mit einem großen Eichhörnchen verwechselt wird.

Schon fast ein Wahrzeichen Schottlands ist der **Seehund,** *seal,* eine Robbenart. Die *Seals* haben sich fast völlig an das Leben im Wasser angepasst. An Land können sie sich lediglich durch kurze Sprünge bewegen. Zwischen den fünf Zehen ihrer Flossenfüße ist im Laufe der Evolution eine Schwimmhaut gewachsen. Die Robben ernähren sich ausschließlich von Fisch.

Der große Artgenosse des Seehunds ist die **Kegelrobbe,** *grey seal,* die bis zu 300 kg auf die Waage bringt. Die Kegelrobbe gebärt ihren Nachwuchs im Winter, während die Seehunde ihr Junges im Mai oder Juni zur Welt bringen. Die Kegelrobben der Nord- und Ostsee sind insofern ungewöhnlich, als dass sie felsige Küsten zum Gebären bevorzugen.

Auch **Wale** und **Delfine** lassen sich an den schottischen Küsten beobachten. Der ca. 1,20 m lange Schweinswal, aber auch der bis zu 10 m lange Zwergwal sind am besten bei einer Bootstour in der Nähe der Hebriden zu sichten. An den Küsten zeigen sich außerdem Buckelwale und auch Riesenhaie sind keine Seltenheit mehr.

Greifvögel

Jeder Vogelfreund wird seine helle Freude am reichen schottischen Vogelleben haben, denn es können über 300 Vogelarten gesichtet werden, angefangen beim **Steinadler,** *golden eagle.* In den Lüften Schottlands kreist er mit seiner Spannweite von 180–210 cm nach wie vor, obwohl er unermüdlich von seinem einzigen Feind, dem Menschen, gejagt worden ist. Auf den bergigen Inseln der Hebriden und im Hochland lebt der König der Lüfte. Obwohl die Adler ihre Eier bzw. ihre ausgeschlüpften Jungen wie ihren eigenen Augapfel bewachen, schaffen es einige Menschen, sogenannte „Eiersammler“, auch heute noch, den Tieren die Nachkommenschaft zu stehlen. Der Steinadler ist ein großer, dunkelgefärbter Raubvogel, dessen englischer Name *golden eagle* sich von seiner goldgelben Färbung an Nacken und Kopf der Altvögel ableitet.

Der letzte schottische **Seeadler** wurde 1918 in Shetland erschossen. In den 1970ern wurden viele Pärchen auf Rum ausgesetzt und inzwischen findet sich an der schottischen Nordwestküste wieder eine stabile Population.

Ein kleinerer König der Lüfte ist der **Wanderfalke,** *peregrine falcon,* der im Sturzflug eine Geschwindigkeit von bis zu 300 km/h erreicht und somit als der schnellste Vogel der Welt gilt. Den Wanderfalken entdeckt man in den felsigen Regionen des schottischen Hochlandes und an den Küsten. Zeitweise war dieser Jagdvogel vom Aussterben bedroht, weil das mittlerweile verbotene Pflanzengift DDT die Schale seiner Eier brüchig machte.

Über das ganze Land verbreitet sind Greifvögel wie der **Gänsebussard,** *buzzard,* und der **Habicht,** *goshawk.*

Mittlerweile wieder in zahlreichen Gebieten Schottlands verbreitet ist der Gleiter der Lüfte, der **Rotmilan.**

☐ Eine Robbe sonnt sich auf Bressay

301sc ab

Hühnervögel

Eine beliebte Mahlzeit der Raubvögel ist das **Schottische Moorschneehuhn,** *red grouse.* Das Moorschneehuhn mit rotbraunem Gefieder ist in den Mooren und Marschgebieten an flachen Küstenstreifen zu beobachten. Es wird vermutet, dass das in der Heidelandschaft heimische Moorschneehuhn ein Abkömmling des **Schneehuhns,** *ptarmigan,* ist, das im Winter ein weißes, im Sommer ein braungrauweißes Federkleid trägt. Nach dem Ende der letzten Eiszeit hatte die weiße Tarnfarbe des Schneehuhns ihre Funktion verloren. Die Natur verpasste den Hühnern ein rotes Federkleid, das sie fortan in der braunen Moorlandschaft besser tarnte. Das Moorschneehuhn ernährt sich von Knospen, Trieben und Blättern, die Jungen fressen anfangs auch Insekten.

Austernfischer am Strand von Eoropie

Austernfischer

Eine an der gesamten Nordseeküste beheimatete Vogelart ist der bis zu 45 cm große Austernfischer, *oyster catcher.* In Schottland lebt er vor allem an den salzigen Fjorden des Hochlands, wo der schwarz-weiße Vogel mit seinem langen roten Schnabel Muscheln knackt, die er zuvor aus dem Sand eines Strandes herausgezogen hat. Zu erkennen ist der Austernfischer an seinem Gefieder: Kopf und Rücken sind schwarz, der Bauch ist weiß gefärbt. Dieser Vogel veranstaltet lärmintensive Pieptiraden mit typischen Rufen: *qui-qui-qui-qui.* Austernfischer, die am Strand auf Nahrungssuche sind, zwitschern gern ihren Artgenossen grüßend zu, die droben durch die Luft schwirren.

Möwen

Besonders in Fischerhäfen findet man die Möwe, *gull.* Vor allem die **Dreizehenmöwe,** *kittiwake,* nistet in großen Kolonien an der Steilküste wie auf den Orkney-Inseln oder auf Islay. Möwen ernähren sich in der Regel von Fisch, entweder fangen sie ihre Opfer selbst oder fressen das Fleisch toter Lebewesen. Die **Große Raubmöwe** mit Spitznamen *bonxie* brütet in großen Kolonien auf den Orkney- und Shetlandinseln. Dieser aggressiven Möwenart sollte man vor allem in der Brutzeit nicht zu nahe kommen. Die **Silbermöwe** mit ihren silbergrauen Flügeln und die kleinere **Lachmöwe,** die an den grauen Flügeln mit schwarzweißer Spitze zu erkennen ist, sieht man am häufigsten.

Andere Vogelarten

Die Vogelwelt Schottlands ist insgesamt sehr vielfältig, zumal dort auch viele Zugvögel durchziehen: Jahr für Jahr kommen im Herbst Abertausende von **Wildgänsen,** *geese,* verschiedener Arten nach Schottland, um dem arktischen Winter zu entkommen. In den Monaten März und April verlassen sie das Land wieder gen Norden.

Der **Mornellregenpfeifer,** *dotterel,* ein gedrungener Wattvogel mit auffälligem Gefieder, zieht im Sommer in den schottischen Norden ein, und in den flacheren Gebieten ist die **Rauchschwalbe,** *swallow,* anzutreffen, die sich von den Insektenschwärmen ernährt, die in den Sommermonaten über die Heidelandschaft schwirren.

Dicht vor der Küste liegen auch **Vogelfelsen,** wie beispielsweise der Bass Rock in Lothian, die u. a. von unzähligen Alken, Eissturmvögeln, Krähenscharben und den putzigen **Papageitauchern,** *puffins,* bevölkert werden. Auf dem Felsen lebt auch die weltweit größte Kolonie der nach ihm benannten **Basstölpel.** An vielen Ruinen begegnen dem Reisenden zudem **Kolkraben.**

Mehr als 140 Standorte sind für Vögel als **Rast-, Nest-** oder **Futterstelle** so wichtig, dass sie speziell gekennzeichnet sind.

Pflanzenwelt

Die schottische Pflanzenwelt ist weniger artenreich als die des europäischen Festlandes. Eine Erklärung bietet das Inseldasein Großbritanniens. Nur etwa 1050 verschiedene Pflanzenarten werden in Schottland gezählt. Die geringe Anzahl von Arten zeigt sich insbesondere in der Baumwelt. Die *scots pine,* die **schottische Kiefer,** ist der einzige verbreitete einheimische Baum. Sie stößt bis in Höhenlagen von 600 m vor. Andere Baumarten, wie die Lärche, die Douglas-Tanne oder die Norwegische Fichte, sind nach Schottland zwecks Aufforstung importiert worden.

Ehemals war ganz Schottland bis auf 400–500 m Höhe mit Wald bedeckt. Auf dem Boden der Wälder blühten Blumen und Gewächse wie das efeuartige **Wintergrün,** die **Vogelmiere** oder **Orchideen.** Leider ist der Bestand des ursprünglichen *Caledonian Forest* bis auf wenige Ausnahmen, wie den *Black Wood of Rannoch* oder *Rothiemurchus Forest,* von der schottischen Bildfläche verschwunden. Der heutige Waldbestand ist zum größten Teil wieder aufgeforstet worden. Die Waldlandschaft dominieren heute schnell wachsende Tannen, die zwar im ersten Moment gewinnträchtig erscheinen, aber dem Boden bei intensiver Forstbewirtschaftung sehr viele Reserven entziehen.

So kennt Schottland heute kaum noch Naturwald, obwohl der Kaledonische Mischwald mit Eichen, Birken und Eschen einst bis zu 70 % der Landfläche bedeckte. Über die Jahrhunderte hinweg wurde dieser abgeholzt oder brandgerodet, um Weideflächen für die Schaf- und Rinderzucht zu gewinnen. Heute herrscht eine morastige Heidelandschaft im Hochland vor. Dem Boden mangelt es oft an mineralischen Salzen wie Kalium, Calcium oder Magnesium. Auf dem nährstoffarmen Grund gedeiht lediglich das **Heidekraut,** *calluna,* das der Landschaft einen purpurroten Anstrich gibt.

Ein Anzeiger für nährstoffreicheren Boden ist das *bracken fern,* das **Farnkraut,** welches oft mannshoch wächst und im Herbst golden glänzt. Überfeuchter Boden dagegen zeigt sich am Vorkommen von **Schilfgras,** *sedge.*

Auf den weniger feuchten Heideböden wachsen die **Heidelbeere,** *whorthleberry,* und die **Brombeere,** *blackberry,* welche beide im Spätsommer reifen.

Nach der letzten Eiszeit bedeckten weite **Moosteppiche** vor allem den regenreichen Westen Schottlands, aus denen sich Schicht für Schicht der Torf bildete, der auf den Hebriden-Inseln, wie z. B. Islay, gestochen wird. Auf jenem torfigen, feuchten Boden sind Aufforstungsmaßnahmen nur mit Drainagen zu realisieren, wie auf Skye zu sehen. Schottische Kiefern wachsen kaum auf dem feuchten Torfboden, dafür **Norwegische Fichten.**

Im Hochland haben die Pflanzen alpinen, arktischen Charakter, **Flechten** und **Moose** bedecken die Berge. Die Bäume und Sträucher der oberen Höhenlagen wie der *saxifrage,* der **Körnersteinbrech,** sind meist untersetzt. Sie gedeihen selbst auf felsigem Boden. Die dicken, verwachsenen Stämme erreichen meist nur eine geringe Höhe. Einzig in den feuchten, felsigen Bergen der Cuillin Hills auf der Insel Skye findet man die seltene **Felsenkresse,** *rock cress.*

An der Westküste zeigt sich eine reiche Vegetation, beeinflusst vom „warmen“ Golfstrom. **Hortensien, Azaleen** und **Fuchsien** blühen hier vor allem in den öffentlichen Gärten.

Häufig stößt man auf **Rhododendren,** deren Blütenpracht die Landschaft purpur bis hellrot färbt. Der Rhododendron, der vor allem in den Alpen zu finden ist, gehört zur Familie der Heidekrautgewächse. Die bis zu drei Meter hohen Sträucher tragen das ganze Jahr über ein grünes Blätterkleid. Rhododendren sind allerdings keine einheimischen Gewächse, sondern werden als eingewanderte Pflanzen *(Neophyten)* von staatlicher Seite durch die *Forestry Commission* bekämpft und an weiterer Ausbreitung gehindert.

Umwelt- und Naturschutz

Waldvernichtung und Wiederaufforstung

Wiederaufforstung gehört zu den dringendsten Aufgaben des Naturschutzes in Schottland. Noch vor weniger als dreihundert Jahren bedeckten ausgedehnte Kiefernwälder die schottischen Hochlande. Vorherrschende Baumart war die einheimische *Scotch Pine.* Wo sind die Wälder geblieben?

Die **Anfänge der Waldvernichtung** reichen zurück bis in die Bronzezeit; schon damals musste Wald gerodet werden, um für die wachsende Bevölkerung Kulturland zu gewinnen. Später bewirkten die zahlreichen Kriege weitere Waldvernichtung. Zur besseren Kriegsführung wurde beispielsweise von den Römern Wald abgeholzt oder schlichtweg abgebrannt.

Seit dem 16. Jh. verschlang dann der **Schiffsbau** enorme Holzmengen. Der Bau eines mittelgroßen Kriegsschiffes kostete mindestens 1000 Eichen das Leben.

Im 18. und 19. Jh. versetzte die **Schafzucht** dem schottischen Wald den entscheidenden Schlag, immer neue Weiden für die Schafe wurden gerodet. Noch heute sind im Hochland die Wurzeln der Bäume zu sehen, die damals gerodet wurden.

Die letzte Phase der Waldvernichtung hängt mit der **industriellen Revolution** zusammen. Zum einen benötigte die Industrie Holz zur Feuerung der Dampfmaschinen, zum anderen verwandte aber auch die im 19. Jh. explosionsartig wachsende Bevölkerung als Brennstoff Holz.

Mittlerweile verspüren die Schotten die **Folgen** der jahrhundertelangen Waldrodung mit aller Konsequenz, denn wo der Wald abgeholzt ist, kann der Wind, der gnadenlos über Schottland hinwegfegt, ungehindert fruchtbare Erde mitreißen. Ferner haben die Waldtiere, Rehe, Hirsche und Füchse den Großteil ihres Lebensraums verloren. Seit Beginn des 20. Jh. versuchen die Schotten, das Rad der Geschichte wieder zurückzudrehen und den Wald aufzuforsten. Beispiele der **Wiederaufforstungsmaßnahmen** sind der *Argyll Forest Park* an der schottischen Westküste oder der *Queen Elizabeth Forest Park* bei Loch Lomond. Die Aufforstungsstrategie hat das Ziel, bis 2050 etwa 25 % von Schottland wieder mit Wald zu bedecken.

Doch augenscheinlich verfolgt die zuständige staatliche Behörde, die *Forestry Commission,* weniger das Ziel, den ursprünglichen Wald wiederzubeleben, als vielmehr, **schnellwachsenden Forst** zu schaffen, der wirtschaftlich einträglich ist. Der Anteil an einheimischen Hölzern soll nach der *Scottish Forestry Strategy* bis Mitte dieses Jahrhunderts nur 35 % ausmachen. Des Öfteren steht man deshalb in Schottland entsetzt vor Wüstungen und totem Wald. Der allgemein wenig fruchtbare Boden wurde mit einer zu hohen Baumdichte bzw. zu häufig bepflanzt, was zur Folge hatte, dass der Erde zu viele Nährstoffe entzogen wurden und ganze Schonungen abstarben. Als Ergebnis blieb nicht nur toter Wald, sondern auch tote Erde zurück.

Gewässerschutz

Allgemein kann man sagen, dass die **Flüsse** in Schottland wenig verschmutzt sind, vor allem jene in den Gebieten des Hochlands, denn dort gibt es weder Industrie noch intensive Landwirtschaft. Für alle schottischen Flüsse, vor allem jene in den städtischen Zentren, gilt das jedoch nicht. Nach einer Kategorisierung der Wasserqualität durch das Umweltministerium weisen 40 % der Oberflächengewässer eine hohe, 47 % eine gute, 13 % eine moderate und unter 1 % eine schlechte bis sehr schlechte Wasserqualität auf.

Zum **Baden** hat Schottland 87 Regionen ausgeschrieben, vor allem an der Küste Grampians, Lothians und Fifes, sowie an der südlichen Westküste, darunter einige Badeseen. 44 % der Badegewässer weisen eine ausgezeichnete Wasserqualität auf.

Geschützte Gebiete

In Schottland gibt es **zwei Nationalparks:** *Loch Lomond and the Trossachs*

National Park im Westen umfasst den namensgebenden See Loch Lomond, das Tal Glen Coe und den Berg Ben Nevis, der *Cairngorms National Park* im Osten deckt das Gebirge der Cairngorm Mountains ab. Außerdem gibt es weitere 43 **National Nature Reserves** (NNR). Diese Naturschutzgebiete sind für ihre Arten und Lebensräume national sowie international bekannt. Hierzu gehören zum Beispiel die Insel Staffa, Glen Coe im westlichen Hochland und Hermaness auf Shetland.

Die Benennung der Areale erfolgt durch **NatureScot,** die sich auch um die Überwachung der Wartung kümmern. Zu den Hauptaufgaben dieser Behörde gehören die Erhaltung und Organisation schützenswerter Gebiete und die Kontrolle der Fischfarmen und Skigebiete. Zusätzlich unterstützt sie die Arbeit anderer Organisationen, die auf dem weiten Feld des Umweltschutzes tätig sind, wie den *National Trust for Scotland, Forestry and Land Scotland* oder die *Royal Society for the Protection of Birds.* Für die Zukunft ist geplant, das Gebiet zwischen Glasgow und Edinburgh als großes Naherholungsgebiet zu gestalten, womit entsprechende Aufforstungsmaßnahmen verbunden wären.

Während *NatureScot* eine staatliche Behörde ist, vertritt der **National Trust** die Interessen von Privatleuten. Der *Trust* zeigt sich als größter Landeigentümer in Schottland mit einer Landfläche von über 73.000 ha. Er kümmert sich um die etwa 130 geschützten Ländereien, Gebäude, Fuß- und Wanderwege.

[>] Magische Zeugen der Vergangenheit: Standing Stones of Callanish auf Lewis

Müll

Mülltrennung wurde in Schottland lange Zeit nur stiefmütterlich behandelt. Doch auch die Schotten haben die Zeichen der Zeit erkannt. Bis 2025 soll die **Recyclingquote** auf 70 % anwachsen und nur 5 % des Mülls auf Mülldeponien gefahren werden.

An dieser Stelle möchten wir jeden Besucher Schottlands bitten, keinen Müll liegen zu lassen und die Landschaft in dem Zustand zu bewahren, in dem sie vorgefunden wurde.

Geschichte und Politik

Die schottische Geschichte zeigt sich allgegenwärtig: in den Häusern, Burgen, Palästen, in den Reden der Politiker, auf Whiskyflaschen, auf Festen und in Trachten, vor allem aber im Bewusstsein und den Herzen der Menschen. Es ist nichts Ungewöhnliches, wenn der Nachbar an der Theke einer Glasgower Kellerbar beginnt, *Burns* Lieder zu singen oder von *Bonnie Prince Charlie* und seinen *Fourtyfivern* zu erzählen. Auch ist es kein Zufall, wenn die Bewohner der Inseln Orkney und Shetland auf ihren seit 1468 ungeklärten Verfassungsstatus hinweisen, um gegen die Errichtung eines Atomkraftwerks zu protestieren.

Geschichte erscheint dem Besucher in diesem Land der Clans und tragischen Könige häufig als real existierende Romantik, die oft für die verschiedensten Zwecke verklärt und missbraucht wird

Adobe Stock © kris1138

(nicht zuletzt, um Touristen Nebensächlichkeiten anzupreisen). Als 1707 die Unabhängigkeit des Landes beendet wurde, kommentierte einer der schottischen Verhandlungsführer: „This is the end of an auld sang!“

Vorgeschichte

Die Geschichte beginnt in Schottland weit früher als anderswo. Ein Volk von Nomaden und Fischern besiedelte bereits **vor ca. 6000–7000 Jahren** das heute als Schottland bezeichnete Gebiet im Norden der Britischen Inseln. Um **3000 vor unserer Zeitrechnung** ergriffen dann von Irland aus sesshafte Bauern Besitz von den damals noch fruchtbaren Landstrichen. Bevor dieses Volk wieder im Dunkel der Geschichte verschwand, hatte es die großen vorgeschichtlichen Monumente errichtet, die noch heute den Betrachter faszinieren: die jungsteinzeitliche Siedlung Skara Brae und das Grab Maes Howe auf Orkney, den Steinkreis von Callanish auf Lewis und viele weitere Stätten. Doch all diese frühen Kulturen versanken auf rätselhafte Weise wieder, und kein Wissenschaftler vermag zu erklären, warum und wohin.

Um **400 v. Chr.** wanderten die **Kelten** von Irland her ein. Wie sie sich selbst nannten, ist nicht bekannt; von den Römern erhielten sie wegen ihrer zahlreichen Tätowierungen den Namen **picti** (lat. = die Bemalten). Die **Pikten** errichteten ein Königreich in Mittelschottland (heutiges Grampian) und wurden zum stärksten ethnischen Element im späteren Völkergemisch der Schotten.

Die Bezeichnung *Schotten* leitet sich von den **Skoten** ab, einem anderen keltisch-irischen Stamm, der im **6. Jh. n. Chr.** einwanderte und das Königreich Dalriada im mittleren Westen Schottlands (heute ungefähr die Region Strathclyde) und Nordosten Irlands gründete.

Im Süden des Landes siedelten sich zur gleichen Zeit die ebenfalls keltischen **Briten** an, die von der angelsächsischen Invasion aus England vertrieben worden waren. Doch die germanischen **Angelsachsen,** die ursprünglich aus dem heutigen Norddeutschland stammten, folgten ihnen auf dem Fuße und siedelten in ihrer Nachbarschaft im Südosten.

Die Entstehung Schottlands

Diese vier Völkerschaften vereinigten sich im Laufe des frühen Mittelalters zum Königreich der Schotten. Um **563 n. Chr.** hatte der Ire *Columba* auf der kleinen Insel Iona westlich der Insel Mull ein Kloster gegründet und begann, das schottische Festland zu christianisieren. Im Laufe der Zeit wurde dadurch das **Christentum** zu einem der wichtigsten einigenden Elemente unter den verschiedenen Völkerschaften.

Eine zweite Voraussetzung für die Vereinigung der Volksgruppen war der Aufstieg der Pikten. Der Aufbau und die Organisation ihrer Kleinkönigtümer entwickelte sich soweit, dass sie den Rahmen für ein Reich bilden konnten. Der dritte wichtige Grund für die Entstehung eines einigen Reiches war der Druck von außen. Die gesamten Küstengebiete des Nordens und Westens wurden immer wieder von plündernden und brandschatzenden Wikingerhorden heimgesucht, und der Druck der expandierenden Angelsachsen von Süden her wuchs stetig.

Durch den äußeren Druck, gefördert von den einigenden Elementen der Religion und der gemeinsamen keltischen Kultur entstand ein Königreich. **843** erbte der Scotenkönig *Kenneth MacAlpine* durch Heirat die Krone von Scone und vereinigte so Skoten und Pikten zum **Königreich Alba.** Dieses Königreich – auf Gälisch heißt Schottland noch heute *Alba* – dehnte sich im Laufe der Zeit weiter nach Süden aus. *Malcolm II.* (1005–1034) schloss ein Bündnis mit den Sachsen und besiegte die Briten, um sich das fruchtbare Lothian einzuverleiben. Von nun an hieß das Königreich *Scotia* – Schottland.

Duncan, der Sohn *Malcolms II.,* unterlag **1040** *Macbeth,* einem anderen Thronanwärter im Kampf um die Krone. Bei den Pikten waren Verwandtschaft und Erbrecht über die weiblichen Linien Tradition. Dies führte dazu, dass bis ins hohe Mittelalter hinein die Thronfolge stets umstritten war und der jeweilige König sich erst durchsetzen musste. *Macbeth* regierte 17 Jahre lang. Doch wie viele schottische Könige nach ihm, verlor er die Unterstützung des Adels. *Duncans* Sohn *Malcolm* war zu den Engländern geflüchtet und kehrte mit einer englischen Prinzessin zurück, um mit Hilfe des Adels seinerseits *Macbeth* zu schlagen.

Unter *Malcolm III.* (1057–1093) gewann die **englische Kultur Einfluss auf Schottland.** Seine englische Frau, die *hl. Margaret,* führte den Katholizismus ein, der durch seine hierarchische Organisation dem König half, sein Reich in einen „modernen" Feudalstaat umzuwandeln.

Malcolms Söhne setzten sein Werk fort. *David I.* (1124–1153) hatte seine Jugend am englischen Hof zugebracht. Als er nach Schottland zurückkehrte, brachte er befreundete anglonormannische Adelige mit und schenkte ihnen Land im Südwesten. Sie wurden die Stammväter mächtiger Clans wie *Bruce, Balliol* oder der *Comyn.* Daneben verbesserte er die wirtschaftliche Infrastruktur, indem er Klöster wie Holyrood in Edinburgh oder Melrose Abbey in den Borders gründete. Klöster waren im Mittelalter eine wichtige Basis der Wirtschaft, da sie am besten mit Geld umgehen konnten, bemüht waren, den Bodenertrag zu erhöhen oder neues Land zu roden, vor allem aber, weil die Mönche sehr diszipliniert und arbeitsam waren.

1175 schloss *William the Lyon* einen **Pakt mit Frankreich,** der als *„The Auld Alliance"* immer wieder erneuert, bis ins 18. Jh. seine Wirkung zeigen sollte. Aufgrund dieses Paktes fiel *„der Löwe"* in England ein, um Gebiete zurückzuerobern, die sein Vater verloren hatte. Er scheiterte jedoch und wurde gefangen genommen. Das Königreich England zwang ihn zum Lehnseid und Schottland verlor in der Folge seine Unabhängigkeit.

Die Unabhängigkeitskriege

Die Stellung des Landes festigte sich wieder unter dem starken *König Alexander III.*, der **1263** in der **Schlacht bei Largs** (an der Küste westlich von Glasgow) die Norweger schlug und die bis dahin unter Herrschaft der Wikinger stehenden, westlichen Inseln einschließlich der Isle of Man für Schottland zurückeroberte.

Nach seinem Tod kam es zum Thronstreit. Die streitenden Parteien der *Bruces, Balliols* und *Comyns* riefen *Edward I. von England* als Schiedsrichter an. Der forderte als Pfand die wichtigsten schottischen Festungen und von *John Balliol,* den er zum König machte, den Lehnseid. *John Balliols* Regierung **(1292–1296)** endete im Desaster. *Edward* forderte zu viel von den Schotten und bewirkte nur, dass sich *Balliol* gegen ihn erhob. Doch mit Hilfe der Lowland-Barone *(Lords),* die auch Gebiete in England besaßen, stürzte *Edward I., „the Hammer of the Scots",* den neuen König und ließ Schottland durch Statthalter regieren.

Einer der großen Volkshelden Schottlands, **Sir William Wallace,** trieb daraufhin die Engländer aus ihren wichtigsten Festungen. Sogar ein englisches Heer besiegte er bei Stirling. Doch dem Nichtadeligen, der sich auf Bürger und Bauern stützte, folgten die schottischen Großen nur ungern. *Edward* konnte ihn durch Verrat gefangen nehmen und ließ ihn, der ihm nie den Lehnseid geschworen hatte, **1305** als Verräter hinrichten.

Nun begann der Aufstieg eines der beim schottischen Volk beliebtesten Helden. **Robert the Bruce (1274–1329)** hatte einen Thronanwärter zum Vater, der von *Edward* zurückgesetzt worden war. Zunächst kollaborierte *Bruce* mit den Engländern und wurde sogar zum Mitregenten von Schottland ernannt. Nach einem Streit mit seinem Kollegen und Thronrivalen *John Comyn* erschlug er diesen in einer Kirche. Das Verbrechen, das ihm die Exkommunikation einbrachte, führte zur Wandlung des *Bruce* zum Freiheitshelden.

Um sich der Strafe zu entziehen, ließ er sich in Anwesenheit von nur wenigen Adeligen **1306** in Scone zum König krönen. Den berühmten „Stone of Scone" oder „Stone of Destiny" allerdings, den Krönungsstein der schottischen Könige, hatte *Edward I.* nach England mitgenommen, von wo er erst 1996 in einer feierlichen Zeremonie nach Edinburgh zurückkehrte.

213sc bcg

Die schottischen Adeligen hatten *Bruces* unrühmliche Rolle in den zurückliegenden Jahren der Besatzung jedoch nicht vergessen. Er erhielt nur wenig Unterstützung und floh, mehrmals von *Edward* geschlagen, auf eine der Hebrideninseln. Dort wendete sich sein Schicksal. *Edward I.* starb und sein Sohn, *Edward II.*, erwies sich als ein schwacher König. Einige kleine Siege brachten *Bruce* neue Sympathien und Unterstützung für die folgenden großen Siege: **1314** wurde nur noch das uneinnehmbare Stirling Castle von einer englischen Besatzung gehalten. *Edward II.* versuchte, es mit einem starken Ritterheer zu entsetzen. Trotz seiner Unterlegenheit entschied sich *Bruce* zur Schlacht. Bei Bannockburn, kurz vor Stirling, vernichtete er durch sein strategisches Genie das Reiterheer und wurde nun unanfechtbar der König Schottlands.

1327 musste *Edward III.* die **Unabhängigkeit Schottlands** im Vertrag von York anerkennen. *Robert I. Bruce* war aber nicht nur Vater der Unabhängigkeit Schottlands, sondern auch ein großer König, der einen gut organisierten Staat mit einer starken Zentralgewalt gründete. Unter anderem war er der erste König, der ein Parlament mit Vertretern der Städte einberief.

David II., Roberts Sohn und Nachfolger, verspielte um ein Haar das Erreichte wieder. Er begab sich wieder in Abhängigkeit zum englischen Hof. Nur dem schottischen Adel war es zu danken, dass in den folgenden blutigen Bürgerkriegen die Unabhängigkeit nicht wieder verloren ging.

Die frühen Stewarts

Als *David II.* kinderlos starb, brach die Epoche der berühmten wie unglücklichen *Stewarts* mit *Robert II.*, dem Schwiegersohn von *Robert I. Bruce*, an. *Stewart* ist die Bezeichnung für einen Maier oder Hofmarschall. Als solche hatten die *Stewarts* es zu immer mehr Ansehen gebracht, bis *Bruce* seine Tochter an seinen *High Stewart* verheiratete.

Ohne königliches Geblüt in ihren Adern hatten es die *Stewarts* in der Folgezeit schwer, sich gegen den mächtigen Adel, der sie nicht als Gleichgestellte betrachtete, durchzusetzen. **James I. (1406–1437)** versuchte es mit Gewalt: Er wurde

⊡ Robert the Bruce in Stirling

ermordet. Sein Sohn, **James II. (1437–1460),** hatte einigen Erfolg. Er unterwarf die mächtige Familie der *Douglas* (ihr Sitz war das Tantallon Castle in Lothian). Sein Nachfolger **James III. (1460–1488)** dagegen starb durch die Hand eines Meuchlers.

Die starke Stellung des Adels wurde begünstigt durch die häufige Minderjährigkeit der Könige und ihr nicht selten frühes Versterben, wodurch wieder nur ein Kind als Nachfolger zurückblieb. Die Regenten der Zwischenzeit arbeiteten für die Macht des Adels im Allgemeinen und die Macht der eigenen Familie im Besonderen. **James IV. Stewart (1488–1513)** war der erste schottische Renaissancekönig. Während seiner Regierungszeit versuchte er, das schottische Staatswesen zu erneuern. Er gründete **1495** zu den beiden bereits existierenden Universitäten St Andrews (1412) und Glasgow (1451) noch eine dritte in Aberdeen. Eine stehende Armee sollte ihn im Kampf gegen den Adel stärken. Er rüstete sein Heer erstmals mit Kanonen aus und begann mit dem Aufbau einer kleinen Flotte. Die alte Allianz mit Frankreich wurde ihm zum Schicksal. Zwar hatte er 1503 *Margaret,* die Schwester *Heinrichs VIII. von England,* geheiratet, doch war er **1513** gezwungen, in den Krieg gegen das hochgerüstete England zu ziehen, da *Heinrich VIII.* in Frankreich eingefallen war. Mit einem zum Teil noch feudal organisierten Heer überschritt er die Grenze und traf bei Flodden Field in Northumberland auf einen wohlvorbereiteten englischen Gegner. Die Schlacht endete strategisch zwar unentschieden, doch fielen so viele Schotten, darunter Herzöge, Grafen, Barone und – der König, dass nur wenige in der Nacht nach Schottland flüchten konnten. Die „Blumen des Landes waren abgemäht", so beklagt ein oft gesungenes Volkslied die Katastrophe *(„the flowers of the forest").*

Wieder trat ein Minderjähriger die Nachfolge an. **James V. (1513–1542)** gelang es nach seiner Volljährigkeit jedoch endlich, die Macht seines Adels zu brechen. Mit Hilfe der Kirche, die nun langsam unter den Druck der Reformation geriet, baute er einen zentral gelenkten absolutistischen Staat auf. Aber auch *James V.* musste im Bündnis mit Frankreich gegen England ziehen und erlitt, wie sein Vater, am Solway Moss nahe dem Fluss Esk eine vernichtende Niederlage. Gebrochen starb er **1542** in Linlithgow Palace westlich von Edinburgh und hinterließ nur eine neugeborene Tochter: *Maria Stewart,* die sich in Frankreich später *Stuart* nennt, da im Französischen kein „w" existierte.

Die Reformation

Um *Maria,* die kindliche Königin, vor machtbesessenen Kidnappern zu schützen, wurde sie schnell nach Frankreich in Sicherheit gebracht. Dort wuchs sie bei Hofe auf und heiratete **1558** den französischen Thronfolger.

Währenddessen regierte ihre Mutter, **Maria Guise,** eine französische Hochadelige, in Schottland. Sie hielt sich mit Hilfe des französischen Hofes und ihrer einflussreichen Verwandten an der Macht. Darüberhinaus stützte sie sich auf die Kirche, der sie, wie alle katholischen europäischen Könige, unter dem Eindruck der Reformation immense Summen abverlangte. Die Kirche war bereit, diese zu zahlen, um von der Krone vor der Reformation beschützt zu werden. Die Prälaten und Bischöfe hatten sich allerdings an ihr verschwenderisches Leben gewöhnt und erhöhten deshalb einfach die Pacht für ihre Hörigen. Zu der Unzufriedenheit über die Ausbeutung durch die Kirche kam der Argwohn gegenüber einer veralteten, dem neuen Denken der Renaissance widerstrebenden Theologie.

Wie auf dem Kontinent nutzten einige Adelige die Gelegenheit der Reformation. Gegen die ungeliebte frankophile Regierung der *Maria Guise* formierte sich eine an England angelehnte Opposition der Barone. *Königin Elisabeth I. von England* unterstützte diese Opposition und die von ihr ausgehende Reformation, da sie ihr protestantisches Land von allen katholischen Mächten Europas, besonders von Frankreich und Spanien, bedroht sah.

771sc ab

Die Leitfigur der schottischen Reformation wurde der fanatische Prediger **John Knox.** Seine bewegte Geschichte begann, als er zum Galeerensträfling verurteilt wurde, weil er in einem Aufstand in St Andrews die geistige Führung übernommen hatte. Mit englischer Hilfe entkam er aus der Gefangenschaft und zog durch Europa, wo ihn besonders die Lehre *Calvins* beeindruckte. Obwohl in Abwesenheit zum Tode verurteilt, kehrte er nach Schottland zurück, als seine Gönner ihm ausreichend Schutz bieten konnten. **1555** gründete er die calvinistische *Church of Scotland,* die **1560** zur Staatskirche erhoben wurde.

Maria Stuart, die Königin von Schottland, kehrte erst **1561** in ihre Heimat zurück, nachdem ihr erster Mann, der König von Frankreich, gestorben war. Sie blieb zwar ihrer katholischen Konfession treu, doch an der Reformation konnte sie nicht mehr rütteln.

Da die Königin von Schottland nicht bereit war, auf ihre englischen Thronansprüche zu verzichten, die sie aus katholischer Sicht zur legitimen Königin Englands machten, geriet sie in einen scharfen Gegensatz zu *Elisabeth I. von England.* Der verstärkte sich noch, als *Maria* ihren Vetter *Lord Darnley* heiratete, der ebenfalls Ansprüche auf den englischen Thron stellte.

Doch die Ehe scheiterte und *Darnley* erlag einer Intrige, die ihn den Anspruch

< Von hier wurde Schottland protestantisch: John Knox House an der Royal Mile in Edinburgh

auf den Thron und auch das Leben kostete. Als *Maria Stuart* kurz darauf den Hauptverdächtigen heiratete, brachte sie den Adel gegen sich auf. Man zwang sie zur Abdankung zugunsten ihres kleinen Sohnes *James VI.* und verbannte die Königin von Schottland nach Loch Leven Castle. Nach einjähriger Gefangenschaft gelang ihr die Flucht, doch konnte sie nicht mehr genügend Anhänger um sich scharen, sodass ihr nur die weitere Flucht nach England zu ihrer Cousine *Elisabeth I.* blieb. Da *Maria* aber nicht auf ihre Thronansprüche verzichten wollte, ließ *Elisabeth* sie 19 Jahre lang in Fotheringhay Castle einsperren und dann, mit Zustimmung von *James VI.*, ihrem Sohn, **1587** hinrichten (→ Exkurs „Mary Queen of Scots – tragische Heldin oder Opfer ihrer selbst?", S. 138).

Von der Einigung der Kronen zur Einigung der Parlamente

Nach der Flucht *Maria Stuarts* stand der nun elternlose **James VI.** in Schottland zwischen den verschiedenen rivalisierenden Adelsparteien. Man ließ ihn, im Gegensatz zu seiner Mutter, im Sinne eines streng reformierten Calvinismus erziehen. Der Renaissancephilosoph *George Buchanan* als sein Erzieher versuchte, ihm die Ideale der Volkssouveränität und der beschränkten Königsgewalt nahezubringen. Die Versuchung der Macht drängte diese Prägung des Königs in den späteren Jahren mehr und mehr in den Hintergrund.

Bereits früh zum Lavieren zwischen den Parteien gezwungen, lernte *James* sehr bald diplomatisches Handeln. Nach seiner Volljährigkeit gelang es ihm, die rebellierenden katholischen Adeligen des Nordens gegen die Protestanten des Südens auszuspielen und die Königsmacht zu stärken. Das zentrale Ziel seiner Innen- und Außenpolitik blieb aber die **Erringung der englischen Krone.** Seine Anstrengungen wurden mit Erfolg „gekrönt", als er **1603** der ohne Nachkommen verstorbenen *Elisabeth* auf den Thron folgte. Die Personalunion mit dem wirtschaftlich mächtigen und auch an Einwohnerzahl weit überlegenen England brachte der Königsmacht in Schottland eine ungeahnte Stärkung. Für den König in London bestand keine Gefahr mehr, von rebellierenden Adeligen gefangen genommen oder sogar ermordet zu werden. Er konnte Schottland „mit dem Stift" regieren, wie er es vorher „mit dem Schwert" nicht vermocht hatte. *James VI.* (und *I.* von Großbritannien) war es nun möglich, absolutistisch zu regieren und Schottland von selbst ernannten Regenten unter Kontrolle zu halten.

Bald begann *James,* auch die Kirche für seine Ziele einzuspannen. Die refomierte Kirche war presbyterianisch, das heißt, auf der Basis selbstständiger Gemeinden organisiert. *James* brachte sie unter seine Kontrolle, indem er wieder Bischöfe einführte, die über die Gemeinden wachten. Dies ließen sich die Schotten noch gefallen, doch als er darüber hinaus die anglikanische (englische), größtenteils katholisch geprägte Liturgie einführte, war der Bogen zum Zerreißen gespannt.

Sein Sohn und Nachfolger **Charles I. (1625–1649)** brachte das Fass zum Überlaufen, als er die Liturgie noch weiter an die verhasste katholische Form annähern wollte. Die Führer der schottischen Gesellschaft, Adel und Pfarrer, schlossen den „*National Covenant*", einen Vertrag, in welchem sie sich gegenseitig versicherten, die Reformation aufrechtzuerhalten und zu schützen. Gleichzeitig hatte *Charles I.* das englische Parlament durch seinen kompromisslosen Absolutismus herausgefordert: Es kam schließlich zum Aufstand. Der schottische *Covenant* und das englische *Parliament* griffen zu den Waffen. Gemeinsam besiegten sie in einem kurzen, aber blutigen Bürgerkrieg den König.

Doch *Charles* floh zu den Schotten und versprach ihnen eine eigene Kirche. Der *Covenant,* der die Freiheit der Kirche, nicht aber den Sturz des Königs wollte, war damit zufrieden und schlug sich auf die Seite *Charles'*. Doch die neue Allianz wurde besiegt, und nach der Niederlage mussten die Schotten ihren König an die Engländer unter Führung des neuen Generals **Oliver Cromwell** ausliefern. Dessen Armee machte mit dem *Stuart* kurzen Prozess, und **1649** wurde *Charles I.* in Whitehall enthauptet. *Cromwell* ernannte sich zum *Lordprotector,* zum Diktator über das gesamte Vereinigte Königreich.

Das schottische Bündnis reagierte schockiert auf die Hinrichtung des Königs und war abgestoßen von *Cromwell,* dessen soldatisch rationaler Geist den frommen Schotten als ketzerisch erschien, und es solidarisierte sich daraufhin mit *Charles II.,* dem Sohn des hingerichteten Königs. Er hatte vorher, taktisch klug, ebenfalls den *Covenant* unterschrieben. Unter dem Befehl von *David Leslie* sammelten sie ihre Armee und erwarteten den Angriff. *Cromwells* Armee kam **1650.** Sie war abhängig von der Verbindung mit der Flotte, und so beschloss *Cromwell,* den Hafen von Edinburgh zu erobern. *Leslie* hatte jedoch gut vorsorgen lassen, seine befestigten Stellungen waren für den Engländer unbezwingbar. *Cromwell* musste sich zurückziehen. Aber vom schlechten Wetter getrieben und in der Annahme, die Engländer schifften sich wieder ein, verließen die Schotten ihre Stellungen zu früh. *Cromwell* erkannte seine Chance, packte den Gegner in der Flanke und rollte das ganze Feld auf. Nun beherrschte *Cromwell* das Terrain in Schottland; seinem militärischen Genius waren *Charles II.* und dessen Verbündete nicht gewachsen. Bis **1652** waren alle Festungen in seiner Hand.

Der König floh nach Frankreich, und Schottland blieb die nächsten neun Jahre unter der Herrschaft *Cromwells.* Für das Land, das von den vielen Bürgerkriegen, Aufständen und Fehden seit der Reformation ausgeblutet, heruntergekommen und verarmt war, brach eine Zeit des Friedens an. Zwar litt Schottland unter hohen Steuern und Fremdherrschaft, doch der Frieden verhalf der am Boden liegenden Wirtschaft etwas auf die Beine. Zudem war die Rechtsprechung der Engländer, befreit von den bisher geltenden Bindungen der Freundschaft und Verwandtschaft *(„kith and kin")*, effektiver, schneller und gerechter.

Dennoch begrüßte die ganze schottische Nation **1660,** nach dem Tod *Cromwells,* begeistert die **Rückkehr Charles II.** aus dem französischen Exil. Doch mit *Charles II.* **(1660–1685)** begann die Geschichte, sich zu wiederholen. Er regierte wie sein Großvater absolut, hatte aber gelernt, dass er zwar die Bischofskirche wieder einführen könne, doch die presbyterianische Liturgie unangetastet lassen musste. Diesen Fehler beging sein Sohn, *James VII./II.* Er wollte den Katholizismus wieder einführen. Nachdem er mit seiner Politik gescheitert war, musste er vor der Revolution nach Frankreich fliehen.

Das englische Parlament bot **1689 Wilhelm von Oranien,** dem Statthalter der Niederlande, einem Enkel *Charles' I.* und Schwiegersohn *James' VII./II.,* die Krone an. *Wilhelm* akzeptierte, musste aber zuvor dem Parlament in den *bill of rights* weitgehende Rechte zugestehen. Diese *bill of rights* begründeten die konstitutionelle Monarchie in England. In Schottland fand sich eine schwache Mehrheit im Parlament, die sich ebenfalls für diese Lösung entschied und unter der Bedingung freier Religionsausübung *Wilhelm III.* die Krone des Reiches anbot.

Doch vor allem in den Highlands sammelten sich die Anhänger der *Stuarts* unter der Führung von *Lord Claverhouse, Viscount Dundee,* dem „Bonnie Dundee" der Volkserzählungen. Dieser zettelte noch im gleichen Jahr eine Rebellion an, den ersten der **Jakobitenaufstände,** die nach dem Sohn des gestürzten Königs, *James* (schott. *Jacob*), benannt sind. In der Schlucht von Killiecrankie brachte *Lord Claverhouse* einer überlegenen antiroyalistischen Armee eine vernichtende Niederlage bei, doch er selbst fiel in der Schlacht. Ohne ihn war der Aufstand führerlos und brach in sich zusammen.

Der neue König saß danach fest im Sattel. An das *„Revolution Settlement"*, die Bedingungen seiner Machtübernahme (er sollte regelmäßig ein Parlament einberufen, sich an dessen Beschlüsse halten, die Bischofskirche abschaffen u. a.), hielt er sich nur zum Teil. Er behielt den *Secretary of State for Scotland,* den administrativen Lenker Schottlands, in London und setzte ihn persönlich ein, als das schottische Parlament opponierte. In einem neuen Schwur, der ebenfalls gegen das *Settlement* verstieß, mussten alle Schotten ihn als König nicht nur theoretisch, sondern auch praktisch anerkennen. In der Folge dieses Eides kam es dann zum **Massaker von Glen Coe** (→ Exkurs „Schottlands Tal der Tränen – Glen Coe", S. 353).

Als *Wilhelm III.* 1702 starb, folgte ihm seine Schwägerin **Anna (1702–1714),** eine protestantische Tochter *James' VII./II.,* auf den Thron. Gleich nach ihrem Amtsantritt berief sie eine beratende Versammlung ein, die eine Union der beiden Königreiche einleitete. In Schottland war diese Union zunächst ungern gesehen. Verschiedene Ereignisse hatten Unmut gegen England aufkommen lassen. Das Massaker von Glen Coe hatte *Wilhelm* unbeliebt gemacht. England gewährte den Schotten keinen Freihandel und brachte den *Darien Plan,* die Gründung einer schottischen Kolonie in Panama, zum Scheitern.

Dennoch wurde **1707** eine **Vereinigung der Parlamente** beider Länder vorgenommen. Die vernünftigen Politiker beider Seiten hatten dabei immer die Konsequenzen eines Scheiterns ihres Plans vor Augen. England stand im Krieg mit Frankreich und konnte sich keinen jakobitischen Feind im Norden leisten, außerdem wollte es die Thronfolge des Hauses *Hannover* auf die kinderlose *Anna,* der letzten *Stuart,* gesichert sehen. Andererseits war die schottische

Wirtschaft auf den Freihandel mit dem englischen Partner angewiesen, und die schottischen Verhandlungsführer hatten die Gefahr eines blutigen Bürgerkrieges und eines neuen katholischen Königs vor Augen.

Die Einigung sah folgendermaßen aus: Die beiden Königreiche sollten unter dem Namen *Großbritannien* eine Flagge, ein Staatssiegel und eine Währung besitzen. Die Thronfolge sollte an die *Hannoversche* Prinzessin, eine Enkelin *James VI./I.*, und ihre Erben übergehen. Schottland sollte eine angemessene Zahl *Peers* (Vertreter des Hochadels) in das Oberhaus und Abgeordnete in das Unterhaus entsenden sowie seine eigene Rechtsprechung behalten. Die schottische Rechtsprechung beruht bis heute auf dem römischen Recht, wogegen in England das Prinzip des Gewohnheitsrechtes herrscht.

Schottland profitierte von der Einigung. Die Wirtschaft begann zu florieren, befreit von der Last der Zölle und mit freiem Zugang zu den Märkten der englischen Kolonien. Die Maschinenweberei wurde eingeführt, und als **1765** der Schotte *James Watt* die Dampfmaschine zur Betriebsreife brachte, begann für Europa die Industrielle Revolution. In der Landwirtschaft brachten neue Anbaumethoden verbesserte Erträge, die Einführung der Kartoffel schaffte die Hungersnöte ab und trug zum Bevölkerungswachstum bei. Im Großen und Ganzen nahm Schottland, das nach den **„sieben schlechten Jahren"** der Regierung *Wilhelms I.* unter großer Armut litt, nach der Vereinigung mit England endlich seinen Aufschwung. Das 18. Jh. wurde zum goldenen Zeitalter der schottischen Geschichte.

Die Jakobitenaufstände

Dennoch gab es immer noch Jakobiten, die von der Restauration einer katholischen *Stuart*-Monarchie träumten. Unterstützt wurden die Exil-*Stuarts* und ihre fast ausschließlich schottischen Anhänger von Frankreich und dem Vatikan. Die Aufstände, die als Jakobitenaufstände in die britische Geschichte eingingen, haben bis heute eine große Bedeutung im schottischen Geschichtsbild.

Den **ersten Versuch einer Invasion** unternahm der Sohn des exilierten *James VII./II.*, der *„Old Pretender"*, den die Franzosen als *James III.* anerkannt hatten. **1708** segelte er mit französischen Schiffen und Soldaten nach Schottland, doch verhinderte schlechtes Wetter, französische Unlust und das Auftauchen englischer Fregatten eine Landung im Firth of Forth. Die Schiffe drehten ab und kehrten nach Frankreich zurück.

1715 führte der *Earl of Mar* den **zweiten Aufstand.** Er brachte die Highlands und Grampians hinter sich und konnte neben der allgemeinen Unzufriedenheit auf die Unterstützung der episkopalischen Pfarrer, Anhänger der Bischofskirche, hoffen. In Braemar zog er im Beisein einiger weniger Persönlichkeiten die königliche Flagge auf und stellte ein Heer von 12.000 Mann auf. Aber Frankreich versagte die Unterstützung. Die Städte südlich des Tay wandten sich gegen die Jakobiten. Der *Earl of Sutherland* bedrängte sie von Norden her. In Sheriffmuir bei Dunblane wurde der *Earl of Mar* geschlagen. Mit dem inzwischen eingetroffenen *„Old Pretender"* floh er nach Frankreich. Da ihre zurückgebliebenen Anhänger in Schottland breite Sympathie genossen, erhielten sie keine zu hohen Strafen, bis auf den Clan der *MacGregors,* deren Name bereits seit 1617 verboten war und die ihre Bürgerrechte erst 1774 zurückerhalten sollten.

Am bekanntesten ist die Rebellion **„The Rising of Fourty Five".** Diese Erhebung, angeführt von *Charles Edward Stuart, „Bonnie Prince Charlie",* dem Enkel des gestürzten Königs, birgt alle Elemente der Romantik in sich. Dem *„Young Pretender",* wie ihn die Engländer nannten, sollte es noch einmal aufgrund seines Charismas und seines Wagemutes gelingen, die Clans zu vereinigen. Er marschierte mit einer Armee bis Derby in Mittelengland, bevor er umkehren musste und auf dem Culloden Moor bei Inverness vernichtend geschlagen wurde. Die folgende abenteuerliche Flucht durch das Hochland machte seine Geschichte zur Legende (→ Exkurs „Bonnie Prince Charlie – Held oder Abenteurer?", S. 302).

Die Rebellionen der Jakobiten waren von Anbeginn zum Scheitern verurteilt gewesen. Nicht einmal in Schottland fand sich eine Mehrheit für das katholische Königshaus. Die *Stuarts* hatten sich als Dynastie überlebt. Die Jakobitenaufstände werden von schottischen Nationalisten jedoch bis heute als Befreiungskriege verklärt und romantisiert. Für das Hochland war die Niederlage ein Desaster. Um endlich jeder weiteren Rebellion den Boden zu entziehen, griff die Hannoversche Dynastie zu brutalen Methoden. Der Tartan und der Kilt (Karomuster und Schottenrock) wurden genauso **verboten** wie das Dudelsackspielen. Schlimmer noch war, dass viele der Hochland-Chiefs enteignet und abgesetzt wurden und das Land oft an Engländer verkauft wurde. Die uralte Clansgemeinschaft, in welcher der Chief sich um seine Angehörigen sorgte, wurde zerstört. In der Folge des letzten Jakobitenaufstands verschwand somit die alte Hochlandkultur.

Das 18. Jahrhundert

Politisch betrachtet, hatten diese Aufstände jedoch keine Wirkung. Im südlichen Tiefland ging das Leben weiter wie bisher. Besonders der Handel mit den nordamerikanischen Kolonien brachte große Gewinne. Nicht nur Handel und Industrie erlebten in Schottland im 18. Jh. ihren großen Aufschwung, auch das Geistesleben hatte in diesem Jahrhundert seine große Blütezeit. **Edinburgh** wurde das **geistige Zentrum des Landes.** Den vielen Philosophen und Wissenschaftlern verdankt die Stadt neben ihrer herausragenden klassizistischen Architektur den Ruf eines „Athens des Nordens". *Adam Smiths* „An inquiry into the Nature and Causes of the Wealth of Nations" ist bis heute ein Klassiker der Wirtschaftswissenschaft geblieben. Der Erfolg der *Bank of Scotland* inspirierte die Gründung der berühmten *Bank of England.* Spötter behaupten, um schon den Kindern das Geldverdienen beizubringen, wurde in dem frommen Schottland auf die Rückseite der Katechismen sogar eine Rechentabelle gedruckt.

Der romantische Dichter *Walter Scott* wertete mit seinen Historienromanen das schottische Selbstbewusstsein ebenso auf, wie es der Volksdichter *Robert Burns* mit seinen Liedern tat, oder wie *Ian MacPherson,* der mit seinen gefälschten *Ossian*-Balladen auf die uralte keltische Kultur verwies.

Industrialisierung und 20./21. Jahrhundert

In das 19. Jh. trat ein wirtschaftlich aufstrebendes und wieder selbstbewusstes Schottland ein. Dieses Jahrhundert war das schottische „Biedermeier“, das **Zeitalter des Viktorianismus.** Ruhe und Ordnung gingen einher mit wirtschaftlicher Entwicklung. Schottland wurde dem englischen Teil des Königreiches immer mehr gleichgestellt und hatte großen Anteil an Gründung und Verwaltung der Kolonien wie am expandierenden Handel und der Industrie.

Um Glasgow herum entstand eine sich entwickelnde **Schwerindustrie.** Weiter südlich in Lanark und am Forth in Dundee florierte die Webereiindustrie. Straßen wurden gebaut. Der **Clyde-Forth-Canal** wie das technische Meisterwerk des **Kaledonischen Kanals** verbesserten die wirtschaftliche Infrastruktur. In der zweiten Hälfte des Jahrhunderts setzte der Eisenbahnbau ein, der die ländlichen Regionen mit den städtischen Industriemetropolen verband.

Dieser florierende Aufschwung im Süden des Landes wurde jedoch überschattet von dem Elend, das sich in den Highlands abspielte. Die kleinen Pachthöfe, die sich im Hochland gegen die Annahme verbesserter Anbaumethoden wehrten, konnten wie überall in Europa die steigende Zahl ihrer Bewohner nicht mehr ernähren. **Auswanderungen,** besonders nach Kanada und Australien, begannen. Verschlimmert wurde die Not der Highlander durch die erwachende Profitgier der Grundbesitzer, die keine verantwortungsbewussten Clanführer mehr sein wollten. Als sie bemerkten, dass mit dem Verkauf von Wolle mehr Profit zu machen war als mit Landverpachtung, trieben viele die kleinen Pächter von ihrem Land.

Das für den englischen Schiffbau abgeholzte Hochland *(„man made desert“)* verödete weiter durch die Überweidung. Als durch das Überangebot der Wollpreis fiel, vertrieben die Grundbesitzer auch die letzten verbliebenen Schafhirten und ließen vermehrt Rotwild ansiedeln. (Die Hobbyjäger der europäischen Society treffen sich bis heute zur Jagd auf das Rotwild im schottischen Hochland).

Erst **1886** nahm sich das Londoner Parlament der geschundenen Hochländer an und erließ viel zu spät die **„Crofters Charter“,** die den Pächtern ein Bleiberecht auf ihren angestammten Crofts verbriefte (→ Exkurs „Die Erschaffung der Einsamkeit – Highland Clearances im 19. Jh.“, S. 318).

Im Schiffbau und in der Leinenproduktion stieg Schottland an die Weltspitze auf. So konnte es sein, dass amerikanischer Weizen nach der Ernte in Säcken aus der schottischen Leinenhochburg Dundee zu Schiffen gebracht wurde, die am Clyde gefertigt worden waren.

Im **Ersten Weltkrieg (1914–1918)** erreichte Schottland die Spitze seiner Produktion. Nachdem Deutschland in seinem uneingeschränkten U-Boot-Krieg viele britische Handelsschiffe versenkt hatte, brauchte Großbritannien jedes Schiff, das die Werften am Clyde hergaben. Nach dem Krieg verdienten die großen Industrien noch ein, zwei Jahre am Wiederaufbau, doch danach ging es steil bergab.

Die **Weltwirtschaftskrise** der späten 1920er-Jahre tat ein Übriges. Die darniederliegende Schwerindustrie des Landes, die einen Großteil der Gesamtwirtschaft ausgemacht hatte, kam nie mehr auf die Beine. Namentlich der Schiffbau wurde zu teuer, um der Konkurrenz aus dem Fernen Osten standhalten zu können.

Daran änderte auch die zweite große Weltkatastrophe nichts. Zwar wurden nun neue Industriezweige wie die Automobilproduktion aufgebaut, doch befanden sich diese fast ausschließlich im Besitz von ausländischen, meist amerikanischen Konzernen. Die Arbeitslosenrate Schottlands lag seit dem Ersten Weltkrieg immer weit über dem englischen Durchschnitt. Erst heute zeigen die Anstrengungen in Richtung auf die Entwicklung neuer, modernerer Industriezweige langsam ihre Wirkung. Auch die Industriestadt Glasgow hat sich langsam aus dem Sumpf, in dem sie über ein halbes Jahrhundert unterzugehen drohte, befreit.

Nach dem Zweiten Weltkrieg stieg ein neues Phänomen am politischen Horizont auf: der **Nationalismus.** Schon vor dem Krieg hatte sich eine neue Partei gegründet, die *Scottish National Party (SNP)*, die sich besonders ein Schlagwort auf die Fahnen geschrieben hat, die Forderung nach „Home Rule". *Home Rule* bedeutet, Schottland von Schottland aus zu regieren, mit dem Ziel von mehr Unabhängigkeit. Zunächst war dieser politische Nationalismus nicht sehr erfolgreich, doch die wachsende Unzufriedenheit aufgrund der wirtschaftlichen Misere brachte ihm immer mehr Zulauf.

Nachdem ab Mitte der **1970er-Jahre** in der schottischen Nordsee **Öl** gefunden worden war, hatte die *SNP* ein Argument mehr, nach Unabhängigkeit zu rufen, damit nicht das Öl an Schottlands Ökonomie vorbeifloss.

Bei den Unterhauswahlen von 1974 erreichten die Nationalisten über 30 % der Stimmen. Um diese Entwicklung einzudämmen, brachte die Labourregierung unter Premier *Gallaghan* 1976 einen Gesetzentwurf zur Dezentralisierung in das Unterhaus ein. Nach jahrelangem wahltaktischen Hin und Her wurde für den **1. März 1979** ein **Referendum** festgesetzt, in dem die Schotten über eine größere Autonomie entscheiden sollten. Die Abstimmung ergab mit 51,6 % zwar ein knappes „Ja" zum Parlament, doch scheiterte die Reform an der geringen Wahlbeteiligung. Das schottische Selbstbewusstsein war erst am Wiedererstarken, jedoch noch nicht so weit, wie es die *SNP* gern sah.

In dieser Entwicklung stellte das Referendum eher den Start- als den Schlusspunkt dar. Seit **1979** waren in London die kompromisslosen Zentralisten um **Margaret Thatchers Tories** an der Macht. Die Depression der 1980er-Jahre, die rigide soziale und liberale Wirtschaftspolitik der Konservativen stieß auf wenig Gegenliebe in Schottland. Man fühlte sich unverstanden und „ohne Stimme" in London. Die Forderung nach **„Home Rule"** wurde lauter. Als die *Thatcher*-Regierung 1990 die **Polltax,** eine kommunale Kopfsteuer, einführte, kam es in Schottland zu dramatischen Zuständen. Die Steuer wurde einfach boykottiert, was in kurzer Zeit zur Zahlungsunfähigkeit vieler Kommunen führte. Diese Krise führte zum Sturz von Frau *Thatcher.*

Andererseits hatte das liberale Stehvermögen des *Thatcherismus* nicht nur England zu einer der wirtschaftlich gesündesten Nationen Europas gemacht, sondern auch den Grundstein für den ökonomischen Aufschwung Schottlands gelegt. Der wirtschaftliche Erfolg und das Wachstum der Städte ermöglichten eine kulturelle Blüte, die das **neue Selbstbewusstsein** der Schotten in einem lange nicht gekannten Selbstvertrauen aufgehen ließ.

Schon mit den Unterhauswahlen von 1993 war Schottland zur „toriefreien Zone" geworden, doch erst der Sieg von *Tony Blairs „New Labour"* bei den Wahlen 1997 ebnete dem gewandelten Bewusstsein den Weg, ein neues Sein zu schaffen. Am 700. Jahrestag der Schlacht von Stirling, als *William Wallace* die Engländer geschlagen hatte, am 11. September 1997, stimmten in einer neuen Volksabstimmung 74 % für die Errichtung eines eigenen **schottischen Parlamentes** mit einer eigenen Exekutive. Im Mai 1999 wurden die 129 Abgeordneten gewählt, die das erste schottische Parlament seit 292 Jahren bildeten.

218sc bcg

Seitdem haben die Schotten die Möglichkeit, ihre Gesetze wie ein Bundesstaat selbst zu verabschieden. Außen- und Sicherheitspolitik bleiben zwar in den Händen Großbritanniens, doch haben die Schotten eigene Vertreter beim **Europäischen Parlament** in Brüssel. Natürlich gab und gibt es Rufe, die eine weitergehende Souveränität fordern. Die Schattenseiten der nationalen Bewegung haben sich leider bei Übergriffen gegen Engländer gezeigt.

Für die Nationalisten der *SNP* stellt das Parlament den Ursprung eines eigenen schottischen Staates unter dem Dach der Europäischen Union dar. Für die *Tories* ist es der Anfang vom Ende Großbritanniens. Der Wahrheit am nächsten kommen aber wohl *Labour* und die Liberalen, die im föderalistischen Konzept eine Chance sehen, regionale Bedürfnisse regional zu befriedigen und Schottland wieder im Königreich zu verankern.

Seit der ersten Wahl 1999 bildete so auch eine **Koalition aus Labour und Liberalen** eine knappe Mehrheitsregierung, die bei der folgenden Wahl 2003 bestätigt wurde. Bei der Parlamentswahl 2007 geriet diese Mehrheit ins Wanken, *Labour* musste Verluste hinnehmen und die *SNP* konnte knapp als stärkste Partei hervorgehen. Unter ihrem Vorsitzenden *Alex Salmond* hatte die *SNP* im Falle des Wahlsiegs ein Referendum zur Unabhängigkeit Schottlands versprochen. Da die *SNP* jedoch nur eine Minderheitsregierung mit Duldung der Grünen bilden konnte, musste diese Abstimmung noch eine Legislaturperiode lang warten.

Bei den Wahlen im Jahr 2011 gewann die **SNP die Mehrheit** und *Alex Salmond* wurde *First Minister of Scotland.*

Mit dem britischen Premierminister *David Cameron* hatte er ausgehandelt, am **18.9.2014** ein **Referendum** durchzuführen zu der Frage: „Should Scotland be an independent country?" Die sehr emotional geführte Debatte zu dieser Frage blieb bis zum Wahltag unentschieden, da sehr viele Schotten sich nicht festlegen wollten. Letzlich stimmten die Schotten jedoch **für den Verbleib im Vereinigten Königreich.**

Es stellt sich nun aber die Frage, wie endgültig diese Entscheidung ist. Als die Briten im Juni 2016 über den Verbleib ihres Landes in der EU abstimmten, gewannen völlig überraschend die Brexit-Befürworter. In Schottland allerdings hatten sich 62 % **gegen einen Bruch mit der EU** entschieden. Sofort kamen nun wieder die **Rufe nach der schottischen Unabhängigkeit** auf.

Die SNP ist unter dem Vorsitz *Nicola Sturgeons* und *Humza Yousafs* vor allem für die Unabhängigkeit eingetreten. Nachdem die Regierung *Sturgeon* 2023 an einem Finanzskandal gescheitert war, erklärte die darauffolgende SNP-Regierung unter *Humza Yousaf,* die Klimaschutzziele nicht erreichen zu wollen. Daran zerbrach schließlich die Koalition mit den schottischen Grünen. Viele Schotten, gerade in ländlicheren Gebieten, sind der Meinung, die SNP, seit 2024 unter dem neuen *First Minister* **John Swinney,** solle zunächst zeigen, dass sie das Land überhaupt regieren kann, bevor sie über Unabhängigkeit spricht.

◁ Donald Dewar – Schottlands erster Premierminister

Staat und Verwaltung

Bis 1976 war Schottland verwaltungstechnisch in **33 Grafschaften** untergliedert. Eine Verwaltungs- und Bodenreform hob diese Unterteilung auf und schuf eine Gliederung mit **12 Regionen** (schott.: *region*): Dumfries and Galloway, Borders, Lothian, Strathclyde, Central, Tayside, Grampian, Fife, die Western Isles, die damit erstmals ungeteilt selbstverwaltet waren, Highland sowie Orkney and Shetland. Nicht alle Einwohner der Regionen waren glücklich über die neue Einteilung, da oft die gewachsenen Grenzen uralter Grafschaften zerschnitten wurden. Die Halbinsel Fife etwa sollte auf die Regionen Lothian und Tayside aufgeteilt werden. Doch die Bewohner, die sich immer wieder auf die Traditionen Fifes als altes piktisches Königreich beriefen, demonstrierten für ihre Selbstverwaltung, bis sie einen eigenen Bezirk erhielten.

Seit 1996 gibt es die **32 Council areas of Scotland.** Die Landkreise sind direkt verwaltet und bedeuten eine Annäherung an das alte System mit den Grafschaften, welches vor der Einteilung in Regionen (1976) existierte – und zwar seit 1889. Das *Council-area-System* spart eine Verwaltungsebene ein.

Die **schottische Flagge** zeigt das weiße Andreaskreuz auf blauem Grund. Auf dem **Wappen** ist ein roter steigender Löwe auf goldenem Grund gerahmt von einem roten Doppelliliensaum. Da Schottland nicht unabhängig ist, gibt es auch Interpretationen des britischen Königs-

Verwaltungsbezirke

0 50 km ©Reise Know-How Scot02 14/24

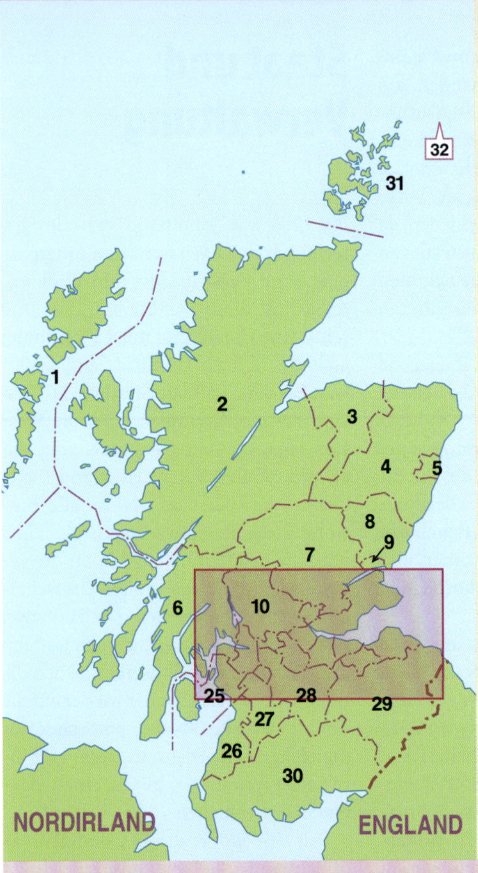

1. Western Isles
2. Highland
3. Moray
4. Aberdeenshire
5. City of Aberdeen
6. Argyll and Bute
7. Perth and Kinross
8. Angus
9. City of Dundee
10. Stirling
11. Clackmannanshire
12. Fife
13. Inverclyde
14. Renfrewshire
15. West Dunbartonshire
16. East Dunbartonshire
17. City of Glasgow
18. East Renfrewshire
19. North Lanarkshire
20. Falkirk
21. West Lothian
22. City of Edinburgh
23. Midlothian
24. East Lothian
25. North Ayrshire
26. South Ayrshire
27. East Ayrshire
28. South Lanarkshire
29. Scottish Borders
30. Dumfries and Galloway
31. Orkney Islands
32. Shetland Islands

wappen, in dem wiederum das schottische enthalten ist. Dabei rahmen ein Einhorn und ein Löwe mit Landesflaggen von Schottland und England als jeweilige Wappentiere das Wappen. Das **Einhorn** ist das Symboltier Schottlands und soll Stolz, Wildheit, Freiheitsliebe, Reinheit und Schönheit verkörpern.

Die meist verwendete **Hymne** bei Sportveranstaltungen ist „The Flower of Scotland", bei königlichen Anlässen oder Olympiaden wird die britische Nationalhymne „God Save the King" gespielt.

Wirtschaft

Trotz des einfachen Lebens in einigen Regionen Schottlands und der landwirtschaftlichen Prägung, der nahezu das ganze Land unterliegt, kann man Schottland gemeinsam mit England als die erste Industrienation der Weltgeschichte bezeichnen. Hier wurde die Erfindung gemacht, die zum Meilenstein der wichtigsten Revolution der neueren Geschichte wurde: *James Watt* verbesserte 1765 die **Dampfmaschine** und setzte damit die **Industrielle Revolution** in Gang.

Auch die geistige Grundlage der neuen Wirtschaft kam aus Schottland. 1776 veröffentlichte *Adam Smith* seine „Untersuchung der Beschaffenheit und Ursachen für den Wohlstand der Nationen", die bis heute zu den Standardwerken der wirtschaftswissenschaftlichen Literatur zählt. Zusammen mit dem Londoner Bankier *David Ricardo* wurde *Smith* dadurch zum Begründer des wirtschaftlichen Liberalismus, dessen grundsätzliche Ideen gerade heute wieder Triumphe feiern.

Mit der Dampfmaschine wurde es nun möglich, die **Kohlengruben** in Zentralschottland auszubeuten, der erste Boom begann. Im 19. Jh. entwickelte sich dann vor allem um die Clydemetropole Glasgow eine pulsierende **Schwerindustrie.** Die Dampflokomotiven aus Springfield wurden in alle Welt verschifft, und in Dundee blühte die **Leinenproduktion.** Während in Glasgow die ersten Ozeanriesen gebaut wurden, machten die Teeclipper aus Aberdeen den Maschinenschiffen zum letzten Mal Konkurrenz.

Viele Hochländer und Iren kamen nach Glasgow, um nach Arbeit zu suchen. Die Elendsviertel füllten sich und die **Strukturprobleme,** mit denen die Stadt noch lange zu kämpfen hatte, entstanden. *Robert Owen,* der berühmte britische Frühsozialist, versuchte in New Lanark mit seinem Experiment der kollektiven Arbeit, neue Wege aus dem Elend der Industriearbeiter zu finden.

Nach dem Ersten Weltkrieg kam die **Weltwirtschaftskrise,** die auch die schottische Wirtschaft ruinierte. Darüber hinaus wurde die Konkurrenz in Fernost immer größer, sodass die Werften am Clyde langsam zugrunde gingen. Die schottische Wirtschaft machte eine ihrer größten **Krisen** durch: „Wenn die englische Wirtschaft den Schnupfen hat, bekommen wir eine Lungenentzündung", so sagt man in Schottland.

Doch die schottische Ökonomie ist auf dem Wege der Besserung. Durch den reichen **Ölsegen,** der seit den späten 1970er-Jahren aus der Nordsee sprudelt, wurde es möglich, die Investitionen stark zu erhöhen. Mittels geschickter

Ansiedelung neuer Industrien gelang es dem Land, sich langsam aus den Fängen des schwerindustriellen Erbes zu befreien, wenngleich man noch auf absehbare Zeit damit zu kämpfen haben wird.

Ölförderung

1969 wurde das erste große Ölfeld in der schottischen Nordsee entdeckt, seit Mitte der 1970er-Jahre läuft die Ausbeutung der Vorkommen auf vollen Touren. Heute sind Ölplattformen auf nahezu vierzig Feldern installiert. Die Fördermengen und Umsätze sind jedoch schon rückläufig.

Die Ölindustrie half damals der siechenden schottischen Ökonomie wieder auf die Beine. Die primären Wirkungen sind mittlerweile alle ausgereizt, mit weiteren Auswirkungen auf den Arbeitsmarkt wird nicht mehr gerechnet. Doch hofft man, dass in Folge wieder steigender Weltmarktpreise für Rohöl die Ausbeutung marginaler Felder lohnender wird. Dadurch könnte der Ölsegen etwas verlängert werden, der wegen der Erschöpfung der Vorkommen in absehbarer Zeit versiegen würde.

Werftindustrie

Die am Boden liegende Schiffsbauindustrie wurde in den letzten Jahrzehnten drastisch gesundgeschrumpft. Auf der anderen Seite investierten vor allem der Staat und amerikanische Investoren in die Modernisierung der Anlagen. Mit der Entwicklung von Spezialschiffen, die in der Ölförderung benötigt werden, hoffte man, wieder in den Markt einsteigen zu können, der den Schotten, wie allen Europäern, wegen der zu hohen Lohnkosten von der fernöstlichen Konkurrenz verschlossen wird. Der Schiffbau stellt jedoch keine schottische Kernindustrie mehr dar.

Hochtechnologien

Ein wichtiger Sekundäreffekt des Ölbooms ist das Geld, das Großbritannien mit dem Verkauf des Rohöls verdient. Ein Teil der staatlichen Einnahmen fließt wieder in die Kassen Schottlands zurück, wenn auch viel zu wenig, wie viele Schotten meinen und deshalb noch lauter die Unabhängigkeit fordern. Mit diesen finanziellen Mitteln konnten neue Projekte in Angriff genommen werden, die Schottlands veraltete Industrie in das Zeitalter der Hochtechnologie einführten.

Besonders **Highlands and Islands Enterprise (HIE),** das das wirtschaftlich rückständige Hochland und die Inseln entwickeln soll, unternimmt große Anstrengungen, in die **Computertechnologie** einzusteigen. Dieser Industriezweig ist nicht so stark wie etwa die Schwerindustrie auf die Infrastruktur angewiesen, die bisher im Hochland geringer ausgebaut ist. So wurde z. B. auf Orkney ein Forschungszentrum aufgebaut, das sich mit erneuerbaren Energien und emissionsarmen Lebensweisen auseinandersetzt. Die Ideen gerade im Bereich der Wind- und Gezeitenkraftwerke sind weltweit beachtet. Die Universität von Aberdeen beschäftigt sich u. a. mit der Entwicklung von Computertechnologien zur Ölförderung. Insgesamt verschiebt sich in Schottland der Schwer-

225sc bcg

punkt von der Schwerindustrie auf die Hochtechnologien, die heute schon einen Anteil von 15 % am gesamten industriellen Umsatz von Großbritannien haben. Dennoch hält die Schwerindustrie in Schottland ihre Stellung. Immer noch produzieren die schottischen Stahlfabriken 8 % des gesamten britischen Ausstoßes.

Finanzsektor

Einer der wichtigsten Zweige der schottischen Wirtschaft ist das Finanzwesen. Schottland errichtete bereits 1695 mit der **Bank of Scotland** erstmals in der Geschichte eine Staatsbank. Von deren erfolgreicher Arbeit beeindruckt, wurde später die *Bank of England* gegründet, die im Laufe der Geschichte zum Vorbild für alle übrigen Staatsbanken wurde. Manche Schotten behaupten sogar stolz, das *banking* sei von ihnen erfunden worden.

Fest steht, dass Edinburgh heute nach London der zweitgrößte Finanzplatz Großbritanniens ist. Neben der *Bank of Scotland* besitzen die **Royal Bank of Scotland,** die 1727 gegründet wurde, weil man erstere als jakobitisch verdächtigte, und die *Clydesdale Bank* (1838) das Recht, **eigene Banknoten** herauszugeben, die im ganzen Land angenommen werden.

Mit dem **berüchtigten Geiz,** der den Schotten nachgesagt wird, hat das jedoch nichts zu tun. Dieses Vorurteil beruht auf der großen Armut, unter der die Schotten noch im 19. Jh. litten und über die sich ihre englischen Nachbarn lustig machten.

⌃ Das Gebäude der Royal Bank of Scotland am St Andrew's Square in Edinburgh

Tourismus

Ein expandierender Zweig der schottischen Gesamtwirtschaft ist auch die Tourismusbranche. Jährlich nimmt die Zahl der Urlauber in Schottland zu. Besonders hoch ist dabei der Anteil von Besuchern aus Übersee, meist schottischstämmigen US-Amerikanern oder Kanadiern, und aus Japan. *HIE* und die Fremdenverkehrsorganisation bemühen sich darum, das Niveau des Angebotes zu erhöhen und besonders die Unterbringungsmöglichkeiten zu verbessern. In einigen strukturschwachen Regionen des Hochlands gehört die Tourismusbranche zu den wichtigsten Arbeitgebern.

Agrarwirtschaft

Schottland besitzt in etwa die gleiche Größe wie Österreich. Von 7,7 Mio. ha Gesamtfläche können die Schotten für die intensive Landbewirtschaftung ungefähr ein Viertel nutzen. Jenes Land wird als Acker- oder Grasland bestellt. Dabei nimmt Gras 60 % der bebauten Fläche ein, Getreide 22 %, der Rest entfällt auf Kartoffeln, Zuckerrüben etc.

Auf weit über der Hälfte des schottischen Landes wird dagegen nichts angebaut, das Land besteht aus Naturweide, Moorland oder Forst, in welchem oftmals Rotwild gehalten wird.

Der durchschnittliche Agrarbetrieb eines schottischen Bauern bewirtschaftet heute knapp 100 ha. Die meisten Landwirte sind **Feierabendbauern,** *crofter.* An der schottischen Westküste sind Dreiviertel aller Landwirte Kleinerzeuger, die sich für ihren Lebensunterhalt in der Regel mit dem Tourismus ein zweites Standbein geschaffen haben.

Ähnlich wie in anderen EU-Staaten gehen viele kleine und mittelständische Bauernhöfe zugrunde, weil sie dem Konkurrenzkampf gegen die **Viehfabriken** und **Landmultis** nicht gewachsen sind. Jedes Jahr vermindert sich die Zahl der schottischen Bauernhöfe um 2 %.

Die britische Regierung versucht, jener Entwicklung entgegenzusteuern. Die **Erfahrung des Zweiten Weltkrieges,** als das Deutsche Reich die Britischen Inseln mit einer Seeblockade von der Außenwelt abschnitt, offenbarte den britischen Mägen, wie wichtig eine intakte Landwirtschaft ist, welche die eigene Bevölkerung wenigstens zu einem großen Teil ernähren kann. Auch aufgrund jenes Schocks werden die britischen Bauern staatlich unterstützt, Festpreise für die landwirtschaftlichen Produkte garantiert sowie Beihilfen für Düngemittel, Viehzucht, Modernisierung von Gebäuden und die Ausstattung kleinerer Betriebe gezahlt.

Naturweide

Der größte Teil des schottischen Bodens ist wenig fruchtbar, entweder sauer, wie vor allem an der nördlichen Westküste, oder besteht aus steinigem Hochlandboden. Nur der geringere Teil des schottischen Bodens kann intensiv, beispielsweise für den Anbau von Getreide, genutzt werden.

Den Löwenanteil nimmt daher die **extensive Weidenutzung** ein, der Naturweidebetrieb. Dieses sogenannte *rough grazing* trifft man generell in Höhenlagen über 250–300 m an. Die Naturweiden jener Höhenlagen bestehen aus naturbelassenem Land, auf welchem Raschgräser, Binsen, Farne, Heidekraut und Zwergsträucher wachsen, Pflanzen mit geringem Nährwert.

Schafe

Von diesen kargen Böden des schottischen Berglandes ernährt sich das Schaf, der ständige Begleiter eines Schottlandurlaubers. Allerdings erlauben die Böden des schottischen Berglandes nur eine geringe Zahl von Schafen pro Quadratmeter Weideland, ganz im Gegensatz zum fruchtbaren Tiefland im südlichen Schottland, beispielsweise dem Tweed-Tal, wo sich das Schaf an üppigem Gras weidet.

In jenen tiefergelegenen Gebieten werden die Schafe vor allem gemästet, denn Lammfleisch ist sehr populär in Schottland. Mastschafe sind meistens **Cheviots,** anzutreffen im Tiefland. Im schottischen Norden, den Cairngorms und Monadhlioth Mountains, züchtet man vor allem das **Blackface Sheep,** zum Teil auch im südschottischen Bergland. Es zeichnet sich durch eine hohe Widerstandsfähigkeit gegen Wind und Wetter aus. Im Rahmen des Klimawandels sind die Wetterbedingungen weniger rau geworden und zunehmend auch *Cheviots* in den Highlands anzutreffen.

Auf den Shetland-Inseln weidet das **Shetland Sheep,** ein kleinwüchsiges, wetterfestes Wesen, dessen weiche Wolle im Lauf der Jahrhunderte zur Ausbildung einer **Stickerei- und Webereiindustrie** auf den Shetland-Inseln geführt hat. Ähnlich bildet die Schafhaltung auf den Äußeren Hebriden mit vielen **Hebridean Sheep** den Grundstock für die Erzeugung des weltberühmten Stoffgewebes des Harris Tweed (→ Exkurs „Harris Tweed“, S. 413).

☐ Schafe werden aufs Mainland verschifft

302sc ab

Für die schottischen Schafzüchter spielt die Wollproduktion heutzutage nur noch eine untergeordnete Rolle, da ausländische Wollimporte billiger sind. Die schottischen Schafzüchter konzentrieren sich daher mehr und mehr auf die **Mastlammerzeugung.**

Rinder

Langhaarige, zottelige Rinder mit verbogenen Hörnern haben einst das gesamte Hochland bevölkert. Jene **Highland Cattles,** aus denen in den vergangenen Jahren das ausgestorbene **Urrind** oder der Auerochse zurückgezüchtet wurden, zeigen sich resistent gegen das raue Hochlandklima. Heutzutage wird das *Highland Cattle* allerdings eher als Touristenattraktion denn als Fleischrind gehalten, da es im Vergleich zu anderen Rassen kein lohnenswertes Schlachtgewicht auf die Waage bringt. Höchstens Hotels der gehobenen Preisklasse nehmen das Fleisch der *Highland Cattles* ab, welches dann als Spezialität auf der Speisekarte erscheint.

Zum Mästen bevorzugt der schottische Bauer die einheimischen Rassen der **Galloway- oder Aberdeen-Angus-Rinder.** Vor allem in Nordostschottland und im schottischen Süden liegen die Aufzuchtstationen jener Rinder.

Im Gegensatz zu den eingeborenen Mastrindern rekrutiert sich der Bestand an Milchvieh aus importierten Rindern; die Milchkühe sind in der Regel **schwarzbunte Rinder** aus **Friesland.** Die einheimische Ausnahme findet sich an der Westküste in Ayrshire, wo das gleichnamige schwarze **Ayrshire-Rind** seine Heimatweide hat.

Getreideanbau

Fruchtbares Land existiert in der mittelschottischen Senke, dem flachen Küstengebiet nördlich der Grenze zu England und der Solway-Küste. Dort liegen die **Hauptanbaugebiete** der schottischen Landwirte. Bestellt werden die Felder vor allem mit **Weizen** und Gerste. Das relativ milde Klima des schottischen Südens erlaubt den Anbau von Winter-

380sc jf

weizen. Die Erträge auf dem lehmigen Boden der Solwayküste sind nicht nur hoch, sondern gehören zu den höchsten in der Welt.

Ein Wermutstropfen: Einzig der sogenannte *Soft Wheat*, eine Weizensorte, die sehr viel Feuchtigkeit verträgt, gedeiht in Schottland. Der *Soft Wheat* eignet sich hervorragend zum Backen von Weißbrot und Biskuits. Der richtige Weizen für Schwarzbrot, der *Hard Wheat*, muss allerdings leider vollständig aus Ländern mit trockenerem Klima, wie Kanada, importiert werden.

Für Whisky und Bier brauchen die schottischen Brenner- und Brauereien **Malz,** das aus dem Korn der Gerste gewonnen wird. Auf den Hebriden-Inseln, wie Islay oder im Hochland, wo sich viele Destillerien befinden, lohnt sich der Anbau der Gerste nicht. Das raue Klima verringert die Erträge. Die benötigte Gerste beziehen die Brennereien deshalb von den Bauern des schottischen Südens.

Im Gegensatz zu Weizen und Gerste kann sich der **Hafer** *(oats)* auch mit weniger fruchtbaren Böden arrangieren, er wächst an der Südwest-Küste Schottlands, wurde früher fast überall in Schottland angebaut. Der Anbau von Hafer ist jedoch stark rückläufig, da sich die Zahl der Hauptabnehmer seit Anfang des 20. Jh. um über 90 % verringert hat. Die Rede ist vom Pferd, das früher ebenso unverzichtbar war für die Bestellung der Felder wie als Mittel zur Fortbewegung. Auch im Vergleich zu Gerste und Weizen lohnt sich der Anbau von Hafer für den schottischen Landwirt nicht, da die Erträge zu gering sind.

◁ Stoischer Wildwuchs: Hochlandrinder

Weiterverarbeitung

Schottland stellt nicht nur landwirtschaftliche Rohprodukte her, sondern hat in den letzten Jahrzehnten auch beträchtliche Kapazitäten in der Weiterverarbeitungs- und Veredelungsindustrie aufgebaut. Besonders die Herstellung von Milchfertigprodukten, wie etwa des bekannten **Cheddar-Käses,** nimmt einen wichtigen Platz ein.

Der weitaus umsatzgrößte Einzelzweig dieser Industrie ist in Schottland selbstverständlich die **Whiskyherstellung,** 122 Malzwhiskybrennereien existieren in Schottland. Daneben gibt es noch ein paar Erzeuger von Grainwhisky (→ Grampian und Aberdeen). Das Zentrum der Whiskydestillation ist **Speyside,** südöstlich von Inverness, während die Verblendungen (Verschneidungen von Malz- und Grainwhisky zum *Blend*) in Glasgow vorgenommen werden.

Forstwirtschaft

Bis zum Anfang des 20. Jh. verminderte sich der Waldanteil in Schottland auf 5 % der Gesamtfläche. Holz musste aus anderen Ländern, zumeist aus den skandinavischen, importiert werden. Größere Aufforstungsmaßnahmen starteten erst nach dem Ersten Weltkrieg. Im Jahre 1919 wurde die **staatliche Forstbehörde,** *Forestry Comission,* gegründet, um eine angemessene Holzreserve aufzubauen. Eingeschränkt wird die Behörde durch die staatliche Auflage, lediglich Landstriche zur **Aufforstung** zu erwerben, die landwirtschaftlich nicht intensiv genutzt werden können.

Für Schottland bedeutet dies, ärmere moorige Gebiete aufzuforsten, die sich in der Regel im Hochland befinden. Die Aufforstung jener Regionen bereitet viel Mühe. Der Boden muss vor dem Pflanzen junger Bäume entsprechend vorbereitet werden, durch Drainagen, tiefes Umpflügen und Düngung.

Entweder zäunt man die Neuanpflanzungen dann ein oder steckt ein Plastikrohr über den jungen Baum, sodass er vor Wild bzw. vor starken Winden geschützt ist. In der Regel werden **rasch wachsende Nadelhölzer** aufgeforstet, die nicht einheimisch sind, wie *Douglasien* oder *Sitkafichten.* Mittlerweile hat sich die Forstwirtschaft in einigen Regionen, beispielsweise dem *Argyll Forest Park,* zu einem wichtigen Wirtschaftszweig entwickelt. In der Umgebung von Fort William haben die Wiederaufforstungsmaßnahmen die Papier- und Zelluloseindustrie angelockt.

Das ehemals fast kahlgeschlagene Land besitzt heute wieder ca. 10.000 km² Wald. Rund ein Drittel davon gehört der *Forestry Commission* unter der Schirmherrschaft des *HIDB.* Der restliche Wald ist grob unterteilt. Die Hälfte der privaten schottischen Waldbesitzungen hat eine Fläche von mehr als 50 ha während die Zahl der Besitzungen, die eine Fläche von einem Hektar und weniger haben, mit weniger als 10 % weit unter dem europäischen Durchschnitt von 50 % liegt. Das staatliche Forstamt ist bemüht, nicht nur effektive Forstwirtschaft zu betreiben und durch den Aufbau kleinerer örtlicher Weiterverarbeitungsfabriken das Arbeitsplatzangebot in den strukturschwachen Regionen des Hochlandes zu verbessern, sondern auch durch die Anlage von Hütten, Camping- und Picknickplätzen den **Freizeit- und Tourismuswert** dieser Waldgebiete zu steigern.

Fischereiindustrie

Neben Landwirtschaft und Forstwirtschaft nimmt die **Hochseefischerei** einen wichtigen Platz in der nichtindustriellen Produktion Schottlands ein. 72 % der britischen Fangerträge werden von schottischen Booten angelandet. Über 2260 Schiffe sind auf Fischfang von schottischen Häfen aus unterwegs. Die größten Fischereihäfen sind Fraserburgh und Peterhead, Makrelen werden besonders in Ullapool an Land gebracht, und der größte Heringshafen ist seit Jahrhunderten Lerwick auf Shetland.

Neben dem Hochseefischfang spielt die **Fischzucht,** besonders von Lachs und Forelle, eine immer größere Rolle. Die Nachfrage nach diesen Fischen steigt ständig, und da das Angeln der Fische in den Flüssen zu kostspielig ist und den Sportanglern und Touristen vorbehalten bleibt, hilft das *Highland and Island Development Board* seit einigen Jahren vor allem in den entlegenen Gebieten, wie den Äußeren Hebriden und dem Nordwesten, bei der Gründung von Fischfarmen. Die ökologische Problematik von Fischfarmen, deren Ablagerungen ähnliche Probleme aufwerfen wie die Flut der Jauche aus norddeutschen Schweinemästereien, spielt dabei in Schottland noch keine Rolle.

Regenerative Energien

Als Energiequelle Nummer Eins bietet sich in Schottland der **Wind** an, denn er fegt beständig über das Land hinweg. Mit einem flachen Meeresbett vor der schottischen Ostküste hat sich Schottland mit 30 kW Kapazität zu einem der größten **Offshore-Windproduzenten** entwickelt. Die ästhetische Seite der Windkraftanlagen ist wie in Deutschland umstritten.

In vielen der unbewohnten, engen Täler des Hochlands wurden Talsperren errichtet, um mithilfe von **Wasserkraft** Strom zu erzeugen.

Eine andere Möglichkeit der Energiegewinnung besteht in der Nutzung von Ebbe und Flut. Der Startschuss für ein erstes großes **Gezeitenkraftwerk** im Pentland Firth zwischen dem schottischen Festland und Orkney ist 2016 gefallen. Die ersten Testprojekte wurden erfolgreich umgesetzt und nun gilt es weitere Kapazitäten zu installieren.

Schon heute produziert Schottland deutlich mehr erneuerbare Energie, als es verbraucht.

Atomkraft

Die Kernkraft trägt weiterhin zur Energieversorgung Schottlands bei. Von den ursprünglich fünf Anlagen auf schottischem Boden liefert heute nur noch die Anlage in **Torness** östlich von Edinburgh Energie.

Die schottische Regierung hat keine Pläne, das Kraftwerk abzustellen, stellt sich jedoch der Bewilligung neuer Meiler aufgrund weitläufig verfügbarer erneuerbarer Energien entgegen.

Bevölkerung

Das Königreich Schottland ist mit einer **Fläche** von 77.910 km^2 etwa so groß wie Bayern und nimmt ein Drittel der Fläche des Vereinigten Königreiches ein. Allerdings leben mit **5,46 Mio. Einwohnern** nur 8 % der britischen Bevölkerung von insgesamt 66,79 Mio. in Schottland. Die **Bevölkerungsdichte** ist mit ca. 70 Einwohnern/km^2 um ein Mehrfaches geringer als in England.

Auffallend ist in Schottland die unregelmäßige **Verteilung der Bevölkerung:** Im Großraum Glasgow leben rund 1,75 Mio. Menschen, gut ein Drittel aller Schotten. Im industriell gut erschlossenen Tieflandgürtel liegt die Bevölkerungsdichte bei ca. 700 Einw./km^2, im Hochland aber nur noch bei 13 Einw./km^2, mit einer abnehmenden Tendenz, je weiter man nach Norden vorstößt. Im gesamten Hochland und auf den nördlichen Inseln, in einem Gebiet, das die Hälfte des Landes umfasst, leben nur rund 350.000 Menschen, das sind 6,4 % der schottischen Bevölkerung.

Die Clans

Der Clan – für Kontinentaleuropäer gehört diese Gemeinschaft gleichnamiger, Schottenrock tragender Hochlandbewohner genauso zu Schottland wie Whisky oder Dudelsackmusik. Der Begriff *Clan* ist heute so bekannt, dass er auf der ganzen Welt als Synonym für die Gemeinsamkeit einer Großfamilie steht.

Tatsächlich bedeutet das gälische Wort *Clan* „Kinder". Der Clan verstand sich als Großfamilie. Als **keltische Stämme,** von Irland kommend, Schottland besiedelten, ließ sich in jedem der unzugänglichen wilden Hochlandtäler eine kleine **Stammesgemeinschaft** nieder, die sich im Laufe der Zeit auf einen gemeinsamen Stammvater zurückführten. So kam es auch, dass die Stammesmitglieder als Beinamen alle den Namen des Stammvaters führten. Der Clansmann *Connor MacNeil* war also niemand anders als „Connor, der Sohn von Neil". Die Führung der Familiengemeinschaften, der *Kith and Kin* („Freunde und Verwandte"), in den Tälern übernahmen Oberhäupter, die sich **Chieftains** oder **Lairds** – im Gegensatz zur Lowland-Bezeichnung „Lord" – nannten. Bei den Hochlandadeligen muss man darüber hinaus noch zwischen drei unterschiedlichen Namen unterscheiden. Sie führten als erstes den Familien- oder Clansnamen, daneben besaßen sie den Adelsnamen und oftmals noch den Hochlandnamen. So hieß der *Chief* der *Campbells* etwa *Robert Campbell, Duke of Argyle* und mit Hochlandnamen *MacCallum Moore.*

Die *Chiefs* verteilten unter ihren Clanskindern das Land oder auch die Beute aus den unvermeidlichen Raubzügen gegen die benachbarten Clans. Hunger und Elend gab es in diesem System nicht und wenn, dann nur gemeinschaftlich. In Zeiten der Not, wie bei Missernten, rationierte der *Chief* die Vorräte und besorgte Reserven. Die Clans entwickelten sich zu Schutz- und Trutzgemeinschaften, deren Siedlungsgebiete zu **Familienkleinstaaten** wurden. *James V.* schrieb an seine Braut in Frankreich fast resigniert: „Meine Lords betrachten einen König, der wirklich König sein will, als unerträglichen Rivalen."

Tatsächlich waren die Clans bis in die Neuzeit hinein festgefügte Solidargemeinschaften, in denen der Häuptling treu für seine „Kinder" sorgte, diese ihm dafür in Treue und Ergebenheit folgten.

456sc bcg

Jagdszene auf einem keltischen Grabmal

Kein König vermochte dem etwas entgegenzusetzen. Der König war immer nur *primus inter pares* und musste mit bitterster Fehde rechnen, wenn er versuchte, die Macht der Kleinkönige in den Hochlandtälern in Frage zu stellen.

Das **Ende der Clans** kam mit dem Ende der Unabhängigkeit. Ein König in London brauchte die Clans nicht zu fürchten. Die *Chiefs* konnten nicht mehr mit militärischer Überlegenheit drohen, sondern mussten sich teure Stadtpaläste leisten, wollten sie Einfluss behalten. Es war nicht mehr wichtig, wie viele Männer ein *Laird* unter Waffen stellen konnte, sondern wie viel seine Ländereien abwarfen. Das Sozialsystem, das die Einführung des Lehnswesens genauso überdauert hatte wie die Einrichtung des Pachtwesens, zerbrach.

Nach dem Desaster von Culloden im Jahre 1745, als der letzte Traum vom schottischen Königtum in Feuer und Eisen zerbarst, versetzte die englische Administration aus Angst vor einem jakobitischen Aufbegehren den Clans den Todesstoß. Immer wieder waren es die Clans aus dem Hochland, die dem vertriebenen Königshaus der *Stuarts* wieder auf den Thron verhelfen wollten.

Diese jakobitischen Widerstandsnester sollten nun trockengelegt werden. Die gälische Sprache wurde verboten, das Dudelsackspielen mit Strafe belegt. Wer es wagte, den Tartan, das Karomuster, als Kennzeichen der Clans, zu tragen, riskierte Verbannung. Der Name der *MacGregors* wurde sogar gänzlich verboten. Viele der abtrünnigen, alten *Clanchiefs* wurden abgesetzt, verbannt und durch junge ehrgeizige Adlige ersetzt. Die väterliche Bindung zwischen Oberhaupt und Familie ging verloren; im 19. Jh. zierte sich kein *Chief*, als es darum ging, seine *Clansmen* zu vertreiben, um den Schafen Platz zu schaffen. Viele der Clansmen wanderten nach Übersee aus (→ Exkurs „Die Erschaffung der Einsamkeit – Highland Clearances im 19. Jh.“, S. 318).

Wenn heute von einer **Clansrenaissance** gesprochen wird, so muss darunter das aufflammende Interesse der Nachkommen dieser Auswanderer an dem Herkunftsort ihrer Ahnen verstanden werden. Sollte man in Schottland vermehrt rocktragende Männer in den Straßen sehen, achte man darauf, dass nicht wenige einen kanadisch gefärbten Dialekt sprechen.

Der Schottenrock

Geblieben aus der großen Zeit der Clans ist ein Stück Stoff, das berühmt ist wie der Clan selbst: der **Tartan.** Als *Tartan* bezeichnet man das Muster, das im Hochland traditionell in die Wollstoffe eingewebt ist. Jeder Clan bewohnte mehr oder weniger autark und abgeschieden ein Tal in den Bergen. Irgendwann begann man, die Wolle, aus der die Kleidung hergestellt werden sollte, mit Hilfe der am Ort vorhandenen Pflanzen und Gesteine zu färben. Manche behaupten, dass dieser Brauch bis in die Zeit der Römer zurückzuverfolgen sei. Auf jeden Fall bildeten sich, bedingt durch die regionalen Unterschiede in der Vegetation, mit der Zeit verschiedene voneinander abweichende **Muster** heraus. Irgendwann im Mittelalter wurde es zur Regel, dass jeder Clan seine Tücher in einem eigenen Muster färbte: Der Tartan war geboren.

Gespensterglaube – eine schottische Leidenschaft

Schottland ist seit eh und je ein Paradies für Geister und Gespenster gewesen. Sie sind ein Teil dieses Landes wie karierte Röcke, Schafe oder die klagenden Töne des Dudelsacks. Wer könnte sich auch eine passendere Kulisse für einen traditionsbewussten Geist denken als schroffe, von düsteren Regenwolken verhangene Berge und karge, sturmgepeitschte Moore? Wo gäbe es ein schaurigeres Kettenrasseln als in den zugigen Verliesen der schottischen Ruinen?

Burgen gibt es in Schottland zur Genüge und meist sind es keine dekadenten Lustschlösschen, sondern trutzige Bilderbuchburgen, die wehrhaft auf einsamen Hügeln thronen. Vor diesem Hintergrund ist der Gedanke an die Unterwelt nicht fern, und sogar der Besucher des 21. Jh. kann sich bei einbrechender Dunkelheit, wenn die Nebelwolken aus dem Moor aufsteigen, eines leichten Gruselns nicht erwehren.

Zudem gibt es wohl kaum ein Volk, dass eine größere Liebe für seine Gespensterwelt hegt, denn immerhin glaubt fast die Hälfte aller Schotten an deren Existenz oder gibt dies zumindest mit einem leichten Augenzwinkern vor. Jeder siebente Einwohner ist bereits von einer Erscheinung heimgesucht worden, und daran können auch mehr als tausend Jahre Christianisierung nichts ändern.

Sei dem, wie es ist, wenn es kein anderes Volk gibt, das seine Gespenster mehr liebt, so existiert noch viel weniger ein anderes Volk, das von seinen Geistern lieber erzählt als das schotti-

Kelpies – mystische Wesen, hier als gigantische Skulpturen im Helix Park in Falkirk

Adobe Stock © Kruwt

sche. Jeder Burg ihr eigener **Burggeist,** und wenn es sich dabei nur um ein weiß gekleidetes Wesen mit rasselnden Ketten handelt, ist man lediglich auf einen Vertreter der Spezies gemeiner Schlossgespenster getroffen. Ungewöhnlicher, dabei aber doch recht weit verbreitet, sind Damen in jeglichen Farbzusammenstellungen. In Crathes Castle im Dee-Tal und in Comlungan Castle unweit von Gretna Green treibt beispielsweise jeweils eine **Grüne Dame** ihr Unwesen. Glamis Castle, das berühmteste Spukschloss Schottlands, kann mit einer **Grauen Dame** aufwarten, der zudem vom *Earl Beardie* und einem namenlosen Schlossmonster, vermutlich einem ungeliebten Sohn des *Earl of Strathmore,* Gesellschaft geleistet wird.

Doch nicht nur Menschen vergangener Jahrhunderte konnten sich von der Erde nicht so recht trennen und fristen nun ein Schattendasein zwischen Tod und Leben, die Geisterwelt macht auch vor diesem Jahrhundert nicht halt und bedient sich sogar modernster Technologien. Auf dem verlassenen Flughafen von Montrose spuken angeblich zwei tote Piloten, die sich nach ihrem Flugzeugabsturz nicht vom Ort des Geschehens trennen konnten, und auf der Straße zwischen Edinburgh und Stow soll ein Phantomauto sein Unwesen treiben.

Traditionsreicher und über das ganze Land verteilt sind einige Gestalten aus der schottischen Mythologie: Die **Schwarze Annis** zieht ohne festen Wohnsitz durch Schottland und ist ein altes Weib mit bläulicher Haut und einem einzigen, durchdringenden Auge. Bei Gerüchten über ihr Erscheinen sehen sich Mütter veranlasst, ihre Kinder einzusperren, und Wanderer suchen sich einen Begleiter, denn die *Schwarze Annis* ernährt sich von Menschenfleisch. Sollte sie jedoch keines erbeuten, begnügt sie sich auch mit Schaf- oder Hirschfleisch.

Von anderer Wesensart sind die **Brownies,** kleine freundliche Erdgeister mit flachen Gesichtern und zwei Löchern an Stelle der Nase. Die kleinen behaarten Wesen sind nicht attraktiv, haben aber einen ausnehmend liebenswürdigen und hilfreichen Charakter. Sterbliche mit den gleichen guten Eigenschaften können die *Brownies* sehen, doch leider gibt es kaum noch Menschen dieser Art, außer den Kindern, mit denen sie in sehr gutem Einverständnis leben. Wenn sich die *Brownies* auch den Erwachsenen nicht zeigen, hält es sie trotzdem nicht davon ab, ihnen jederzeit hilfreich zur Seite zu stehen.

Ehemals auch hilfreiche Wesen, haben sich die **Gremlins** heute zu kleinen, frechen Werkzeug- und Maschinengeistern verwandelt. Noch *James Watt* konnte von der technischen Findigkeit der *Gremlins* profitieren, als ihn ein solcher die Dampfkraft entdecken ließ, indem er den Deckel eines kochenden Wasserkessels auf und ab hüpfen ließ. Als die Menschen jedoch vergaßen, den *Gremlins* für ihre Hilfe Dank zu zollen, verwandelten sie sich in kleine Störgeister, die vor allem ungeübten Heimwerkern zur Last fallen. Jeder Haushalt erbt einen *Gremlin* und bleibt der Hebel vom Toaster unten, sodass der Toast verkohlt, entweicht die Luft aus dem Autoreifen oder verstopft die Benzinleitung des Rasenmähers, können Sie sicher sein, Opfer des „Gremlin-Effektes", kurz GE, geworden zu sein.

Weniger harmlosen Schabernack treiben dagegen **Rotkappen,** üble Kobolde, die ihre roten Kappen mit Menschenblut färben, oder ein **Kelpie,** das Wasserross der Flüsse Schottlands, das schon manchen einsamen Reiter zu Tode gedrückt oder zumindest erschreckt hat.

Banshees schließlich sind weibliche Geister, die entsetzliche Schreie ausstoßen und so den Tod eines Familienmitgliedes ankündigen.

Unheimlicher als alle Geisterwesen ist oft der **schottische Humor,** der nicht davor zurückschreckt, ohnehin schon ängstlichen Touristen in aller Freundlichkeit einen leichten Schauer über den Rücken zu jagen.

772sc bcg

Die verschiedenen Muster dienten auch der Unterscheidung der Clansangehörigen während bewaffneter Auseinandersetzungen. Außerdem durften Personen verschiedener Ränge Tartans mit einer bestimmten Anzahl von **Farben** tragen; gewöhnlichen Clanmitgliedern war nur eine Farbe erlaubt, den Anführern drei, und die königliche Familie durfte sich in sieben Farben kleiden.

Theodor Fontane berichtet, dass man anhand der Farben auch die Herkunft der Clans erkennen könne: Die Tartans mit viel Rot würden von den Clans getragen, die von den keltischen Briten abstammen, und viel Gelb verwendeten die Clans, die sich von den Wikingern ableiteten, bei irisch-gälischen Stämmen herrschte das Grün vor.

Getragen wurde der Tartan ursprünglich in Form des **Plaids.** Diese große, warme Wolldecke wurde nach einem bestimmten Verfahren um den Körper gewickelt und diente so als Kleidung am Tage und als Decke in der Nacht. Ungern hören es Schotten, dass der Erfinder des eigentlichen Schottenrocks, des **Kilts,** ein Engländer gewesen sein soll, der zu Beginn des 18. Jh. eine Gießerei in Schottland besaß. Irgendwann konnte er nicht mehr zusehen, wie unbeweglich seine Arbeiter waren, wenn sie den Plaid trugen. Kurzerhand ließ er die riesige Wolldecke soweit kürzen, bis nur noch ein Rock übrig war. Gegen diese Geschichte steht die älteste bekannte Darstellung des „Amorial Bearings of the Cief of the Skenes" aus dem Jahre 1692, welche kurzberockte Schotten zeigt.

Als in der Zeit zwischen 1746 und 1782 dann der Tartan verboten wurde, gerieten einige der Muster in Vergessenheit. Erst als es 1822 *Sir Walter Scott* fertiggebracht hatte, dass der junge *König George IV.* während seines Edinburghbesuchs den Kilt trug, begann eine Renaissance. Die vergessenen Tartans wur-

⌃ Muster- und Farbvarianten des Kilt

den schnell durch neu erfundene ersetzt. Heute existieren ca. 600 verschiedene Tartans (weit mehr, als es je Clans gab), über deren Reinheit verschiedene Gesellschaften wachen.

An vielen Stellen in Schottland (z. B. an der Royal Mile in Edinburgh) kann man sich, falls man schottische Vorfahren hat, per Computer seine Clanzugehörigkeit, seinen Tartan, das Wappen und den unerlässlichen Schlachtruf bescheinigen lassen – ein Service, der oft von kanadischen Touristen in Anspruch genommen wird. Eine Datenbank für einschlägige Auskünfte verwaltet seit 1984 der *Scottish Roots Ancestral Research Service* in Edinburgh (16 Forth Street).

Religion

Wie in vielen anderen westlichen Ländern verliert die Kirche auch in Schottland zusehends an Bedeutung. Schwindende Mitgliederzahlen gehören hier zur Tagesordnung.

Die Schotten sind seit dem 16. Jh. evangelisch mit stark puritanisch-calvinistischer Ausrichtung und unterscheiden sich so von der anglikanischen Kirche Englands. Seit 1668 kommt der protestantischen Kirche in Schottland der Rang einer Art Staatskirche zu.

Von den vielen verschiedenen Ausrichtungen der schottischen evangelischen Kirche nimmt die **Church of Scotland (Presbyterian)** die herausragende Stellung ein. Diese ist mit 325.000 Mitgliedern die größte Kirche Schottlands. Sie ist stark von *John Knox,* dem schottischen Radikalreformator und Calvinjünger, geprägt und unterliegt der Presbyterialverfassung. Diese sieht nur das kirchliche Amt eines Geistlichen (Presbyter) vor und kennt keine übergeordneten Instanzen. Einmal im Jahr treffen sich die Abgesandten der über 1300 Gemeinden der *Church of Scotland* zu Beratungen in Edinburgh.

Andere Ausrichtungen der evangelischen Kirche sind die *Episcopalian, Protestant, Baptist Church* und *Free Church.* Die **Episcopalian Church** ist eine aus der englischen Reformation hervorgegangene Kirche mit bischöflicher Verfassung. Die **Free Church of Scotland** ist unabhängig von staatlichen Einflüssen, frei konstituiert, und die Mitglieder werden nur nach ausdrücklich erklärtem eigenem Willen aufgenommen.

Die **katholische Kirche** in Schottland hat sich vor allem auf den Äußeren Hebriden sowie in Glasgow und an der Westküste durch irische Einwanderer erhalten. Heute ist sie nach der *Presbyterian Church* die zweitgrößte Kirche Schottlands.

Auf dem schottischen Festland wird die Einhaltung der **Sonntagsruhe** heute nicht mehr so ernst genommen, doch auf den **Hebriden,** wo der Einfluss der *Free Church* sehr stark ist, wird sie teilweise noch strikt eingehalten.

Für den Reisenden bedeutet diese strikte Auslegung der Sonntagsruhe, dass er eventuell keine Unterkunft findet, kein Bus fährt und alle Tankstellen etc. geschlossen bleiben. Insbesondere trifft dies auf der Insel Lewis and Harris zu. Die Bewohner der südlicheren Inseln der Äußeren Hebriden sind dagegen römisch-katholisch, die Einwohner nicht streng dogmatisch.

Traditionen und Bräuche

→ Kapitel Praktische Reisetipps A–Z/Feiertage, Feste und Events

Schottland hat sich bis heute eine **lebendige traditionelle Kultur** bewahrt. Trotz oder gerade wegen der jahrhundertelangen Unterdrückung der schottischen Kultur durch die Engländer sind die Schotten stolz auf ihre Wahrzeichen und besitzen daher meistens auch einen Kilt in ihren Clansfarben. Selbstverständlich wird der Schottenrock nicht im normalen Leben getragen, allenfalls von Kanadiern und US-Amerikanern schottischer Abstammung, die sich traditionsbewusst geben. Aber bei festlichen Anlässen wie Hochzeiten und Empfängen, wenn *Smoking* Pflicht ist, trägt der Schotte zum schwarzen Jacket seinen Kilt.

773sc bcg

Auch die **Highland Games,** die im Spätsommer stattfinden, sind keine speziell touristisch aufbereiteten folkloristischen Veranstaltungen, sondern haben wirklichen Volksfestcharakter und werden in der Regel vor allen Dingen von Schotten für Schotten ausgetragen.

Vor großen Sehenswürdigkeiten oder auf den Straßen der Großstädte sieht man oft Schotten in Tracht oder gar vollständige Bands, die sich ihr Geld mit **Dudelsackspielen** verdienen. Oft werden diese *Piper* extra von den Fremdenverkehrsämtern engagiert, um den Touristen ein möglichst authentisches Bild von Schottland zu vermitteln. Nichtsdestotrotz gehört der Dudelsack zum Leben der Schotten. Es gibt unzählige Piperbands, die durchaus nicht nur Touristen erfreuen sollen, sondern in erster Linie bei Highland Games, Konzerten, Festivals, größeren Festen und offiziellen Anlässen für schottisches Publikum spielen.

Architektur

Bis ins 20. Jh. verwendeten die Bauherren Schottlands vor allem den Baustoff, der überall in Hülle und Fülle vorhanden ist, den Stein. Schon die ersten Zeugnisse der schottischen Architektur in der Bronze- und Eisenzeit wurden in Stein gebaut, wie etwa die Grabkammern von Maeshowe auf den Orkney-Inseln oder die **Brochs** (→ Exkurs „Brochs und Duns – die Burgen der Vorzeit", S. 346).

Die Anfänge

Die **Römer** hinterließen nach ihrer Besetzung Englands und des Südens von Schottland als markantestes und in Teilen bis heute erhaltenes Bauwerk den **Antoninuswall** (143 n. Chr.), ferner jene Forts oder Festungsanlagen, die den Wall gegen die unbezwingbaren Schotten schützen sollten. Die Hauptleistung der Römer bestand allerdings in der Anlage des **Straßennetzes,** das bis in die Gegenwart das Grundgerüst des südschottischen Straßennetzes darstellt.

Irische Einflüsse

Von Irland kam das Christentum nach Schottland. Im 6. Jh. n. Chr. kam der irische Mönch *Columba* auf die kleine westschottische Insel Iona und brachte, indem er ein Kloster auf dem Eiland gründete, neben dem Christentum die **irische Bauweise** mit nach Schottland.

Die **frühen Klosteranlagen** bestanden aus losen Gruppen von Holz- oder **Flechtwerkshütten** mit Scheune, Stall, Mühle, Bäckerei und gemeinsamem Speisesaal, dem Refektorium, sowie einer kleinen Kirche. Vor Angriffen wurde die Anlage durch einen Erdwall geschützt, wahrscheinlich nicht ausreichend, denn im Laufe der Zeit ersetzte man den Baustoff Holz durch Stein.

Außerdem errichtete man wie in Irland befestigte **Rundtürme,** zu sehen in Abernethy oder Brechin, wohin der Klerus sich verzog, wenn feindliche Segel über den Atlantik oder die Nordsee kamen. Irische Architekturelemente, die man an jenen Rundtürmen entdecken kann, sind die geneigten Türpfosten oder schmale Fenster, welche als Sturz mit einem Rundbogen abschließen.

Kontinentaler Einfluss

Das Christentum breitete sich in der Art eines Lauffeuers über Schottland aus. Die römische Kirche erweiterte mit der britischen Insel ihr Einflussgebiet und schuf im Norden Englands die schottische Kirche nach eigenem Vorbild. Mit der christlichen Kirche drang der kontinentale **romanische Baustil** nach Schottland. Die herausragenden Bauwerke dieser Zeit entstanden in Edinburgh (St Margaret Chapel), in St Andrews (St Regulus Cathedral) und in Kirkwall auf den Orkneys (St Magnus Cathedral).

Zu erkennen ist die romanische Architektur durch den Rundbogen, dicke, massive Wände, lange, schmale Räume und flache Holzdecken.

Der gotische Baustil

Gegen Ende des 12. Jh. hielt der gotische Baustil seinen Einzug auf den britischen Inseln, angeregt durch **französischen Einfluss.** Der schottische König *David I.* gründete in der Borders Region, an der Grenze zu England, einige Klöster, die wie die Dryburgh Abbey in gotischem Stil erbaut wurden. Aus dem Rundbogen der Romanik formte sich der Spitzbo-

[<] Tänzerinnen bei den Highland Games

Adobe Stock © adfoto

gen. Dank des technischen Fortschritts konnte man mit dem Kreuzgewölbe größere und höhere Räume bauen, die durch emporstrebende Fenster beleuchtet waren. Die Glasgow Cathedral mit ihrer Krypta und dem kunstvollen Gewölbe gehört ebenso in die gotische Epoche wie die Arbroath Abbey.

Im Laufe der Zeit entwickelte sich aus dem puren gotischen Stil die verspieltere Variante des **Decorated Gothic.** Die Gewölbe und Fenster erhielten Verzierungen, wie z. B. die Melrose Abbey, Sweetheart Abbey oder Dunblane Cathedral.

Burgenbau

Im 12. Jh. entstanden auch die **ersten Burgen** in Schottland. Federführend für den Bau erwiesen sich die unter *David I.* ins Land geholten normannischen Adelsfamilien. Ihre Burgen dienten nicht nur militärischen Zwecken, sondern bildeten gleichzeitig den Sitz der lokalen Verwaltung. Anfangs noch aus Holz und Erdwerk errichtet, entstanden im 13. Jh. die ersten Burgen aus massivem Stein, beispielsweise das Castle Duffus in Morayshire oder Dirleton in East Lothian.

Eine Weiterentwicklung der Burg ist der sogenannte **Palace,** dessen Schwerpunkt sich im Gegensatz zur frühen Verteidigungsburg in Richtung **Wohnburg** verschoben hat. Das Zentrum des *Palace* bildet in der Regel ein zweigeschossiger Saal, der als Wohn- und Essraum dient. Der Linlithgow Palace am gleichnamigen See verbindet Alt und Neu: Der *Palace* schließt dort direkt an die alte Burg an. Die Vorlage für diese Architektur lieferte Frankreich, der Verbündete Schottlands im Kampf gegen England.

Eine kleinere lokale Variante des Palastes ist der **Wohnturm,** wie das Neidpath Castle in der Nähe von Peebles mit seinen massigen Wänden und seinem Kellergewölbe, auf dem sich in den oberen Etagen die Wohnräume türmen.

⌃ Gotische Architektur im 19. Jh.: Balmoral Castle

Wohnhäuser

Kein weiter Weg führt von jenem Wohnturm zum eigentlichen **bürgerlichen Wohnhaus** des 16. Jh. Das älteste Wohngebäude Schottlands steht in Glasgow, Provand's Lordship. Viele Elemente des Burgenbaus leben in den Wohnhäusern fort, wie verstrebte Fenster, zinnenartige Fassaden oder kleine Türme. Gleiches lässt sich an den alten **Herrenhäusern** Schottlands feststellen, beispielsweise dem *Traquair House* bei Innerleithen oder dem *Pilmour House* in East Lothian.

Der **Renaissance-Stil** des Kontinents hielt in Schottland lediglich als Dekorationsstil Einzug. Die Säle des Edinburgh Castle oder des Falkland Palace bei Glenrothes schmücken Motive, die der französischen Renaissance entliehen sind.

Architekten

Bis ins frühe 17. Jh. folgten die Schotten mit ihrer Architektur einem eigenen, **heimatverbundenen Weg,** der danach lediglich beim Bau der Bauernkaten und Landhäuser weiterverfolgt wurde.

Dann begann die Phase, die stark von einzelnen Architekten geprägt wurde. Ein erster Name lautet **William Bruce,** der die Entwürfe für Merchants' Steeple in Glasgow sowie das Kinross House an Loch Leven zeichnete. Beide Bauten liebäugeln mit dem französischen Barock.

Ein anderer Architekt, **William Adam,** führte den Klassizismus nach Schottland ein, ausgeführt an seinem Yester House in der Nähe von Grifford. Populärer als *William* war dessen Spross **Robert Adam,** der sich mit der Architektur Italiens und anderer Mittelmeerländer beschäftigte. *Robert* schuf das Culzean Castle in Strathclyde, das er als Gesamtkunstwerk sowohl innen wie außen gestaltete.

Der Klassizismus Adamscher Machart wurde noch vertieft durch das sogenannte **Greek Revival,** das sich zurück in die griechische Antike orientierte. In Anlehnung ans alte Griechenland entwarf **Playfair** die *National Gallery* in Edinburgh. Die *Royal High School* in der gleichen Stadt baute der sogenannte „Griechen-Thomson", **Alexander Thomson,** der vor allem in Glasgow arbeitete.

Eine andere Strömung des 19. Jh. versuchte, die **gotische Bauweise** wiederzubeleben. Das romantische **Balmoral Castle** in der Nähe von Braemar steht als Musterbeispiel für diese historisierende Art der Gebäudegestaltung. Nur wenige Architekten, wie etwa **Sir Robert Lorimer** mit seinem Meisterwerk Ardkinglas House, entwickelten einen eigenständigen Stil.

Als sich das Tor zum 20. Jh. noch nicht geöffnet hatte, war ein Mann geistig bereits über die Schwelle ins neue Jahrhundert getreten: **Charles Rennie Mackintosh.** Der schottische Vertreter der Arts-and-Crafts-Strömung schüttelte die romantisierenden oder historisierenden Bauweisen ab und gelangte zu einer Architektur, in der sich Elemente des Jugendstils mit denen des schottischen Burgenbaus vereinen (→ Malerei; Exkurs „Charles Rennie Mackintosh (1868–1928)", S. 90).

Nach der Architektur von *Mackintosh* folgte weniges, was das Prädikat „typisch schottisch" verdient hätte. Als Beispiele schottischer **Architektur der Gegenwart** seien erwähnt: Das *Art Centre* der

Film ab – Drehorte in Schottland

Den Helden und Heldinnen aus Lieblingsfilmen hinterherreisen funktioniert in Schottland hervorragend. Nicht nur der berühmte *Hogwarts Express* fährt zwischen Fort William und Mallaig, sondern auch weitere atemberaubende Drehorte gibt es zu entdecken.

Neben dem **Glenfinnan Viadukt,** über das der *Hogwarts Express* fährt, wurden auch weitere Szenen von **„Harry Potter"** in Schottland gedreht. So steht *Hagrids* Hütte im **Glen Coe.** Die Autorin *J. K. Rowling* saß im inzwischen recht bekannten **Elephant Café** in Edinburgh, als sie die ersten Bücher verfasste. **Fettes College,** eine Privatschule der Stadt, soll auch als Vorlage für die Zabererschule *Hogwarts* gedient haben.

Südlich von Edinburgh liegt die **Rosslyn Chapel.** Die gotische Kapelle aus dem 15. Jh. diente der Verfilmung von **„The Da Vinci Code – Sakrileg"** zum gleichnamigen Weltbestseller von *Dan Brown* als Filmkulisse.

Auch Edinburgh selbst findet sich in verschiedenen Film- und Fernsehproduktionen. So wurde hier die Eingangsszene für **„Trainspotting"** im **Hafen von Leith,** einem Stadtteil der schottischen Hauptstadt, gedreht.

Schottlands höchster Berg – **Ben Nevis** – durfte schon als Kulisse im *Oscar* gekrönten Film **„Braveheart"** dienen. Die Handlung ist inspiriert von der schottischen Geschichte rund um den Freiheitskämpfer *William Wallace,* gespielt von *Mel Gibson.* So ist zumindest ein kleines bisschen Schottland in dem Schlachtenepos, denn die anderen Drehorte befinden sich größtenteils in Irland. Am Fuße des Berges wurde 1994 das kleine Dorf Lanark im **Glen Nevis** aufgebaut, in dem der Titelheld aufwuchs, mittlerweile existiert es zwar nicht mehr, ein Besuch der Umgebung lohnt sich aber für alle Bergwanderer, Film- und Naturfreunde.

Eines der meistfotografierten Motive Schottlands ist **Eilean Donan Castle.** Es war schon in einigen Filmen und Fernsehserien zu sehen. Dazu zählt auch der Fantasyfilm **„Highlander",** dessen Anfangsszene auf der steinernen Brücke beginnt, die das Schloss mit dem Festland verbindet. Es liegt am Loch Duich direkt an der A 87, kurz vor dem Übergang zur Isle of Skye. Weitere Filmszenen wurden östlich im malerischen **Glen Coe** gedreht und auch auf Skye in den Bergen der **Black Cuillins,** die jedoch ohne

Adobe Stock © Richard Semik

größeren Aufwand nur aus der Ferne betrachtet werden können.

Ebenfalls im **Glen Coe** traf *James Bond* auf *Dr. No* in **„007 jagt Dr. No"** und in **Glen Ettive** kam er in **„Skyfall"** vorbei, wo die atemberaubende Szenerie entlang der A 82 dem Geheimagenten fast die Show stiehlt. Auch bereits erwähntes **Eilean Donan Castle** hatte einen Auftritt in **„Die Welt ist nicht genug"**, in der sie das schottische Hauptquartier des *MI6* darstellte. Südlich von Oban findet sich **Loch Craignish.** Auf diesem wurde die Bootsverfolgungsszene mit *Sean Connery* und *Daniela Bianchi* in **„Liebesgrüße aus Moskau"** gedreht.

Für die Serie **„Outlander"** haben viele Orte in Schottland als Drehort gedient. So wurde **Doune Castle** zu Burg Leoch umgebaut. Die **Signet Library** in Edinburgh wurde zum Herrenhaus des Gouverneurs von Jamaica. Ebenfalls in Edinburgh trafen sich *Claire* und *Jamie* nach 20 Jahren in der **Bakehouse Close** wieder. Für das Hauptquartier von *Black Jack Randall* nutzten die Serienmacher das aus dem 15. Jh. stammende **Blackness Castle.** Weitere Drehorte waren die **Glasgow University, Hopetoun House, Falkland** und **Glen Coe.**

In Richtung Südosten haben *Monty Python* in Stirling ihre Spuren hinterlassen. Die satirische Umsetzung der Sage rund um den englischen *König Artus* und der Suche nach dem Heiligen Gral in **„Die Ritter der Kokosnuss"** nutze überwiegend schottische Burgen. Besonders eindrücklich ist **Doune Castle** alias Camelot in der Nähe von Stirling. Das szenisch gelegene **Castle Stalker** wurde zum Castle of Aaargh.

◁ Beliebte Kulisse: Doune Castle

St Andrews-Universität von Stirling, das *Headquarter* der *Scottish Amicable Society* in Glasgow vom Architekten-Trio *King, Main, Ellison* oder die *Burrell Collection* in Glasgow. **Gareth Hoskins** ist ein zeitgenössischer schottischer Architekt, der weit über die Grenzen der Britischen Inseln Wettbewerbserfolge gefeiert hat. Mit dem *Culloden Battlefield Visitor Centre* in Invernessshire baute er 2004 aus den Baustoffen Holz und Schiefer ein modernes, aber schlichtes Gebäude, welches die letzte Schlacht der Schotten gegen die Briten museal aufbereitet.

Literatur

Ähnlich wie die keltischen Vorfahren der Iren waren auch die keltischen Vorfahren der Schotten erfüllt von dem Drang zur Poesie. Dies zeigt sich in der lebendigen Tradition des Volksliedes und -gedichtes. Diese Lieder und Gedichte wurden fast ausschließlich mündlich überliefert. Erst im 18. Jh. kam die schriftliche Literatur zur Geltung und erlebte eine Blütezeit, die insbesondere mit den Namen **Robert Burns** und **Sir Walter Scott** verbunden ist (→ Exkurse „Robert Burns", S. 572, und „Sir Walter Scott", S. 573).

Weitere Literaten

Eine literarische Kuriosität hat Schottland in **James Macpherson** (1736–1796) zu bieten. Dieser sorgte für Furore, als er eine Sammlung von Fragmenten alter Dichtungen und die Prosawerke

Robert Burns

Walter Scott kommen große Verdienste für Schottland und die kulturelle Anerkennung des Landes zu, doch konnte er nur die gebildeteren Schichten für sich gewinnen, nie aber das Herz des Volkes. Der **Dichter-Held der Schotten** über alle sozialen Grenzen hinweg, dabei von nicht minderer literarischer Qualität, ist *Robert Burns.* Auch *Goethe* schätzte *Burns* und nannte ihn einen „Dichter von Mäusen und Menschen". Noch heute wird *Burns* in Schottland verehrt. Überall trifft man auf sein Bildnis und jeder „echte" Schotte weiß mindestens ein *Burns*-Gedicht zu rezitieren.

Robert Burns wurde 1759 als Sohn eines Bauern in Alloway geboren, und bis auf die letzten sechs Jahre seines Lebens, in denen er als eine Art Gerichtsvollzieher arbeitete, verdiente auch er sich sein Brot als Bauer. Er liebte die Frauen und zeugte mindestens 15 Kinder – nicht alle davon ehelich – war regelmäßiger Kneipengänger und ein aufrührerischer Geist. *Burns* starb

Adobe Stock © Juulijs

1796 im Alter von 37 Jahren und hinterließ seiner Frau *Jean Armour* sechs Kinder und keinen Penny.

Seine Gedichte sind **lebensverbunden und erdnah,** sie kennen keine künstliche Herkunft oder gesellschaftlichen Rangstufen und zeigen gleichzeitig ein Streben nach formaler Vollendung. In seinem ersten Gedichtband „Poems Chiefly in Scottish Dialect" (1786) betonte er die Notwendigkeit, schottisch zu schreiben, um dem Leben und Fühlen seiner bäuerlichen Mitmenschen gerecht zu werden. So sind die meisten und besten seiner Gedichte und Lieder im schottischen Dialekt geschrieben, während seine englischsprachigen Werke nur zum Teil in gleicher Weise mitreißen können.

Burns dichterisches Können zeigt sich auch in der Umarbeitung oder Neudichtung alter, abgenutzter **Volkslieder,** die er mit wenigen Kunstgriffen zu neuem Leben erweckte und dabei Lieder schuf, mit denen sich ganz Schottland identifizieren konnte. Seine Gedichte sind aufrichtig und ungekünstelt. Die Natur seiner Heimat sah er nie romantisch verklärt, sondern stets realistisch; sie ist Hintergrund für das Leben, das sie bevölkert. Dieses Leben und die Menschen beschreibt er ohne Illusionen, und doch sind seine Gedichte erfüllt von der Liebe zum Leben in all seinen Facetten.

Die Engstirnigkeit der **Kirche** karikiert *Burns* in „Twa Herds", den heuchlerischen Geistlichen in „Holy Willie's Prayer". „The Cotter's Saturday Night" und das herausfordernde „A Man's a Man for a' that" sind Manifeste seines demokratischen **Unabhängigkeitssinnes,** die Erzählung „Tam o' Shanter" und die Satire „Death and Doctor Hornbrook" von einem faunischen Lachen erfüllt.

Die Schotten feiern den Geburtstag des beliebtesten schottischen Dichters jedes Jahr am 25.01. mit der **Burns' Night,** in der man *Haggis* isst, Unmengen an Whisky trinkt und *Burns*-Gedichte rezitiert (→ Dumfries und Galloway).

Sir Walter Scott

Adobe Stock © wowinside

Der bekannte schottische Schriftsteller *Walter Scott,* geboren 1771 in Edinburgh, ist einer der bedeutendsten Romantiker und Begründer des historischen Romans. Für Schotten mögen jedoch sein überzeugter Patriotismus und seine Initiative, die 1818 zur Wiederentdeckung der Kronjuwelen führte, bedeutsamer sein.

Seine Kindheit verbrachte er zum großen Teil bei seinen Großeltern in den Borders. Seine Großmutter erzählte ihm die Balladen und Legenden der Region und weckte dadurch sein Interesse für die Geschichten des Landes. Zu Beginn seines literarischen Schaffens (1796–1805) trat er daher als **Sammler, Herausgeber** und **Übersetzer** hervor. 1803 veröffentlichte er die dreibändige „Minstrelsy of the Scottish Border", eine Anthologie schottischer Balladen.

Der Versuch, die Borderlegenden *Gilpin Horner's* als Ballade zu gestalten, leitete seine zweite dichterische Epoche ein (1805–1814) ein und endete in der Versdichtung „Lay of the Last Minstrel" (1805), dem ersten Bucherfolg der **Romantik.** *Scott* verwebt dort Geist und Schauplatz der Borderballaden mit einer Rittergeschichte und romantisiert das bunte Allerlei aus Rittern, Burgfräuleins, Mönchen, sanften Tälern und wildem Hochland mit einer Zauberin und einem Zwerg. Weitere Werke dieser Periode, u. a. „Marmion" (1808), „Lady of the Lake" (1810) und „Lord of the Isles" (1815), enthalten ebenfalls alle Motive aus der schottischen und englischen Geschichte und bilden damit einen **Übergang** zwischen alter Versdichtung und dem historischen Prosaroman, den *Scott* in seiner letzten Schaffensphase entwickelte.

Diese Phase (1814–1832) *Scotts* gilt als die literarisch bedeutsamste. „Waverley", der erste britische **historische Roman,** erzählt von den Jakobitenaufständen – für *Scott* noch jüngste Geschichte. Der Roman, ein großer Publikumserfolg, besticht vor allem durch die genauen Zustandsbeschreibungen, die – typisch für *Scott* – ohne moralische Wertung auskommen. Die nächsten drei Romane, u. a. „Guy Mannering" (1815), widmen sich dem Leben im schottischen Tiefland und fallen wegen der gelungenen Charakterstudien auf.

Mit „Rob Roy" (1818) griff *Scott* wieder auf die Historie zurück, darauf folgten weitere, sog. Sittenromane, die sich dem Alltagsleben widmen, und fiktive, romantische Abenteuerromane. In dieser Zeit entstand auch „The Heart of Midlothian" (1818). Berühmt für die Figur der *Jeanie Dean* und die Schilderung der *Porteous Riots* gilt er als einer der besten Romane *Scotts.* In seinen späteren Romanen, wie dem Ritterroman „Ivanhoe" (1819), greift *Scott* auch **mittelalterliche Motive** auf.

Im Jahre 1826 ging der Verlag, an dem *Scott* finanziell beteiligt war, bankrott, und *Scott* war gezwungen, in den folgenden Jahren eine Schuld von über £ 100.000 zu begleichen. Um dies zu leisten, begann er eine Art **Massenproduktion.** Ab fünf Uhr früh saß er gewöhnlich am Schreibtisch und schrieb bis in den späten Abend hinein. 1832 starb er in Abbotsford, in dem Haus, das er sich zusammen mit seiner Frau *Margaret Charlotte Carpenter* errichtet hatte.

„Fingal" und „Temora" veröffentlichte, die von dem keltischen Barden *Ossian* im 3. Jh. aufgeschrieben worden sein sollten. *Macpherson* gab vor, das Werk entdeckt und ins Englische übersetzt zu haben. Der *Ossian* galt als Sensation, auch deutsche Klassiker wie *Goethe* gerieten in eine wahre *Ossian*-Euphorie und stellten das Werk auf eine Stufe mit *Homers Ilias.* Erst nach Jahren erkannte man, dass es sich um eine geniale Fälschung handelte. *Macpherson* hatte alte Sagenfragmente mit seiner reichen Fantasie kunstvoll verwoben und somit ein gelungenes Kunstwerk geschaffen.

Andere bekannte Literaten sind **Sir Arthur Conan Doyle** (1859–1930), der mit seinen *Sherlock-Holmes*-Romanen auch heute noch Leser in aller Welt fesselt, und **Robert Louis Stevenson** (1850–1894). *Stevenson* erweckte den Abenteuerroman zu neuem Leben. Sein erster Bucherfolg „Treasure Island" („Die Schatzinsel", 1883), dem Schilderungen ungewöhnlicher Reisen vorausgegangen waren, zeigt ein feines psychologisches Einfühlungsvermögen in die einzelnen Figuren. Die Spannung des Abenteuers ist vermischt mit einer unheilvollen Atmosphäre, die von Anfang an über der Schiffsbesatzung lastet. Seine Neigung zum Geheimnisvollen und Unheimlichen, sein Interesse für die Welt des Unterbewusstseins spiegeln sich in dem experimentierenden psychologischen Roman „The Strange Case of Dr. Jekyll and Mr. Hyde" (1886) wider, in dem *Stevenson* das Motiv des gespaltenen Ichs ausführt.

In Kirriemuir (Angus) wurde **James Matthew Barrie** (†1937) am 9. Mai 1860 als 9. Kind eines Webers geboren. Der Dramaturg und Romancier ist weltweit bekannt als Schöpfer *Peter Pans.* „Peter Pan, Or The Boy Who Wouldn't Grow Up" wurde als Theaterstück am 27.12. 1904 in London uraufgeführt. *Barrie* konstatiert hierin die Zwänge eines viktorianischen Haushalts mit der zweideutigen Moral des Fantasielandes *Neverland.* 1911 verwandelte *Barrie* das Bühnenstück dann in den Roman „Peter and Wendy", der heute vor allem als Kinderbuch rezipiert wird. 1929 überschrieb *Barrie* alle Rechte an *Peter Pan* an das *Great Ormond Street Hospital* in London, dem führenden Krankenhaus in England zur Erforschung und Heilung schwerer Kinder- und Erbkrankheiten.

Literatur im 20. und 21. Jahrhundert

Der Anfang des 20. Jh. stand nach Jahrzehnten ohne internationalem Interesse und Anerkennung unter dem unglücklichen Stern des kulturellen Niedergangs Schottlands und war geprägt von einer massiven **Vergangenheitsverklärung.** Auch die gälischsprachigen Schriftsteller arbeiteten in dem Bewusstsein, eine Kultur zu vertreten, die bald aussterben würde.

Zu dieser ohnehin schwierigen kulturellen Lage kam der wirtschaftliche **Niedergang** der ehemals wichtigen **schottischen Magazine und Verlagshäuser.** Erst in den 1960er- und -70er-Jahren verbesserte sich die Lage der Literaten, als der *Scottish Arts Council* begann, Schriftsteller zu unterstützen.

Studiengänge wie „Scottish studies" begannen erst in den 1990er-Jahren das

Wertesystem, in dem englische Kultur das ideale Modell der menschlichen und humanistischen Entwicklung darstellt, zu hinterfragen und schottische Literatur als eigene Gattung in den Mittelpunkt ihrer Betrachtungen zu rücken. Zuvor war die schottische Literatur oft als Teil der englischen betrachtet worden.

Trotz dieser widrigen Umstände ist die schottische Literatur im 20. Jh. nicht von der Bildfläche verschwunden, sie erlebt seitdem sogar eine **Blütezeit.** Von der Tatsache, zwischen verschiedenen Kulturen zu stehen, scheint eine große Inspiration auszugehen. Dabei hat schottische Literatur immer eine gewisse Unabhängigkeit von der englischen bewahrt, denn Schottland steht weniger mit England in einem kulturellen Kontext als mit Europa. Zeitgenössische schottische Literatur erreicht einen Grad von Abstraktion, der für die moderne englische Literatur ungewöhnlich ist. Gleichzeitig ist sie philosophischer und mehr an der Arbeiterklasse orientiert als die englische.

Auch die **Wahl der Sprache** ist ein wichtiger Aspekt der schottischen Literatur. Die meisten Schriftsteller sind zweisprachig und stehen so immer vor der Wahl, in welcher Sprache sie schreiben sollen. Diese Zweisprachigkeit kann neben einer reichen Quelle für sprachliche Lebendigkeit auch eine große Einschränkung bedeuten. Schreibt ein Autor in **Gälisch** oder in **Scots,** dann verfasst er seine Werke nur für ein kleines Publikum, denn nur wenige lesen diese Sprachen, und außerhalb Schottlands gibt es praktisch kein Publikum für diese Schriften. Entscheiden sich Schriftsteller dagegen für das Englische, werden sie sogleich von der englischen Kultur vereinnahmt und forthin als englische Autoren gehandelt.

Die **erste Blütezeit** erlebte die schottische Literatur in den 1920er-Jahren, die heute die **Scottish Literary Renaissance** genannt wird. Schottische Autoren nahmen, maßgeblich von *Hugh MacDiarmid* beeinflusst, mit *Scots* als literarischer Sprache die Möglichkeit wahr, Klassenkonflikte aufzuzeigen und internationale, politische und soziale Themen auf eine Weise auszudrücken, die das Englische, wo Schreiben in Dialekten kaum üblich war, nicht bot. So ist die schottische Renaissance geprägt von der Verbindung zwischen internationalem Modernismus und heimatsprachlicher Wiederbelebung. Zugleich zeichnet die Schriftsteller eine unermüdliche Suche nach einer dauerhaften schottischen Identität aus.

Diese Identität war unstetig und gespalten, und das Motiv dieser Zerrissenheit spiegelte sich nicht nur in den Charakteren der literarischen Werke wider, sondern auch in der Tendenz der schottischen Autoren, unter einem Pseudonym zu schreiben. Diese Zerstückelung verliert erst mit Fortschreiten des Jahrhunderts an Bedeutung, als durch den zunehmenden Austausch der Kulturen die Zweisprachigkeit und das Stehen zwischen zwei Kulturen nicht mehr als anormal empfunden wird.

Die **zweite Blütezeit des Jahrhunderts** umfasst etwa die Jahre 1950–1970 und ist von einer Hinwendung zur amerikanischen Literatur gekennzeichnet. Diese war von der Faszination für eine englische Sprache geprägt, die in Klang und Vokabular nicht mehr fest an das Englische gebunden war, wenn sie auch noch innerhalb dessen grammatikali-

Schottische Schriftsteller des 20. Jh.

Hugh MacDiarmid wurde 1892 in Langholm als *Christopher Murray Grieve* geboren und gilt als einer der Begründer der *Scottish Renaissance,* deren Ziel es war, die schottische Literatur von der Sentimentalität des 19. Jh. zu befreien und in Einklang mit modernem europäischem Denken zu bringen. Sein Leben lang schwankte er zwischen kommunistischen und nationalen Interessen und war so abwechselnd Mitglied der Kommunistischen Partei und der Nationalen Partei Schottlands.

MacDiarmid entdeckte *Scots* wieder als literarische Sprache, wobei er eine große Bandbreite schottischer Dialektwörter in völlig neue Zusammenhänge brachte, und zwar mit der erklärten Absicht, eine ländliche Sprache den wesentlich komplexeren Bedürfnissen der städtischen Zivilisation anzupassen. 1926 erschien „A drunk man looks at the thistle", ein Gedicht von 2865 Zeilen, das als sein bestes Werk angesehen wird. *MacDiarmid* verstarb 1978 in Brownsbank.

Neil Gunn (1891–1973) wird aufgrund seiner Fähigkeit, die Landschaft und die Menschen der Highlands zu beschreiben, der Verbindung von Mythos und Realität und seiner großen Vorstellungskraft oft als der größte schottische Romanschriftsteller des 20. Jh. bezeichnet.

Sein erster erfolgreicher Roman, „The Morning Tide", den er 1930 veröffentlichte, spiegelt seine Kindheitserfahrungen als Fischerjunge wider und thematisiert das Verhältnis von Mensch und Meer. „Sun Circle" (1933) zeugt von dem Interesse *Gunns* für die Vergangenheit und erzählt die Geschichte einer Wikingerinvasion in Schottland. Gleichzeitig verdeutlicht der Roman seinen Glauben an ein Goldenes Zeitalter während der piktischen Periode in Schottland, ein Gedanke, der ihn sein ganzes Leben begleitete.

Während des Krieges erschien u. a. der Roman „The Silver Darlings" (1941), der wieder das Thema von der Hassliebe des Menschen zum Meer aufnimmt. Der Held dieses Romans ist eine Reinkarnation des *Finns* der epischen Legende, der durch sein Handeln die gälische Kultur fortsetzt.

Muriel Spark (†2006) ist eine jener Schriftstellerinnen von Weltruhm, die immer zur englischen Literatur gezählt werden, obwohl sie selbst die wichtige Bedeutung ihrer schottischen Herkunft und Erziehung für ihr Werk betont. 1918 in Edinburgh geboren, lebte sie seit dem Zweiten Weltkrieg zunächst in London, ab 1949 abwechselnd in Rom und New York. 1954 trat sie zum Katholizismus über und wird seitdem mit der englisch-katholischen Dichtungstradition verbunden.

„The Prime of Miss Jean Brodie" (1961), ihr einziger Roman, der in Schottland spielt, thematisiert die Triebkräfte des Calvinismus. *Miss Jean Brodie* lehrt an einer Edinburgher Mädchenschule und schwärmt für die Ideale des faschistischen Italiens *Mussolinis,* während sie andererseits eine fortschrittliche Erziehung praktiziert. In der Unterteilung *Brodies* zwischen der Elite (ihren Schülerinnen) und dem Rest (die Schülerinnen, die nicht von ihr erzogen werden) spiegelt sich zudem das calvinistische Dogma von den ‚Erwählten' und ‚Verdammten' wider.

Sparks Auffassung von der nicht eindeutigen Moral des Gut und Böse erscheint auch in einigen anderen ihrer Romangestalten, wie *Dougal Douglas* in „The Ballad of Peckham Rye" (1960), *Mrs Pettigrew* in „Memento Mori" (1959) oder *Patrick Seton* in „The Bachelors" (1961). Diese Figuren legen das Bild des Teufels als ein fürchterliches menschliches Wesen nah, das trotz allem Anlass zur Komik bietet, eine Konzeption, die sich schon bei *Robert Burns* findet.

schen Systems funktionierte. Diese „Befreiung der Sprache" beflügelte die schottischen Autoren, zumal die rasche Veränderung der sozialen Situation in Schottland, vor allem der Niedergang der Industrie, Themen bot, die weit davon entfernt waren, von rein lokaler Bedeutung zu sein.

Moderne Autoren, die Weltruhm erlangten, sind **Irvine Welsh** (geb. 1958) mit *Trainspotting* (1993) oder auch **Iain Banks** (1954–2013), der mit Romanen wie *Die Wespenfabrik* (im Original *The Wasp Factory,* 1984) oder *Bedenke Phlebas* (*Consider Phlebas,* 1987) große Erfolge hatte. Als Unterkategorie dieser zweiten Blütezeit erlebt der schottische Krimi auch hierzulande Anerkennung. Bekannteste Vertreter sind **Ian Rankin** (geb. 1960) mit seiner 21 Bücher umfassenden Reihe um *Inspektor Rebus* oder auch **Denise Mina** (geb. 1966), deren *Götter und Tiere* (*Gods and Beasts,* 2012) 2020 den deutschen Krimipreis gewann.

Malerei

Schottische Malerei machte erstmals im 18. Jh. mit den **Porträtmalern** *Allan Ramsay* (1713–1784) und *Sir Henry Raeburn* (1756–1823) von sich reden. Deren vortreffliche Werke unterscheiden sich im Ausdruck von den sonst oft stereotyp wirkenden Porträts anderer Künstler. Auf die Gemälde *Ramsays* und *Raeburns* stößt man in einigen Schlössern oder in den Galerien von Edinburgh.

Der Maler Allan Ramsay in Edinburgh

Nach 1750 erfreute sich die **Landschaftsmalerei** zunehmender Beliebtheit. Hier sind u. a. *Sir David Wilkie* (1785–1841), *John Thomson* (1787–1840), *William McTaggart* (1855–1910) und *Horatio Maculloch* (1805–1867) zu nennen.

Anfang des 20. Jh. entfaltete in Glasgow der **Jugendstil** seine Blüten. Viele junge Künstler ließen sich von der neuen Kunstrichtung inspirieren, allen voran die Künstler *Charles Rennie Mackintosh* und *Martha Macdonald Mackintosh,* die in Glasgow eine ganz eigene Richtung des Jugendstils entwarfen. Der schottische Jugendstil ist weniger verschnörkelt als der kontinentaleuropäische und in seinen klaren Linien oft stark von der Klassik beeinflusst (→ Architektur; Exkurs „Charles Rennie Mackintosh (1868–1928)“, S. 90).

Ein bedeutender Vertreter schottischer **Gegenwartskunst** findet sich in *Jack Vettriano,* der in Edinburgh lebt. Seine Porträtbilder erinnern atmosphärisch an den Film Noir.

Musik

Folk

Schottland hat eine lebendige musikalische Tradition im Bereich der Volksmusik. Jeder kennt die schottischen **Dudelsackpfeifer** *(Piper),* deren Melodien zumeist von Trommlern mit komplizierten Rhythmen unterlegt werden. Andere beliebte Instrumente sind die **Geige** *(fiddle),* die in teilweise atemberaubendem Tempo gespielt wird, und die **Harfe** *(harp).*

Die schottische Folkmusik ist eng verbunden mit der gälischen Sprache. Die **gälische Musik** baut auf pentatonischen Skalen auf, das heißt, die Melodien enthalten meist nur fünf verschiedene Töne. Dies unterscheidet die schottische Volksmusik von der in anderen Teilen Europas.

Oft wird abends in Kneipen Livemusik gespielt, oder es werden Abende organisiert, an denen Musik mit dem Vortrag von schottischen Gedichten kombiniert wird. In ganz Schottland werden Folk-Festivals veranstaltet, die vor allem jungen Musikern ein Forum zur Pflege traditioneller schottischer Musik sein sollen. Auch auf dem europäischen Kontinent findet die Folkmusik immer mehr Zuspruch. Diese Entwicklung, die früher insbesondere die irische Musik betraf, hat auch vor der schottischen Musiktradition nicht haltgemacht.

Jährlich findet der **Royal National Mòd** statt. Bei dem Festival treten Gruppen in verschiedenen Disziplinen gegeneinander an, darunter z. B. gälische Gesangs-, Lied- und Instrumentengruppen. So soll die gälische Sprache, Kultur und Musik erhalten bleiben (→ Feiertage, Feste und Events).

Rock und Pop

Schottland kann sich in der Anzahl erfolgreicher Bands oder SängerInnen in keiner Weise mit seinem großen Bruder England und dessen überaus reger Musikproduktion messen. Nichtsdestotrotz vermag auch Schottland, mit einigen bekannten Musikern aufzuwarten.

So kamen und kommen einige Mitglieder von *AC/DC,* z. B. *Angus* und

Malcolm Young sowie *Bon Scott,* aus Schottland.

Eine der erfolgreichsten schottischen Bands der 1980er-Jahre sind die *Simple Minds.* Aus der gleichen Ära stammt die Band *Texas,* die mit Hits wie „Summer Son“ in allen internationalen Hitparaden vertreten waren.

Aus Edinburgh kommen *The Proclaimers,* deren Hit „I'm Gonna Be (500 Miles)“ als Titelmusik zu dem Film *Benny & Joon* mit *Johnny Depp* verwendet wurde. Mehr als nur ein Geheimtipp sind seit 20 Jahren **The Red Hot Chilli Pipers,** die Rocktitel von *Deep Purple, AC/DC* oder auch sanftere Klänge von *Coldplay* mit dem Dudelsack vertonen und auch regelmäßig in Deutschland auftreten.

Dem **Folkrock** zuzurechnen sind die seit den 1980er-Jahren bestehenden *Capercaillie* und die von der Insel Skye stammende Gruppe *Runrig,* die seit den Siebzigern von sich reden macht. Mit rockigen Klängen und Balladen mit zum Teil gälischen Texten füllen beide auch in Deutschland immer wieder Konzerthallen.

Amy Macdonald ist nicht nur das Aushängeschild der schottischen **Singer-Songwriter-Szene,** sondern mit etlichen internationalen Auszeichnungen und millionenfachen Verkäufen ihrer Alben die erfolgreichste schottische Musikerin.

Über die Grenzen Großbritanniens hinaus bekannt ist auch die Indie-Rockband *Franz Ferdinand* aus Glasgow. Sie werden vom Stil her dem **Britpop** zugerechnet, obwohl sie auf ihren Liveauftritten sehr viel rockigere Töne anschlagen.

Seit einiger Zeit feiern die aus Ayrshire stammenden *Biffy Clyro* Erfolge und füllen auch mal die Frankfurter Festhalle. Darauf müssen die Glasgower Alternativrocker von *Twin Atlantic* zwar noch warten, aber auch sie touren schon fleißig durch Europa.

Abschließend sei noch auf einen prominenten Bewohner Schottlands hingewiesen, der allerdings nicht auf schottischem Boden, sondern in Liverpool geboren ist. Ex-*Beatle Paul McCartney* trägt nicht nur einen schottischen Namen, sondern unterhält auch eine Farm auf der Halbinsel Kintyre, die er in seiner Hymne „Mull of Kintyre“ besang.

Klassische Musik

In seiner langen Geschichte hat Schottland noch keinen Komponisten von Weltruhm hervorgebracht. Das Land kann jedoch mit berühmten Ensembles und Spielstätten für klassische Musik aufwarten. 1949 wurde das *Scottish National Orchestra* gegründet, 1962 folgte die Eröffnung der *Scottish Opera* in Glasgow, die heute internationalen Ruhm besitzt. Das *Scottish Ballet* mit Sitz ebenfalls in Glasgow wurde zur gleichen Zeit gegründet. Sein Repertoire umfasst sowohl klassische als auch zeitgenössische Werke.

Das *Scottish Chamber Orchestra* bereist ebenso wie das Nationalorchester regelmäßig Schottland, tritt aber auch außerhalb der Landesgrenzen, meist in England, jedoch auch auf dem Kontinent, auf. Beide Orchester sind vor allem für ihr Bemühen um moderne Musik bekannt. Neben den bisher genannten Ensembles ist noch das *BBC Scottish Symphony Orchestra* erwähnenswert, das ebenso außerhalb der Landesgrenzen bekannt ist.

Autoren | 599
Literaturtipps | 582
Register | 589
Schreiben Sie uns! | 600
Kleine Sprachhilfe Englisch | 583

15 Anhang

505sc ab

Begegnung auf Lewis

Literaturtipps

■ *Christiane Agricola* (Herausgeberin und Übersetzung): **Schottische Märchen,** 1991, nur antiquarisch erhältlich. *Christiane Agricola* hat in diesem empfehlenswerten Buch 89 Märchen und Sagen ausgewählt und liebevoll übersetzt. Die Geschichten reichen von Bauernmärchen bis zu Rittersagen. Besonders wertvoll machen das Buch darüberhinaus aber auch die ausführlichen Kommentare im Anhang, die viel zum Verständnis beitragen.

■ *Geoff Alan:* **The Scottish Bothy Bible,** 2017, Wild Things Publishing. Dieser schöne Bildband listet alle *Bothies,* kleine unbemannte Hütten, die über Schottland verteilt sind und dem einsamen Wanderer Unterschlupf gewähren.

■ *James Boswell:* **A Journal of a tour to the Hebrides with Samuel Johnson** (1758), Neuaufl. 1984, Penguin Books. *Boswell* beschreibt in diesem Klassiker die Reise in sein Heimatland, die er zusammen mit dem englischen Aufklärer *Samuel Johnson* unternahm. Neben Details aus dessen Leben und einer Erzählung der Flucht *Bonnie Prince Charlies* durch das Hochland vermittelt das Buch einen beredten Eindruck vom Schottland des 18. Jh.

■ *Ann Cleeves:* **Die Nacht der Raben** *(Raven Black),* 2007, Rowohlt Verlag. Der erste von acht Kriminalromanen über einen Kommissar auf den Shetland-Inseln. Alle Bücher der Reihe wurden ins Deutsche übersetzt. Die *BBC*-Verfilmung ist sehenswert.

■ *Theodor Fontane:* **Jenseit des Tweed,** Neuaufl. 2019, Anaconda Verlag. Obwohl eigentlich mehr Englandliebhaber, versuchte *Fontane* 1860 mit diesem Buch seine Zeitgenossen für Schottland zu begeistern. Im Stil romantischer Begeisterung für Sagen, Erzählungen und Anekdoten gehalten, ist dieses Buch ein Muss für alle, die in Schottland Geschichte und Geschichten suchen. Allein für die „Royal Mile" in Edinburgh listet *Fontane* fast zu jedem Haus eine romantische oder unheimliche Geschichte auf.

■ *James Hunter:* **The Making of the Crofting Community** (1976), Neuaufl. 2018, Birlinn Verlag. *Hunter* versucht in diesem Buch, hinter die Besonderheiten des schottischen *crofting* zu kommen. Ein Buch für alle, die mehr von schottischer Landwirtschaft und Landleben erfahren wollen.

■ *J. D. Mackie:* **A History of Scotland,** 1964, nur antiquarisch erhältlich. *Mackie,* bis zu seinem Tod 1978 Professor für Geschichte in Glasgow und königlicher Historiograph in Schottland, hat mit diesem Buch ein auch Laien leicht zugängliches Werk zur Geschichte Schottlands geschrieben. Wer sich einen Überblick über schottische Geschichte schaffen will, dem sei dieses überall in Schottland erhältliche Bändchen empfohlen.

■ *Peter May:* **Hebrides,** 2013. Der Autor der „Lewis"-Trilogie, einer Krimiserie, die auf der Hebrideninsel Lewis spielt, bringt hier in einem Fotoband seine persönlichen Eindrücke dieser Inseln zu Papier. Ein schönes Kaffeehausbuch.

■ *J. N. G. Ritchie:* **Brochs of Scotland** (1988), Neuaufl. 2011, Shire Archaeology. Das Büchlein gibt einen guten Einblick in den Stand der Forschung, ist aber wegen seiner hohen Spezialisierung nur Lesern zu empfehlen, die mehr über die Welt der Eisenzeit und speziell die schottische Eigentümlichkeit des Broch-Baus wissen wollen.

■ *Nan Shepherd:* **The Living Mountain,** 2011, Canons. Eine eindrückliche Beschreibung von *Shepherds* Erfahrungen in den Bergen vor ihrer Haustür. Die Autorin hat auch einen schönen Gedichtband („In the Cairngorms") veröffentlicht.

■ Von *Muriel Spark* sind Werke in deutscher Übersetzung erschienen, u. a. der im Literaturteil erwähnte Roman **Die Blütezeit der Miss Jean Brodie** (1961), Neuaufl. 2018, Diogenes Verlag.

■ *Caroline Wickham-Jones:* **Monuments of Orkney,** 2012, Historic Scotland. Die Autorin hat mit diesem Bändchen, das man an den eintrittspflichtigen Sehenswürdigkeiten von *Historic Scotland* erhält, einen lesenswerten und umfassenden Überblick über alle historischen Denkmäler Orkneys von der Steinzeit bis zur Neuzeit geschaffen.

■ *Andy Wightman:* **The Poor Had No Lawyers: Who Owns Scotland And How they Got It,** 2013, Birlinn Verlag. Eine Geschichte der Landaneignung der schottischen Landbesitzer mit allen Intrigen und Kriegen. Zeigt eindeutig die Problematik der aktuellen Besitzverhältnisse auf.

Kleine Sprachhilfe Englisch

Ausführlichere Informationen und viele praktische Beispiele für den Reisealltag enthält der Kauderwelsch-Sprachführer **„Englisch – Wort für Wort“** (Band 64) aus dem Reise Know-How Verlag. Begleitend ist ein AusspracheTrainer als mp3-Download erhältlich.

Wer tiefer in die Sprache einsteigen möchte, findet weitere Vokabeln in **„Englisch – Wort für Wort plus Wörterbuch“** (Band 64+). Zudem gibt es **„Schottisch-Gälisch – Wort für Wort“** (Band 172) und **„Scots – die Sprache der Schotten“** (Band 86) ebenfalls aus dem Reise Know-How Verlag.

Aussprache

a wie **a, ä, äi** oder **o,** z. B. *last* (laaßt), *back* (bäkk), *name* (näim) oder *all* (ool)
e wie **e** oder **ie,** z. B. *egg* (egg), *the* (dhie)
i wie **i, ai** oder **ö,** z. B. *sick* (ßikk), *nice* (naiß) oder *first* (föößt)
u wie **a** oder **uu,** z. B. *bus* (baß), *sure* (schue)
c klingt wie **k,** z. B. *clock* (klokk)
s und **c** wie **stimmloses s,** z. B. *sell* (ßell), *circus* (ßöökes)
g und **j** wie **dsch,** z. B. *George* (dshoodsh), *joke* (dshouk)
sh wie **sch,** z. B. *shoe* (schuu)
sch wie **ßk,** z. B. *school* (ßkuul)
sp mit stimmlosem ß; **kein schp,** z. B. *spell* (ßpell)
st mit stimmlosem ß; **kein scht,** z. B. *stone* (ßtoun)
th mit **stimmhaft gelispeltem s** oder **stimmlos gelispeltem ß,** z. B. *that* (dhät) oder *thorn* (thoon)
v wie **w,** z. B. *vote* (vout)
w wie **kurzes u,** z. B. *window* (windou)
y wie **j,** z. B. *yes* (jeß)
z wie **s,** z. B. *zoo* (suu)

Zahlen

0	*zero*	17	*seventeen*
1	*one*	18	*eighteen*
2	*two*	19	*nineteen*
3	*three*	20	*twenty*
4	*four*	21	*twenty-one*
5	*five*	22	*twenty-two*
6	*six*	23	*twenty-three*
7	*seven*	30	*thirty*
8	*eight*	40	*fourty*
9	*nine*	50	*fifty*
10	*ten*	60	*sixty*
11	*eleven*	70	*seventy*
12	*twelve*	80	*eighty*
13	*thirteen*	90	*ninety*
14	*fourteen*	100	*one hundred*
15	*fifteen*	200	*two hundred*
16	*sixteen*	1000	*thousand*

Notfall

Hilfe!	*Help!*
Polizei	*police*
Arzt	*doctor*
Zahnarzt	*dentist*
Krankenwagen	*ambulance*
Krankenhaus	*hospital*
Apotheke	*pharmacy*
Schmerzen	*pain*

Wichtige Fragen und Floskeln

ja	*yes*
nein	*no*
bitte	*please*
danke	*thank you*
Guten Tag.	*Hello.*
Guten Abend.	*Good evening.*
Auf Wiedersehen.	*Goodbye.*
Hallo!	*Hi!*
Tschüss.	*Bye.*
Herzlich willkommen!	*Welcome!*
Einverstanden.	*I agree.*
Entschuldigung.	*Excuse me.*
Ich heiße ...	*My name is ...*
Ich komme aus ...	*I'm from ...*
... Deutschland.	*... Germany.*
... Österreich.	*... Austria.*
... der Schweiz.	*... Switzerland.*
Sprechen Sie Deutsch?	*Do you speak German?*
Ich habe nicht verstanden.	*I don't understand.*
Wiederholen Sie bitte.	*Please repeat.*
Sprechen Sie bitte langsamer.	*Please speak slowly.*
Haben Sie ...?	*Do you have ...?*
Wann?	*When?*
Wo ist ...?	*Where is ...?*
Wie?	*How?*
Wie bitte?	*Pardon?*
Ich suche ...	*I'm looking for ...*

Wochentage und Zeitangaben

Montag	*monday*
Dienstag	*tuesday*
Mittwoch	*wednesday*
Donnerstag	*thursday*
Freitag	*friday*
Samstag	*saturday*
Sonntag	*sunday*
Minute	*minute*
Stunde	*hour*
Wie spät ist es?	*What time is it?*
gestern	*yesterday*
heute	*today*
morgen	*tomorrow*
morgens	*in the morning*
mittags	*at lunchtime*
nachmittags	*in the afternoon*
abends	*in the evening*
nachts	*at night*
jetzt	*now*
täglich	*daily*
früher	*earlier*
später	*later*

Unterkunft

Hotel	*hotel*
Pension	*pension*
Jugendherberge	*youth hostel*
Einzelzimmer	*single room*
Doppelzimmer	*double room*
Schlüssel	*key*
Bad	*bath*
Dusche	*shower*
frei	*free*
Vollpension	*full board*
zu vermieten	*for rent*
Zimmervermietung	*room rental*

Unterwegs

Straße	*street*
Kreuzung	*junction / crossroads*
Platz	*place / square*
Fluss	*river*
Brücke	*bridge*
Marktplatz	*marketplace*
Altstadt	*old town*
Burg	*castle*
Kathedrale	*cathedral*

Kirche	*church / kirk*
Museum	*museum*
Rathaus	*town hall / city hall*
Taxi	*taxi / cab*
Bus	*bus / coach*
Straßenbahn	*tram*
Haltestelle	*stop*
Ampel	*traffic light*
nahe	*near / close*
weit / fern	*far*
geradeaus	*straight on*
gegenüber	*across from*
rechts	*on the right*
links	*on the left*
neben, bei	*next to*
zurück	*back / behind / backward*
Parkplatz	*parking slot / parking area / car park*
Tankstelle	*petrol station*
Flughafen	*airport*
Bahnhof	*railway station / train station*
Fähranleger	*ferry terminal*
Zug	*train*
Fähre	*ferry*
Boot	*boat*
Hafen	*port / harbour*
Fahrkarte	*ticket*
Fahrplan	*timetable / schedule*
Toilette	*toilet / restroom / bathroom*
besetzt	*occupied*

Wichtige Verkehrshinweise

Kurve	*bend*
Kühe / Schafe	*cattle / sheep*
unübersichtliche Ausfahrt	*concealed exit*
Steinschlag	*fallen rocks*
schwere Lastwagen	*heavy lorries*
links halten	*keep left*
rechts halten	*keep right*
Eisenbahnübergang	*level crossing*
Rollsplit	*loose chippings*
keine Einfahrt	*no entry*
keine Durchfahrt	*no through road*
jetzt Fahrt verlangsamen	*reduce speed now*
Straße gesperrt	*road blocked*
Straßenbauarbeiten	*road works*
Schleudergefahr	*slippery*
langsam	*slow*
Geschwindigkeits-begrenzung	*speed limit*
unebene Fahrbahn-oberfläche	*uneven surface*

Rund ums Auto

Abblendlicht	*dipped lights*
abschleppen	*to tow*
Abschleppseil	*tow rope*
Abschleppwagen	*recovery vehicle*
Anlasser	*starter*
Auspuff	*exhaust (pipe)*
Batterie	*battery*
Benzin	*patrol*
Benzinpumpe	*fuel pump*
Beule	*dent*
bleifrei	*unleaded*
Bremsen	*brakes*
Bremslicht	*brake light*
Dichtung	*gasket*
Ersatzrad	*spare wheel*
Ersatzeile	*spare parts*
Fernlicht	*main beam*
Gas geben	*to accelerate*
Gaspedal	*accelerator*
Getriebe	*gear box*
Handbremse	*hand brake*
Karosserie	*body work*
Keilriemen	*fan belt*
Kühler	*radiator*

Kupplung	*clutch*
Lenkung	*steering*
Lichtmaschine	*generator*
Motor	*engine*
Öl	*oil*
Ölstand	*oil level*
Ölwechsel	*oil change*
Panne	*breakdown*
Radarfalle	*speed control*
Rad	*wheel*
Reifen	*tyre*
Reifendruck	*tyre pressure*
Reifenpanne	*puncture*
Reifenventil	*tyre valve*
Reparatur	*repair*
Rückleuchte	*rear light*
Schaltung	*gears*
Scheinwerfer	*headlight*
Sicherheitsgurt	*safety belt*
Standlicht	*parking light*
Tank	*tank*
Unfall	*accident*
Wagenheber	*jack*
Werkstatt	*garage*
Zündkerze	*sparking plug*
Zylinder	*cylinder*

Rund ums Fahrrad

Achse	*spindle*
Felge	*rim*
Felgenbremse	*caliper brake*
Gangschaltung	*gear shift*
Kettenblatt	*chain ring*
Kettenwerfer	*changer*
Kurbelkeil	*crank wedge*
Lenker	*handlebar*
Nabe	*hub*
Reifen	*tyre*
Sattel	*saddle*
Schlauch	*inner tube*
Schutzblech	*mudguard*
Tretlager	*bottom bracket*
Tretkurbel	*crank*

Einkaufen

Lebensmittelgeschäft	*grocery store*
Kaufhaus	*department store*
Bäckerei	*bakery*
Konditorei	*cake shop / pastry shop*
Supermarkt	*supermarket*
Markt	*market*
Postamt	*post office*
Briefmarke	*stamp*
Briefkasten	*mailbox*
Telefon	*phone*
Handy	*mobile phone*
Kreditkarte	*credit card*
Geldautomat	*ATM*
Wie viel kostet das?	*How much is it?*
offen	*open*
geschlossen	*closed*

Essen und Trinken

Restaurant	*restaurant*
Gaststätte	*pub*
Café	*coffee shop*
Frühstück	*breakfast*
Mittagessen	*lunch*
Abendessen	*dinner*
Suppe	*soup*
Fisch	*fish*
Thunfisch	*tuna*
Lachs	*salmon*
Garnelen	*shrimp*
Fleisch	*meat*
Lamm	*lamb*
Schweinefleisch	*pork*
Rindfleisch	*beef*
Huhn	*chicken*
Kalbfleisch	*veal*

Gemüse	*vegetables*
Karotten	*carrots*
Zwiebel	*onion*
Pilze	*mushrooms*
Kartoffeln	*potatoes*
Tomaten	*tomatoes*
Spinat	*spinach*
Auberginen	*eggplant*
Obst	*fruit*
Erdbeeren	*strawberries*
Himbeeren	*raspberries*
Melone	*melon*
Apfel	*apple*
Pfirsich	*peach*
Vorspeise	*starter*
Hauptgang	*main course*
Nachtisch	*dessert*
Nudeln	*noodles*
Reis	*rice*
Getränk	*drink*
Saft	*juice*
Kaffee	*coffee*
Bier	*beer*
Wein	*wine*
Brot	*bread*
Brötchen	*bun / bread roll*
Käse	*cheese*
Marmelade	*jam*
Schinken	*ham*
roh / gekocht	*raw / cooked*
Salami	*salami*
Eis	*ice*
Speiseeis	*ice cream*
Leitungswasser	*tap water*
stilles Wasser	*still (mineral) water*
Wasser mit Kohlensäure	*sparkling water*
Zucker	*sugar*
Pfeffer	*pepper*
Salz	*salt*
vegan	*vegan*
vegetarisch	*vegetarian*
heiß / kalt	*hot / cold*
Speisekarte	*menu*
Die Rechnung bitte!	*The bill please!*
Guten Appetit!	*Enjoy your meal!*
Prost!	*Cheers!*

Wichtige Begriffe für Angler

Angel	*rod*
Köder	*baits*
Haken	*hook*
Schnur	*line*
Blinker	*lure / spinner / spoon*
Rolle	*reel*
(Blei-)Gewicht	*shot, weight*
Schwimmer	*float*
mit Heuschrecken oder Maifliegen fischen	*dapping*
mit Fliegen fischen	*fly-casting*
Maden	*maggots*
Würmer	*worms*
Kescher	*landing net*
Anglerausrüstung	*tackle*
Anglerbedarfsladen	*tackle shop*

Weitere wichtige Vokabeln

Ausspracheregeln Gälisch S. 511
Ortsnamen und andere Ausdrücke S. 512

Register

A Mhoine, Halbinsel 330
Abbotsford House 36
Aberdeen 232
Aberfeldy 283
Aberfoyle 183
Aberlemno
Sculptured Stones 224
Aboyne 271
Achamore House Gardens 367
Achiltibuie 337
Achmelvich 335
ADAC 493
Adam, Robert 569
Adam, William 569
Adapter 475
Adlerwarte 414
Aktivitäten 497
Aktivitäten mit Kindern 488
Alba 536
Alford 263
Alloa 178
Alloa Tower 178
Alloway Kirk 77
An Lochan Uaine 286
Angeln 497
Angelsachsen 536
Angus Glens 222, 225
Animal World Monreith 59
Anreise 462
Anreise, Bahn 467
Anreise, Bus 468
Anreise, eigenes Fahrzeug 464
Anstruther 188
Antoninuswall 168, 567
Applecross Pass 340
Arbroath 217
Architektur 566
Ardalanish 380
Ardbeg 370
Ardbeg Distillery 370
Ardgay 317
Ardlui 103
Ardminish 367
Ardnahoe Distillery 373
Ardroil 409
Ardtalla 371
Ardvreck Castle 336
Argyll Forest Park 104
Armadale 386
Arnol 410
Arran 359
Arran Folk Festival 479
Arthur's Seat 148
Ärzte 482
Askernish 424
Atholl Highlanders 284
Atlantikküste 332
Atomkraft 559
Auchgallon Stone Circle 364
Auchmithie 218
Ausgrabungsstätten 430
Auslands-
krankenversicherung 483
Ausreisebestimmungen 474
Ausrüstung 496, 503
Äußere Hebriden 400
Aussprache Gälisch 511
Austernfischer 530
Auswanderungen 546
Autofahren 469, 517
Autofähren 520
Autopanne 471, 493
Autoverleih 517
Aviemore 285
Ayr 75

B & B 514
Badbea 323
Bahn 519
Bahn, Anreise 467
Balivanich 422
Ballater 271, 292
Balloch 103
Balmaha 508
Balmoral Castle 292, 569
Balnakeil Craft Village 331
Balranald 421
Balranald Nature Reserve 421
Balvenie Castle 267
Banchory 270
Banff 247
Bank of Scotland 553
Banken 494
Bankferien 477
Banks, Iain 577
Bannockburn 180
Barpa Langass 419
Barra 426
Barrie, James Matthew 574
Barrierefreies Reisen 472
Basstölpel 158, 459
Baumwollspinnerei 98
Bay of Cruden 242
Beattock 68
Beauly 305
Beauly Firth 298
Bed & Breakfast 514
Beinn Ceannabeinne 330
Beinn Sleibhe 418
Bellabeg 264
Ben Hope 330
Ben Lomond 102
Ben Nevis 348, 349, 500
Ben Wyvis 315
Benbecula 422
Benmore Botanic Garden 106
Bennachie Visitor Centre 258
Bennachie-Bergkette 258
Benzin 471
Berge 524
Bergwandern 504
Berneray 417, 418
Bettyhill 329
Bevölkerung 559
Birnam 279
Birnam Wood 278

Bisexuelle 491
Black Houses 410, 424
Black Isle 314
Blackness Castle 165
Blackwaterfoot 364
Blair Atholl 283
Blair Castle 283
Bonar Bridge 317
Bonnie Prince Charlie 301, 302, 351, 424, 545
Border Union Show 32
Borders 29
Borreraig 389
Bothwell Castle 97
Botschaften 474, 492
Bow Fiddle Rock 250
Bowhill House 37
Bowmore 372
Braemar 287, 502
Braemar Gatherings 289
Bragar 410
Bräuche 566
Braveheart 177, 570
Breackan's Cave 376
Brechin 224
Brechin Round Tower 224
Bressay 457
Bridge of Alvah 249
Bridgend 372
Briten 535
British Council 486
Broadford 386
Broch 346, 566
Broch Centre 325
Broch of Gurness 438
Brodick 360
Brodie Castle 254
Brough of Birsay 438
Broughty Ferry 215
Brown, Dan 157
Bruce, Robert 34, 58, 180, 343, 537
Bruichladdich 373
Buchungsportale 515
Buckie 251
Bullers of Buchan 243
Bunessan 380
Bunkhouse 516
Bunnahabhain Distillery 373
Burg 568
Burgen 494
Burns Birthplace Museum 77
Burns Heritage Trail 77
Burns, Robert 62, 75, 478, 572
Burns' Night 478
Bus 518
Bus, Anreise 468
Bustouren 519
Bute 107
Butt of Lewis 411

Caerlaverock Castle 64
Caerlaverock Wetland Centre 65
Cairn Gorm 285
Cairndow 104
Cairngorm 501
Cairngorm National Park 277
Caithness 314, 323
Calais 464
Caledonian Canal 344
Callanish Standing Stones 409
Callendar House 168
Camasunary Bay 388
Cambuskenneth Abbey 178
Campbeltown 120
Camping 473
Canisp 333
Cannich 304
Cape Wrath 331
Cape Wrath Trail 509
Carbisdale Castle 317
Cardoness Castle 60
Carnegie, Andrew 186
Carrick Castle 104
Carsaig Arches 380, 381
Carsluith Castle 60
Castle Douglas 61
Castle Fraser 262
Castle Kennedy Gardens 51
Castle Leod 316
Castle Menzies 283
Castle Moil 385
Castle of Mey 327
Castlebay 426
Cawdor Castle 301
Ceilidh Festival Oban 113
Central 172
Check-in, Fliegen 463
Christentum 536
Cille Barra 427
Clachan of Glendaruel 104
Clachtoll Broch 334
Cladach 421
Clag Castle 375
Clans 559
Claonaig 121
Clark, Jim 44
Clava Cairns 301
Claypotts Castle 215
Clearances 318, 447, 561
Clickimin Broch 451
Clisham 414
Cock of Arran 362
Cockburnspath 47, 54
Coffin Road 416
Colbost 392
Coldingham 47
Common-Riding-Fest 42
Corgarff Castle 293
Corn Mill 64
Corrie 362
Corrieshalloch Gorge 338
Corryvreckan 376
Council areas 549
Cowal 103
Cowal Highland Gathering 106
Craighouse 376
Craigievar Castle 263
Crail 189

Crathes Castle 269
Creetown 60
Crichton Castle 156
Crofting 282
Croick Church 316
Cromarty Firth 316
Cromwell, Oliver 133, 542
Cross Kirk, Peebles 39
Crossraguel Abbey 79
Crovie 247
Cruden Bay 242
Cuillin Hills 387
Cullen 249
Culloden Moor 301
Culross 184
Culzean Castle 79

Dal Mor Bay 410
Dalbog 225
Dalhousie Arch 225
Daliburgh 424
David Livingstone Centre 97
Dean Village, Edinburgh 143
Dee-Tal 268, 292
Delfine 300
Devil's Beef Tub 68
Diesel 471
Diplomatische Vertretungen 492
Dirleton Castle 158
Dokumente 474
Dolphin Centre 251
Don-Tal 264, 293
Dornoch 317
Dornoch Firth 316
Doune 181
Doune Castle 181
Doyle, Arthur Conan 574
Drehorte 570
Drum Castle 269
Drumnadrochit 304
Duart Castle 379
Dudelsack 389, 390, 566, 578
Duff House 248
Dufftown 267
Duirinish 389
Duke of Cumberland 301, 303
Dumbarton 100
Dumbarton Castle 100
Dumfries 50, 62
Dun 346
Dun Bharpa 427
Dun Carloway 410
Dun Dornaigil Broch 330
Dun Norsebridge 372
Dun Telve 344
Dun Troddan 344
Dunadd Fort 118
Dunbar 161
Dunbeath 324
Dunblane 180
Duncansby Head 325
Duncansby Stacks 325
Dundee 211
Dundrennan Abbey 60
Dunfermline 185
Dunkeld 278
Dunnet Head 327
Dunnottar Castle 221
Dunollie Castle 114
Dunoon 105
Dunrobin Castle 320
Duns 44
Dunstaffnage Castle 114
Duntulm Castle 394
Dunvegan 392
Dunyvaig Castle 370
Durness 330
Dwarfie Stane 441

E-Autos 471
Eagle Observatory 414
Eagle Stone 315
Eas Coul Aulin 333
Easdale 117
East Links Family Park 162
East Linton 160
East Neuk 187
Easter Ross 316
Edinburgh 126
Edinburgh Airport 149
Edinburgh Castle 127
Edinburgh Festival 127
Edinburgh Fringe Festival 479
Edinburgh Hogmanay 154
Edinburgh International Festival 153, 479
Edinburgh Zoo 148
Edzell 224
Eilean Donan Castle 342
Einkaufen 474
Einreise, Haustiere 485
Einreisebestimmungen 474
Eisenbahn 519
Elektrizität 475
Elektroladesäulen 471
Elgin 251
Elgin Cathedral 251
Elgol 387
Elie 188
Ellisland Farm 62
Englisch 583
Eoligarry House 427
Eoropie 412
Eriskay 425
Ermäßigungen 481, 518, 519
Eshaness 456
Essen 475
Eurotunnel 464
Events 477
Eyemouth 45

Fähren 520
Fähren nach England 465
Fähren nach Nordirland 56, 521
Fahrradfahren 40, 155, 183, 498
Fahrradmitnahme 468
Fair Isle 453
Fairy Glen 394
Fairy Pools 387

Falkirk 167
Falkirk Wheel 168
Falkland 199
Fall of Measach 338
Fallen Rocks 362
Falls of Clyde 99
Falls of Glomach 344
Falls of Shin 317
Family Park East Links 162
Farm Road Stone Circle 364
Fasag 340
Fast Castle 47
Fastfood 476
Fauna 528
Feiertage 477
Feolin 375
Fernbus 518
Fernwanderwege 505
Feste 477
Festivals 153, 479, 566
Fethaland 457
Feuerwehr 492
Fife Coastal Path 509
Film 570
Filmlocation 33, 43, 181, 343, 570
Finanzsektor 553
Findhorn Bay 254
Fingal's Cave 383
Finlaggan Castle 373
Fionnphort 380
Fische 497
Fischerei 558
Five Sisters of Kintail 305, 344
Flagge 549
Floors Castle 32
Flora 528
Flug 462
Flug-Know-how 463
Fluggesellschaften 462
Flughafen Edinburgh 149
Flughafen Glasgow 92
Flugzeugmuseum 160
Folkmusic 578
Fontane, Theodor 144
Forfar 224
Forres 253
Forstwirtschaft 557
Fort Augustus 345
Fort Charlotte 450
Fort George 300
Fort William 345, 349
Forth Bridges 164
Fotografieren 480
Fraserburgh 244
Fremdenverkehrsämter 485
Fringe Festival 154
Funicular Railway
CairnGorm Mountain 285
Fyrish Monument 316
Fyvie Castle 256

Gairloch 339
Galashiels 37
Gälisch 374, 403, 511, 575
Gallanach 115
Galloway 50
Galloway Forest Park 58
Galloway-Rinder 50
Game of Thrones 181, 571
Garenin 410
Gasthöfe 514
Gebäck 476
Gefahren 496
Geistertouren Edinburgh 155
Geld 480
Geldkarten, Verlust 493
Geldnot 493
Geocrab 416
Geografie 524
Geologie 524
Gepäck 463
Geschäfte, Öffnungszeiten 493
Geschichte 534
Gesundheit 482
Gewichte 492
Giants' Graves 365
Gigha 120, 367
Girnigoe Castle 324
Glamis 222
Glamis Castle 222
Glasgow 82
Glasgow Airport 92
Glen Affric 304
Glen Aray 112
Glen Cannich 304
Glen Coe 352, 353
Glen Conon 394
Glen Esk 225
Glen Etive 354
Glen Grant Distillery 268
Glen Iorsa 364
Glen Lui 290, 291
Glen Nevis 348
Glen Shiel 342, 344
Glen Trool 58
Glen Urquhart 304
Glenashdale Falls 366
Glenbrittle 387
Glencoe 353, 500
Glenelg 344
Glenfiddich Distillery 267
Glenfinnan 303, 350
Glenfinnan Monument 350
Glenmore 286
Glenshee 501
Glentress Forest Park 40
Goat Fell 361
Golf 192, 198, 498
Gotik 567
Gourock 106
Grafschaft Angus 216
Grafschaften 549
Grampian 228
Grampian Mountains 228, 257, 277
Grampians 284
Grantown-on-Spey 294
Great Glen 344
Great Glen Way 509

Gretna Green 66
Grey Cains of Camster 324
Grey Mare's Tail 68
Gruinard Bay 338
Gunn, Neil 576
Guy Fawkes Day 479
Gylen Castle 115

Haddington 162
Haddo House 256
Hadrians Wall 29
Haggis 476
Halbinsel A Mhoine 330
Halbinsel Cowal 103
Halbinsel Duirinish 389
Halbinsel Easter Ross 316
Halbinsel Kintyre 119
Halbinsel Luskentyre 415
Halbinsel Sleat 386
Halbinsel The Rhinns of Islay 373
Halbinsel Trotternish 393
Hamar 458
Handa Island Nature Reserve 332
Handicap 472
Handy 490
Haroldswick 458
Harris 412
Harris Tweed 413
Harry Potter 351, 570
Haustiermitnahme 484
Hawick 42
Healabhal Bheag 389
Heaval 427
Hebriden, Äußere 400
Helensburgh 101
Helix Park 168
Hell's Glen 104
Helmsdale 321
Hermaness 459
Hermit's Castle 335
Hermitage Castle 43
Highland Clearances 318
Highland Folk Museum 284
Highland Games 106, 113, 271, 288, 331, 377, 397, 478, 566
Highland Gatherings 288
Highland Park Distillery 436
Highland Wildlife Park 285
Highlander 570
Highlands 277
Hill House 101
Hill O'Many Stanes 324
Historic Environment Scotland 486
Hochland 277
Hochseilklettergarten 183
Hochtechnologien 552
Hogwarts Express 351
Höhle St Ninian's 59
Holy Island 366
Holyrood Palace 134
Holyrood Park 148
Homosexuelle 491
Hopetoun House 164
Hostels 515
Hotels 514
House of Dun 219
House of the Binns 165
Howmore 424
Hoy 440
Huntingtower Castle 208
Huntly 260

Inchcolm Island 164
Inchmahome Priory 184
Industrialisierung 546
Informationen 485
Inlandsflüge 462
Internet 485, 491
Inveraray 109
Inverewe Garden 339
Invergarry 344, 345
Inverness 295
Inverurie 258
Iona 382
Iona Abbey 382
Islay 369
Isle of May 189
Isle of Noss 457
Isle of Seil 117

Jacobite Steam Train 351, 519
Jakobiten 544
Jakobitenaufstände 544
James Bond 571
Jarlshof 453, 454
Jedburgh 41
Jedburgh Abbey 41
Jim Clark Room 44
John Muir Way 509
John O'Groats 325
Johnshaven 220
Jugendherbergen 515
Jura 374

Kaledonischer Kanal 304
Kanufahren 511
Katholizismus 401
Keen of Hamar Naturreservat 458
Keith 261
Kellie Castle 188
Kelpies 167, 562
Kelso 31
Kelso Abbey 32
Kelten 535, 560
Kerrera 114
Kilchattan 367
Kilchoman 373
Kilchurn Castle 112
Kildalton Chapel 370
Kildonan 365
Kildonan Museum 424
Kildrummy Castle 265
Killiecrankie 283
Kilmartin 117
Kilmory Cairns 365
Kilmun 105
Kilninver 117

Kilravock Castle 301
Kilt 288, 564
Kilt Rock 396
Kincardine O'Neil 271
Kinder 488
Kindrochit Castle 289
King's Cave 364
Kingussie 284
Kinross 201
Kintyre 119
Kirkcudbright 60
Kirkwall 436
Kirriemuir 223
Kisimul Castle 427
Kitesurfing 511
Kleidung 496
Klettergarten 183
Klima 489, 526
Klöster 22
Knap of Howar 443
Knockan Crag
Nature Reserve 336
Knox, John 131, 540
Kohlebergwerk 156
Kommunikation unterwegs 490
Konsulate 492
Kosten 481
Kraftstoff 471
Krankenhäuser 482
Krankenversicherung 483
Krankenwagen 492
Kreditkarten 481
Küche, schottische 475
Kultur 566
Kunst 577
Künstlerkolonie 331
Kyle of Lochalsh 341
Kyle of Tongue 330
Kyleakin 385
Kylesku 333

Lachlan Castle 104
Lachstreppe 280
Lagavulin 370
Lagavulin Distillery 370
Lake of Menteith 184
Lamlash 366
Ländervorwahlen 490
Landkarten 495
Landverpachtung 282
Landvertreibungen 318
Landwirtschaft 554
Langass Woodlands 421
Laphroaig Distillery 370
Leault Farm 285
Lebensmittel 477
Leihwagen 517
Leith 148
Leith Hall 259
Leitungswasser 484
Lerwick 449
Lesben 491
Leverburgh 415
Lewis 405
Lewis and Harris 405
Lewis Chessmen 409
Lews Castle 407
LGBT+ 491
Linlithgow 166
Linn of Dee 289, 291
Literatur 571
Literaturtipps 582
Little Houses 176
Livingstone, David 97
Loanhead of Daviot 259
Loch Affric 304, 344
Loch Assynt 336
Loch Awe 112
Loch Badanloch 322
Loch Broom 337
Loch Coruisk 387
Loch Druidibeg
Nature Reserve 424
Loch Duich 342
Loch Dunvegan 393
Loch Eck 105
Loch Etive 354
Loch Faskally 280
Loch Gair 339
Loch Garry 344
Loch Glencoul 333
Loch Goil 104
Loch Harport 389
Loch Hope 330
Loch Katrine 182
Loch Leven 200
Loch Lochy 345
Loch Lomond 102, 508
Loch Long 104
Loch Loyne 344
Loch Maree 340
Loch Morlich 285, 286
Loch Muick 293
Loch Mullardoch 304
Loch na Creitheach 388
Loch na Gainmhinch 333
Loch Ness 304, 306, 345
Loch of Strathbeg 245
Loch Rannoch 281
Loch Scavaig 387
Loch Shiel 351
Loch Tay 283
Loch Trool 58
Loch Tummel 281
Lochawe 112
Lochboisdale 422
Lochgilphead 118
Lochgoilhead 104
Lochinch Castle 55
Lochinver 334, 335
Lochleven Castle 200
Lochmaddy 417, 419
Lochnagar 293
Lochranza 362
Lodberries 450
Logan Botanic Garden 55
Lothian 155
Lowlandman's Bay 376
Ludag 425

Lunan Bay 218
Lunga 383
Luskentyre 415

MacArthur's Head 371
Macbeth 297, 382, 536
MacDiarmid, Hugh 576
Macduff 247
Mackintosh, Charles Rennie 90, 569, 578
Macpherson, James 571
Maeshowe 439
Magazine 487
Maiden Stone 259
Mainland, Orkney 435
Mainland, Shetland 452
Malerei 577
Mallaig 352
Mar Lodge Estate 289, 291
March of the Clansmen 264
Mary Queen of Scots 138
Mary Queen of Scots House 41
Maße 492
McCartney, Paul 121, 579
Meall a' Bhuachaille 286
Medien 487
Medizinische Versorgung 482
Meigle Museum 224
Mellerstain House 33
Melrose 34
Melrose Abbey 34
Merse 44
Midges 484
Midhowe 442
Mietwagen 517
Milton 424
Mina, Denise 577
Mòds 480
Moffat 54, 67
Monreith Animal World 59
Montrose 219
Monty Python 571
Moorfoot Hills 39
Moray Firth 314
Mousa 453
Mousa Broch 347, 453
Möwen 530
Mücken 484
Mull 377
Mull of Galloway 55
Mull of Kintyre 121
Mull of Oa 371
Munro-Bagging 504
Museen 494
Museum of Flight 160
Musik 578
Musselburgh 156

Na Fir Breige 419
National Museum of Scotland 137
National Trust for Scotland 486
National Wallace Monument 177
Nationalhymne 551
Nationalpark Cairngorm 277
Nationalpark Loch Lomond and The Trossachs 102, 182
Naturpark The Burg 380
Naturschutz 532
Neidpath Castle 39
Neist Point Lighthouse 389
Nelson Monument 146
Neptune's Staircase 350
Ness of Brodgar 439
Nessie 306
Nevis Range 348, 500
Nevis Range Mountain Experience 348
New Abbey 64
New Lanark 98
Newhailes 156
Newton Stewart 57
Niederschlag 526
Noltland Castle 443
Nordirland 50
North Berwick 158
North Harris 412
North Kessock 298
North Ronaldsay 444, 445
North Uist 417
North West Highlands Geopark 332
Northland Viking Centre 325
Northwaa 444
Noss Head 324
Notfall 492
Notruf 490, 492
Noup Head 442
Nun's Cave 380
Nunton 422

Oban 113
Oban Mod 113
Öffentliche Verkehrsmittel 518
Öffnungszeiten 493
Old Gala House 37
Old Man of Hoy 441
Old Man of Stoer 334
Old Man of Storr 396
Old Man of Wick 324
Ölfelder 447
Ölförderung 552
Orchardton Tower 60
Ord of Caithness 323
Orientierung 495, 502
Orkney 430
Orkney Museum 436
Ortsnamen 512
Orwell, George 375
Outlander 165, 181, 571
Owen, Robert 99

Paisley 97
Palace of Holyroodhouse 134
Palnackie 60
Pannen 493
Papa Stour 456
Papa Westray 443
Papageitaucher 432

Paps of Jura 374
Parlament 140, 548
Pass of Drumochter 284
Paxton House 44
Peebles 39
Pennan 247
People's Palace, Glasgow 83
Perth 206
Peter Pan Garden 223
Peterhead 243
Pflanzenwelt 531
Pfund Sterling 480
Pikten 205, 535
Piperbands 289, 566
Pitlochry 280
Pitmedden Garden 255
Pitsligo Castle 246
Pittencrieff Park 186
Pittenweem 188
Plaids 564
Plockton 341
Politik 534
Polizei 492
Pollochar 425
Popmusik 578
Port Askaig 373
Port Charlotte 373
Port Ellen 370
Port of Ness 411
Portknockie 250
Portobello 149
Portpatrick 51, 54
Portree 396, 397
Post 495
Preise, Fliegen 462
Preiskategorien Unterkünfte 514
Preston Mill 160
Prestongrange Museum 156
Pubs 494

Queen Elizabeth Forest Park 183
Queen's View 281
Quiraing 396

Raasay 388
Radfahren 40, 155, 183, 498
Radwanderweg Highlands 183
Rafting 511
Rankin, Ian 577
Rannoch Moor 281, 354
Rattray Head 244
Rauchen 495
Referendum 547
Reformation 539
Regen 526
Regionen 549
Reisegepäck 496
Reisekosten 481
Reiserouten 14
Reisezeit 489
Religion 565
Restaurants 494
Rezepte 476
Rha Falls 394
Rhinns of Galloway 50, 55
Rhinns of Islay, Halbinsel 372
Rinder 556
Ring of Brodgar 439
Robert Burns Centre 62
Rockmusik 578
Rodel 415
Rogie Falls 315
Römer 567
Rosehearty 246
Roslin 157
Ross of Mull 380
Rosslyn Chapel 157
Rothesay 107
Rothesay Castle 107
Rousay 442
Rowardennan 102
Royal Botanic Garden, Edinburgh 147
Royal Mile 129
Royal National Mòd 480
Rueval 422
Rugby 499
Rundtürme 567
Ruthven Barracks 284
Ruthwell Church 65
Ryvoan Bothy 286

Saddell 121
Sanday 444
Sanddünen 219, 244
Sannox 362
Saxa Vord 459
Scalloway 455
Scatness Broch 453
Schachfiguren 409
Schafe 555
Schiffsrad 168
Schiffswrack 425
Schlösser 494
Schlucht von Killiecrankie 283
Schmiede 388
Schottenrock 561
Schwert 388
Schwule 491
Scone Palace 208
Scones 476
Sconser 389
Scorrybreac 397
Scoten 119
Scots 513, 575
Scott, Sir Walter 30, 35, 36, 133, 571, 573
Scottish Broth 476
Scottish Fisheries Museum 188
Scottish Seabird Centre 158
Scrabster 328
Seehunde 431, 443
Seehundkolonie 402
Seevögel 432, 442, 446
Seevogel-Zentrum 158
Segeln 511
Selbstversorger 477
Shandwick 316
Shandwick Stone 316
Shetland 446

Shetland Craft's Trail 452
Shetland Folk Festival 451
Shetland Textile Museum 451
Shetland Wool Week 451
Shiel Bridge 344
Shortbread 476
Sicherheit 496
Silberschmied 388
Sinclair Castle 324
Skara Brae 438
Skipness 121
Skisport 285, 293, 348, 500
Skoten 535
Skye 384
Skye Bridge 341
Skye Museum of Island Life 394
Skye Trail 509
Slains Castle 242
Sleat 386
Sliddery 365
Sligachan 389
Sligachan Path 388
Smoo Cave 330
Sound of Islay 374
South Harris 415
South Queensferry 163
South Uist 422
South Uist Games 424
Southern Upland Way 54
Spark, Muriel 576
Spean Bridge 345
Sperr-Notruf 493
Spey-Tal 294
Speyside 262
Speyside Way 507
Sport 497
Sprache 511, 583
Sprachhilfe 583
St Abb's Head
National Nature Reserve 46
St Abbs 45
St Andrew's Day 479
St Andrews 190
St Andrews Cathedral 194
St Blane's Chapel 108
St Cyrus 220
St Fillan's Cave 188
St John's Head 441
St Mary's Chapel 108
St Monans 188
St Ninian's Cave 59
St Vigeans 218
Staat 549
Stac Pollaidh 336
Staffa 383
Stand-Up-Paddeln 511
Standing Stones Callanish 409
Stanley Mills 208
Stanydale Temple 456
Steckdosen 475
Steilküste Skye 396
Steilküste, Orkney 441
Steinkreis Callanish 409
Steinkreis Pobull Fhinn 421
Steinkreis Ring of Brodgar 439
Steinkreise 433
Steinkreise Arran 364
Steinsiedlung
Knap of Howar 443
Steinzeitdorf Skara Brae 438
Stenness Standing Stones 439
Stevenson, Robert Louis 574
Stewart, Familie 538
Stirling 174
Stirling Castle 174
Stonehaven 220
Stornoway 407
Strachur 105
Strände, St Andrews 197
Stranraer 51
Straßennetz 469
Strath Halladale 329
Strath of Kildonan 322
Strathclyde 73
Strathisla Distillery 261
Strathnaver Trail 330
Strathpeffer 314
Stromness 440
Stuart, Charles Edward 302, 350, 424, 545
Stuart, Maria 134, 138, 540
Sty Wick 444
Sueno's Stone 253
Suilven 333
Sumburgh Head 454, 455
Summer Isles 337
Sutherland 314
Sweetheart Abbey 64

Tain 316
Talisker Distillery 389
Tanken 471
Tantallon Castle 159
Tanz 566
Tarbert 118, 414
Tarbert, Jura 376
Tartan 561
Tay Bridges 215
Tayinloan 120
Taynuilt 113
Tayside 205
Telefonieren 490
Telefonnummern 490
Temperatur 526
Textilfabrik, Perth 208
Thatcher, Margaret 547
The Law 158
The Lecht 501
The Machars 50
The Moors 50
The Oa 371
The Storr 395, 396
The Trossachs 182
Threave Castle 61
Threave Garden and Estate 61
Thurso 327
Tiere 24
Tierwelt 528
Tigharry 421

Tighnabruaich 104
Tobermory 379
Tolquhon Castle 255
Tomintoul 293, 501
Torf 403
Torhouse Stone Circle 58
Torosay Castle 379
Torridon 340
Touren 14
Tourismus 554
Touristinformationen 485
Traditionen 566
Trampen 469
Transsexuelle 491
Traquair House 38
Traveline 518
Trimontium Museum 36
Trinity Temple 421
Trinken 475
Trinkgeld 482
Trinkwasser 484
Trotternish, Halbinsel 393
Trushel Stone 411
Turriff 257
Tweed 413
Tweedsmuir Hills 39, 68

Uig 393
Ullapool 337
Umweltschutz 463, 532
Unabhängigkeit 537, 549
Unfall 471, 493
Union (1707) 543
Unst 458
Unterkunft 514
Up Helly Aa 451, 480
Upper Donside 264
Urlaubskosten 481
Urquhart Castle 304

Vegetarier 475
Vegetation 531
Veranstaltungen 478
Verhaltensregeln, Wandern 503
Verhaltenstipps 517
Verkehrsmittel 517
Verkehrsmittel, öffentliche 518
Verkehrsregeln 470
Verwaltung 549
Viktorianismus 546
VisitBritain 485
VisitScotland 485
Visum 474
Voe 456
Vögel 158, 332, 432, 444, 529
Vogelschutzgebiet North Hill 443
Vogelschutzgebiet Noss 458

Währung 480
Wallace Monument 177
Wallace, Sir William 177, 537
Wandern 39, 54, 58, 68, 115, 183, 225, 259, 273, 280, 286, 291, 315, 335, 344, 349, 361, 380, 381, 387, 388, 395, 397, 416, 418, 421, 440, 445, 454, 459, 502
Wanderwege 505
Wanlockhead 54
Wappen 549
Wasser 484
Wasserfall Eas Coul Aulin 333
Wasserfall Fall of Measach 338
Wasserfall Glas Allt 293
Wasserfälle Falls of Clyde 99
Wasserfälle Falls of Glomach 344
Wasserfälle Falls of Shin 317
Wasserfälle Glen Coe 353
Wasserfälle Glenashdale Falls 366
Wasserfälle Rogie Falls 315
Wasserkraft 559
Wassersport 511
Wasserstrudel Corryvreckan 376
Wechselkurs 480
Welsh, Irvine 577
Weltwirtschaftskrise 546, 551
Werftindustrie 552
West Burrafirth 456
West Highland Line 351
West Highland Way 508
Western Union 493
Westray 442
Wetter 526
Whisky 266, 474, 557
Whisky Festival 479
Whisky Museum Dufftown 268
Whisky Trail 262
Whisky-Brennereien 370
Whiskyclubs 152
Whithorn 59
Whithorn Story Visitor Centre 59
Whiting Bay 365
Whiting Ness 218
Wick 324
Wigtown 59
Wigtown Book Festival 59
Wikinger 119, 325, 434, 447, 458
Windenergie 559
Windsurfing 511
Wintersport 500
Wirtschaft 551
WLAN 491

Yacht Britannia 149
Yellowcraig Beach 159

Zahnradbahn Cairn Gorm 285
Zeit 521
Zeitungen 487
Zoll 475
Zoo 148
Zug 519
Zug, Anreise 467

Die Autoren

Anton Braun, Jahrgang 1997, studierte Physik und Klimawissenschaften in Göttingen und Bern. Bereits in jungen Jahren von den Autoren nach Schottland mitgenommen, konnte er sich der Schönheit des Landes nicht erwehren und kehrt seitdem regelmäßig zurück, um die einsamen Strände, beeindruckenden Burgen, kargen Berge und lebendigen Städte zu bereisen. Seit 2021 überarbeitet er den Reiseführer.

Abseits dessen arbeitet er im Energiesektor und ist daher beeindruckt von der weitgehend erneuerbaren Stromversorgung des Landes.

Der Reiseführer wurde verfasst von **Andreas Braun, Holger Cordes** und **Antje Großwendt.** Seit dem Ende ihrer Schulzeit 1990 bis heute bereisen die drei regelmäßig Schottland, um die karge Bergwelt des Hochlandes und sanfte Hügellandschaften zu entdecken, grausamen Mythen und lebendigen Geschichten zuzuhören oder auch den einen oder anderen Whisky zu probieren. Bis 2021 haben sie den Reiseführer bearbeitet. Nach wie vor stehen sie *Anton Braun* mit Anekdoten, Wissen und Erfahrung sowie Fotos zur Verfügung.

734sc lk

Schreiben Sie uns!

Wir hoffen, dass Ihnen dieser Reiseführer gefällt und er Ihnen ein guter Begleiter auf einer außergewöhnlichen und spannenden Reise ist.

Weil ein Reiseführer von Erfahrungen lebt, sind wir an Ihren Erlebnissen interessiert: Haben Sie in unserem Buch ein Restaurant entdeckt, das es nicht mehr gibt, eine Sehenswürdigkeit, die wir noch nicht aufgeführt haben, oder eine falsche Adresse? Dann schreiben Sie uns! **Wir nehmen jeden Hinweis und jede Kritik ernst und arbeiten kontinuierlich daran, die Bücher aktuell zu halten und immer weiter zu verbessern.** Jede Mail wird gelesen und beantwortet. Auch wenn wir nicht jeden Wunsch erfüllen können, machen wir uns immer Gedanken über Ihre Anmerkungen.

Schreiben Sie uns:
per Mail an info@reise-know-how.de oder an
Reise Know-How Verlag Peter Rump GmbH, Postfach 140666, 33626 Bielefeld

Wenn sich Ihre Infos direkt auf das Buch beziehen, würde uns die Angabe der Seitenzahl und der Auflagenzahl bzw. des Erscheinungsjahres Ihrer Ausgabe die Arbeit sehr erleichtern. Besonders hilfreiche Beiträge und Ergänzungen zu den Büchern belohnen wir mit einem Sprachführer Ihrer Wahl aus der über 240 Bände umfassenden „Kauderwelsch"-Reihe.

Herzlichen Dank und gute Reisen
Ihr Reise Know-How Verlag